AF567954

Berechtigungen in SAP®

SAP PRESS ist eine gemeinschaftliche Initiative von SAP SE und der Rheinwerk Verlag GmbH. Unser Ziel ist es, Anwendern qualifiziertes SAP-Wissen zur Verfügung zu stellen. SAP PRESS vereint das Know-how der SAP und die verlegerische Kompetenz von Rheinwerk. Die Bücher bieten Ihnen Expertenwissen zu technischen wie auch zu betriebswirtschaftlichen SAP-Themen.

Damit Sie nach weiteren Titeln Ihres Interessengebiets nicht lange suchen müssen, haben wir eine kleine Auswahl zusammengestellt.

Lehnert, Luther, Christoph, Pluder
Datenschutz mit SAP
SAP Business Suite und SAP S/4HANA
2018, 437 Seiten, geb.
ISBN 978-3-8362-5989-7
www.sap-press.de/4524

Thomas Tiede
SAP HANA – Sicherheit und Berechtigungen
2019, 576 Seiten, geb.
ISBN 978-3-8362-6765-6
www.sap-press.de/4814

Thomas Tiede
Sicherheit und Prüfung von SAP-Systemen
4., aktualisierte und erweiterte Auflage 2018, 903 Seiten, geb.
ISBN 978-3-8362-6122-7
www.sap-press.de/4584

Heiko Friedrichs
SAP S/4HANA und SAP Cloud Platform für Administratoren
2019, 519 Seiten, geb.
ISBN 978-3-8362-6361-0
www.sap-press.de/4662

Anna Otto, Katharina Stelzner

Berechtigungen in SAP®

Best Practices für Administratoren

Liebe Leserin, lieber Leser,

vielen Dank, dass Sie sich für ein Buch von SAP PRESS entschieden haben.

Das Buch »Berechtigungen in SAP – 100 Tipps & Tricks« war immer einer meiner Lieblingstitel in unserem Programm. Es steckt voller Best Practices, die Ihnen die Berechtigungsadministration im Alltag erleichtern. Diesen Schatz möchten wir Ihnen auch weiterhin nicht vorenthalten. Daher erscheint das Buch nun in neuem Gewand. Die Ausgabe, die Sie in den Händen halten, wurde vollständig aktualisiert und überarbeitet sowie um viele spannende Themen ergänzt, z. B. um neue Varianten des Berechtigungstraces und die Benutzer- und Berechtigungsverwaltung in SAP S/4HANA. Beginnen Sie direkt mit der Lektüre, um sogleich von der Erfahrung der Autorinnen profitieren zu können!

Wir freuen uns stets über Lob, aber auch über kritische Anmerkungen, die uns helfen, unsere Bücher zu verbessern. Scheuen Sie sich nicht, sich bei mir zu melden. Ihr Feedback ist jederzeit willkommen.

Ihre Janina Karrasch
Lektorat SAP PRESS

janina.karrasch@rheinwerk-verlag.de
www.rheinwerk-verlag.de
Rheinwerk Verlag · Rheinwerkallee 4 · 53227 Bonn

Auf einen Blick

Wir hoffen, dass Sie Freude an diesem Buch haben und sich Ihre Erwartungen erfüllen. Ihre Anregungen und Kommentare sind uns jederzeit willkommen. Bitte bewerten Sie doch das Buch auf unserer Website unter **www.rheinwerk-verlag.de/feedback**.

An diesem Buch haben viele mitgewirkt, insbesondere:

Lektorat Janina Karrasch
Korrektorat Doris Weißgerber, Frankfurt a. M.
Herstellung Melanie Zinsler
Typografie und Layout Vera Brauner
Einbandgestaltung Silke Braun
Titelbild Shutterstock: 765675895 © nd3000, 106052978 © JMiks
Satz III-Satz, Husby
Druck Beltz Grafische Betriebe, Bad Langensalza

Dieses Buch wurde gesetzt aus der TheAntiquaB (9,35/13,7 pt) in FrameMaker. Gedruckt wurde es auf chlorfrei gebleichtem Offsetpapier (90 g/m²). Hergestellt in Deutschland.

Bibliografische Information der Deutschen Nationalbibliothek:
Die Deutsche Nationalbibliothek verzeichnet diese Publikation in der Deutschen Nationalbibliografie; detaillierte bibliografische Daten sind im Internet über *http://dnb.d-nb.de* abrufbar.

ISBN 978-3-8362-6832-5

2., aktualisierte und erweiterte Auflage 2019

Informationen zu unserem Verlag und Kontaktmöglichkeiten finden Sie auf unserer Verlagswebsite **www.rheinwerk-verlag.de**. Dort können Sie sich auch umfassend über unser aktuelles Programm informieren und unsere Bücher und E-Books bestellen.

Inhalt

3 Rollenverwaltung 79

Anhang 469

Einleitung

Schon beim Schreiben unseres Buches »SAP-Berechtigungswesen« ist uns aufgefallen, dass wir trotz der Fülle an Informationen auf den 847 Seiten nicht alle Funktionen und Kniffe, die uns den Alltag in Kundenprojekten erleichtern, beschreiben konnten. Die große Menge an Neuerungen, die von SAP nicht nur über Basisreleases ausgeliefert wurden, hat uns dazu bewogen, in Zusammenarbeit mit Beratern, SAP-Partnern und natürlich unseren Kollegen von der SAP SE unsere Erfahrungen im vorliegenden Buch festzuhalten.

Zunächst haben wir überprüft, ob die Themen aus dem Vorgängerbuch »Berechtigungen in SAP – 100 Tipps & Tricks« noch aktuell sind. Nach Erscheinen der ersten Auflage haben wir viele Anregungen erhalten und gesammelt und diese im vorliegenden Buch umgesetzt. Eine weitere Umfrage unter Kollegen im SAP-Support, in der SAP-Entwicklung sowie in der SAP-Beratung ergab viele weitere neue Themen, die in aktuellen Kundenprojekten gefragt sind. Wir wollten im Rahmen dieser Umfrage feststellen, welche Best Practices gerne angewendet werden und welche von den Kollegen des SAP-Supports und der SAP-Entwicklung als unerlässlich erachtet werden. Auch die Ergebnisse dieser Umfrage haben wir in dieses Buch einfließen lassen.

Zum Aufbau

Wir haben uns für die Darstellung der Best Practices hauptsächlich auf das Umfeld der ABAP-Werkzeuge zur Berechtigungs- und Benutzerverwaltung sowie zur Absicherung des ABAP-Applikationsservers konzentriert. Dieses Buch ist in zwölf Kapitel gegliedert.

Kapitel 1, »Benutzerstammdaten und Voraussetzungen für die Anmeldung«, befasst sich mit Empfehlungen rund um die Benutzerstammdaten, wie z. B. Definition der Benutzergruppe als Pflichtfeld oder Umgang mit Sicherheitsrichtlinien.

Empfehlungen zur Verwaltung von Benutzern finden Sie in **Kapitel 2**, »Benutzerverwaltung«. Dazu zählen etwa die Lösungswege im Umfeld der Zentralen Benutzerverwaltung (ZBV) und zur indirekten Rollenzuordnung.

Möchten Sie eine Massenpflege an PFCG-Rollen vornehmen, sehen Sie sich **Kapitel 3**, »Rollenverwaltung«, näher an. Hier gehen wir auch auf grundsätzliche Vorgehensweisen ein und geben nützliche Hinweise, u. a. zur Verwendung des Referenzbenutzers bei der Vergabe von Berechtigungen für Schnittstellen- und Hintergrundbenutzer.

Die Verwendung von Berechtigungsvorschlagswerten ist grundlegend für die transparente und regelkonforme Rollenpflege. Deswegen haben wir diesem Thema **Kapitel 4**, »Berechtigungsvorschlagswerte«, gewidmet.

Da die Verwendung von Traces im SAP-System vielfältiger geworden ist, erläutern wir in **Kapitel 5**, »Berechtigungstraces« ausführlich die Verwendung des Systemtraces, Berechtigungstraces, Benutzertraces und RFC-Traces. Über die Rollenverwaltung hinaus existieren Systemeinstellungen, wie beispielsweise die Pflege von Parametern in Customizing-Tabellen, die Verwendung von Organisationsebenen, die Konfiguration von schaltbaren Berechtigungsprüfungen oder die Erstellung von Berechtigungsgruppen, die allesamt Hand in Hand mit der Rollenpflege gehen. Die wichtigsten Empfehlungen dazu haben wir in **Kapitel 6**, »Systemeinstellungen«, gesammelt.

In **Kapitel 7**, »Basisberechtigungen«, sehen wir uns Best Practices für die Vergabe von Berechtigungen für z. B. den generischen Programmstart oder den generischen Tabellenzugriff an.

In **Kapitel 8**, »Anwendungsberechtigungen«, beschreiben wir Berechtigungen in bestimmten Komponenten des SAP-Systems, die Ihnen im täglichen Projektgeschäft sicher häufig über den Weg laufen. Wir erläutern u. a. den Umgang mit dem Verantwortungsbereich oder die korrekte Verwendung von `SAP_NEW`.

Einen mit dieser Auflage neu hinzugekommenen Schwerpunkt unseres Buches stellt die »Benutzer- und Berechtigungsverwaltung in SAP HANA und SAP S/4HANA« in **Kapitel 9** dar. In diesem Umfeld zeigen wir Ihnen den Unterschied zwischen Berechtigungen in SAP HANA und SAP S/4HANA, geben einen Überblick über die Verwendung der Werkzeuge für diese SAP-Produkte und erläutern die wichtigsten Best Practices bei der Vergabe von Berechtigungen in SAP Fiori.

Mit Ihren eigenen Berechtigungen befassen wir uns in **Kapitel 10**, »Kundeneigene Berechtigungen«. Wir geben Ihnen hier u. a. Empfehlungen zur Erstellung von Berechtigungsobjekten und zur Implementierung eigener Berechtigungsprüfungen.

In **Kaptiel 11**, »Auswertungen von Berechtigungen und Benutzerstammsätzen«, beschreiben wir Möglichkeiten für Auswertungen zu Benutzern und Berechtigungen. Wir stellen Ihnen Reports des Benutzerinformationssystems und zusätzliche Auswertungsmöglichkeiten, etwa über SAP Query oder die Verwendung des Audit Information Cockpits, vor.

Unsere Zusammenstellung schließen wir mit **Kapitel 12**, »Systemsicherheit«, ab, in dem wir Ihnen zeigen, wie Sie Ihren Applikationsserver sinnvoll absichern, beispielsweise über den Schutz des RFC-Gateways und des Message Servers. Wir stellen Ihnen Möglichkeiten der Tabellenprotokollierung, die Verwendung des Security Audit Logs und Funktionen des SAP Solution Managers vor.

Informationskästen

In hervorgehobenen Informationskästen in diesem Buch sind Inhalte zu finden, die wissenswert und hilfreich sind, aber über die eigentliche Erläuterung hinausgehen. Damit Sie die Informationen in den Kästen sofort einordnen können, sind die Kästen mit Symbolen gekennzeichnet:

- In Kästen, die mit dem Pfeilsymbol gekennzeichnet sind, finden Sie Informationen zu *weiterführenden Themen* oder wichtigen Inhalten, die Sie sich merken sollten. [«]
- Die mit dem Plus-Symbol gekennzeichneten *Tipps* geben Ihnen spezielle Empfehlungen, die Ihnen die Arbeit erleichtern können. [+]
- Das Ausrufezeichen weist Sie auf *Besonderheiten* hin, die Sie beachten sollten. Es *warnt* Sie außerdem vor typischen Fehlern oder möglicherweise auftretenden Problemen. [!]

Systemvoraussetzungen

Die in diesem Buch beschriebenen Best Practices basieren auf aktuellen Support Packages zu verschieden SAP-NetWeaver-Releases. Sollten die Funktionen nur in höheren Releases verfügbar sein, weisen wir Sie in den entsprechenden Abschnitten darauf hin.

Danksagung

All diese Tipps wären nicht ohne unsere Ideengeber zustande gekommen. Einige konnten wir sogar als Co-Autoren gewinnen und danken ihnen auf diesem Wege ganz herzlich für die wunderbare Zusammenarbeit. Zu dieser 2. Auflage haben einige Co-Autoren noch wesentlich stärker beigetragen, und wir möchten uns für die hervorragende Unterstützung gerade in der zeitlich knappen Schlussphase des Schreibens bei ihnen bedanken: Dr. Ronald Baudisch (SAP Deutschland SE), Dieter Gödel (SAP SE), Markus Griem (SAP Deutschland SE), Anne Kempa (SAP Deutschland SE), Daniela Pranghofer (SAP Deutschland SE), Birger Tödtmann (SAP Deutschland SE) und Christian Weide (SAP Deutschland SE).

Besonderer Dank gilt auch unseren Kollegen, die uns intensiv beim Schreiben der Best Practices unterstützt haben und diese anschließend Korrektur lasen. Hier sind vor allem die Kollegen Holger Biber, Roland Hoyss, Christian Wippermann, Yvonne Jasiewicz und Dr. Andreas Leitheusser aus dem Bereich Security Development sowie Frank Buchholz vom Global CoE für Security Services zu erwähnen. Ohne ihr Engagement wäre die Erstellung und Überarbeitung dieses Buches nicht möglich gewesen.

Natürlich dürfen wir unsere Kunden nicht vergessen: Ohne die spezifischen Problemstellungen in ihren Projekten wären wir nicht auf die Idee zu dem ein oder anderen Tipp oder Trick gekommen. Außerdem haben sie die Auswahl der Themen maßgeblich beeinflusst, da typische Probleme immer wieder und in zahlreichen Unternehmen auftreten. Wir haben uns über positives Feedback und konstruktive Kritik gefreut und beides bei der Erstellung dieser 2. Auflage berücksichtigt.

Last, but not least gilt unser besonderer Dank für die Korrekturen, Ergänzungen und vor allem ihre Geduld Janina Karrasch (SAP PRESS).

Anna Otto und **Katharina Stelzner**

Kapitel 1
Benutzerstammdaten und Voraussetzungen für die Anmeldung

Die richtige Definition und Pflege der Benutzerstammdaten ist eine Voraussetzung für die Benutzerverwaltung und den reibungslosen Ablauf von Anmeldungen. Daher haben wir einige nützliche Best Practices für Sie zusammengetragen.

In diesem Kapitel geht es zum einen um die Pflege der Benutzerstammdaten in der Transaktion SU01 und zum anderen um die Auswirkungen, die diese Daten sowie die grundsätzlichen Einstellungen zur Anmeldung in den SAP-Anwendungen haben können. Verschiedene Möglichkeiten stehen bereit, um Benutzerstammdaten zu definieren und im System abzubilden. Sie sollten sich daher ein Konzept überlegen, welche Daten Sie im System darstellen wollen. Wir beschreiben in diesem Kapitel Konfigurationsmöglichkeiten für die Benutzerstammdaten, die für die Benutzerverwaltung relevant sind, zum Beispiel, wie Sie den Zeichenvorrat für Benutzernamen festlegen oder wie Sie die Eingabe von Benutzergruppen erzwingen, die Berechtigungsprüfungen in der Benutzerverwaltung steuern. Zusätzlich gehen wir auf Vorgaben und Einstellungsmöglichkeiten für die Anmeldung am System und deren Auswirkungen ein, z. B. Passwortregeln und Sicherheitsrichtlinien. Außerdem finden Sie Informationen zum Benutzerpuffer und zu fehlgeschlagenen Berechtigungsprüfungen, die Sie als Administrator oder die Benutzer selbst auswerten können.

1.1 Zeichenvorrat für Benutzer-IDs

Im SAP-System können Sie, abhängig vom Release der Softwarekomponente `SAP_BASIS`, Benutzer anlegen, deren Namen u. U. »alternative« Leerzeichen enthalten. In Unicode-Systemen existieren verschiedene Leerzeichen, die durch Hexadezimalwerte abgebildet werden. Das übliche Leerzeichen hat den Hexadezimalwert 20, aber daneben existieren alternative Leerzeichen (engl. Wide Spaces), die z. B. von doppelter Breite oder überhaupt nicht als Zeichenabstand zu erkennen sind.

Durch Tastenkombinationen mit der [Alt]-Taste können Sie solche alternativen Leerzeichen bei der Eingabe der Benutzer-ID einfügen. So kann etwa die Tastenkombination [Alt] + 0160 ein Leerzeichen mit unterdrücktem Zeilenumbruch (engl. Non-breaking Space) erzeugen.

Sie können auch einen Benutzer anlegen, dessen ID ausschließlich aus alternativen Leerzeichen besteht. Für Benutzer mit solchen IDs werden zwar alle Änderungsbelege geschrieben, diese IDs können aber zu Verwirrungen führen, wenn sie nicht als Benutzer-ID erkennbar sind oder es scheint, als werde kein Benutzer zum Änderungsbeleg angezeigt. Bestimmte Sonderzeichen können auch in anderen Anwendungen (z. B. im Transportmanagement) Probleme erzeugen. Daher zeigen wir Ihnen im Folgenden, wie Sie derartige Probleme durch Einschränkung des Zeichenvorrats verhindern.

Abhängig von Ihrem SAP-NetWeaver-Releasestand müssen Sie SAP-Hinweis 1731549 oder ein entsprechendes Support Package einspielen. Danach können keine neuen Benutzer mehr angelegt werden, deren Namen ausschließlich aus Varianten von Leerzeichen oder nicht sichtbaren Sonderzeichen bestehen. Änderungen an bestehenden Benutzern sind aber weiterhin erlaubt.

Über den ebenfalls in SAP-Hinweis 1731549 enthaltenen Customizing-Schalter `BNAME_RESTRICT` können Sie steuern, ob Sie alternative Leerzeichen an bestimmten Stellen der Benutzer-ID erlauben möchten. Hierzu können Sie in der Customizing-Tabelle `PRGN_CUST` die folgenden Werte für den Schalter setzen:

- **NO – ursprüngliches Verhalten bei der Benutzeranlage**
  Alternative Leerzeichen sind in der Benutzer-ID weiterhin erlaubt; wir empfehlen Ihnen diese Einstellung jedoch nicht.
- **ALL – Zeichenvorrat auf einen vordefinierten Bereich reduzieren**
  Der vordefinierte Zeichenvorrat für die Benutzer-ID lautet:

  ```
  ABCDEFGHIJKLNMOPQRSTUVWXYZ_0123456789,;-§&()={[]}+#
  ```

  Die Zeichen ", ', ~, /, \, ., :, *, %, <, >, |, ^, $, !, ? und @ wurden nicht aufgenommen, da sie in bestimmten Betriebssystemen oder Datenbanken besondere Bedeutungen haben. Unsere Empfehlung lautet, diese Einstellung zu verwenden.
- **FME – Zeichenvorrat der Position in der Benutzer-ID auf den vordefinierten Bereich reduzieren**
  Die Buchstaben F, M und E stehen für die Positionen *Front*, *Middle* und *End* im Schalterwert; durch die Eingabe des Buchstabens X an der jeweiligen Position können Sie eine Einschränkung auf den vordefinierten Bereich erzwingen. Der Wert `XME` erlaubt den definierten Zeichenvorrat z. B. nur am Beginn der Benutzer-ID, und `XMX` schränkt Beginn und Ende der Benutzer-ID auf den definierten Zeichenvorrat ein. Es sind alle Kombinationen von `F`, `M`, `E` und `X` möglich.

Sollten Sie ein älteres SAP-NetWeaver-Release als 7.00 installiert haben, stehen Ihnen nach der Implementierung des SAP-Hinweises 1731549 nur zwei mögliche Werte für den Customizing-Schalter `BNAME_RESTRICT` zur Verfügung. Der Schalter besitzt standardmäßig den Wert `NO`. Sie können ihn auf `ALL` umstellen, sodass der Schalter die gleiche Funktionalität wie in den höheren Releases annimmt.

1.2 Benutzergruppe als Pflichtfeld im Benutzerstamm

Wenn in Ihren SAP-Systemen ein Benutzer ohne Benutzergruppe angelegt werden kann, untergräbt dies möglicherweise Ihr Berechtigungskonzept: Benutzer ohne Benutzergruppe können von allen Administratoren, die eine Berechtigung für beliebige Benutzergruppen besitzen, geändert werden. Zusätzlich sollten Sie unvollständige Berechtigungsprüfungen bei der Zuordnung von Rollen und Profilen an Benutzer ohne Berechtigungsgruppe unterbinden. Es ist möglich, einem Benutzer zuerst Rollen und Berechtigungen zuzuweisen und in einem zweiten Schritt eine Benutzergruppe zuzuordnen. Es ist dagegen nicht gestattet, die Benutzergruppe für einen bestehenden Benutzer zu ändern, ohne eine Berechtigung für die neue Benutzergruppe zu haben.

Ab SAP-NetWeaver-Release 7.40 können Sie Ihre Benutzerstammdatenpflege besser absichern. Sollten Sie ein älteres Release einsetzen, spielen Sie SAP-Hinweis 1663177 in Ihr System ein. Dadurch ergeben sich die folgenden Änderungen:

- **Vollständige Prüfung der Berechtigungen für die Benutzergruppe beim Anlegen des Benutzers**
  Sie können einem Benutzer weiterhin Rollen und Profile zuordnen, wenn Sie die entsprechenden Berechtigungen zu diesen Aktivitäten besitzen. Solange dem Benutzer keine Benutzergruppe zugeordnet ist, reichen die Berechtigungen für eine beliebige Benutzergruppe. Ordnen Sie dem neu angelegten Benutzer nun eine Benutzergruppe zu, werden alle Prüfungen für diese Benutzergruppe noch einmal wiederholt.
- **Prüfung auf Berechtigungen für die alte Benutzergruppe bei der Zuweisung einer neuen Benutzergruppe zu einem Benutzer**
  Bei der Zuordnung einer neuen Benutzergruppe zu einem Benutzer ist in der neuen Benutzergruppe nur noch die Berechtigung zum Anlegen notwendig. Alternativ können Sie die Prüfung auf die Aktivität 50 (Verschieben) des Berechtigungsobjekts `S_USER_GRP` aktivieren. Dazu setzen Sie in der mandantenabhängigen Tabelle `USR_CUST` den Eintrag `CHECK_MOVE_4_CNG_GRP` auf `YES`.
- **Benutzergruppe als Pflichtfeld definierbar**
  Sie können nun die Benutzergruppe als Pflichtfeld im Benutzerstammsatz definieren, indem Sie die Standardbenutzergruppe in das Feld `USER_GRP_REQUIRED` der mandantenabhängigen Tabelle `USR_CUST` einpflegen.

Sollten Sie die Benutzergruppe zum Pflichtfeld erklären wollen, müssen Sie die folgenden Punkte beachten:

- Kein Benutzer kann mehr ohne die Zuordnung einer gültigen Benutzergruppe angelegt, gepflegt oder gelöscht werden. Wird bei der Anlage eines Benutzers keine Benutzergruppe zugeordnet, wird dem Benutzer automatisch die Standardbenutzergruppe zugewiesen.
- Bevor Sie den Schalter `USER_GRP_REQUIRED` setzen, muss jedem bereits vorhandenen Benutzer eine Benutzergruppe zugeordnet worden sein. Außerdem müssen die Administratoren über die Berechtigungen für die Standardbenutzergruppe verfügen.
- Bei der Anlage eines neuen Benutzers wird die Standardbenutzergruppe als Vorbelegung herangezogen. Diese Benutzergruppe kann durch die Einstellung einer anderen Benutzergruppe im Benutzerparameter `S_USER_GRP_DEFAULT` für jeden Benutzeradministrator überschrieben werden.
- Der Customizing-Schalter erfordert eine gültige Benutzergruppe, denn diese wird als Standardbenutzergruppe verwendet. Sollte keine gültige Benutzergruppe im Customizing eingetragen worden sein, ist die Benutzergruppe trotzdem ein Pflichtfeld. Dies führt bei der automatisierten Anlage von Benutzern gegebenenfalls zu Fehlern.

Wenn Sie Ihre SAP-Systemlandschaft über die *Zentrale Benutzerverwaltung* (ZBV) verwalten, spielen Sie SAP-Hinweis 1663177 sowohl in das ZBV-System als auch in alle angeschlossenen Tochtersysteme ein. Beachten Sie in diesem Fall auch, dass die Standardbenutzergruppe in den Tochtersystemen auch dann zugeordnet wird, wenn bei der Anlage des Benutzers in der ZBV keine Benutzergruppe verteilt wurde.

Zusätzlich erhalten Sie in der Transaktion SCUL eine Fehlermeldung, die darüber informiert, dass dem Benutzer (über die ZBV) eine Benutzergruppe zugeordnet werden muss. Dieses Verhalten ist unabhängig von den Einstellungen der Verteilungsparameter für die Benutzergruppe in der Transaktion SCUM. Sollten Sie die Verteilungsparameter für die Benutzergruppe auf **Global** oder **Rückverteilung** eingestellt haben, weist das entsprechende Tochtersystem die Änderungen an Benutzern, die im Zentralsystem über keine Benutzergruppe verfügen, ab, und Sie erhalten in der Transaktion SCUL eine Fehlermeldung.

1.3 Automatische Vorbelegung von Benutzerstammdaten

Wenn Sie in der Transaktion SU01 einen Benutzer in einem SAP-System anlegen, existieren in anderen Systemen fast immer schon Daten zu diesem Benutzer. Ein klassisches Beispiel sind Benutzerdaten im Active Directory oder die Personalstammdaten in SAP ERP Human Capital Management (SAP ERP HCM), die bereits bei der Einstellung von neuen Mitarbeitern gepflegt werden.

Liegen Benutzerdaten in mehreren Systemen vor, ist daher die automatische Erstellung eines Benutzers durch ein Identity-Management-System eine gute Idee. In *SAP Identity Management* (SAP ID Management) wird das zu Beginn dieses Abschnitts geschilderte Problem durch einen *HR-Trigger* gelöst. SAP ID Management erkennt Änderungen, die z. B. an Personalstammdaten in SAP ERP HCM oder an Geschäftspartnern in SAP CRM vorgenommen wurden. Die Lösung legt dann die entsprechenden Benutzer in Ihren SAP-Systemen an oder nimmt geeignete Änderungen und Deaktivierungen vor.

Sollten Sie kein Identity-Management-System im Einsatz haben, müssen Sie alle diese Daten trotzdem nicht immer wieder neu eingeben, Sie können sie stattdessen automatisiert vorbelegen. Nutzen Sie ein Business Add-in (BAdI), statt die Daten direkt in der Transaktion SU01 einzugeben. Damit können Sie bereits bei der Anlage eines Benutzers bestimmte Felder vorbelegen.

Die BAdIs `BADI_IDENTITY_CHECK`, `BADI_IDENTITY_UPDATE` und `BADI_IDENTITY_SU01_CREATE` wurden mit dem SAP- NetWeaver-Release 7.31 eingeführt. Details zu den relevanten Support Packages finden Sie in SAP-Hinweis 1796501. Für diese BAdIs sind Implementierungsbeispiele erhältlich, und sie sind Teil des Erweiterungsspots `SUID_IDENTITY`:

- Mit dem BAdI `BADI_IDENTITY_CHECK` können Sie zusätzliche Prüfungen in der Pflege der Benutzerstammdaten einführen, unter anderem, ob bestimmte Felder in der Transaktion SU01 gepflegt wurden.
- Mit dem BAdI `BADI_IDENTITY_UPDATE` können Sie beim Ändern von Benutzerdaten verschiedene Aktionen veranlassen. Weitere Informationen zu diesem BAdI finden Sie in Abschnitt 12.2.3, »E-Mails verschlüsseln«).
- Mit dem BAdI `BADI_IDENTITY_SU01_CREATE` können Sie einzelne Felder der Transaktion SU01, die bei der Anlage von Benutzern ausgefüllt werden müssen, mit Werten aus einer anderen Datenquelle vorbelegen. Dieses BAdI deckt die von uns beschriebene Anforderung ab; daher erläutern wir im Folgenden dessen Implementierung.

Verwenden Sie hierzu die Transaktion SE18, in der Sie auch die Implementierungsbeispielklasse einsehen können. Für das BAdI `BADI_IDENTITY_SU01_CREATE` müssen Sie die Methode `CREATE` zum Interface `IF_BADI_SU01_CREATE` implementieren. Das BAdI wird beim Start der Transaktion SU01 aufgerufen. Gehen Sie wie folgt vor, um das BAdI innerhalb der Transaktion aufzurufen und es zu implementieren:

1. Geben Sie in der Transaktion SU01 eine noch nicht vorhandene Benutzer-ID ein und klicken Sie auf den Button **Anlegen** ([F8]).

2. Das BAdI BADI_IDENTITY_SU01_CREATE wird mit der neuen Benutzer-ID aufgerufen.
3. Die Implementierung des BAdIs wird ausgeführt. Sie können im Rahmen dieser Implementierung aus einer externen Datenquelle zusätzliche Attribute zum neuen Benutzer lesen.
4. Die innerhalb des BAdIs ermittelten Daten werden in die Felder der Transaktion SU01 geschrieben.
5. Dort wird Ihnen der neue Benutzerstammsatz mit den vorbelegten Feldern angezeigt.
6. Sie können den Benutzerstammsatz bearbeiten und z. B. Rollen zuordnen oder die vorbelegten Felder ändern.

Das Interface IF_BADI_SU01_CREATE wird mit den folgenden Parametern aufgerufen (siehe Abbildung 1.1):

- IV_BNAME
  Benutzer-ID, die Sie bei der Anlage des Benutzers in der Transaktion SU01 angegeben haben.
- IV_IDREF
  Referenz auf das Interface IF_IDENTITY der Klasse CL_IDENTITY. Über dieses Interface wird der Benutzerstammsatz der Transaktion SU01 für die Benutzer-ID, die Sie gerade anlegen, gepflegt.

Das Interface IF_IDENTITY der Klasse CL_IDENTITY stellt verschiedene Methoden für die Pflege der Felder des Benutzerstammsatzes zur Verfügung. Diese SET_*-Schreibmethoden belegen die Felder der Transaktion SU01 mit den gewünschten Werten.

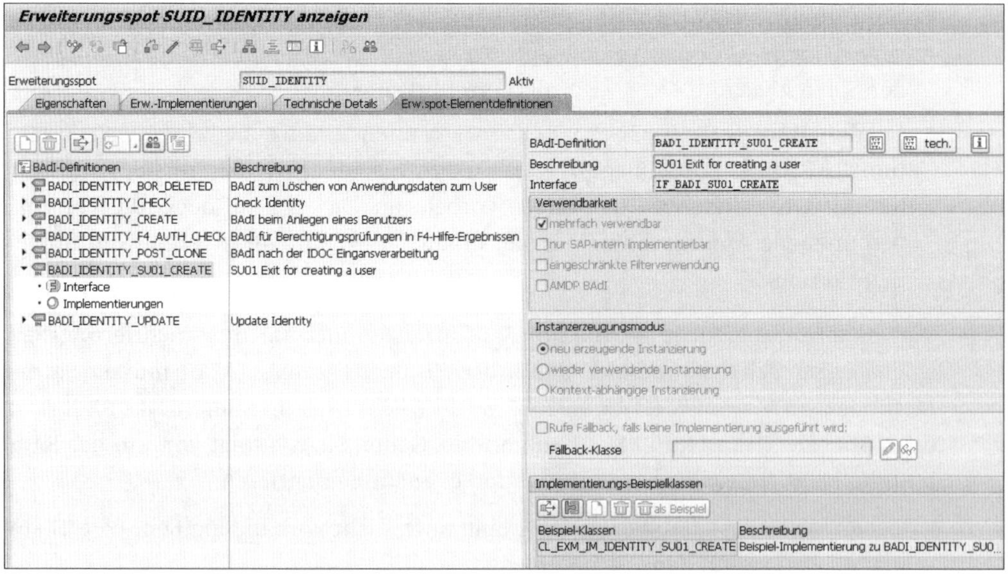

Abbildung 1.1 Details zum BAdI BADI_IDENTITY_SU01_CREATE in der Transaktion SE18

Als Vorlage für die Implementierung des BAdIs können Sie das Implementierungsbeispiel CL_EXM_IM_IDENTITY_SU01_CREATE nutzen, in dem die Felder **Nachname**, **Raumnummer**, **Telefon**, **E-Mail-Adresse**, **Benutzergruppe**, **Abrechnungsnummer** und **Kostenstelle** der Transaktion SU01 automatisch vorbelegt werden. In dieser Beispielimplementierung ist keine externe Datenquelle vorgesehen, der Benutzername wird als Nachname gesetzt, und für die anderen Felder werden feste Werte vorbelegt. An dieser Stelle ergänzen Sie die Implementierung abhängig von Ihren Anforderungen.

Über die Implementierung des BAdIs können Sie verschiedene mögliche Datenquellen für die Benutzerstammdaten aufrufen:

- **Abfrage der Daten aus einem HCM-Personalstammdatensatz**
  Sie können den Personalstammdatensatz ermitteln, der der Benutzer-ID zugeordnet ist, die Sie gerade in der Transaktion SU01 anlegen. Suchen Sie dazu innerhalb der Personaldaten nach einer Personalnummer, die diese Benutzer-ID im Subtyp **Systembenutzername SAP-System** (0001) des Infotyps **Kommunikation** (0105) eingetragen hat. Belegen Sie anschließend die Felder der Transaktion SU01 mit den Daten aus dem Personalstammsatz.
- **Abfrage der Daten aus dem Active Directory**
  Sie können denjenigen Benutzerstammsatz im Active Directory ermitteln, dem die Benutzer-ID zugeordnet ist, die Sie gerade in der Transaktion SU01 anlegen. Suchen Sie dazu innerhalb des Active Directorys nach einem Benutzerstammsatz, für den die gesuchte Benutzer-ID als SAP-Benutzername eingetragen ist. Belegen Sie anschließend die Felder der Transaktion SU01 mit den Daten aus dem Benutzerstammsatz des Active Directorys.
- **Abfrage der Daten aus einer lokalen Tabelle**
  Sie können in einer lokalen Tabelle nach einem Eintrag zur Benutzer-ID suchen, die Sie gerade in der Transaktion SU01 anlegen. Eine solche lokale Tabelle kann z. B. eine Replikation des Active Directorys oder ein Minipersonalstammsatz sein, oder Sie nutzen eine andere Datenquelle, die Sie in Ihr SAP-System replizieren. Belegen Sie anschließend die Felder der Transaktion SU01 mit den Daten aus der lokalen Tabelle.

Schließlich können Sie die Implementierung des BAdIs BADI_IDENTITY_SU01_CREATE noch erweitern und zusätzliche Felder der Transaktion SU01 vorbelegen. Ergänzen Sie dazu die entsprechenden SET_*-Methoden des Interfaces IF_IDENTITY. Denkbar ist z. B. die Zuordnung von Parametern, die für alle Benutzer gepflegt sein sollen, die Zuordnung einer Firma oder die eines SNC-Namens (Secure Network Communication).

1.4 Passwortregeln konfigurieren

Im Folgenden geben wir Ihnen eine Übersicht zu den möglichen Zeichen für Passwörter. Außerdem zeigen wir Ihnen, mit welchen Profilparametern und Customizing-Einstellungen Sie diesen Zeichenvorrat anpassen können. Durch diese Einstellungen definieren Sie Ihre eigenen Anforderungen an die Passwörter Ihrer Benutzer und setzen interne oder externe Sicherheitsanforderungen, z. B. seitens der Revision, um. Zusätzlich verhindern Sie, dass bestimmte Wörter als Passwörter verwendet werden können, schließen konkrete Sonderzeichen aus oder ändern die Formate der vom SAP-System generierten Passwörter.

Einstellungen an den Passwortregeln können Sie in den folgenden vier Bereichen vornehmen:

- Profilparameter (Transaktion RZ10)
- Customizing-Parameter (Tabelle PRGN_CUST)
- verbotene Passwörter (Tabelle USR40)
- Sicherheitsrichtlinien

Die Profilparameter und Customizing-Parameter beschreiben wir in den folgenden beiden Abschnitten. Die Sicherheitsrichtlinien behandeln wir in Abschnitt 1.5, »Sicherheitsrichtlinien für Benutzer einsetzen«)

Verbotene Passwörter

Sie können die Verwendung bestimmter Wörter oder Sonderzeichen in Passwörtern ausschließen, indem Sie sie in die Tabelle USR40 (Tabelle für verbotene Kennwörter) eintragen. In diese Tabelle können Sie sowohl konkrete Wörter (z. B. den Namen Ihres Unternehmens) als auch Muster für Passwörter (z. B. 1234*) eintragen. Dabei steht das Asterisk (*, Wildcard) für beliebig viele weitere Zeichen. Ein Fragezeichen (?) steht als Platzhalter für ein beliebiges Zeichen. Beachten Sie allerdings bei der Pflege der Tabelle USR40, dass Anzahl und Art der Einträge Auswirkungen auf die Performance haben.

1.4.1 Profilparameter zur Definition von Passwortregeln

Über die Profilparameter werden die globalen Passwortregeln für die Dialoganmeldung gesteuert. Sie pflegen die Profilparameter über die Transaktion RZ10. In Tabelle 1.1 finden Sie die für die Anmeldung relevanten Parameter und den jeweils von uns vorgeschlagenen Wert (es handelt sich dabei nicht immer um den Default-Wert des Parameters).

Parameter	Empfohlener Wert	Beschreibung
login/disable_password_logon	1	Dieser Parameter steuert, ob die passwortbasierte Benutzerauthentifizierung standardmäßig verwendet wird. Dabei können folgende Werte angenommen werden: ■ 0: Die Anmeldung mit Passwort ist für alle Benutzer erlaubt (Default). ■ 1: Die Anmeldung mit Passwort ist nur noch für diejenige Benutzergruppe erlaubt, die im Parameter login/password_logon_usergroup hinterlegt ist. ■ 2: Die Anmeldung mit Passwort ist generell nicht erlaubt.
login/password_logon_usergroup	<Benutzergruppe>	Vergeben Sie als Wert für diesen Parameter eine Benutzergruppe aus der Transaktion SU01, wenn Sie den Benutzern in dieser Gruppe weiterhin die Anmeldung mit Passwort erlauben möchten. Dieser Parameter wirkt nur im Zusammenhang mit der Einstellung 1 (eingeschränkte passwortbasierte Anmeldung) für den Parameter login/disable_password_logon.
login/password_change_for_SSO	3	Bei der Single Sign-on-Anmeldung (SSO-Anmeldung) prüft das System, ob das Passwort des Benutzers geändert werden muss, etwa, weil noch das Initialpasswort verwendet wird oder das Passwort abgelaufen ist. Dabei existieren die folgenden Werte: ■ 0: Das System ignoriert die Änderungspflicht (abwärtskompatibel). ■ 1: Der Anwender muss sich zwischen Ändern oder Löschen des Passworts entscheiden (Default-Wert). ■ 2: Der Anwender muss das Passwort ändern. ■ 3: Das Passwort wird automatisch gelöscht.
login/min_password_lng	8	Mit diesem Parameter können Sie die Minimallänge des Anmeldepassworts festlegen. Das Passwort muss mindestens 3 und darf maximal 40 Zeichen lang sein.

Tabelle 1.1 Profilparameter zur Konfiguration der Passwortregeln

Parameter	Empfohlener Wert	Beschreibung
login/min_password_lng (Forts.)		Dieser Parameter und die fünf folgenden wirken sich sowohl auf die Vergabe neuer Passwörter als auch auf die Passwortänderung bzw. auf das Rücksetzen von Passwörtern aus. Ist der Profilparameter login/password_downwards_compatibility auf den Wert 5 gesetzt, können für diesen und die folgenden fünf Profilparameter nur Werte zwischen 0 und 8 eingetragen werden.
login/min_password_digits	1	Mit diesem Parameter legen Sie die minimale Anzahl von Ziffern (0 bis 9), die im Passwort enthalten sein müssen, fest. Der Wertebereich reicht von 0 bis 40. Diesen Parameter sollten Sie zusammen mit den folgenden Parametern bewerten: ▪ login/min_password_letters ▪ login/min_password_uppercase ▪ login/min_password_lowercase ▪ login/min_password_specials Unsere Empfehlung lautet, mindestens zwei der fünf Parameter zu setzen.
login/min_password_letters	1	Mit diesem Parameter, der sich analog dem Parameter login/min_password_digits verhält, legen Sie die minimale Anzahl von Buchstaben fest, welche im Passwort enthalten sein müssen.
login/min_password_uppercase	1	Mit diesem Parameter legen Sie die minimale Anzahl von Großbuchstaben, die im Passwort enthalten sein müssen, fest. Der Parameter verhält sich analog dem Parameter login/min_password_digits.
login/min_password_lowercase	1	Mit diesem Parameter, der sich analog dem Parameter login/min_password_digits verhält, legen Sie die minimale Anzahl von Kleinbuchstaben fest, welche im Passwort enthalten sein müssen.

Tabelle 1.1 Profilparameter zur Konfiguration der Passwortregeln (Forts.)

Parameter	Empfohlener Wert	Beschreibung
login/min_password_specials	1	Mit diesem Parameter legen Sie die minimale Anzahl von Sonderzeichen fest, die im Passwort enthalten sein müssen. Dieser Parameter verhält sich analog dem Parameter login/min_password_digits.
login/password_charset	0	Mit diesem Parameter legen Sie fest, aus welchen Zeichen ein Passwort bestehen darf, er wird allerdings nur ausgewertet, wenn der Profilparameter login/password_downwards_compatibility auf den Wert 5 gesetzt ist. Der Parameter nimmt drei mögliche Werte an: ■ 0: Das Passwort darf nur aus Ziffern, Buchstaben, dem Leerzeichen und den folgenden ASCII-Sonderzeichen bestehen: !, ", @, $, %, &, /, (,), =, ?, ', `, *, +, ~, #, -, ., ,, ;, :, {, [,], }, \, <, >. ■ 1: Das Passwort kann aus beliebigen Zeichen, auch nationalen Sonderzeichen, bestehen. Geben die Anwender Sonderzeichen ein, die nicht in der für den Profilparameter-Wert 0 angegebenen Liste enthalten sind, werden diese Einträge auf das entsprechende Sonderzeichen in der Liste unter 0 abgebildet und daher nicht voneinander unterschieden. Der Wert 1 ermöglicht die abwärtskompatible Speicherung dieser Sonderzeichen und stellt den Default-Wert dar. ■ 2: Das Passwort darf aus beliebigen Zeichen bestehen. Es wird vom System in das Unicode-Format UTF-8 konvertiert. Bei der Verwendung des Profilparmeter-Werts 2 werden Passwörter in einer Form gespeichert, die Systeme mit älterem Kernel nicht interpretieren können. Dieser Wert ist daher nicht abwärtskompatibel. Unabhängig vom Wert dieses Profilparameters müssen Sie beachten, dass weder ein Ausrufezeichen (!) noch ein Fragezeichen (?) als erstes Zeichen in einem Passwort vorkommen darf.

Tabelle 1.1 Profilparameter zur Konfiguration der Passwortregeln (Forts.)

Parameter	Empfohlener Wert	Beschreibung
login/password_expiration_time	180	Mit diesem Parameter bestimmen Sie die Dauer der Passwortgültigkeit. Der Wertebereich reicht von 0 bis 1.000. Der Wert 0 bedeutet, dass kein Anwender zur Passwortänderung gezwungen wird, ein Wert größer als 0 dagegen gibt die Anzahl der Tage an, nach denen der Anwender sein Passwort ändern muss.
login/min_password_diff	3	Mit diesem Parameter bestimmen Sie, um wie viele Zeichen mindestens sich ein neues Passwort vom alten Passwort unterscheiden muss. Der Wertebereich reicht von 1 bis 40.
login/password_history_size	5	Mit diesem Parameter bestimmen Sie den Umfang der Passworthistorie. Die Passworthistorie wird ausgewertet, wenn ein Benutzer ein neues Passwort eingibt: Das System lehnt die (Wieder-)verwendung von Passwörtern, die in der Passworthistorie gespeichert sind, ab. Dies gilt nur für Passwörter, die vom Anwender gesetzt wurden. Vom Administrator vergebene Passwörter werden nicht geprüft und auch nicht in der Passworthistorie gespeichert. Der Wertebereich reicht von 0 bis 100 und beschreibt die Anzahl der gespeicherten Passwörter.
login/password_change_waittime	1	Mit diesem Parameter legen Sie fest, nach welcher Zeitspanne ein Anwender sein Passwort erneut ändern darf. Wird die Änderung vom System erzwungen, beispielsweise, weil die Einstellung eines Profilparameters die Änderung des Passworts erfordert oder ein Administrator ein neues Passwort gesetzt hat, greift die Änderung des Passworts sofort. Der Wertebereich reicht von 1 bis 1.000, gemessen in Tagen.
login/password_max_idle_initial	3	Mit diesem Parameter können Sie die maximale Zeitspanne zwischen dem Zeitpunkt der Passwort(zurück)setzung und der nächsten Anmeldung mit dem Initialpasswort festlegen.

Tabelle 1.1 Profilparameter zur Konfiguration der Passwortregeln (Forts.)

Parameter	Empfohlener Wert	Beschreibung
login/password_max_idle_initial (Forts.)		Der Wertebereich reicht von 0 bis 24.000, gemessen in Tagen. Der Wert 0 bedeutet, dass ein Initialpasswort nie ungültig wird. Prüfen Sie in diesem Zusammenhang auch die SAP-Hinweise 862989 und 622464. Beachten Sie, dass dieser Parameter auch für Benutzer vom Typ »Kommunikation« gilt, da für diese ein Initialpasswort vergeben wird. Einige SAP-Kunden verwenden Kommunikationsbenutzer für technische RFC-Verbindungen (Remote Function Call; Empfehlung von SAP ist es, in diesem Fall Benutzer vom Typ »System« zu verwenden), da auch die Kommunikationsbenutzer der Änderungspflicht unterliegen.
login/password_max_idle_productive	181	Mit diesem Parameter können Sie die maximale Zeitspanne zwischen zwei Anmeldungen mit einem produktiven Passwort festlegen. Der Wertebereich reicht von 0 bis 24.000, gemessen in Tagen. Der Wert 0 bedeutet, dass ein produktives Passwort nie ungültig wird. Wir empfehlen Ihnen, den Wert dieses Parameters nicht niedriger zu setzen als den Wert des Parameters login/password_expiration_time.
login/password_compliance_to_current_policy	0	Mit diesem Parameter können Sie steuern, ob das System bei einer passwortbasierten Anmeldung prüfen soll, ob das verwendete Passwort den aktuellen Passwortregeln genügt. Ist dies nicht der Fall, wird der Anwender zur Änderung des Passworts gezwungen. Die folgenden Werte sind möglich: ■ 0: Es wird keine Prüfung durchgeführt. ■ 1: Die Prüfung wird durchgeführt. Durch entsprechende Einstellungen im Parameter login/password_expiration_time können Sie außerdem realisieren, dass die Umstellung des Passworts nach Ablauf der Passwortgültigkeit erfolgt. Das neue Passwort muss dann den Regeln genügen.

Tabelle 1.1 Profilparameter zur Konfiguration der Passwortregeln (Forts.)

Parameter	Empfohlener Wert	Beschreibung
login/password_downwards_compatibility	0	Seit SAP NetWeaver 7.0 unterstützt das System die Anmeldung mit Passwörtern, die aus bis zu 40 Zeichen (früher: 8 Zeichen) bestehen. Außerdem wird zwischen Groß- und Kleinbuchstaben unterschieden (früher: automatische Konvertierung in Großbuchstaben). Ferner werden beliebige Unicode-Zeichen unterstützt. Der Wertebereich dieses Profilparameters reicht von 0 bis 5. Wir empfehlen Ihnen dringend, den Wert 0 zu wählen. Er bedeutet, dass nicht abwärtskompatible Passwort-Hash-Werte gespeichert werden. Ältere Verfahren für Hashwerte sind nicht mehr sicher und können decodiert werden. Bei der Einstellung dieses Parameters sollten Sie unbedingt SAP-Hinweis 1458262 beachten. Weitere Informationen zur Abwärtskompatibilität finden Sie auch in Abschnitt 12.2.2, »Sicherer Umgang mit Passwörtern«.
login/failed_user_auto_unlock	0	Mit diesem Parameter bestimmen Sie, ob durch Fehlanmeldungen gesperrte Benutzer automatisch wieder entsperrt werden. Ist der Parameter auf den Wert 1 gesetzt, werden Sperren, die wegen fehlgeschlagener Passwortanmeldeversuche gesetzt wurden, am nächsten Tag automatisch durch das System aufgehoben. Bei der Verwendung des Werts 0 bleiben die Sperren wirksam.
login/fails_to_session_end	3	Mit diesem Parameter legen Sie die Anzahl der Falschanmeldungen fest, die mit einem Benutzer möglich sein sollen, bis das Anmeldeverfahren abgebrochen wird. Der Wert dieses Profilparameters sollte kleiner sein als der Wert des Parameters login/fails_to_user_lock. Der Wertebereich reicht von 1 bis 99 und gibt die Anzahl der Falschanmeldungen an.

Tabelle 1.1 Profilparameter zur Konfiguration der Passwortregeln (Forts.)

Parameter	Empfohlener Wert	Beschreibung
login/fails_to_user_lock	5	Bei jedem fehlerhaften Passwortanmeldeversuch wird der Zähler der Falschanmeldungen für den verwendeten Benutzer erhöht. Mit diesem Parameter legen Sie die maximal erlaubte Anzahl der erfolglosen Anmeldeversuche fest. Wird diese erreicht, sperrt das System den Benutzer für weitere Anmeldungen. Bei erfolgreicher Anmeldung wird der Falschanmeldezähler zurückgesetzt. Der Wertebereich reicht von 1 bis 99 und gibt die Anzahl der Falschanmeldungen an.
login/server_logon_restriction		Mit diesem Parameter können Sie den Zugriff auf den Server beschränken. Details zur Nutzung dieses Parameters finden Sie in Abschnitt 6.3, »Anmeldung am Anwendungsserver einschränken«.

Tabelle 1.1 Profilparameter zur Konfiguration der Passwortregeln (Forts.)

1.4.2 Customizing-Schalter zur Konfiguration des Passwortgenerators

Über die Customizing-Parameter in der Tabelle PRGN_CUST wird der *Passwortgenerator* in den Transaktionen SU01 und SU10 gesteuert. Eine Übersicht zu den Customizing-Parametern und den jeweils von uns vorgeschlagenen Werten finden Sie in Tabelle 1.2.

Die im vorangehenden Abschnitt beschriebenen Werte der Profilparameter übersteuern die Einträge zu den Customizing-Parametern, damit keine ungültigen Passwörter generiert werden. Sollte also der gepflegte Wert eines Customizing-Parameters kleiner sein als der Wert des korrespondierenden Profilparameters, wird stattdessen der Default-Wert des Customizing-Parameters gezogen. Analog verhält es sich, wenn kein Wert für den Customizing-Parameter gepflegt wurde.

Parameter	Empfohlener Wert	Beschreibung
GEN_PSW_MAX_LENGTH	8	Mit diesem Parameter legen Sie die maximale Länge des generierten Passworts fest. Maximal möglich sind 40 Zeichen, dies entspricht auch dem Default-Wert. Dieser Customizing-Parameter korrespondiert mit dem Profilparameter login/min_password_lng.

Tabelle 1.2 Customizing-Parameter zur Konfiguration des Passwortgenerators

Parameter	Empfohlener Wert	Beschreibung
GEN_PSW_MAX_LETTERS	8	Dieser Parameter bestimmt die maximale Anzahl an Buchstaben im generierten Passwort. Maximal möglich sind 40 Zeichen, dies entspricht auch dem Default-Wert. Dieser Customizing-Parameter korrespondiert mit dem Profilparameter `login/min_password_letters`.
GEN_PSW_MAX_DIGITS	8	Dieser Parameter bestimmt die maximale Anzahl an Zahlen im generierten Passwort. Maximal möglich sind 40 Zeichen, dies entspricht auch dem Default-Wert. Dieser Customizing-Parameter korrespondiert mit dem Profilparameter `login/min_password_digits`.
GEN_PSW_MAX_SPECIALS	8	Dieser Parameter bestimmt die maximale Anzahl an Sonderzeichen im generierten Passwort. Maximal möglich sind 40 Zeichen, dies entspricht auch dem Default-Wert. Dieser Customizing-Parameter korrespondiert mit dem Profilparameter `login/min_password_specials`.

Tabelle 1.2 Customizing-Parameter zur Konfiguration des Passwortgenerators (Forts.)

1.5 Sicherheitsrichtlinien für Benutzer einsetzen

Es kommt immer wieder vor, dass bestimmte Benutzer in Ihrem SAP-System besondere Anforderungen an die Passwortregeln, Passwortänderungen und Anmelderestriktionen nötig machen. Dafür kann es unterschiedliche Gründe geben:

- Benutzer, die lediglich für Schnittstellen zu anderen Anwendungen verwendet werden, z. B. in der Lagerhaltung oder Produktion, haben häufig wenig Möglichkeiten, die Passwörter zu ändern. Sie sollten daher nur eingeschränkte Berechtigungen für das SAP-System haben.
- Benutzer mit weitreichenden Berechtigungen, die Sie durch besonders starke Passwortregeln absichern möchten.
- Technische Benutzer, die abwärtskompatible Passwörter erfordern.

Bisher standen keinerlei Möglichkeiten zur Verfügung, um für diese Benutzer andere Passwortregeln oder Anforderungen an die Passwortänderungen zu definieren als für andere Benutzer. Heute wird Ihnen über die *Sicherheitsrichtlinien*, die Sie benutzer- und mandantenspezifisch zuordnen, ein passendes Werkzeug dafür bereitgestellt. Wir zeigen Ihnen im Folgenden, wie Sie Sicherheitsrichtlinien definieren und wie diese wirken.

Die Sicherheitsrichtlinien wurden mit dem SAP-NetWeaver-Release 7.31 eingeführt. Sicherheitsrichtlinien erweitern die Definition der Passwortregeln, Passwortänderungen und Anmelderestriktionen über Profilparameter.

Die Zuordnung einer Sicherheitsrichtlinie zu einem Benutzer erfolgt in Transaktion SU01 auf der Registerkarte **Logondaten**. Für Benutzer, denen keine Sicherheitsrichtlinie zugeordnet worden ist, bleiben u. a. die in Abschnitt 1.4.1, »Profilparameter zur Definition von Passwortregeln«, beschriebenen Einstellungen zu den Passwortregeln relevant. Einige der Profilparameter werden in den Sicherheitsrichtlinien nicht berücksichtigt und müssen daher weiterhin systemweit eingestellt werden.

Sicherheitsrichtlinien enthalten immer alle *Sicherheitsrichtlinienattribute* und deren *Vorschlagswerte*. Die Vorschlagswerte können Sie entsprechend Ihren Anforderungen anpassen.

Sie definieren Sicherheitsrichtlinien über die Transaktion SECPOL (siehe Abbildung 1.2). Wählen Sie dazu das Attribut aus, für das Sie einen eigenen Wert pflegen möchten, z. B. CHECK_PASSWORD_BLACKLIST, und tragen Sie Ihre Werte für dieses Attribut ein.

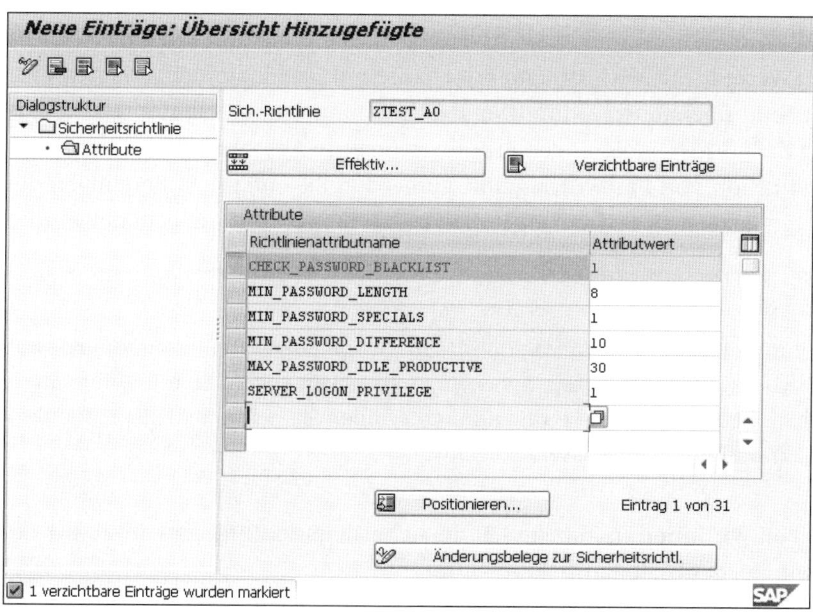

Abbildung 1.2 Attribute einer Sicherheitsrichtlinie mit markiertem verzichtbarem Eintrag

Über den Button **Verzichtbare Einträge** werden Ihnen die Attribute angezeigt, die sich nicht von den globalen Einträgen unterscheiden. Einen Überblick über die aktiven Werte Ihrer Sicherheitsrichtlinie erhalten Sie, indem Sie auf den Button **Effektiv...** klicken. Abbildung 1.3 zeigt ein Beispiel für eine solche Übersicht. Beachten Sie dabei, dass nicht nur die von Ihnen geänderten Werte der Attribute aktiv sind, sondern auch die Vorschlagswerte, die Sie nicht geändert haben.

Richtlinienattributname	Wert	Q...	Beschreibung des Attributs
CHECK_PASSWORD_BLACKLIST	1	=	Prüfung der Kennwort-Blacklist
DISABLE_LOGON	0	□	Ticketanmeldung unterbinden
DISABLE_PASSWORD_LOGON	0	□	Kennwortanmeldung unterbinden
DISABLE_TICKET_LOGON	0	□	Ticketanmeldung unterbinden
MAX_FAILED_PASSWORD_LOGON_ATTEMPTS	5	□	Maximale Anzahl von Fehlversuchen
MAX_PASSWORD_IDLE_INITIAL	0	□	Gültigkeit ungenutzter Initialkennwörter
MAX_PASSWORD_IDLE_PRODUCTIVE	30	≠	Gültigkeit ungenutzter Produktivkennw.
MIN_PASSWORD_CHANGE_WAITTIME	1	□	Minimale Wartezeit bei Kennwortänderung
MIN_PASSWORD_DIFFERENCE	10	≠	Anzahl unterschied. Zeichen bei Änderung
MIN_PASSWORD_DIGITS	0	□	Minimale Anzahl von Ziffern
MIN_PASSWORD_LENGTH	8	≠	Minimale Kennwortlänge
MIN_PASSWORD_LETTERS	0	□	Minimale Anzahl von Buchstaben
MIN_PASSWORD_LOWERCASE	0	□	Minimale Anzahl von Kleinbuchstaben
MIN_PASSWORD_SPECIALS	1	≠	Minimale Anzahl von Sonderzeichen
MIN_PASSWORD_UPPERCASE	0	□	Minimale Anzahl von Großbuchstaben
PASSWORD_CHANGE_FOR_SSO	1	□	Kennwortänderungspflicht bei SSO-Anmeld.
PASSWORD_CHANGE_INTERVAL	0	□	Intervall regelmäßig. Kennwortänderungen
PASSWORD_COMPLIANCE_TO_CURRENT_POLICY	0	□	Kennwortänderung nach Regelverschärfung
PASSWORD_HISTORY_SIZE	5	□	Größe der Kennworthistorie
PASSWORD_LOCK_EXPIRATION	0	□	Automat. Aufhebung der Kennwortsperre
SERVER_LOGON_PRIVILEGE	1	≠	Anmeldung bei server_logon_restriction=1

Abbildung 1.3 Aktive Werte einer Sicherheitsrichtlinie

Nachfolgend listen wir die Sicherheitsrichtlinienattribute für Sie auf. Wir geben jeweils die zulässigen Werte sowie den Profilparameter an, der durch das jeweilige Sicherheitsrichtlinienattribut übersteuert wird. Die Beschreibung der Attribute ist wie die Beschreibung der korrespondierenden Profilparameter in Abschnitt 1.4.1, »Profilparameter zur Definition von Passwortregeln«, aufgebaut. Sie entspricht derjenigen des Profilparameters, sofern dieser über Sicherheitsrichtlinienattribute abgebildet wurde.

[»]

Ausprägung der Attribute

Eine Empfehlung für die Ausprägung der Attribute sprechen wir hier nicht aus, da Sicherheitsrichtlinien ja gerade die Sonderfälle abdecken sollen. Eine Empfehlung zur allgemeinen Ausprägung der Profilparameter finden Sie in Abschnitt 1.4.1 »Profilparameter zur Definition von Passwortregeln«.

Zunächst stellen wir Ihnen in Tabelle 1.3 die Sicherheitsrichtlinienattribute für die Passwortregeln bei der Dialoganmeldung vor.

Sicherheitsrichtlinien-attribut	Werte	Beschreibung
`MIN_PASSWORD_LENGTH`	3–40	Funktion analog dem Profilparameter `login/min_password_lng`
`MIN_PASSWORD_DIGITS`	0–40	Funktion analog dem Profilparameter `login/min_password_digits`

Tabelle 1.3 Sicherheitsrichtlinienattribute zur Definition von Passwortregeln

Sicherheitsrichtlinien-attribut	Werte	Beschreibung
MIN_PASSWORD_LETTERS	0–40	Funktion analog dem Profilparameter login/min_password_letters
MIN_PASSWORD_LOWERCASE	0–40	Funktion analog dem Profilparameter login/min_password_lowercase
MIN_PASSWORD_UPPERCASE	0–40	Funktion analog dem Profilparameter login/min_password_uppercase
MIN_PASSWORD_SPECIALS	0–40	Funktion analog dem Profilparameter login/min_password_specials
CHECK_PASSWORD_BLACKLIST	0; 1	Mit diesem Attribut bestimmen Sie, ob das Passwort bei der Eingabe mit der Negativliste verbotener Passwörter abgeglichen wird (dazu werden die Einträge in der Tabelle USR40 geprüft). Wenn Sie das Passwort als Administrator eingeben, wird lediglich eine Warnung ausgegeben, die Sie ignorieren können. ■ Der Wert 0 bedeutet, dass keine Auswertung der Tabelle USR40 stattfindet. ■ Der Wert 1 bedeutet, dass die Tabelle USR40 (Negativliste) ausgewertet wird.
PASSWORD_CHANGE_INTERVAL	0–1000	Funktion analog dem Profilparameter login/password_expiration_time
MIN_PASSWORD_DIFFERENCE	1–40	Funktion analog dem Profilparameter login/min_password_diff
PASSWORD_HISTORY_SIZE	1–100	Funktion analog dem Profilparameter login/password_history_size
MIN_PASSWORD_CHANGE_WAITTIME	1–1000	Funktion analog dem Profilparameter login/password_change_waittime
PASSWORD_COMPLIANCE_TO_CURRET_POLICY	0; 1	Funktion analog dem Profilparameter login/password_compliance_to_current_policy
PASSWORD_CHANGE_FOR_SSO	0; 1; 2; 3	Funktion analog dem Profilparameter login/password_change_for_SSO

Tabelle 1.3 Sicherheitsrichtlinienattribute zur Definition von Passwortregeln (Forts.)

In Tabelle 1.4 finden Sie die Sicherheitsrichtlinienattribute zur Definition der Anmelderestriktionen für Dialoganwendungen.

Sicherheitsrichtlinien-attribut	Werte	Beschreibung
DISABLE_PASSWORD_LOGON	0; 1	Dieses Attribut fasst die beiden Profilparameter `login/disable_password_logon` und `login/password_logon_usergroup` zusammen. Sie legen damit fest, ob sich ein Benutzer mit einem Passwort am System anmelden kann.
DISABLE_TICKET_LOGON	0; 1; 2	Mit diesem Attribut legen Sie fest, ob sich ein Benutzer mit Anmelde- oder Zusicherungsticket am System anmelden kann. ■ Der Wert 0 bedeutet, dass die Anmeldung mit einem Anmelde- oder Zusicherungsticket erlaubt ist. ■ Der Wert 1 bedeutet, dass die Anmeldung mit einem Anmeldeticket nicht erlaubt ist, die Anmeldung mit einem Zusicherungsticket hingegen schon. ■ Der Wert 2 bedeutet, dass die Anmeldung mit einem Anmelde- oder Zusicherungsticket nicht erlaubt ist.
MAX_FAILED_PASSWORD_LOGON_ATTEMPTS	1–99	Funktion analog dem Profilparameter `login/fails_to_user_lock`
MAX_PASSWORD_IDLE_INITIAL	0–24.000	Funktion analog dem Profilparameter `login/password_max_idle_initial`
MAX_PASSWORD_IDLE_PRODUCTIVE	0–24000	Funktion analog dem Profilparameter `login/password_max_idle_productive`
PASSWORD_LOCK_EXPIRATION	0; 1	Funktion analog dem Profilparameter `login/failed_user_auto_unlock`
SERVER_LOGON_PRIVILEGE	0; 1	Mit diesem Attribut legen Sie fest, ob sich ein Benutzer trotz Zugriffsbeschränkung auf einen Server an diesem Server anmelden kann (über den Profilparameter `login/server_logon_restriction` können Sie auf diese Weise eine Zugriffsbeschränkung setzen). ■ Der Wert 0 bedeutet, dass die Anmeldung nicht erlaubt ist. ■ Der Wert 1 bedeutet, dass die Anmeldung erlaubt ist. Details zur Nutzung dieses Attributs erfahren Sie in Abschnitt 6.3, »Anmeldung am Anwendungsserver einschränken«.

Tabelle 1.4 Sicherheitsrichtlinienattribute zur Definition der Anmelderestriktionen

Seit der Einführung der Sicherheitsrichtlinien können Sie für Benutzer vom Typ »System« oder »Service« eigene Sicherheitsrichtlinien definieren. Damit ist der Grund, dessentwegen Passwortregeln nicht für Benutzer vom Typ »System« bzw. »Service« gültig waren, weggefallen, da Sie beispielsweise für diese Benutzer sicherstellen können, dass weiterhin abwärtskompatible Passwörter verwendet werden. Daher gelten die Regeln für die Inhalte der Passwörter nun auch für Benutzer dieser Typen. Regeln für die Änderung von Passwörtern sind weiterhin nicht für Benutzer vom Typ »System« oder »Service« gültig. Die Zuordnung einer Sicherheitsrichtline zu einem Benutzer erfolgt in der Transaktion SU01 auf der Registerkarte **Logondaten** im Feld **Sich.-Richtlinie**, wie in Abbildung 1.4 dargestellt.

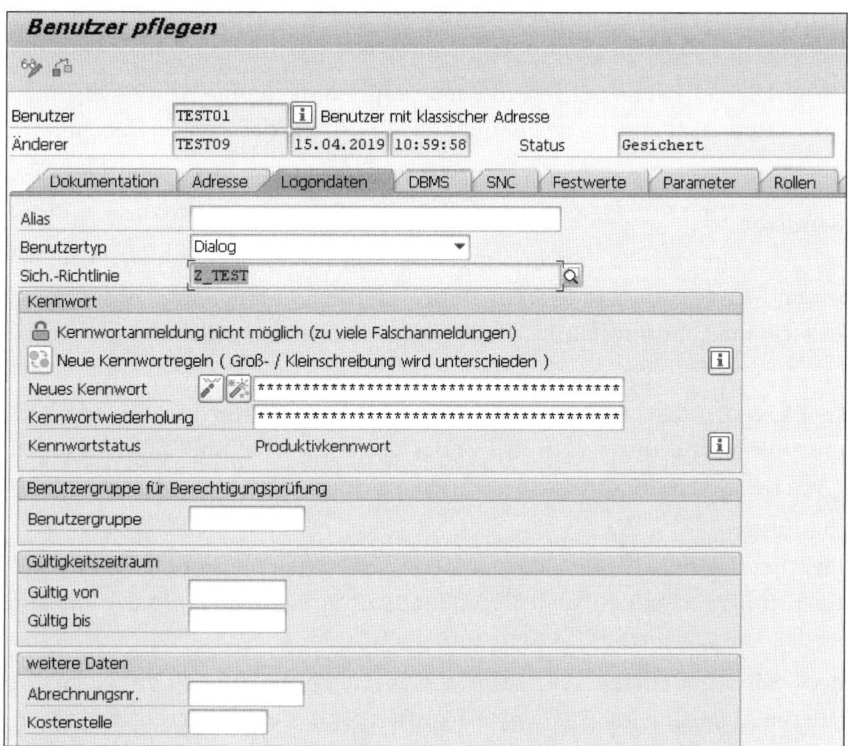

Abbildung 1.4 Zuordnung einer Sicherheitsrichtline zu einem Benutzer in der Transaktion SU01

Wenn Sie in Ihrem System Sicherheitsrichtlinien einsetzen, können Sie sich mithilfe des Reports RSUSR_SECPOL_USAGE einen Überblick über die Zuordnung von Sicherheitsrichtlinien zu Benutzern verschaffen. Diesen Report finden Sie im Benutzerinformationssystem (Transaktion SUIM). Zusätzlich wurde in den Reports des Benutzerinformationssystems die Selektion nach Benutzern mit ausgewählten Sicherheitsrichtlinien ergänzt. Diese Änderung wurde über ein Support Package bereitgestellt. Details hierzu finden Sie in SAP-Hinweis 1611173.

1.6 Auswirkung der Benutzertypen auf Passwortregeln

Bei der Anlage von Benutzern im SAP-System kann zwischen verschiedenen Benutzertypen gewählt werden. Diese Benutzertypen steuern das Anmeldeverhalten und auch die Auswirkungen der Passwortregeln auf den Benutzer. Dies kann zu unerwünschtem Verhalten führen, insbesondere, wenn der Parameter für die Gültigkeit des Initialpassworts gesetzt ist.

So ist häufig nicht bekannt, dass die Passwortregeln auch für Benutzer vom Typ »Kommunikation« gelten. Kommunikationsbenutzer verwenden meist ein Initialpasswort, da eine Dialoganmeldung nicht möglich ist und damit das Passwort nicht geändert wird. Werden nun Parameter für die Gültigkeit des Initialpassworts eingeführt, greifen diese auch für Kommunikationsbenutzer.

Wir zeigen nachfolgend, wie Sie solche Probleme verhindern können, und geben Ihnen einen Überblick über die Benutzertypen und die Auswirkung der Passwortregeln.

Diese fünf Benutzertypen im SAP-System steuern die Art des Zugriffs:

- **Dialogbenutzer**
  Dialogbenutzer sind für die Verwendung durch natürliche Personen gedacht, die sich über das SAP GUI am SAP-System anmelden (Dialoganmeldung). Der Dialogbenutzer ist daher der am häufigsten genutzte Benutzertyp. Für ihn gelten die festgelegten Passwortregeln.

  Wird das Passwort eines Dialogbenutzers vom Administrator gesetzt, erhält es den Status **Initial** und muss vom Anwender bei der Anmeldung erneut gesetzt werden, um den Status **Produktiv** zu erhalten.

- **Servicebenutzer**
  Servicebenutzer werden für den anonymen Zugriff durch mehrere Personen verwendet, z. B. für Webservices. Auch dieser Benutzertyp ist dialogfähig, d. h. er kann sich über das SAP GUI am SAP-System anmelden.

  Mit einem Servicebenutzer sind immer Mehrfachanmeldungen möglich. Die Regeln für die Änderung von Passwörtern griffen für diesen Benutzertyp in früheren Releases nicht. Mit der Einführung der Sicherheitsrichtlinien (siehe Abschnitt 1.5, »Sicherheitsrichtlinien für Benutzer einsetzen«) hat sich dieses Verhalten jedoch geändert. Nun greifen die Regeln für die Inhalte der Passwörter auch bei Servicebenutzern.

  Das Passwort eines Servicebenutzers besitzt immer den Status **Produktiv** und kann nur durch den Benutzeradministrator geändert werden.

- **Kommunikationsbenutzer**
  Kommunikationsbenutzer sind ebenfalls für die Verwendung durch Personen gedacht. Diese melden sich von außerhalb des Systems per RFC-Aufruf am SAP-System an. Daher ist keine Dialoganmeldung möglich.

Wird das Passwort eines Kommunikationsbenutzers vom Administrator gesetzt, erhält es den Status **Initial**. Der Anwender wird jedoch bei einem RFC-Aufruf nicht dazu aufgefordert, das Passwort zu ändern. Es behält daher häufig den Status **Initial**, auch wenn der Anwender durch den RFC-Aufruf eines Funktionsbausteins die Möglichkeit hat, das Passwort zu ändern (dann: Status **Produktiv**).

Die Passwortregeln greifen für diesen Benutzertyp, was allerdings in der Praxis häufig nicht auffällt, da Passwortregeln für Initialpasswörter eher selten genutzt werden.

- **Systembenutzer**
  Systembenutzer sind ebenfalls für den anonymen Zugriff gedacht. Sie werden in technischen Abläufen verwendet, die einen Benutzer erfordern, wie z. B. in Batch-Läufen oder RFC-Verbindungen. Mit ihnen ist daher keine Dialoganmeldung am SAP-System möglich, sondern nur die Anmeldung per RFC-Aufruf. Für einen Systembenutzer sind immer Mehrfachanmeldungen möglich, und die Regeln für die Änderung von Passwörtern (siehe auch die Erläuterung unter »Servicebenutzer«) greifen nicht. Das Passwort eines Systembenutzers hat immer den Status **Produktiv** und kann nur durch den Benutzeradministrator geändert werden.
- **Referenzbenutzer**
  Referenzbenutzer sind nicht für den Zugriff auf ein SAP-System gedacht, sondern dienen der Berechtigungsadministration. Sie haben daher immer ein deaktiviertes Passwort. Referenzbenutzer vererben die ihnen zugeordneten Berechtigungen an die Benutzer, in denen der Referenzbenutzer eingetragen ist. Hierzu wird bei der Anmeldung auch der Benutzerpuffer des Referenzbenutzers erzeugt, und diese Einträge werden auch bei Berechtigungsprüfungen des erbenden Benutzers geprüft.

1.7 Passwort- und Anmeldesperren

Im SAP-System werden verschiedene Gründe für die Sperrung von Benutzern unterschieden. Es kann daher vorkommen, dass ein Anwender trotz Passwortsperre noch dazu in der Lage ist, sich z. B. mittels Single Sign-on (SSO) am System anzumelden. Wir erklären Ihnen daher in den nachfolgenden Ausführungen die Unterschiede zwischen den Sperren von Passwörtern, den Sperren und Gültigkeiten von Benutzerkonten und den Gültigkeiten von zugeordneten Berechtigungen.

Im SAP-System werden Passwörter gesperrt, wenn die maximale Anzahl erlaubter Fehlversuche bei der Passwortanmeldung erreicht wurde. Der Zähler für die Anzahl der Fehlversuche wird bei jeder erfolgreichen Anmeldung mit einem Passwort wieder zurückgesetzt. Darüber hinaus kann ein Initialpasswort gesperrt werden, wenn seine Gültigkeit abgelaufen ist. Sowohl die Gültigkeit des Initialpassworts als auch der Maximalwert für Fehlversuche bei der Passwortanmeldung werden über Profilparameter gesetzt. Details hierzu finden Sie in Abschnitt 1.4, »Passwortregeln konfigurieren«.

Eine Passwortsperre verhindert die weitere Anmeldung eines Anwenders nur, wenn er sein Passwort bei der Anmeldung eingibt, da die Anzahl der Fehlversuche nur dann ausgewertet wird, wenn die Anmeldung mithilfe eines Passwortes erfolgt. Findet also eine Anmeldung über andere Authentifizierungsverfahren (wie z. B. SSO) statt, sind diese nicht von der Passwortsperre betroffen. Dies gilt gleichermaßen für interne Ablaufverfahren (wie z. B. Hintergrundjobs), da bei ihnen ebenfalls keine Passwortanmeldung notwendig ist. Dies verhindert z. B. sogenannte *Denial-of-Service-Attacken*, die zunächst die Sperre eines Passworts bewirken, um darüber interne Prozesse blockieren zu können.

Eine Ausnahme von dieser Regel gibt es allerdings: Auch wenn andere Authentifizierungsverfahren genutzt werden, prüft das System, ob der Benutzer dazu in der Lage ist, sich mit einem Passwort anzumelden. Wenn dies der Fall ist und das Passwort gerade geändert werden muss, wird diese Änderung vom Benutzer abgefragt. Diese Abfrage können Sie mithilfe des Profilparameters `login/password_change_for_SSO` aber auch ausschalten.

Sperren und Gültigkeiten des Benutzerkontos erfolgen über den Benutzeradministrator und sind auch für andere Authentifizierungsverfahren gültig. Das heißt, dass eine Anmeldung über SSO eines ungültigen Benutzers oder eines Benutzers mit Administratorsperre nicht erlaubt wird. Wir empfehlen Ihnen daher immer, den Zugang zum System über das Setzen der Gültigkeit von Benutzern zu steuern. Setzen Sie dafür in der Transaktion SU01 auf der Registerkarte **Logondaten** im Bereich **Gültigkeitszeitraum** das Datum im Feld **Gültig bis** entsprechend Ihren Anforderungen. Das Setzen von Gültigkeiten für die zugeordneten Rollen verhindert zwar ebenfalls, dass der Benutzer noch Aktivitäten im System durchführen kann, unterbindet aber nicht generell dessen Anmeldung.

1.8 Berechtigungsfehler prüfen

Berechtigungsfehler können auf verschiedene Ursachen zurückgehen. Zur Analyse von Berechtigungsfehlern werden zwei Vorgehensweisen empfohlen, die wir Ihnen im folgenden Abschnitt vorstellen. Für Empfehlungen zu detaillierten Analysen verweisen wir Sie an dieser Stelle auf die Darstellung der Traces in Kapitel 5, »Berechtigungstraces«.

1.8.1 Benutzerpuffer auffrischen

Es kann vorkommen, dass für einen Benutzer, obwohl diesem Benutzer eine Rolle mit den korrekten Berechtigungsdaten zugeteilt wurde, ein Berechtigungsfehler aufgrund von fehlenden Berechtigungen angezeigt wird. Dieses Verhalten mag zunächst überraschen, kann aber fast immer nach einer kurzen Analyse behoben werden.

Ob ein Benutzer berechtigt ist, wird aus Performancegründen vom SAP-Kernel im *Benutzerspuffer* geprüft. Es werden jedoch nur Profile und keine Rollen in den Benutzerpuffer geladen. Durch den Aufruf der Transaktion SU56 gelangen Sie zur Analyse des Benutzerpuffers. Hier wird Ihnen zunächst der Benutzerpuffer Ihres eigenen Benutzers angezeigt.

Über den Menüpfad **Berechtigungswerte • Anderer Benutzer/Berechtigungsobjekt** (Taste F5) erscheint ein Pop-up-Fenster, über das Sie den Benutzerpuffer für einen anderen Benutzer oder ein anderes Berechtigungsobjekt aufrufen können. Tragen Sie in das Feld **Benutzer** den Benutzer ein, den Sie analysieren möchten (siehe Abbildung 1.5).

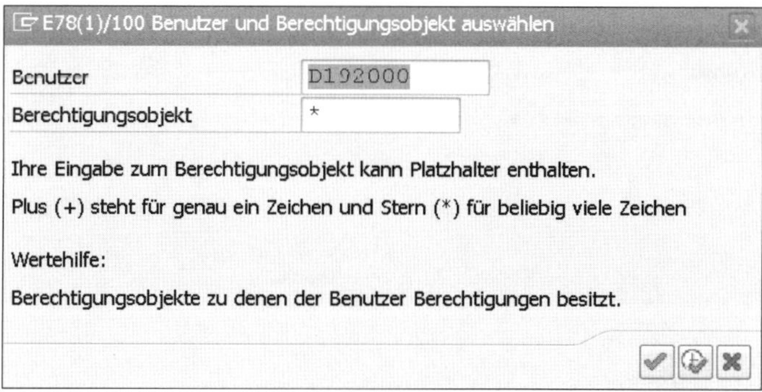

Abbildung 1.5 Anzuzeigenden Benutzerpuffer auswählen

Über den Menüpfad **Berechtigungswerte • Benutzerpuffer zurücksetzen** können Sie den Benutzerpuffer des angezeigten Benutzers neu laden (siehe Abbildung 1.6).

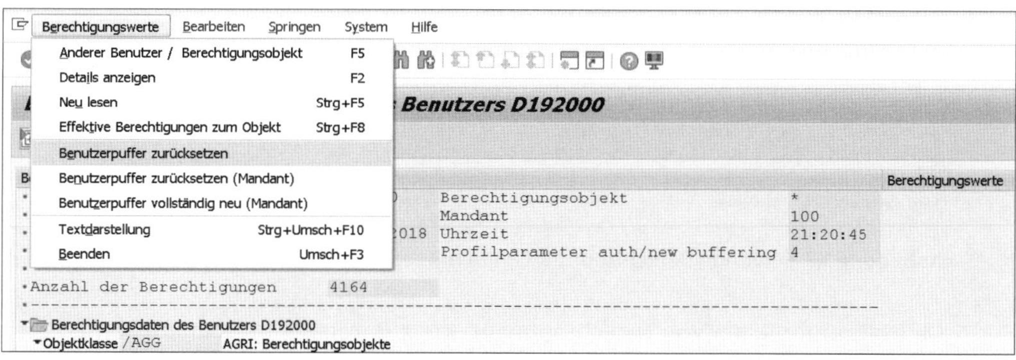

Abbildung 1.6 Zurücksetzen des Benutzerpuffers

Über den Menüpfad **Berechtigungswerte • Benutzerpuffer zurücksetzen (Mandant)** kann der Puffer für alle an einem Mandanten angemeldeten Benutzer zurückgesetzt werden. Die Funktion **Berechtigungswerte • Benutzerpuffer vollständig neu (Mandant)** füllt den Benutzerpuffer für alle Benutzer nach einer Mandantenkopie vollständig neu (siehe auch SAP-Hinweis 2414634).

Es kommt nur sehr selten vor, dass der Benutzerpuffer nicht aktuell ist. Über den Profilparameter `auth/new_buffering` ist mit dem Wert `4` eingestellt, dass die Berechtigungen, d. h. die Änderungen am Benutzerstamm oder an den Rollen bzw. Profilen, sofort aktualisiert und in die Datenbanktabelle `USRBF2` geschrieben werden, ohne dass eine Neuanmeldung erforderlich ist. Dieser Wert ist standardmäßig eingestellt.

Dass der Puffer nicht aktuell ist, erkennen Sie daran, dass vorhandene Berechtigungen in der Transaktion SU56 mit dem Hinweis **In den Stammdaten, aber nicht im Benutzerpuffer vorhanden** gekennzeichnet, d. h. nicht im Puffer enthalten sind (siehe Abbildung 1.7).

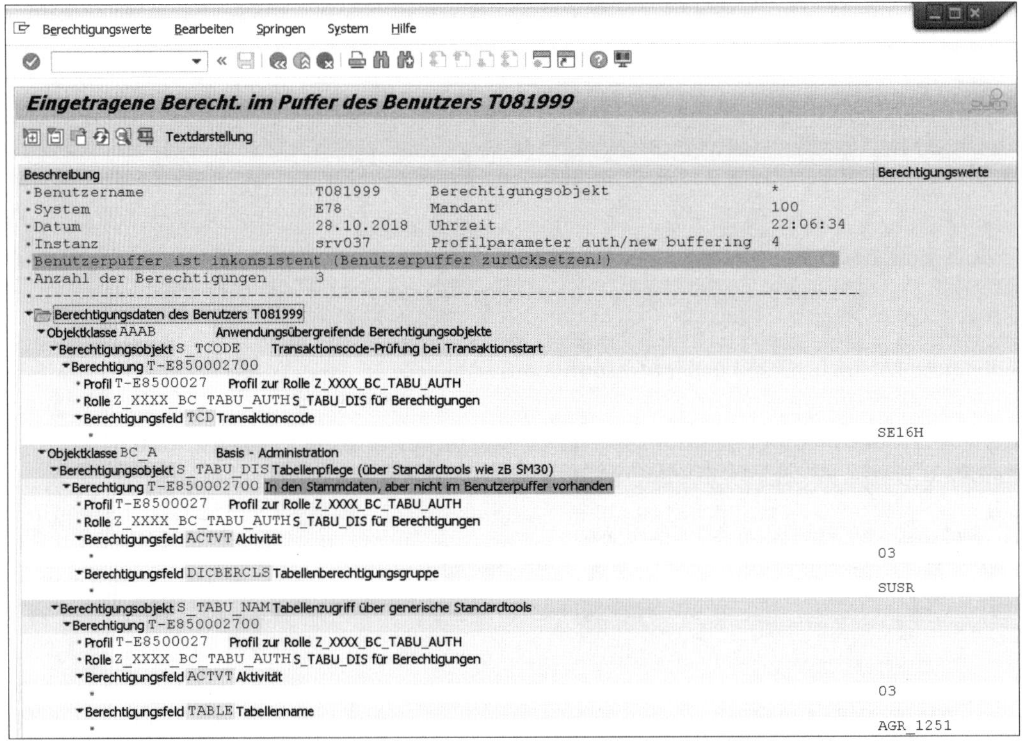

Abbildung 1.7 Fehlende Berechtigungen im Benutzerpuffer

Da bestimmte Arten von Berechtigungen, wie z. B. Analyseberechtigungen für SAP Business Warehouse (SAP BW) oder strukturelle Berechtigungen in SAP ERP HCM, nicht auf SAP-Berechtigungsprofilen beruhen, werden diese Berechtigungen im Benutzerpuffer auch nicht angezeigt oder aufgefrischt. Für die Analyse solcher

Berechtigungsprobleme müssen Sie daher die geeigneten Werkzeuge nutzen, z. B. die Transaktion HRAUTH für SAP ERP HCM oder die Transaktion RSECADMIN für SAP BW. Dasselbe gilt für den Puffer des Organisationsmanagements für den Fall, dass Sie die indirekte Rollenzuordnung verwenden. Führen Sie die Transaktion PPWFBUF oder den Report `RHWFINDEXRESET` aus, um den Puffer des Organisationsmanagements zurückzusetzen.

Eine Voraussetzung zur Aktualität des Benutzerpuffers ist der korrekt ausgeführte *Benutzerabgleich*. Diese korrekte Ausführung erkennen Sie in der Transaktion PFCG anhand der grünen anstatt gelben oder roten Statusampel auf der Registerkarte **Benutzer** (siehe Abbildung 1.8).

Abbildung 1.8 Rolle mit inkonsistentem Profil und fehlendem Benutzerabgleich

Wir empfehlen Ihnen daher, einen Hintergrundjob über die Transaktion PFUD einzuplanen, der einen regelmäßigen Benutzerabgleich durchführt. Wie das geht, erfahren Sie in Abschnitt 2.4, »Benutzerabgleich mit Transaktion PFUD«).

[+]

Transaktionsstartberechtigung

Wussten Sie übrigens, dass Sie über den Profilparameter `auth/tcodes_not_checked` die Prüfung der Transaktionsstartberechtigung für die Transaktionen SU53 und SU56 ausschalten können? Tragen Sie hierzu den Wert `SU53`, `SU56` oder `SU53 SU56` für diesen Profilparameter ein. Damit benötigen Sie die Berechtigungen für die Ausführung dieser Transaktionscodes über das Berechtigungsobjekt `S_TCODE` nicht mehr und können direkt mit der Analyse fehlerhafter Berechtigungen beginnen.

1.8.2 Fehlgeschlagene Berechtigungsprüfungen zentral einsehen

Hat ein Anwender ein Berechtigungsproblem, wird in der Regel ein Ticket beim Support eröffnet. Berechtigungsfehler sind für Supportmitarbeiter jedoch nur schwer nachzuvollziehen, da sie über andere Berechtigungen verfügen als der Anwender und ihnen zudem häufig detaillierte Informationen zu der Applikation fehlen, in der der Berechtigungsfehler aufgetreten ist.

In der Praxis behelfen sich Supportmitarbeiter daher oft mit der Bitte an den Anwender, einen Screenshot aus der Transaktion SU53 zu schicken. Diese Transaktion zeigt nämlich die letzte fehlgeschlagene Berechtigungsprüfung an. In vielen Fällen sind die Informationen, die dort angezeigt werden, für den Berechtigungsadministrator jedoch gar nicht hilfreich.

Sicher haben Sie es auch schon einmal erlebt, dass ein Screenshot aus der Transaktion SU53 eine fehlende Berechtigung für typische Basisberechtigungsobjekte anzeigt, wie z. B. `S_ADMI_FCD`, `S_CTS_ADMI` oder `S_TRANSLAT`, von denen Sie aber wissen, dass ihre Prüfung mit dem eigentlichen Berechtigungsproblem in der Anwendung nichts zu tun hat. Sie benötigen also eine Möglichkeit, um sich selbst ein Bild machen zu können.

Auch um fehlgeschlagene Berechtigungsprüfungen zentral einzusehen, können Sie die Transaktion SU53 verwenden. Öffnen Sie die Transaktion und rufen Sie im Menü über den Pfad **Berechtigungswerte • Anderer Benutzer** oder mit der Taste [F5] die Benutzerauswahl auf. Tragen Sie hier den Benutzer, dessen Berechtigungen fehlgeschlagen sind, im gleichnamigen Feld ein (siehe Abbildung 1.9). Bestätigen Sie Ihre Eingabe mit einem Klick auf das grüne Häkchen.

In der Ergebnisliste können Sie die fehlgeschlagene Berechtigungsprüfung für den ausgewählten Benutzer einsehen, wie in unserem Beispiel die fehlende Berechtigung zum Anzeigen der Tabelle `AGR_DEFINE`. Abbildung 1.9 zeigt Ihnen, dass in dieser Auswertung mehr als nur ein Berechtigungsobjekt angezeigt wird, für das die Berechtigungsprüfung fehlgeschlagen ist.

Die zentrale Einsicht in die Berechtigungsprüfungen aller Benutzer wird über ein Patch als erweiterte Funktionalität der Transaktion SU53 ausgeliefert. In SAP-Hinweis 1671117 finden Sie weiterführende Informationen zu den erforderlichen Support Packages sowie technische Hintergründe. Nicht erfolgreiche Berechtigungsprüfungen werden nun in einen *Ringpuffer* des Shared Memorys des Anwendungsservers geschrieben. Damit können Sie fehlgeschlagene Berechtigungsprüfungen auch in Web-Dynpro-Anwendungen oder anderen Benutzeroberflächen anzeigen lassen, was bisher nicht angeboten wurde.

Abhängig von der Größe des Ringpuffers und der Systemauslastung können je Benutzer bis zu 100 fehlgeschlagene Berechtigungsprüfungen für die letzten drei Stunden angezeigt werden. Die Größe des Ringpuffers wird aus der Anzahl der definierten Workprozesse berechnet. Standardmäßig werden 100 Berechtigungsprüfungen je Workprozess gespeichert; dies ist auch der Maximalwert. Diese Größe können Sie mithilfe des Profilparameters `auth/su53_buffer_entries` anpassen. Ist die Größe des Ringpuffers erreicht, werden die ältesten Daten mit neuen Einträgen überschrieben.

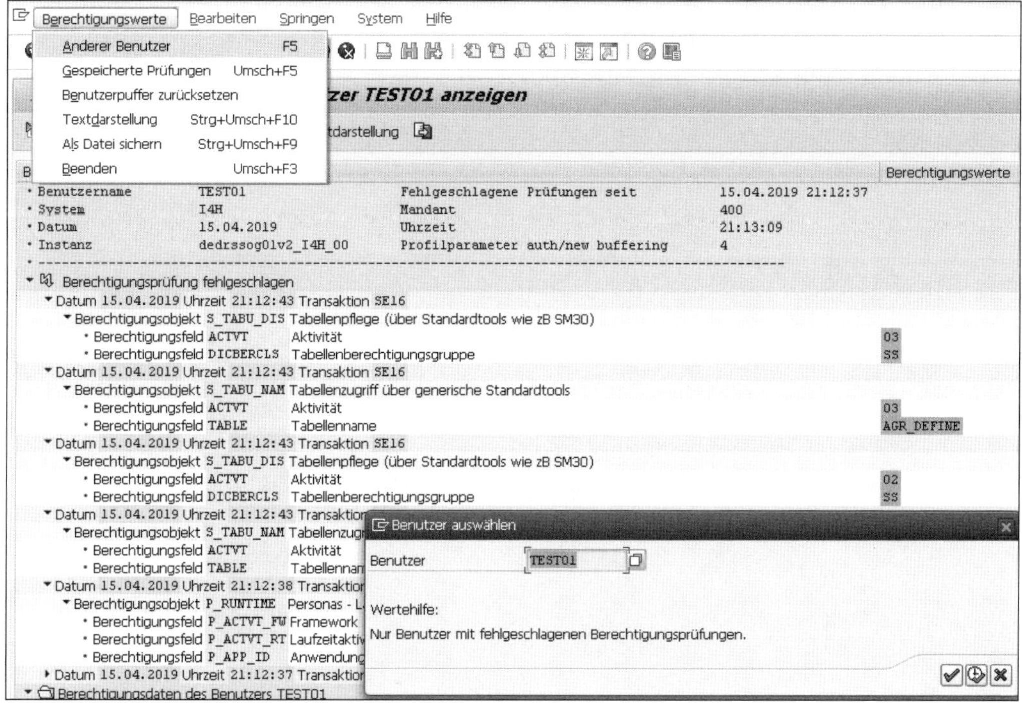

Abbildung 1.9 Berechtigungswerte eines anderen Benutzers auswählen

Der Vorteil dieser Funktion ist, dass Administratoren fehlgeschlagene Berechtigungsprüfungen unabhängig von den Endanwendern analysieren können. Endanwender speichern ihre nicht erfolgreich verlaufenen Prüfungen über den Button **Sichern** (💾) in der Datenbank. Als Administrator können Sie auch fehlgeschlagene Berechtigungsprüfungen von anderen Benutzern sichern. Über den Button **Gespeicherte Prüfungen** erhalten Sie auch im Nachhinein Zugriff auf diese Informationen.

Die beim Aufruf der alten Transaktion SU53 durchgeführte automatische Speicherung entfällt, da sie durch die letzte Aufzeichnung überschrieben wurde. Auch können Sie die Ergebnisse in eine Excel-Datei laden, um eine komfortablere Auswertung zu ermöglichen.

1.9 Zusammenfassung

In diesem Kapitel haben Sie einen Überblick über die Pflege der Benutzerstammdaten erhalten. Sie haben gelernt, welche Faktoren Auswirkungen auf die Anmeldung am System haben. Außerdem haben Sie Anregungen für die Analyse von fehlgeschlagenen Berechtigungsprüfungen erhalten, die Sie als Administrator oder die Benutzer selbst auswerten können.

Kapitel 2
Benutzerverwaltung

Die Verwaltung von Benutzern in komplexen SAP-Systemlandschaften kann herausfordernd sein. In diesem Kapitel wollen wir Ihnen Best Practices vermitteln, die Ihnen die tägliche Arbeit erleichtern werden.

In diesem Kapitel geht es um die Verwaltung der Benutzer eines SAP-Systems. Wir geben Ihnen Empfehlungen, die Ihnen als Benutzeradministrator das Leben erleichtern. Sie lernen unter anderem, wie Sie den Einsatz der Zentralen Benutzerverwaltung (ZBV) optimieren können und welche Optionen Sie haben, um die Zuordnung von Rollen zu Benutzern einfacher zu gestalten. Ferner zeigen wir Ihnen einfache Vorgehensweisen für typische Aktivitäten, wie z. B. das Sperren inaktiver Benutzer, die Verwendung des Benutzerabgleichs sowie den Umgang mit der Massenbenutzerpflege.

2.1 Zentrale Benutzerverwaltung

Die ZBV dient vielen SAP-Kunden als einfaches Werkzeug für die systemübergreifende Benutzerverwaltung auf dem ABAP-Stack. Es werden regelmäßig Funktionen ergänzt, um den Kundenanforderungen gerecht zu werden. So wurden etwa in den letzten Releases Möglichkeiten zur automatischen Synchronisation der Namen von PFCG-Rollen, Änderungsbelege sowie eine Funktion zur temporären Abschaltung der ZBV für ein Tochtersystem ergänzt. Diese Funktionen werden in den folgenden Abschnitten vorgestellt.

2.1.1 Automatische Synchronisation

Sicher kennen Sie das: Beim Anlegen oder Pflegen von Benutzern in der ZBV müssen Sie jedes Mal vor der Zuweisung von PFCG-Rollen den Textabgleich für die Namen der PFCG-Rollen manuell starten, damit Ihnen die aktuellen PFCG-Rollendefinitionen zur Verfügung stehen. Verwalten Sie eine große Systemlandschaft mit vielen Systemen in Ihrer ZBV – darunter Entwicklungs-, Test- und Produktivsysteme – kann der Textabgleich mitunter viel Zeit in Anspruch nehmen.

Der manuelle Textabgleich muss immer dann ausgeführt werden, wenn Sie die folgenden Aktionen durchführen:

- PFCG-Rollen im Zentralsystem sowie in Tochtersystemen der ZBV neu anlegen oder löschen
- PFCG-Rollen über die Funktion zum Hochladen und die Funktion **Einlesen per RFC aus anderem System** hinzufügen
- Kurztexte von PFCG-Rollen im Zentralsystem sowie in Tochtersystemen der ZBV ändern oder übersetzen
- PFCG-Rollen über RFC an Zielsysteme verteilen
- Neuanlagen, Änderungen und Löschungen von PFCG-Rollen mittels Transportmanagementsystem transportieren

Mithilfe des SAP-Hinweises 1642106 können Sie ab SAP NetWeaver AS ABAP 7.0 den Textabgleich automatisch durchführen lassen. Durch das Einspielen des Hinweises wird der Textabgleich bei allen Änderungen an PFCG-Rollen in das Zentralsystem automatisch durchgeführt. Wir empfehlen Ihnen, das für Ihr Release passende Support Package zu installieren, das im SAP-Hinweis angegeben ist, da das Einspielen des Hinweises aufwendiger manueller Arbeiten bedarf. Mithilfe des Reports SUSR_ZBV_GET_RECEIVER_PROFILES schalten Sie die neue Funktionalität in all denjenigen Tochtersystemen ein, in denen der Korrekturhinweis ebenfalls eingespielt wurde. Ob die Funktion in den Tochtersystemen vorhanden ist, können Sie im Protokoll des Reports prüfen (siehe Abbildung 2.1). Wenn Sie den Report im Zentralsystem mit der Standardselektion ausführen, sind alle Tochtersysteme enthalten.

Protokolle anzeigen

Technische Informationen

Übersicht	An...
Zentralsystem DEVCLNT100: ok	2
kein manueller Textabgleich für Rollen notwendig (Hinweis 1642106)	1
Tochtersystem QASCLNT200: ok	2
kein manueller Textabgleich für Rollen notwendig (Hinweis 1642106)	1

Abbildung 2.1 Protokoll des Reports SUSR_ZBV_GET_RECEIVER_PROFILES

2.1.2 Änderungsbelege verwenden

Über die ZBV werden Benutzer angelegt sowie Rollen zugeordnet und in die jeweiligen Tochtersysteme verteilt. Dafür muss die ZBV einmal initial konfiguriert werden. Dazu gehören u. a. die Definition der ZBV-Landschaft, d. h. das Festlegen von Zentralsystem und Tochtersystemen, das Einstellen der Verteilungsparameter sowie die Übernahme der Benutzer aus den Tochtersystemen in das Zentralsystem.

Die ZBV können Sie auch im Nachhinein noch weiterkonfigurieren. So können Sie beispielsweise Tochtersysteme hinzufügen oder aus der ZBV herauslösen. Einstellungen zu den Verteilungseigenschaften der Felder des Benutzerstammsatzes können Sie in der Transaktion SCUM verändern, sodass Felder, die ursprünglich global über die ZBV verteilt wurden, auch lokal pflegbar sind. Alle diese Informationen zu den Änderungen an der ZBV-Konfiguration wurden bisher nicht zentral protokolliert. Diese fehlende Funktionalität wird mit SAP-Hinweis 1902038 ausgeliefert und kann nur über die jeweiligen Support Packages für die SAP-NetWeaver-Releases 7.31 sowie 7.40 eingespielt werden.

Die Änderungsbelege der ZBV werden für das Änderungsbelegobjekt USER_CUA geschrieben. Die Analyse der Änderungsbelege können Sie über die folgenden Wege aufrufen:

- über die neue Transaktion SCUH (Report RSUSRCUA)
- über die Transaktion SCUA (**Springen • Änderungsbelege zur ZBV-Landschaft**)
- über die Transaktion SUIM (**Änderungsbelege • für ZBV-Einstellungen**)

Änderungsbelege werden erfasst, sobald Änderungen an den Einstellungen der ZBV z. B. über die Transaktionen SCUA (Pflege der Systemlandschaft), SCUM (Pflege der Verteilungsparameter) oder SCUG (Benutzerübernahme) durchgeführt wurden. Im Einzelnen werden die folgenden Aktionen protokolliert:

- Anlegen oder Löschen eines ZBV-Modells in der Transaktion SCUA
- Hinzufügen oder Entfernen von angebundenen Tochtersystemen
- Übernahme von Benutzern aus den ZBV-Tochtersystemen in der Transaktion SCUG
- Konfiguration der Verteilungsparameter zu den einzelnen Benutzerattributen in der Transaktion SCUM
- Aktivierung oder Deaktivierung des Monitorings für die ZBV-Landschaft in der Transaktion SCUA
- temporäres Herauslösen eines Tochtersystems aus der ZBV-Landschaft (siehe Abschnitt 2.1.3, »Zentrale Benutzerverwaltung temporär abschalten«) in der Transaktion SCUA
- Ausführen des Reports RSDELCUA in einem Tochtersystem

Die Protokollierung findet sowohl im Zentralsystem als auch in den Tochtersystemen statt. Sollen die Änderungsbelege auch für die angeschlossenen Tochtersysteme gelesen werden, müssen die Tochtersysteme ebenfalls auf dem in SAP-Hinweis 1902038 genannten Release- bzw. Support-Package-Stand sein. Außerdem benötigen die RFC-Benutzer in den jeweiligen Tochtersystemen über das Berechtigungsobjekt

S_USER_SYS mit der neuen Aktivität 08 (Änderungsbelege lesen) die Berechtigung zum Lesen der Änderungsbelege.

Die Selektionsmaske zur Auswahl von Änderungsbelegen in der Transaktion SCUH unterteilt sich in vier Abschnitte (siehe Abbildung 2.2):

- **Standardselektion** (ähnlich wie in anderen SUIM-Reports)
- **Ausgabe**
- **Selektionskriterien**
- **Verteilungsparameter**

In der Standardselektion können Sie angeben, für welche Modellsicht, für welchen Änderer (**Geändert von**) und für welchen Zeitraum Sie sich Änderungsbelege anzeigen lassen möchten.

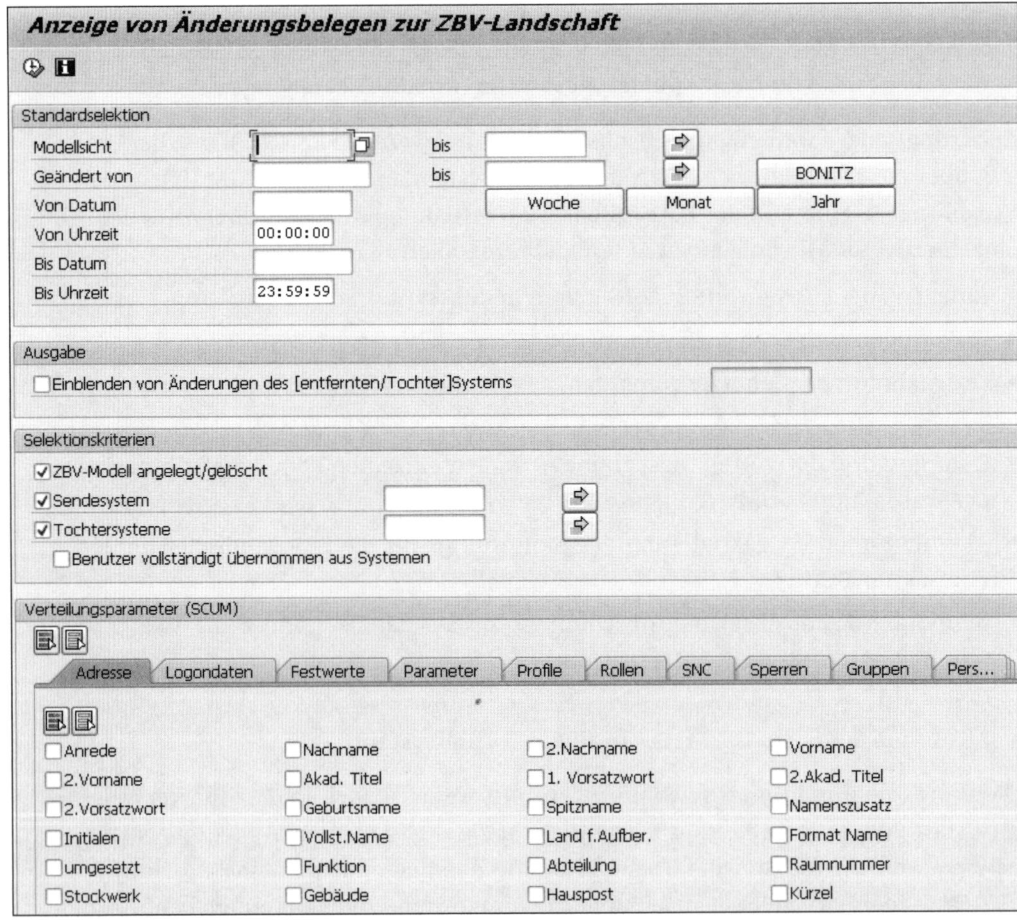

Abbildung 2.2 Selektion nach Änderungsbelegen in der Transaktion SCUH

Überdies können Sie sich im Bereich **Ausgabe** die Änderungsbelege eines entfernten Tochtersystems einblenden lassen oder im Bereich **Selektionskriterien** eine Einschränkung der Änderungsbelege für das Zentralsystem (**Sendesystem**) oder nur für bestimmte Tochtersysteme vornehmen. Im unteren Teil können Sie diejenigen Verteilungsparameter auswählen, an deren Änderung Sie interessiert sind.

Die Auswertung beinhaltet Informationen zu allen Änderungen in der ZBV-Konfiguration und in den angeschlossenen Tochtersystemen, ab dem Zeitpunkt, ab dem das entsprechende Release bzw. Support Package in den Systemen eingespielt wurde. In der Auswertung sind neben Datum, Uhrzeit und Änderer auch Informationen zur jeweiligen Modellsicht, zum Status des konfigurierten Systems und zur vorgenommenen Aktion (alter Wert und neuer Wert) enthalten. In unserem Beispiel in Abbildung 2.3 sehen Sie Änderungen, die in der Transaktion SCUA erfolgt sind ❶, wie z. B. das Erstellen einer Modellsicht und das Hinzufügen von Tochtersystemen, weiterhin Änderungen, die in der Transaktion SCUG vorgenommen wurden ❷, wie die Übernahme von Benutzern, sowie Änderungen an den Verteilungsparametern in der Transaktion SCUM ❸.

Mod. Sicht	Status	durchgeführte Aktion	Alter Wert	Text zum alten Wert	Neuer Wert	Text zum neuen Wert	TCode	Empfänger
CUA		ZBV-Modellsicht angelegt ❶			CUA		SCUA	CUACLNT322
		Zentralsystem gesetzt			CUACLNT322	CUAclient 322 - ZBV	SCUA	CUACLNT322
		Tochtersystem hinzugefügt			CUACLNT323		SCUA	CUACLNT322
		Tochtersystem: als neues System gesetzt			X	Neues System: Nicht alle Benutzer wurden übernommen	SCUA	CUACLNT323
		Tochtersystem hinzugefügt			CUACLNT324		SCUA	CUACLNT322
		Tochtersystem: als neues System gesetzt			X	Neues System: Nicht alle Benutzer wurden übernommen	SCUA	CUACLNT324
		Tochtersystem: Neues System geändert ❷	X	Neues System: Nicht alle Benutzer wurden übernommen		Alle Benutzer wurden übernommen	SCUG	CUACLNT324
		Verteilungsparameter für Nachname gelöscht ❸	G	Feldpflege ist nur global erlaubt			RSDELCUA	CUACLNT322
		Verteilungsparameter für Rollenzuordnung gelöscht	G	Feldpflege ist nur global erlaubt			RSDELCUA	CUACLNT322
		Monitoringeinstellung geändert		Monitoring inaktiv	X	Monitoring aktiv	SCUA	CUACLNT322

Abbildung 2.3 Auswertung der Änderungsbelege in der Transaktion SCUH

2.1.3 Zentrale Benutzerverwaltung temporär abschalten

In komplexen SAP-Landschaften, in denen die ZBV eingesetzt wird, können Fälle auftreten, in denen Sie ein Tochtersystem temporär aus der ZBV entfernen möchten, ohne dieses System löschen oder die gesamte ZBV abschalten zu müssen. Ein solcher

Fall träte etwa dann ein, wenn kurzfristig Benutzer in einem Tochtersystem angelegt werden sollen.

In der Transaktion SCUA, die Sie normalerweise zum Anlegen oder Löschen eines Verteilungsmodells der ZBV verwenden, können Sie ein Tochtersystem temporär abschalten. Diese Option ist allerdings standardmäßig deaktiviert. Zu ihrer Aktivierung müssen Sie Änderungen im Customizing der Tabelle PRGN_CUST vornehmen:

1. Öffnen Sie die Tabelle PRGN_CUST entweder direkt oder über das Customizing in der Transaktion SPRO im jeweiligen Tochtersystem:

   SAP NetWeaver • Application Server • Systemadministration • Benutzer und Berechtigungen • Customizing-Schalter in Tabelle PRGN_CUST setzen

2. Tragen Sie in der Spalte **Bezeichnung** den Wert CUA_TEMP_OFF_ENABLED und in der Spalte **Wert** »YES« ein (siehe Abbildung 2.4).

Sicht "Customizingeinstellungen zum Berechtigungswesen" ändern: Übersi

Neue Einträge

Customizingeinstellungen zum Berechtigungswesen

Bezeichnung	Wert	Text
ASSIGN_ROLE_AUTH	ASSIGN	ASSIGN (default), CHANGE - Prüfungen beim Zuordnen von Benutzern zu Rollen (Hinweis 312682)
ATCR_BCKGRND_MODE	BATCH	BATCH (default), QRFC - automatischer Textabgleich für Rollen: Art der Hintergrungverarbeitung bei Roller
AUTO_USERCOMPARE	YES	YES (default), NO - Automatischer Benutzerstammabgleich in PFCG und SU01, SU10 (Hinweis 312682)
CHECK_S_USER_SAS	YES	YES (default), NO - Aktivierung des Berechtigungsobjektes S_USER_SAS (Hinweis 536101)
CUA_TEMP_OFF_ENABLED	YES	NO (default), YES - temporäre Abschaltung der Zentralen Benutzerverwaltung in einem Tochtersystem er
CUA_USERGROUPS_CHECK	E	W (default), E, S, I (Ignorieren), C (Create) - Meldungstyp bei nicht vorhandenen Benutzergruppen (Hinv
GEN_PSW_MAX_DIGITS	40	Werte zwischen login/min_password_digits und 40 (default) - max. Anzahl an Ziffern im generierten Kennv
GEN_PSW_MAX_SPECIALS	40	Werte zwischen login/min_password_specials und 40 (default) - max. Anzahl an Sonderzeichen im generiei

Abbildung 2.4 Vorbereitendes Customizing in der Tabelle PRGN_CUST

3. Öffnen Sie nun die Transaktion SCUA in demjenigen Tochtersystem, das Sie aus der ZBV ausschließen möchten. Sie werden feststellen, dass der Button **Temporäre Abschaltung** () nun verfügbar, d. h. aktiv ist (siehe Abbildung 2.5).

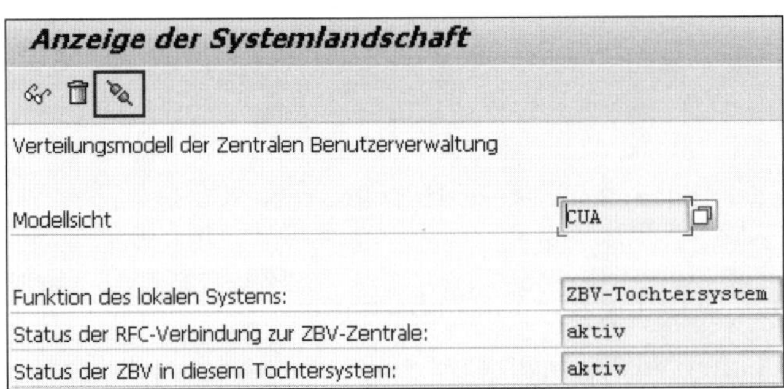

Abbildung 2.5 Funktion zum temporären Abschalten der ZBV in der Transaktion SCUA

4. Nach dem Klick auf diesen Button sehen Sie den aktuellen **ZBV-Status** im gleichnamigen Bereich (siehe Abbildung 2.6) und können das ausgewählte System über den Button **Ausführen** aus der ZBV herauslösen.

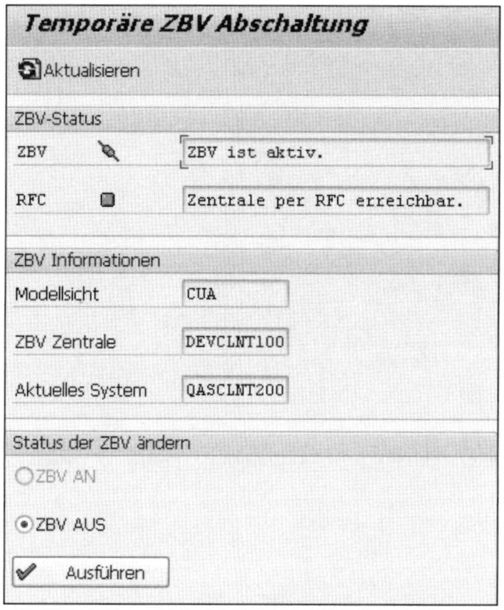

Abbildung 2.6 Temporäres Abschalten der ZBV

Für dieses Tochtersystem ist die ZBV nun nicht mehr aktiv. Um Inkonsistenzen in den Benutzerstammsätzen zu vermeiden, müssen Sie die Benutzer nach der Aktivierung der ZBV im Tochtersystem abgleichen. In der Transaktion SCUG können Sie nicht nur diesen Abgleich durchführen, sondern auch Benutzerdaten aus dem Tochtersystem in das Zentralsystem übernehmen. Gehen Sie dabei wie folgt vor:

1. Öffnen Sie Transaktion SCUG.
2. Markieren Sie das Tochtersystem, das Sie im Vorfeld temporär abgeschaltet haben.
3. Klicken Sie auf den Button **Benutzer** (Tooltip **Benutzer in das Zentralsystem übernehmen**).

Informationen zu den technischen Voraussetzungen finden Sie in SAP-Hinweis 962457.

Um die ZBV komplett auszuschalten, nutzen Sie den Report `RSDELCUA` oder den Bereich **Löschen** in der Transaktion SCUA. Diese Funktion erlaubt Ihnen, entweder nur bestimmte Tochtersysteme aus der ZBV oder die komplette ZBV selbst zu löschen (siehe Abbildung 2.7).

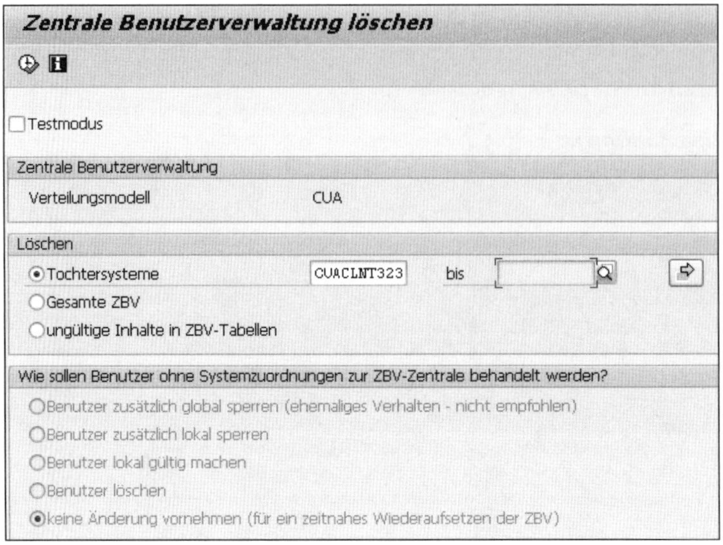

Abbildung 2.7 Löschen der ZBV

2.2 Rollenzuordnung

Rollen können Anwendern direkt über die Benutzerverwaltung in der Transaktion SU01, über die Rollenpflege in der Transaktion PFCG oder über die Massenänderung von Benutzern in der Transaktion SU10 zugeordnet werden. Ändert der Mitarbeiter jedoch seine Tätigkeit im Unternehmen, müssen die alten Rollen entfernt und entsprechend den neuen Tätigkeiten neue Rollen zugewiesen werden. In diesem Abschnitt möchten wir Ihnen weitere Wege der Benutzerzuordnung, wie z. B. über das Organisationsmanagement, sowie Möglichkeiten zur Pflege von Auswertungswegen zeigen.

2.2.1 Rollen über das Organisationsmanagement zuordnen

Da PFCG-Rollen so erstellt werden, dass sie Arbeitsplatzbeschreibungen darstellen, können Sie das *Organisationsmanagement* verwenden, um die Rollen anhand der Planstelle, Stelle usw. den jeweiligen Anwendern zuzuordnen.

Eine Voraussetzung für diese indirekte Zuordnung von PFCG-Rollen ist ein gepflegtes *Organisationsmodell*. Dieses kann einer *Linienorganisation* entsprechen, die aus Organisationseinheiten besteht, denen wiederum Planstellen zugeordnet sind. Veranschaulichen Sie sich die Mitarbeiterstruktur des Unternehmens oder der Abteilung, für die Sie die Rollen zuordnen sollen, anhand eines Organigramms, wie exemplarisch in Abbildung 2.8 gezeigt. Ordnen Sie den Planstellen diejenigen Personen (**P**) zu, denen ein Benutzer als Attribut zugewiesen ist. Darüber hinaus können

Sie noch weitere Objekte aus dem Organisationsmanagement einbeziehen, wie z. B. die Stellen, die die Planstelle (**S**) beschreiben, und darüber Rollen (**AG**) zuordnen.

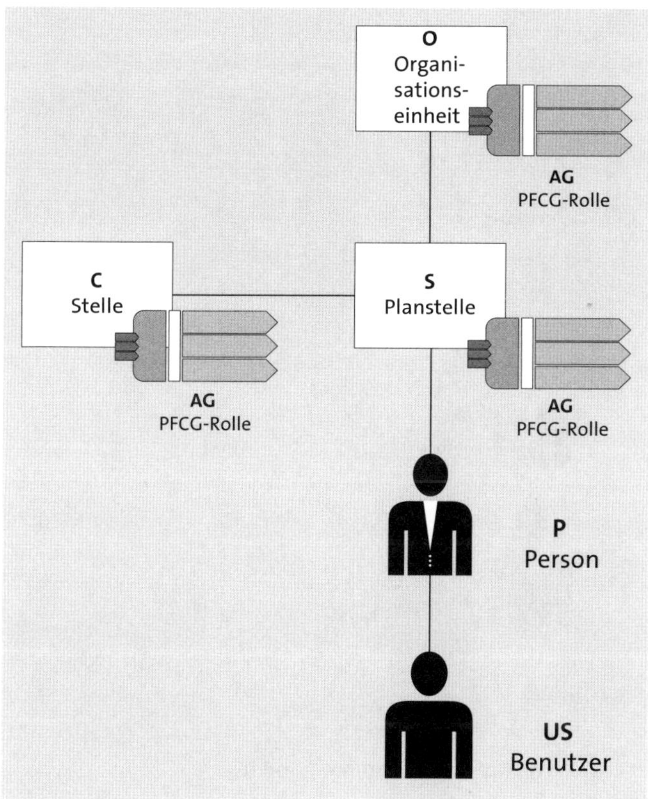

Abbildung 2.8 Rollenzuordnung im Organisationsmanagement

Der Planstelle können noch weitere Objekte zugeordnet sein, denen Sie ebenfalls eine PFCG-Rolle zuordnen können. Sie können dem Anwender wie in unserem Organigramm drei verschiedene PFCG-Rollen zuordnen. Die PFCG-Rollen können Sie entweder der Organisationseinheit, der Planstelle oder der Stelle zuordnen. Den Benutzer (**US**) ordnen Sie in dieser Hierarchie als Person (**P**) der Planstelle zu. Der Benutzer ist der Person als Attribut zugeordnet und deshalb im Organisationsmodell nicht sichtbar. Über diese Hierarchie könnte eine Personalstruktur abgebildet werden. Da die PFCG-Rollen nicht direkt dem Benutzer, sondern den Objekten im Organisationsmanagement zugeordnet sind und der Benutzer nur aufgrund seiner Zuordnung zu diesen Objekten den PFCG-Rollen zugeordnet wird, sprechen wir von einer *indirekten Zuordnung*.

Um nun die Vererbungshierarchie zu beschreiben, definieren Sie *Auswertungswege*, mit denen Sie die Verknüpfungen zwischen PFCG-Rolle und Benutzer beschreiben. In Abbildung 2.9 sind diese durch die gestrichelten Linien dargestellt.

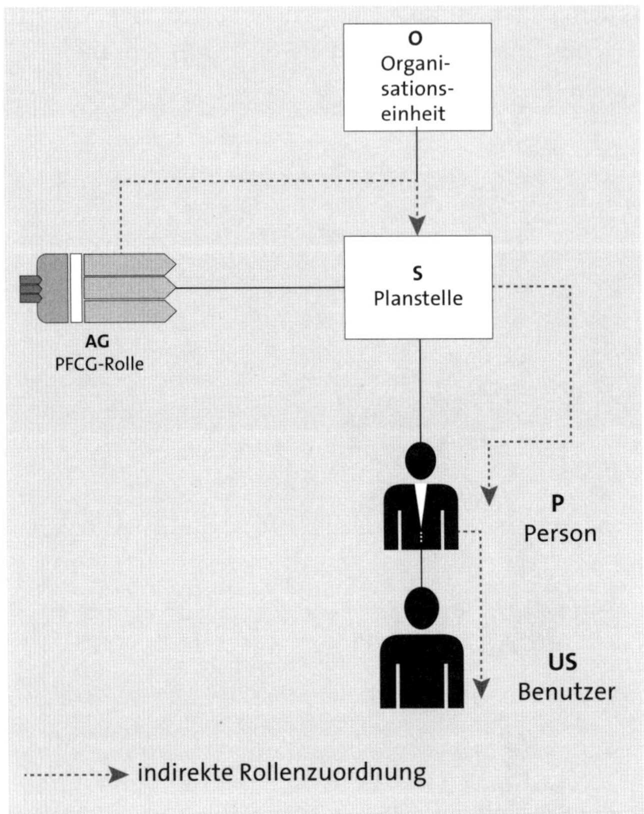

Abbildung 2.9 Vererbungshierarchie im Organisationsmanagement

Die Auswertungswege finden Sie in Tabelle T77AW. Ein für unser Beispiel gültiger Auswertungsweg ist US_ACTGR. Damit Sie die Rollen nun indirekt zuordnen können, sind die folgenden Voraussetzungen notwendig:

- Das Organisationsmanagement muss aktiv sein, d. h., Sie müssen im Mandanten eine aktive *Planvariante* definiert haben.
- Um die Verbindung zwischen Mitarbeiter und Benutzer in einem SAP-ERP-HCM-System nutzen zu können, müssen der Infotyp 0105 (Kommunikation) und der Subtyp 0001 (Benutzer-ID) gepflegt sein.
- Zur Aktivierung der Rollenverwaltung über das Organisationsmanagement setzen Sie im Customizing den Schalter HR_ORG_ACTIVE in der Tabelle PRGN_CUST auf YES.
- Je nach Ihren Anforderungen und verwendeten Objekten passen Sie den Auswertungsweg US_ACTGR an.
- Um die PFCG-Rollen in der Transaktion PFCG indirekt zuordnen zu können, müssen Sie über die Menüpunkte **Springen • Einstellungen** die Gesamtsicht (Organisationsmanagement und Workflow) auswählen.

Nun können Sie die PFCG-Rolle einer Planstelle zuordnen:

1. Wechseln Sie in der Rollenpflege in die Transaktion PFCG und dort zur Registerkarte **Benutzer**. Hier sehen Sie nun den Button **Org.Management** (siehe Abbildung 2.10).

Abbildung 2.10 Rollen in Transaktion PFCG mittels Organisationsmanagement zuordnen

2. In dieser Sicht wählen Sie über den Button (**Zuordnung anlegen**) oder über die Taste F5 das Objekt aus, dem Sie diese PFCG-Rolle zuordnen möchten (siehe Abbildung 2.11). Bestätigen Sie Ihre Auswahl mit einem Klick auf das grüne Häkchen.

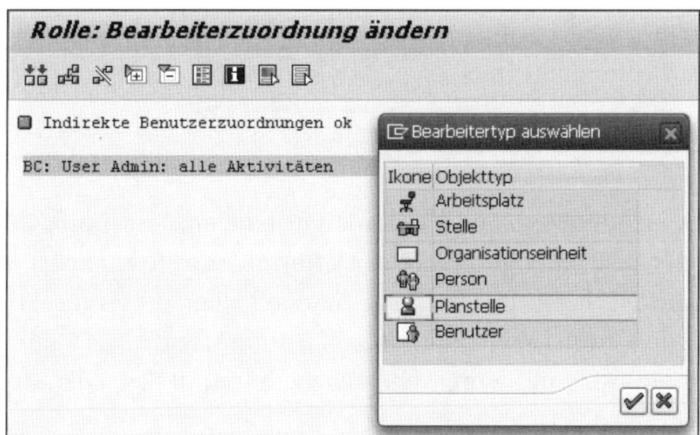

Abbildung 2.11 Indirekte Rollenzuordnung anlegen

3. Wenn Sie z. B. die **Planstelle** auswählen, können Sie im sich öffnenden Fenster nach derjenigen Planstelle aus dem Organisationsmodell suchen, der Sie die PFCG-Rolle zuordnen möchten (siehe Abbildung 2.12). Auch können Sie beim Anlegen der Verknüpfung einen Gültigkeitszeitraum eintragen.

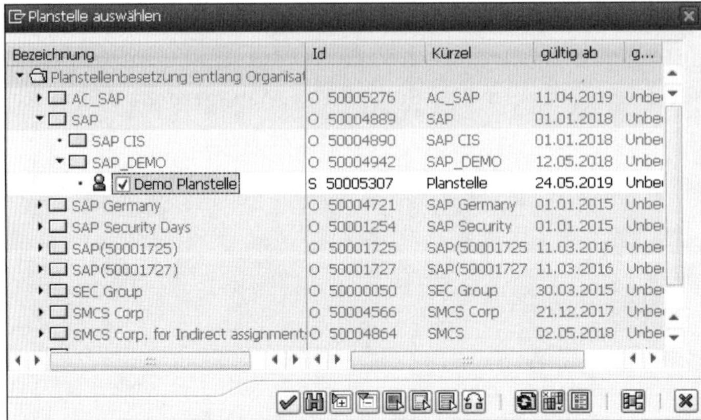

Abbildung 2.12 Auswahl der Planstelle

4. Nun werden Sie, ausgehend von der PFCG-Rolle, die zugeordnete Planstelle, die zugeordnete Person sowie den dazugehörigen Benutzer sehen, wie in Abbildung 2.13 gezeigt.

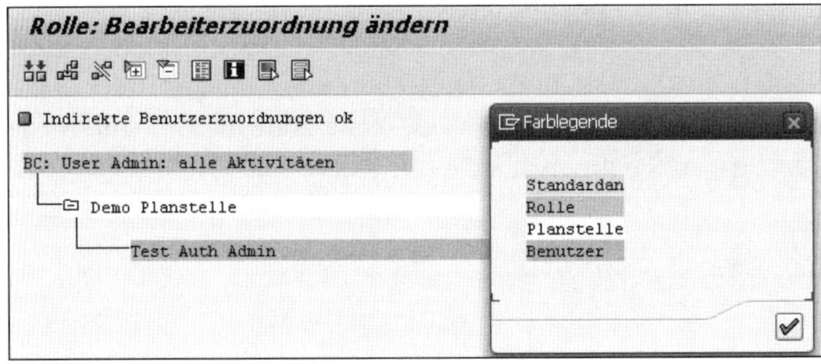

Abbildung 2.13 PFCG-Rollenzuordnung über eine Planstelle

Wechseln Sie nun in die Benutzerpflege, und Sie werden feststellen, dass diese PFCG-Rolle Ihrem Benutzer noch gar nicht zugeordnet ist. Dafür müssen Sie zunächst den *Benutzerstammabgleich* durchführen. Er lässt sich manuell über die Transaktion PFUD ausführen oder als Job einplanen. Dafür ist der Hintergrundjob PFCG_TIME_DEPENDENCY bzw. der Report RHAUTUPD_NEW vorgesehen (siehe Abschnitt 2.4, »Benutzerabgleich mit Transaktion PFUD«).

2.2.2 Auswertungswege in SAP CRM anpassen

In SAP Customer Relationship Management (SAP CRM) können Sie, ebenso wie in SAP ERP HCM, ein Organisationsmanagement aufbauen. Dabei pflegen Sie Organisationseinheiten und Planstellen und ordnen *Geschäftspartner* mit deren Benutzer-IDs zu. In SAP CRM gibt es jedoch eine Besonderheit: Benutzer-IDs sind einer Planstelle nicht direkt zugeordnet, sondern in der Regel indirekt mithilfe des zugeordneten Geschäftspartners. Alle Personen und Organisationen, die an Geschäftsprozessen beteiligt sind, sind in SAP CRM als Geschäftspartner abgebildet.

Möchten Sie nun PFCG-Rollen Nutzern indirekt über das Organisationsmanagement zuordnen, müssen Sie dafür Auswertungswege verwenden. Auswertungswege definieren eine Kette von Beziehungen zwischen Objekten innerhalb einer Hierarchie. Sie definieren auf diese Weise etwa, dass eine Organisationseinheit oder eine Planstelle einer anderen Organisationseinheit zugordnet werden kann. Diese Beziehung wird bis hin zur Benutzer-ID festgelegt. Ist im Organisationsmanagement allerdings auch der Geschäftspartner gepflegt worden, gibt es für diesen Fall keinen Standardauswertungsweg, und der der Rolle zugeordnete Benutzer wird nicht gefunden. Da in SAP CRM aber die Benutzer-IDs nicht direkt einer Planstelle zugeordnet sind, sondern über den Geschäftspartner, müssen Sie Anpassungen an den Auswertungswegen vornehmen, bevor Sie die Rollen indirekt vergeben können, wie im vorangehenden Abschnitt gezeigt.

Die indirekte Rollenvergabe verwendet für die Zuweisung der PFCG-Rollen zu den entsprechenden Anwendern die Auswertungswege `PROFLO` und `PROFLINT`. Diese Auswertungswege ignorieren allerdings das Objekt **CP** (zentrale Person), das in SAP CRM den Geschäftspartner darstellt (siehe Abbildung 2.14).

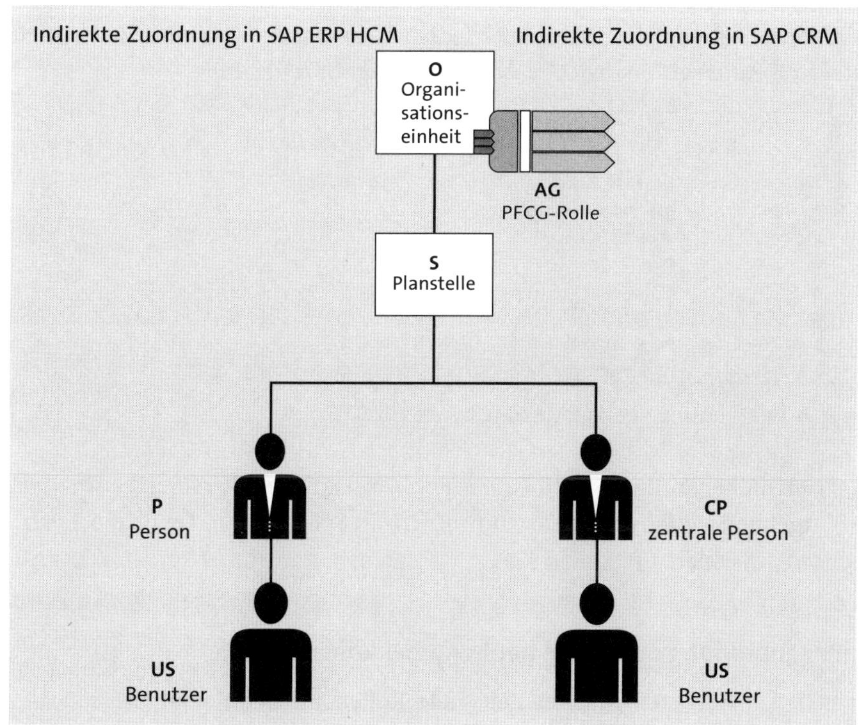

Abbildung 2.14 Unterschied zwischen den Auswertungswegen in SAP ERP HCM und SAP CRM

In der Transaktion PFUD, die für den Benutzerabgleich eingesetzt wird, werden die Auswertungswege US_ACTGR und SAP_TAGT angeboten. Auch diesen ist das Objekt **CP** nicht bekannt.

Diese Auswertungswege können Sie in der Tabelle T77AW oder in der Transaktion OOAW anpassen. Wählen Sie hierzu den jeweiligen Auswertungsweg aus, indem Sie ihn markieren, und klicken Sie in der Menüführung unter **Dialogstruktur** (siehe links in Abbildung 2.15) auf **Auswertungsweg (Einzelpflege)**.

Abbildung 2.15 Auswertungswege ändern

In unserem Beispiel haben wir den Auswertungsweg PROFLO ausgewählt. In der daraufhin angezeigten Tabelle werden die Beziehungen zwischen den Objekten definiert (siehe Abbildung 2.16). Für SAP CRM spielen lediglich die Objekte Organisationseinheit (**O**), Planstelle (**S**), zentrale Person (**CP**) sowie Anwender (**US**) eine Rolle.

Auswertungsweg PROFLO Startauswertungsweg für RHPROFLO

Nr.	Objekt...	A/B	Verknüpfung	Verknüpfungsbezeich.	Priorität	Typ verk. Obj.
10	O	B	002	ist Linien-Vorgesetzter v	*	O
20	O	B	003	umfaßt	*	S
30	S	A	008	Inhaber	*	US
40	S	A	008	Inhaber	*	P
45	S	A	008	Inhaber	*	CP
50	P	B	208	ist identisch mit	*	US
55	CP	B	208	ist identisch mit	*	US

Abbildung 2.16 Bearbeitung des Auswertungsweges PROFLO

Der Einfachheit halber können Sie nun die Zeilen, die das Objekt Person (**P**) enthalten, kopieren. Vergeben Sie hier eine neue Nummer in der Spalte **Nr.** und ersetzen Sie das Objekt **P** durch das Objekt **CP**.

2.2.3 Rollenzuordnung auf Ebene der Benutzer konsolidieren

In vielen Fällen haben sich mit der Zeit viele Rollen im Benutzerstammsatz der Anwender Ihres SAP-Systems angesammelt. Diese Rollen haben unterschiedliche

Gültigkeitszeiträume. Die Gültigkeit einiger Rollen ist möglicherweise bereits abgelaufen, und andere Rollen sind vielleicht mehrfach zugewiesen, etwa, weil ein Anwender mehrere Funktionen im Unternehmen übernimmt, bei denen zum Teil die gleichen Rollen zum Einsatz kommen. In diesem Fall suchen Sie nach einem einfachen Weg, um Rollenzuordnungen zu löschen, bei denen der Gültigkeitszeitraum abgelaufen ist, oder um mehrfach vergebene Rollenzuordnungen zu konsolidieren.

Abhilfe schafft hier der Report `PRGN_COMPRESS_TIMES`. Sie können ihn direkt aufrufen oder im Editiermodus einer PFCG-Rolle in der Transaktion PFCG den Pfad **Hilfsmittel • Benutzerzuordnung optimieren** wählen. Abbildung 2.17 zeigt den Selektionsbildschirm dieses Reports.

Komprimierung von Benutzerzuordnungen zu Rollen

Selektionskriterien

Benutzer bis

Benutzergruppe bis

Rolle bis

Optionen

☑ Löschung abgelaufener Zuordnungen

☑ Simulationslauf

Abbildung 2.17 Report PRGN_COMPRESS_TIMES

Er verfügt über zwei Funktionen:

- **Konsolidierung von PFCG-Rollen**
  Identische Rollen werden in einem Benutzerstamm zusammengefasst, wenn sich die Gültigkeitszeiträume überlappen oder direkt aneinander anschließen. Wählen Sie die Benutzer, Benutzergruppen oder Rollen, auf die diese Regeln angewendet werden sollen, im Bereich **Selektionskriterien** aus.
- **Löschen von abgelaufenen PFCG-Rollen**
  Wenn Sie den Haken bei **Löschung abgelaufener Zuordnungen** setzen, werden abgelaufene Rollen aus dem Benutzerstamm entfernt.

Durch die Korrektur über SAP-Hinweis 1692243 können Sie den Report nun auch in einer ZBV-Umgebung nutzen; er ist also nicht mehr nur auf einzelne Mandanten beschränkt. Ist die Rollenzuordnung der ZBV in der Transaktion SCUM auf **global** eingestellt, ist es ausreichend, wenn die Korrektur im zentralen Mandanten eingespielt wird. Dann kann der Report jedoch auch nur im zentralen Mandanten ausgeführt werden. Darüber hinaus erhalten Sie die Möglichkeit, die Tochtersysteme der ZBV über das Auswahlfeld **Empfangssystem** so auszuwählen, dass nur diejenigen Systeme berücksichtigt werden, in denen die Rollenzuordnung konsolidiert oder gelöscht werden soll (siehe Beispiel in Abbildung 2.18).

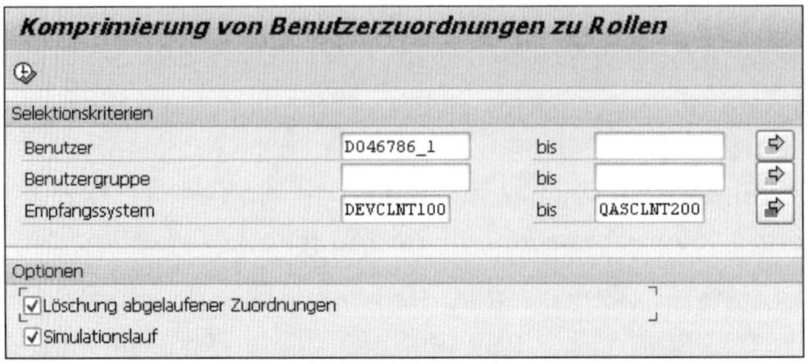

Komprimierung von Benutzerzuordnungen zu Rollen

Selektionskriterien

Benutzer	D046786_1	bis	
Benutzergruppe		bis	
Empfangssystem	DEVCLNT100	bis	QASCLNT200

Optionen

☑ Löschung abgelaufener Zuordnungen
☑ Simulationslauf

Abbildung 2.18 Report PRGN_COMPRESS_TIMES im zentralen Mandanten

In der Ergebnisliste der konsolidierten Rollenzuordnung werden Ihnen nun in der Spalte **ZBV-System** die Tochtersysteme aufgelistet, bei denen eine Konsolidierung oder Löschung stattgefunden hat (siehe Abbildung 2.19).

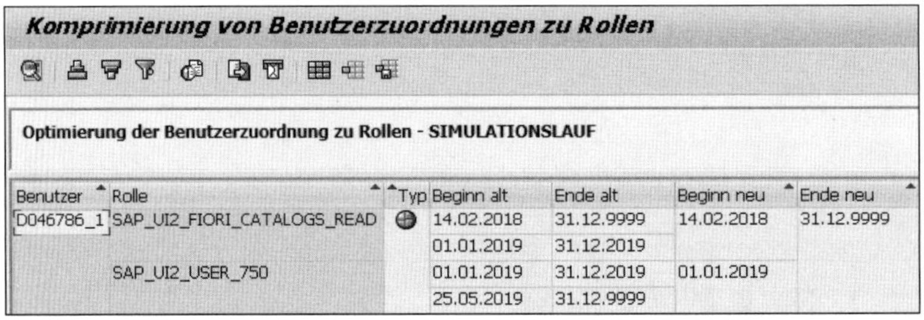

Komprimierung von Benutzerzuordnungen zu Rollen

Optimierung der Benutzerzuordnung zu Rollen - SIMULATIONSLAUF

Benutzer	Rolle	Typ	Beginn alt	Ende alt	Beginn neu	Ende neu
D046786_1	SAP_UI2_FIORI_CATALOGS_READ		14.02.2018	31.12.9999	14.02.2018	31.12.9999
			01.01.2019	31.12.2019		
	SAP_UI2_USER_750		01.01.2019	31.12.2019	01.01.2019	
			25.05.2019	31.12.9999		

Abbildung 2.19 Konsolidierte Rollen in der Zentralen Benutzerverwaltung

2.3 Inaktive Benutzer sperren

Es wird immer wieder inaktive Benutzer in Ihrem SAP-System geben. Dafür können verschiedene Gründe verantwortlich sein, beispielsweise kann es sich um Benutzer aus den Managementebenen handeln, die praktisch nicht verwendet werden, weil diese Führungskräfte nicht mit dem ERP-System arbeiten. Auch wäre denkbar, dass Mitarbeiter ihren SAP-Benutzer aufgrund eines Positionswechsels nicht mehr nutzen oder dass externe Mitarbeiter eine Zeit lang nicht am SAP-System arbeiten.

Sie sollten unbedingt dafür sorgen, dass diese inaktiven Benutzer entweder gesperrt oder auf ungültig gesetzt werden. Bisher mussten Sie dazu mithilfe des Reports RSUSR200 alle inaktiven Benutzer auswählen und sie dann manuell in die Transaktion SU10 übertragen, um die Sperrung durchzuführen. Diesen Vorgang können Sie aber auch automatisiert durchführen.

Falls Sie ein SAP-Basisrelease nutzen, das älter als 7.31 ist, spielen Sie dazu zunächst die SAP-Hinweise 1656965, 1793961 und 2563151 in Ihr System ein. Mit diesen SAP-Hinweisen wird der Report RSUSR_LOCK_USERS ausgeliefert bzw. erweitert. Dieser Report unterstützt die automatisierte Selektion und Sperrung von inaktiven Benutzern.

Dazu müssen Sie im Selektionsbild des Reports RSUSR_LOCK_USERS die Kriterien auswählen, nach denen Sie Benutzer sperren bzw. ungültig setzen möchten. Die Auswahl der Benutzer können Sie anhand verschiedener Kriterien bestimmen. Es empfiehlt sich hierbei, besonders den Zeitraum seit der letzten Anmeldung im Feld **Tage seit letzter Anmeldung** und den Passwortstatus im Feld **Tage seit Kennwortänderung** zu berücksichtigen (siehe Abbildung 2.20). Wenn Sie SAP-Hinweis 2490336 einspielen, können Sie zusätzlich nach Benutzern filtern, die in einem gesuchten Zeitraum gültig oder nicht gültig sind.

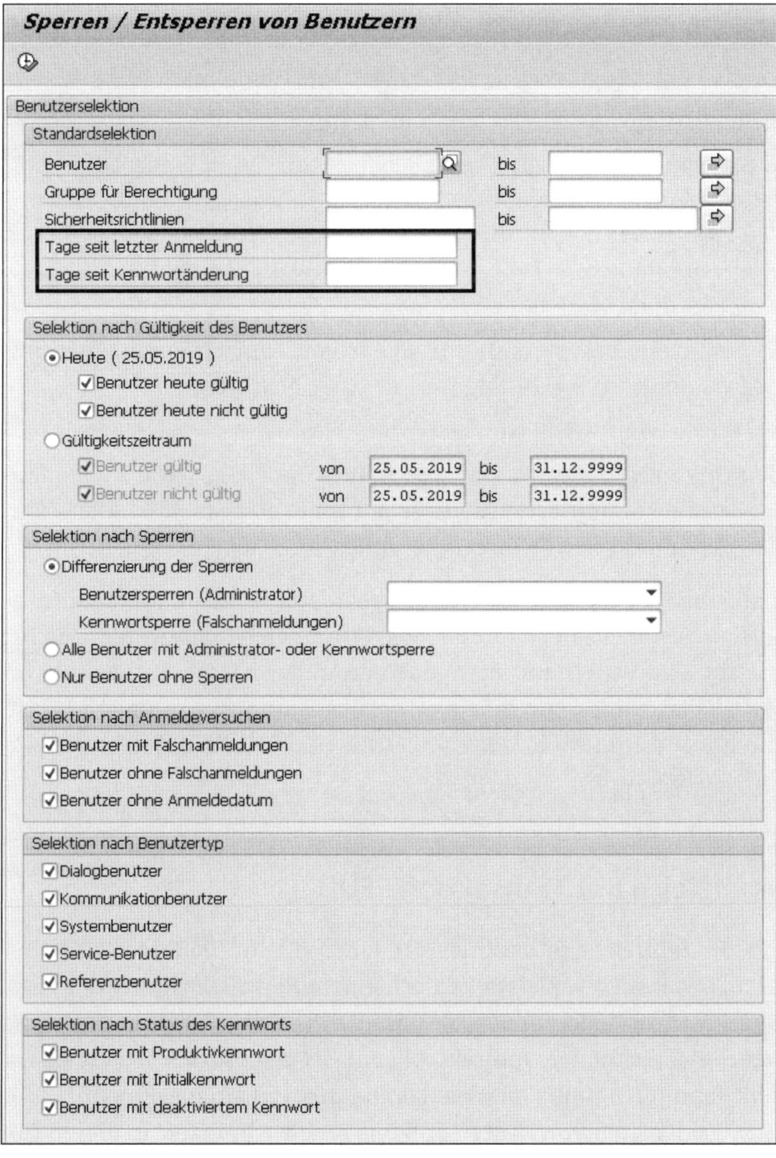

Abbildung 2.20 Selektionsbild des Reports RSUSR_LOCK_USERS

Sie haben die Möglichkeit, das Ergebnis der Selektion zu prüfen und sich die gefundenen Benutzer anzeigen zu lassen. Wählen Sie dazu im Bereich **Auswahl der Aktion** die Aktion **Test der Selektion** aus. Auch können Sie in diesem Bereich zwischen den Maßnahmen **Sperren der Benutzer (Lokale Sperre)** und **Entsperren der Benutzer (Lokale Sperre)** wählen. Das Ende der Gültigkeit eines Benutzers können Sie durch Anklicken der entsprechenden Optionen auf »heute« oder »gestern« festlegen. Beachten Sie dabei, dass Sie das Ende der Gültigkeit nur für aktuell gültige Benutzer setzen können.

Wenn Sie Ihre Kriterien für die Ausführung des Reports festgelegt haben, können Sie verschiedene Varianten für den Report anlegen und entsprechende Jobs einplanen, um die inaktiven Benutzer automatisiert zu sperren oder auf ungültig zu setzen.

[!]

Benutzersperrungen aufgrund von Falschanmeldungen

Beachten Sie, dass Sie mit diesem Report keine Benutzer entsperren können, die aufgrund von Falschanmeldungen gesperrt sind (UFLAG = 128), sondern nur Benutzer mit einer lokalen Sperre (UFLAG = 64). Wie Sie die Regeln zur Sperrung bei Falschanmeldungen definieren, erfahren Sie in Abschnitt 1.4, »Passwortregeln konfigurieren«.

Sollten Sie den Report in einem System starten, das an eine Zentrale Benutzerverwaltung angeschlossen ist, müssen Sie die folgenden Punkte beachten:

- Sie können nur lokale Benutzersperren setzen.
- Sie können den Gültigkeitszeitraum nur setzen, falls die Pflege dafür in den Einstellungen der Zentralen Benutzerverwaltung auf **Lokal** eingestellt ist (diese Einstellung wird in der Transaktion SCUM vorgenommen).

Darüber hinaus müssen Sie beachten, dass Sie diesen Report nicht auf Systemen ausführen dürfen, die als Benutzerquelle für ein Java-System eingesetzt werden, da bei einer Anmeldung am Java-System nur dann das Datum der letzten Anmeldung im ABAP-System aktualisiert wird, wenn eine passwortbasierte Anmeldung erfolgt ist. Andere Anmeldungsarten am Java-System aktualisieren das Datum der letzten Anmeldung im ABAP-System nicht.

2.4 Benutzerabgleich mit Transaktion PFUD

Sicherlich kennen Sie zahlreiche Situationen, in denen die Profile Ihrer Anwender nicht aktuell waren. Das kann beispielsweise nach einem Rollentransport oder beim Zuweisen von Benutzern zu Rollen in der Transaktion PFCG der Fall sein. Es verhält sich ähnlich, wenn Sie die Rollen indirekt über das Organisationsmanagement zuordnen (siehe Abschnitt 2.2.1, »Rollen über das Organisationsmanagement zuordnen«) oder die Gültigkeitsdauer von Rollen für Benutzer einschränken. In diesen Fällen kann es vorkommen, dass der Benutzer zwar über eine PFCG-Rollenzuweisung verfügt, das dazugehörige Profil allerdings nicht aktuell ist. Ein rotes Ampelsymbol in der Transaktion SU01 vor einem Rollennamen im Benutzerstamm oder ein gelbes Ampelsymbol in der Transaktion PFCG auf der Registerkarte **Benutzer** macht Sie auf diese Unstimmigkeiten aufmerksam.

Was in solchen Fällen fehlt, ist der *Benutzerabgleich*. Dieser prüft, welche PFCG-Rollen einem Benutzer zugewiesen sind, und weist die dazugehörigen *Profile* zu. Jede generierte PFCG-Rolle hat mindestens ein Profil, und der Anwender erhält seine Berechtigungen aus diesem Profil. Ist das Profil nicht zugewiesen bzw. veraltet, besitzt der Benutzer auch nicht die darin enthaltenen Berechtigungen.

Ähnlich verhält es sich mit Rollentransporten in ein Produktivsystem. Eine vorhandene und zugewiesene PFCG-Rolle wird im Entwicklungssystem geändert und durch die Systemlandschaft transportiert. Wird die PFCG-Rolle nun ins Produktivsystem transportiert, verfügen die der Rolle zugewiesenen Benutzer noch nicht über das aktuelle mittransportierte Profil. Dafür muss zuerst ein Benutzerabgleich durchgeführt werden, der sicherstellt, dass das aktualisierte Profil der geänderten PFCG-Rolle allen ihr zugewiesenen Benutzern zugeordnet wird. Aus diesem Grund sollten Sie regelmäßig einen Benutzerabgleich durchführen, wofür es zwei verschiedene Methoden gibt:

- **Manueller Benutzerabgleich über die Transaktion PFUD**
  Sie können den Benutzerabgleich direkt in der Transaktion PFUD durchführen. Hier können Sie zwischen den Abgleichsarten **Profilabgleich**, **Abgleich indirekter Zuordnungen aus Sammelrollen** und **Abgleich HR-Organisationsmanagement** für bestimmte PFCG-Rollen wählen (siehe Abbildung 2.21).

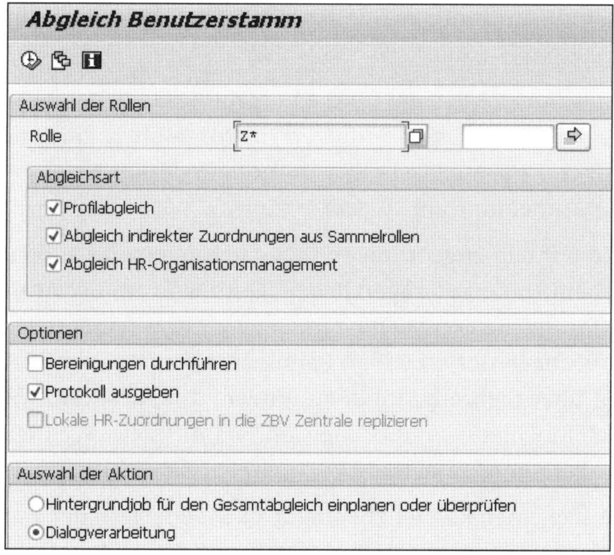

Abbildung 2.21 Benutzerstammabgleich über die Transaktion PFUD

- **Hintergrundjob für den Benutzerabgleich einplanen**
  Wir empfehlen Ihnen, den Hintergrundjob PFCG_TIME_DEPENDENCY mit dem Report RHAUTUPD_NEW in zwei verschiedenen Varianten einzuplanen:
  - Planen Sie den Report RHAUTUPD_NEW einmal täglich, am besten nach Mitternacht bzw. vor dem ersten Anmelden der Anwender ein. Dieser Hintergrundjob ist für den täglichen Abgleich zuständig.
  - Führen Sie den Report RHAUTUPD_NEW mit der Option **Bereinigung durchführen** wöchentlich oder monatlich aus. Dadurch werden Profile samt ihrer Benutzerzuordnung gelöscht, wenn keine passende PFCG-Rolle existiert, oder fehlerhafte Zuordnungen zwischen Benutzern und Rollen bereinigt.

2.5 Berechtigungen über Referenzbenutzer vergeben

Die konsequente Nutzung von Referenzbenutzern bietet große Vorteile für die Performance, sie reduziert nämlich die Anzahl der Einträge pro Benutzer im Benutzerpuffer, also in der Tabelle USRBF2. Diese Reduktion ist darauf zurückzuführen, dass die Einträge im Benutzerpuffer nur einmal für den Referenzbenutzer vorgehalten werden müssen und nicht mehrmals für die erbenden Benutzer. Diese Verringerung der Datenmenge der Tabelle USRBF2 führt zur Verbesserung der Performance bei der Durchführung von Berechtigungsprüfungen.

Referenzbenutzer bieten noch einen weiteren Vorteil: Sie können sie auch für die Vererbung des *vertraglichen Benutzertyps*, der in der Lizenzvermessung verwendet wird, einsetzen. Ein Benutzer erbt die Klassifizierung des Referenzbenutzers, wenn er keine weiteren Rollen- oder Profilzuordnungen mit Klassifizierung besitzt oder nicht manuell klassifiziert wurde.

Der Benutzertyp Referenz (L) ist im SAP-System für die Vergabe zusätzlicher Berechtigungen oder die Vererbung des vertraglichen Benutzertyps vorgesehen. Er ist nicht als Benutzer für eine natürliche Person gedacht, hat immer ein deaktiviertes Passwort und erlaubt daher keine Anmeldung am System.

Referenzbenutzer vererben die ihnen zugeordneten Berechtigungen an die Benutzer, für die Sie den Referenzbenutzer eingetragen haben. Dazu wird bei der Anmeldung auch der Benutzerpuffer des Referenzbenutzers erzeugt, und diese Einträge werden bei Berechtigungsprüfungen des erbenden Benutzers ebenfalls geprüft. Sie können die Vererbung nicht über mehrere Stufen zu nutzen, d. h., dass Sie einem Referenzbenutzer keinen Referenzbenutzer zuordnen und damit die Berechtigungen beider Referenzbenutzer vererben können.

Sie weisen einem Dialogbenutzer einen Referenzbenutzer zu, indem Sie in der Transaktion SU01 auf der Registerkarte **Rollen** im Feld **Referenzbenutzer** den Referenzbenutzer eintragen (siehe Abbildung 2.22).

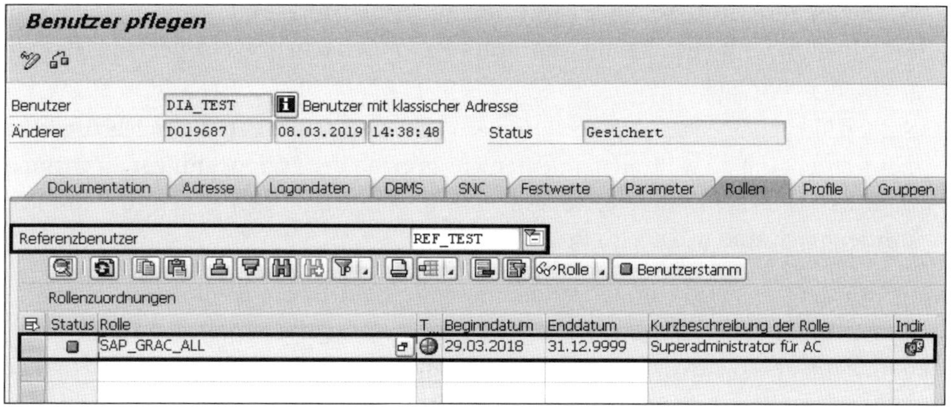

Abbildung 2.22 Eintrag des Referenzbenutzers auf der Registerkarte »Rollen« der Transaktion SU01

Die indirekten Rollenzuordnungen, die als Konsequenz aus der Zuordnung des Referenzbenutzers stattfinden, können Sie sichtbar machen. Über den Button (**Rollen anzeigen**) hinter dem Feld **Referenzbenutzer** können Sie die Rollen, die der Benutzer über den Referenzbenutzer erhält, ein- oder ausblenden. Änderungen an den indirekten Zuordnungen lassen sich an dieser Stelle aber nicht vornehmen.

Sollten Sie die ZBV nutzen, gilt die Zuordnung für alle angeschlossenen Systeme. Existiert der Referenzbenutzer in einem der Systeme nicht, wird die Zuordnung ignoriert.

Der Einsatz von Referenzbenutzern birgt allerdings auch Risiken. So kann es leichter zu Anhäufungen (Summationen) von Berechtigungen kommen, da es bei Verwendung von Referenzbenutzern schwierig ist, den Überblick über die zugeordneten Berechtigungen zu behalten.

In SAP NetWeaver AS ABAP 7.0 und höher werden Referenzbenutzer in den Auswertungen der Reports des Benutzerinformationssystems berücksichtigt. Trotzdem sollten Sie bei der Verwendung von Referenzbenutzern die folgenden Empfehlungen beachten:

- Stellen Sie sicher, dass bei der Zuordnung von Referenzbenutzern Berechtigungsprüfungen durchgeführt werden. Diese prüfen die Berechtigungen zur Zuordnung der Rollen und Profile zum Referenzbenutzer. Diese Berechtigungsprüfungen wurden mit SAP-Hinweis 513694 ergänzt.
- Erstellen Sie eine eigene Benutzergruppe für die Referenzbenutzer, um sie gegen die unbefugte Änderung von Rollen- oder Profilzuordnungen bzw. die unbefugte Löschung zu schützen.
- Setzen Sie in der Tabelle PRGN_CUST den Customizing-Schalter REF_USER_CHECK auf den Wert E. Damit verhindern Sie die Nutzung anderer Benutzertypen als Refe-

renzbenutzer. Dieser Schalter wirkt sich nur auf nachfolgende Zuordnungen aus. Eventuell bereits bestehende Zuordnungen anderer Benutzertypen müssen Sie manuell bereinigen.

- Stellen Sie sicher, dass Referenzbenutzern nur minimale Berechtigungen zugeordnet werden, um zu weitreichende Berechtigungen der Dialogbenutzer zu vermeiden. Es sollte keine Referenzbenutzer mit Berechtigungen geben, die ähnlich umfangreich sind wie die im Profil SAP_ALL.

Wenn Sie Referenzbenutzer verwenden möchten und Sie das *Benutzermenü* im Einstiegsfenster des SAP GUI nutzen, sollten Sie zusätzlich dafür sorgen, dass die Anwender auch die den Referenzbenutzern zugeordneten Rollenmenüs sehen. Spielen Sie dafür die Korrekturen in SAP-Hinweis 1947910 ein. Diese beinhalten zwei Schalter für das Customizing in der Tabelle SSM_CUST:

- REFUS_EASY = YES zur Übernahme der Benutzermenüs des Referenzbenutzers ins SAP-Easy-Access-Menü des erbenden Benutzers
- REFUS_NWBC EASY = YES zur Übernahme der Benutzermenüs des Referenzbenutzers ins Menü des erbenden Benutzers im SAP Business Client (vormals SAP NetWeaver Business Client)

Pflegen Sie die Werte nicht oder setzen Sie die Schalter auf einen anderen Wert als YES, werden die Rollenmenüs des Referenzbenutzers beim Aufbau des Benutzermenüs nicht berücksichtigt.

Die beiden Schalter gelten systemweit; eine mandantenspezifische Ausprägung ist nicht vorgesehen. Haben Sie beide Schalter auf YES gesetzt, können Sie an den Einträgen des Benutzermenüs nicht mehr erkennen, ob sie aus den Rollenmenüs des Referenzbenutzers oder des Benutzers selbst stammen.

Anzahl der möglichen Profilzuordnungen

Bis einschließlich SAP NetWeaver 7.40 wird die Anzahl der Zuordnungen von Profilen durch eine technische Einschränkung auf maximal 312 Profile pro Benutzer begrenzt (siehe SAP-Hinweis 410993). Dies wird schon seit Längerem nicht mehr durch den Kernel verursacht, sondern liegt in der Struktur der verwendeten Datenbanktabellen begründet. Die Tabelle USR04 enthält die Profilzuordnungen zu den Benutzern. Dabei sind pro Benutzer im Feld PROFS 3.748 Zeichen für die Liste der Profilnamen vorgesehen. Profilnamen haben eine maximale Länge von 12 Zeichen; daher können im Feld PROFS maximal 312 Profile pro Benutzer eingetragen werden. Mit Auslieferung von SAP NetWeaver 7.50 wurde diese Grenze aufgehoben. Wir empfehlen Ihnen dennoch, auf eine möglichst kleine Anzahl von Profilzuordnungen pro Benutzer zu achten, da jede zusätzliche Profilzuordnung die Durchführung von ABAP-Berechtigungsprüfungen verlangsamt.

Sollten Sie noch ein älteres Release nutzen und ein Rollenkonzept einsetzen, in dem die Berechtigungen für Teilprozesse jeweils in einer Rolle abgelegt werden, kann dies dazu führen, dass einige Ihrer Benutzer die maximale Anzahl der zugeordneten Profile überschreiten. Dieses Problem können Sie durch den Einsatz von Referenzbenutzern umgehen, mithilfe derer Sie die maximale Anzahl der Profile pro Benutzer verdoppeln.

Sollten Sie keine Referenzbenutzer einsetzen wollen, können Sie das Feld **Referenzbenutzer für zusätzliche Rechte** über eine Standardvariante zur Transaktion SU01 ausblenden. Die hierzu notwendigen Schritte werden in SAP-Hinweis 330067 beschrieben.

2.6 Favoriten der Benutzer zentral einsehen

Im SAP-System steht jedem Anwender die Möglichkeit zur Verfügung, häufig genutzte Funktionen als eigene *Favoriten* zu speichern. Wir haben festgestellt, dass diese Funktion von den Anwendern sehr häufig genutzt wird. Erstellen Sie ein neues Berechtigungskonzept, ist es sinnvoll, die Favoriten in die Betrachtung mit einzubeziehen, denn in den Favoriten werden nicht nur immer wieder benötigte Transaktionen abgelegt, sondern auch solche, die die Anwender nur gelegentlich verwenden. Diese nur gelegentlich verwendeten Transaktionen könnten bei der Neukonzeption eines Berechtigungskonzepts leicht übersehen werden. Daher empfehlen wir Ihnen immer den Abgleich der von Ihnen berücksichtigten Transaktionen mit den in Ihrem System gespeicherten Favoriten.

Wir zeigen Ihnen nun, wie Sie die Favoriten zentral auslesen können. Alle Benutzerfavoriten eines Systems finden Sie in der Tabelle `SMEN_BUFFC`. Zusätzlich existiert die Tabelle `SMEN_BUFFI`, in der die Links aus den Favoritenlisten abgelegt werden. Sie können diese Tabelle nach Microsoft Excel exportieren und dort auswerten.

[!]

Genehmigung zur Auswertung der Benutzerdaten

Wir möchten Sie darauf hinweisen, dass Sie die Favoriten nicht ohne die vorherige Abstimmung mit den Anwendern auswerten dürfen, denn die gespeicherten Favoriten sind benutzerbezogen und stellen damit personenbezogene Daten dar.

Die Tabelle `SMEN_BUFFC` enthält verschiedene Felder, die die Struktur der abgelegten Favoriten bestimmen. So können Sie z. B. Ordner in Ihren Favoriten anlegen, um diese zu sortieren. Diese Ordnerstruktur finden Sie ebenfalls in der Tabelle `SMEN_BUFFC`.

Wichtig für die Neuerstellung eines Berechtigungskonzepts sind allerdings die Einträge selbst, die Sie im Feld **REPORT** finden (siehe Abbildung 2.23). Das Feld **REPORTTYPE** gibt Ihnen Aufschluss darüber, ob es sich bei dem betreffenden Eintrag z. B. um eine Transaktion oder einen SAP-Fiori-Kachelkatalog handelt. Im Feld **TEXT** finden Sie dann, falls erforderlich, die Beschreibung des Favoriteneintrags. Zusätzlich sollten Sie auch auf das Feld **TARGET_SYS** achten, da Favoriten auch für andere Systeme eingetragen werden können. In diesem Fall enthält **TARGET_SYS** ein RFC-Zielsystem.

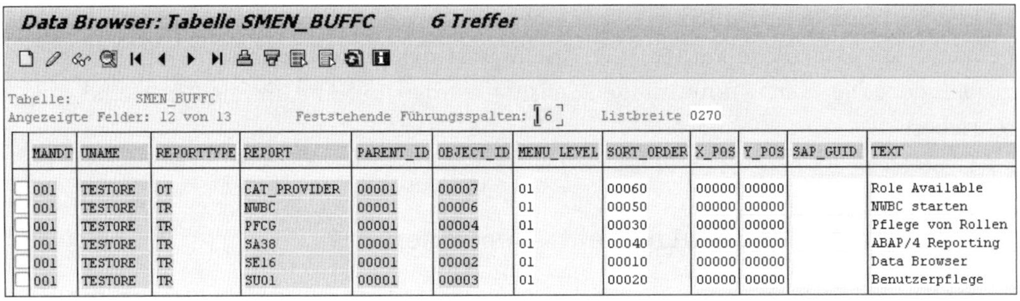

Data Browser: Tabelle SMEN_BUFFC 6 Treffer

Tabelle: SMEN_BUFFC
Angezeigte Felder: 12 von 13 Feststehende Führungsspalten: 6 Listbreite 0270

MANDT	UNAME	REPORTTYPE	REPORT	PARENT_ID	OBJECT_ID	MENU_LEVEL	SORT_ORDER	X_POS	Y_POS	SAP_GUID	TEXT
001	TESTORE	OT	CAT_PROVIDER	00001	00007	01	00060	00000	00000		Role Available
001	TESTORE	TR	NWBC	00001	00006	01	00050	00000	00000		NWBC starten
001	TESTORE	TR	PFCG	00001	00004	01	00030	00000	00000		Pflege von Rollen
001	TESTORE	TR	SA38	00001	00005	01	00040	00000	00000		ABAP/4 Reporting
001	TESTORE	TR	SE16	00001	00002	01	00010	00000	00000		Data Browser
001	TESTORE	TR	SU01	00001	00003	01	00020	00000	00000		Benutzerpflege

Abbildung 2.23 Übersicht über die Favoriten eines Benutzers in der Tabelle SMEN_BUFFC

Die übrigen Felder in der Tabelle SMEN_BUFFC beschreiben die Struktur der Favoriten, wobei das Feld **OBJECT_ID** den eindeutigen Schlüssel des Favoriteneintrags repräsentiert. Im Feld **PARENT_ID** finden Sie die Objekt-ID des übergeordneten Eintrags, und das Feld **MENU_LEVEL** beschreibt die Stufe des Eintrags in der Ordnerstruktur der Favoriten. Die Reihenfolge der Sortierung der Favoriteneinträge können Sie aus dem Feld **SORT_ORDER** ablesen.

2.7 Massenpflege von Benutzern

Es kommt häufig vor, dass Sie im SAP-System Massenänderungen an Benutzern durchführen möchten, etwa, wenn sich Rollenzuordnungen ändern, Sie eine Gruppe von Benutzern sperren möchten oder deren Gültigkeitsdaten anpassen müssen. Dazu verwenden Sie die Transaktion SU10. In diesem Abschnitt geben wir Ihnen einige Empfehlungen, die Ihnen den Umgang mit dieser Transaktion erleichtern.

2.7.1 Benutzer aus der Zwischenablage kopieren

Im Startbild der Transaktion SU10 existiert leider kein Button, der ein Einfügen der Benutzer aus der Zwischenablage ermöglichen würde. Zwar können Sie mit Copy & Paste Benutzer aus der Zwischenablage einfügen, aber die Auswahl der Benutzer ist auf den sichtbaren Bereich des Eingangsbildschirms eingeschränkt. Daher ist es auf diesem Wege nicht effizient, eine Liste von beispielsweise mehr als 28 Benutzern einzufügen. Wir zeigen Ihnen nun, wie Sie mit einem kleinen Trick auch mehr als 28 Benutzer auf einmal in die Selektion übernehmen können. Klicken Sie in der Transaktion SU10 im Bereich **Benutzerselektion** auf den Button **Berechtigungsdaten** (siehe Abbildung 2.24). An dieser Stelle findet ein Absprung auf den Report RSUSR002 statt.

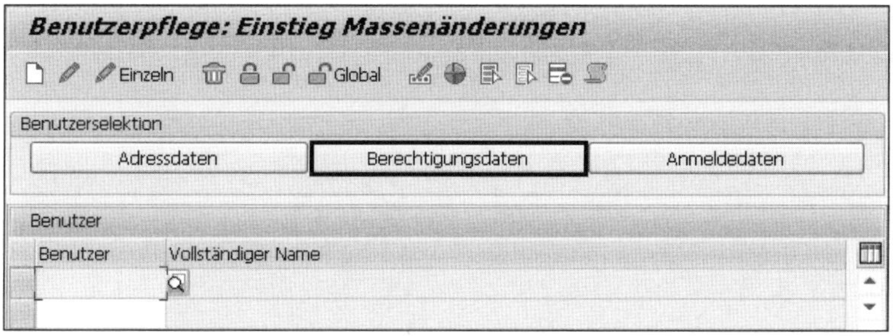

Abbildung 2.24 Benutzerselektion über die Berechtigungsdaten in Transaktion SU10

Im dann aufblendenden Selektionsbild des Reports können Sie über den Pfeil-Button die Mehrfachselektion zum Feld **Benutzer** auswählen und dort über den Button (**Upload aus Zwischenablage**) die ausgewählten Benutzer einfügen (siehe Abbildung 2.25).

Abbildung 2.25 Mehrfachselektion des Benutzers und Upload aus der Zwischenablage in der Transaktion SU10

Es öffnet sich ein neues Fenster (siehe Abbildung 2.26). Wählen Sie hier den Button **Mehrfachselektion** () aus, um mehr als nur einen Benutzer auszuwählen. Sie können Benutzer nun entweder direkt oder über Intervalle bzw. über andere Selektionsmöglichkeiten hinzufügen. In unserem Beispiel verwenden Sie die Zwischenablage, indem Sie den Button (**Upload aus der Zwischenablage**) anklicken.

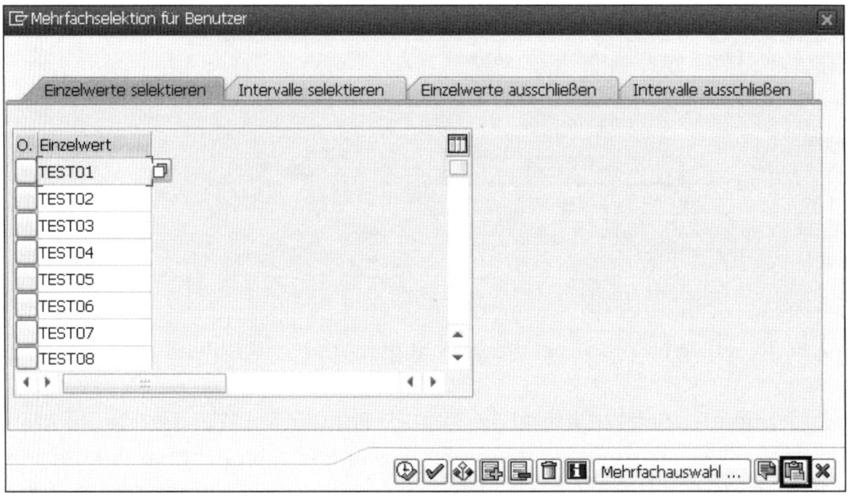

Abbildung 2.26 Benutzer aus der Zwischenablage hinzufügen

Im letzten Schritt führen Sie den Report RSUSR002 aus, markieren alle Zeilen der Liste und klicken auf den Button **Übernehmen** (siehe Abbildung 2.27).

Benutzer nach komplexen Selektionskriterien

Übernehmen Auswählen Sichern

Name lang	Gruppe	Abrech.nr.	Gesperrt	Grund	Gültig von	Gültig bis	Typ	Ref.User
TEST01							A Dialog	
TEST02							A Dialog	
TEST03							A Dialog	
TEST04							A Dialog	
TEST05							A Dialog	
TEST06							A Dialog	
TEST07							A Dialog	
TEST08							A Dialog	
TEST09							A Dialog	
TEST10							A Dialog	
TEST11							A Dialog	
TEST12							A Dialog	
TEST13							A Dialog	
TEST14							A Dialog	
TEST15							A Dialog	
TEST16							A Dialog	
TEST17							A Dialog	
TEST18							A Dialog	
TEST19							A Dialog	
TEST20							A Dialog	

Abbildung 2.27 Selektion der Benutzer der Liste

Damit stehen Ihnen, wie in Abbildung 2.28 zu sehen, die Benutzer in der Selektion der Transaktion SU10 zur Verfügung.

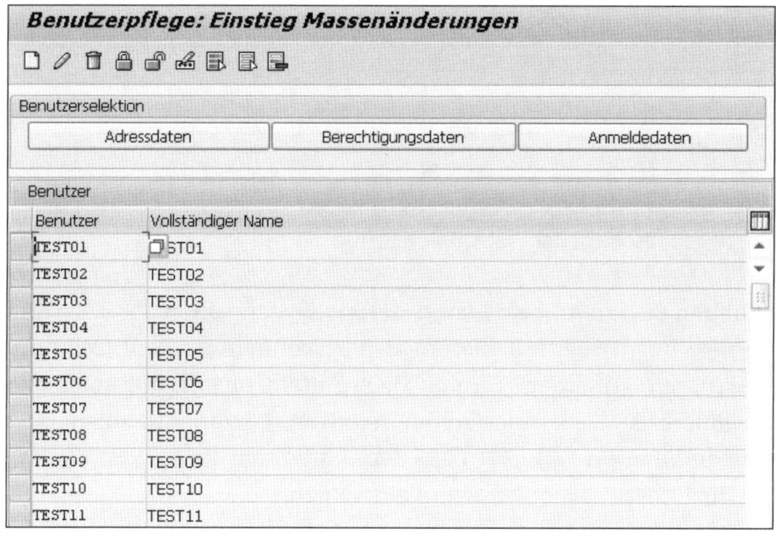

Abbildung 2.28 Übernahme der Benutzer aus der Zwischenablage in der Transaktion SU10

Befinden sich maximal 28 Benutzer in der Zwischenablage, können Sie diese in der Transaktion SU10 über die Tastenkombination [Strg] + [V] auch direkt einfügen.

2.7.2 Nach Anmeldedaten von Benutzern filtern

Sicherlich kennen Sie diese Situation: Sie haben Benutzer gesperrt, damit z. B. ein Support Package eingespielt werden kann. Einige Benutzer, wie beispielsweise Administratoren, sind davon nicht betroffen. Zur kollektiven Entsperrung möchten Sie nur die Benutzer mit einer Administratorsperre selektieren. Auch hierzu bietet sich die Massenpflege von Benutzern in der Transaktion SU10 an. Mithilfe dieser Transaktion können Sie nach Benutzern filtern, um anschließend eine Aktion für alle ausgewählten Benutzer auszuführen. In SAP-Systemen mit einem Basis-Relase bis 7.31 konnten Benutzer nur nach Adressdaten und Berechtigungsdaten selektiert werden.

Mit SAP-Hinweis 1720401 wird die Transaktion SU10 um die Möglichkeit erweitert, Benutzer nach Anmeldedatum und Passwortänderungen zu selektieren. Mit dem SAP-Hinweis wird auch der Report RSUSR200 um diese Funktionen ergänzt. Dieser Report kann mithilfe der Transaktion SU10 und der entsprechenden Berechtigung auch direkt ausgeführt werden. Nach dem Einspielen des Hinweises wird die Transaktion SU10 um den Button **Anmeldedaten** erweitert, den Sie in Abbildung 2.29 auf der rechten Seite sehen.

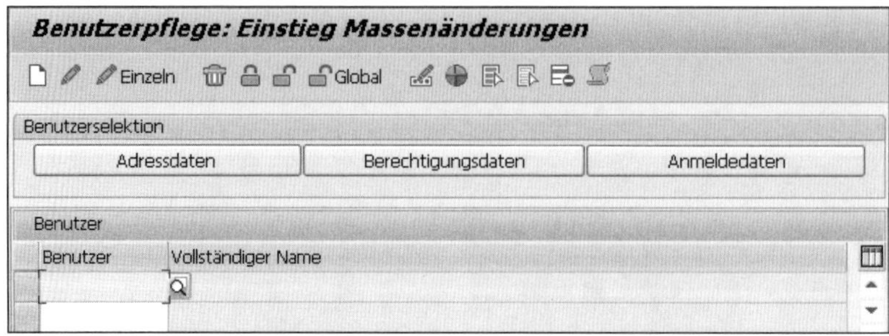

Abbildung 2.29 Einstiegsbildschirm der Transaktion SU10

Mit einem Klick auf den Button **Anmeldedaten** starten Sie den Report RSUSR200 und gelangen in die Selektionsmaske. Mit diesem Report können Sie Benutzer nach Anmeldedaten selektieren. Außerdem können Sie ermitteln, ob ein Anwender sein Initialkennwort geändert hat. Sie können mit dem Button (**Variante holen**) oder anhand der Tastenkombination [⇧] + [F5] aus dem Variantenkatalog eine vordefinierte Variante für die Selektion von Benutzern auswählen.

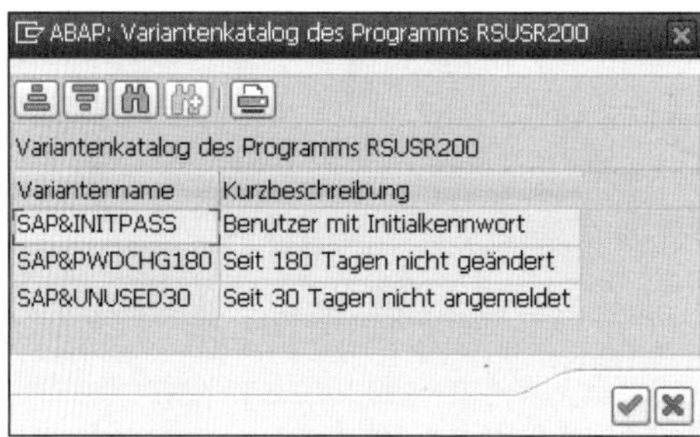

Abbildung 2.30 Variantenkatalog zur Selektion von Benutzern mit bestimmten Passworteigenschaften

Neben diesen Varianten erhalten Sie die Möglichkeit, über das Selektionsbild **Liste der Benutzer nach Anmeldedatum und Kennwortänderung** eigene Kriterien zu definieren, nach denen Sie Benutzer selektieren möchten (siehe Abbildung 2.31).

Mögliche Selektionskriterien sind die folgenden:

- Standardselektion nach Benutzer, Benutzergruppe, Anmeldezeit oder Passwortänderung
- Selektion nach Gültigkeit des Benutzers
- Selektion nach Sperren, z. B. Sperren durch Administrator oder Falschanmeldung
- Selektion nach Anzahl von Anmeldeversuchen
- Selektion nach Benutzertyp
- Selektion nach Passwortstatus

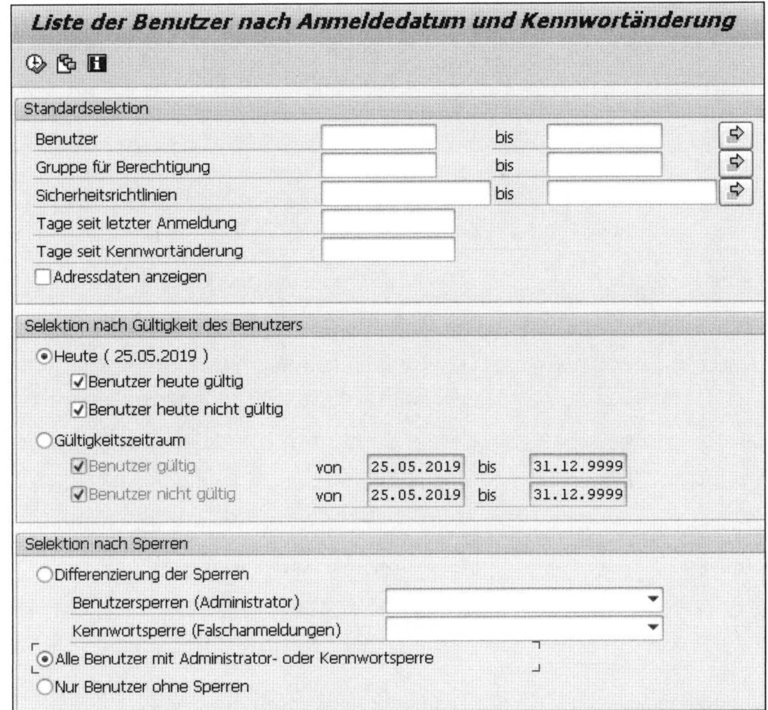

Abbildung 2.31 Definition von Selektionskriterien im Report RSUSR200

Wir zeigen in Abbildung 2.32 exemplarisch die Ergebnisliste bei einer uneingeschränkten Selektion.

Benutzer	Gruppe	Benutzertyp	Anleger	Anlegedatum	Gültig von	Gültig bis	Anmeldung	Anmeldung	Kennwort	Kennwort	Sperre	Sperrgrund	Falschanm.
TEST_AUTH_AO		A Dialog	GRC_RFC	08.12.2015			08.12.2015	23:09:23	✔	08.12.2015			
TEST_B		A Dialog	GRC_RFC	09.11.2017	09.11.2017	31.12.9999	unbenutzt		✖	09.11.2017			
TEST_D		A Dialog	GRC_RFC	09.11.2017	09.11.2017	31.12.9999	unbenutzt		✖	09.11.2017			
TEST_DEV		A Dialog	GRC_RFC	16.02.2018			16.02.2018	10:30:01	✔	16.02.2018			
TEST_DS_BW		A Dialog	GRC_RFC	14.08.2017			15.08.2017	07:50:07	✔	14.08.2017			1
TEST_FF_BEN		A Dialog	GRC_RFC	29.11.2015			29.11.2015	22:19:19	✔	29.11.2015			
TEST_FF_OWN		A Dialog	GRC_RFC	18.05.2016			18.05.2016	13:20:38	✔	18.05.2016			
TEST_HANA		A Dialog	GRC_RFC	03.10.2018			unbenutzt		✖	03.10.2018			
TEST_JV_2		A Dialog	GRC_RFC	30.10.2015	30.10.2015	31.12.9999	unbenutzt		✖	04.01.2018			
TEST_JV_3		A Dialog	GRC_RFC	29.03.2018			unbenutzt		✖	29.03.2018			
TEST_JV_D		A Dialog	GRC_RFC	30.10.2015	30.10.2015	31.12.9999	24.10.2017	13:30:58	✔	24.10.2017			
TEST_JV4		A Dialog	GRC_RFC	30.10.2015	30.10.2015	31.12.9999	unbenutzt		✖	30.10.2015			
TEST_MAIL1		A Dialog	GRC_RFC	23.05.2017	23.05.2017	31.12.9999	unbenutzt		✖	23.05.2017			
TEST_MC_APP		A Dialog	GRC_RFC	18.05.2016			24.08.2017	11:14:03	✔	24.08.2017			
TEST_MC_MON		A Dialog	GRC_RFC	18.05.2016			unbenutzt		✖	18.05.2016			

Abbildung 2.32 Ergebnisliste nach der Durchführung einer Benutzerselektion

Der Auswertung können Sie detaillierte Informationen zum Benutzerstammsatz, zur Benutzergruppe, zum Benutzertyp sowie zum Ersteller entnehmen. Die Bedeutung der einzelnen Spalten können Sie aus Tabelle 2.1 ersehen.

Spalte	Feldinhalt	Bedeutung
Anmeldung	**unbenutzt**	Der Anwender hat sich noch nie an diesem System angemeldet.
	mit Datum und Uhrzeit	Der Anwender hat sich zuletzt am angegebenen Datum und zur angegebenen Uhrzeit angemeldet.
Passwort	rotes Kreuz	Das Passwort ist initial; dies bedeutet, dass es der Anwender noch nicht geändert hat.
	rotes Kreuz mit Datum	Seitdem der Administrator das Passwort geändert hat, hat sich der Anwender noch nicht wieder am System angemeldet.
	grüner Haken mit Datum	Der Anwender hat das Passwort zum angegebenen Datum geändert.
	inaktiv	Das Passwort wurde deaktiviert.
Sperre		Der Benutzer ist gesperrt. Der Grund der Sperre steht in Spalte **Sperrgrund**.
	unbenutzt	Der Benutzer ist nicht gesperrt.

Tabelle 2.1 Selektionsfelder zur Suche nach Anmeldedaten in Transaktion SU10

2.8 Zusammenfassung

In diesem Kapitel haben wir Ihnen typische Best Practices für die ZBV gezeigt, wie beispielsweise die automatische Synchronisation von PFCG-Rollennamen oder die systemübergreifende Verwendung von Änderungsbelegen. Auch Alternativen für die Zuordnung von Rollen sowie typische Szenarien zum Einsatz der Massenpflege von Benutzern haben Sie nun kennengelernt.

Kapitel 3
Rollenverwaltung

3

Im Rahmen der Rollenverwaltung gibt es unzählige Themen, von der großen Perspektive auf ein Rollenkonzept bis hin zu kleinen nützlichen Hinweisen und Anregungen, die Ihnen das Leben leichter machen. Wir haben in diesem Kapitel einige Empfehlungen, Anregungen und Tipps für Sie zusammengetragen.

In diesem Kapitel haben wir sehr unterschiedliche Aspekte der Rollenverwaltung untergebracht. Zu Beginn sprechen wir Empfehlungen für den Umgang mit den Anforderungen an ein Berechtigungskonzept und für geeignete Vorgehensweisen bei der Rollendefinition aus. In den folgenden Abschnitten beschreiben wir die verschiedenen Möglichkeiten zur Massenpflege von Rollen. Im Anschluss gehen wir mehr ins Detail und geben Ihnen nützliche Hinweise und Anregungen zur Rollenpflege.

3.1 Ein Berechtigungskonzept einfach gestalten

Zahlreiche Berechtigungskonzepte, die wir bei Kunden vorfanden, waren nicht dazu geeignet, den Anforderungen des jeweiligen Kunden gerecht zu werden. Teilweise handelte es sich um »gewachsene« Berechtigungskonzepte (d. h., dass immer wieder Anforderungen hinzukamen) oder um gekaufte Berechtigungskonzepte. Nicht wenigen dieser Konzepte war gemeinsam, dass sie zu stark vereinfacht worden waren.

Ein treffendes Beispiel sind Berechtigungskonzepte, die alle Organisationsebenen in *Werterollen* oder *Organisationsrollen* zusammenfassen. Es gibt wenige Beispiele, wie z. B. den Rollenmanager der Branchenlösung SAP for Defense and Security, in denen das Ergebnis eines Werterollenkonzepts für den Anwender noch sinnvoll und angemessen ist. Die Annahme, dass »mal eben« alle Berechtigungsobjekte separiert werden können, die eine Organisationsebene enthalten, ist zwar einfach, aber eben nicht sinnvoll.

Die Vereinfachung, dass nur ein Benutzer ohne jegliche Berechtigungen definitiv keine rechtswidrigen Berechtigungen besitzen kann, haben wir in der Praxis (zum Glück) nicht vorgefunden. Allerdings besaßen Benutzer häufig deutlich zu viele Berechtigungen, und das System war damit nicht mehr rechtskonform.

Sie halten diese Aussagen für gewagt? Das sind sie nicht, denn in der Europäischen Union (EU) gilt die Datenschutzgrundverordnung (DSGVO). Die nationalen Gesetze, die diese Verordnung umsetzen, decken bei Berechtigungen ausnahmslos das Minimalprinzip ab (der deutsche Terminus *Zugriffskontrollen* beinhaltet genau das). Da aber in jedem SAP-System Unmengen an personenbezogenen Daten verarbeitet werden, ist jeder Zugriff, der dem Minimalprinzip zuwiderläuft, ein unrechtmäßiger Zugriff. Dass Änderungsberechtigungen im Debugging die formale Richtigkeit der Bilanz infrage stellen, ist ein bekanntes weiteres Beispiel.

[»]

Weiterführende Literatur zu den rechtlichen Rahmenbedingungen für Berechtigungskonzepte

Mehr Information zu den rechtlichen Rahmenbedingungen können Sie in den folgenden Büchern nachlesen:

- Lehnert, V.; Stelzner, K.; John, P.; Otto, A.: SAP-Berechtigungswesen. Konzeption und Realisierung (3. Auflage, SAP PRESS 2017)
- Lehnert, V.; Luther, I.; Christoph, B.; Pluder, C.: Datenschutz mit SAP. SAP Business Suite und SAP S/4HANA (SAP PRESS 2018)

Eine Vereinfachung des Berechtigungskonzepts können Sie nur über einen Weg erreichen: durch die umfängliche Analyse der technischen Möglichkeiten und der rechtlichen und organisatorischen Anforderungen. Das technische Berechtigungskonzept ist in den Applikationen enthalten; das betriebswirtschaftliche Berechtigungskonzept muss erst noch geschaffen werden. Das Gesamtkonzept muss dabei einigen Anforderungen gerecht werden:

- Es muss den rechtlichen Anforderungen genügen (u. a. Handelsrecht, Steuerrecht, Datenschutzrecht, gegebenenfalls industriespezifische Normen).
- Es muss die Aufbauorganisation Ihres Unternehmens berücksichtigen.
- Es muss nachvollziehbar sein.
- Es muss so einfach bleiben, dass eine dauerhafte Wartung ermöglicht wird.

Stellen Sie zunächst Ihre Aufbauorganisation dar. Bilden Sie (gegebenenfalls zunächst nur auf der generischen Ebene von Applikationen wie der Materialwirtschaft (MM) oder dem Controlling (CO)) über die Aufbauorganisation hinweg die betriebswirtschaftlichen Prozesse Ihres Unternehmens ab. Ermitteln Sie auf dieser Grundlage, welche organisatorischen Merkmale (Organisationsebenen, aber auch Kostenstellen, Organisationseinheiten usw.) welche Teile der Aufbauorganisation repräsentieren. Definieren Sie (gegebenenfalls zunächst nur im Rechnungswesen detailliert, im Übrigen auf der Ebene von Applikationen), welche Funktionen zwingend getrennt bleiben müssen.

Sofern Sie auf ein laufendes System zugreifen können, werten Sie dessen Nutzung der letzten 13 Monate aus (siehe Abschnitt 3.2, »Nutzungsdaten für die Rollendefinition verwenden«). Setzen Sie ein neues System auf und sorgen Sie am besten dafür, dass die Prozesse immer bis zur Ebene der Transaktionen bzw. Fiori-Apps dokumentiert sind. In solch einem Fall empfiehlt es sich außerdem, unmittelbar bei der Prozessbeschreibung schon die betriebswirtschaftlichen Risiken zu erheben.

Mit diesen Informationen gewappnet starten Sie die Konzeptarbeit. Beschreiben Sie, welche Mitarbeitergruppen welcher Organisationseinheiten welche Applikationen nutzen, und legen Sie den Umfang ihrer jeweiligen Nutzung fest. Nehmen Sie in die Beschreibung auf, für welche organisatorischen Zugriffe (Organisationsebenen, aber auch Kostenstellen, Organisationseinheiten usw.) die Organisationseinheit je Applikation berechtigt sein soll; bilden Sie also die Aufbauorganisation ab. Halten Sie unbedingt auch fest, welche zwingenden Funktionstrennungen zu berücksichtigen sind. Dadurch erhalten Sie insgesamt eine recht detaillierte Beschreibung, die im Prinzip schon betriebswirtschaftliche Rollen (in Bezug auf das System) ausweist. Abbildung 3.1 zeigt diese Komponenten eines Berechtigungskonzepts.

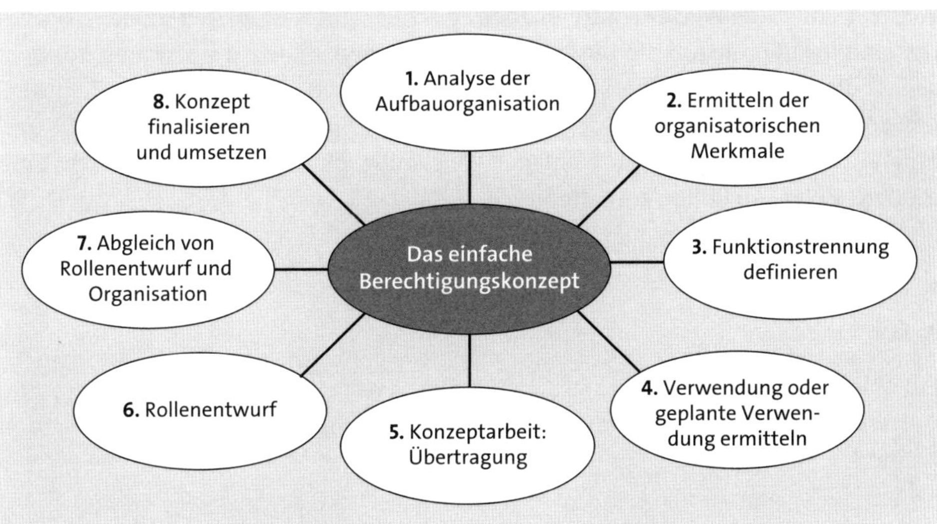

Abbildung 3.1 Schritte zu einem einfachen Berechtigungskonzept

Diesen Rollen können Sie nun Fiori-Apps bzw. Transaktionen zuordnen. Die Erfahrung zeigt, dass Rollen applikationsspezifisch bleiben sollten und ferner eine Unterscheidung zwischen buchenden bzw. anlegenden, ändernden und lesenden Rollen sinnvoll ist. Sie werden regelmäßig auf Anwendungen stoßen, die in mehreren Rollen verwendet werden. Die oft geforderte Redundanzfreiheit sollten Sie nicht zu hoch bewerten. Kritische Anwendungen oder Anwendungen, die Anteil an einem Funktionstrennungskonflikt haben, sollten in einer eigenen Rolle vorgehalten werden. Im Allgemeinen sollten Rollen nicht zu viele Anwendungen enthalten; kleinere Rollen sind einfacher zu warten und einfacher abzuleiten. Ihre Vergabe führt auch nicht so zügig zu dem häufig zu beobachtenden Problem, dass Benutzer über Berechtigungen verfügen, die sie aufgrund ihres Aufgabenspektrums gar nicht besitzen sollten. Sofern Sie die notwendigen Funktionstrennungen direkt festhalten, haben Sie sie als Nebenprodukt bereits für spätere Arbeitsschritte vorbereitet.

Wenn Sie nun die Rollen soweit definiert haben, dass die wesentlichen Prozesse abgebildet sind, prüfen Sie technisch, welche Organisationsmerkmale diese Rollen und Prozesse enthalten (Organisationsebenen, aber auch Kostenstellen, Organisationseinheiten usw.). Das technische Ergebnis vergleichen Sie anschließend mit dem Ergebnis aus der Betrachtung der Aufbauorganisation und der betriebswirtschaftlichen Rollenbeschreibung. Mit großer Wahrscheinlichkeit müssen Sie längst nicht alle technischen Organisationsmerkmale auch zur Differenzierung nutzen. Ein mögliches Ergebnis lautet, dass Sie Felder wie die Kostenstelle zur Organisationsebene erheben wollen. Eine Anleitung dazu finden Sie in Abschnitt 6.2.2, »Neue Organisationsfelder hinzufügen«.

Wenn Sie auf diese Weise ermittelt haben, welche Organisationsmerkmale zu beachten sind, prüfen Sie, ob Sie die bereits vorhandenen Rollen umgestalten können, sodass die Organisationsmerkmale eindeutig je Verwendungsbereich gepflegt werden können. So gelangen Sie schließlich zu einem Konzept, in dem funktionale und organisatorische Trennung auf einfache Weise möglich sind. Allerdings wird es eine größere Menge an Rollen enthalten:

- buchende/anlegende Rollen
- ändernde Rollen
- lesende Rollen

Ein solches Konzept ist dafür frei von Funktionstrennungskonflikten und so granular, dass die Organisationsmerkmale je Verwendungsbereich ausgeprägt werden können.

3.2 Nutzungsdaten für die Rollendefinition verwenden

Einer der größten Aufwandstreiber beim Redesign von SAP-Rollenkonzepten ist die Definition der transaktionalen Ausprägung von SAP-Rollen. Indem Sie die statistischen Nutzungsdaten aus dem *Workload-Monitor* verwenden, können Sie aufwendige Abstimmungen mit den Prozessverantwortlichen im Sinne eines Greenfield-Ansatzes vermeiden. Auf diese Weise können Sie Ihre SAP-Rollenkonzepte inhaltlich auf das Nutzungsverhalten der Anwender abstimmen. Voraussetzung dafür ist lediglich, dass die Nutzungsdaten für einen repräsentativen Zeitraum zur Verfügung stehen. Im SAP-Standard handelt es sich dabei um zwei Monate; Sie können diesen Zeitraum aber auch erweitern. Im Anschluss beschreiben wir, wie Sie die statistischen Nutzungsdaten aus dem Workload-Monitor für die SAP-Rollendefinition verwenden können.

Damit Sie die statistischen Nutzungsdaten gewinnbringend einsetzen können, müssen Sie zuerst den SAP-Standardwert für die Vorhaltezeit dieser Daten auf einen sinnvollen Zeitraum erweitern. Für einen repräsentativen Datenbestand sind mindestens sechs und maximal 12 Monate ausreichend. In diesem Zeitraum sind das Tagesgeschäft, Monatsabschlüsse und idealerweise unterjährige Aktivitäten, wie z. B. Inventur, Budgetierung und Jahresabschluss, enthalten.

Rufen Sie dazu die Transaktion ST03N auf und navigieren Sie zu folgendem Pfad:

Kollektor & Perf. Datenbank • Performance-Datenbank • Workload Kollektor Datenbank • Reorganization • Steuerung

Setzen Sie in der Zeile mit dem Text **Speicherverbrauchsprofil** die Werte der Monatsaggregate in den Spalten **Aufbew.zeit Monatagg** und **AZeit TOTAL Monatagg** auf den gewünschten Wert; dieser beträgt in Abbildung 3.2 24 Monate. Erfahrungsgemäß ergeben sich hierdurch keine Performanceeinbußen, lediglich der notwendige Speicherplatz erweitert sich geringfügig.

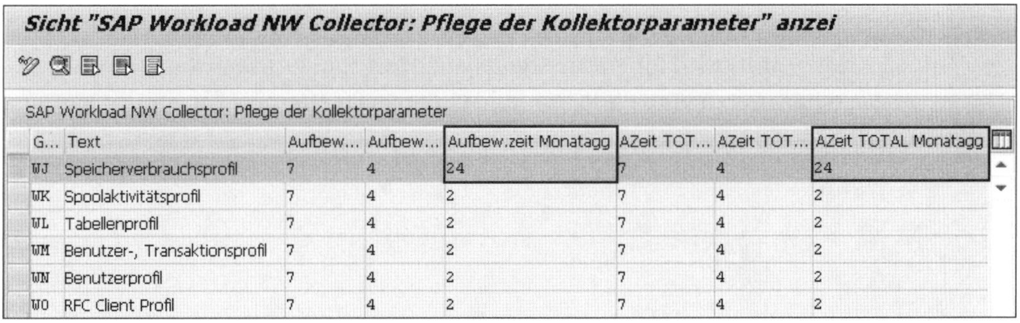

Sicht "SAP Workload NW Collector: Pflege der Kollektorparameter" anzei

SAP Workload NW Collector: Pflege der Kollektorparameter

G...	Text	Aufbew...	Aufbew...	Aufbew.zeit Monatagg	AZeit TOT...	AZeit TOT...	AZeit TOTAL Monatagg
WJ	Speicherverbrauchsprofil	7	4	24	7	4	24
WK	Spoolaktivitätsprofil	7	4	2	7	4	2
WL	Tabellenprofil	7	4	2	7	4	2
WM	Benutzer-, Transaktionsprofil	7	4	2	7	4	2
WN	Benutzerprofil	7	4	2	7	4	2
WO	RFC Client Profil	7	4	2	7	4	2

Abbildung 3.2 Konfiguration des Workload-Monitors

Der SAP-Standard erlaubt Ihnen die Auswertung der statistischen Nutzungsdaten über einen Standardfunktionsbaustein. Der Aufruf dieses Funktionsbausteins erfolgt über die Transaktion SE37. Wählen Sie hier den Funktionsbaustein `SWNC_GET_WORKLOAD_STATISTIC`. Mithilfe des Funktionsbausteins schreiben Sie die statistischen Nutzungsdaten in eine temporäre Tabelle, aus der Sie die Daten zur weiteren Verwendung extrahieren können. Beim Aufruf des Funktionsbausteins geben Sie die folgenden Parameter ein (siehe Abbildung 3.3):

- `SELECT_SYSTEM`: Diesen Parameter können Sie leer lassen.
- `SYSTEMID`: Geben Sie hier die System-ID (`<SID>`) an.

- INSTANCE: Geben Sie hier den Wert TOTAL ein.
- PERIODTYPE: Geben Sie hier den Wert M ein.
- PERIODSTRT: Geben Sie hier das Startdatum Ihrer Auswertung im Format DD.MM.JJJJ an.
- SUMMARY_ONLY: Diesen Parameter können Sie leer lassen.

Funktionsbaustein testen: Eingabebild

Debugging Testdatenverz.

Test für Funktionsgruppe SCSM_GLOB_SYSTEM
Funktionsbaustein SWNC_GET_WORKLOAD_STATISTIC
Klein-Groß-Schreibung

RFC-Zielsystem:

Import-Parameter	Wert
SELECT_SYSTEM	
SYSTEMID	T01
INSTANCE	TOTAL
PERIODTYPE	M
PERIODSTRT	01.01.2019
SUMMARY_ONLY	

Abbildung 3.3 Aufruf des Funktionsbausteins über die Transaktion SE37

Anschließend starten Sie über den Button (**Testen/Ausführen**) die Extraktion.

Im nächsten Schritt wird Ihnen das Ergebnisbild des Funktionsbausteinaufrufs angezeigt. Sie sehen hier die Tabelle MEMORY und in der Spalte **Wert** die Anzahl der Einträge (siehe Abbildung 3.4).

Export-Parameter	Wert
TASKTYPE	17 Einträge
TASKTIMES	254 Einträge
TIMES	1.929 Einträge
DBPROCS	0 Einträge
EXTSYSTEM	253 Einträge
TCDET	577 Einträge
FRONTEND	101 Einträge
MEMORY	1.199 Einträge

Abbildung 3.4 Ergebnisbild des Funktionsbausteins mit der Darstellung der Tabelle MEMORY

Über einen Doppelklick auf die Tabelle MEMORY können Sie sich die statistischen Nutzungsdaten nach Transaktionen sortiert anzeigen lassen und sie herunterladen (siehe Abbildung 3.5). Aus dem Ergebnis können Sie ablesen, welche Transaktionen (Spalte **ENTRY_ID**) wie häufig (Spalte **COUNTER**) und von wie vielen verschiedenen Benutzern verwendet wurden. Aus dieser Information lassen sich verschiedene Anhaltspunkte für die Berechtigungsvergabe ableiten. Wenn etwa eine Transaktion von einem Benutzer innerhalb von zwölf Monaten nur einmal verwendet wurde, könnte dies entweder auf einen sehr privilegierten Benutzer oder aber auf den versehentlichen Aufruf einer Transaktion hindeuten, für die ein Benutzer Berechtigungen hat. Die künftige Zuordnung der Berechtigungen für solche Transaktionen sollte im SAP-Rollenkonzept dann kritisch hinterfragt werden. Demgegenüber sollten Sie Transaktionen mit einem hohen Nutzungsgrad und einem großen Benutzerkreis (z. B. mit mehr als zehn Benutzern) in einem SAP-Rollenkonzept sinnvollerweise berücksichtigen.

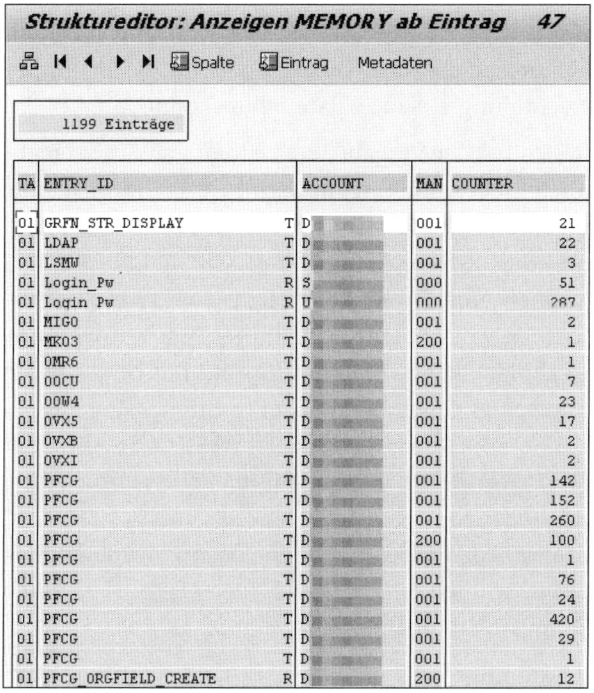

Strukturеditor: Anzeigen MEMORY ab Eintrag 47

Spalte Eintrag Metadaten

1199 Einträge

TA	ENTRY_ID		ACCOUNT	MAN	COUNTER
01	GRFN_STR_DISPLAY	T	D	001	21
01	LDAP	T	D	001	22
01	LSMW	T	D	001	3
01	Login_Pw	R	S	000	51
01	Login_Pw	R	U	000	287
01	MIGO	T	D	001	2
01	MK03	T	D	200	1
01	OMR6	T	D	001	1
01	OOCU	T	D	001	7
01	OOW4	T	D	001	23
01	OVX5	T	D	001	17
01	OVXB	T	D	001	2
01	OVXI	T	D	001	2
01	PFCG	T	D	001	142
01	PFCG	T	D	001	152
01	PFCG	T	D	001	260
01	PFCG	T	D	200	100
01	PFCG	T	D	001	1
01	PFCG	T	D	001	76
01	PFCG	T	D	001	24
01	PFCG	T	D	001	420
01	PFCG	T	D	001	29
01	PFCG	T	D	001	1
01	PFCG_ORGFIELD_CREATE	R	D	200	12

Abbildung 3.5 Öffnen und Herunterladen der Tabelle MEMORY

Wertvolle Informationen können Sie insbesondere auch über kundeneigene Transaktionen ableiten, da erfahrungsgemäß nicht alle angelegten Transaktionen auch tatsächlich produktiv und langfristig verwendet werden.

[!]

Verwendung der statistischen Nutzungsdaten

Wichtig ist in diesem Zusammenhang, dass Sie die aus dem SAP-System protokollierten und extrahierten Nutzungsdaten grundsätzlich nur zweckgebunden für die Optimierung von SAP-Rollenkonzepten einsetzen sollten. Diese Informationen dürfen nur unter Einbeziehung eines Mitbestimmungsorgans Ihrer Organisation verwendet werden, da hieraus natürlich auch Informationen zur individuellen Leistung einzelner Anwender abgeleitet werden können. Erfahrungsgemäß kann aber die Verwendung dieser Daten bei früher Einbeziehung der Mitbestimmungsorgane und Festschreibung der Zweckgebundenheit als unkritisch bewertet werden.

3.3 Best Practices für die Namenskonventionen von Berechtigungsrollen

Namenskonventionen für PFCG-Rollen können sehr vielfältig ausfallen. Sie haben sicher bereits festgestellt, dass selbst die von SAP ausgelieferten Rollen keiner einheitlichen Namenskonvention entsprechen. So gibt es Rollen, deren Namen mit SAP_ beginnen, aber auch solche, z. B. für SAP Supplier Relationship Management (SAP SRM), deren Name mit dem Namensraum /SAPSRM/ beginnt. In diesem Abschnitt möchten wir Ihnen einige Hinweise und Kriterien an die Hand geben, die Sie bei der Definition einer Namenskonvention von Berechtigungsrollen zu Rate ziehen können.

Ihnen ist sicher bekannt, dass Sie sich bei der Vergabe von Namen von Rollen nicht zwingend im Kundennamensraum bewegen müssen und somit viel Freiraum haben. Die einzige Einschränkung besteht darin, dass Sie den Namensraum der von SAP ausgelierten Rollen (SAP*) nicht verwenden dürfen. Zunächst müssen Sie in Ihrem Unternehmen über die Form der Namen eine Einigung erzielen. Eine grundlegende Entscheidung ist die Festlegung der Sprache, in der die Rollen gepflegt werden müssen. Diese Entscheidung hat zwar keinen zwingenden Einfluss auf den technischen Rollennamen, da dieser in allen Sprachen gleich lautet, aber in Ihren Rollennamen finden sich sicher beschreibende Elemente. Auch die Rollenbeschreibung sowie der Langtext sind jeweils sprachabhängig. Es ist deshalb sinnvoll, die Rollen initial in der Sprache anzulegen, die in Ihrem Unternehmen am häufigsten genutzt wird, und auch die beschreibenden Texte zunächst in dieser Sprache zu pflegen. Werden Rollen in verschiedenen Sprachen benötigt, können Sie die Texte übersetzen (siehe auch Abschnitt 3.11, »Texte in Berechtigungsrollen übersetzen«).

Da ein Rollenkonzept in der Regel ständigen Veränderungen und Aktualisierungen unterliegt, beispielsweise, wenn neue Funktionen oder Module eingeführt werden oder neue organisatorische Werte hinzukommen, sollten Rollennamen immer ausbaufähig sein. Legen Sie daher im nächsten Schritt fest, welche sinnvollen Bestandteile Sie in Ihren Rollennamen benötigen. Darüber hinaus möchten wir an dieser Stelle darauf hinweisen, dass der technische Rollenname ein eindeutiger Schlüssel ist und daher nachträglich nicht mehr geändert werden kann.

Nachfolgend finden Sie einige Beispiele für die in Rollennamen verwendeten Kürzel:

- **Rollentyp**
  Legen Sie ein Kürzel oder Zeichen fest, das Referenz-, Einzel-, Zusatz-, Werte-, Sammelrollen oder abgeleitete Rollen identifiziert.
- **Modul**
  Geben Sie an, für welches Modul bzw. welchen Funktionsumfang diese Rolle zuständig sein soll. Beachten Sie, dass hierbei zwei Stellen nicht immer ausreichend sind.

- **Aktivitätslevel**
  Rollen können so geschnitten sein, dass die Inhaber dieser Rollen z. B. entweder nur über Anzeige- oder über Anzeige- und Änderungsberechtigungen verfügen. Ferner können Sie zwischen Rollen für Customizing-, Stammdaten- und Bewegungsdatenpflege differenzieren.
- **Kritikalität**
  Legen Sie ein bestimmtes Kürzel oder Zeichen fest, um zu kennzeichnen, ob Ihre Rolle über kritische Zugriffe verfügt, sodass für solche Rollen gesonderte Zuweisungs- bzw. Genehmigungsregeln beachtet werden können. Definieren Sie hier, was »kritisch« für Ihr Projekt bedeutet. Möchten Sie nur Berechtigungen kennzeichnen, die für den Betrieb des SAP-Systems kritisch sind, oder auch solche in geschäftskritischen Prozessen? Definieren Sie weiterhin, welche Konsequenz die Zuweisung einer kritischen Rolle zu einem Benutzer hat.
- **Organisatorische Zuordnung**
  Rollen spiegeln den Zugriff auf Daten abhängig von den berechtigten organisatorischen Werten wider. Diese organisatorischen Informationen sollten Teil der Namenskonvention sein, da sich diese Rollen nur in ihrer organisatorischen, nicht aber in ihrer funktionalen Ausprägung unterscheiden. Die Verwendung der tatsächlichen Werte in den Organisationsebenen kann bei übergreifenden Rollen oder innerhalb der in einer Organisationseinheit zu differenzierenden Berechtigungen zu Namensproblemen führen. Wir empfehlen daher, im technischen Rollennamen keine tatsächlichen Werte anzugeben, sondern sogenannte *Organisationsebenensets* zu definieren und in die Namenskonvention aufzunehmen.
- **System**
  Wenn Sie Rollen erstellen, die nur für bestimmte Systeme, wie z. B. das Entwicklungssystem, gedacht sind, sollte diese Information im Rollennamen aufgenommen werden.
- **Inhalt**
  Damit die Rollenbezeichnung nachvollziehbar ist, sollten die restlichen Zeichen für eine möglichst aussagekräftige Kurzbeschreibung zum Inhalt verwendet werden. Hier bietet es sich an, wiederkehrende Begriffe einheitlich abzukürzen, z. B. `STDA` für Rollen zur Pflege von Stammdaten oder `CUSTZ` für Customizingrollen zu verwenden.
- **Kundeneigene Anforderungen**
  Eventuell haben Sie spezielle Anforderungen, die unbedingt in die Namenskonvention einfließen sollen, etwa, wenn Sie in einem Template-Projekt Vorlagenrollen definieren, die lokal angepasst werden können. All dies können und sollten Sie in der Namensgebung kenntlich machen.

Auch die Reihenfolge der von Ihnen gewählten Kürzel im Rollennamen sollte gut überlegt sein, da sie Einfluss auf die alphabetische Sortierung der Rollen in Reportlisten hat (z. B. auf die Auswertungen des Benutzerinformationssystems über Transaktion SUIM).

Wir zeigen Ihnen in Abbildung 3.6 und Abbildung 3.7 zwei Beispiele für mögliche Namenskonventionen. Verwenden Sie davon diejenigen Kriterien, die zur Umsetzung Ihrer Anforderungen am besten geeignet sind.

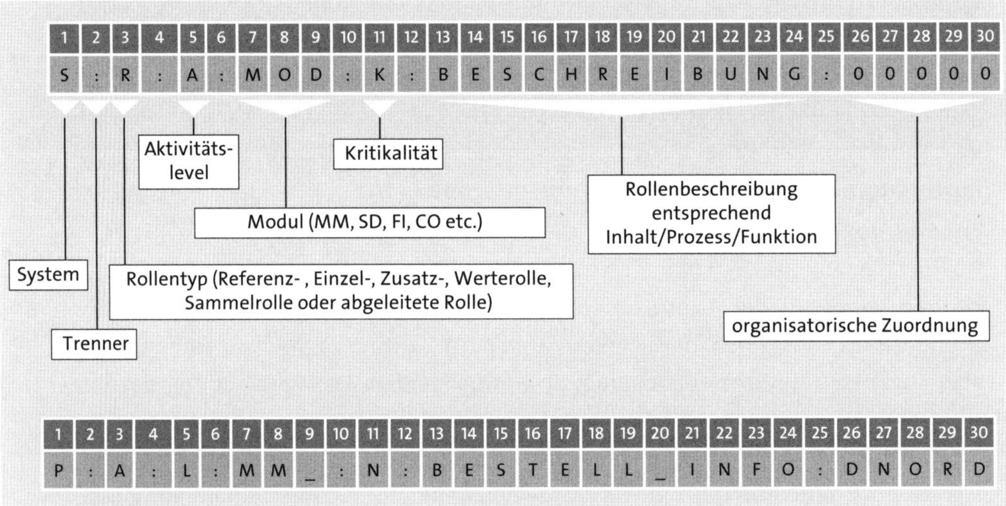

Abbildung 3.6 Erstes Beispiel für eine Namenskonvention

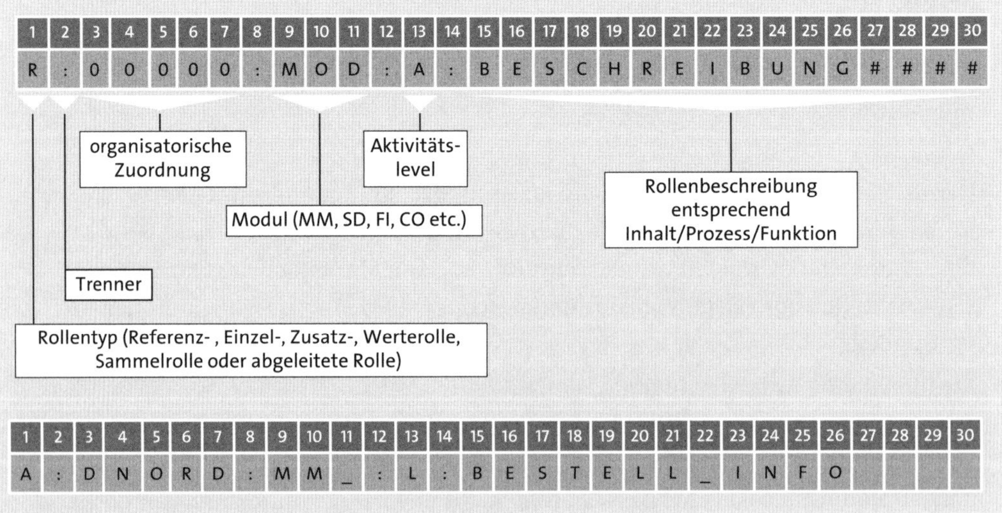

Abbildung 3.7 Zweites Beispiel für eine Namenskonvention

[+]

Namenskonvention bei Einführung eines neuen Berechtigungskonzepts

Falls Sie vorhaben sollten, Ihr altes Berechtigungskonzept durch ein neues zu ersetzen, erfolgt die Umsetzung meist in einem Roll-out-Verfahren. Sie vereinfachen die spätere Administration, wenn Sie für das neue Konzept eine Namenskonvention wählen, die sich deutlich von der bestehenden unterscheidet.

3.4 Berechtigungen für Schnittstellen- und Hintergrundbenutzer

Es kann herausfordernd sein, Berechtigungen für Schnittstellenbenutzern zu erstellen und RFC-Schnittstellen abzusichern. Daher fassen wir in diesem Abschnitt grundsätzliche Empfehlungen zur Vorgehensweise bei der Erstellung und Bereinigung von Berechtigung für Schnittstellenbenutzer zusammen. Zusätzlich gehen wir darauf ein, was Sie im Rahmen der Absicherung von RFC-Schnittstellen beachten sollten. Wir verweisen dabei an vielen Stellen auf andere Abschnitte dieses Buches, in denen Sie weitere Details finden. Die Anmerkungen zu Schnittstellenbenutzern und -Berechtigungen gelten auch für Hintergrundbenutzer und deren Berechtigungen.

3.4.1 Schnittstellen absichern

Wenn mehrere Schnittstellen von Ihrem SAP-System zu anderen Systemen vorhanden sind, sollten Sie keinesfalls nur einen einzigen Systembenutzer für alle diese Schnittstellen verwenden, denn die Berechtigungen dieses Benutzers wären viel zu umfangreich, und schnell sind Sie bei Rollen, die dem Profil `SAP_ALL` ähneln. Nutzen Sie stattdessen unterschiedliche Benutzer für die verschiedenen Schnittstellenszenarien.

Definieren Sie eine Namenskonvention für die Schnittstellenbenutzer, die Aufschluss über das Schnittstellenszenario gibt und anhand der Sie erkennen, aus welchem System der Benutzer aufgerufen wird. Ein Benutzername könnte demnach z. B. `RFC_GRC_<SID>` lauten.

[!]

Namenskonvention abhängig von den Anforderungen Ihrer Landschaft wählen

Beachten Sie bei der Konzeption der Namenskonventionen weiterhin, dass die Integration der System-ID in die Benutzernamen zu Problemen führen kann, wenn Sie häufig Systemkopien durchführen. In diesem Fall kann es sinnvoller sein, die Landschaft als Indikator zu nutzen. Ein Benutzername könnte dann z. B. wie folgt aufgebaut sein: `R_<SRC-LANDSCAPE>_<TRGT-LANDSCAPE>_<SCENARIO>`.

Gruppieren Sie im ersten Schritt die Schnittstellenbenutzer nach den verschiedenen Szenarien und ordnen Sie den Benutzern Verantwortlichkeiten zu, damit auch zu einem späteren Zeitpunkt noch erkennbar ist, warum der jeweilige Benutzer im System vorhanden ist und wer bei Änderungen an diesem Benutzer benachrichtigt werden sollte.

Achten Sie darauf, dass Schnittstellenbenutzer vom Typ »System« sein sollten. Diese Regel ist auf die Wirkungsweise der Passwortregeln zurückzuführen. Nähere Informationen dazu finden Sie in Abschnitt 1.6, »Auswirkung der Benutzertypen auf Passwortregeln«.

Im nächsten Schritt identifizieren Sie die erforderlichen Berechtigungen für die Schnittstellenbenutzer. Für RFC-Schnittstellen starten Sie dazu am besten mit der Auswertung des RFC-Trace (Transaktion STRFCTRACE). Wie Sie dabei vorgehen, haben wir in Abschnitt 5.5, »Berechtigungsprüfungen für RFC-Aufrufe identifizieren«, beschrieben. Gegebenenfalls ist es vorab sinnvoll, die Berechtigungsvorschlagswerte für kundeneigene Anwendungen mithilfe der Transaktion STUSOBTRACE zu ermitteln. Details zu dieser Transaktion finden Sie in Abschnitt 5.3 »Berechtigungsvorschlagswerte für Neuentwicklungen ergänzen«. Sollten Sie sich im Anschluss daran noch nicht sicher genug sein, welche Berechtigungen die Schnittstellenbenutzer benötigen, können Sie die Berechtigungen der Schnittstellenbenutzer über die Zuordnung eines Referenzbenutzers testen. Wie Sie dabei vorgehen, erläutern wir im folgenden Abschnitt.

Wenn Sie die beschriebene Reihenfolge einhalten, können Sie die Berechtigungen der Schnittstellen- und Hintergrundbenutzer ohne Beeinträchtigung des laufenden Betriebs bereinigen und damit eine große Sicherheitslücke schließen.

Zu umfangreiche Berechtigungen sind allerdings nicht die einzigen Sicherheitsrisiken im Umfeld von Schnittstellen im SAP-System. Daher empfehlen wir Ihnen bei der Absicherung von RFC-Schnittstellen zusätzlich die folgende Vorgehensweise:

1. **Firewall**
   Definieren Sie, welche Zugriffe auf Ihre Systeme über das Netzwerk grundsätzlich erlaubt sind.
2. **Verschlüsselung**
   Prüfen Sie, ob Ihre Daten bei der Übertragung verschlüsselt sind, d. h. ob Sie das Protokoll *Secure Network Communication* (SNC) für RFC-Verbindungen nutzen.
3. **Unified Connectivity (UCON)**
   Definieren Sie, welche Funktionsbausteine extern aufgerufen werden können. Wie Sie diese Information ermitteln, zeigen wir in Abschnitt 5.5, »Berechtigungsprüfungen für RFC-Aufrufe identifizieren«.

4. **RFC-Gateway**
   Setzen Sie die Einstellungen für das RFC-Gateway, um einzuschränken, welche Programme über das Gateway gestartet werden dürfen. Weitere Informationen hierzu finden Sie in Abschnitt 12.2.1, »RFC-Gateway und Message Server absichern«.
5. **RFC-Callbacks**
   Definieren Sie, welche RFC-Callbacks erlaubt sind. Details hierzu finden Sie in Abschnitt 12.2.6, »RFC-Callbacks absichern«.
6. **Schnittstellenbenutzer**
   Definieren Sie die Benutzer für die RFC-Schnittstellen und deren Berechtigungen, wie in diesem Abschnitt beschrieben.

3.4.2 Berechtigungen von Schnittstellenbenutzern mittels Referenzbenutzer bereinigen

Haben Sie die im vorangehenden Abschnitt beschriebenen Schritte zur Erstellung von Rollen für Schnittstellen- oder Hintergrundbenutzer durchgeführt, bleibt dennoch das Risiko bestehen, dass nach der Umstellung auf die neuen Rollen wichtige Berechtigungen noch fehlen könnten. Sie könnten nun den Langzeittrace einfach noch etwas weiterlaufen lassen. Der Abgleich der Tracedaten mit einer bereits erstellten Rolle ist aber immer etwas mühsam. Hier erweist sich das Testen von Rollen über das Verfahren des *Referenzbenutzers* als sehr komfortabel: Ein Referenzbenutzer ermöglicht es Ihnen, auf saubere und einfache Weise noch fehlende Berechtigungen für einen konkreten Einsatzzweck in einer Rolle zu ermitteln.

Ein Referenzbenutzer vererbt seine Berechtigungen (in diesem Fall die neue, zu testende Rolle) an den aktiven Schnittstellen- bzw. Hintergrundbenutzer. Bei der Berechtigungsprüfung werden *zuerst* die Berechtigungen des Referenzbenutzers geprüft. Ist in der Rolle des Referenzbenutzers eine Berechtigung vorhanden, wird dies im Systemtrace für Berechtigungen vermerkt. Daraus lässt sich schließen, dass die neue Rolle funktioniert, also über die erforderlichen Berechtigungen verfügt. Ist die Berechtigung in der Rolle des Referenzbenutzers jedoch nicht vorhanden, werden die Berechtigungen des aktiven Schnittstellen- oder Hintergrundbenutzers angewendet (gegebenenfalls aus dem Profil SAP_ALL oder aus einer alten, zu umfassend berechtigten Rolle).

Sie können auf diese Art und Weise sehr schnell erkennen, ob Berechtigungen geprüft wurden, die in der neuen Testrolle noch nicht vorhanden sind, ohne dass aber die tatsächliche Berechtigungsprüfung für den produktiven Benutzer fehlschlägt. Produktive Prozesse werden bei diesem Verfahren also nicht beeinträchtigt.

Gehen Sie wie folgt vor, um Referenzbenutzer für den Zuschnitt von Rollen für Schnittstellen- oder Hintergrundbenutzer zu verwenden:

1. Erstellen Sie die Zielrolle mit allen Berechtigungen, deren Notwendigkeit Sie bislang festgestellt haben.
2. Weisen Sie diese Rolle einem neu angelegten Benutzer zu (siehe Abbildung 3.8). Dieser Benutzer vom Typ »Referenz« sollte gegebenenfalls den Namen des zu testenden Schnittstellen- oder Hintergrundbenutzers tragen, ergänzt um ein zusätzliches Suffix, das deutlich macht, dass es sich um einen Referenzbenutzer handelt, etwa FI_BTC_REF. In unserem Beispiel heißt der Referenzbenutzer ZTEST123.

Abbildung 3.8 Zuordnung der Zielrolle (zum Testen der erforderlichen Berechtigungen) zu den Referenzbenutzern

3. Der aktuelle Hintergrund- oder Schnittstellenbenutzer, in unserem Beispiel ZTESTABC, behält zunächst seine alte Rolle bzw. das alte Profil (gegebenenfalls derzeit noch das Profil SAP_ALL, wie in Abbildung 3.9).

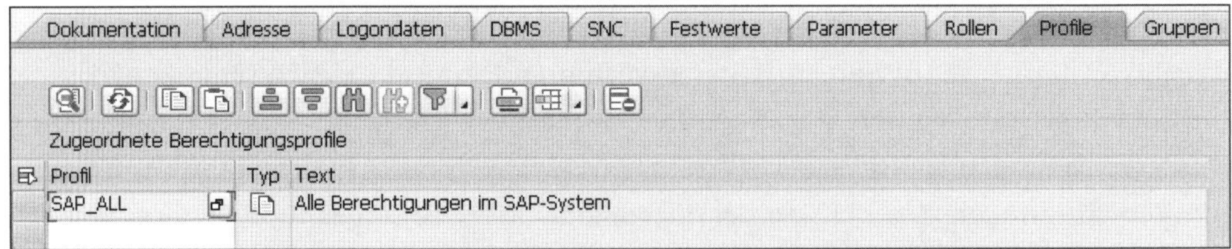

Abbildung 3.9 Zu testender Schnittstellenbenutzer mit dem Berechtigungsprofil SAP_ALL

4. Weisen Sie in der Transaktion SU01 auf der Registerkarte **Rollen** (siehe Abbildung 3.10) dem produktiv arbeitenden Hintergrund- oder Schnittstellenbenutzer den zweiten, neu angelegten Benutzer als Referenzbenutzer zu.

Abbildung 3.10 Den Referenzbenutzer einem zu testenden Schnittstellenbenutzer zuweisen

5. Beobachten Sie den Benutzer nun bei seiner Arbeit. Die interessanten Ergebnisse finden Sie im Systemtrace für Berechtigungen in der Transaktion STAUTHTRACE (siehe Abbildung 3.11). Dazu muss dieser Trace natürlich eingeschaltet sein, wenigstens für diesen Benutzer, wie in Abschnitt 5.2, »Systemtrace für Berechtigungen verwenden«, beschrieben.

Systemtrace für Berechtigungsprüfungen

Benutzerpuffer CDS-Zugriffskontrolle Selektionen

Datum	Benutzer	Typ	Feld 1	Programmname	Anwendung	Ergebnis	Ergebnis	Zusatzinformation zur Prüfung	Objekt	Wert 1	Feld 2	Wert 2
05.06.2019	ZTESTABC	Transaktion	TCD	SAPLSUSE	SU01D	0	Berechtigungsprüfung erfolgreich	Berechtigt durch Referenzbenutzer	S_TCODE	SU01D		
05.06.2019	ZTESTABC	Transaktion	CLASS	SAPLSUSE	SU01D	0	Berechtigungsprüfung erfolgreich	Berechtigt durch Referenzbenutzer	S_USER_GRP		ACTVT	03
05.06.2019	ZTESTABC	Transaktion	CLASS	CL_SUID_TOOLS==================CP	SU01D	0	Berechtigungsprüfung erfolgreich	Berechtigt durch Referenzbenutzer	S_USER_GRP		ACTVT	03
05.06.2019	ZTESTABC	Transaktion	ACTVT	CL_SALV_GUI_FUNCTION_ASSIST===CP	SU01D	0	Berechtigungsprüfung erfolgreich		S_GUI	61		
05.06.2019	ZTESTABC	Transaktion	ACTVT	CL_ALV_HELPER_INTERNAL========CP	SU01D	0	Berechtigungsprüfung erfolgreich		S_ALV_LAYO	23		
05.06.2019	ZTESTABC	Transaktion	ACTVT	CL_ALV_HELPER_INTERNAL========CP	SU01D	0	Berechtigungsprüfung erfolgreich		S_ALV_LAYR	23	REPORT	SAPLSUID_
05.06.2019	ZTESTABC	Transaktion	ACTVT	CL_SALV_GUI_FUNCTION_BUILDER==CP	SU01D	0	Berechtigungsprüfung erfolgreich		S_GUI	61		
05.06.2019	ZTESTABC	Transaktion	TCD	SAPLSUSE	SM59	0	Berechtigungsprüfung erfolgreich		S_TCODE	SM59		
05.06.2019	ZTESTABC	Transaktion	ACTVT	SAPLSUSE	SM59	0	Berechtigungsprüfung erfolgreich		S_RFC_ADM		RFCTYPE	
05.06.2019	ZTESTABC	Transaktion	ACTVT	SAPMCRFC	SM59	0	Berechtigungsprüfung erfolgreich		S_RFC_ADM	03	RFCTYPE	
05.06.2019	ZTESTABC	Transaktion	ACTVT	SAPMCRFC	SM59	0	Berechtigungsprüfung erfolgreich		S_RFC_ADM	01	RFCTYPE	
05.06.2019	ZTESTABC	Transaktion	ACTVT	SAPMCRFC	SM59	0	Berechtigungsprüfung erfolgreich		S_RFC_ADM	02	RFCTYPE	
05.06.2019	ZTESTABC	Transaktion	ACTVT	SAPMCRFC	SM59	0	Berechtigungsprüfung erfolgreich		S_RFC_ADM	06	RFCTYPE	
05.06.2019	ZTESTABC	Transaktion	ACTVT	SAPMCRFC	SM59	0	Berechtigungsprüfung erfolgreich		S_RFC_ADM	03	RFCTYPE	3
05.06.2019	ZTESTABC	Transaktion	ACTVT	SAPLCRFC	SM59	0	Berechtigungsprüfung erfolgreich		S_RFC_ADM	03	RFCTYPE	
05.06.2019	ZTESTABC	Transaktion	ACTVT	SAPMCRFC	SM59	0	Berechtigungsprüfung erfolgreich		S_RFC_ADM	03	RFCTYPE	

Abbildung 3.11 Auswertung des Systemtrace für den Schnittstellenbenutzer mit Verweis auf die erfolgreichen Prüfungen auf den Referenzbenutzer

6. Fügen Sie die Berechtigungen, die in der neuen Rolle noch fehlen, nach und nach hinzu.
7. Wenn die Rolle erfolgreich getestet wurde, weisen Sie sie dem aktiven Schnittstellen- bzw. Hintergrundbenutzer direkt zu. Löschen Sie anschließend sowohl die Referenz als auch Referenzbenutzer.
8. Schließlich löschen Sie auch die alte Rolle bzw. die Zuweisung des Profils SAP_ALL zum aktiven Schnittstellen- bzw. Hintergrundbenutzer.

[!]

Problematik vererbter Berechtigungen

Beachten Sie, dass Wirtschaftsprüfer Referenzbenutzer nicht besonders schätzen – oder diese sogar monieren – weil sich damit Berechtigungen »unbemerkt« vererben lassen, also unter Umständen Zugriffsmöglichkeiten erschlichen werden könnten. Daher sollten Sie Referenzbenutzer nur wie hier beschrieben im Rahmen von Berechtigungsbereinigungen verwenden. Außerdem sollte ihr Einsatz gut dokumentiert werden.

Die zusätzlichen Informationen im Trace, anhand derer Sie erkennen können, warum Berechtigungsprüfungen fehlgeschlagen sind, stehen ab der SAP-Kernel-Version 7.21, Patch Level 216 und höher, zur Verfügung. Die Informationen zu den Ergebnissen der Berechtigungsprüfungen werden Ihnen in Form von unterschiedlichen *Reasoncodes* angezeigt. Für die Auswertung Ihrer Berechtigungsfehler mit Hilfe der Reasoncodes brauchen Sie zusätzlich zur Kernel-Version neuere Support Packages der SAP-Basisreleases 7.00 oder höher, oder Sie spielen die SAP-Hinweise 1373111 (Verbesserungen am Berechtigungstrace) und 1960916 (STAUTHTRACE: Zusatzinformation »Berechtigt durch Referenzbenutzer«) auf Ihrem System ein.

Reasoncodes dienen der Ermittlung, warum eine Berechtigungsprüfung erfolgreich war oder fehlschlug. Folgende Reasoncodes existieren:

- `A`: Das geprüfte Berechtigungsobjekt wurde in der Transaktion AUTH_SWITCH_OBJECTS global ausgeschaltet.
- `B`: Das geprüfte Berechtigungsobjekt wurde in der Transaktion SU24 lokal ausgeschaltet.
- `C`: Die Startberechtigung für die Transaktion (Berechtigungsobjekt `S_TCODE`) wurde in der Methode `CALL TRANSACTION` ausgeschaltet.
- `D`: Die Startberechtigung für die Transaktion SU53 und/oder SU56 wurde über den Profilparameter `auth/tcodes_not_checked` ausgeschaltet.
- `E`: Die Berechtigungsprüfung war aufgrund der Berechtigungen eines zugeordneten Referenzbenutzers erfolgreich.

An den Reasoncodes können Sie genau ablesen, warum eine Berechtigungsprüfung erfolgreich war, und erforderliche Aktionen daraus ableiten. Der letzte Reasoncode `E` ermöglicht Ihnen die Nutzung des Traces zum Abgleich von fehlenden Berechtigungen in neuen Rollen, wie in diesem Abschnitt beschrieben. Möchten Sie eine größere Menge an Rollen testen, empfehlen wir Ihnen zudem die Verwendung des Simulationstools, das wir in Abschnitt 5.8, »Vereinfachtes Testen eines neuen Berechtigungskonzepts«, vorgestellt haben.

3.5 Massenpflege von abgeleiteten Rollen

Gerade in großen Unternehmen kommt es häufig vor, dass für Buchhaltung, Vertrieb oder Einkauf ein weltweites, integriertes ERP-System genutzt wird. Die Zugriffe der verschiedenen Abteilungen müssen Sie dann jeweils einschränken, z. B. auf entsprechende Buchungskreise, Verkaufsorganisationen oder Einkaufsorganisationen. Im Berechtigungsumfeld können Sie in solchen Fällen mit *Referenzrollen* und Rollenableitungen arbeiten. Dieses Vorgehen verringert Ihren administrativen Aufwand für die Pflege funktionaler Berechtigungen und reduziert den Pflegeaufwand für Rollenableitungen auf die Anpassung der sogenannten *Organisationsfelder*.

Die Pflege der Organisationsfelder kann dennoch eine enorme manuelle Arbeit für Sie bedeuten, da die Anzahl der Rollenableitungen sehr groß werden kann. Hat Ihr Unternehmen beispielsweise 100 Vertriebsorganisationen und 20 Vertriebsrollen, ergeben sich daraus bereits 2.000 Rollenableitungen. Dies kann bedeuten, dass Sie mehrere Stunden lang den Kopierknopf in der Transaktion PFCG drücken, das Ableitungskürzel ersetzen und dann in den neuen Rollen auf der Registerkarte **Berechtigungen** die Organisationsebenen (**Orgebenen**) anpassen müssen (immer wieder verbunden mit Speichervorgängen). Bei deren Erstellung schleichen sich spätestens nach einer Stunde die ersten Fehler ein. Daher stellen wir Ihnen in diesem und den folgenden Abschnitten vier mögliche Ansätze vor, mit denen Sie die Massenpflege von Rollenableitungen automatisieren können. Mit diesen Ansätzen verringern Sie Ihren manuellen Aufwand spürbar:

- Ansatz einer kundeneigenen Entwicklung
- automatisierte Massenpflege mithilfe der Komponente *Business Role Management* (BRM) von SAP Access Control
- Nutzung der SAP-Standardtransaktion PFCGMASSVAL
- Rollenmassenpflege mithilfe von eCATT

Mit der Transaktion PFCGMASSVAL wird neben anderen Massenpflegefunktionalitäten eine Massenaktualisierung bestehender Rollenableitungen ermöglicht. Die verschiedenen Funktionen dieser Transaktion beschreiben wir in Abschnitt 3.5.3, »Rollenmassenpflege mit der Transaktion PFCGMASSVAL«. Auf die Rollenmassenpflege mithilfe von eCATT gehen wir in Abschnitt 3.5.4, »Rollenmassenpflege mithilfe von eCATT«, genauer ein.

Für jede Form der automatisierten Ableitung von Rollen sollten Sie zunächst eine *Organisationsmatrix* definieren, in der die organisatorischen Anforderungen abgebildet werden. Ein Beispiel für eine solche Organisationsmatrix sehen Sie in Abbildung 3.12. Sie müssen zu jeder Organisation in strukturierter Form die folgenden Daten hinterlegen:

- **Liste der Referenzrollen, die für diese Organisation abgeleitet werden sollen**
  Dieser Punkt ist optional. Wird diese Liste nicht definiert, werden alle Referenzrollen abgeleitet.

- **Liste der erforderlichen Organisationsebenen sowie deren Wert**
  Entweder pflegen Sie für jede Organisation eine vollständige Liste der Organisationswerte (d. h. für alle Einträge der Tabelle USORG), oder Sie ermitteln aus den ausgewählten Referenzrollen die erforderlichen Organisationsebenen (d. h. alle Einträge zur ausgewählten Referenzrolle in der Tabelle AGR_1252).

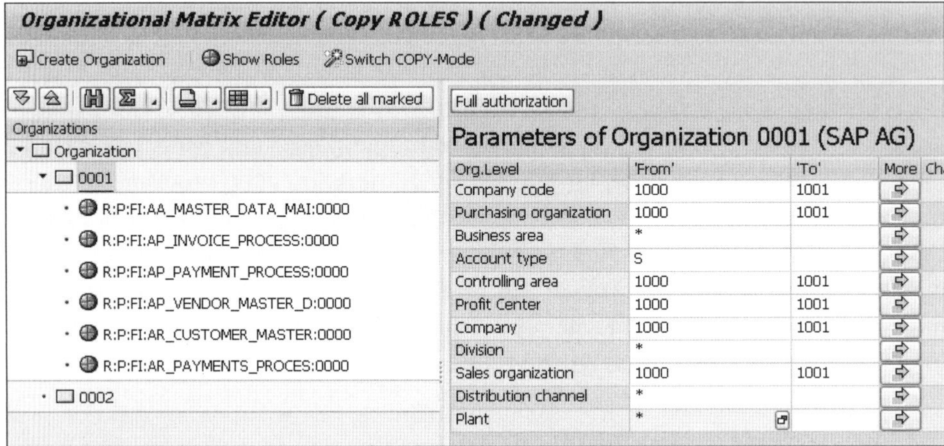

Abbildung 3.12 Beispiel einer Organisationsmatrix im Rahmen einer kundeneigenen Entwicklung

Eine solche Organisationsmatrix können Sie als Excel-Datei oder in ABAP anlegen. Das zu wählende Format hängt davon ab, wie Sie die Daten einlesen möchten. Beim Einsatz einer gängigen Standardlösung (z. B. SAP Access Control) wird für die Organisationsmatrix in der Regel ein Pflege-View angeboten.

3.5.1 Rollenmassenpflege mit einer kundeneigenen Entwicklung

Wir beschreiben zunächst, wie Sie die automatisierte Massenpflege in Form einer kundeneigenen Entwicklung bereitstellen können. Im Wesentlichen existieren dafür zwei Ansätze:

- eine ABAP-Entwicklung, die die entsprechenden Tabellen anhand der Daten der Organisationsmatrix aktualisiert
- ein Export der Referenzrollen über das Herunterladen der PFCG-Rollen und eine automatisierte Erzeugung mithilfe von Skripten (z. B. mittels Visual Basic for Applications, VBA) von entsprechenden Dateien für den PFCG-Upload

Wir haben Ihnen in Tabelle 3.1 eine Übersicht der erforderlichen Tabellen zusammengestellt. Die Spalte »Anlage« markiert die Tabellen, die bei der Neuanlage von Ableitungen gefüllt werden müssen; die Spalte »Update« enthält Tabellen, die bei Änderungen der Werte von Organisationsfeldern in den Ableitungen aktualisiert werden müssen.

Die Spalte »Beschreibung für Rollenableitungen« beschreibt, was Sie in die jeweilige Tabelle einfügen müssen, um die Rollenableitung zu erzeugen oder um sie zu aktualisieren. Unabhängig davon, welchen der beiden Ansätze Sie wählen, müssen Sie im Anschluss an das Hochladen der Datei bzw. an die Tabellenaktualisierung die Berechtigungsprofile neu generieren.

Tabellenname	Beschreibung für Rollenableitungen	Anlage	Update
AGR_DEFINE	Rollenname, Name der Referenzrolle usw.	X	
AGR_TCODES	kein Eintrag	X	
AGR_1250	Kopie der Referenzrolle (spätere Aktualisierung bei Generierung)	X	
AGR_1251	Kopie der Referenzrolle (spätere Aktualisierung bei Generierung)	X	
AGR_1252	Organisationsfeldwerte abgeleitet aus der Organisationsmatrix	X	X
AGR_TEXTS	LINE 0000: Kurztext LINE > 0000: Langtext	X	
AGR_FLAGS	Kopie der Referenzrolle	X	
AGR_HIER	kein Eintrag	X	
AGR_HIERT	kein Eintrag	X	
AGR_TIME	Kopie des Eintrags PROFILE der Referenzrolle	X	
AGR_LSD	Kopie der Referenzrolle	X	

Tabelle 3.1 Zu aktualisierende Tabellen bei einer Rollenmassenpflege

3.5.2 Rollenmassenpflege mit SAP Access Control

Als zweite Möglichkeit zur Automatisierung der Massenpflege von Rollenableitungen wurde bereits die Nutzung des Business Role Managements in SAP Access Control angesprochen. Auf dem Markt werden verschiedene Lösungen angeboten, die diese Funktionalität in gleicher oder ähnlicher Form anbieten. Manche dieser Lösungen nutzen das Ableitungskonzept nicht, was den Vorteil bringt, dass die Organisationsmatrix nicht nur auf Organisationsfelder beschränkt ist. Nachteilig ist bei dieser Variante aber die größere Abweichung von den Standardfunktionalitäten der PFCG-Rolle.

Im Rahmen der Lösung SAP Access Control dient die Komponente Business Role Management der zentralen Rollenverwaltung. Sie ermöglicht neben weiteren nützlichen Funktionen die Automatisierung der Massenpflege von Rollenableitungen.

Hierzu müssen Sie im Customizing zunächst die Organisationsmatrix (Transaktion SPRO) hinterlegen, d. h., im Bereich **Details der Organisationsebenenzuordnung** für die unterschiedlichen Organisationsfelder die Werte oder Wertebereiche eintragen (siehe Abbildung 3.13). Zu diesem Zeitpunkt spezifizieren Sie allerdings noch nicht, welche Referenzrollen für diese Organisationsfeldwerte abgeleitet werden sollen.

Sicht "Details der Organisationsebenenzuordnung" ändern: Übersicht

Neue Einträge

Dialogstruktur
- Organisationsebenenzuo
  - Details der Organisati

OrgWertzuordn. 1000

Details der Organisationsebenenzuordnung

Untergeordnete Organisation...	Abfolge	Von
BUKRS	0	1011
CEERKRS	0	1010
EKORG	0	1011
GSBER	0	0001
KOART	0	*
KOKRS	0	1000
KOSTL	0	1001
PRCTR	0	1111
VKORG	0	1001
WERKS	0	1010

Abbildung 3.13 Pflege der Organisationsmatrix in SAP Access Control

Die zuvor angelegte Organisationsmatrix können Sie entweder für die Massenanlage neuer Rollenableitungen (Link **Rollenableitung** auf der Startseite der Komponente Business Role Management in Abbildung 3.14) oder für die Massenaktualisierung von Rollenableitungen (Link **Aktualisierung der Oganisationswerte für abgeleitete Rollen**) verwenden. Für beide Szenarien gibt es separate Web-Dynpro-Anwendungen, in denen Sie die zugehörigen Referenzrollen auswählen müssen.

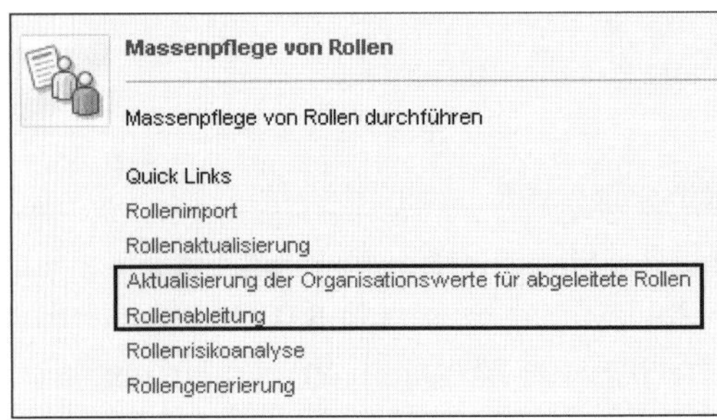

Abbildung 3.14 Rollenableitungen in SAP Access Control

3.5.3 Rollenmassenpflege mit der Transaktion PFCGMASSVAL

Seit SAP NetWeaver 7.50 steht Ihnen im Standard die Transaktion PFCGMASSVAL zur Verfügung, mit der Sie Werte von Berechtigungsfeldern und Organisationsebenen in mehreren Rollen gleichzeitig pflegen können. Ab SAP NetWeaver 7.02 installieren Sie

SAP-Hinweis 2177996, um diese Transaktion nutzen zu können. Beachten Sie dabei auch die im Hinweis verlinkten weiteren SAP-Hinweise, mit denen Ergänzungen und Korrekturen für die Transaktion PFCGMASSVAL ausgeliefert wurden.

Sie können in der Transaktion PFCGMASSVAL die zu pflegenden Rollen über den Namen oder über den Report RSUSRAUTH des Benutzerinformationssystems selektieren. In den ausgewählten Rollen können Sie nur Werte in existierenden Berechtigungen oder Organisationsebenen bearbeiten. Sie haben jedoch nicht die Möglichkeit, neue Berechtigungen hinzuzufügen oder komplette Berechtigungen zu löschen.

Bei der Massenpflege stehen Ihnen drei verschiedene Verarbeitungsmöglichkeiten zur Verfügung (siehe Abbildung 3.15):

- **Simulation**
- **Ausführung mit vorhergehender Simulation**
- **Direkte Ausführung**

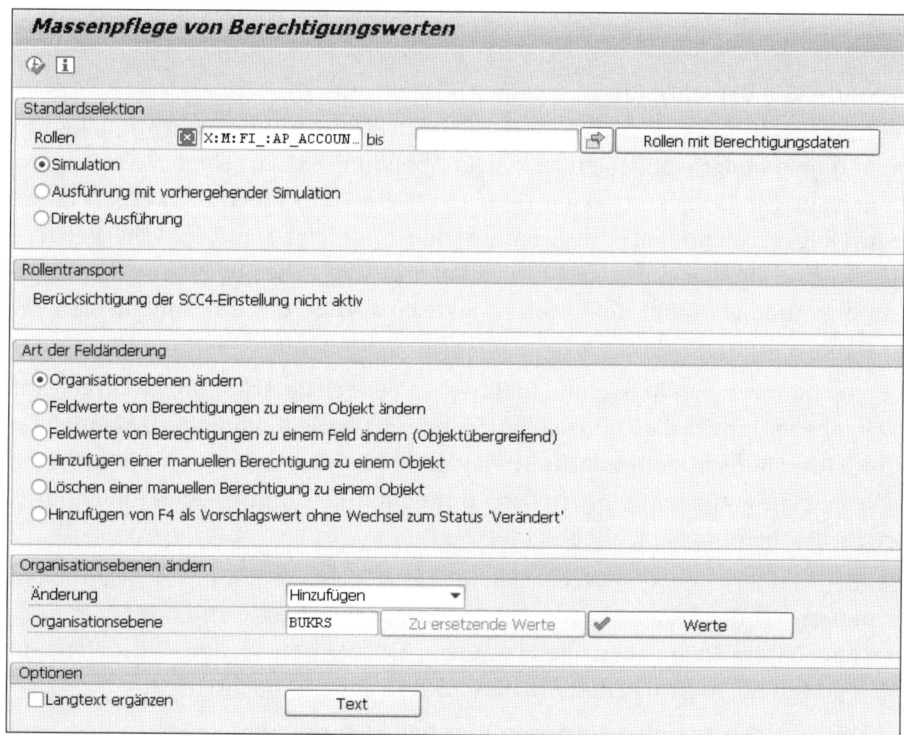

Abbildung 3.15 Selektionsbild der Transaktion PFCGMASSVAL zur Massenpflege von Rollen (hier: Organisationsebenen ändern)

Hier ist wichtig zu wissen, dass bei der Simulation die Änderungen zwar nicht gespeichert, aber die Rollen gesperrt und alle notwendigen Berechtigungsprüfungen durchlaufen werden. Der Vorteil der Ausführung mit Simulation ist das Aufrechterhalten der Rollensperren während der gesamten Transaktionsausführung. Dies ermöglicht Ihnen eine Prüfung der Ergebnisse und die anschließende Ausführung, ohne dass zwischenzeitlich unbemerkt Änderungen an den Rollen durchgeführt werden können.

Im Bereich **Art der Feldänderung** können Sie zwischen sechs Arten der Feldwertänderung wählen:

- **Organisationsebenen ändern**
  Diese Funktion entspricht der Pflege von Organisationsebenen in der Berechtigungsdatenpflege der Transaktion PFCG für alle selektierten Rollen. Wählen Sie diese Option, wird der Bereich **Organisationsebenen ändern** eingeblendet, wie in Abbildung 3.15 dargestellt. Die Option hat keine Auswirkungen auf Werte individuell gepflegter Organisationsebenen. Wie Sie manuell gepflegte Organisationsebenen zurücksetzen, wird in Abschnitt 3.10, »Manuell gepflegte Organisationsebenen zurücksetzen«, behandelt. Beachten Sie bei Wahl dieser Option, dass die Massenpflege die Auswahl von nur einer Organisationsebene pro Transaktionsausführung erlaubt.
- **Feldwerte von Berechtigungen zu einem Objekt ändern**
  Wenn Sie diese Option wählen, wird der Bereich **Feldwerte von Berechtigungen zu einem Objekt ändern** eingeblendet, wie in Abbildung 3.16 zu sehen. Nach Eingabe des Berechtigungsobjekts, dessen Feldwerte Sie ändern möchten, werden Ihnen die im Objekt enthaltenen Berechtigungsfelder angezeigt. Handelt es sich bei dem Feld um eine Organisationsebene, wird am Ende der Zeile ein Warnsymbol (**!**) angezeigt, um Sie darauf hinzuweisen, dass eine Änderung zu individuellen Berechtigungen führen würde.

  Über die Kennzeichen **Aktive** und **Inaktive** im Bereich **Berechtigungen (irrelevant für Orgebenen)** sowie die Kennzeichen **Standard, Gepflegt, Verändert, Manuell** im Bereich **Alter Berechtigungsstatus (irrelevant für Orgebenen)** können Sie angeben, ob Sie Berechtigungen mit einem bestimmten Aktualisierungs- oder Pflegestatus von der Bearbeitung ausschließen möchten.

  Über das Kennzeichen **Kein Wechsel zum Status 'Verändert'** im Bereich **Optionen** verhindern Sie die Änderung von Berechtigungsvorschlagswerten. Das Kennzeichen **Abgeleitete Rollen ausschließen** nutzen Sie, wenn Sie vererbende Rollen und ihre Ableitungen in getrennten Arbeitsschritten ändern möchten.

  Das Kennzeichen **Langtext ergänzen** fügt bei allen geänderten Rollen den über den Button **Text** gepflegten Text zum Langtext der Rolle hinzu. Beachten Sie dabei, dass der Langtext einer Rolle nur bei Anmeldung in der Originalsprache der Rolle gepflegt werden kann. Wenn Sie diese Option wählen, werden Änderungen an den Berechtigungen nur dann durchgeführt, wenn Sie in der Orginalsprache der Rolle angemeldet sind.

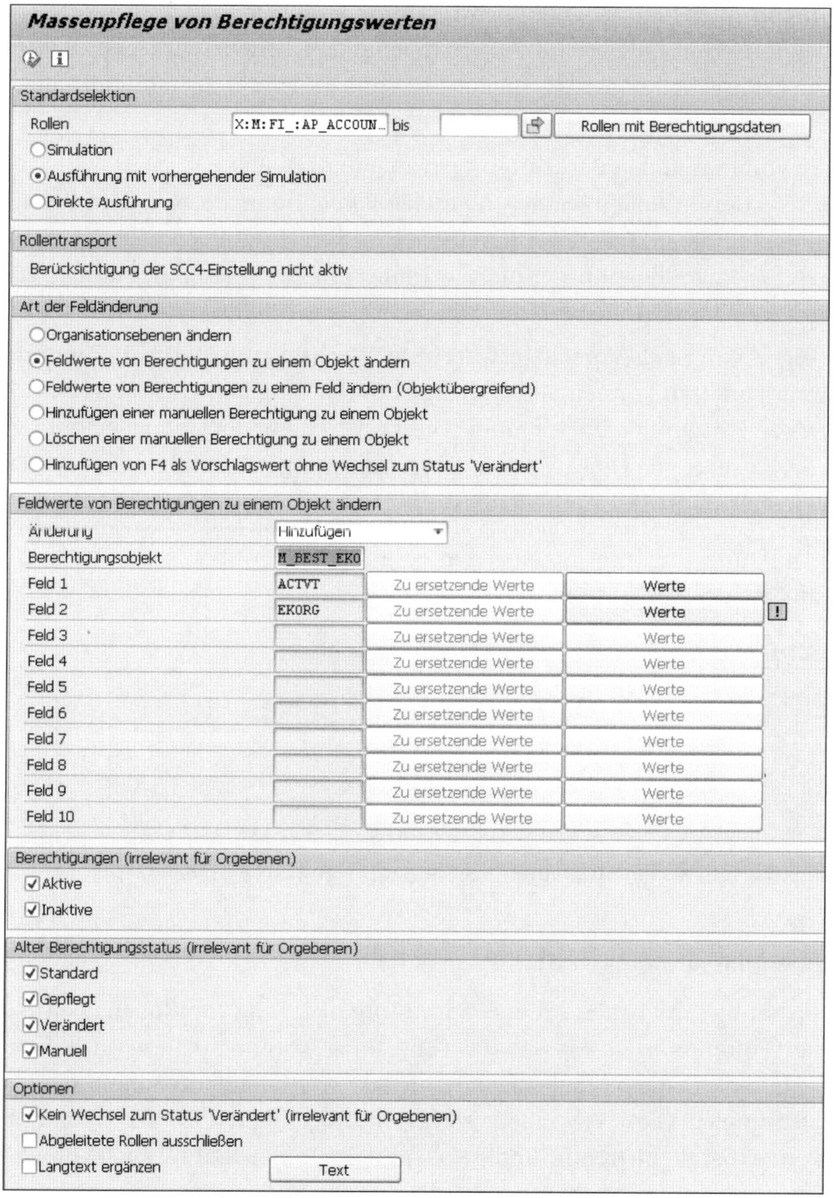

Massenpflege von Berechtigungswerten

Standardselektion
Rollen X:M:FI_:AP_ACCOUN... bis Rollen mit Berechtigungsdaten
Simulation
Ausführung mit vorhergehender Simulation
Direkte Ausführung

Rollentransport
Berücksichtigung der SCC4-Einstellung nicht aktiv

Art der Feldänderung
Organisationsebenen ändern
Feldwerte von Berechtigungen zu einem Objekt ändern
Feldwerte von Berechtigungen zu einem Feld ändern (Objektübergreifend)
Hinzufügen einer manuellen Berechtigung zu einem Objekt
Löschen einer manuellen Berechtigung zu einem Objekt
Hinzufügen von F4 als Vorschlagswert ohne Wechsel zum Status 'Verändert'

Feldwerte von Berechtigungen zu einem Objekt ändern
Änderung Hinzufügen
Berechtigungsobjekt M_BEST_EKO
Feld 1 ACTVT Zu ersetzende Werte Werte
Feld 2 EKORG Zu ersetzende Werte Werte
Feld 3 Zu ersetzende Werte Werte
Feld 4 Zu ersetzende Werte Werte
Feld 5 Zu ersetzende Werte Werte
Feld 6 Zu ersetzende Werte Werte
Feld 7 Zu ersetzende Werte Werte
Feld 8 Zu ersetzende Werte Werte
Feld 9 Zu ersetzende Werte Werte
Feld 10 Zu ersetzende Werte Werte

Berechtigungen (irrelevant für Orgebenen)
Aktive
Inaktive

Alter Berechtigungsstatus (irrelevant für Orgebenen)
Standard
Gepflegt
Verändert
Manuell

Optionen
Kein Wechsel zum Status 'Verändert' (irrelevant für Orgebenen)
Abgeleitete Rollen ausschließen
Langtext ergänzen Text

Abbildung 3.16 Massenpflege von Feldwerten zu einem Objekt

- **Feldwerte von Berechtigungen zu einem Feld ändern (Objektübergreifend)**
  Bei dieser Funktion ändern Sie alle Berechtigungen, in denen das angegebene Feld vorkommt. Die Eingabe eines Berechtigungsobjekts dient lediglich der Einschränkung der Wertehilfe zum Berechtigungsfeld auf die Felder des selektierten Objekts. Die Kennzeichen unterhalb der Feldauswahl verhalten sich wie für die zweite Funktion beschrieben.

- **Hinzufügen einer manuellen Berechtigung zu einem Objekt**
  In den selektierten Rollen wird eine manuelle Berechtigung zu einem Berechtigungsobjekt ergänzt. Dabei müssen Sie nicht alle Felder des Berechtigungsobjekts pflegen.
- **Löschen von manuellen Berechtigungen zu einem Objekt**
  In den selektierten Rollen werden manuelle Berechtigungen zu einem Berechtigungsobjekt gelöscht. Dabei werden nur solche Berechtigungen gelöscht, die alle Werte der in der Selektion definierten Felder enthalten. Sollten Sie hier keine Werte pflegen, werden alle manuellen Berechtigungen zu diesem Objekt gelöscht.
- **Hinzufügen von F4 als Vorschlagswert ohne Wechsel zum Status ›Verändert‹**
  Mit dieser Funktion können Sie in Massenverarbeitung den Wert F4 in Berechtigungen von Einzelrollen übernehmen. Dieser Wert dient der Unterscheidung zwischen der Anzeige von Objekten und deren Auflistung in Wertehilfen. Er wird nur in Rollen übernommen, deren Menüs die betroffenen Anwendungen enthalten.

Nach der Durchführung Ihrer Änderungen zeigt Ihnen die Ausgabe das Ergebnis der Simulation bzw. der Ausführung an.

Abbildung 3.17 Ergebnis der Simulation zur Massenpflege von Organisationsebenen

3.5.4 Rollenmassenpflege mithilfe von eCATT

Die drei bisher beschriebenen Ansätze zur Automatisierung von Rollenableitungen basieren auf Funktionen zur Massenänderung. Im SAP-Standard bieten sich darüber hinaus auch verschiedene Möglichkeiten, um Aktivitäten aufzuzeichnen und massenhaft abzuspielen. Diese Werkzeuge stehen im Allgemeinen für alle Operationen im SAP-System bereit, nicht nur für die Rollenpflege. Daher sind sie auch komplexer in der Bedienung, um möglichst flexibel alle denkbaren Einsatzszenarien abdecken zu können. Auch das *extended Computer Aided Test Tool* (eCATT) bildet hier keine Ausnahme, weswegen viele Anwender nach wie vor vor dessen Verwendung zurückschrecken. Wir können aber aus Erfahrung sagen: Nach der zweiten oder dritten Verwendung wird Ihnen die Erstellung der Testskripte so schnell von der Hand gehen, dass Sie sich fragen werden, warum Sie eCATT nicht schon immer genutzt haben. Im Einzelfall müssen Sie entscheiden, welche der verschiedenen beschriebenen Varianten zur Massenpflege am besten zu Ihrem Szenario oder Ihren Anforderungen passt.

Kontrollieren Sie in der Transaktion SCC4 zunächst, ob die Ausführung von eCATT erlaubt ist. Starten Sie dann die Transaktion SECATT. Beim Einstieg können Sie Testskripte und Testkonfigurationen definieren und ändern (siehe Abbildung 3.18).

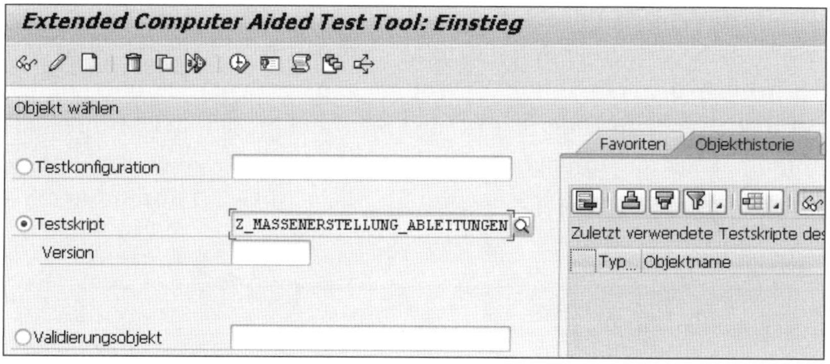

Extended Computer Aided Test Tool: Einstieg

Objekt wählen

Testkonfiguration

Testskript Z_MASSENERSTELLUNG_ABLEITUNGEN

Version

Validierungsobjekt

Favoriten Objekthistorie

Zuletzt verwendete Testskripte de

Typ... Objektname

Abbildung 3.18 Testskript in der Transaktion SECATT definieren

Erstellen Sie zunächst ein Testskript. Stellen Sie sich das Testskript als Blaupause vor oder als Ablaufvorschrift dazu, wie neue, abgeleitete Rollen erstellt werden. Das Testskript wird später Ihre Aufzeichnung enthalten. Geben Sie dem Skript einen sprechenden Namen, z. B. `Z_MASSENERSTELLUNG_ABLEITUNGEN`. Klicken Sie danach auf den Button **Objekt anlegen**.

Sie gelangen nun zur Registerkarte **Attribute**, auf der Sie die allgemeinen Rahmendaten angeben. Wechseln Sie anschließend auf die Registerkarte **Editor**. Nun steht die Aufzeichnung an, in der eCATT-Sprache *Muster* genannt. Klicken Sie auf den Button **Muster** und geben Sie an, dass Sie die Transaktion PFCG aufzeichnen möchten, indem Sie die Einstellungen **UI-Ansteuerung** und **TCD (Record)** wählen (siehe Abbildung 3.19).

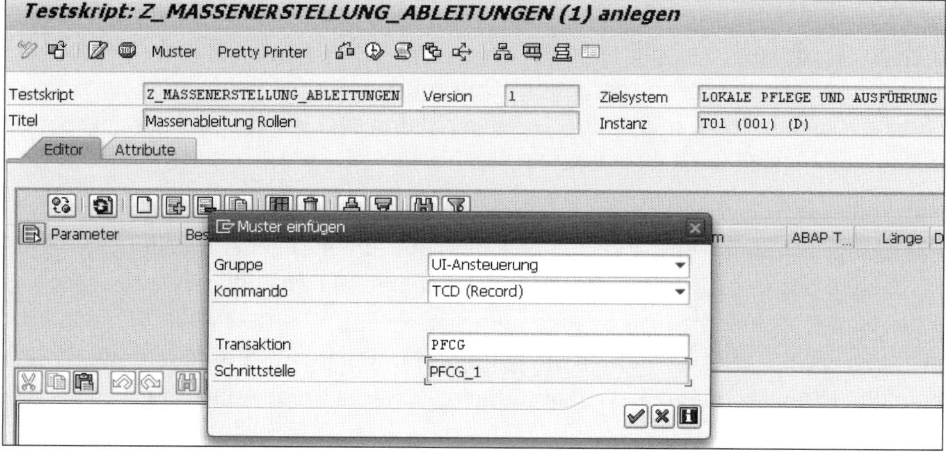

Abbildung 3.19 Aufzeichnung erstellen

Das System wird vorschlagen, die Schnittstelle dazu »PFCG_1« zu nennen; bestätigen Sie diesen Vorschlag.

Mit der Bestätigung des Dialogs wird sofort die Aufzeichnung gestartet. Sie gelangen daher in die Transaktion PFCG. Wir möchten in diesem Beispiel die Anlage einer Einzelrolle aufzeichnen, die von einer Referenzrolle abgeleitet wird. Gehen Sie die entsprechenden Schritte in der Transaktion PFCG durch und versuchen Sie, überflüssige Schritte zu vermeiden – denn jeder Schritt, den Sie durchführen, macht Ihre Aufzeichnung umfangreicher und unübersichtlicher. Geben Sie den Namen der abgeleiteten Rolle ein – diesen können Sie später beim Abspielen mit eCATT beeinflussen – und legen Sie die Rolle an. Weisen Sie ihr nun die Referenzrolle zu.

[!]

Keine Simulationsausführung

Beachten Sie, dass die Transaktion PFCG wirklich ausgeführt, die Rolle also tatsächlich im System angelegt wird.

Pflegen Sie nun die Berechtigungen und Organisationsebenen. Verwenden Sie nach Möglichkeit in der Aufzeichnung Werte für die Organisationsebenen, die Sie später unter anderen Zahlen gut wiederfinden können, also etwa `9999` oder `1234`. Nach dem Generieren und Speichern der Rolle werden Sie wieder in eCATT zurückgeführt. Dort werden Sie gefragt, ob Sie die Daten übernehmen wollen, und bestätigen mit **Ja**.

Sie haben nun erfolgreich eine Aufzeichnung der Blaupause erstellt. Nun folgt der etwas kniffligere Teil: Die Identifikation der Werte, die bei der Massenausführung jeweils geändert werden sollen. Im Editor Ihrer Testkonfiguration steht in der Textbox die erstellte Aufzeichnung (siehe Abbildung 3.20):

```
TCD ( PFCG , PFCG_1 ).
```

Klicken Sie doppelt auf die Schnittstelle `PFCG_1`. Rechts erscheint ein neuer Ausschnitt mit den Aufzeichnungsdetails. Nun müssen Sie u. U. ein wenig nach Ihren Eingaben suchen. Verwenden Sie z. B. den auf dem PFCG-Einstiegsbild eingegebenen Rollennamen (Feldname `'AGR_NAME_NEU'`):

Nun folgt ein wichtiger Schritt: Ersetzen Sie die von Ihnen während der Aufzeichnung eingegebenen Werte durch einen Platzhalter, einen sogenannten *Inputparameter*. Gehen Sie dazu in die Zeile `VALIN` und tippen Sie anstelle des eingegebenen Rollennamens einen beliebigen Parameternamen ein, z. B. `ROLLENNAME`. Wenn Sie auf die Eingabetaste klicken, werden Sie gefragt, um welche Art von Parameter es sich handelt. Geben Sie **Import** an und bestätigen Sie mit **Ja** (siehe Abbildung 3.21).

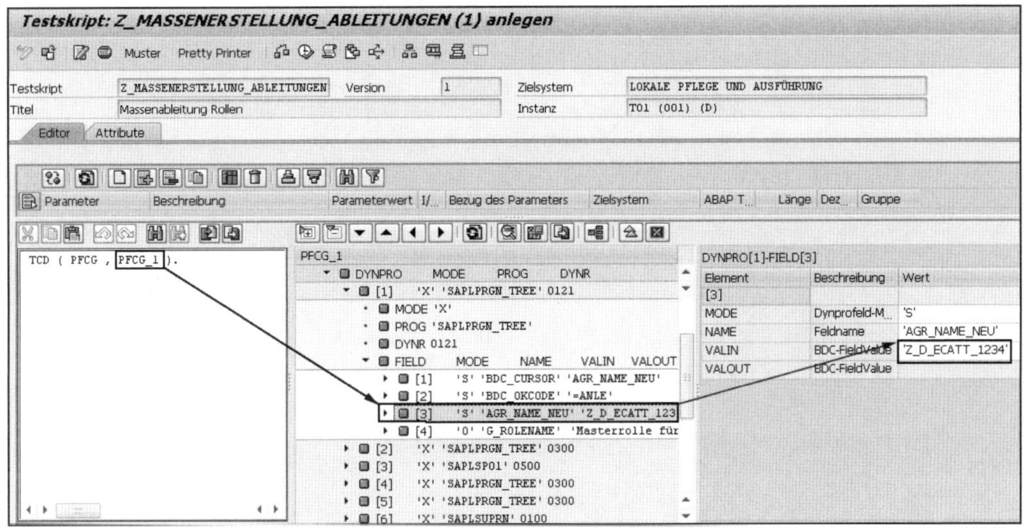

Abbildung 3.20 Inputparameter durch Platzhalter ersetzen

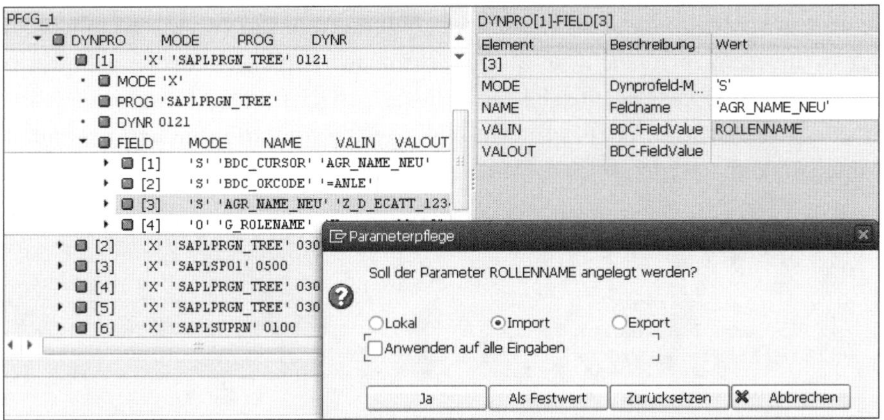

Abbildung 3.21 Inputparameter anlegen

Verfahren Sie nun analog für die Rollenbeschreibung (Feldname `'S_AGR_TEXTS-TEXT'`), die Angabe der Referenzrolle (Feldname `'S_AGR_DEFINE-PARENT_AGR'`) und die Organisationsebenen (Feldnamen: `'T_STORG-LOW(1)'`, `'T_STORG-LOW(2)'`). Speichern Sie die Testkonfiguration und kehren Sie zum Einstiegsbild von eCATT zurück.

Sie können nun das Testskript mit beliebigen Eingaben massenhaft ausführen. Hierzu benötigen Sie eine Testkonfiguration. Geben Sie dieser ebenfalls einen sprechenden Namen, im Beispiel `Z_ROLLOUT_STAMMDATEN`, und klicken Sie auf den Button **Objekt anlegen**. Auf der Registerkarte **Attribute** geben Sie eine allgemeine Beschreibung sowie eine Komponente an. Öffnen Sie dann die Registerkarte **Konfiguration** und wählen Sie das zuvor erstellte **Testskript** im entsprechenden Feld aus (siehe Abbildung 3.22).

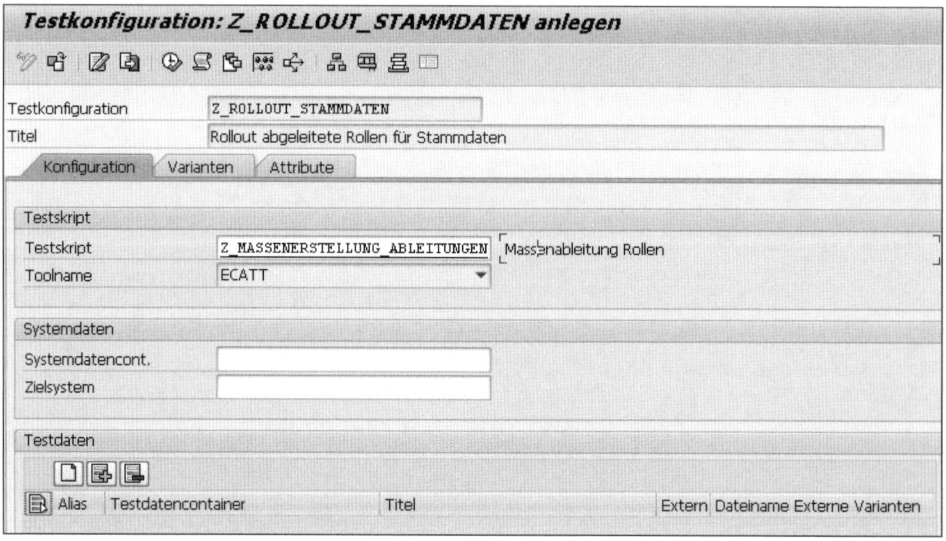

Abbildung 3.22 Testkonfiguration anlegen

Wechseln Sie anschließend auf die Registerkarte **Varianten**. Die Varianten stellen die Eingaben in unserem Skript dar. Falls Sie das Format, in dem eCATT die Eingabewerte benötigt, nicht kennen, ist es hilfreich, sich dieses zunächst herunterzuladen. Wählen Sie dazu **Externe Varianten/Pfad** aus und klicken Sie auf **Varianten herunterladen** oder wählen Sie den Button (siehe Abbildung 3.23).

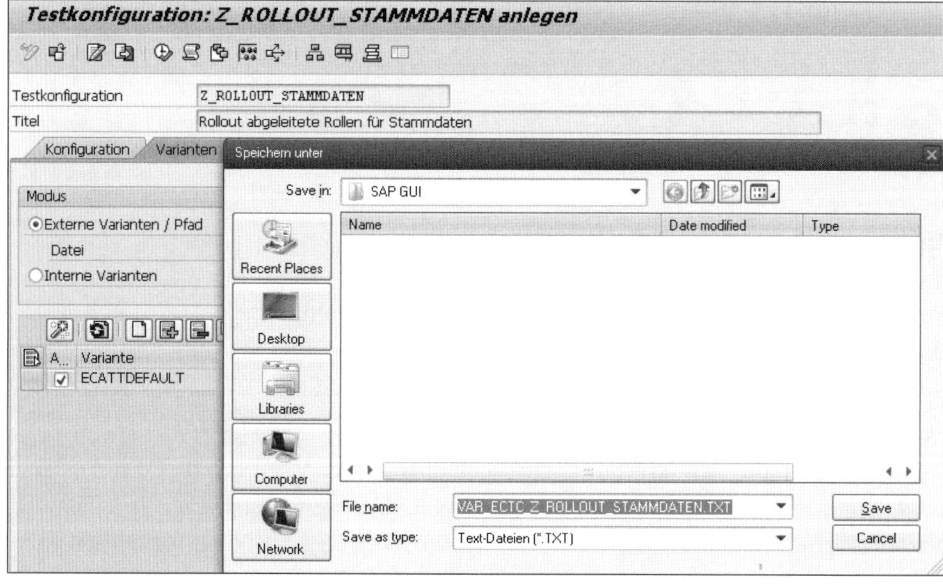

Abbildung 3.23 Variante herunterladen

Unter dem angezeigten Pfad wird nun eine Textdatei angelegt, die das gewünschte Format mit den Inputparametern enthält. Öffnen Sie die Daten mit Microsoft Excel und stellen Sie Ihre Zielwerteliste ein. Löschen Sie dazu die Zeile `*ECATTDEFAULT`. In der Spalte `VARIANT` können Sie einfach eine fortlaufende Nummerierung verwenden (siehe Abbildung 3.24). Speichern Sie die Datei im Textformat, nicht etwa in einem der Excel-Formate ab.

	A	B	C	D	E	F	G
1	[VARIANT]	[DESCRIPTION]	ROLLENNAME	ROLLENBESCHREIBUNG	MASTERROLLE	BUKRS	EKORG
2	*		BDC-FieldValue	BDC-FieldValue	BDC-FieldValue	BDC-FieldValue	BDC-FieldValue
3	1		Z_D_KREDITORENANZ_B1000_E050	Rolle für Kreditorenanzeige BUKRS 1000, EKORG 50	Z_MASTER_ECATT	1000	50
4	2		Z_D_KREDITORENANZ_B1000_E051	Rolle für Kreditorenanzeige BUKRS 1000, EKORG 51	Z_MASTER_ECATT	1000	51
5	3		Z_D_KREDITORENANZ_B2000_E050	Rolle für Kreditorenanzeige BUKRS 2000, EKORG 50	Z_MASTER_ECATT	2000	50
6	4		Z_D_KREDITORENANZ_B2000_E051	Rolle für Kreditorenanzeige BUKRS 2000, EKORG 51	Z_MASTER_ECATT	2000	51

Abbildung 3.24 Zielwerteliste erstellen

In unserer eCATT-Testkonfiguration kann die vorbereitete Datei nun zum Abspielen der Aufzeichnung verwendet werden. Beachten Sie, dass das Abspielen abbricht, wenn Sie in der Transaktion PFCG auf einen Fehler stoßen, beispielsweise, wenn Sie versuchen, mit den Eingabewerten eine Rolle anzulegen, die bereits existiert. Geben Sie zum Abspielen die Datei unter **Externe Varianten** in der Testkonfiguration an und klicken Sie auf **Ausführen** (F8). Sie erhalten noch einmal die Gelegenheit, einige Abspieleigenschaften einzustellen.

Mit (**Ausführen**) starten Sie. Sie werden dabei unten in der Statuszeile einige Meldungen der PFCG-Ausführungen sehen und erhalten am Ende eine Zusammenfassung über Erfolg oder Misserfolg (falls es Fehler gab).

Wir geben zu, dass eCATT aufwendiger zu bedienen ist als etwa die Transaktion PFCGMASSVAL. Wenn Sie eCATT jedoch ein paarmal verwendet haben, werden Sie zu einer zügigen Bedienung imstande sein. Bitte beachten Sie dabei stets, dass der grundlegende Mechanismus das Abspielen einer Aufzeichnung ist und daher andere Organisationsebenen (z. B. eine dritte Organisationsebene, die im Dialog vor den Organisationsebenen Werk und Verkaufsstelle steht) auch eine andere Aufzeichnung und Bearbeitung benötigen.

3.6 Fallstricke beim Excel-basierten Berechtigungswesen umgehen

Nach der Erstellung eines Berechtigungskonzepts beginnt die Umsetzung im System. Auf dem Markt werden Lösungen von SAP-Partnern angeboten, die auf Basis von Microsoft Excel im Handumdrehen PFCG-Rollen anlegen. Bei der Anwendung dieser Lösungen sollten Sie allerdings einige Punkte berücksichtigen, auf die wir Sie in diesem Abschnitt hinweisen möchten. Haben Sie Ihre Rollen beispielsweise in Form von Rollenmatrizen und Ihre Organisationsebenen in Form von Organisationssets definiert und in Excel-Dokumenten gespeichert, stehen Möglichkeiten zur Verfügung, um diese Informationen einfach per Knopfdruck in PFCG-Rollen umzuwandeln, ohne langwierig Rollenmenüs erstellen oder anschließend große Mengen von Rollen ableiten zu müssen.

In Abschnitt 3.5.4, »Rollenmassenpflege mithilfe von eCATT«, zeigen wir Ihnen, wie Sie mit Standardmitteln Massenaktivitäten wie z. B. die massenhafte Ableitung von Rollen vornehmen. Möglicherweise ist Ihnen aber auch dieser Ansatz noch zu kompliziert, und Sie sind auf der Suche nach ganz simplen Lösungen für die Rollenpflege. Eventuell sehen Sie sich hierzu auch Tools von SAP-Partnern an, die Abhilfe versprechen. Wir haben jedoch zu oft bei SAP-Kunden ein »kaputtes« Berechtigungswesen vorgefunden, verursacht durch die falsche Anwendung von Zusatzprogrammen. Mitunter fanden wir Schiefstände in den Rolleninhalten und keine sauber gepflegten Vorschlagswerte vor, und auch die Berechtigungsadministratoren fanden sich irgendwann nicht mehr zurecht. Deshalb sollten Sie sehr gut prüfen, ob das Werkzeug, das Sie gerade ins Auge fassen, tatsächlich für Ihre Zwecke geeignet ist.

Viele Werkzeuge, die behaupten, Pflegeoperationen der Transaktion PFCG zu vereinfachen, arbeiten mit Microsoft Excel. Dabei werden die kompletten Rollendaten in Excel vorgehalten und dort bearbeitet. Anschließend wird die Excel-Datei mit einem speziellen Programm ins SAP-System hochgeladen und generiert dort Rollen bzw. Rollenänderungen. Auf den ersten Blick sieht dieses Prozedere zwar sehr bequem aus, es birgt aber langfristig Tücken:

- **Rollenpflege im Betrieb**
  Excel-basierte Werkzeuge, die nicht wie eCATT die Transaktion PFCG im Hintergrund benutzen, funktionieren fast ausschließlich nach dem Einwegprinzip: Eine gleichzeitige Pflege von Rollen in der Transaktion PFCG ist nicht mehr möglich, und dortige Änderungen werden durch das Werkzeug überschrieben. Aus diesem Grund sind alle Berechtigungsadministratoren dazu gezwungen, ausschließlich mit der neuen Lösung zu arbeiten.
- **Änderungsbelege**
  Aus dieser Tatsache folgt, dass auch die Änderungsbelege in Excel vorgehalten werden müssen. Diese Excel-Dateien dürfen nicht verlorengehen oder etwa beschädigt werden.
- **Verwendung von Vorschlagswerten und Vorgehen beim Upgrade**
  Excel-basierte Werkzeuge kennen typischerweise die releasespezifischen Vorschlagswerte nicht (sie arbeiten oft ohne die systeminterne Vorschlagswertemechanik, weil sie die Transaktion PFCG nicht verwenden). Damit ist ein Upgrade von Rollen mit SAP-Standardwerkzeugen wie der Transaktion SU25 ebenfalls nicht

möglich. Auch damit vergrößert sich wiederum die Abhängigkeit vom externen Werkzeug, und das Berechtigungswesen entfernt sich weiter vom SAP-Standard und den von SAP empfohlenen Best Practices für die Rollenpflege.

Unterscheiden Sie daher unbedingt zwischen Werkzeugen, die Ihnen beim »Kickstart« helfen, und Werkzeugen, die einen laufenden Betrieb steuern sollen.

Eine Massenanlage von Rollen für einen Roll-out ist eine sehr nützliche Funktion. Dabei können Sie durchaus auch Excel-basierte Daten verwenden – so wie beim skizzierten Anwendungsfall mit eCATT – da es sich für die betrachteten Rollen um eine einmalige Aktion handelt und im Hintergrund SAP-Standardprogramme verwendet werden. Eine konstante Pflege des Berechtigungswesens mit fortwährenden Änderungen von Rollen und deren Detailberechtigungen erfordert jedoch die Abbildung wesentlich komplexerer Vorgänge. Eine ausschließliche Steuerung über Office-Programme sollte gut überlegt sein. Dies bedeutet natürlich nicht, dass es nicht auch sehr gute SAP-Partnerprodukte für die Pflege von Rollen gibt. Prüfen Sie die Produkte einfach daraufhin, ob SAP-Standardverfahren verwendet werden und das Berechtigungswesen nach SAP-Best-Practices durchgeführt wird.

3.7 Verbesserungen der Rollentransportfunktion

Die Rollentransportfunktion wurde grundlegend überarbeitet, um die folgenden Defizite zu beheben:

- In der alltäglichen Rollenpflege müssen Sie häufig die Berechtigungsdaten einer Einzelrolle erneut ändern, nachdem Sie die Rolle zusammen mit den generierten Berechtigungsprofilen bereits in einen Transportauftrag geschrieben haben. Bisher mussten Sie in diesem Fall einen neuen Transportauftrag anlegen, da bei jeder Einzelrollenaufzeichnung auch die Tabellenschlüssel der generierten Profile und Berechtigungen aufgezeichnet, aber bei späteren Änderungen der Rollendaten nicht angepasst werden.
- Es werden immer nur aktuelle Profildaten aufgezeichnet, sodass im Zielsystem keine Löschung obsoleter Profile und Berechtigungen per Transport möglich ist. Diese Daten bleiben den Benutzern zugeordnet und so lange wirksam, bis sie ein Benutzerabgleich mit der Option **Bereinigung durchführen** (Transaktion PFUD) löscht.
- Jede Rolle kann auf beliebig viele Transportaufträge geschrieben werden. Eine Information über existierende Aufzeichnungen derselben Rolle durch andere Administratoren findet nicht statt.

Wir zeigen Ihnen, mit welchen Korrekturen Sie diese Probleme auf einfache Weise lösen können.

Die Lösung der ersten beiden genannten Probleme erhalten Sie durch das Einspielen der Korrektur aus SAP-Hinweis 1614407. Die Profildaten werden der Stückliste nicht mehr zum Zeitpunkt der Rollenaufzeichnung, sondern erst bei der Freigabe des Transportauftrags hinzugefügt. Auf diese Weise ist die Übereinstimmung zwischen den Berechtigungsdaten der Rolle und den dazugehörigen Profildaten gewährleistet. Der freigegebene Transportauftrag enthält ebenfalls die komplette Änderungshistorie der Profile und Berechtigungen, sodass auch die Löschung obsoleter Daten in den Zielsystemen erlaubt wird.

Sie können auf die Berücksichtigung obsoleter Profildaten verzichten, indem Sie zusätzlich die Korrektur aus SAP-Hinweis 1819126 einspielen und anschließend den Customizing-Schalter `REC_OBSOLETE_AUTHS` in der Tabelle `PRGN_CUST` auf den Wert `NO` setzen. Diese Korrektur ist auch deshalb wichtig, weil sie Laufzeitprobleme bei der Freigabe von Rollentransporten, die aus der Korrektur in SAP-Hinweis 1614407 resultieren, behebt. Grundsätzlich sollten Sie die Freigabe von Massentransporten immer im Hintergrund ausführen.

Damit während der Freigabe des Transportauftrags keine Inkonsistenzen entstehen können, werden alle Rollen des Auftrags während der Freigabe gesperrt. Wenn Rollen nicht gesperrt werden können, schlägt die Freigabe des Auftrags fehl. Den Grund für die fehlgeschlagene Freigabe sowie die Ursache von anderen Fehlern können Sie im Transportprotokoll einsehen.

Zwei zusätzliche Vorteile sind noch erwähnenswert:

- Bei der Rollenselektion für den Massentransport kommt die Standardwertehilfe zum Einsatz, die den Button **Mehrfachselektion** anbietet. So müssen Sie nicht mehr über die Wertehilfe [F4] eine Mehrfachselektion von Rollen durchführen, und die Beschränkung ausgewählter Rollen auf die sichtbaren Zeilen entfällt.
- Unnötige Dialogfenster werden abgeschafft. Die Wahl optionaler Transportbestandteile finden Sie nun direkt unter der Rollenselektion:
  - Einzelrollen in Sammelrollen
  - Generierte Profile der Einzelrollen
  - Personalisierungsdaten
  - Direkte Benutzerzuordnungen

Durch das Einspielen des SAP-Hinweises 1723881 lösen Sie das dritte der oben genannten Probleme, weil die Aufzeichnung derselben Rolle auf verschiedenen Transportaufträgen verboten wird. Um diese Änderung des Systemverhaltens zu aktivieren, müssen Sie den Customizing-Schalter `CLIENT_SET_FOR_ROLES` in der Tabelle `PRGN_CUST` auf den Wert `YES` setzen. Damit wird gleichzeitig die Berücksichtigung der Einstellung in der Transaktion SCC4 für die Änderung und Aufzeichnung mandantenspezifischer Customizing-Objekte (Mandantenänderbarkeit) für die Rollenpflege eingeschaltet. Diesbezüglich haben die vier möglichen Optionen die folgenden Auswirkungen:

- **Änderungen ohne automatische Aufzeichnung**
  Diese Option erlaubt die Änderung von Rollen und deren Aufzeichnung in einem Transportauftrag; dies wird aber nicht erzwungen.
- **Automatische Aufzeichnung von Änderungen**
  Die Änderung einer Rolle setzt deren Aufzeichnung voraus.
- **Keine Änderungen erlaubt**
  Diese Option blockiert jegliche Änderung an Rollen.
- **Änderungen ohne automatische Aufzeichnung, keine Transporte erlaubt**
  Die Aufzeichnung von Rollen wird blockiert; Änderungen bleiben jedoch möglich.

Die ersten drei Optionen unterliegen der bereits genannten Einschränkung eines einzigen änderbaren Transportauftrags pro Rolle. Es besteht jedoch die Möglichkeit, innerhalb jedes Auftrags dieselbe Rolle in mehrere Aufgaben jeweils unterschiedlicher Bearbeiter aufzunehmen. Dies erhöht die Transparenz, da alle Beteiligten sofort erkennen können, durch welche Benutzer die jeweilige Rolle bearbeitet wird.

Bevor Sie die Verwendung der Einstellung aus der Transaktion SCC4 für die Rollenpflege aktivieren, sollten Sie bestehende Rollentransporte freigeben, um Aufzeichnungskonflikte zu vermeiden. In der Regel wählen Sie die Einstellung nicht in Abhängigkeit von Ihren Rollenpflegeprozessen. Sie müssen sich daher gut überlegen, wie sich diese Aktivierung auswirkt.

Bei der Wahl der Einstellung **Automatische Aufzeichnung von Änderungen** in der Transaktion SCC4 beachten Sie die folgenden Voraussetzungen und Einstellungsmöglichkeiten in der Transaktion PFCG:

- Der Einstieg in die Rollenpflege erfordert zusätzlich zur Änderungsberechtigung (Berechtigungsobjekt S_USER_AGR, ACTVT = 02) die Transportberechtigung (Berechtigungsobjekt S_USER_AGR, ACTVT = 21). Falls die Rollenaufzeichnung das Anlegen neuer Transportaufträge oder Aufgaben verlangt, benötigen Sie Berechtigungen auf die Objekte des Transportwesens (z. B. S_TRANSPRT mit TTYPE = CUST oder TASK und ACTVT = 02)
- Grundsätzlich ist bei der Bearbeitung einer neuen Rolle die erneute Wahl des Transportauftrags sowie der optionalen Transportbestandteile per Dialogfenster erforderlich. Sie können jedoch die Neuwahl des Auftrags und dessen Bestandteilen deaktivieren, indem Sie im Registerkartenbild der Transaktion PFCG über die Menüfunktion **Hilfsmittel • Benutzereinstellungen** eine oder beide der folgenden Optionen abwählen:
  - Neuwahl des Transportauftrags pro Rolle
  - Neuwahl optionaler Transportbestandteile pro Rolle

Damit bleiben die Dialogfenster zur Wahl des Auftrags oder der optionalen Bestandteile so lange unterdrückt, bis Sie entweder Ihre Benutzereinstellungen erneut ändern oder die Transaktion PFCG neu starten.

Eine weitere Neuerung der Korrektur in SAP-Hinweis 1723881 besteht in der systemweiten Deaktivierung der optionalen Transportbestandteile. Dazu müssen Sie alle folgenden Customizing-Schalter in der Tabelle `PRGN_CUST` auf den Wert `NO` setzen:

- `SGL_ROLES_TRANSPORT` deaktiviert die Option **Einzelrollen in Sammelrollen**. Dieser Schalter ersetzt den alten Schalter `ADD_COMPOSITE_ROLES` in der Tabelle `SSM_CUST`.
- `PROFILE_TRANSPORT` deaktiviert die Option **Generierte Profile der Einzelrollen**.
- `PERSDAT_TRANSPORT` deaktiviert die Option **Personalisierungsdaten**.
- `US_ASGM_TRANSPORT` deaktiviert die Option **Direkte Benutzerzuordnungen**.

Beachten Sie, dass unabhängig von der Lösung in SAP-Hinweis 1723881 auch die *systemübergreifende Objektsperre* (CSOL) im *Change and Request Management* (ChaRM) des SAP Solution Managers für die Aufzeichnung von Rollen genutzt werden kann. Voraussetzung dafür ist das Einspielen der Korrekturen aus den SAP-Hinweisen 1900560 und 1955257.

3.8 Rollenmenü für den SAP Business Client einrichten

Der *SAP Business Client* (vormals SAP NetWeaver Business Client) stellt eine Alternative zum SAP GUI dar, um Zugriff auf SAP-Anwendungen zu gewähren. Hiermit können Sie Anwendungen, die in verschiedenen SAP-Systemen liegen und über verschiedene UI-Technologien verfügen, zentral über eine Weboberfläche aufrufen. So können Sie mit dem SAP Business Client nicht nur Transaktionen, sondern auch Web-Dynpro-Anwendungen und externe Serviceanwendungen aufrufen. In diesem Tipp zeigen wir Ihnen, wie Sie den Aufbau der Benutzeroberfläche des SAP Business Clients mithilfe von PFCG-Rollen gestalten können.

Die Berechtigungen im SAP Business Client werden ebenso wie im SAP-Easy-Access-Menü gehandhabt. Den Einzel- und Sammelrollen ordnen Sie beispielsweise Transaktionen und Web-Dynpro-Anwendungen in definierter Menüstruktur im Rollenmenü zu. Die Navigationsstruktur des SAP Business Clients spiegelt Menüstruktur und Einstellungen der entsprechenden PFCG-Rolle wider, die dem Benutzer zugeordnet ist. Die Ordnerstruktur des Rollenmenüs hat direkten Einfluss auf die Navigationsleiste, die dem Benutzer im SAP Business Client angezeigt wird. Beides haben wir in Abbildung 3.25 einander gegenübergestellt:

- Ordnerebene ❶: Workcenter
- Ordnerebene ❷: Zeile unterhalb des Workcenters

- Ordnerebene ❸: erste Hierarchieebene in der Navigationsleiste
- Ordnerebene ❹: Zweite Hierarchieebene in der Navigationsleiste

Ein Menübaum kann theoretisch beliebig viele Ebenen besitzen. Im Sinne einer höheren Benutzerfreundlichkeit empfehlen wir Ihnen, bei zweistufigen, maximal dreistufigen Menüebenen zu bleiben.

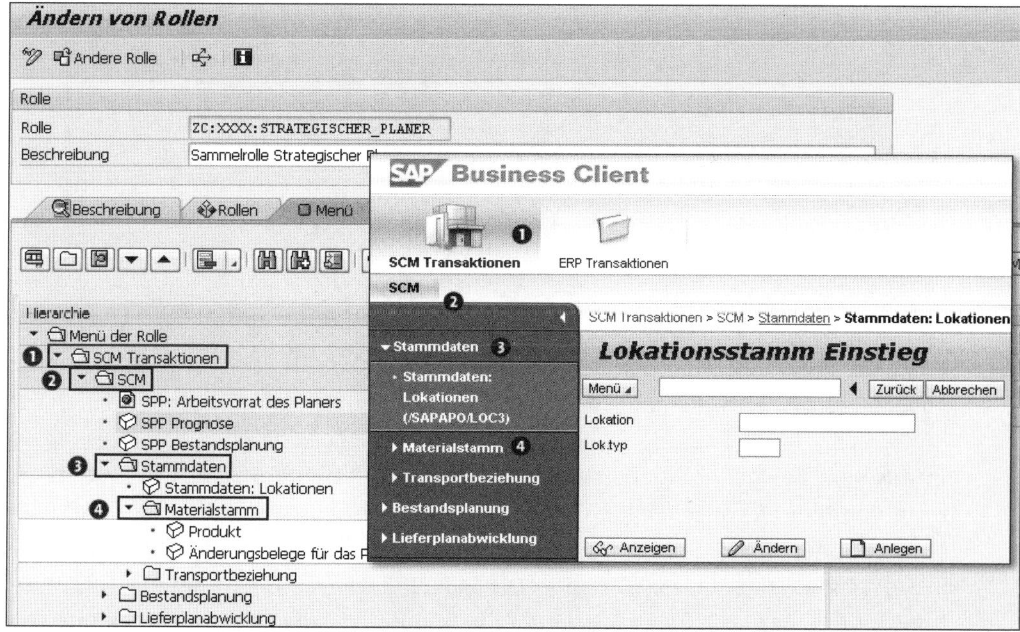

Abbildung 3.25 Rollenmenü und Darstellung im SAP Business Client

Bereits beim Anlegen der PFCG-Einzelrollen im jeweiligen SAP-System sollten Sie die Menüstruktur so erstellen, dass sie mit anderen Einzelrollen in einer Sammelrolle zusammengefasst werden können. Haben Sie die Einzelrollen mit dem richtigen Rollenmenü erstellt, können Sie diese einer Sammelrolle zuordnen. Fügen Sie der Sammelrolle über den Button **Menü einlesen** das Rollenmenü hinzu. Das Menü kann nun final sortiert werden. Sind Änderungen am Rollenmenü der Sammelrolle notwendig, müssen Sie diese Änderungen jedoch zuerst in den Einzelrollen vornehmen, um sie anschließend in der Sammelrolle neu abzumischen (über den Button **Abmischen**, siehe Abbildung 3.26).

Transaktionen aus anderen SAP-Systemen wie beispielsweise SAP Customer Relationship Management (SAP CRM) oder SAP Supply Chain Management (SAP SCM) können Sie ebenfalls in den SAP Business Client einbinden. Zu diesem Zweck legen Sie die PFCG-Einzelrolle für die entsprechenden Transaktionen zunächst im Zielsystem an. Aus den Einzelrollen können Sie wieder Sammelrollen mit einer definierten Menüstruktur erstellen.

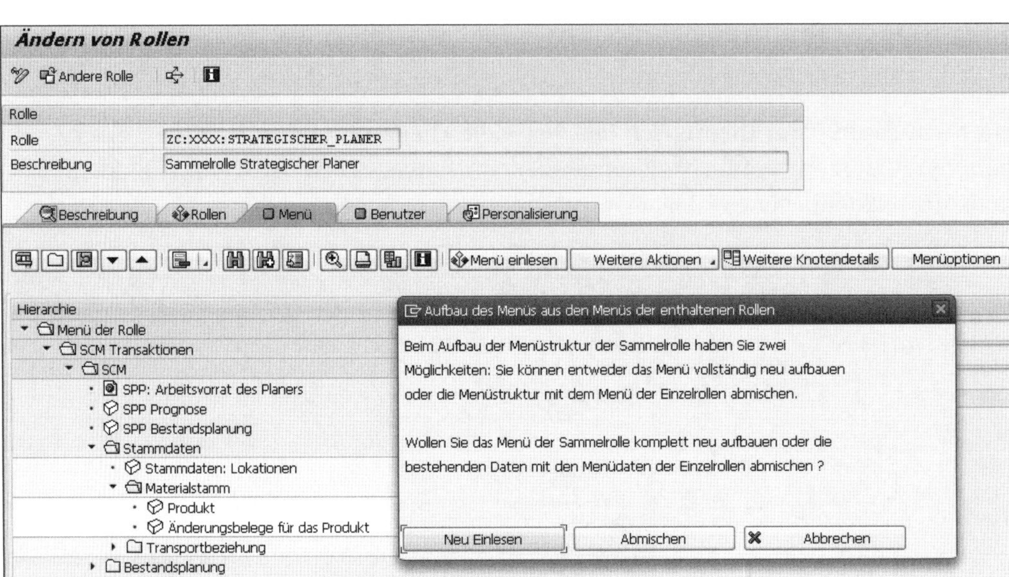

Abbildung 3.26 Abmischen von Rollenmenüs in Sammelrollen

In unserem Beispiel meldet sich der Endanwender in einem SAP-SCM-System an, kann von hier aus aber auch SAP-ERP-Transaktionen aufrufen. Um diese SAP-ERP-Transaktionen in SAP SCM verfügbar zu haben, legen Sie eine neue PFCG-Einzelrolle in SAP SCM an, z. B. `ZS:XXXX:ERP_MENU`. Die SAP-ERP-Transaktionen, auf die der Benutzer Zugriff haben soll, fügen Sie dem Rollenmenü über die Option **Übernahme von Menüs • Aus anderer Rolle • Zielsystem** hinzu (siehe Abbildung 3.27). Wählen Sie nun das SAP-ERP-System und anschließend die entsprechende PFCG-Rolle aus dem SAP-ERP-System aus. Für diese »Menürolle« benötigen Sie kein Profil, da sie lediglich das SAP-ERP-Menü enthält. Die Anordnung der Transaktionen können Sie im Bereich **Hierarchie** über Drag & Drop oder über die Pfeiltasten nun so sortieren, wie Sie sie im SAP Business Client benötigen.

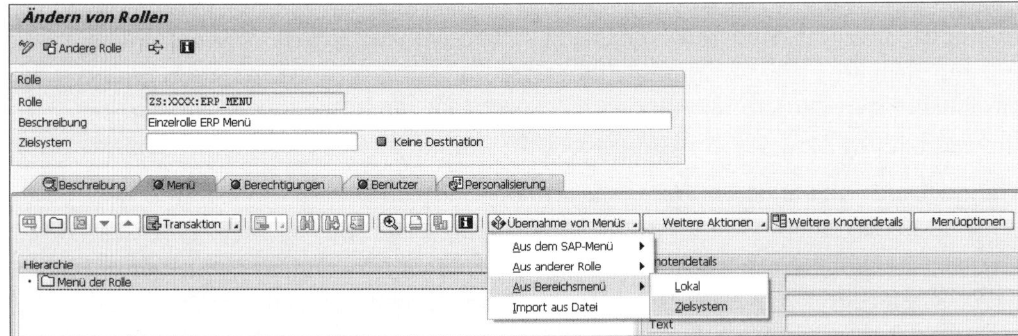

Abbildung 3.27 Übernahme von Rollenmenüs aus Rollen anderer SAP-Systeme

Damit ein Aufruf der Transaktionen aus SAP ERP aus dem SAP-SCM-System gelingt, muss für jede SAP-ERP-Transaktion die aufzurufende RFC-Verbindung gepflegt werden. Klicken Sie dazu auf den Button **Weitere Knotendetails** und wählen Sie den Eintrag **Zielsystem**.

Hinter dieser RFC-Verbindung verbirgt sich eine Trusted-RFC-Verbindung in das SAP-ERP-System der Systemlandschaft mit der Namenskonvention *_RFC. Wir empfehlen Ihnen, den Namen der RFC-Verbindung für jedes SAP-ERP-System der Systemlandschaft beizubehalten und nur die Verbindungsdaten in den RFC-Verbindungen zu ändern. So müssen Sie Ihre PFCG-Rollen nicht jeweils für die Entwicklungs-, Test- und Produktionsumgebungen anpassen.

RFC-Verbindungen für die Sammelrollen

Beachten Sie, dass Sie beim Abmischen der Einzelrolle mit den Sammelrollen im Rollenmenü der Sammelrolle jeweils die RFC-Verbindung nachpflegen müssen.

Im Bereich **Weitere Knotendetails** können Sie weitere Einstellungen vornehmen (siehe Abbildung 3.28).

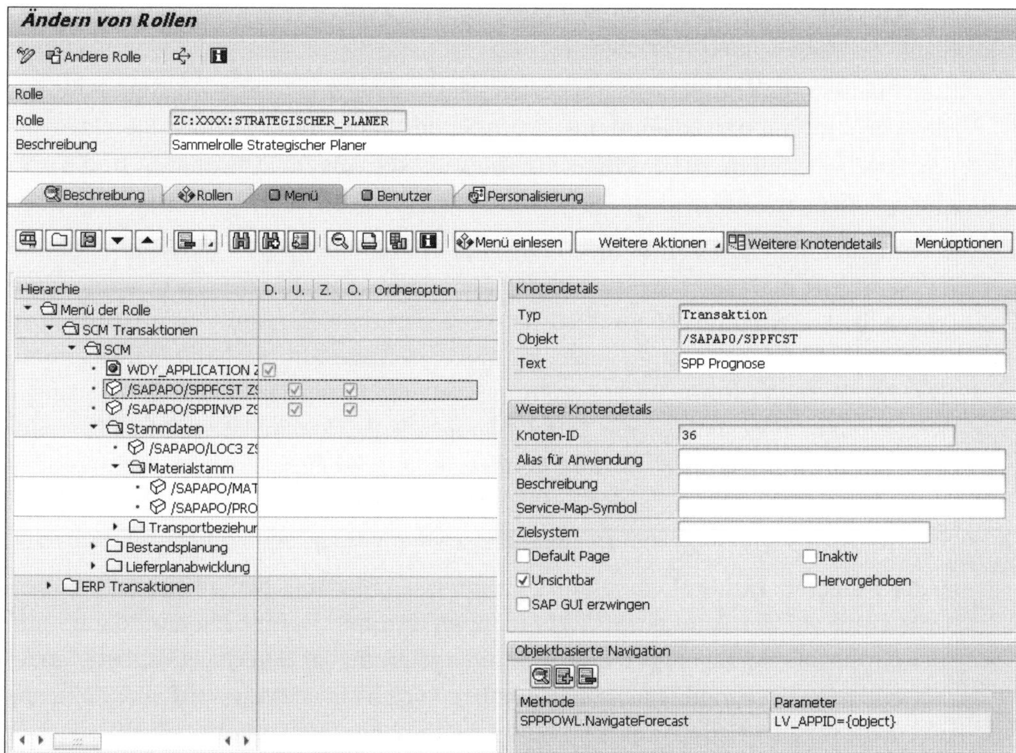

Abbildung 3.28 Pflege der RFC-Verbindung des Zielsystems

Mit der Aktivierung der Einstellung **Default Page** wird z. B. die ausgewählte Transaktion (in unserem Beispiel MM03) beim Aufruf des übergeordneten Ordners (in unserem Beispiel des Ordners **Materialstamm**) zuerst aufgerufen. Die Einstellung **Unsichtbar** bedeutet, dass die Transaktion zwar nicht im Menü erscheint, aber über einen Button aufgerufen werden kann.

Eine weitere Besonderheit im Rollenmenü ist die Pflege der objektbasierten Navigation. Wurde in einer Web-Dynpro-Anwendung der Aufruf einer Transaktion über einen Button realisiert, müssen Sie die Einstellungen für die aufzurufende Transaktion im Bereich **Objektbasierte Navigation** vornehmen. Dazu wählen Sie in der [F4]-Hilfe den entsprechenden Eintrag. Die Informationen zur Navigation müssen Sie gegebenenfalls vom Entwickler der Anwendung erfragen.

3.9 Pflegestatus von Berechtigungen in Rollen beachten

Beim Löschen oder Hinzufügen von Transaktionen im Rollenmenü von PFCG-Rollen haben die jeweiligen Berechtigungen in der PFCG-Rolle den Pflegestatus **Standard**. Ergänzen oder ändern Sie die Berechtigungen jedoch, ändert sich der Pflegestatus entweder auf **Gepflegt** oder auf **Verändert**. Den Pflegestatus **Manuell** haben Sie möglicherweise auch bereits gesehen.

Der Pflegestatus von Berechtigungen in PFCG-Rollen spielt eine wichtige Rolle bei der Verwendung des Rollenmenüs. Mithilfe des Pflegestatus können Sie eine Aussage darüber treffen, wie das Berechtigungsobjekt in die Rolle gelangt ist und wie es dort gepflegt wurde.

Die *Abmischfunktion* von Berechtigungsdaten der Rollenpflege in der Transaktion PFCG ist ein mächtiges Werkzeug, das Sie bei der Rollenbearbeitung unterstützt. Wenn das Rollenmenü geändert wurde, werden mithilfe der Abmischfunktion die in einer Einzelrolle enthaltenen Berechtigungsvorschläge automatisch ergänzt. Grundlage hierfür bilden die in der Transaktion SU24 definierten Berechtigungsvorschlagswerte, deren Pflegestatus in der Berechtigungspflege **Standard** lautet. Diese Berechtigungswerte werden auch als *Standardberechtigungen* bezeichnet. Berechtigungen mit anderen Pflegestatus, also **Gepflegt**, **Verändert** oder **Manuell,** werden während des Abmischens nicht geändert – Ausnahme ist das Entfernen von Transaktionen.

Jeder Durchlauf des Profilgenerators sammelt beim Abmischen alle Berechtigungsvorschläge aus der Transaktion SU24 zu einer Transaktion, die über das Rollenmenü der Einzelrolle hinzugefügt wurde, und überprüft die der Berechtigungsliste hinzuzufügenden Berechtigungen. Das Hinzufügen von Transaktionen auf eine Rolle hat, wenn die hinzugefügte Transaktion über das Rollenmenü der Rolle bekanntgegeben wird und verschiedene Kriterien erfüllt sind, die folgenden Auswirkungen:

- **Bereits vorhandene Berechtigungen**
  Befanden sich vor dem Abmischvorgang bereits Berechtigungen im Pflegestatus **Standard** (dies gilt sowohl für **Aktiv** als auch für **Inaktiv**) oder **Inaktiv Standard**, vergleicht das zugrunde liegende Programm die Werte und den dazugehörigen Pflegestatus aller Berechtigungsfelder und prüft so, inwieweit neue Vorschlagswerte in der Transaktion SU24 vorhanden sind und ob somit neue Berechtigungsfelder ergänzt werden müssen.

  Es werden keine neuen Standardberechtigungen aufgenommen, wenn die beiden folgenden Bedingungen zutreffen:
  - Bereits vorhandene Berechtigungsfelder im Pflegestatus **Standard** enthalten identische Werte.
  - Die in der bereits vorhandenen Berechtigung gepflegten Felder sind in der neuen Standardberechtigung leer.
- **Bereits enthaltene Berechtigungsobjekte**
  Enthalten Berechtigungsvorschläge Berechtigungsobjekte, die bisher nicht oder als Berechtigungen im Pflegestatus **Verändert** oder **Manuell** vorlagen, fügt das zugrunde liegende Programm neue Standardberechtigungen für die relevanten Berechtigungsobjekte hinzu.
- **Bereits enthaltene Standardberechtigungen**
  Wird durch das Programm festgestellt, dass beide in den vorangehenden Aufzählungspunkten genannten Kriterien erfüllt sind, liegt das Kriterium der Gleichheit vor. Dies bedeutet, dass die Vorschlagswerte der bereits vorhandenen und neu hinzuzufügenden Berechtigung aus der gleichen Transaktion stammen. Somit fügt das Programm keine neue Standardberechtigung in den Berechtigungsbaum ein.

Wir verdeutlichen diesen Sachverhalt anhand zweier Fallbeispiele: Im ersten Beispiel besteht ein beliebiges Berechtigungsobjekt aus drei Berechtigungsfeldern. Der Unterschied ist in Tabelle 3.2 dargestellt. Die neue Standardberechtigung wird hier nicht hinzugefügt, da die beiden genannten Kriterien erfüllt sind und somit das Kriterium der Gleichheit vorliegt.

Berechtigungsfeld	Feld 1	Feld 2	Feld 3
Pflegestatus in der Transaktion PFCG	**Standard**	**Gepflegt**	**Standard**
Berechtigungsfeldwerte des alten Berechtigungsobjekts in der Transaktion PFCG	Wert 1, Wert 2, Wert 3	Wert cd, Wert bz	von Wert A bis Wert B

Tabelle 3.2 Beispiel 1: Kriterium der Gleichheit liegt vor

Berechtigungsfeld	Feld 1	Feld 2	Feld 3
Berechtigungsfeldwerte des neuen Berechtigungsobjekts in der Transaktion SU24	Wert 1, Wert 2, Wert 3	(leer)	von Wert A bis Wert B
Pflegestatus durch die Transaktion SU24	**Standard**	**Standard**	**Standard**

Tabelle 3.2 Beispiel 1: Kriterium der Gleichheit liegt vor (Forts.)

Im zweiten Beispiel in Tabelle 3.3 wird wieder ein beliebiges Berechtigungsobjekt zugrunde gelegt, das aus drei Berechtigungsfeldern besteht. In diesem Fall sind jedoch alle Feldwerte in den Transaktionen PFCG und SU24 identisch. Die neue Standardberechtigung wird nun übernommen, ungeachtet der Tatsache, dass alle Berechtigungsfelder identische Feldwerte enthalten. Hintergrund dieses Verhaltens ist, dass das Kriterium »Bereits vorhandene Berechtigungen« bei unterschiedlichem Pflegestatus im Berechtigungsfeld 2 nicht erfüllt und damit die Herkunft der Berechtigungen ungleich ist.

Berechtigungsfeld	Feld 1	Feld 2	Feld 3
Pflegestatus in der Transaktion PFCG	**Standard**	**Gepflegt**	**Standard**
Berechtigungsfeldwerte des alten Berechtigungsobjekts in der Transaktion PFCG	Wert 1, Wert 2, Wert 3	Wert cd, Wert bz	von Wert A bis Wert B
Berechtigungsfeldwerte des neuen Berechtigungsobjekts in der Transaktion SU24	Wert 1, Wert 2, Wert 3	Wert cd, Wert bz	von Wert A bis Wert B
Pflegestatus durch die Transaktion SU24	**Standard**	**Standard**	**Standard**

Tabelle 3.3 Beispiel 2: Unterschiedliche Herkunft der Berechtigungen

Werden aus einem Rollenmenü einer Einzelrolle Transaktionen entfernt, wirkt sich dies auf die Berechtigungen folgendermaßen aus:

- **Standardberechtigung**
  Wird eine Transaktion aus dem Rollenmenü entfernt, wird die jeweilige Standardberechtigung beim Abmischen gelöscht. Dies gilt jedoch nur, sofern keine weitere Transaktion diese Berechtigung benötigt und somit den gleichen Berechtigungsvorschlag verwendet. Dieser Umstand gilt sowohl für aktive als auch für inaktiv gesetzte Standardberechtigungen.
- **Berechtigungen mit dem Pflegestatus Verändert oder Manuell**
  Diese Berechtigungen sind vom Abmischvorgang nicht betroffen und bleiben unverändert erhalten.

- **Berechtigungen mit dem Pflegestatus Gepflegt**
  Berechtigungen im Berechtigungsbaum mit dem Pflegestatus **Gepflegt** werden hingegen nur dann gelöscht, wenn die letzte mit der Berechtigung verbundene Transaktion über das Rollenmenü gelöscht wird.

In Abschnitt 4.2.2, »Berechtigungswerte beim Rollen-Upgrade vergleichen«, erläutern wir, wie dieser Abmischvorgang mit neuen Funktionen simuliert werden kann.

Die Transaktion PFCG bietet Ihnen überdies die Option des automatischen Zusammenfassens von Berechtigungen. Nicht jede Transaktion, die über ein Rollenmenü in eine Einzelrolle aufgenommen wird, braucht zwangsläufig ihren eigenen Berechtigungseintrag im Berechtigungsbaum, da einige Transaktionen identische oder immerhin ähnliche Berechtigungsvorschlagswerte besitzen. Die folgenden Regeln werden bei jedem Durchlauf der genannten Funktion berücksichtigt und stellen somit eine Komprimierungsfunktion dar:

- **Pflegestatus**
  Die Berechtigungen müssen sowohl über einen identischen Pflegestatus (**Standard**, **Gepflegt**, **Verändert**, **Manuell**) als auch über einen identischen Aktivstatus (**Aktiv** oder **Inaktiv**) verfügen. Ausnahmen stellen *veränderte* Berechtigungen und *manuelle* Berechtigungen dar; diese werden zusammengefasst, sobald der Aktivstatus identisch ist.
- **Gleiche Berechtigungen**
  Zwei gleiche Berechtigungen, die die erste Bedingung für den Pflegestatus erfüllen, werden ebenfalls zusammengefasst, sobald sich alle Werte der beiden Berechtigungen in genau einem Feld unterscheiden oder wenn eine Berechtigung mit all ihren Feldern in der anderen Berechtigung enthalten ist. Gibt es jedoch in einer Berechtigung offene Berechtigungsfelder, werden diese nicht zusammengefasst, es sei denn, dass alle Berechtigungsfelder in den Berechtigungswerten identisch sind.
- **Berechtigungen mit dem Status »Gepflegt«**
  Berechtigungen im Berechtigungsbaum mit dem Status **Gepflegt** werden hingegen nur dann gelöscht, wenn die letzte mit der Berechtigung verbundene Transaktion über das Rollenmenü gelöscht wurde.

Im Anschluss beschreiben wir, wie Sie diese Fälle im System nachstellen können:

1. Führen Sie die Transaktion PFCG aus und wählen Sie den Änderungsmodus.
2. Auf der Registerkarte **Berechtigungen** wählen Sie die Option **Expertenmodus** zur Berechtigungspflege und Profilgenerierung aus.
3. Wählen Sie nun eine der angezeigten Möglichkeiten, um die Berechtigungen zu pflegen.

- **Profil und Berechtigungen löschen und neu anlegen**
  Alle Berechtigungen werden neu angelegt. Zuvor gepflegte, veränderte oder manuelle Werte gehen verloren und werden gelöscht. Ausnahme stellen hier die Werte dar, die durch die Organisationsebenen gefüllt werden.
- **Alten Stand bearbeiten**
  Berechtigungsdaten der Rolle, die durch die letzte Bearbeitung gespeichert wurden, werden angezeigt. Diese Option ist nicht empfehlenswert, wenn Transaktionen im Rollenmenü geändert wurden.
- **Alten Stand lesen und mit den neuen Daten abgleichen**
  Werden im Rollenmenü einer Einzelrolle Transaktionen geändert, wird dem Bearbeiter diese Option automatisch vorgeschlagen. Dabei gleicht der Profilgenerator die bereits vorhandenen Berechtigungsdaten mit den Berechtigungsvorschlägen der Transaktion SU24 der über das Rollenmenü gepflegten Transaktionen ab. Werden bei diesem Abgleich neue Berechtigungen in den Berechtigungsbaum aufgenommen, werden diese mit dem Aktualisierungsstatus **Neu** gekennzeichnet. Berechtigungen, die bereits vor dem Abgleich vorhanden waren, wird der Aktualisierungstatus **Alt** zugewiesen.

Beachten Sie, dass das Berechtigungsobjekt `S_TCODE` immer mit den aktuellen Transaktionen aus dem Rollenmenü gefüllt wird. Organisationsebenen, die nicht mehr benötigt werden, werden automatisch gelöscht. Werden hingegen Organisationsebenen abhängig von der Transaktion hinzugefügt, sollten diese bei der Berechtigungspflege als erstes gepflegt werden.

Standardberechtigungen, die für eine funktional vollständig zu beschreibende Rolle benötigt werden, sollten entsprechend gepflegt werden. Es ist empfehlenswert, nicht benötigte Berechtigungen oder auch ganze Berechtigungszweige zu deaktivieren und nicht zu löschen. Berechtigungen, die auf den Aktivstatus **Inaktiv** gesetzt wurden, werden zum einen bei einem erneuten Abmischen nicht wieder als neue Berechtigungen in den Berechtigungsbaum aufgenommen, und zum anderen werden diese Berechtigungen bei der Profilgenerierung nicht mitberücksichtigt und somit auch nicht im zugrunde liegenden Profil einer Rolle zugewiesen.

4. Als letzten Schritt der Rollen- und Berechtigungsbearbeitung generieren Sie in der Transaktion PFCG mit dem Button **Generieren** () das Berechtigungsprofil zur definierten Rolle.

3.10 Manuell gepflegte Organisationsebenen zurücksetzen

Manuell gepflegte Organisationsebenen in PFCG-Rollen können nicht über den Button **Orgebenen** gepflegt werden. Diese Organisationsebenen verhindern, dass das

Vererbungskonzept korrekt umgesetzt werden kann. Dass Organisationsebenen manuell gepflegt worden sind, erkennen Sie, wenn Sie Werte über den Button **Orgebenen** eintragen, wie in Abbildung 3.29 gezeigt, die Änderungen aber nicht in das Berechtigungsobjekt übernommen werden.

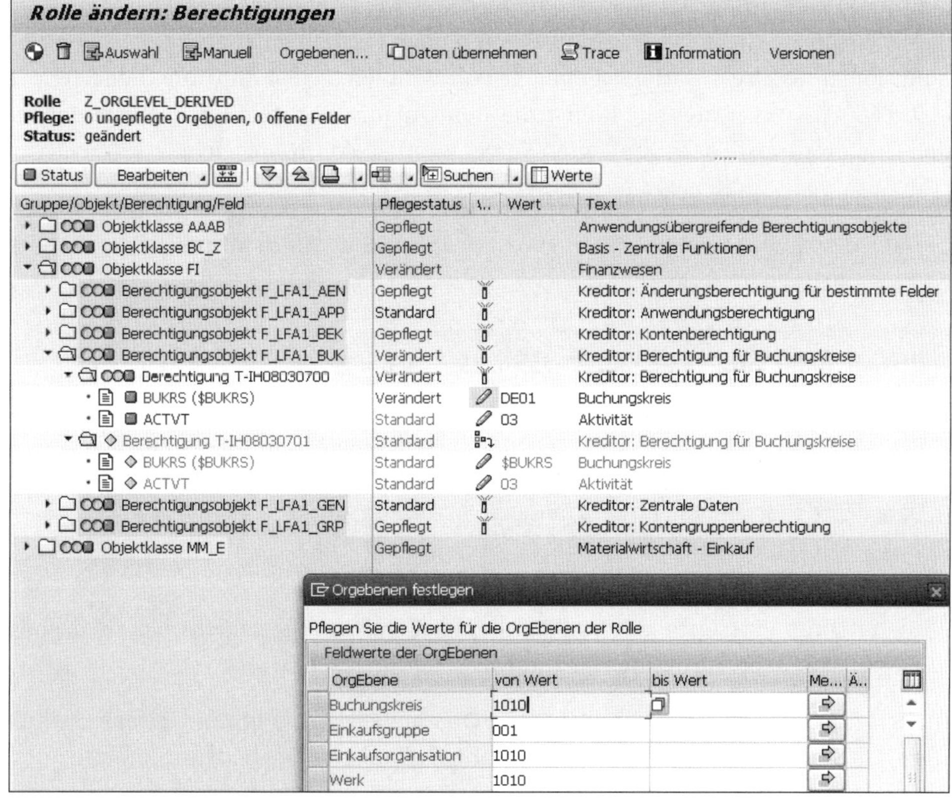

Abbildung 3.29 Manuell gepflegte Organisationsebenen erkennen

Gründe für fehlerhafte Organisationsebenen sind beispielsweise im Berechtigungsobjekt manuell statt über den Button **Orgebenen** gepflegte Werte oder fehlerhafte Transporte sowie fehlerhaft erstellte oder gelöschte Organisationsebenen. Da eine korrekte Vererbung in solchen Fällen nicht mehr stattfindet, müssen Sie fehlerhafte Werte der Organisationsebenen in den PFCG-Rollen zurücksetzen können.

Nehmen wir an, Sie sind auf eine Rolle gestoßen, die manuell gepflegte Organisationsebenen enthält. Selbst wenn Sie den Fehler in der Rolle von Hand beheben, indem Sie im Berechtigungsobjekt den manuell gepflegten Wert der Organisationsebene auch manuell löschen, wird der jeweilige Wert aus der Organisationsebene nicht herangezogen. Mit dem Report `AGR_RESET_ORG_LEVELS` können Sie diese Werte für die Rolle zurücksetzen. Die manuell gepflegten Organisationsdaten werden gelöscht, und nur die Werte, die über den Button **Orgebenen** gepflegt worden sind, werden stattdessen eingesetzt.

Allerdings gibt es auch den Fall, dass Berechtigungsfelder zu Organisationsebenen erhoben werden (siehe Abschnitt 6.2.2, »Neue Organisationsfelder hinzufügen«). Sind diese Berechtigungsfelder bereits in den PFCG-Rollen mit Werten gefüllt worden, müssen Sie diese Organisationsebenen nach der Kategorisierung der Berechtigungsfelder als Organisationsebenen erneut befüllen. Dabei hilft Ihnen der Report `PFCG_ORGFIELD_ROLES`, der alle Rollen mit den Organisationsfeldern, d. h. mit den in den Organisationsfeldern gepflegten Berechtigungsfeldern, abgleicht.

Gehen Sie dabei folgendermaßen vor:

1. Nach dem Erstellen oder Löschen von Organisationsfeldern führen Sie den Report `PFCG_ORGFIELD_ROLES` aus.

Übersicht der kundeneigenen Organisationsebenen

Eine Liste aller kundeneigenen Organisationsebenen erhalten Sie über die Transaktion SUPO. Dort werden alle Organisationsebenen angezeigt. Die Standardorganisationsebenen sind mit einem Haken in der Spalte **SAP OrgEbene** gekennzeichnet. Detaillierte Beschreibungen der Transaktion SUPO finden Sie in Abschnitt 6.2, »Organisationsfelder verwalten«.

2. Sie erhalten eine Liste aller Rollen, die das Berechtigungsfeld enthalten, das als Organisationsebene definiert ist und als solche gelöscht wurde.

In dieser Liste geben Ampeln in der Spalte **Orgebene** (siehe Abbildung 3.30) Auskunft über den Status der Rolle. Die Ampelsymbole haben folgende Bedeutung:

- Rot: Das Organisationsfeld ist in der Rolle noch nicht umgesetzt.
- Grün: Die Rolle ist konsistent zur Organisationsebene.
- Gelb: Die Rolle beinhaltet manuell gepflegte Organisationsebenen, da die Organisationsebene andere Werte enthält als den im Berechtigungsfeld angegebenen Wert.

Der Report setzt automatisch die manuell gepflegten Werte des Berechtigungsfelds als Werte für die jeweilige Organisationsebene ein. Auch die Spalte **Werte** gibt anhand von Farbsymbolen Auskunft über den Zustand der Organisationsebene:

- Rot: Die Organisationsebene beinhaltet keinen Wert.
- Grün: Die Organisationsebene und der Berechtigungswert sind identisch.
- Gelb: Es handelt sich um manuell gepflegte Organisationsebenen, da die Organisationsebene andere Werte enthält als den im Berechtigungsfeld eingetragenen Wert.

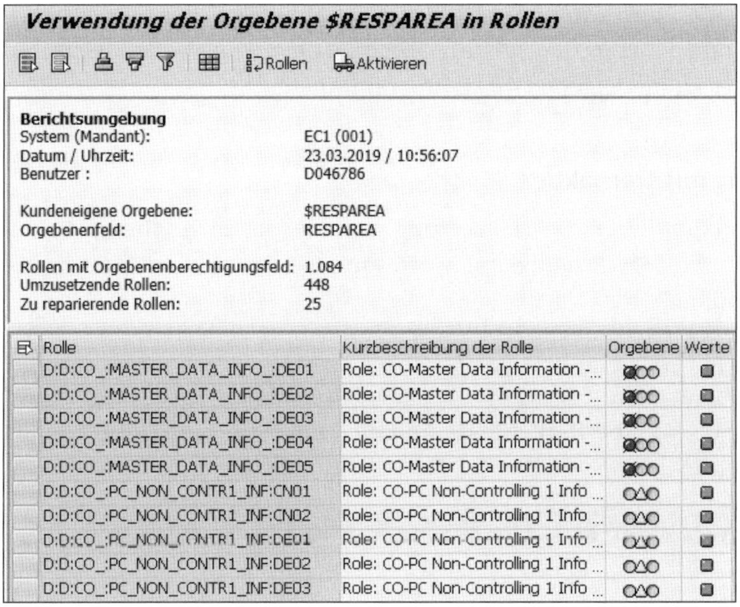

Verwendung der Orgebene $RESPAREA in Rollen

Rollen Aktivieren

Berichtsumgebung
System (Mandant): EC1 (001)
Datum / Uhrzeit: 23.03.2019 / 10:56:07
Benutzer : D046786

Kundeneigene Orgebene: $RESPAREA
Orgebenenfeld: RESPAREA

Rollen mit Orgebenenberechtigungsfeld: 1.084
Umzusetzende Rollen: 448
Zu reparierende Rollen: 25

Rolle	Kurzbeschreibung der Rolle	Orgebene	Werte
D:D:CO_:MASTER_DATA_INFO_:DE01	Role: CO-Master Data Information -...		
D:D:CO_:MASTER_DATA_INFO_:DE02	Role: CO-Master Data Information -...		
D:D:CO_:MASTER_DATA_INFO_:DE03	Role: CO-Master Data Information -...		
D:D:CO_:MASTER_DATA_INFO_:DE04	Role: CO-Master Data Information -...		
D:D:CO_:MASTER_DATA_INFO_:DE05	Role: CO-Master Data Information -...		
D:D:CO_:PC_NON_CONTR1_INF:CN01	Role: CO-PC Non-Controlling 1 Info ...		
D:D:CO_:PC_NON_CONTR1_INF:CN02	Role: CO-PC Non-Controlling 1 Info ...		
D:D:CO_:PC_NON_CONTR1_INF:DE01	Role: CO-PC Non-Controlling 1 Info ...		
D:D:CO_:PC_NON_CONTR1_INF:DE02	Role: CO-PC Non-Controlling 1 Info ...		
D:D:CO_:PC_NON_CONTR1_INF:DE03	Role: CO-PC Non-Controlling 1 Info ...		

Abbildung 3.30 Rollen, in denen eine Organisationsebene verwendet wurde

Gehen Sie nun die Rollen, die mit einer roten Ampel markiert sind, durch. Anschließend markieren Sie die Rollen, in denen die Organisationsebenenwerte nicht vollständig umgesetzt wurden, und klicken auf den Button **Orgebenenfeld in Rollen umsetzen**.

Mithilfe des Buttons **Transportaufzeichnung aktivieren** können Sie die Änderungen in den Rollen in einem Transportauftrag speichern. Informationen zur Gültigkeit des Reports `PFCG_ORGFIELD_ROLES` erhalten Sie in SAP-Hinweis 1624104.

3.11 Texte in Berechtigungsrollen übersetzen

In verschiedenen Szenarien ist es von Interesse, die Texte von Berechtigungsrollen zu übersetzen, etwa, wenn Ihr Unternehmen international agiert. Auch haben Sie eventuell ein Drittunternehmen mitsamt den dort genutzten SAP-Systemen übernommen, oder Sie streben eine Vereinfachung der SAP-Systemlandschaft an und möchten dafür verschiedene Sparten in einem System vereinen. In allen genannten Fällen müssen Sie die Texte der Berechtigungsrollen vereinheitlichen oder übersetzen.

Für die reine Übersetzung können Sie die Transaktion SE63 nutzen, die wir im ersten Teil dieses Abschnitts erläutern. Im Regelfall müssen Sie bei den genannten Szenarien jedoch eine große Anzahl von Rollentexten übersetzen; daher erläutern wir im zweiten Teil dieses Abschnitts, wie Sie mithilfe der Transaktion LSMW (Legacy System Migration Workbench) die Übersetzung automatisieren, und gehen weiterhin auf den Aufbau eines kundeneigenen ABAP-Programms ein.

3.11.1 Übersetzung mit Transaktion SE63

Transaktion SE63 erlaubt Ihnen die Übersetzung verschiedenster Textbausteine im SAP-System. Die für die Berechtigungsrollen relevanten Texte finden Sie hier über den folgenden Menüpfad:

Übersetzung • ABAP-Objekte • Kurztexte

Im daraufhin erscheinenden Pop-up-Fenster **Objekttypauswahl (Objektgruppen)** wählen Sie den Knoten **A5 Oberflächentexte** und hier den Unterpunkt **ACGR Rollen** aus (siehe Abbildung 3.31).

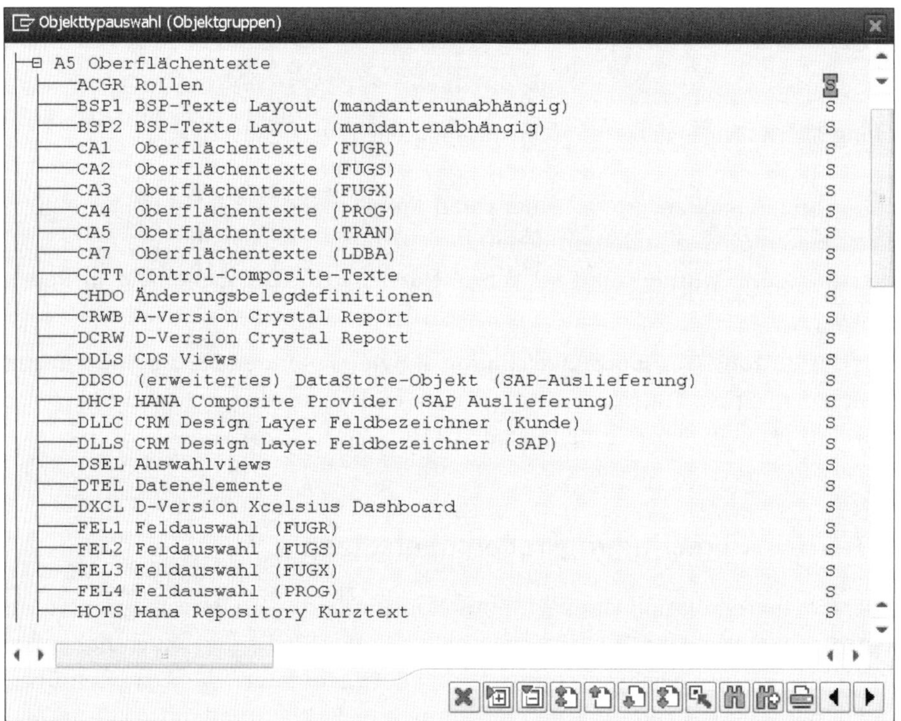

Abbildung 3.31 Objekttypauswahl in Transaktion SE63

Im Folgebildschirm können Sie nun die Rolle auswählen. Dabei müssen Sie beachten, dass das System den Mandanten als Präfix erwartet, und die **Quellsprache** im entsprechenden Feld korrekt auswählen (siehe Abbildung 3.32).

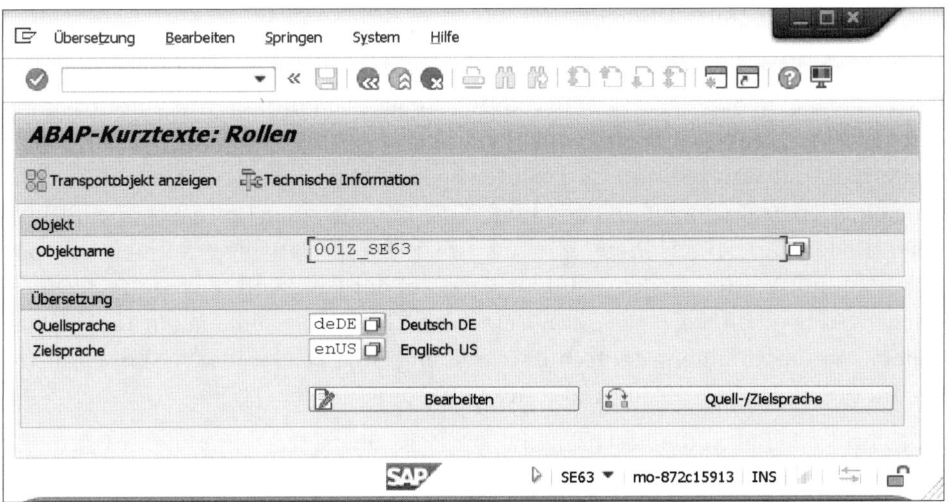

Abbildung 3.32 Auswahl der Rolle Z_SE63 im Mandanten 001 mit der Quellsprache »Deutsch DE« und der Zielsprache »Englisch US«

Im darauffolgenden Schritt können Sie den Textbaustein in der **Zielsprache** pflegen. Dabei entspricht die Variable `00001_ROLE_NAME` der Beschreibung der Rolle und die Variable `00002_ROLE_MENU_TEXT` der Beschreibung der darin enthaltenen Transaktionen (siehe Abbildung 3.33). Nachdem Sie den Eintrag gespeichert haben, ist die Beschreibung der Rolle auch in der Zielsprache, in unserem Beispiel in der Anmeldesprache Englisch, gepflegt und nach der Anmeldung sichtbar.

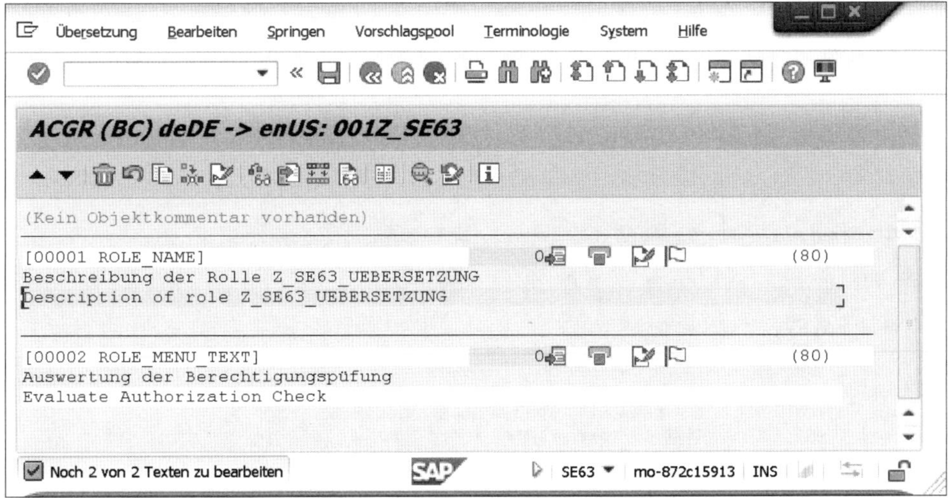

Abbildung 3.33 Übersetzung des Transaktionstextes und der Beschreibung einer Rolle

3.11.2 Automatisierte Übersetzung

Sie können die Übersetzung der Texte automatisieren, indem Sie die Transaktion LSMW zu Hilfe nehmen. Diese Transaktion ist eigentlich für Datenmigrationsaufgaben gedacht, eignet sich aber ebenfalls sehr gut dazu, eine bestimmte Transaktion wiederholt und automatisiert durchlaufen zu lassen. Sie zeichnen dabei die Ausführung einer Transaktion auf und erhalten so die Variablen der Textbausteine (technischer Rollenname, Rollenbeschreibung usw.). Diese Variablen können Sie pro Durchlauf mit Werten aus einer Importdatei auf der Basis von Microsoft Excel neu belegen. So beinhaltet z. B. die Excel-Datei eine Tabelle mit den Spalten **Technischer Rollenname**, **Beschreibung deutsch**, **Beschreibung englisch**. Das LSMW-Skript arbeitet die Importdatei Zeile für Zeile und somit Rolle für Rolle ab.

Möchten Sie lediglich die Beschreibung der Rolle übersetzen, empfiehlt es sich, die Transaktion PFCG aufzuzeichnen und vor dem Durchlaufen des LSMW-Skripts die Quellsprache der Rolle mithilfe des Reports Z_ROLE_SET_MASTERLANG zu ändern. Den Report zum Ändern der Quellsprache erhalten Sie über SAP-Hinweis 854311. Auf ähnliche Weise können Sie die Übersetzung auch mithilfe der Transaktion SECATT (eCATT) anstelle der Transaktion LSMW durchführen.

Darüber hinaus ist eine Automatisierung auch über ein kundenspezifisches ABAP-Programm möglich. Hierzu sollten Sie die Tabelle AGR_TEXTS einmal genauer studieren. Die Tabelle beinhaltet die verschiedenen Textbausteine in den verschiedenen Sprachen. Wir zeigen Ihnen in Abbildung 3.34 einen Ausschnitt der Tabelle mit unserer Beispielrolle Z_SE63. Den Kurztexten wird in der Spalte **LINE** der Wert 00000 zugeordnet, und die Langtexte erhalten die Werte 00001 bis 0000x. Die Sprachschlüssel werden in der Spalte **SPRAS** angezeigt. Mithilfe eines ABAP-Programms lassen sich nun die Pendants für die Textfelder in der Zielsprache in die Felder der Tabelle schreiben.

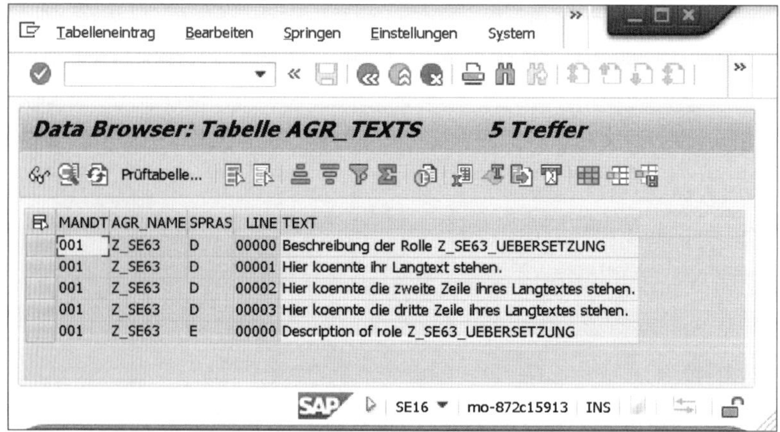

Abbildung 3.34 Aufbau der Tabelle AGR_TEXTS

3.12 Werte aus der Zwischenablage in Berechtigungsfelder kopieren

In der Transaktion PFCG (Rollenpflege) werden im Dialogfenster zur Pflege von Feldwerten zu Berechtigungsobjekten nur sieben Zeilen angezeigt. Lange Zeit war es nicht möglich, mehr als diese sieben Zeilen auf einmal aus der Zwischenablage einzufügen. Gerade diese Anforderung kann im Rahmen der Berechtigungspflege aber häufig vorhanden sein, beispielsweise, wenn Sie Einträge aus anderen Rollen verwenden möchten. Wir beschreiben daher in diesem Abschnitt, wie Sie die Buttons zum Kopieren und Einfügen im Dialogfenster zur Pflege von Feldwerten zu den Berechtigungsobjekten installieren und nutzen können.

Installieren Sie dazu SAP-Hinweis 1599732 in Ihrem SAP-System. Durch diesen Hinweis werden die folgenden Funktionen im Dialogfenster der Berechtigungsfeldwerte ergänzt (siehe Abbildung 3.35):

- Kopieren in die Zwischenablage (gekennzeichnet durch das Icon)
- Einfügen aus der Zwischenablage (gekennzeichnet durch das Icon)

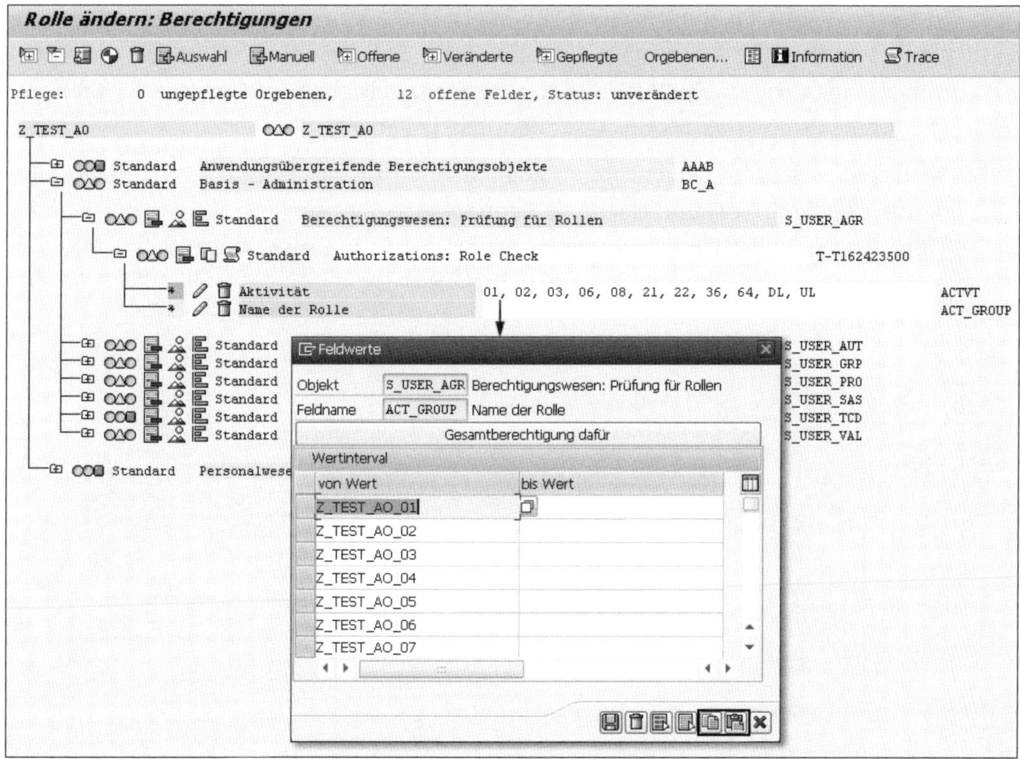

Abbildung 3.35 Funktionen zum Kopieren in die Zwischenablage und Einfügen aus der Zwischenablage in der Transaktion PFCG

Bei der Kopie der Werte in die Zwischenablage sollten Sie beachten, dass nur diejenigen Werte in die Zwischenablage kopiert werden, die Sie zuvor markiert haben. Dabei werden die Werteintervalle, die in den Berechtigungsfeldwerten gepflegt sein können, durch einen Tabstopp separiert in der Zwischenablage gespeichert.

Beim Einfügen der Berechtigungsfeldwerte aus der Zwischenablage werden die Werte zu den bestehenden Einträgen ergänzt. Dabei müssen Sie die Werteintervalle auch bei der Einfügungsvorbereitung mithilfe des Tabstopps trennen. Sollten für die einzelnen Werte keine Berechtigungen zur Pflege bestehen, werden die Werte abgelehnt, also nicht übernommen. Die Funktion **Einfügen aus der Zwischenablage** () ist zusätzlich auch im Dialogfenster zur Pflege der Organisationsebenen vorhanden.

Die Funktionen **Kopieren in die Zwischenablage** und **Einfügen aus der Zwischenablage** stehen Ihnen nicht zur Verfügung, wenn Sie Feldwerte pflegen, die nur die Auswahl von Festwerten erlauben. Dies ist z. B. beim Feld **Aktivität** der Fall.

3.13 Zusammenfassung

In diesem Kapitel haben wir Ihnen zuerst geeignete Vorgehensweisen zur Erstellung eines Berechtigungskonzepts gezeigt. Auch für Schnittstellen- und Hintergrundbenutzer haben wir eine praktikable Herangehensweise beschrieben und Empfehlungen für die Produktivsetzung dieser Benutzer gegeben.

Sie haben außerdem verschiedene Möglichkeiten zur Massenpflege von Rollen und deren jeweiligen Vor- und Nachteile kennengelernt. Abschließend haben wir Ihnen Tipps für die Rollenverwaltung gegeben, etwa zu Änderungen im Rollentransport und zur Pflege von Texten in Berechtigungsrollen.

Kapitel 4
Berechtigungsvorschlagswerte

Zur Erstellung von PFCG-Rollen sind gut gepflegte Berechtigungsvorschlagswerte überaus hilfreich. Wir geben Ihnen in diesem Kapitel einen Leitfaden an die Hand, wann es sinnvoll ist, Vorschlagswerte zu pflegen.

Leider werden bei vielen SAP-Kunden die Berechtigungsvorschlagswerte nicht richtig genutzt. Daher erläutern wir in diesem Kapitel die Hintergründe der Vorschlagswerte und geben Ihnen Hinweise für ihre Pflege. Wir erläutern, wie Sie Vorschlagswerte für alle möglichen Anwendungen, u. a. externe Services oder Hintergrundjobs pflegen, und welche Schritte nach einem Upgrade notwendig sind, um die Berechtigungsvorschlagswerte abzugleichen. Außerdem zeigen wir Ihnen, wie Vorschlagswerte in Y-Landschaften, also Systemlandschaften, die über mehr als nur ein Entwicklungssystem bzw. einen Entwicklungsmandanten verfügen, als Upgrade-Nacharbeit gepflegt werden. In solchen Landschaften müssen die Entwicklungen wieder in einem Konsolidierungssystem zusammengefügt werden.

Welche Vorschlagswerte für Anwendungen sinnvoll sind, kann variieren, je nachdem, in welchem Kontext letztere verwendet werden. Deshalb stehen seit SAP-Basisrelease 7.50 Möglichkeiten zur Verfügung, um Varianten zu Vorschlagswerten zu definieren. Diese Möglichkeiten stellen wir Ihnen ebenfalls in diesem Kapitel vor.

4.1 Pflege von Vorschlagswerten

SAP liefert Vorschlagswerte für die Erstellung von PFCG-Rollen in den Tabellen `USOBT` und `USOBX` mittels Upgrades, Support Packages oder Hinweisen aus. Diese Vorschlagswerte beinhalten Wertvorschläge für Berechtigungen von SAP-Standardapplikationen, die in PFCG-Rollen gepflegt werden können. Vorschlagswerte werden nicht nur für Transaktionen ausgeliefert, sondern u. a. auch für Web-Dynpro-Anwendungen, RFC-Funktionsbausteine, `TADIR`-Services als weiteren Servicetyp, Webservices oder externe Services. Diese Vorschlagswerte können Sie an Ihre Anforderungen anpassen, jedoch nicht in den ausgelieferten Tabellen, sondern in den Kundentabellen `USOBT_C` und `USOBX_C`. Die Pflege dieser Tabellen erfolgt über die Transaktion SU24. Wie bereits erwähnt, gibt es mit dem SAP-Basisrelease 7.50 nun auch die Möglichkeit, verschiedene Varianten von Vorschlagswerten für eine Anwendung zu definieren.

Dazu verwenden Sie die Transaktion SU24N. Weitere Details finden Sie in Abschnitt 4.1.2, »Varianten für Vorschlagswerte«.

Die Pflege der Vorschlagswerte in der Transaktion SU24 ist eine zwingende Voraussetzung für die Pflege von PFCG-Rollen, da bei der Erstellung von PFCG-Rollen genau auf diese Werte zurückgegriffen wird. Je besser also diese Werte gepflegt sind, desto weniger Aufwand entsteht bei der Pflege der PFCG-Rollen. Dieser Zusammenhang ist in Abbildung 4.1 dargestellt.

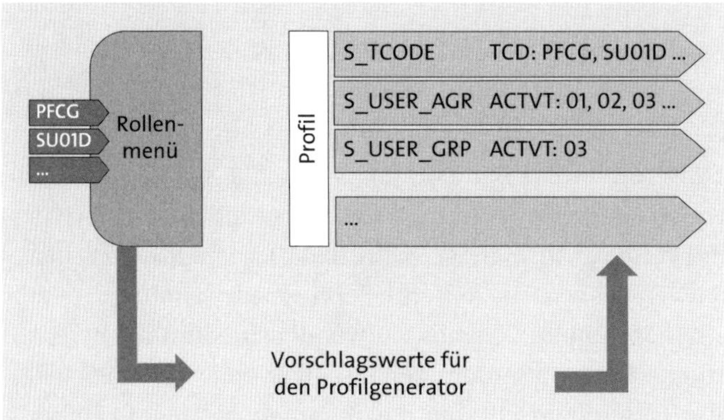

Abbildung 4.1 Verwendung der Vorschlagswerte für die Rollenpflege (im Profilgenerator, Transaktion PFCG)

In Abbildung 4.2 sehen Sie im Feld **Vorschlagsstatus**, ob das jeweilige Berechtigungsobjekt als Vorschlag in die PFCG-Rolle, die für die jeweilige Anwendung berechtigt, übernommen wird. Für die Anwendungen PFCG und SU01D werden die Berechtigungsobjekte in die Rolle übernommen, die den Vorschlagsstatus **Ja** und **Ja, ohne Werte** haben.

Transaktion PFCG anzeigen

SAP-Daten Berechtigungs-Trace: Ein Abmischmodus für PFCG: Ein Rollen

Transaktionscode PFCG gesichert

Objekt Feldwerte Trace

Selektionsergebnis

Transaktion	Kurzbezeichnung
PFCG	Pflege von Rollen
SU01D	Benutzeranzeige

Berechtigungsobjekte

Status	Objekt	Objektbezeichnung	TSTCA	Prfkz.	Vorschlagsstatus
	S_TRANSLAT	Berechtigungsobjekt für die Übersetzungs-Umgebung		prüfen	Nein
	S_TRANSPRT	Transport Organizer		prüfen	Nein
	S_TREX_ADM	TREX-Administration		prüfen	Nein
	S_USER_AGR	Berechtigungswesen: Prüfung für Rollen		prüfen	Ja
	S_USER_AUT	Benutzerstammpflege: Berechtigungen		prüfen	Ja
	S_USER_GRP	Benutzerstammpflege: Benutzergruppen		prüfen	Ja
	S_USER_PRO	Benutzerstammpflege: Berechtigungsprofil		prüfen	Ja
	S_USER_SAS	Benutzerstammpflege: Systemspezifische Zuordnungen		prüfen	Ja
	S_USER_STA	Berechtigungswesen: TADIR-Objekte in Rollen		prüfen	Ja, ohne Werte
	S_USER_SYS	Benutzerstammpflege: System für zentrale Benutzerpflege		prüfen	Nein
	S_USER_TCD	Berechtigungswesen: Transaktionen in Rollen		prüfen	Ja, ohne Werte
	S_USER_VAL	Berechtigungswesen: Feldwerte in Rollen		prüfen	Ja, ohne Werte
	S_WFAR_OBJ	ArchiveLink: Berechtigungen für den Zugriff auf Dokumente		prüfen	Nein

Abbildung 4.2 Anzeige der Vorschlagswerte für Anwendungen

Sie fragen sich wahrscheinlich, in welchen Fällen eine Anpassung der Vorschlagswerte sinnvoll ist, da diese einen derart großen Einfluss auf die Rollenpflege haben. Die Verwendung von Vorschlagswerten bringt nicht nur bei der Erstellung bzw. Pflege von PFCG-Rollen Vorteile, sondern auch bei der Berechtigungspflege als Nacharbeit eines Upgrades. Ferner können diese Werte als Grundlage für Risikodefinitionen herangezogen werden.

Vor der Erstellung von PFCG-Rollen ist die Pflege der Vorschlagswerte für die verwendeten Transaktionen sinnvoll. Hierbei müssen Sie allerdings nicht alle Vorschlagswerte, die von SAP ausgeliefert werden, komplett überarbeiten. Um den Pflegeaufwand möglichst gering zu halten, können Sie nach den folgenden Gesichtspunkten vorgehen:

- **Prozessabhängige Varianten von Vorschlagswerten**
  Abhängig von der Konfiguration von Stammdaten und Prozessen können verschiedene Berechtigungsprüfungen relevant sein, sodass eine Anpassung der Vorschlagswerte sinnvoll ist.
- **Kundeneigene Anwendungen**
  Sind kundeneigene Anwendungen in Form von Z-Transaktionen, eigenen Web-Dynpro-Anwendungen oder TADIR-Services erstellt worden, müssen für diese Anwendungen Vorschlagswerte gepflegt werden, um keine manuellen Berechtigungen in den PFCG-Rollen zu pflegen. Hierbei müssen Sie darauf achten, dass kundeneigene Anwendungen nicht in allen Fällen in der Transaktion SU24 sichtbar sind. Dies ist z. B. der Fall bei TADIR-Services und externen Services. Um zu erfahren, wie Sie diese Services für die Vorschlagswertpflege verfügbar machen, lesen Sie Abschnitt 4.1.1, »Die Transaktionen SU22 und SU24«.
- **Einschränkung des Tabellen- und Reportzugriffs**
  Der Zugriff auf Tabellen und Reports sollte nur eingeschränkt erlaubt werden. Eine generelle Vergabe von Berechtigungen, z. B. für die Transaktion SE16 oder SA38, wird nicht empfohlen. Stattdessen können Parameter- oder Reporttransaktionen Abhilfe schaffen. Mithilfe dieser Transaktionen können Sie Berechtigungen nur für bestimmte Tabellen oder Reports erteilen. In der Vorschlagswertepflege können Sie weiterführende Berechtigungsobjekte, wie z. B. `S_TABU_NAM`, pflegen.
- **Kundeneigene Berechtigungsprüfungen**
  Haben Sie eigene Berechtigungsprüfungen entwickelt, um diese in kundeneigenen Programmen zu verwenden oder um Erweiterungen am SAP-Standard vorzunehmen, ist es unbedingt notwendig, dass Sie die Z-Berechtigungsobjekte als Vorschlagswerte für die jeweiligen Anwendungen pflegen. So müssen diese nicht manuell in den jeweiligen Rollen nachgepflegt werden. Überdies haben Sie eine transparente Dokumentation darüber geschaffen, für welche Anwendungen Ihre kundeneigenen Berechtigungen zur Verfügung stehen.

- **Erleichterung der Upgrade-Nacharbeiten**
  Zu guter Letzt hilft Ihnen eine gut geführte Vorschlagswertepflege bei Upgrade-Nacharbeiten an Vorschlagswerten und PFCG-Rollen. Hier wird sichergestellt, dass Ihre Änderungen und die Verbindungen zu den jeweiligen PFCG-Rollen erhalten bleiben und neue Berechtigungsprüfungen für das neue Release zu den Anwendungen hinzukommen.

Im Folgenden zeigen wir Ihnen, wie Sie Vorschlagswerte pflegen und wie Sie dabei für die verschiedensten Anwendungen, z. B. für externe Services oder Hintergrundjobs vorgehen..

4.1.1 Die Transaktionen SU22 und SU24

Die Pflege von Vorschlagswerten über die Transaktion SU24 ist sinnvoll, wenn kundeneigene Anforderungen widergespiegelt werden sollen bzw. wenn die von SAP ausgelieferten Werte nicht mit den Kundenanforderungen übereinstimmen. Diese Vorschlagswerte bilden die Grundlage für die Berechtigungsdaten zur Rollenpflege in der Transaktion PFCG. Die von SAP ausgelieferten Vorschlagswerte sind über die Transaktion SU22 erreichbar. Sie werden bei Neuinstallationen oder Upgrades sowie in Support Packages oder SAP-Hinweisen ausgeliefert. Wo liegt nun der Unterschied zwischen den Transaktionen und wie werden diese richtig verwendet?

Nutzung der Transaktion SU22

In der Transaktion SU22 pflegen die Entwickler einer Anwendung die Vorschlagswerte für alle benötigten Berechtigungsobjekte. Dabei werden sie durch den *Berechtigungstrace* unterstützt. Dieser Berechtigungstrace protokolliert jede erste, noch nicht aufgezeichnete Berechtigungsprüfung, so dass diese Werte zur Grundlage der Vorschlagswertpflege dienen können. Wie in SAP-Hinweis 543164 beschrieben, wird über den dynamischen Profilparameter `auth/authorization_trace` der Berechtigungstrace mit dem Wert `Y` (aktiv) bzw. `F` (aktiv mit Filter) eingeschaltet. Mit Einspielen des SAP-Hinweises 1854561 bzw. des relevanten Support Packages aus SAP-Hinweis 1847663 können Sie über die Transaktion STUSOBTRACE einen Filter für diesen Trace definieren, der sich anhand der Kriterien **Typ der Anwendung**, **Berechtigungsobjekte** oder **Benutzer** einschränken lässt (siehe Abbildung 4.3). Dazu klicken Sie auf den Button **Filter ändern**. Über das sich öffnende Pop-up-Fenster können sie nun Einschränkungen zum **Typ der Anwendung**, dem **Berechtigungsobjekt** oder **Benutzer** vornehmen. Der Filter ist sofort aktiv.

Der Berechtigungstrace ist ein mandanten- und benutzerunabhängiger Trace. Die Ergebnisse dieses Trace werden in die Tabelle `USOB_AUTHVALTRC` geschrieben und können ebenfalls in der Transaktion STUSOBTRACE über den Button **Auswerten** eingesehen werden.

Auswertung Berechtigungstrace (Tabelle USOB_AUTHVALTRC)

Auswerten | Filter ändern | Anzahl Einträge | Download nach Selektion | Upload

Traceinformation

Berechtigungstrace: Aktiv mit Filter

Filter für die Aufzeichnung

Letzte Änderung: D046786 | 26.05.2019 | 19:54:42

Filter	Wert
Typ der Anwendung	Transaktion
Benutzer	TESTER_01
Berechtigungsobjekt	S_TABU_DIS

Abbildung 4.3 Filter für den Berechtigungstrace in der Transaktion STUSOBTRACE definieren

Abbildung 4.4 zeigt eine solche Auswertung. Diese Tracedaten können von Entwicklern verwendet werden, um die Berechtigungsvorschlagswerte in der Transaktion SU22 zu pflegen. Genauere Informationen dazu finden Sie in Abschnitt 5.3, »Berechtigungsvorschlagswerte für Neuentwicklungen ergänzen«.

Berechtigungstrace (Tabelle USOB_AUTHVALTRC): 487 Treffer

Typ der Anwendung	Name der Anwendung	Objekt	Feld 1	Wert 1	Feld 2	Wert 2	Feld 3	Wert 3
Transaktion	ZT000	S_TABU_CLI	CLIIDMAINT	X				
Transaktion	ZT000	S_TABU_NAM	ACTVT	02	TABLE	T000		
Transaktion	ZT000	S_TABU_NAM	ACTVT	03	TABLE	T000		
RFC-Funktionsbaustein	PFL_ACTIVATE_PROFILE	S_DATASET	PROGRAM	SAPLSPFL	ACTVT	06	FILENAME	/usr/sap/EC1/SYS/profile/DEFAULT.PFL
RFC-Funktionsbaustein	PFL_ACTIVATE_PROFILE	S_DATASET	PROGRAM	SAPLSPFL	ACTVT	06	FILENAME	/usr/sap/EC1/SYS/profile/EC1_DVEBMGS01_m
RFC-Funktionsbaustein	PFL_ACTIVATE_PROFILE	S_DATASET	PROGRAM	SAPLSPFL	ACTVT	34	FILENAME	/usr/sap/EC1/SYS/profile/DEFAULT.PFL
RFC-Funktionsbaustein	PFL_ACTIVATE_PROFILE	S_DATASET	PROGRAM	SAPLSPFL	ACTVT	34	FILENAME	/usr/sap/EC1/SYS/profile/EC1_DVEBMGS01_m
RFC-Funktionsbaustein	PFL_ACTIVATE_PROFILE	S_RZL_ADM	ACTVT	01				
RFC-Funktionsbaustein	PFL_ACTIVATE_PROFILE	S_RZL_ADM	ACTVT	01				

Abbildung 4.4 Auswertung des Berechtigungstrace in der Transaktion STUSOBTRACE

SAP-Kunden pflegen Vorschlagswerte für jegliche Arten von Anwendungen jedoch nicht in dieser Transaktion. In einigen Fällen werden allerdings auch in einer Kundenumgebung Daten in der Transaktion SU22 gepflegt. Werden vom Kunden oder Partner `TADIR`-Services bzw. externe Services entwickelt, sind diese Services nicht standardmäßig in der Transaktion SU22 oder in der Transaktion SU24 verfügbar. Für diese Services müssen erst die Headerdaten, die als Grundlage zur Pflege der Services dienen, in die Tabelle `USOBHASH` geschrieben werden. Diese Einträge in der Tabelle `USOBHASH` werden beim Ausführen von `TADIR`-Services automatisch erzeugt. Lesen Sie zum Umgang mit externen Services Abschnitt 4.1.3, »Vorschlagswerte für externe Services«. Sobald die Daten in dieser Tabelle verfügbar sind, können Sie die Vorschlagswerte pflegen.

Partner, die ihre Entwicklungen ausliefern, pflegen die Vorschlagswerte für ihre Anwendungen ebenfalls in der Transaktion SU22. Auch dann, wenn Kunden Entwicklungen in Systemen vornehmen, die außer Ihrer Systemlandschaft noch weitere Systemlandschaften beliefern und in denen jeweils unterschiedliche SU24-Vorschlagswerte je System benötigt werden, werden die Vorschlagswerte in der Transaktion SU22 gepflegt.

Anwendung der Transaktion SU24

Der Profilgenerator verwendet als Datenbasis ausschließlich die Werte der Transaktion SU24 Ihrer Kundenumgebung. Zur Pflege der Vorschlagswerte können Sie in der Transaktion SU24 sowohl die Daten des Systemtrace für Berechtigungen aus den Transaktionen ST01 bzw. STAUTHTRACE als auch die Daten des Berechtigungstrace verwenden (siehe auch Abschnitt 5.2, »Systemtrace für Berechtigungen verwenden«).

Abbildung 4.5 zeigt die Vorschlagswertepflege in SU24. Sie beinhaltet die folgenden Funktionen:

❶ Mithilfe des Buttons **SAP-Daten** können Sie die ursprünglichen Vorschlagswerte, die aus der Transaktion SU22 stammen, einblenden, mit Ihren Änderungen vergleichen und gegebenenfalls wieder übernehmen.

❷ Das Feld **Berechtigungs-Trace** gibt an, ob der Berechtigungstrace über den Profilparamater `auth/authorization_trace` eingeschaltet wurde.

❸ Die Funktion **Abmischmodus für PFCG** prüft, ob aufgrund der Änderung der Vorschlagswerte Folgeaktivitäten in den PFCG-Rollen notwendig werden (siehe auch Abschnitt 4.2.2, »Berechtigungswerte beim Rollen-Upgrade vergleichen«).

❹ Die Funktion **Verwendung in Einzelrollen** (Button **Rollen**) zeigt Ihnen, in welchen Rollen die ausgewählte Transaktion verwendet wird.

❺ Berechtigungsobjekte können Sie über den Button **Objekt** manuell als Vorschlagswert hinzufügen.

❻ Mit dem Button **Prüfkennzeichen** bestimmen Sie, ob eine Berechtigungsprüfung für ein Berechtigungsobjekt für die ausgewählten Transaktionen ausgeschaltet wird.

❼ Vorschlagswerte (**Ja**, **Ja, ohne Werte**, **Nein**, **Neu/Ungepflegt**) für die aufgelisteten Berechtigungsobjekte setzen Sie mithilfe der Auswahl **Vorschlag**.

❽ Ist der Vorschlag auf **Ja** gesetzt, können Sie über den Button **Feldwerte** Feldwerte für das jeweilige Berechtigungsobjekt pflegen.

❾ Eine große Hilfe ist die Funktion **Tracedaten auswerten**, die Sie über den Button **Trace** aufrufen. Hier können Sie wie in Abschnitt 5.3, »Berechtigungsvorschlagswerte für Neuentwicklungen ergänzen«, beschrieben, Tracedaten aus dem Berechtigungs- oder Systemtrace für Berechtigungen zur Pflege auswählen, die automatisch als Vorschlagswerte übernommen werden.

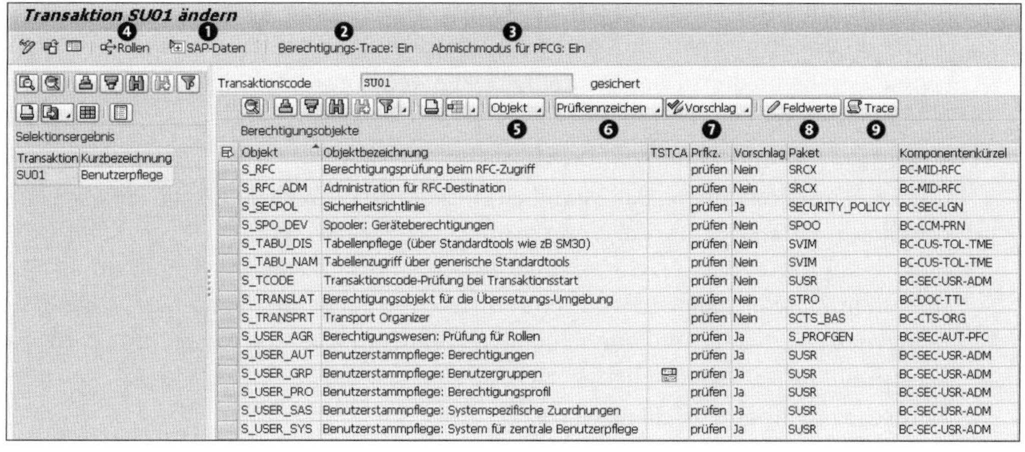

Abbildung 4.5 Funktionen in der Transaktion SU24

Änderungsbelege der Berechtigungsvorschlagspflege können Sie sich mit dem Report `SU2X_SHOW_HISTORY` ansehen (verfügbar über das in SAP-Hinweis 1448611 benannte Support Package). Falls der SAP-Hinweis nicht implementiert ist, verwenden Sie die Tabellen `USOBT_CD` und `USOBX_CD`.

Wir empfehlen Ihnen, regelmäßig den Korrekturreport `SU24_AUTO_REPAIR` auszuführen. Dieser Report bereinigt Inkonsistenzen und ergänzt fehlendende Modifikationskennzeichen in den Daten der Transaktion SU24, die bei der Ausführung der Transaktion SU25 als Fehler auftauchen können. Lesen Sie hierzu SAP-Hinweis 1539556.

Modifikationskennzeichen

Modifikationskennzeichen werden bei den Datensätzen in der Transaktion SU24 jeweils angefügt, wenn die Datensätze von Ihnen verändert wurden. Sie sehen diese Kennzeichen in den Tabellen `USOBT_C` und `USOBX_C`.

Der Report `SU24_AUTO_REPAIR` bietet folgende Selektionsmöglichkeiten (siehe Abbildung 4.6):

- **Lösche SU24-Vorschlagswerte ohne Prüfkennzeichenbezug**
  Diese Funktion entfernt alle Einträge, deren Prüfkennzeichen nicht auf **Prüfen** und deren Vorschlag nicht auf **Ja** gesetzt ist.
- **Repariere defekte Feldliste in SU24-Vorschlagswerten**
  Diese Funktion überprüft, ob alle in den Berechtigungsvorschlägen verwendeten Berechtigungsobjekte konsistent sind, d. h. zu den Berechtigungsobjektdefinitionen aus der Transaktion SU21 passen. Fehlen Berechtigungsfelder oder sind zu viele Einträge vorhanden, werden diese Daten in den Vorschlagswerten korrigiert.

- **Lösche ungültige SU24-Prüfkennzeichen**
  Diese Funktion löscht alle Datensätze, die als Prüfkennzeichen einen unbekannten Wert beinhalten. Dieser lautet korrekterweise entweder C (Check-Prüfen) oder N (nicht Prüfen).
- **Ergänze fehlende Modifikationsflags in SU24-Daten**
  Diese Funktion ergänzt das Modifikationskennzeichen (Flag) für die Einträge, die seit der letzten Ausführung von Schritt 2a in der Transaktion SU25 geändert wurden, d. h., bei denen ein Unterschied zu den SAP-Daten aus der Transaktion SU22 besteht. Das Kennzeichen wird somit im Nachhinein gesetzt, sodass keine kundeneigenen Daten aufgrund von fehlenden Modifikationskennzeichen mit Schritt 2a versehentlich überschrieben werden.
- **Lösche ungültige Vorschlagswerte**
  Diese Funktion korrigiert die Vorschlagswerte, wenn die Berechtigungsfelder den Eintrag <SPACE> oder * sowie die eigentlichen Berechtigungswerte enthalten.
- **Entferne falsch definierte SAP-Orgebene ($CLASS)**
  Diese Funktion löscht die Organisationsebene $CLASS, die mit dem GRC-Plug-in (Governance, Risk and Compliance) fehlerhaft ausgeliefert wurde.
- **Ergänze fehlende Transaktionsstartberechtigungen**
  Fehlen nach dem Ausführen der Schritte 1 oder 2a in der Transaktion SU25 für Transaktionen Vorschlagswerte in der Transaktion SU24, so können Sie diese über diese Option ergänzen. Voraussetzung für die Option ist das Einspielen des SAP-Hinweises 2117868.
- **Prüfe Vorschlagswerte mit OrgEbenenbezug**
  Diese Option prüft, ob für alle Vorschlagswerte in der Transaktion SU24 der Platzhalter für OrgEbenen bei den jeweiligen Berechtigungsfeldern korrekt gepflegt ist.

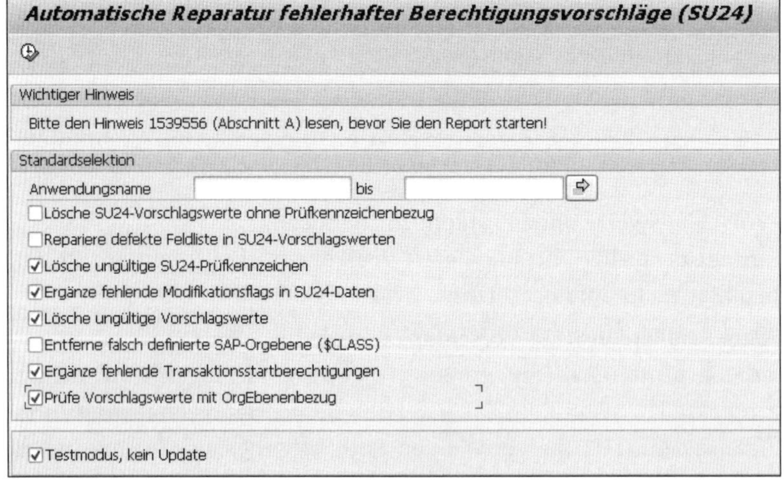

Abbildung 4.6 Report SU24_AUTO_REPAIR

Nutzen Sie den Testmodus des Reports, um sich mögliche Korrekturen im Vorfeld anzuschauen.

4.1.2 Varianten für Vorschlagswerte

Mit dem SAP Hinweis 2798443 wird eine Erweiterung für die Pflege der Vorschlagswerte ausgeliefert, über deren Verwendung alternative Sets an Vorschlagswerten für Anwendungen erstellt werden können. Verwenden Sie diese Funktion beispielsweise, wenn Sie für dieselbe Anwendung unterschiedliche Vorschlagswerte pflegen wollen, etwa, weil die Anwendung in unterschiedlichen Szenarien genutzt wird.

Die Pflege der Varianten erfolgt in den Transaktionen SU22N bzw. SU24N. Die Selektionsmasken dieser Transaktionen unterscheiden sich im Aufbau etwas von denen der Transaktionen SU22 und SU24 (siehe Abbildung 4.7).

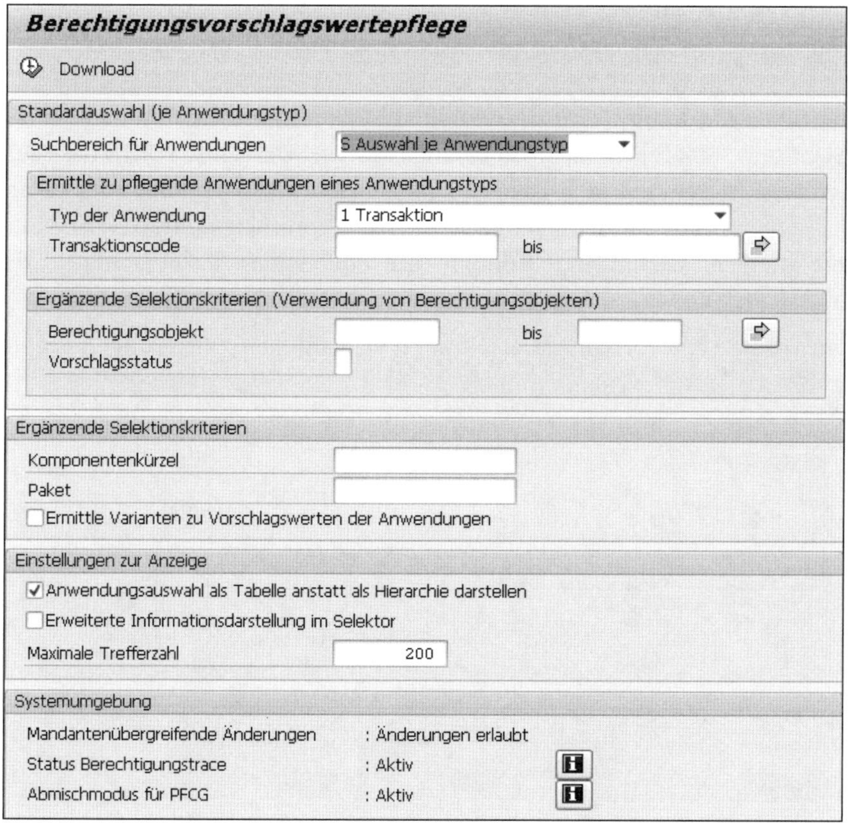

Abbildung 4.7 Selektion nach Berechtigungsvorschlagswerten in der Transaktion SU22N

Im Vergleich zur neuen Transaktion SU22N verhält sich das Selektionsbild der Transaktion SU22, wie in Abbildung 4.8 gezeigt.

Pflege der Berechtigungsvorschlagswerte (SAP)

Download Upload

Standardselektion

Typ der Anwendung	1 Transaktion		
Transaktionscode		bis	
Bereichsmenü			

Weitere Einschränkungen (Berechtigungsobjektverwendung)

Berechtigungsobjekt		bis	
Prüfkennzeichen zum Objekt			
Vorschlagsstatus zum Objekt			

Weitere Einschränkungen (Objektkatalogeintrag)

Originalsystem		bis	
Paket		bis	
Verantwortlicher		bis	

Abbildung 4.8 Selektion nach Berechtigungsvorschlagswerten in Transaktion SU22

Anstelle der Felder für das Prüfkennzeichen und den Vorschlagsstatus in den Transaktionen SU22 und SU24 finden Sie in den Transaktionen SU22N und SU24N das Feld **Vorschlagsstatus**. Dieses Feld fasst das Prüfkennzeichen und den Vorschlagsstatus zusammen. Zudem besteht nun die Möglichkeit, nach Vorschlagswerten zu Anwendungen, die zu einer bestimmten Komponente oder einem Paket gehören, zu suchen.

Auch in der Anzeige der Vorschlagswerte finden Sie zahlreiche Neuerungen (siehe Abbildung 4.9).

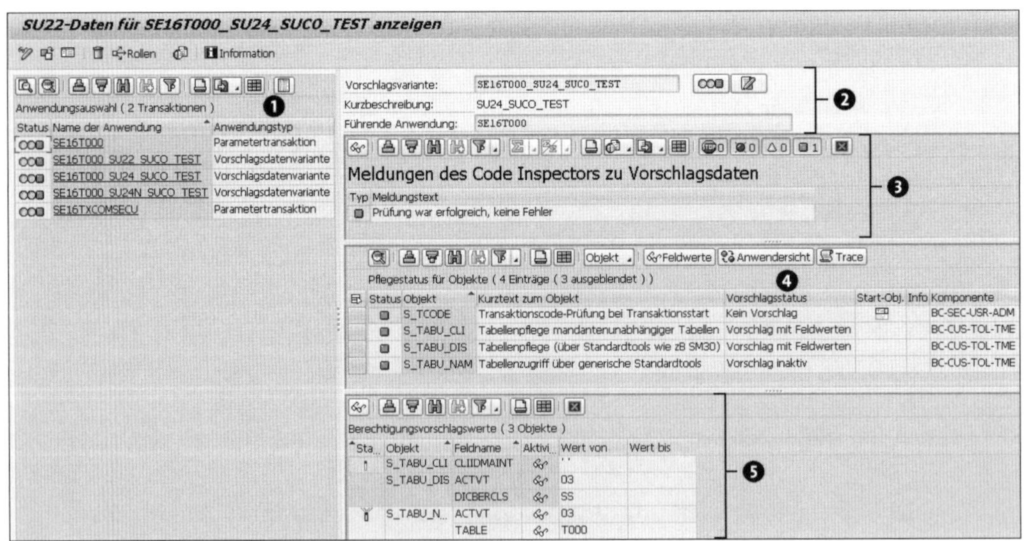

Abbildung 4.9 Vorschlagswerte für Varianten anzeigen

❶ Im Bereich der **Anwendungsauswahl** wird der **Anwendungstyp** angezeigt. Hier können Sie sehen, ob für Ihre Transaktion bereits eine Variante angelegt wurde. Diese ist mit dem Wert **Vorschlagsdatenvariante** gepflegt.

❷ Die **Vorschlagsvariante** wird mit einer **Kurzbeschreibung** und der führenden Anwendung im Kopfbereich angezeigt. Sie haben hier die Möglichkeit, über den Button **Information zur Anwendung** selbst eine Dokumentation zu hinterlegen.

❸ Ein neuer Bereich zeigt Ereignisse im Rahmen der Bearbeitung der Vorschlagswerte an, wie z. B. das automatische Hinzufügen von Berechtigungsobjekten zu einer Anwendung.

❹ Die Spalten **Prüfkennzeichen** und **Vorschlagsstatus** aus den Transaktionen SU22 bzw. SU24 wurden zu einer Spalte **Vorschlagsstatus** zusammengeführt. Diese entspricht dem Feld `OKFLAG` aus der Tabelle `USOBX`.

Eine große Neuerung in diesem Zusammenhang besteht darin, dass bei den Pflegestatus für die Berechtigungsobjekte nur diejenigen Anwendungen angezeigt werden, die geprüft werden und den Vorschlagsstatus **Anwendungsstartobjekt**, **Vorschlag mit Feldwerten** bzw. **Vorschlag ohne Feldwerte** besitzen. Berechtigungsobjekte, die für die Rollenpflege keine Rolle spielen, sind initial nicht sichbar, können aber über den Button **Datenbanksicht** eingeblendet werden. Des Weiteren können Sie auf Berechtigungsobjektebene in der Spalte **Info** eine eigene Dokumentation hinzufügen.

❺ Die gepflegten Vorschlagswerte für die Berechtigungsobjekte werden nach wie vor im unteren Bereich angezeigt. Eine wichtige Neuerung ist hier, dass Sie den Vorschlagsstatus für Berechtigungsobjekte mit Feldwerten auf den Status **Inaktiv** setzen können. Damit haben Sie die Möglichkeit, für verschiedene Szenarien verschiedene Berechtigungsvorschläge im Vorfeld anzulegen und dann nur diejenigen zu aktivieren, die Sie verwenden möchten. Die in Abbildung 4.9 verwendeten Berechtigungsobjekte `S_TABU_DIS` und `S_TABU_NAM` sind gute Beispiele für dieses Szenario.

Da in der Transaktion SU22N bzw. SU24N neue Bezeichnungen für den Vorschlagsstatus verwendet werden, haben wir diese in einer Tabelle den bisherigen Werten gegenübergestellt (siehe Tabelle 4.1):

Vorschlagsstatus in der Transaktion SU22N/SU24N	OK-Kennzeichen	Prüfkennzeichen in der Transaktion SU22/SU24	Vorschlagsstatus in der Transaktion SU22/SU24
Berechtigungsprüfung inaktiv	N	Nicht prüfen	Nein
Vorschlag mit Feldwerten	Y	Prüfen	Ja

Tabelle 4.1 Prüfkennzeichen in Kombination mit Vorschlagsstatus und neue Verwendung des OK-Kennzeichens in Kombination mit Vorschlagsstatus

Vorschlagsstatus in der Transaktion SU22N/SU24N	OK-Kennzeichen	Prüfkennzeichen in der Transaktion SU22/SU24	Vorschlagsstatus in der Transaktion SU22/SU24
Vorschlag ohne Feldwerte	V	Prüfen	Ja, ohne Werte
Kein Vorschlag	X	Prüfen	Nein
Kein Vorschlag	U	Prüfen	Neu/Ungepflegt
Inaktiver Vorschlag	I	–	–

Tabelle 4.1 Prüfkennzeichen in Kombination mit Vorschlagsstatus und neue Verwendung des OK-Kennzeichens in Kombination mit Vorschlagsstatus (Forts.)

Die gepflegten Varianten für Anwendungen können Sie anschließend in der Rollenpflege verwenden. Nachdem Sie in Ihrem Rollenmenü diejenigen Anwendungen hinzugefügt haben, für die Sie Berechtigungen vergeben möchten, prüft das System, ob für diese Anwendungen Vorschlagsvarianten existieren. Diese Varianten werden im positiven Fall auf einer neuen Registerkarte **Anwendungsvarianten** in der Transaktion PFCG angezeigt. Aktivieren Sie die Anwendungsvariante, deren Vorschlagswerte Sie der Rolle hinzufügen möchten, indem Sie das Kennzeichen in der Spalte **Aktiv** setzen (siehe Abbildung 4.10). Informationen zu den vorausgesetzten Releases finden Sie in SAP-Hinweis 2798443.

Abbildung 4.10 Anwendungsvariante in der Transaktion PFCG verwenden

4.1.3 Vorschlagswerte für externe Services

Haben Sie z. B. neue Fiori-Apps oder CRM-Anwendungen entwickelt und möchten Sie für diese nun über den Standardprozess Berechtigungen vergeben, d. h. sie einem Rollenmenü in einer PFCG-Rolle zuordnen, müssen Sie zunächst einige Vorarbeiten leisten. Sie werden nämlich feststellen, dass die externen Services bzw. TADIR-Services zu Ihren Eigenentwicklungen nicht als Anwendung in der Pflege der Vorschlagswerte vorhanden sind und somit auch nicht im Rollenmenü hinzugefügt werden können.

Ein denkbarer Weg zur Vergabe der Berechtigungen für diese Services wäre es nun, das Berechtigungsobjekt UIU_COMP bzw. S_SERVICE manuell zu pflegen. Eine bessere, den Best-Practice-Ansätzen entsprechende Lösung besteht jedoch in der Pflege über die Vorschlagswerte in der Transaktion SU24.

In der Transaktion SU24 können händisch allerdings keine externen oder TADIR-Services hinzugefügt werden. Dazu müssen Sie einen Berechtigungstrace einschalten, der diese Aufgabe übernimmt. Den Berechtigungstrace können Sie über den dynamischen Profilparameter auth/authorization_trace aktivieren. Letzteren können Sie über die Transaktion RZ11 (Pflege von Profilparametern) pflegen, indem Sie den Wert Y als neuen Wert eintragen und die Einstellung **Auf allen Servern umschalten** wählen (siehe Abbildung 4.11). Speichern Sie anschließend diese Einstellung.

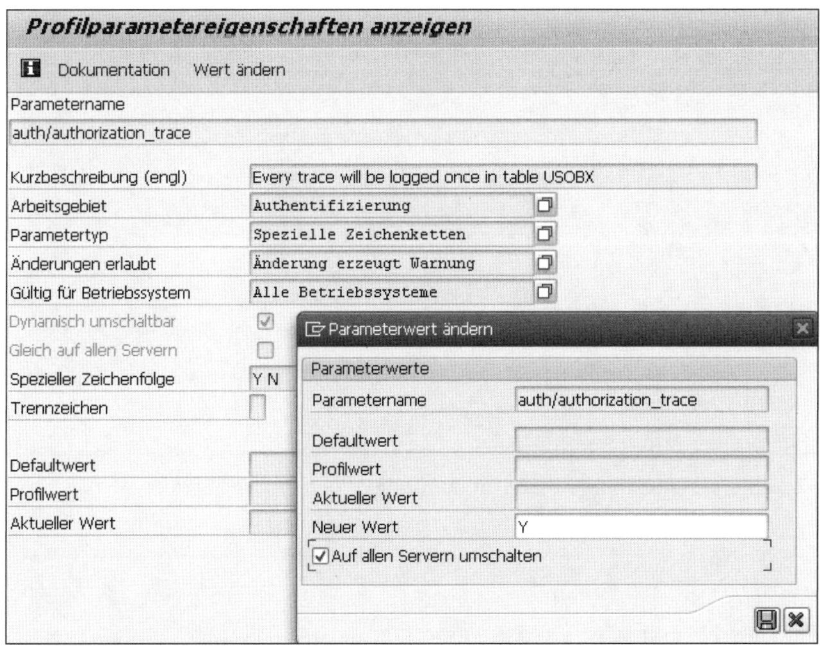

Abbildung 4.11 Einschalten des Parameters auth/authorization_trace

Durch diesen Wert im Parameter auth/authorization_trace werden externe Services in die Tabelle USOBHASH geschrieben. Außerdem werden durchgeführte Berechtigungsprüfungen in der Tabelle USOB_AUTHVALTRC protokolliert. Den Inhalt dieser Tabellen können Sie nun verwenden, um in der Transaktion SU24 die geprüften Objekte und die Werte aus dem Trace in die Vorschlagswerte zu übernehmen. Die Anwendung des Berechtigungstraces wird in Abschnitt 5.3, »Berechtigungsvorschlagswerte für Neuentwicklungen ergänzen«, erläutert.

[»]

Dynamischer Profilparameter

Da es sich bei auth/authorization_trace um einen dynamischen Profilparameter handelt, wird dieser beim Durchstarten des Anwendungsservers wieder zurückgesetzt.

Öffnen Sie nun die Transaktion SU24, und Sie werden dort Ihre eigenen externen oder TADIR-Services wiederfinden. Über Doppelklick auf einen dieser Services werden Sie feststellen, dass noch keine Vorschlagswerte gepflegt worden sind (siehe Abbildung 4.12). Sie können die Vorschlagswerte aus Tabelle USOB_AUTHVALTRC übernehmen.

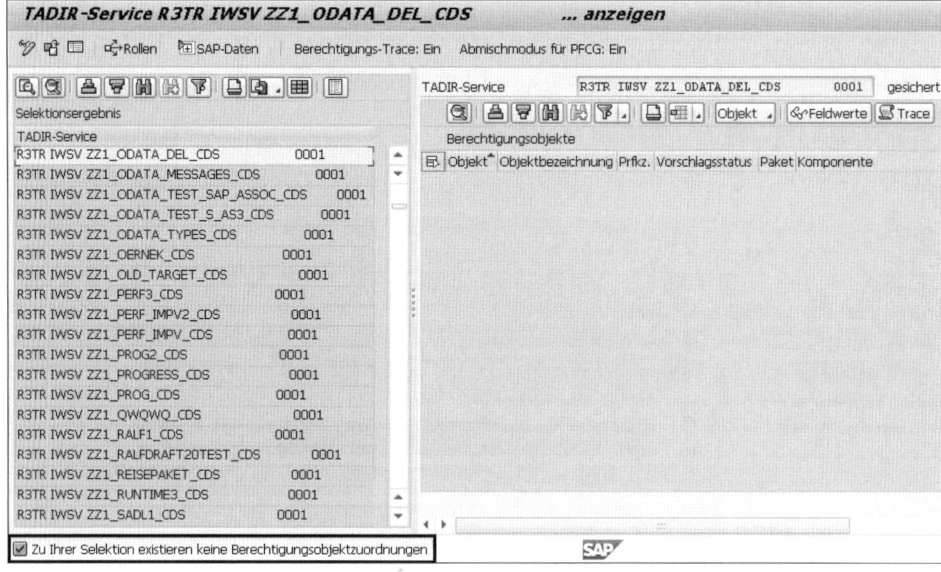

Abbildung 4.12 Fehlende Vorschlagswerte für kundeneigenen TADIR-Service

[+]

Berechtigungstrace einschränken

Über SAP-Hinweis 1854561 wird für den Parameter auth/authorization_trace ein neuer möglicher Wert ausgeliefert: F (Trace mit Filter eingeschaltet). Damit können Sie den Berechtigungstrace auf Werte einschränken, die über den Filter einstellbar sind. Diesen und andere Filter definieren Sie in der Transaktion STUSOBTRACE (siehe SAP-Hinweis 1847663). Mögliche Filtereinstellungen sind:

- Einschränkung auf den Typ der Anwendung (z. B. Filter auf RFC-Funktionsbausteine)
- Einschränkung auf Berechtigungsobjekte
- Einschränkung auf Benutzer

4.1.4 Vorschlagswerte für Hintergrundjobs

Gerade im Banking-Umfeld gelten sehr strenge Richtlinien für die Berechtigungen von Hintergrundjobs (*Batch-Jobs*), die für Monats- und Quartalsabschlüsse und Ähnliches verwendet werden. Nur ausgewählte Anwender und dedizierte Systembenutzer dürfen über diese Berechtigungen verfügen. Um diese Berechtigungen klar von den Endanwenderberechtigungen abzugrenzen, ist es sinnvoll, die Berechtigungen für bestimmte Hintergrundjobs explizit mit Vorschlagswerten zu pflegen. Diese Werte können immer wieder zur Berechtigungspflege verwendet werden und sind somit transparent.

4

Ihnen ist sicher aufgefallen, dass Sie in der Transaktion SU24 keine Möglichkeit haben, Berechtigungsvorschlagswerte für Hintergrundjobs zu pflegen. Wie sollten Sie also am besten vorgehen? Der Einfachheit halber erläutern wir das Vorgehen anhand des Hintergrundjobs `PFCG_TIME_DEPENDENCY`. Dieser Job ruft den Report `RHAUTUPD_NEW` auf. Er kann auch mit der Transaktion PFUD direkt ausgeführt werden. Stellen Sie sich für das Beispiel vor, dass es für diesen Job noch keinen Transaktionscode gibt.

1. Erstellen Sie zunächst eine Transaktion ZPFUD für den Report, der über den Hintergrundjob aufgerufen wird. Legen Sie diese Reporttransaktion in der Transaktion SE93 an und weisen Sie den Report `RHAUTUPD_NEW` als Programm zu (siehe Abbildung 4.13).

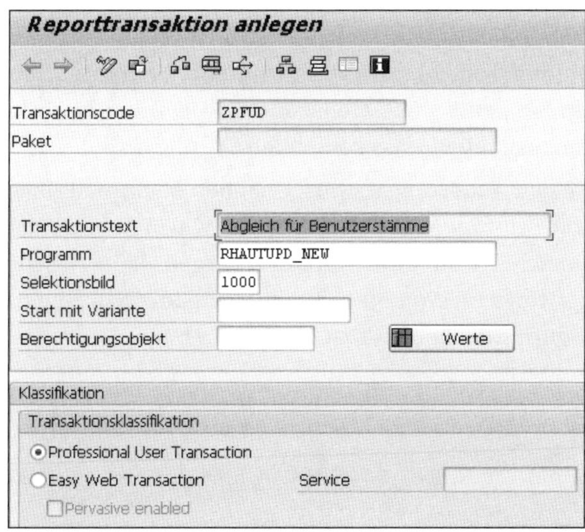

Abbildung 4.13 Reporttransaktion erstellen

2. Starten Sie den Berechtigungstrace, indem Sie den Profilparameter `auth/authorization_trace` auf den Wert `Y` setzen bzw. auf den Wert `F`, falls Sie mit Filtern arbeiten möchten (siehe Abschnitt 4.1.3, »Vorschlagswerte für externe Services«).

3. Führen Sie nun den Job aus, um Berechtigungsprüfungen im Berechtigungstrace zu sammeln.
4. Ihre Berechtigungsprüfungen sollten nun in der Transaktion STUSOBTRACE sichtbar sein (siehe Abbildung 4.14).

Data Browser: Tabelle USOB_AUTHVALTRC 21 Treffer

NAME	TYPE	OBJECT	HASH	FIELDSUSED	FIELD1	FIELD2	FIELD3	FIELD4	FIELD5	FIELD6
ZPFUD	TR	PLOG	06501A705EE855403E88FA42B9AF3BA0B03D25B8	F400	01	P	1001	B208		DISP
ZPFUD	TR	PLOG	26FF645C27D26808D7293F39B25CF7B565CF7271	F400	01	AG	1001	A007		DISP
ZPFUD	TR	PLOG	53FA5533DCC3F12EE2BAA59D801ADA6E8DEFF713	FC00	01	S	1001	A825	1	DISP
ZPFUD	TR	PLOG	5EC9ACEEB258BC4AEBCD1691C8B887BF5D696F30	F400	01	C	1001	A007		DISP
ZPFUD	TR	PLOG	678D8B2EB786183A6A8020103EE963FD88201C25	F400	01	O	1001	B003		DISP
ZPFUD	TR	PLOG	6C31832EB563ECD6D8DA4BCB33FDEDEF574F4482	FC00	01	P	1001	B208	1	DISP
ZPFUD	TR	PLOG	85F422901BABAA329663E865D3CA5E960B655E7D	F400	01	A	1001	A003		DISP
ZPFUD	TR	PLOG	9E2E70F77A2F274A7704326D3A807891F16E6296	F400	01	S	1001	A081		DISP
ZPFUD	TR	PLOG	AB276A1F024FB2A1A85707D0535B027AB8F76671	FC00	01	AG	1001	A007	1	DISP
ZPFUD	TR	PLOG	B5A19355197F194B41521FD4B9B658D16032ED43	F400	01	S	1001	A825		DISP
ZPFUD	TR	PLOG	CF7F895C8CAA5E0398E048E30A449E8E7221C59C	F400	01	S	1001	A805		DISP
ZPFUD	TR	PLOG	D2A7A14A3CA248DF4E71B3E1AAB0C2273E91E336	FC00	01	S	1001	A805	1	DISP
ZPFUD	TR	PLOG	E258E884250911E6EBFF909F33BEB94069158DBC	F400	01	S	1001	A008		DISP
ZPFUD	TR	S_ADMI_FCD	8E8E7352BD137A6C34C3BB088139EEFC4E0CCC50	8000	STOR					
ZPFUD	TR	S_BTCH_ADM	5F714F2D473D0F9A6EECD56962665BCD46086E8F	8000	Y					
ZPFUD	TR	S_BTCH_ADM	990D50217F702BDC3742FFFFB484FC709C0A396F	8000	A					
ZPFUD	TR	S_BTCH_JOB	EA6A9659CB541EE46C3A7B51B504B5FEE93E2183	C000	RELE					
ZPFUD	TR	S_GUI	4864042E5B9593BE4731A9D2A04081CC57034967	8000	61					
ZPFUD	TR	S_GUI	B84267B182D0AB4B3631B9E87EC1CB4565B4663D	8000	61					
ZPFUD	TR	S_TCODE	48B49A6FE4FC05299FF2D66D7580B5C813DC7BEF	8000	PFUD					
ZPFUD	TR	S_TCODE	4CAA5850A2A456C45AC90A22891B1C5D60827485	8000	ZPFUD					

Abbildung 4.14 Ergebnisse des Berechtigungstrace

5. Pflegen Sie nun die Berechtigungsvorschlagswerte für Ihre Reporttransaktion in der Transaktion SU24, indem Sie den Transaktionscode ZPFUD im entsprechenden Feld eingeben. Sie werden feststellen, dass keine Werte gepflegt sind.
6. Wechseln Sie anschließend in den Änderungsmodus. Über den Menüpfad **Objekt • Objekte aus Berechtigungstrace einfügen • Lokal** können Sie, wie in Abbildung 4.15 gezeigt, Ihre Berechtigungsvorschläge aus dem Trace hinzufügen (siehe Abschnitt 5.3, »Berechtigungsvorschlagswerte für Neuentwicklungen ergänzen«). Fügen Sie für jedes angezeigte Berechtigungsobjekt die Vorschlagswerte hinzu.

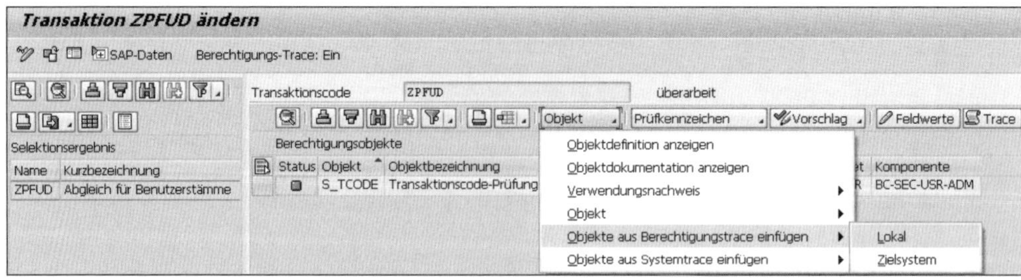

Abbildung 4.15 Berechtigungsvorschlagswerte aus dem Berechtigungstrace hinzufügen

7. Erstellen Sie nun eine PFCG-Rolle, die die Berechtigung für die Reporttransaktion beinhaltet, und pflegen Sie die noch offenen Berechtigungsfelder.
8. Testen Sie anschließend, ob der Job mit den Berechtigungen aus der PFCG-Rolle ausgeführt werden kann.

4.2 Berechtigungen nach einem Upgrade anpassen

Bei einem Releasewechsel kommen häufig nicht nur neue Anwendungen hinzu, sondern auch neue oder veränderte Berechtigungsobjekte, Berechtigungsprüfungen und, daraus resultierend, veränderte Vorschlagswerte. Mithilfe der Transaktion SU25 können Sie Schritt für Schritt erst die Vorschlagswerte und anschließend alle betroffenen Rollen auf den aktuellen Stand bringen. Bisher war diese Transaktion für Sie wahrscheinlich eine Art Black Box. Sie haben die einzelnen Schritte ausgeführt, ohne zu sehen, wie Ihre Vorschlagswerte oder Rollen geändert wurden. Wir zeigen Ihnen nun, wie Sie die neuen Funktionen des SAP NetWeaver Application Server ABAP (SAP NetWeaver AS ABAP) verwenden können, um mehr Transparenz beim Upgrade der Vorschlagswerte und Abmischen der PFCG-Rollen zu erhalten.

Bevor Sie mit dem Upgrade der Vorschlagswerte und Rollen starten können, beachten Sie bitte einige Punkte. In SAP-Hinweis 1539556 sind sämtliche Fragen und Antworten zur Administration von Vorschlagswerten zusammengestellt. Schon beim Start der Transaktion SU25 werden Sie in einem Pop-up-Fenster außerdem auf SAP-Hinweis 440231 (Upgrade-Nachbereitung für den Profilgenerator) aufmerksam gemacht. Dieser Hinweis gibt Auskunft über Korrekturempfehlungen für bestimmte SAP-Basis-Versionen sowie Empfehlungen für weiterführende Hinweise, die im Anhang aufgeführt sind.

Prüfen Sie, ob es für Ihr Release zu beachtende Korrekturempfehlungen gibt. Wir empfehlen Ihnen, vor der Ausführung der Transaktion SU25 den Korrekturreport `SU24_AUTO_REPAIR` auszuführen (siehe Abschnitt 4.1.1, »Die Transaktionen SU22 und SU24«). Führen Sie diesen Report gegebenenfalls schon im Altrelease aus, aber auf jeden Fall vor dem Import der neuen Vorschlagswerte. Nutzen Sie den Testmodus des Reports, um sich mögliche Korrekturen im Vorfeld anzusehen. Um sicherzustellen, dass Sie mit Ihren Upgrade-Arbeiten keine Informationen verlieren, haben Sie außerdem die Möglichkeit, Daten der Transaktion SU24 über Schritt 3 (Transport der Kundentabellen) in die Transaktion SU25 in einen Transportauftrag zu schreiben und freizugeben. Über diesen Weg wird ein Backup Ihrer SU24-Daten vorgenommen.

4.2.1 Vorschlagswertänderungen abgleichen

Nun kann es mit den Upgrade-Nacharbeiten losgehen. Orientieren Sie sich dabei an der in Abbildung 4.16 skizzierten Vorgehensweise. Wenn Sie einen Releasewechsel auf SAP NetWeaver 7.31 oder höher durchgeführt haben, gibt es in der Logik der Transaktion SU25 einige Änderungen, die wir im Anschluss beschreiben. Für alle früheren Releasestände gilt die folgende Herangehensweise in Transaktion SU25:

1. Führen Sie Schritt 2a (**Automatischer Abgleich mit SU22-Daten**) aus. In diesem Schritt werden die Daten der Transaktion SU22 des neuen Releases in die Transaktion SU24 übernommen. Existieren in Anwendungen Änderungen bzw. Unterschiede zum vorherigen Stand (geänderte Prüfkennzeichen, Vorschläge, Feldwerte oder neue bzw. gelöschte Berechtigungsobjekte), wird in der Tabelle USOB_MOD bzw. TCODE_MOD der MOD_TYPE auf M gesetzt.

   Mit SAP-Hinweis 1759777 wird für Schritt 2a eine Selektion für dessen Simulation angeboten. Die Option **Lösche Flags für Anwendungen mit geänderten Daten** wird angeboten, um nur dann die neuen Änderungen zu übernehmen, wenn Schritt 2a selektiv ausgeführt wird.

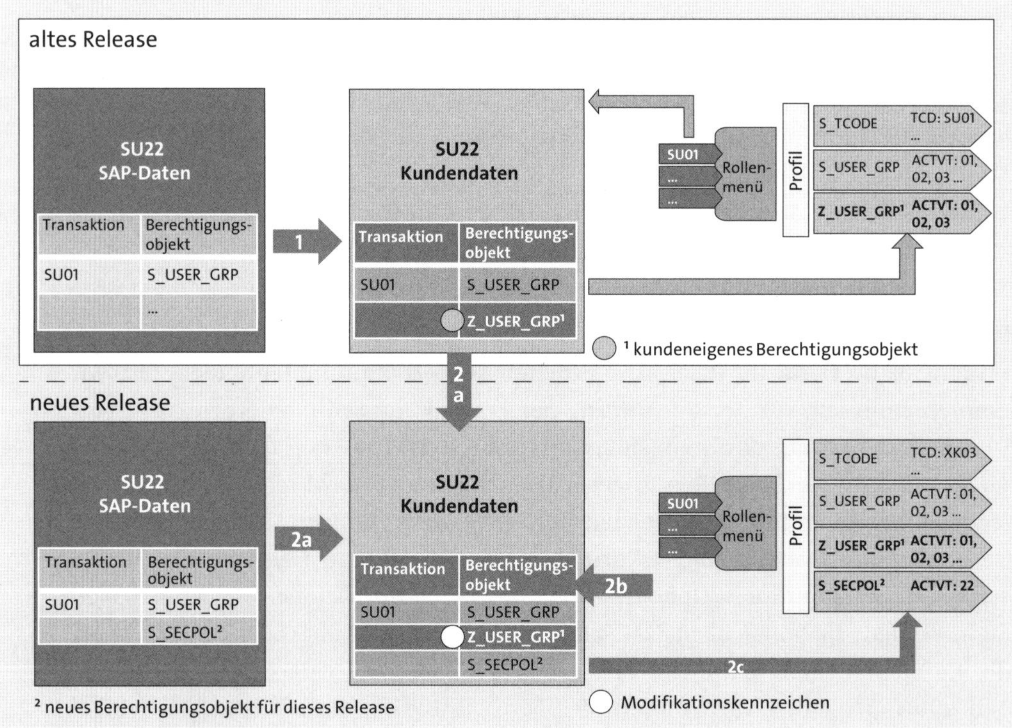

Abbildung 4.16 Upgrade-Nacharbeiten der Vorschlagswerte und Rollen über die Transaktion SU25

2. In Schritt 2b (**Abgleich kundenmodifizierter Vorschlagswerte**) müssen Sie manuelle Anpassungen an denjenigen Einträgen vornehmen, die Sie im Ausgangsrelease in der Transaktion SU24 manuell geändert haben. Dabei wird die Transaktion SU24 im Upgrade-Modus gestartet, und Sie können Schritt für Schritt alle Anwendungen aufrufen und die Änderungen abgleichen. Haben Sie kundeneigene Organisationsebenen (**Orgebenen**) erstellt, müssen Sie sie in diesem Schritt mithilfe des Reports PFCG_ORGFIELD_UPGRADE wiederherstellen. Der Report muss für jede einzelne Organisationsebene aufgerufen werden. Über die Wertehilfe werden ausschließlich die von Ihnen erstellten Organisationsebenen angezeigt. SAP-Hinweis 727536 behandelt Fragen und Antworten rund um die Verwendung von kundeneigenen Organisationsebenen.
3. Aufgrund der geänderten Vorschlagswerte in der Transaktion SU24 führen Sie im Anschluss Schritt 2c (**Zu überprüfende Rollen**) aus, um alle von den geänderten Vorschlagswerten betroffenen Rollen zu aktualisieren. Folgendes ist dabei zu beachten: Die Rollenänderungen sind nur mandantenspezifisch. Sie erhalten eine Liste, die alle Rollen darstellt, die abzuarbeiten sind. Verwenden Sie mehr als einen Mandanten zur Pflege von Rollen, müssen Sie diesen Schritt auch in den übrigen betroffenen Mandanten ausführen.
4. Unter Schritt 2d (**Veränderte Transaktionscodes anzeigen**) werden alle Rollen aufgelistet, für deren Aufruf ein alter Transaktionscode verwendet wird. Es kommt hier und da vor, dass neue Transaktionscodes alte Transaktionscodes ersetzen. In diesem Schritt haben Sie die Möglichkeit, die Transaktionscodes auszutauschen.
5. Sobald Sie das Upgrade der Berechtigungsvorschlagswerte abgeschlossen haben, können Sie in Schritt 3 (**Transport der Kundentabellen**) Ihre Berechtigungsvorschläge in Ihrer Systemlandschaft transportieren.

[!]

Schritt 1 überspringen

Führen Sie Schritt 1 (Kundentabellen wurden initial befüllt) nicht aus, denn damit werden die Kundentabellen USOBT_C und USOBX_C, d. h. die SU24-Daten, komplett mit den SAP-Vorschlagswerten überschrieben. Sie wollen Ihre SU24-Daten jedoch behalten und durch die Vorschlagswertänderungen für das neue Release ergänzen!

Mit SAP NetWeaver 7.31 ist ein neues Verfahren zur Bestimmung von betroffenen Anwendungen und Rollen mittels Zeitstempel eingeführt worden (siehe Abschnitt 4.2.3, »Den Zeitstempel in der Transaktion SU25 verwenden«). Mit dem Support Package 12 für SAP NetWeaver 7.31 sowie dem Support Package 4 für SAP NetWeaver 7.40 aus SAP-Hinweis 1896191 ist die Funktion **Expertenmodus für die Übernahme von SU22-Daten** für Schritt 2 hinzugekommen (siehe Abbildung 4.18).

Profilgenerator: Upgrade und Erstinstallation

Information zu dieser Transaktion | Expertenmodus für Schritt 2

Durchzuführende Aktionen	Datum	Uhrzeit	Benutzer
Installation des Profilgenerators			
• Kundentabellen wurden initial befüllt (1)	14.09.2011	14:25:46	DDIC
Nachbearbeiten der Einstellungen nach Upgrade auf ein höheres Release			
• Automatischer Abgleich mit SU22-Daten (2a)	22.02.2019	17:23:44	
• Modifikationsabgleich mit SU22-Daten (2b)	13.05.2019	09:10:19	
• Suche nach obsoleten Anwendungen (2d)	17.04.2019	13:11:49	
• Aktualisierung der Anwendungsgruppen im Rollenmenü	17.04.2019	13:17:49	
• Zu überprüfende Rollen (2c)	13.05.2019	10:36:10	
Transportanschluß			
• Transport der Kundentabellen (3)			
Anpassung der Berechtigungsprüfungen(optional)			
• Prüfkennzeichen in Anwendungen (SU24)	04.03.2016	14:40:12	
• Berechtigungsobjekte global ausschalten	09.12.2015	14:36:32	
• Transaktionsstartberechtigungsprüfung (SE97)			
• Abgleich schaltbarer Berechtigungsprüfungen (SACF)	22.04.2019	20:14:54	
• Abgleich generischer Whitelisten (SLDW)			
Manuelle Anpassung ausgewählter Rollen			
• Erzeugen von Rollen aus manuell erstellten Profilen	15.05.2019	11:37:47	
• Standardrolle SAP_NEW oder SAP_NEW_F4 generieren	26.02.2016	15:56:06	
• Standardrolle SAP_APP generieren	11.02.2019	09:25:44	
Allgemeine Wartung für Vorschlagswerte			
• Bereinigung der Applikationsheaderdaten	24.04.2019	14:02:50	D033494
• Konsistenzprüfung für Vorschlagswerte	05.03.2019	12:51:04	I354476

Abbildung 4.17 Expertenmodus für Schritt 2 in Transaktion SU25

Wenn Sie den Button **Expertenmodus für Schritt 2** in der Transaktion SU25 nicht wie in Abbildung 4.17 sehen, prüfen Sie, ob Sie den Expertenmodus aus der Transaktion SU24 über den Button **Vorschlagswerteabgleich** aufrufen können. In dieser Sicht besteht die Möglichkeit, die abzugleichenden Vorschlagswerte über bestimmte Selektionen auszuwählen, sodass nicht alle Vorschlagswerte für den Abgleich verwendet werden. In der ersten Auswahl können Sie festlegen, welche Daten übernommen werden sollen. Sie können hier auswählen, ob nur SAP-Standardanwendungen oder auch kundeneigene bzw. Partneranwendungen berücksichtigt werden sollen. Die Auswahl können Sie im Bereich **Weitere Einschränkungen** noch nach **Typ der Anwendung**, **Paket** oder **Komponentenkürzel** einschränken (siehe Abbildung 4.18). Unter **Suchbereich für Anwendungen** erhalten Sie außerdem Gelegenheit, die Übernahme der SU22-Daten auf eine Uploaddatei, Transportaufträge oder Rollenmenüs zu begrenzen. Damit werden nur diejenigen Anwendungen berücksichtigt, die in den Rollenmenüs der ausgewählten PFCG-Rollen gepflegt sind. Haben Sie den Haken bei **Ausschließlich Anwendungen mit veränderten SU22-Daten berücksichtigen** gesetzt, werden nur Anwendungen ausgewählt, bei denen die Vorschlagswerte durch einen Import, z. B. durch Support Packages oder Enhancement Packages, verändert wurden.

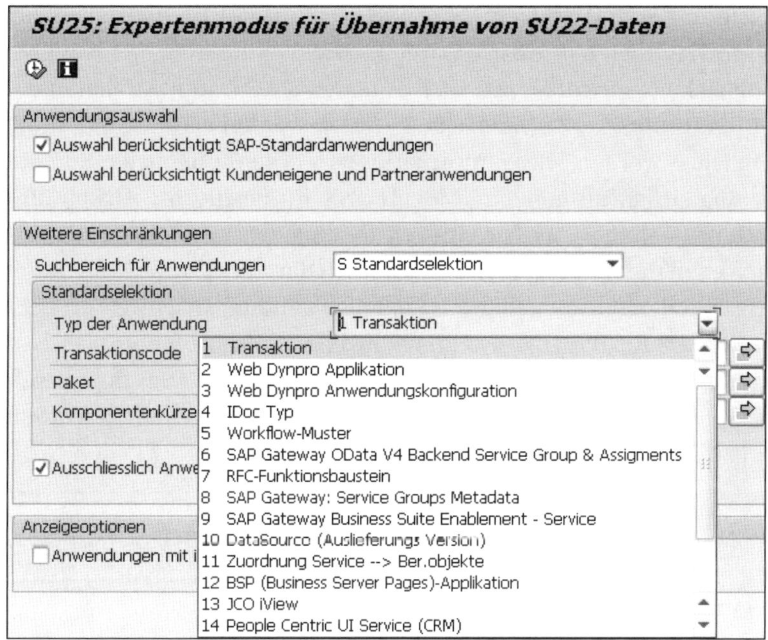

Abbildung 4.18 Expertenmodus für die Übernahme von SU22-Daten

Führen Sie den Schritt zur Übernahme der Daten aus der Transaktion SU22 aus, indem Sie Ihre Anwendungen selektieren. Sie erhalten nun eine Liste mit Anwendungen für den Abgleich (siehe Abbildung 4.19). Markieren Sie jeweils die Zeilen, in denen die abzugleichenden Anwendungen stehen. Beim Abgleich helfen Ihnen die Funktionen hinter den Buttons in der Menüleiste.

SU24: Expertenmodus für Übernahme von SU22-Daten

Initialisierung SU24-Daten | Automatischer Abgleich | Manueller Abgleich | Setze Status "Geprüft" | Rollen | Änderungsvorschau

Anwendungsumgebung:
System (Mandant): EC1 (001)
Datum / Zeit: 04.01.2019 / 09:56:09
Benutzername D046786

Anwendungsstatistik:
Manuell abzugleichende Anwendungen: 3
Automatisch abzugleichende Anwendungen: 53
Automatisch abgeglichene Anwendungen: 1.027
Vollständig übernommene Anwendungen: 130
Anwendungen mit Status "geprüft": 10

Name	Typ der Anwendung	Ermittelter Abgleichstatus	Änderer	Datum	Zeit	PFCG
UCONCOCKPIT	Transaktion	Automatischer Abgleich empfohlen (2a)				Ja
VER09114						
SU01		Manueller Abgleich empfohlen (2b)				Ja
SU01D						Ja
ZTEST_TRANS1			HOYSS	04.06.2013	15:21:42	Ja
0047826614139F83BE486880976597	Externer Service	Automatischer Abgleich durchgeführt	R000731	19.06.2013	07:23:23	

Abbildung 4.19 Auswahl der anzupassenden Datensätze bei Übernahme der Daten aus der Transaktion SU22

Der Button **Initialisierung SU24-Daten** entspricht Schritt 1, und Sie überschreiben für die ausgewählten Anwendungen Ihre SU24-Daten mit den SU22-Daten. Die Auswahl **Automatischer Abgleich** entspricht Schritt 2a. Alle neuen SU22-Daten werden in die Transaktion SU24 übernommen. Geänderte SU24-Daten werden erkannt und müssen manuell abgeglichen werden. Diese Informationen werden Ihnen jedoch in der Spalte **Ermittelter Abgleichstatus** geliefert. Möchten Sie für bestimmte Anwendungen Ihre SU24-Daten so behalten, wie sie sind, wählen Sie den Button **Setze Status »Geprüft«** aus. Um Ihnen mehr Transparenz hinsichtlich der Auswirkung Ihrer Tätigkeiten zu geben, ist über den Button **Rollen** ein Rollenverwendungsnachweis erreichbar. Hierüber können Sie für die ausgewählten Anwendungen prüfen, in welchen Rollen diese Verwendung finden. Die Auswahl **Änderungsvorschau** zeigt Ihnen, welche Vorschlagswerte für Ihre Auswahl in der Transaktion SU24 geändert würden (siehe Abbildung 4.20).

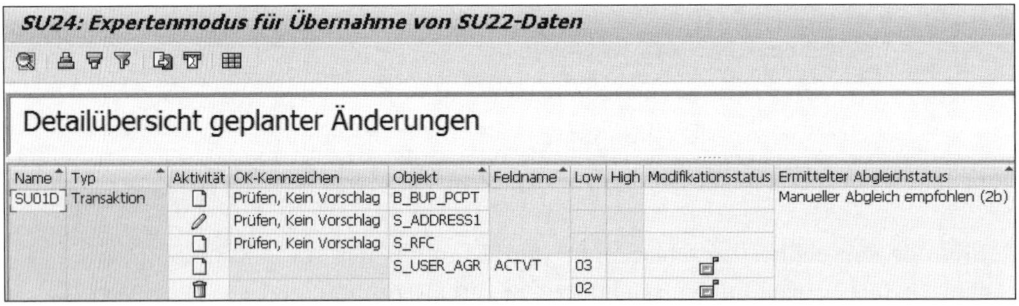

SU24: Expertenmodus für Übernahme von SU22-Daten

Detailübersicht geplanter Änderungen

Name	Typ	Aktivität	OK-Kennzeichen	Objekt	Feldname	Low	High	Modifikationsstatus	Ermittelter Abgleichstatus
SU01D	Transaktion		Prüfen, Kein Vorschlag	B_BUP_PCPT					Manueller Abgleich empfohlen (2b)
			Prüfen, Kein Vorschlag	S_ADDRESS1					
			Prüfen, Kein Vorschlag	S_RFC					
				S_USER_AGR	ACTVT	03			
						02			

Abbildung 4.20 Änderungsvorschau für Änderungen an Daten in der Transaktion SU24

Im Anschluss daran führen Sie Schritt 2c aus. Auch hier sind Neuerungen in der Funktionalität enthalten. Ihnen wird erneut eine Auswahl der abzugleichenden Rollen angezeigt. Allerdings erhalten Sie in diesem Schritt die Möglichkeit, über den Button **Abmischen** eine Simulation des Abmischvorgangs durchzuführen. Dabei sehen Sie, welche Berechtigungen bei einem tatsächlichen Abmischvorgang in den Rollen geändert würden. Nähere Informationen dazu finden Sie in Abschnitt 4.2.2, »Berechtigungswerte beim Rollen-Upgrade vergleichen«.

[»]

Abmischen

Abmischen meint das Zusammenführen von Berechtigungsvorschlagswerten für eine bestimmte Anwendung in der Rollenpflege. Hierbei werden die Details zu einem Berechtigungsobjekt der jeweiligen Anwendung (aus Transaktion SU24) mit den gepflegten Berechtigungswerten für dasselbe Berechtigungsobjekt in der Rollenpflege in Transaktion PFCG zusammengeführt. Unterschiede werden über den Aktualisierungsstatus kenntlich gemacht.

In der Transaktion SU25 sind neben den Upgrade-Tätigkeiten noch weitere Anpassungsmöglichkeiten aufgeführt. Unter dem Punkt **Anpassung der Berechtigungsprüfungen (optional)** sind die Transaktionen SU24 zur Vorschlagswertepflege, die Transaktion AUTH_SWITCH_OBJECTS zur globalen Ausschaltung von Berechtigungsobjekten sowie die Transaktion SE97 zur Pflege von Transaktionsstartberechtigungsprüfungen (siehe Abschnitt 10.5, »Transaktionsstartberechtigungen beim Aufruf CALL TRANSACTION pflegen«) aufgelistet. Darüber hinaus können schaltbare Berechtigungsprüfungen (Transaktion SACF) und generische Positivlisten (Transaktion SLDW) abgegeglichen werden (siehe Abschnitt 6.8, »Schaltbare Berechtigungsprüfungen konfigurieren«).

Im Abschnitt **Manuelle Anpassung ausgewählter Rollen** können Sie Rollen aus manuell erstellten Profilen erzeugen sowie `SAP_NEW` (siehe Abschnitt 8.2, »Fehlende Berechtigungen nach einem Release-Upgrade ergänzen«) oder `SAP_APP` als Rolle generieren. Im Abschnitt **Allgemeine Wartung für Vorschlagswerte** sind die Reports `SU2X_CHECK_WDY_HEADER` zur Registrierung der Headerdaten für externe Services (siehe Abschnitt 4.1.1, »Die Transaktionen SU22 und SU24«) sowie `SU2X_CHECK_CONSISTENCY` zur Konzistenzprüfung (verfügbar über das in SAP-Hinweis 1646692 benannte Support Package) von Vorschlagswerten bezüglich der ausgewählten Berechtigungsobjekte verlinkt.

4.2.2 Berechtigungswerte beim Rollen-Upgrade vergleichen

Wie im vorangehenden Abschnitt beschrieben, erscheint Administratoren Upgrade-Nacharbeit nicht selten wie eine Black Box. Sie klicken auf Buttons, und irgendetwas geschieht mit den Berechtigungen in Ihren Rollen. Wenn Sie z. B. Schritt 2c (**Zu überprüfende Rollen**) in der Transaktion SU25 aufrufen, werden diejenigen Rollen mit einem roten Ampelsymbol markiert, bei denen aufgrund der geänderten Daten aus der Transaktion SU24 ein Abmischen notwendig ist. Sobald Sie eine dieser Rollen aufrufen und in die Berechtigungspflege einsteigen, ändern sich die Berechtigungswerte sofort. Anhand des Aktualisierungsstatus **Alt**, **Neu** oder **Verändert** erkennen Sie zwar, an welchen Stellen etwas geändert wurde, geänderte oder gelöschte Werte können hier jedoch nicht angezeigt werden.

Ein einfaches Beispiel, um dieses Systemverhalten auch ohne Upgrade-Szenario nachzuspielen, ist das Ändern des Rollenmenüs. Löschen Sie aus einer Testrolle eine Transaktion und mischen Sie diese Rolle neu ab. Sie wissen genau, dass nun bestimmte Berechtigungsobjekte verändert und andere sogar komplett entfernt worden sind, können auf der Werteebene aber nicht alle Änderungen nachvollziehen? Dank neuer Funktionen ist nun mit dieser Ungewissheit Schluss.

Die Simulation des Abmischvorgangs wird mit SAP-Hinweis 1941325 ausgeliefert. Bei Aufruf von Schritt 2c erhalten Sie eine Liste aller Rollen mit der Information, ob die jeweilige Rolle bereits abgemischt ist (grüne Ampel) oder noch abgemischt werden muss (rote Ampel). Markieren Sie in dieser Liste eine Rolle. Über den Button **Abmischen** (siehe Abbildung 4.21) gelangen Sie in die Simulation des Abmischvorgangs für die ausgewählte Rolle.

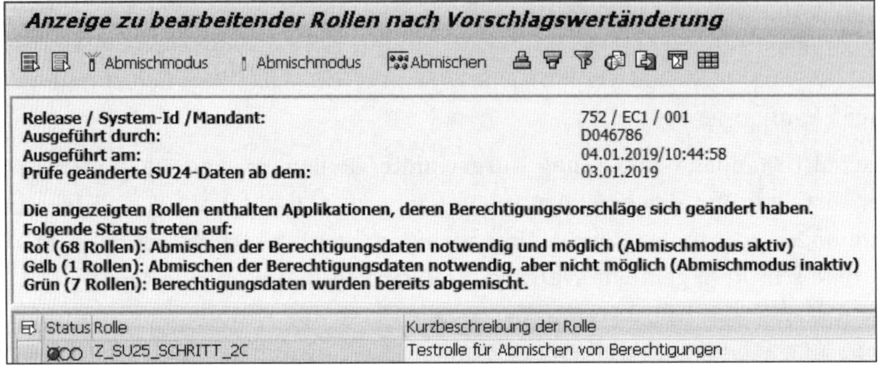

Abbildung 4.21 Abzumischende Rolle in Schritt 2c

In der Simulationsübersicht erhalten Sie nun alle Informationen, die Sie bereits aus der Berechtigungspflege in der Transaktion PFCG kennen. Die Ergebnisse werden in einer Tabelle dargestellt, bei der jede Zeile einem Werteintervall einer Berechtigung entspricht (siehe Abbildung 4.22). In der Spalte **Objekt** wird das Berechtigungsobjekt angegeben. Über die Spalte **Aktiv/Inaktiv** erkennen Sie, ob die jeweilige Berechtigung deaktiviert wurde. Die Spalten **Pflegestatus** und **Aktualisierungsstatus** geben Auskunft zum Status der Berechtigung und zur Art der Aktualisierung der Berechtigung. In der Spalte **Berechtigungsvergleich** erfahren Sie, was genau sich an der Berechtigung geändert hat, ob beispielsweise eine Berechtigung gelöscht oder neu hinzugefügt wurde oder ob die Feldwerte in der Berechtigung aktualisiert worden sind. Die Informationen zu den Feldwerten erhalten Sie in der Spalte **Wertevergleich**, die darstellt, ob Werte gleich geblieben oder ergänzt oder gelöscht worden sind. Die gelöschten und neu hinzugefügten Werte sehen Sie in den Spalten **von Wert** und **bis Wert** (siehe Abbildung 4.22).

Bitte beachten Sie, dass es sich hierbei lediglich um eine Simulation handelt. Den tatsächlichen Abmischvorgang müssen Sie nach wie vor in der Berechtigungspflege durchführen. Da das Abmischen von Rollen nicht nur bei Upgrade-Nacharbeiten eine Rolle spielt, gibt es über die Transaktion SUPC die Möglichkeit, diesen Simulationsmodus aufzurufen. Auch in der Übersicht der ausgewählten Rollen finden Sie den Button **Abmischen**, der den Abmischvorgang simuliert.

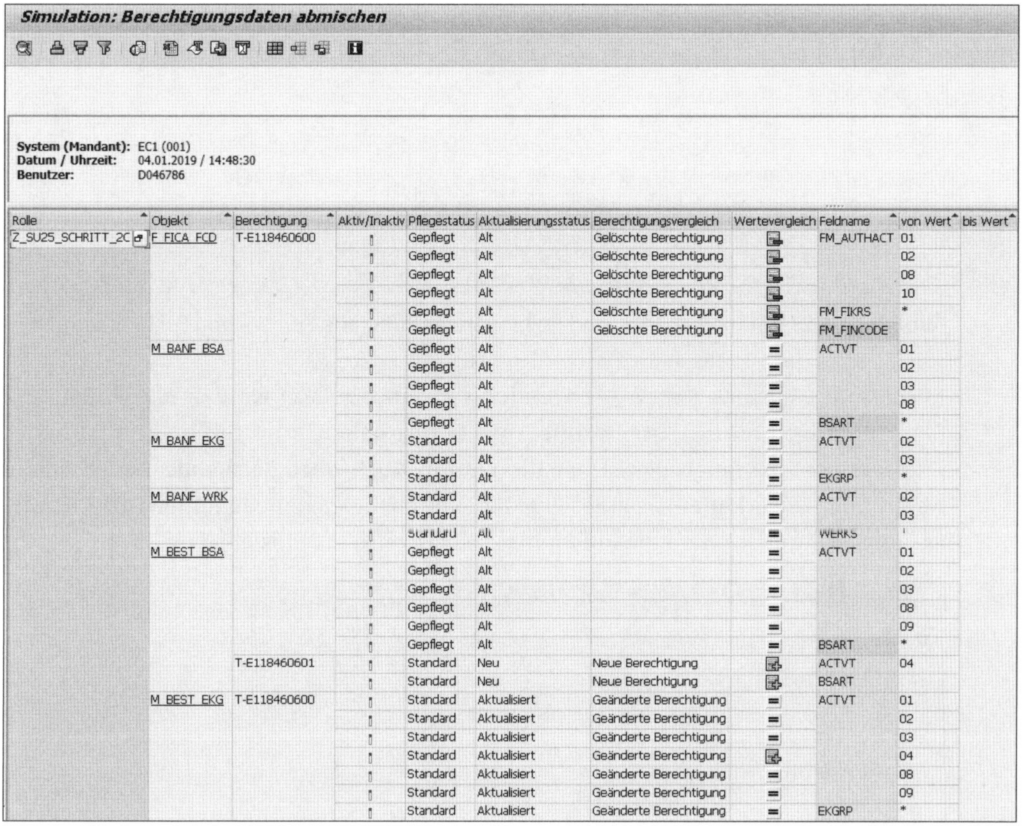

Simulation: Berechtigungsdaten abmischen

System (Mandant): EC1 (001)
Datum / Uhrzeit: 04.01.2019 / 14:48:30
Benutzer: D046786

Rolle	Objekt	Berechtigung	Aktiv/Inaktiv	Pflegestatus	Aktualisierungsstatus	Berechtigungsvergleich	Wertevergleich	Feldname	von Wert	bis Wert
Z_SU25_SCHRITT_2C	F_FICA_FCD	T-E118460600		Gepflegt	Alt	Gelöschte Berechtigung		FM_AUTHACT	01	
				Gepflegt	Alt	Gelöschte Berechtigung			02	
				Gepflegt	Alt	Gelöschte Berechtigung			08	
				Gepflegt	Alt	Gelöschte Berechtigung			10	
				Gepflegt	Alt	Gelöschte Berechtigung		FM_FIKRS	*	
				Gepflegt	Alt	Gelöschte Berechtigung		FM_FINCODE		
	M_BANF_BSA			Gepflegt	Alt		=	ACTVT	01	
				Gepflegt	Alt		=		02	
				Gepflegt	Alt		=		03	
				Gepflegt	Alt		=		08	
				Gepflegt	Alt		=	BSART	*	
	M_BANF_EKG			Standard	Alt		=	ACTVT	02	
				Standard	Alt		=		03	
				Standard	Alt		=	EKGRP	*	
	M_BANF_WRK			Standard	Alt		=	ACTVT	02	
				Standard	Alt		=		03	
				Standard	Alt		=	WERKS	'	
	M_BEST_BSA			Gepflegt	Alt		=	ACTVT	01	
				Gepflegt	Alt		=		02	
				Gepflegt	Alt		=		03	
				Gepflegt	Alt		=		08	
				Gepflegt	Alt		=		09	
				Gepflegt	Alt		=	BSART	*	
		T-E118460601		Standard	Neu	Neue Berechtigung		ACTVT	04	
				Standard	Neu	Neue Berechtigung		BSART		
	M_BEST_EKG	T-E118460600		Standard	Aktualisiert	Geänderte Berechtigung	=	ACTVT	01	
				Standard	Aktualisiert	Geänderte Berechtigung	=		02	
				Standard	Aktualisiert	Geänderte Berechtigung	=		03	
				Standard	Aktualisiert	Geänderte Berechtigung			04	
				Standard	Aktualisiert	Geänderte Berechtigung	=		08	
				Standard	Aktualisiert	Geänderte Berechtigung	=		09	
				Standard	Aktualisiert	Geänderte Berechtigung	=	EKGRP	*	

Abbildung 4.22 Simulationsübersicht zum Abmischen der Berechtigungsdaten

Sie als Administrator wissen, dass eine Änderung Ihrer SU24-Daten ein Abmischen der betreffenden Rollen nach sich zieht. Bisher mussten sich Berechtigungsadministratoren die Rollen mühsam heraussuchen, z. B. aus der Transaktion SUIM, um diese dann zu bearbeiten. Häufig wird auch das erneute Abmischen der entsprechenden Rollen vergessen. Um zu gewährleisten, dass Sie direkt bei der Pflege der Daten in der Transaktion SU24 für die betreffenden Rollen den Abmischmodus einstellen können, ist diese Funktion mit den in SAP-Hinweis 1896191 benannten Support Packages bereitgestellt worden. Über die Korrektur werden die Buttons **Abmischmodus für PFCG: Ein/Aus** bzw. **Rollen** zur Verfügung gestellt. Dies entspricht Schritt 2c aus der Transaktion SU25 (siehe Abschnitt 4.2.1, »Vorschlagswertänderungen abgleichen«). Diese Funktion können Sie über den Wert `Y` für den Parameter `SU2X_SET_FORCE_MIX` in der Tabelle `PRGN_CUST` aktivieren. Der Status des Abmischmodus lässt sich über den Button **Abmischmodus für PFCG: Ein/Aus** abfragen (siehe Abbildung 4.23). Standardmäßig ist diese Funktion ausgeschaltet.

Transaktion SU01 ändern

Rollen | SAP-Daten | Berechtigungs-Trace: Ein | Abmischmodus für PFCG: Ein

Selektionsergebnis

Transaktion	Kurzbezeichnung
SU01	Benutzerpflege

Transaktionscode SU01 gesichert

Objekt | Prüfkennzeichen | Vorschlag | Feldwerte | Trace

Berechtigungsobjekte

Objekt	Objektbezeichnung	TSTCA	Prfkz.	Vorschlag	Paket
S_RFC	Berechtigungsprüfung beim RFC-Zugriff		prüfen	Nein	SRCX
S_RFC_ADM	Administration für RFC-Destination		prüfen	Nein	SRCX
S_SECPOL	Sicherheitsrichtlinie		prüfen	Ja	SECURITY_POLICY
S_SPO_DEV	Spooler: Geräteberechtigungen		prüfen	Nein	SPOO
S_TABU_DIS	Tabellenpflege (über Standardtools wie zB SM30)		prüfen	Nein	SVIM

Abbildung 4.23 Abmischmodus und Rollenverwendung aus Transaktion SU24 erkennen

Mithilfe des Buttons **Rollen** (Verwendung in Einzelrollen) werden alle Rollen, die Berechtigungen für die ausgewählte Anwendung haben, ermittelt und direkt in der Transaktion SU24 angezeigt. Über die Option **Auch abzugleichende Rollen** (siehe Abbildung 4.24) erhalten Sie eine Liste über alle abzugleichenden Rollen in der Transaktion SUPC und können die Rollen nun schrittweise aktualisieren.

Rollen: Massengenerierung von Profilen

Welche Rollen sollen ausgegeben werden ?

- ○ Rollen mit nicht aktuellen Profilen
- ◉ Auch abzugleichende Rollen
- ○ Auch Rollen ohne Berechtigungsdaten
- ○ Alle Rollen
- ○ Rollen mit aktuellen Profilen für erneute Generierung

Weitere Einschränkungen

Rolle bis

zuletzt geändert von bis

Darstellung in der Liste

- ◉ Anlege- und Änderungsdatum anzeigen
- ○ Rollentexte anzeigen

Sollen alle zu generierenden Profile generiert werden ?

- ☐ Automatisch generieren

Abbildung 4.24 Simulationsmodus in der Transaktion SUPC aufrufen

4.2.3 Den Zeitstempel in der Transaktion SU25 verwenden

Upgrade-Nacharbeiten für Vorschlagswerte und Rollen müssen nicht nur bei einem Releasewechsel, sondern auch nach dem Einspielen von Plug-ins, Support Packages, Enhancement Packages oder weiteren Softwarekomponenten, wie z. B. Partnerlösungen, vorgenommen werden. Diese Nacharbeiten können aufwendig werden, wenn die zugrundeliegende Auswahl an Vorschlagswerten nicht eingeschränkt werden kann. Deshalb wurde in der Transaktion SU25 ein Verfahren eingeführt, das die zu vergleichenden Vorschlagswerte mithilfe eines Zeitstempels einschränkt.

Mit dem SAP NetWeaver AS ABAP in Version 7.31 hat sich die Funktionsweise der Transaktion SU25 geändert, insbesondere von Schritt 2a zum automatischen Vorschlagswerteabgleich mit SAP-Werten. Hier wird nun anhand von Zeitstempeln verglichen, welche Datensätze aktualisiert wurden. Damit kann Schritt 2a für nachträglich installierte Softwarekomponenten auch gesondert ausgeführt werden. Ein weiterer Vorteil besteht darin, dass die zu bearbeitenden Objekte aufgrund des Zeitstempels besser identifiziert werden können. Vor SAP NetWeaver 7.31 wurden die abzugleichenden Anwendungen für Schritt 2a mit ihren Basisreleases registriert, was Sie über die Tabellen USOB_MOD bzw. TCODE_MOD nachvollziehen können.

4

Um das Zeitstempelverfahren optimal zu nutzen, sollten Sie die Zeitstempeltabellen bereits vor dem Upgrade im Altsystem füllen. Implementieren Sie dafür SAP-Hinweis 1599128. Mit dieser Korrektur wird der Report SU25_INITIALIZE_TSTMP ausgeliefert, mittels dessen die aktuellen Zeitstempel Ihrer Daten aus der Transaktion SU22 in die jeweiligen Zeitstempeltabellen USOBT_TSTMP und USOBX_TSTMP geschrieben werden können. Nach dem Upgrade besitzen Sie für Ihre SU22-Daten ein Referenzdatum, das Sie zum Vergleich mit den für das neue Release ausgelieferten SAP-Vorschlagsdaten heranziehen können. Durch das Setzen der Zeitstempel im Altrelease reduziert sich der Aufwand für die Ausführung von Schritt 2a, da nur solche Anwendungen abgeglichen werden, deren SU22-Daten verändert wurden. Haben Sie die Zeitstempeltabellen im Altrelease nicht gefüllt, sind die Tabellen in Ihrem neuen Release leer. In diesem Fall wird in Schritt 2a der Inhalt der SAP-Vorschlagswerte, unabhängig von einem Zeitstempel, mit den Kundenvorschlagswerten abgeglichen.

Sind die Änderungen an Ihren SU24-Daten mit Schritt 2a nicht erkannt worden oder haben Sie Transporte aus anderen Systemlandschaften in Ihr System importiert, erhalten Sie die Möglichkeit, die Zeitstempeltabellen zurückzusetzen und somit noch einmal von vorn anzufangen. Lassen Sie dafür den Report SU24_AUTO_REPAIR in einem System laufen, das noch auf dem Stand des Altreleases ist, sodass das Modifikationskennzeichen korrekt gesetzt wird (siehe Abschnitt 4.1.1, »Die Transaktionen SU22 und SU24«). Anschließend legen Sie einen Transport an und transportieren Ihre SU24-Daten in dasjenige System mit dem Stand des neuen Releases.

Löschen Sie nun Ihre Zeitstempeltabellen, etwa mithilfe des Reports SU25_INITIALIZE_TSTMP (siehe Abbildung 4.25). Ab SAP NetWeaver 7.31 können Sie wählen, ob Sie den Referenzzeitstempel aus den SU22-Daten setzen oder die Inhalte der Zeitstempeltabellen löschen möchten. Anschließend führen Sie Schritt 2a gegebenenfalls erneut aus.

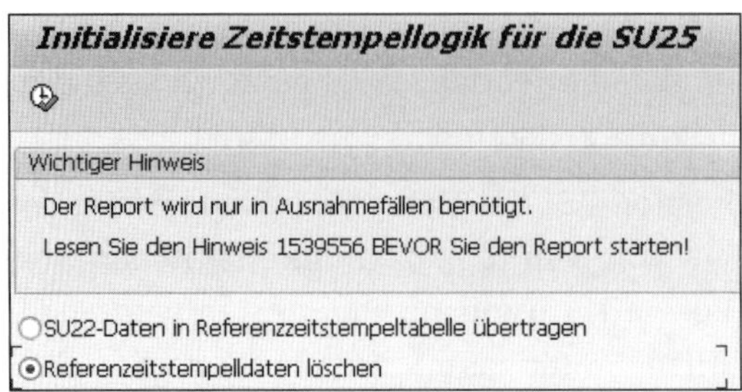

Abbildung 4.25 Report SU25_INITIALIZE_TSTMP ausführen

4.2.4 Berechtigungsvorschlagswerte und Rollen in Y-Landschaften abgleichen

Ihre Systemlandschaft kann sich von den typischen Dreisystemlandschaften z. B. dadurch unterscheiden, dass Sie mehrere Entwicklungssysteme bzw. Entwicklungsmandanten unterhalten. Über Transporte werden dann alle Entwicklungen und Customizing-Einträge in einem Konsolidierungssystem zusammengeführt. Deswegen sprechen wir hier von *Y-Landschaften*. Führen Sie in der Transaktion SU25 Ihre Upgrade-Nacharbeiten durch und transportieren Sie mit Schritt 3 Ihre Vorschlagswerte, d. h. Ihre SU24-Daten. Wenn Sie diesen Schritt hingegen in allen Entwicklungssystemen ausführen, laufen alle Transporte in Ihrem Konsolidierungssystem zusammen, und nur der letzte Import der Tabellen wird verwendet. Gleiche Einträge werden außerdem als zu löschende Einträge erkannt.

Ähnlich verhält es sich mit Ihren PFCG-Rollen. Pflegen Sie diese in mehreren Entwicklungssystemen bzw. -mandanten und möchten Sie nun die Rollen mit ihren generierten Profilen transportieren, besteht das Risiko, dass die Nummern für die Profile gleich lauten, da sich die Profilnamen aus dem ersten und dritten Zeichen der System-ID des Systems und einer sechsstelligen Nummer zusammensetzen. Stammen nun die Profile auch noch aus demselben System (auch wenn der Mandant ein anderer ist), kann es aufgrund der identischen Profilnamen zu Importfehlern kommen. Außerdem kann die Herkunft des Profils im Nachhinein nicht mehr nachvollzogen werden. Daher benötigen Sie einen Weg, um die Daten für die Berechtigungsvorschlagswerte und die PFCG-Rollen in Y-Landschaften transparent und konsistent zu transportieren.

Die beschriebenen Probleme gehören zwar eng zusammen, müssen aber dennoch getrennt voneinander betrachtet werden. Dabei soll Abbildung 4.26 helfen.

Betrachten wir zuerst den Transport Ihrer Berechtigungsvorschlagswerte aus verschiedenen Entwicklungssystemen in ein Konsolidierungssystem. Wenn Sie Berechtigungsvorschlagswerte in den Transportaufträgen speichern, wird Ihnen auffallen, dass hier statt detaillierter Stücklisten generische Einträge verwendet werden. Diese generischen Einträge markieren alle Anwendungen, z. B. mit TR* (siehe Abbildung 4.27).

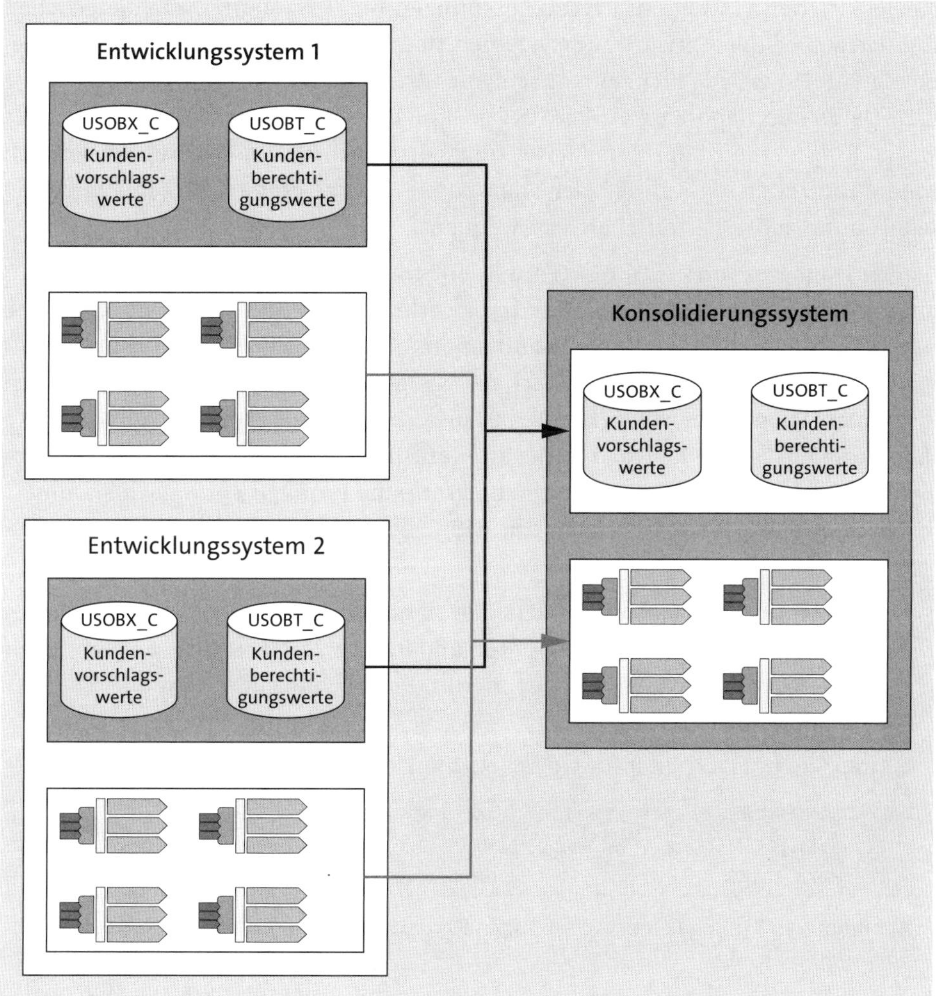

Abbildung 4.26 Berechtigungsvorschlagswerte und PFCG-Rollen mit Profilen in einer Y-Systemlandschaft

Auftrag/Aufgabe T01K900440 anzeigen

Auftrag/Aufgabe T01K900440 Workbench-Auftrag

Eigenschaften | Objekte | Dokumentation

Schlüsselsimulation für Objekt R3TR SUSK IQ01 TR (Kunde: Zuordnung Transaktion --> Berechtigungsobje)

1 / 2

Tabellenname	Tabellenschlüssel	
USOBT_C	IQ01	TR*
USOBX_C	IQ01	TR*

Abbildung 4.27 Transport von Berechtigungsvorschlagswerten

Die generischen Einträge führen zu Löschungen im Zielsystem, wenn die gleichen Einträge aus beiden Entwicklungssystemen stammen. Um dem vorzubeugen, spielen Sie SAP-Hinweis 1429716 ein. Anschließend verwenden Sie zum Transport Ihrer SU24-Daten den Report SU24_TRANSPORT_TABLES. Dieser Report erstellt auf Basis der Anwendungsnamen eine detaillierte Transportstückliste. Da der Report deutlich höhere Laufzeiten als Schritt 3 der Transaktion SU25 zeigt, raten wir Ihnen, diesen Report nur in einer Y-Landschaft anzuwenden.

Für den Transport von PFCG-Rollen mit ihren Profilen steht SAP-Hinweis Nr. 1380203 zur Verfügung. Spielen Sie die Korrektur ein, erlaubt Ihnen das System, für die dritte und vierte Stelle des generierten Profilnamens eigene Positionen zur Definition zu verwenden. Im SAP-Standard setzt sich der Name eines generierten Profils wie folgt zusammen, wenn die System-ID z. B. ADG lautet: T-AG######. Unterscheiden sich Ihre anderen Quellsysteme lediglich an der zweiten Stelle der System-ID, ist aus dem Profilnamen nicht ersichtlich, aus welchem System die Profile ursprünglich stammen. Gehen Sie nun wie folgt vor, um die dritte und vierte Stelle Ihres Profilnamens anzupassen:

1. Pflegen Sie in der Tabelle USR_CUST den Parameter PRGN_PROF_PREFIX mit einer zweistelligen ID, die anstelle des ersten und dritten Zeichens Ihrer System-ID für die dritte und vierte Stelle des generierten Profils verwendet werden soll (siehe Abbildung 4.28).
2. Führen Sie diese Aktivität für jeden betroffenen Mandanten durch.

Customizingeinstellungen zu Benutzern / Berechtigungswesen

Bezeichnung	Attribute des Feldes	Text
PRGN_PROF_PREFIX	A1	Namensraumanpassung für generierte Profile - Hinweis 1380203

Abbildung 4.28 Pflege einer zweistelligen ID für die dritte und vierte Stelle des generierten Profils

Wenn die ID für alle betroffenen Mandanten gepflegt ist, besteht keine Gefahr mehr, dass die sechs Ziffern ab der fünften Stelle des generierten Profilnamens gleich lauten. Weitere Informationen zum Umgang mit generierten Profilen in komplexen Systemlandschaften erhalten Sie in Abschnitt 6.6, »Generierte Profilnamen in komplexen Systemlandschaften verwalten«.

4.3 Zusammenfassung

Die Verwendung und Pflege der Vorschlagswerte ist nicht trivial. In diesem Kapitel haben wir Ihnen deshalb Best Practices zur allgemeinen Verwendung der Transaktionen SU22 und SU24 an die Hand gegeben und Ihnen die wichtigsten, zum Teil noch sehr neuen Funktionen dieser Transaktionen vorgestellt. Im Kontext der Anpassung von Berechtigungskonzepten an SAP Fiori bzw. andere webbasierte UI-Technologien haben wir dargestellt, wie Sie Vorschlagswerte auch für diese Arten von Anwendungen pflegen können.

Ein wichtiger Teil der Pflege von Vorschlagswerten sind die Nacharbeiten nach Upgrades. In diesem Zusammenhang haben Sie gelernt, wie Sie Vorschlagswerte abgleichen können, wie der Expertenmodus zu verwenden ist und wofür der Zeitstempel eingeführt wurde.

Kapitel 5
Berechtigungstraces

Berechtigungstraces sind deutlich vielfältiger einsetzbar als nur zur Auswertung von fehlenden Berechtigungen. Und es gibt mehr als nur einen Trace. In diesem Kapitel zeigen wir Ihnen deren vielseitige Anwendung.

Viele Anwender und Administratoren nutzen die Option, mithilfe des Systemtraces nach fehlenden Berechtigungen zu suchen. In den letzten Jahren sind allerdings einige Tracefunktionen bzw. -anwendungen ausgeliefert worden, die nicht nur zu Troubleshooting-Zwecken verwendet werden können, sondern bereits bei der Entwicklung von Anwendungen nach Best-Practice-Ansätzen unterstützen.

In diesem Kapitel stellen wir Ihnen sämtliche Traceanwendungen und deren Anwendungsbereiche vor. Diese reichen von der Unterstützung bei der Entwicklung von Anwendungen über die Verwendung zur Erstellung von Rollen für Batch- und RFC-Benutzer bis hin zur Auswertung von ausgeführten Berechtigungsprüfungen im Rahmen der Erstellung von Berechtigungskonzepten.

5.1 Tracefunktionen im Überblick

Vielen Administratoren ist der *Systemtrace* für Berechtigungsprüfungen durchaus geläufig. In den letzten Jahren sind nach und nach immer mehr Tracefunktionalitäten eingeführt worden. Abbildung 5.2 gibt einen Überblick über die verschiedenen Traceanwendungen.

Je nach Anwendungsfall können die Traces wie folgt eingesetzt werden:

- **Systemtrace (Transaktion STAUTHTRACE)**
  Sollen fehlende Berechtigungen in einer Anwendung identifiziert werden, verwenden Sie über die Transaktion STAUTHTRACE den Systemtrace für Berechtigungen.
- **Berechtigungstrace (Transaktion STUSOBTRACE)**
  Möchten Sie jedoch Berechtigungsprüfungen in kundeneigenen Anwendungen identifzieren, können Sie über Transaktion STUSOBTRACE den Langzeitberechtigungstrace verwenden.

- **Benutzertrace (Transaktion STUSERTRACE)**
  Zum Redesign Ihres Berechtigungskonzepts können Sie über Transaktion STUSERTRACE den Benutzertrace verwenden, um aufgerufene Anwendungen und die benötigten Berechtigungen auf Anwenderbasis zu identifizieren.
- **RFC-Trace (Transaktion STRFCTRACE)**
  Um sicherzustellen, dass Ihre technischen RFC-Benutzer lediglich die benötigten RFC-Funktionsbausteine aufrufen können, verwenden Sie den RFC-Trace zur Identifizierung der RFC-Aufrufe. Weitere Informationen zur Absicherung von RFC-Aufrufen finden Sie in Abschnitt 5.5, »Berechtigungsprüfungen für RFC-Aufrufe identifizieren«.

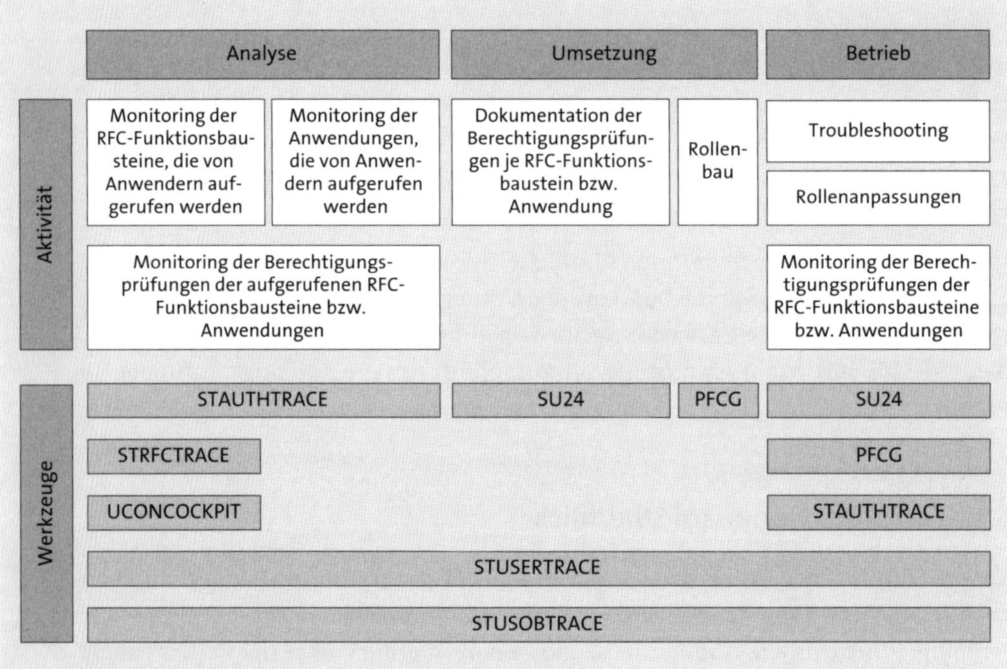

Abbildung 5.1 Einsatz von Traceanwendungen und Werkzeugen der Berechtigungspflege (Quelle: SAP SE)

Abbildung 5.1 fasst die Aktivitäten, die in den einzelnen Phasen der Softwareimplementierung durchgeführt werden, zusammen und zeigt, welche Werkzeuge zum Einsatz kommen können. Hier sind auch die Transaktionen der verschiedenen Traces eingeordnet. Weitere relevante Transaktionen sind SU24 (Berechtigungsvorschlagswerte, siehe auch Kapitel 4) und PFCG (Rollenpflege, siehe Kapitel 3).

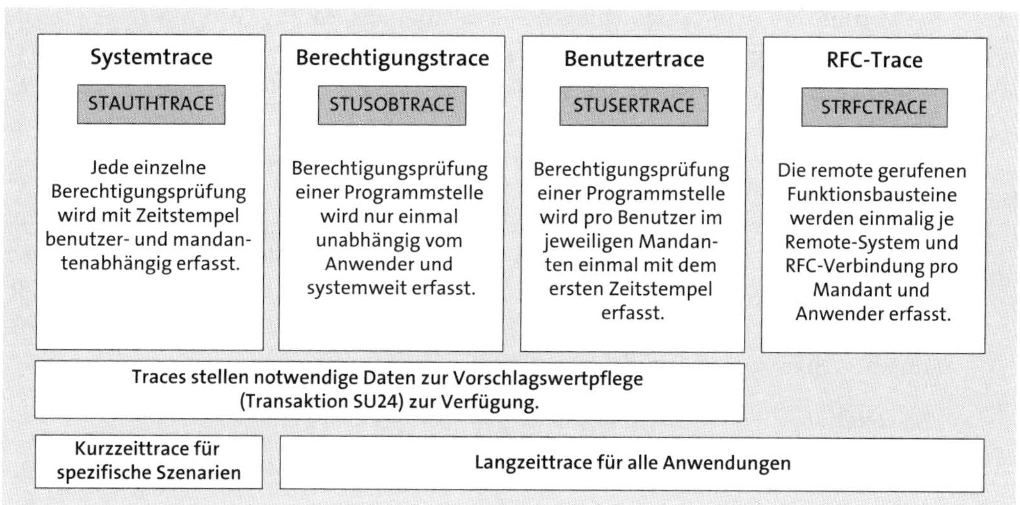

Abbildung 5.2 Überblick über Traceanwendungen

In den folgenden Abschnitten werden wir auf die genannten Werkzeuge näher eingehen und erläutern, wann Sie sie jeweils am besten einsetzen.

5.2 Systemtrace für Berechtigungen verwenden

Bei der Pflege von Berechtigungswerten in PFCG-Rollen sowie bei der Fehlersuche ist die Verwendung des Systemtraces für Berechtigungen unumgänglich. Hier haben sich SAP-Kunden in der Vergangenheit mehr Benutzerfreundlichkeit gewünscht, da die Traceauswertung zum Teil unübersichtlich war.

Die Berechtigungsprüfungen werden als Teil des Systemtraces in Transaktion ST01 protokolliert. Der Trace zeichnet alle Berechtigungsprüfungen samt der geprüften Berechtigungswerte für einen bestimmten Anwendungsserver auf und gibt mandantenabhängig an, ob die Berechtigungsprüfungen erfolgreich waren oder nicht. Die Darstellung des Traces ist mit der Transaktion STAUHTRACE verbessert worden (siehe auch SAP-Hinweis 1373111). Die folgenden Änderungen sind über Support Packages und Kernel Patches durchgeführt worden:

- Einschränkung des Traces auf die Aufzeichnung fehlgeschlagener Berechtigungsprüfungen
- Einschränkung der Anzeige auf fehlgeschlagene Berechtigungsprüfungen
- Anzeige weiterführender Informationen zu Berechtigungsprüfungen, wie z. B.:
  - Benutzername, für den die Berechtigungsprüfung durchgeführt worden ist
  - Transaktion, in der die Berechtigungsprüfung erfolgte

- Grund für eine fehlgeschlagene Berechtigungsprüfung, wie etwa die globale Deaktivierung eines Berechtigungsobjekts in der Transaktion AUTH_SWITCH_OBJECTS oder die Deaktivierung einer Prüfung für eine Transaktion in der Transaktion SU24

Außerdem ist eine neue Transaktion zur Steuerung und Auswertung des Systemtraces ausschließlich für Berechtigungsprüfungen hinzufügt worden, die Sie mit dem Transaktionscode STAUTHTRACE aufrufen (siehe Abbildung 5.3). Sie wird über das jeweilige Support Package, das in SAP-Hinweis 1603756 benannt ist, eingespielt. Über die Transaktion STAUTHTRACE kann der Systemtrace für Berechtigungsprüfungen auch instanzübergreifend aktiviert und ausgewertet werden.

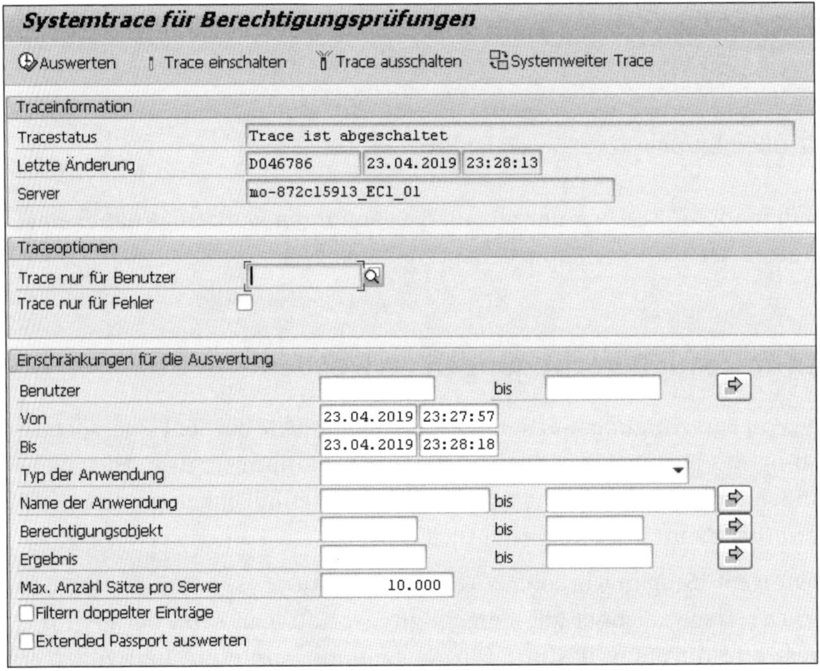

Abbildung 5.3 Berechtigungstrace in der Transaktion STAUTHTRACE

Der Trace kann in Transaktion STAUTHTRACE (ebenso wie in Transaktion ST01) für einzelne Benutzer und ausschließlich für Berechtigungsfehler aktiviert werden. Die Auswertung erfolgt ähnlich derjenigen des Systemtraces in der Transaktion ST01. In der Transaktion STAUTHTRACE können Sie darüber hinaus auch nach bestimmten Berechtigungsobjekten oder bestimmten Return-Codes für die Berechtigungsprüfung (d. h. nach positiv oder negativ bewerteten Berechtigungsprüfungen) auswerten. Dazu tragen Sie diese Selektionskriterien im Bereich **Einschränkungen für die Auswertung** ein. Außerdem lassen sich mehrfache Einträge filtern, indem Sie die die Option **Filtern doppelter Einträge** auswählen.

Alle Berechtigungsprüfungen werden in Tabellenform als ALV-Liste (Liste des SAP List Viewers) ausgegeben (siehe Abbildung 5.4). Diese Liste kann nach Spalten sortiert oder gefiltert werden.

Systemtrace für Berechtigungsprüfungen

Benutzerpuffer CDS-Zugriffskontrolle

Datum	Zeitpunkt	Benutzer	Typ	Anwendung	Programmname	Ergebnis	Ergebnis der Berechtigungsprüfung	Zusatzinfo	Zugriffsfilterung	Objekt	Feld 1	Wert 1	Feld 2	Wert 2
23.04.2019	23:43:15:180	TEST01	Transaktion	SU01	SAPLSUSE	0	Berechtigungsprüfung erfolgreich			S_TCODE	TCD	SU01		
23.04.2019	23:43:15:181	TEST01	Transaktion	SU01	SAPLSUSE	0	Berechtigungsprüfung erfolgreich			S_USER_GRP	CLASS		ACTVT	
23.04.2019	23:43:21:656	TEST01	Transaktion	SU01	CL_SUID_TOOLS==========CP	0	Berechtigungsprüfung erfolgreich			S_USER_GRP	CLASS	SUPER	ACTVT	03
23.04.2019	23:43:25:930	TEST01	Transaktion	SU01	CL_ALV_HELPER_INTERNAL=CP	12	Keine Berechtigung im Benutzerstammsatz			S_ALV_LAYO	ACTVT	23		
23.04.2019	23:43:25:949	TEST01	Transaktion	SU01	CL_ALV_HELPER_INTERNAL=CP	12	Keine Berechtigung im Benutzerstammsatz			S_ALV_LAYR	ACTVT	23	REPORT	SAPLSUID
23.04.2019	23:43:25:957	TEST01	Transaktion	SU01	CL_GUI_ALV_GRID========CP	12	Keine Berechtigung im Benutzerstammsatz			S_GUI	ACTVT	61		
23.04.2019	23:43:26:001	TEST01	Transaktion	SU01	CL_GUI_ALV_GRID========CP	12	Keine Berechtigung im Benutzerstammsatz			S_GUI	ACTVT	02		
23.04.2019	23:43:36:317	TEST01	Transaktion	SU01	CL_SUID_TOOLS==========CP	4	Berechtigungsprüfung nicht erfolgreich			S_USER_GRP	CLASS	SUPER	ACTVT	02
23.04.2019	23:43:36:356	TEST01	Transaktion	SU01	CL_SUID_TOOLS==========CP	4	Berechtigungsprüfung nicht erfolgreich			S_USER_GRP	CLASS	SUPER	ACTVT	22
23.04.2019	23:43:36:424	TEST01	Transaktion	SU01	CL_GUI_ALV_GRID========CP	12	Keine Berechtigung im Benutzerstammsatz			S_GUI	ACTVT	61		
23.04.2019	23:43:36:424	TEST01	Transaktion	SU01	CL_GUI_ALV_GRID========CP	12	Keine Berechtigung im Benutzerstammsatz			S_GUI	ACTVT	02		

Abbildung 5.4 Auswertung des Berechtigungstraces in der Transaktion STAUTHTRACE

Durch einen Doppelklick auf ein Berechtigungsobjekt gelangen Sie direkt zur Definition dieses Objekts, und mit einem Doppelklick auf die Transaktion werden Sie direkt zur Programmstelle geleitet, in der die Berechtigungsprüfung erfolgt. Dabei werden Sie in den ABAP Editor und dort exakt zu der Stelle der Berechtigungsprüfung geführt (siehe Abbildung 5.5).

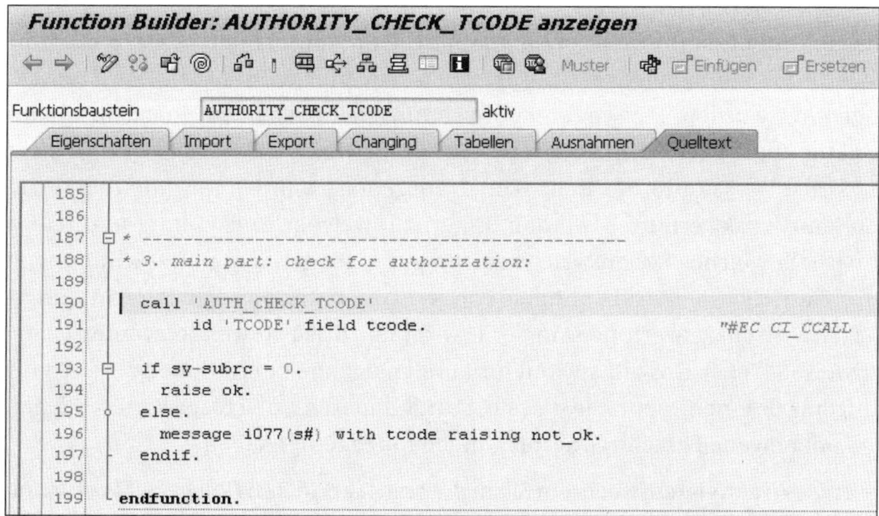

Abbildung 5.5 Absprung zur Berechtigungsprüfung aus dem Systemtrace

Durch die verbesserte Anzeige der Traceergebnisse können Berechtigungsadministratoren mit den Funktionen des ALV beispielsweise alle fehlgeschlagenen Berechtigungsprüfungen filtern oder Berechtigungsobjekte gruppiert darstellen. Damit ist die Analyse im Fehlerfall oder zum Rollenbau um einiges erleichtert worden.

5.3 Berechtigungsvorschlagswerte für Neuentwicklungen ergänzen

Die klassische Tracefunktion in den Transaktionen ST01 und STAUTHTRACE weist eine Schwäche auf: Sie ist für eine kurzzeitige Nutzung und die Untersuchung eines konkreten Anwendungsfalls gedacht. Die Daten werden allerdings weder konsolidiert noch in der Datenbank gespeichert. Aus diesem Grund konnte eine Auswertung von Traces über umfangreichere Zeiträume hinweg und für ganze Benutzergruppen lange Zeit nicht erfolgen.

Mit dem Berechtigungstrace in Transaktion STUSOBTRACE wurde ein wertvolles Werkzeug geschaffen, das Informationen zu den innerhalb bestimmter Anwendungen benötigten Berechtigungen in konsolidierter Form abspeichert, also unabhängig von Zeit, Benutzer und Mandant. Diese Informationen werden in der SAP-Tabelle `USOB_AUTHVALTRC` abgelegt. Eine Aktivierung des Traces ohne Filter in einem Test- oder Produktivsystem liefert mit der Zeit wertvolle, systemweite Informationen, die bei der Ausprägung der Vorschlagswerte in Transaktion SU24 bzw. der Rollen in Transaktion PFCG helfen können. Die Aktivierung des Traces erfolgt mithilfe des dynamischen Profilparameters `auth/authorization_trace`.

Über die gesammelten Informationen können Sie in Transaktion SU24 z. B. die Vorschlagswerte für kundeneigene Transaktionen nachpflegen, sobald diese Transaktionen genutzt wurden. Ein weiterer Anwendungsfall besteht im Rückbau uneingeschränkter Zugriffsrechte in einem System (etwa, wenn das Berechtigungsobjekt `S_DATASET` oder `S_TABU_DIS` mit dem Wert * ausgeprägt wurde). Mithilfe der Tracefunktion kann exakt ermittelt werden, innerhalb welcher Anwendung und damit auch innerhalb welcher Rollen welche Ausprägung der genannten Berechtigungen wirklich erforderlich ist. Darüber hinaus können Tracedaten aus dem Berechtigungstrace bei der Vorschlagswertpflege in der Transaktion SU24 verwendet werden (siehe SAP-Hinweis 1847663). Das gilt sowohl für kundeneigene Transaktionen als auch für Standardtransaktionen, wenn Sie diese u. U. mit anderen Vorschlagswerten pflegen möchten oder eigene Berechtigungsprüfungen hinzugefügt haben.

Um den Trace zu aktivieren, wechseln Sie in die Transaktion RZ11 (Pflege der Profilparameter), tragen den Parameternamen `auth/authorization_trace` in das Selektionsfeld ein und klicken auf **Anzeigen**. Sie gelangen nun zur Detailansicht des Profilparameters mit sämtlichen Eigenschaften und der Verlinkung zu einer Dokumentation (siehe Abbildung 5.6). Um den Trace einzuschalten, klicken Sie auf **Wert ändern**, und es öffnet sich ein Pop-up-Fenster. Tragen Sie hier im Feld **Neuer Wert** »Y« (aktiv) oder »F« (aktiv mit Filter) ein, falls Sie einen Filter definieren möchten. Speichern Sie Ihre Eingabe. Es erscheint nun eine Warnung mit der Information, dass der Parameterwert beim Durchstarten des Anwendungsservers wieder zurückgesetzt würde.

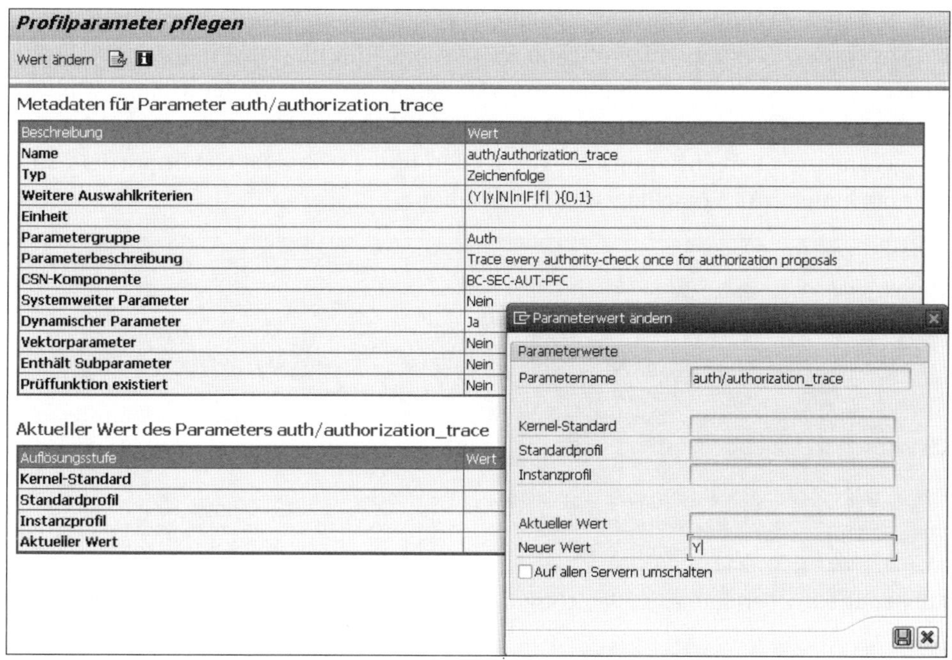

Abbildung 5.6 Berechtigungstrace über Profilparameter auth/authorization_trace einschalten

Rufen Sie nun Ihre kundeneigene Anwendung auf, sodass die Tracedaten gesammelt werden können. Sie überprüfen, ob neue Informationen in den Ergebnissen des Traces erscheinen, indem Sie die Transaktion STUSOBTRACE aufrufen und nach Ihrer Anwendung selektieren.

Rufen Sie nun in der Transaktion SU24 Ihre kundeneigene Anwendung auf. Ihnen wird auffallen, dass keine Berechtigungsobjekte gepflegt sind. Weiterhin können Sie hier sehen, dass der Berechtigungstrace eingeschaltet ist (siehe Abbildung 5.7).

Abbildung 5.7 Transaktion SU24 ohne Werte

Um nun die Tracedaten aus der Tabelle USOB_AUTHVALTRC für die Berechtigungsvorschlagswerte zu verwenden, wechseln Sie erst in den Änderungsmodus und klicken anschließend entweder auf den Button **SAP-Daten**, oder Sie wählen **Objekt • Objekte aus Trace hinzufügen • Berechtigungstrace (STUSOBTRACE) • Lokal** (siehe Abbildung 5.8). Die gefundenen Berechtigungsobjekte werden nun aus der Tabelle importiert, sind aber noch nicht mit Vorschlagswerten versehen.

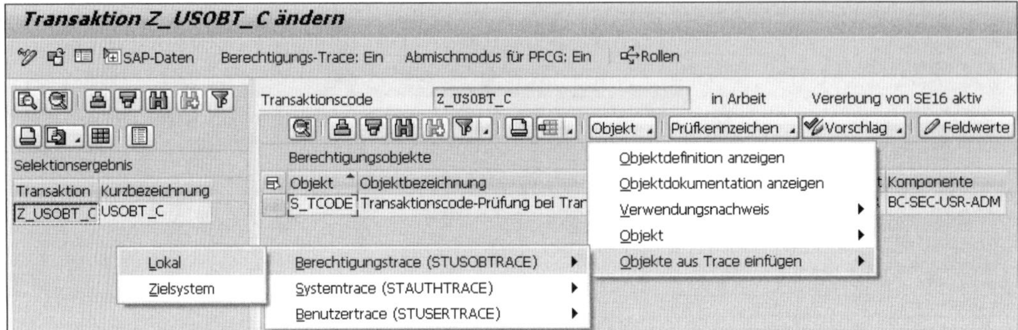

Abbildung 5.8 Übernahme der Berechtigungsobjekte aus dem Berechtigungstrace

Zur Pflege der Vorschlagswerte klicken Sie auf den Button **Trace**. Im sich daraufhin öffnenden Fenster wählen Sie im linken oberen Abschnitt eines der Berechtigungsobjekte der neuen Anwendung aus und wählen anschließend die Funktion **Trace auswerten • Berechtigungstrace (STUSOBTRACE) • Lokal**. Nun werden die geprüften Berechtigungswerte angezeigt. Zur Übernahme dieser Werte wählen Sie in der Auswahlliste **Vorschlagsstatus** oben links die Option **Y Ja** aus und markieren im rechten Bereich des Fensters die gewünschten Werte (siehe Abbildung 5.9). Klicken Sie dann auf **Übernehmen**.

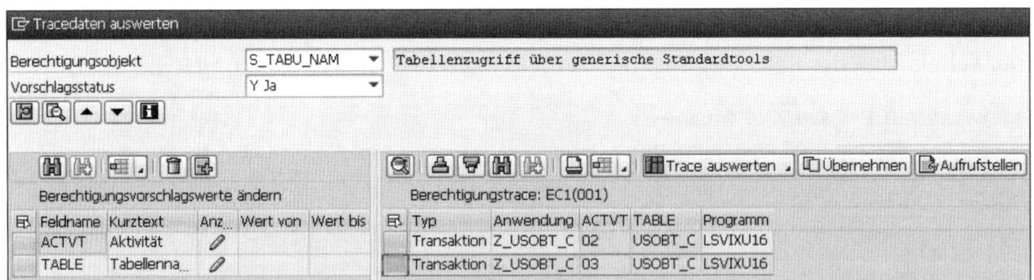

Abbildung 5.9 Übernahme der Berechtigungswerte aus dem Berechtigungstrace

Nach der Übernahme Ihrer Eingaben bestätigen Sie in der Berechtigungsvorschlagswertepflege die Berechtigungsfeldpflege mit einem Klick auf das grüne Häkchen (☑, siehe Abbildung 5.10). Fahren Sie analog mit weiteren Berechtigungsobjekten fort.

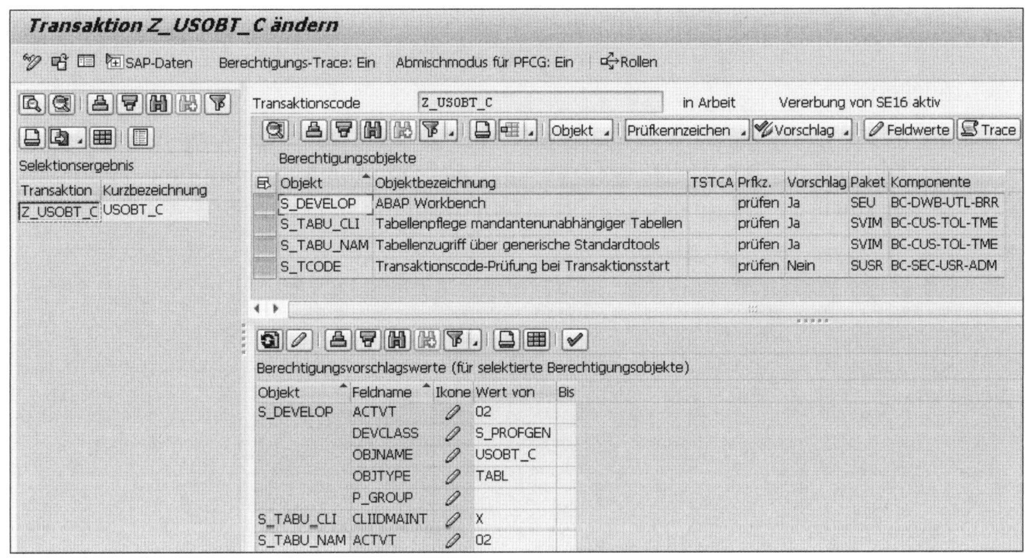

Abbildung 5.10 Bestätigung der Berechtigungsvorschlagswerte

5.4 Verwendung des Benutzertraces als Langzeittrace

Mit der Bereitstellung des Berechtigungstrace in der Transaktion STUSOBTRACE wurde eine Möglichkeit geschaffen, parallel zum klassischen Trace Daten zu Berechtigungsprüfungen zu sammeln und diese Information in konsolidierter Form direkt in der Datenbank zu speichern. Analog stellt der Benutzertrace in der Transaktion STUSERTRACE eine weitere Möglichkeit dar, um relevante Daten zu sammeln, allerdings mit einer etwas höheren Granularität: Im Gegensatz zum Berechtigungstrace speichert der Benutzertrace Tracedaten abhängig von der Benutzer-ID sowie vom Mandanten. Während eine Berechtigungsprüfung an derselben Programmstelle, die von verschiedenen Benutzern durchlaufen wird, im Berechtigungstrace nur beim ersten Mal erfasst und gespeichert wird, speichert der Benutzertrace alle durchlaufenen Prüfungen, sofern es sich um verschiedene Benutzer handelt. Die Daten werden in der Tabelle SUAUTHVALTRC abgelegt.

Die vom Benutzertrace gespeicherten Daten werden insofern konsolidiert, als mehrfache Berechtigungsprüfungen an ein und derselben Programmstelle durch denselben Benutzer nur einmal gespeichert werden. Ergänzend zu den im Berechtigungstrace gespeicherten Informationen wird im Benutzertrace noch der Return-Code der Berechtigungsprüfung abgespeichert. Außerdem finden Sie hier die Information, ob es sich um die Berechtigungsprüfung für einen Dialogbenutzer oder seinen Referenzbenutzer handelt.

Die Auswertung des Benutzertraces hat große Ähnlichkeit mit derjenigen des Berechtigungstraces (Transaktion STUSOBTRACE). Sie können sehen, ob der Trace aktiviert ist. Sie können ferner einschränkende Kritierien zur Auswertung, wie z. B. den Typ der Anwendung, den Benutzer, ein Berechtigungsobjekt oder einen Zeitraum pflegen.

Im Ergebnis sehen Sie die Felder **Typ der Anwendung**, **Name der Anwendung**, **Benutzer**, **Ergebnis** der Berechtigungsprüfung, **Zusatzinformation zur Prüfung**, **Zugriffsfilterung** sowie Details zu den geprüften **Berechtigungsobjekten** (siehe Abbildung 5.11).

Benutzertrace für Berechtigungsprüfungen: 500 Treffer

Benutzerpuffer CDS-Zugriffskontrolle Selektionen

Typ der Anwendung	Name der Anwendung	Benutzer	Ergebnis	Ergebnis	Zusatzinformation zur Prüfung	Zugriffsfilterung	Objekt	Feld 1	Wert 1	Feld 2	Wert 2
Transaktion	PFCG	Benutzer1	0	Berechtigungsprüfung erfolgreich	Berechtigt durch Referenzbenutzer		S_ALV_LAYR	ACTVT	23	REPORT	SAPLSUAUTHTRACE
Transaktion	PFCG	Benutzer1	0	Berechtigungsprüfung erfolgreich	Berechtigt durch Referenzbenutzer		S_ALV_LAYR	ACTVT	23	REPORT	SAPLSUAUTHTRACE
Transaktion	PFCG	Benutzer1	0	Berechtigungsprüfung erfolgreich	Berechtigt durch Referenzbenutzer		S_ALV_LAYR	ACTVT	23	REPORT	SAPLSUAUTHTRACE
Transaktion	PFCG	Benutzer1	0	Berechtigungsprüfung erfolgreich			S_ALV_LAYR	ACTVT	23	REPORT	SAPLSUAUTHTRACE
Transaktion	PFCG	Benutzer7	0	Berechtigungsprüfung erfolgreich	Berechtigt durch Referenzbenutzer		S_ALV_LAYR	ACTVT	23	REPORT	SAPLSUPRN
Transaktion	PFCG	Benutzer1	0	Berechtigungsprüfung erfolgreich			S_ALV_LAYR	ACTVT	23	REPORT	SAPLSUPRN
Transaktion	PFCG	Benutzer7	0	Berechtigungsprüfung erfolgreich	Berechtigt durch Referenzbenutzer		S_ALV_LAYR	ACTVT	23	REPORT	SAPLSUPRN
Transaktion	PFCG	Benutzer7	0	Berechtigungsprüfung erfolgreich	Berechtigt durch Referenzbenutzer		S_DATASET	PROGRAM	CL_SEDI_TEM	ACTVT	33
Transaktion	PFCG	Benutzer7	0	Berechtigungsprüfung erfolgreich	Berechtigt durch Referenzbenutzer		S_DATASET	PROGRAM	CL_SEDI_TEM	ACTVT	34
Transaktion	PFCG	Benutzer1	0	Berechtigungsprüfung erfolgreich			S_DEVELOP	DEVCLASS		OBJTYPE	SUSO
Transaktion	PFCG	Benutzer7	0	Berechtigungsprüfung erfolgreich	Berechtigt durch Referenzbenutzer		S_DEVELOP	DEVCLASS	SECC	OBJTYPE	PROG
Transaktion	PFCG	Benutzer7	0	Berechtigungsprüfung erfolgreich	Berechtigt durch Referenzbenutzer		S_DEVELOP	DEVCLASS	SECC	OBJTYPE	PROG
Transaktion	PFCG	Benutzer4	0	Berechtigungsprüfung erfolgreich			S_DOKU_AUT	DOKU_ACT		DOKU_DEVCL	

Abbildung 5.11 Auswertung des Benutzertraces in Transaktion STUSERTRACE

In Summe gibt der Benutzertrace also in konsolidierter Form die Information aus, welche Berechtigungsprüfungen ein Benutzer erfolgreich durchläuft, ohne Aufschluss über die Häufigkeit der Nutzung der aufgezeichneten Berechtigungsprüfungen zu geben. Diese Information eröffnet Ihnen abhängig von der Konfiguration des Traces viele Möglichkeiten:

- Wenn der Trace für alle Benutzer aktiviert ist, kann in einem Supportfall direkt geprüft werden, an welcher Stelle der Anwender ein Problem hatte. Zeitaufwendige Rücksprachen zur Reproduktion des Problems lassen sich dadurch in vielen Fällen vermeiden.
- Sie erhalten bei aktiviertem Trace für jeden Benutzer nach und nach vollständigere Informationen, welche Berechtigung der Anwender für seine tägliche Arbeit und welche er nur gelegentlich benötigt. Das erleichtert die Entscheidung insbesondere beim Entzug von Berechtigungen.
- Die vom Trace gesammelten Informationen können wiederum für komplexere Simulationen verwendet werden. So bildet etwa der Benutzertrace die Datengrundlage für die Testsimulation, die wir in Abschnitt 5.8, »Vereinfachtes Testen eines neuen Berechtigungskonzepts«, vorstellen.

Grundsätzlich ist der Benutzertrace mit den Releases SAP_BASIS 7.40 SP16 (siehe SAP-Hinweis 2220030) bzw. SAP_BASIS 7.40 SP13 (siehe SAP Hinweis 2355478) verfügbar. Er wird über den Profilparameter `auth/auth_user_trace` gesteuert. Analog zu den Werten zur Steuerung des Berechtigungstraces über den Profilparameter `auth/authorization_trace` können Sie die folgenden Werte einstellen:

- N (Trace abgeschaltet)
- Y (Trace eingeschaltet)
- F (Trace eingeschaltet mit Filter)

[!]

Performanceeinbußen durch Langzeitaktivierung

Beachten Sie, dass eine Aktivierung des Traces in einem stark genutzten System zu Performanceproblemen sowie zu einem schnellen Wachstum der Tabelle SUAUTHVALTRC führen kann. Daher ist unter Umständen die Verwendung des Traces mit Filtern auf beispielsweise nur bestimmte Benutzer ratsam. Die Anzahl der Benutzer, deren Berechtigungsprüfungen mit dem Trace aufgezeichnet werden, kann über die Customizing-Tabelle USR_CUST mithilfe des Parameters STUSERTRACE_MAX_USER auf bis zu 1.000 erhöht werden.

5.5 Berechtigungsprüfungen für RFC-Aufrufe identifizieren

In vielen Unternehmen liegt das primäre Augenmerk im Berechtigungsumfeld auf der Absicherung von Dialogzugriffen. Für jede erforderliche Transaktion entscheiden Sie im Einzelnen, welche Personengruppen Zugriff erhalten dürfen. Oft wird dabei übersehen, dass für das kritische Berechtigungsobjekt S_RFC eine analoge Berechtigungszuweisung erfolgen muss. Sind die Berechtigungen zum externen RFC-Zugriff (RFC = Remote Function Call) über Funktionsbausteine unsauber definiert und den Benutzern zugewiesen, wird der Primärschutz für startbare Anwendungen durch das Berechtigungsobjekt S_TCODE schnell umgangen.

Beispiele für solche Schlupflöcher sind:

- Zugriff auf berechtigte Tabellengruppen mithilfe des Funktionsbausteins RFC_READ_TABLE ohne Berechtigungen für die Transaktionen SE16, SE16N oder SM30
- Zurücksetzen von Passwörtern bei Benutzern der berechtigten Benutzergruppen mithilfe des Funktionsbausteins BAPI_USER_CHANGE ohne Berechtigung für die Transaktion SU01 oder die Transaktion SU10
- Nutzung eines in einer bestehenden RFC-Verbindung hinterlegten, umfangreich berechtigten Systembenutzers zum Aufruf diverser Funktionsbausteine (RFC-Hopping)
- Ausnutzung von unsicherem Code in Standard- oder kundenspezifischen Funktionsbausteinen

Berechtigungen werden oftmals nicht eingeschränkt, da häufig die Informationen darüber fehlen, wie das Berechtigungsobjekt S_RFC auszuprägen ist. Die Ermittlung der erforderlichen Funktionsbausteine wird häufig als zu aufwendig eingestuft, die

Risiken durch eine fehlende Einschränkung werden unterschätzt. Sie haben mehrere Möglichkeiten, die notwendigen RFC-Berechtigungen zu identifizieren. Eine davon ist die Verwendung des RFC-Trace (Transaktion STRFCTRACE) zur Auswertung von RFC-Statistiksätzen (SAP Hinweis 2080378 gibt an, ab welchem Support Package diese Funktion für Ihr Release zur Verfügung steht). Diese statistischen Daten werden in jedem Anwendungsserver geschrieben.

Folgende Voraussetzungen müssen zur Verwendung des RFC-Traces geschaffen sein:

- Die Anzeige der gerufenen RFC-Funktionsbausteine mit Transaktion STRFCTRACE kann erst dann erfolgen, wenn die Auswertung von Statistiksätzen mit Hilfe eines Batch-Jobs durchgeführt wurde:
  - Aktivieren Sie dazu die Aggregation der Statistikdaten, indem Sie in der Transaktion RZ10 den Profilparameter `ucon/rfc/active` auf den Wert 1 setzen.
  - Planen Sie in Transaktion SM36 den Report `RS_UCON_MANAGEMENT` unter dem Jobnamen `SAP_UCON_MANAGEMENT` stündlich ein. Dieses Programm stammt aus dem Bereich *Unified Connectivity* (siehe Informationskasten am Ende dieses Abschnitts) und sammelt statistische Werte zu RFC-Aufrufen. Ab SAP NetWeaver Application Server ABAP 7.4 steht Ihnen dieser Batchjob als Standardjob zur Verfügung.
  - Stellen Sie sicher, dass der Job-Ersteller über die notwendige Berechtigung für das Objekt `S_TOOLS_EX` verfügt (Berechtigungsfeld `AUTH = "S_TOOLS_EX_A"`), wodurch die Anzeige der Statistikaufzeichnungen in Monitoring-Tools erlaubt wird. Weitere Informationen hierzu finden Sie in SAP-Hinweis 2055322.
- Um sicherzugehen, dass in Systemen, die einen geringeren Releasestand als SAP_BASIS 7.40 aufweisen, alle Namen der gerufenen RFC-Funktionsbausteine mindestens einmal pro RFC-Sitzung in den Statistikdaten protokolliert werden, müssen Sie den Profilparameter `stat/rfc/distinct` auf den Wert `1` setzen. In allen Systemen ab einem Releasestand SAP_BASIS 7.40 ist dies das Standardverhalten.

Um die ausgeführten RFC-Funktionsbausteine im jeweiligen Mandanten des Systems anzeigen zu lassen, rufen Sie die Transaktion STRFCTRACE auf. In Abbildung 5.12 sehen Sie die Selektionsmaske, in der Sie die Ergebnisse des RFC-Traces nach folgenden Kriterien einschränken können:

- System-ID des aufrufenden Systems
- Benutzername des Aufrufers
- ausführender Benutzer
- Funktionsbaustein bzw. Funktionsgruppe

Optional können Sie sich darüber hinaus die folgenden Informationen anzeigen lassen:

- Berechtigungen des ausführenden Benutzers für das Berechtigungsobjekt `S_RFC`

- Serverinformationen zur Aufrufer-Instanz sowie zur ausführenden Instanz
- Berechtigungstrace (Transaktion STUSOBTRACE)

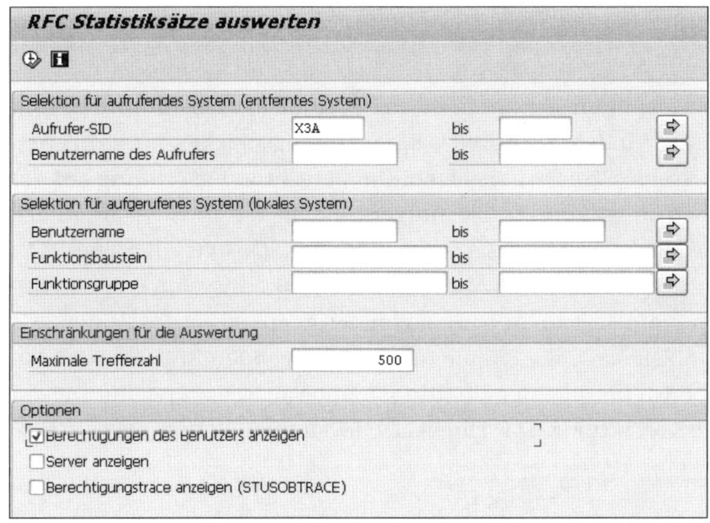

Abbildung 5.12 Selektionsmaske der Transaktion STRFCTRACE

Anschließend können Sie die Ergebnisse des Traces über den Button (**Ausführen**) auswerten. Die Ergebnisse der Selektion stellen nun die ausgeführten RFC-Funktionsbausteine im aktuellen Mandanten dar, wie in Abbildung 5.13 dargestellt.

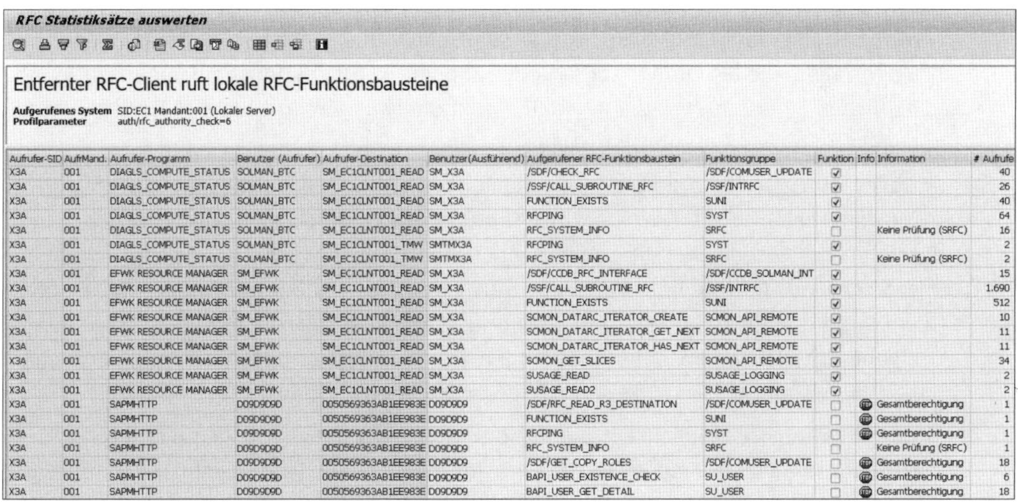

RFC Statistiksätze auswerten

Entfernter RFC-Client ruft lokale RFC-Funktionsbausteine

Aufgerufenes System SID:EC1 Mandant:001 (Lokaler Server)
Profilparameter auth/rfc_authority_check=6

Aufrufer-SID	AufrMand.	Aufrufer-Programm	Benutzer (Aufrufer)	Aufrufer-Destination	Benutzer(Ausführend)	Aufgerufener RFC-Funktionsbaustein	Funktionsgruppe	Funktion	Info	Information	# Aufrufe
X3A	001	DIAGLS_COMPUTE_STATUS	SOLMAN_BTC	SM_EC1CLNT001_READ	SM_X3A	/SDF/CHECK_RFC	/SDF/COMUSER_UPDATE	[x]			40
X3A	001	DIAGLS_COMPUTE_STATUS	SOLMAN_BTC	SM_EC1CLNT001_READ	SM_X3A	/SSF/CALL_SUBROUTINE_RFC	/SSF/INTRFC	[x]			26
X3A	001	DIAGLS_COMPUTE_STATUS	SOLMAN_BTC	SM_EC1CLNT001_READ	SM_X3A	FUNCTION_EXISTS	SUNI	[x]			40
X3A	001	DIAGLS_COMPUTE_STATUS	SOLMAN_BTC	SM_EC1CLNT001_READ	SM_X3A	RFCPING	SYST	[x]			64
X3A	001	DIAGLS_COMPUTE_STATUS	SOLMAN_BTC	SM_EC1CLNT001_READ	SM_X3A	RFC_SYSTEM_INFO	SRFC	[ ]		Keine Prüfung (SRFC)	16
X3A	001	DIAGLS_COMPUTE_STATUS	SOLMAN_BTC	SM_EC1CLNT001_TMW	SMTMX3A	RFCPING	SYST	[x]			2
X3A	001	DIAGLS_COMPUTE_STATUS	SOLMAN_BTC	SM_EC1CLNT001_TMW	SMTMX3A	RFC_SYSTEM_INFO	SRFC	[ ]		Keine Prüfung (SRFC)	2
X3A	001	EFWK RESOURCE MANAGER	SM_EFWK	SM_EC1CLNT001_READ	SM_X3A	/SDF/CCDB_RFC_INTERFACE	/SDF/CCDB_SOLMAN_INT	[x]			15
X3A	001	EFWK RESOURCE MANAGER	SM_EFWK	SM_EC1CLNT001_READ	SM_X3A	/SSF/CALL_SUBROUTINE_RFC	/SSF/INTRFC	[x]			1.690
X3A	001	EFWK RESOURCE MANAGER	SM_EFWK	SM_EC1CLNT001_READ	SM_X3A	FUNCTION_EXISTS	SUNI	[x]			512
X3A	001	EFWK RESOURCE MANAGER	SM_EFWK	SM_EC1CLNT001_READ	SM_X3A	SCMON_DATARC_ITERATOR_CREATE	SCMON_API_REMOTE	[x]			10
X3A	001	EFWK RESOURCE MANAGER	SM_EFWK	SM_EC1CLNT001_READ	SM_X3A	SCMON_DATARC_ITERATOR_GET_NEXT	SCMON_API_REMOTE	[x]			11
X3A	001	EFWK RESOURCE MANAGER	SM_EFWK	SM_EC1CLNT001_READ	SM_X3A	SCMON_DATARC_ITERATOR_HAS_NEXT	SCMON_API_REMOTE	[x]			11
X3A	001	EFWK RESOURCE MANAGER	SM_EFWK	SM_EC1CLNT001_READ	SM_X3A	SCMON_GET_SLICES	SCMON_API_REMOTE	[x]			34
X3A	001	EFWK RESOURCE MANAGER	SM_EFWK	SM_EC1CLNT001_READ	SM_X3A	SUSAGE_READ	SUSAGE_LOGGING	[x]			2
X3A	001	EFWK RESOURCE MANAGER	SM_EFWK	SM_EC1CLNT001_READ	SM_X3A	SUSAGE_READ2	SUSAGE_LOGGING	[x]			2
X3A	001	SAPMHTTP	D09D9D9D	0050569363AB1EE983E	D09D9D9	/SDF/RFC_READ_R3_DESTINATION	/SDF/COMUSER_UPDATE	[ ]	STOP	Gesamtberechtigung	1
X3A	001	SAPMHTTP	D09D9D9D	0050569363AB1EE983E	D09D9D9	FUNCTION_EXISTS	SUNI	[ ]	STOP	Gesamtberechtigung	1
X3A	001	SAPMHTTP	D09D9D9D	0050569363AB1EE983E	D09D9D9	RFCPING	SYST	[ ]	STOP	Gesamtberechtigung	1
X3A	001	SAPMHTTP	D09D9D9D	0050569363AB1EE983E	D09D9D9	RFC_SYSTEM_INFO	SRFC	[ ]		Keine Prüfung (SRFC)	1
X3A	001	SAPMHTTP	D09D9D9D	0050569363AB1EE983E	D09D9D9	/SDF/GET_COPY_ROLES	/SDF/COMUSER_UPDATE	[ ]	STOP	Gesamtberechtigung	18
X3A	001	SAPMHTTP	D09D9D9D	0050569363AB1EE983E	D09D9D9	BAPI_USER_EXISTENCE_CHECK	SU_USER	[ ]	STOP	Gesamtberechtigung	6
X3A	001	SAPMHTTP	D09D9D9D	0050569363AB1EE983E	D09D9D9	BAPI_USER_GET_DETAIL	SU_USER	[ ]	STOP	Gesamtberechtigung	18

Abbildung 5.13 Ausgeführte RFC-Statistiksätze

In den Ergebnissen sehen Sie, aus welchem System und mit welchem aufrufenden Benutzer und Programm die Funktionsbausteine gerufen wurden. Sie sehen außerdem, welche RFC-Funktionsbausteine auf dem ausführenden System verwendet werden, welcher Benutzer sie verwendet und über welche Berechtigung sie aufgerufen werden. Hat der Benutzer des ausführenden Systems volle Berechtigungen für das Berechtigungsobjekt S_RFC, wird dies in der Spalte Info über das Stop-Icon (STOP) als kritische Nachricht angezeigt.

Die Ergebnisse des Traces können Sie nun in Ihren PFCG-Rollen, z. B. für Ihre technischen Benutzer, verwenden, indem Sie dort das Berechtigungsobjekt S_RFC so ausprägen, wie es die Ergebnisse des Traces nahelegen. Die Berechtigungsprüfung auf der Ebene des Funktionsbausteins können Sie nutzen, indem Sie im Berechtigungsobjekt S_RFC im Feld RFC_TYPE (Typ des zu schützenden RFC-Objekts) den Wert FUNC (Funktionsbaustein) eintragen. Möchten Sie weiterhin Funktionsgruppen berechtigen, geben Sie hier den Wert FUGR an. Abhängig von der Ausprägung des Feldes RFC_TYPE geben Sie dann im Feld RFC_NAME (Name des zu schützenden RFC-Objekts) den Namen des Funktionsbausteins oder der Funktionsgruppe an. Diese Erweiterung der Prüfung wird durch die Korrektur in SAP-Hinweis 931251 ausgeliefert.

[»]

Unified Connectivity

Zusätzlich zur Definition von Berechtigungen für den externen RFC-Zugriff über das Berechtigungsobjekt S_RFC besteht die Möglichkeit, den externen Aufruf von Funktionsbausteinen grundsätzlich zu unterbinden. Ab SAP NetWeaver AS ABAP 7.40 existiert dafür die zusätzliche Sicherheitsschicht *Unified Connectivity* (UCON). Sie steuert unabhängig von Benutzern oder Rollen den externen Zugriff auf RFC-Funktionsbausteine und lässt sich mandantenabhängig konfigurieren. Dabei werden alle Funktionsbausteine, die per RFC ausführbar sein sollen, in eine *Communication Assembly* eingetragen, die als Ordner zur Gruppierung von RFC-Funktionsbausteinen mit einheitlichen Eigenschaften dient. Ist ein Funktionsbaustein dort nicht hinterlegt, wird der Aufruf dieses Funktionsbausteins blockiert.

UCON wurde so konzipiert, dass sie die Performance bei RFC-Aufrufen so wenig wie möglich beeinflusst. Die Identifizierung der erforderlichen Funktionsbausteine erfolgt im *Phasenverwaltungswerkzeug* (Transaktion UCONPHTL), das konstant alle externen RFC-Aufrufe überwacht und eine Erzeugung der Communication Assembly unterstützt. So können auch Aufrufe von neuen Funktionsbausteinen (z. B. kundeneigene Entwicklungen oder Änderungen durch Support Packages) analysiert und gegebenenfalls für den externen Zugriff freigegeben werden.

UCON bietet die Möglichkeit, die Konfiguration, bei der die nicht benötigten RFC-Funktionsbausteine gesperrt werden, im Rahmen einer Evaluierungsphase zu prüfen. Ein SAP-ERP-System besitzt circa 40.000 RFC-fähige Funktionsbausteine. Üblicherweise werden davon nicht mehr als ein paar Hundert verwendet. Mit dem Einsatz von UCON erhöhen Sie daher die Sicherheit Ihres Systems, indem die nicht genutzten RFC-fähigen Funktionsbausteine von vornherein gesperrt werden und somit nicht potenziell von einem Angreifer aufgerufen werden können.

5.6 Vorschlagswerte unter der Zuhilfenahme von Traceauswertungen pflegen

Die Pflege von Vorschlagswerten kann, abhängig von Unternehmensvorgaben oder Sicherheitsrichtlinien, sehr unterschiedlich ausfallen. Je nach Anforderungen sind die von SAP ausgelieferten Vorschlagswerte entweder ausreichend oder müssen ergänzt werden.

Zur Pflege von Vorschlagswerten verwenden Sie die Transaktion SU24, wie in Abschnitt 4.1, »Pflege von Vorschlagswerten«, gezeigt. Hier können Sie für alle Arten von Anwendungen, wie z. B. SAP-GUI-Transaktionen, RFC-Funktionsbausteine oder Web-Dynpro-Anwendungen, die Vorschlagswerte anzeigen lassen und anpassen. Ein gangbarer Weg bei der Pflege von Vorschlagswerten ist die Zuhilfenahme verschiedenster Traces – des Systemtrace, der mit der Transaktion SU24 verknüpft ist, sowie der anderen Tracearten, wie des Berechtigungstraces (Transaktion STUSOBTRACE) und des Benutzertraces (Transaktion STUSERTRACE).

In Abschnitt 5.3, »Berechtigungsvorschlagswerte für Neuentwicklungen ergänzen«, sind wir darauf eingegangen, wie Sie über den Berechtigungstrace die Vorschlagswerte für eigens erstellte Anwendungen hinzufügen. In diesem Abschnitt möchten wir Ihnen zeigen, dass Sie darüber hinaus die Möglichkeit haben, Auswertungsdaten des Systemtraces, des Berechtigungstraces sowie des Benutzertraces bis auf Feldwertebene zu verwenden.

Dabei starten Sie die Traces aus der Transaktion SU24 heraus, sammeln Tracedaten und verwenden diese Daten dann direkt für die Pflege der Vorschlagswerte.

Öffnen Sie hierzu in der Transaktion SU24 die Anwendung, für die Sie die Vorschlagswerte anpassen möchten. Um die fehlenden Vorschlagswerte zu pflegen, können Sie hier nun den Trace starten, indem Sie auf den Button **Trace** klicken (siehe Abbildung 5.14). Sie können über die Transaktionen ST01 oder STAUTHRACE selbstverständlich auch den Systemtrace für Berechtigungen verwenden.

Es öffnet sich ein neues Fenster, in dem Sie auswählen, welche Traceart Sie auswerten möchten.

Klicken Sie hier auf den Button **Trace auswerten** und wählen Sie **Systemtrace (STAUTHTRACE) • Lokal**. Im sich daraufhin öffnenden Fenster erhalten Sie die Gelegenheit, den Trace zuerst auf einen bestimmten Benutzer einzuschränken oder ihn direkt zu starten. Um den Trace auf einen Benutzer einzuschränken, tragen Sie einen Benutzer ein, der die Anwendung, die Sie aufzeichnen möchten, aufruft, und klicken anschließend auf **Trace einschalten** (siehe Abbildung 5.15).

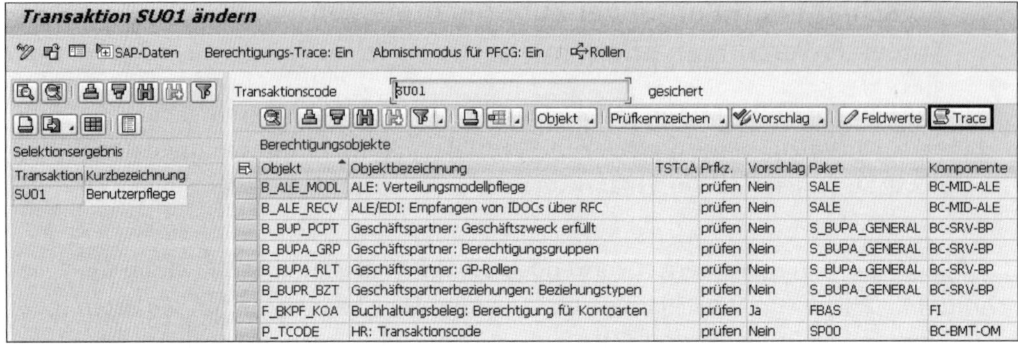

Abbildung 5.14 Traceauswertung in der Transaktion SU24 aufrufen

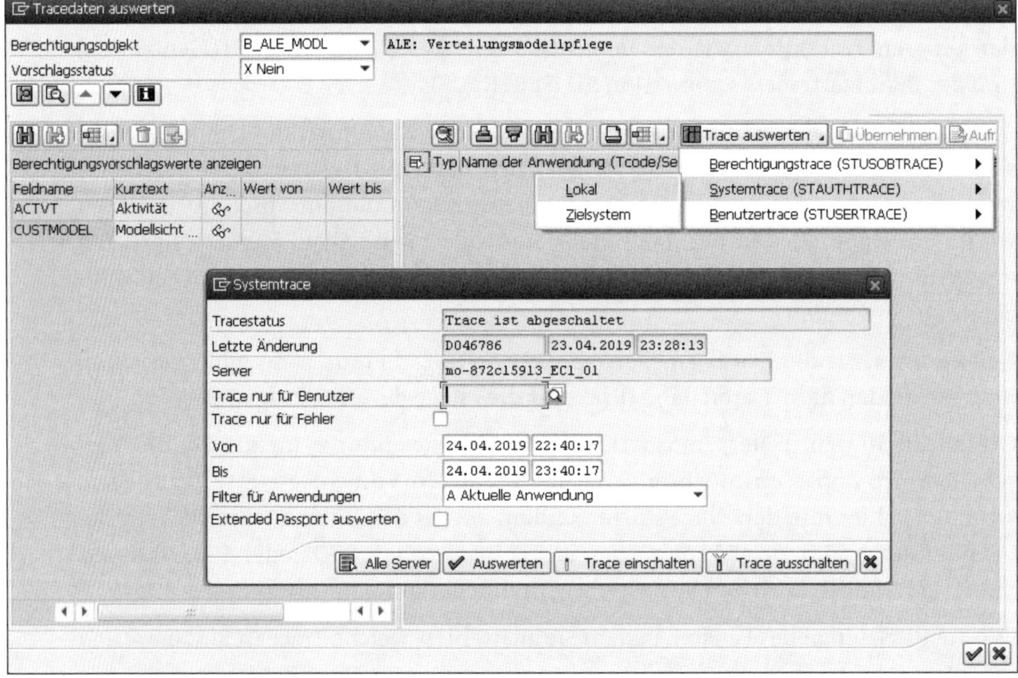

Abbildung 5.15 Systemtrace für einen bestimmten Benutzer einschalten

An dieser Stelle können Sie den Trace auf nur einen Benutzer einschränken. Möchten Sie für mehrere Benutzer Tracedaten auswerten, müssen Sie sie im Vorfeld im Benutzertrace festgelegt und diesen aktiviert haben.

Nun können Sie in einem separaten Modus die Anwendung aufrufen und ausführen, die Sie anpassen möchten.

Sobald der Benutzer die Aktivitäten, deren Berechtigungsprüfungsdaten Sie benötigen, ausgeführt hat, d. h. sobald die Aufzeichnung des Traces abgeschlossen ist, kehren Sie zu Ihrer Anwendung in der Transaktion SU24 zurück und stoppen den Trace über den Button **Trace ausschalten**. Um die Auswertung vorzunehmen, klicken Sie nun auf **Auswerten**. Um die Tracedaten zu einzelnen Berechtigungsobjekten zu erhalten, wählen Sie im linken oberen Bereich in der Auswahlliste **Berechtigungsobjekt** dasjenige Berechtigungsobjekt aus, für das Sie die Vorschlagswerte anpassen möchten (siehe Abbildung 5.16).

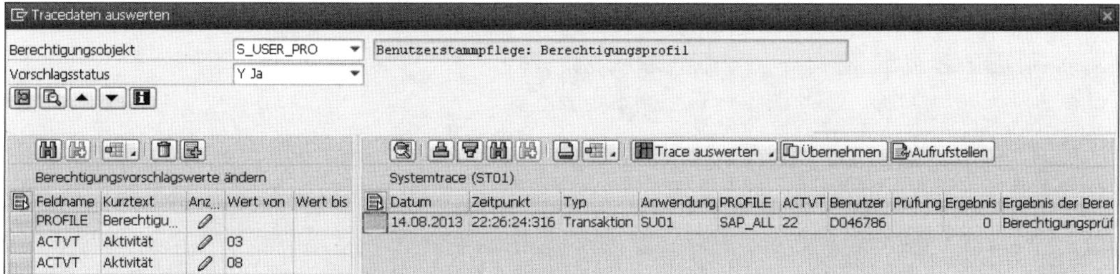

Abbildung 5.16 Übernahme von Tracedaten als Vorschlagswerte

Wenn der Systemtrace für dieses Berechtigungsobjekt Berechtigungsdaten aufgezeichnet hat, werden letztere im rechten Bereich des Fensters angezeigt. Im linken Bereich sehen Sie die bereits vorhandenen Vorschlagswerte. Sollte Ihnen auffallen, dass Vorschlagswerte fehlen, die Sie als notwendig erachten und die vom Trace aufgezeichnet wurden, können Sie für diese Vorschlagswerte den Vorschlagsstatus **Y Ja** setzen, indem Sie die entsprechende Zeile, die Spalte oder das Feld im rechten Bereich markieren und auf den Button **Übernehmen** klicken. Es steht Ihnen frei, anschließend manuelle Anpassungen an den Feldwerten vorzunehmen. Bestätigen Sie anschließend die Pflege, und Ihre Änderungen werden für dieses Berechtigungsobjekt gespeichert. Gehen Sie genauso für alle weiteren Berechtigungsobjekte vor.

Wie Sie in Abbildung 5.15 im Auswahlmenü **Trace auswerten** sehen, können Sie in Transaktion SU24 nicht nur die Daten des Systemtraces verwenden, sondern außerdem auf die Daten des Berechtigungstraces (Transaktion STUSOBTRACE) sowie des Benutzertraces (Transaktion STUSERTRACE) zugreifen.

5.7 Berechtigungstrace anwendungsserverübergreifend auswerten

Wenn Sie den Systemtrace für Berechtigungen in einem System mit mehreren Instanzen von Anwendungsservern verwenden möchten, müssen Sie beachten, dass der Trace die Daten immer nur pro Anwendungsserver protokollieren und auswerten kann. Berechtigungsadministratoren müssen daher bei einem Berechtigungsfehler zuerst prüfen, auf welchem Anwendungsserver der Anwender mit dem Berechtigungsproblem angemeldet ist, um den Trace anschließend auf diesem Anwendungsserver zu starten. Wir geben Ihnen hier eine Anleitung zum Aufzeichnen von Berechtigungsprüfungen auf bestimmten Anwendungsservern, zeigen Ihnen aber darüber hinaus auch einen Weg, um diese Funktion zentral zu nutzen.

In der Transaktion AL08 werden alle angemeldeten Benutzer und deren Anwendungsserver angezeigt. Aus der Spalte **Application-Server-Instanz** können Sie entnehmen, an welchem Anwendungsserver der Benutzer angemeldet ist, bei dem das Berechtigungsproblem aufgetreten ist (siehe Abbildung 5.17).

Systemweite Liste der Benutzersitzungen am SAP-System YI3

Application-Server-Instanz	Manda...	Benutzer-ID	Client-Rechner	Anwendung	Dialogzeit	Sessi...	Priorität	Typ	Speicher	ConvID	Info zur Anwendung
ldciyi3_YI3_33	000	USER03	dewdfgwd00595....		24.04.2019 23:56:09	1	Mittel	RFC	743	30650402	R=1 T=S S=dewdfgwd...
ldai3yi3_YI3_34	000	USER04			24.04.2019 23:56:21	1	Niedrig	RFC	20.599	79447281	R=1 T=a S=ldai2yi3_YI3...
ldai3yi3_YI3_34	000	USER04			24.04.2019 23:55:46	1	Niedrig	RFC	81.779	79393853	R=1 T=a S=ldai2yi3_YI3...
ldai3yi3_YI3_34	000	USER04			24.04.2019 23:54:06	1	Niedrig	RFC	102.302	79213788	R=1 T=a S=ldai2yi3_YI3...
ldai3yi3_YI3_34	322	BONITZ	DRSN34220280A	AL08	24.04.2019 23:56:32	3	Hoch	GUI	34.461		
ldai3yi3_YI3_34	000	WF-BATCH			24.04.2019 23:47:26	1	Mittel	RFC	41.066	50868644	R=37 T=S S=ldai2yi3_Y...
ldai3yi3_YI3_34	000	USER34	10.117.80.246		24.04.2019 23:51:31	1	Mittel	RFC	737	50832052	R=2 T=S S=ve2k12NW...
ldai3yi3_YI3_34	000	USER04			24.04.2019 23:04:14	1	Niedrig	RFC	1.683	76094678	R=1 T=S S=ldai2yi3_YI...
ldai3yi3_YI3_34	000	USER34			24.04.2019 21:57:21	1		Batch	1.287		background job TREX_I...
ldai3yi3_YI3_34	000	USER04			24.04.2019 21:51:50	1	Niedrig	RFC	3.142	99144377	R=2 T=S S=ldcifl7_FL7_...

Abbildung 5.17 Angemeldeter Benutzer auf einem bestimmten Anwendungsserver in Transaktion AL08

Wechseln Sie auf diesen Anwendungsserver, indem Sie die Transaktion SM51 aufrufen und doppelt auf den herausgesuchten Anwendungsserver klicken. Führen Sie auf dem nun aktiven Anwendungsserver den Berechtigungstrace wie gewohnt durch und prüfen Sie die Auswertung.

Mit dem SAP-Hinweis 1707841 wird in der Transaktion STAUTHTRACE eine Erweiterung für den Systemtrace ausgeliefert, die es ermöglicht, den Berechtigungstrace auf allen oder auf bestimmten Anwendungsservern zu verwenden. Zur Auswahl der Anwendungsserver, auf denen der Trace gestartet werden soll, klicken Sie auf den Button **Systemweiter Trace** (siehe Abbildung 5.18).

Systemtrace für Berechtigungsprüfungen

Auswerten | Trace einschalten | Trace ausschalten | Systemweiter Trace

Traceinformation

Tracestatus	Trace ist abgeschaltet		
Letzte Änderung	BONITZ	24.04.2019	23:52:58
Server	ldai3yi3_YI3_34		

Abbildung 5.18 Den systemweiten Trace verwenden

Markieren Sie nun in der Liste diejenigen Anwendungsserver, auf denen der Systemtrace ausgeführt werden soll, und starten Sie den Trace mit einem Klick auf **Trace einschalten** (siehe Abbildung 5.19).

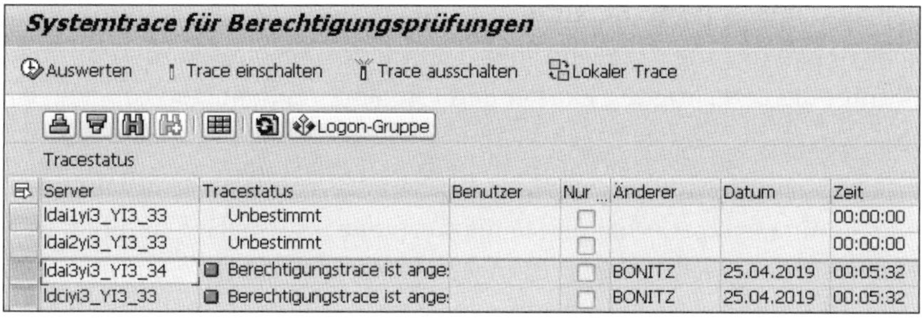

Systemtrace für Berechtigungsprüfungen

Auswerten | Trace einschalten | Trace ausschalten | Lokaler Trace

Logon-Gruppe

Tracestatus

Server	Tracestatus	Benutzer	Nur ...	Änderer	Datum	Zeit
ldai1yi3_YI3_33	Unbestimmt		☐			00:00:00
ldai2yi3_YI3_33	Unbestimmt		☐			00:00:00
ldai3yi3_YI3_34	Berechtigungstrace ist ange:		☐	BONITZ	25.04.2019	00:05:32
ldciyi3_YI3_33	Berechtigungstrace ist ange:		☐	BONITZ	25.04.2019	00:05:32

Abbildung 5.19 Anwendungsserver, auf denen der Trace aktiviert wird

In der Auswertung des Berechtigungstraces ist nun eine zusätzliche Spalte **AS-Instanz** vorhanden, die Ihnen den Namen desjenigen Anwendungsservers anzeigt, auf dem die jeweiligen Berechtigungsprüfungen protokolliert wurden (siehe Abbildung 5.20).

Systemtrace für Berechtigungsprüfungen

Benutzerpuffer | CDC Zugriffskontrolle

Datum	Zeitpunkt	AS-Instanz	Benutzer	Typ der Anwendung	Name der Anwendung	Programmname	Prüfung	Ergebnis	Ergebnis
25.04.2019	00:07:30:267	ldai3yi3_YI3_34	BONITZ	Transaktion	PFCG	SAPLSUSE		0	Berechtigungsprüfung erfolgreich
25.04.2019	00:07:30:267	ldai3yi3_YI3_34	BONITZ	Transaktion	PFCG	SAPLSUSE		0	Berechtigungsprüfung erfolgreich
25.04.2019	00:07:48:394	ldai3yi3_YI3_34	BONITZ	Transaktion	PFCG	SAPLPRGN_AUTH		0	Berechtigungsprüfung erfolgreich
25.04.2019	00:07:48:422	ldai3yi3_YI3_34	BONITZ	Transaktion	PFCG	SAPLSUUC		0	Berechtigungsprüfung erfolgreich
25.04.2019	00:07:52:382	ldai3yi3_YI3_34	BONITZ	Transaktion	PFCG	RHACTGRO		0	Berechtigungsprüfung erfolgreich
25.04.2019	00:07:58:646	ldai3yi3_YI3_34	BONITZ	Transaktion	PFCG	CL_ALV_HELPER_INTERNAL========CP		0	Berechtigungsprüfung erfolgreich
25.04.2019	00:07:58:650	ldai3yi3_YI3_34	BONITZ	Transaktion	PFCG	CL_ALV_HELPER_INTERNAL========CP		0	Berechtigungsprüfung erfolgreich
25.04.2019	00:07:58:694	ldai3yi3_YI3_34	BONITZ	Transaktion	PFCG	CL_SALV_GUI_FUNCTION_BUILDER==CP		0	Berechtigungsprüfung erfolgreich
25.04.2019	00:08:06:996	ldai3yi3_YI3_34	BONITZ	Transaktion	PFCG	SAPLPRGN_TREE		0	Berechtigungsprüfung erfolgreich

Abbildung 5.20 Auswertung des Berechtigungstraces samt Anwendungsserverangabe

5.8 Vereinfachtes Testen eines neuen Berechtigungskonzepts

Die Umstellung von Berechtigungen ohne vorherige Tests birgt ein hohes Risiko, da es zu erheblichen Störungen produktiver Prozesse kommen kann. Solche Umstellungen von Berechtigungen können beispielsweise im Rahmen eines Redesigns des Berechtigungskonzepts, als Bereinigungsaktion nach einem Audit oder zur Aufteilung von Berechtigungen mit dem Ziel der Funktionstrennung erforderlich sein. Der Ausbau eines Berechtigungsobjekts aus einer Referenzrolle könnte beispielsweise dazu führen, dass konzernweit keine Kundenaufträge mehr angelegt werden können – mit Sicherheit etwas, das releativ schnell bemerkt werden wird.

Um diesem Risiko zu begegnen, müssen die Berechtigungen durch entsprechende Anwender aus den betroffenen Fachbereichen getestet werden. Hierbei sind neben den entstehenden Aufwänden und damit verbundenen Kosten weitere Herausforderungen zu berücksichtigen: Ein Test von veränderten Berechtigungen ohne zusätzliche Änderungen am Customizing, an den Prozessen oder am Releasestand findet im Fachbereich nur geringe Akzeptanz. Auch lässt sich zuweilen nicht so leicht feststellen, welcher Fachbereich von einer Berechtigungsänderung betroffen wäre, da bei nicht sachgemäßer Pflege der Transaktion SU24 sowie der Rollen der Kontext eines Objektes nicht unbedingt zur dazugehörigen Transaktion bzw. Rolle passen muss, sondern mitunter die Berechtigung ganz anderer Rollen und Benutzergruppen vervollständigt.

Mithilfe des in Abschnitt 5.4, »Verwendung des Benutzertraces als Langzeittrace«, beschriebenen Benutzertraces erhalten Sie die wertvolle Information darüber, welcher Benutzer welche Berechtigungsprüfungen erfolgreich durchlaufen hat. Dies muss zwar nicht bedeuten, dass der betreffende Benutzer die geprüfte Berechtigung zwingend benötigt, die Wahrscheinlichkeit, dass es bei Entzug einer solchen Berechtigung zu Einschränkungen der Programmnutzbarkeit kommt, ist erfahrungsgemäß allerdings recht hoch. Genau diese Daten aus dem Benutzertrace stellen die Grundlage der Simulation von Berechtigungsprüfungen (Transaktion STSIMAUTHCHECK) dar.

Für die Simulation von Berechtigungsprüfungen benötigen Sie einen Benutzer mit Berechtigungen, für den Sie die Prüfung simulieren möchten. Simulationsdaten sind die Tracedaten eines (gegebenenfalls anderen) Benutzers in einem (gegebenenfalls anderen) System. So könnte man beispielsweise bei einem Berechtigungs-Redesign und einer Liste von 50 Testbenutzern 50 Benutzer im Testsystem anlegen, die mit den neuen Rollen versehen sind. Die Daten dieser Testbenutzer könnten dann gegen die produktiven Tracedaten dieser 50 Benutzer abgeglichen werden.

Das Ergebnis des Reports ist eine Auflistung der Berechtigungsprüfungen sowie der Informationen, ob die Prüfung für den Testbenutzer erfolgreich wäre und ob die Prüfung für den produktiven Benutzer erfolgreich war (siehe Abbildung 5.21).

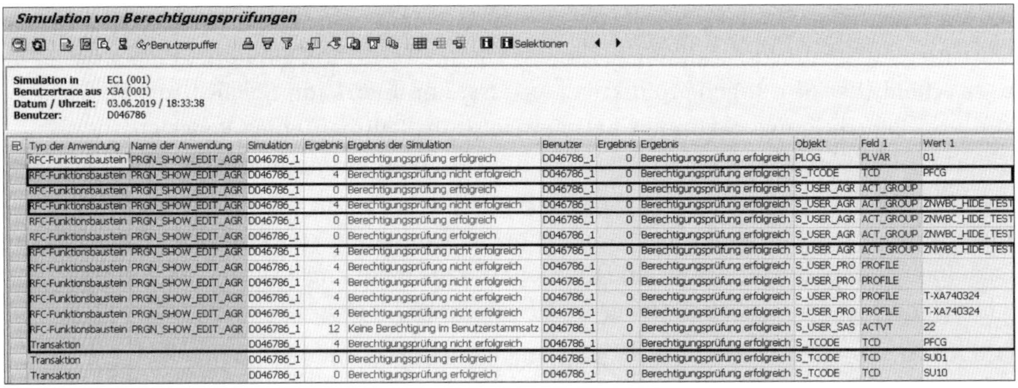

Simulation von Berechtigungsprüfungen

Benutzerpuffer   Selektionen

Simulation in EC1 (001)
Benutzertrace aus X3A (001)
Datum / Uhrzeit: 03.06.2019 / 18:33:38
Benutzer: D046786

Typ der Anwendung	Name der Anwendung	Simulation	Ergebnis	Ergebnis der Simulation	Benutzer	Ergebnis	Ergebnis	Objekt	Feld 1	Wert 1
RFC-Funktionsbaustein	PRGN_SHOW_EDIT_AGR	D046786_1	0	Berechtigungsprüfung erfolgreich	D046786_1	0	Berechtigungsprüfung erfolgreich	PLOG	PLVAR	01
RFC-Funktionsbaustein	PRGN_SHOW_EDIT_AGR	D046786_1	4	Berechtigungsprüfung nicht erfolgreich	D046786_1	0	Berechtigungsprüfung erfolgreich	S_TCODE	TCD	PFCG
RFC-Funktionsbaustein	PRGN_SHOW_EDIT_AGR	D046786_1	0	Berechtigungsprüfung erfolgreich	D046786_1	0	Berechtigungsprüfung erfolgreich	S_USER_AGR	ACT_GROUP	
RFC-Funktionsbaustein	PRGN_SHOW_EDIT_AGR	D046786_1	4	Berechtigungsprüfung nicht erfolgreich	D046786_1	0	Berechtigungsprüfung erfolgreich	S_USER_AGR	ACT_GROUP	ZNWBC_HIDE_TEST
RFC-Funktionsbaustein	PRGN_SHOW_EDIT_AGR	D046786_1	0	Berechtigungsprüfung erfolgreich	D046786_1	0	Berechtigungsprüfung erfolgreich	S_USER_AGR	ACT_GROUP	ZNWBC_HIDE_TEST
RFC-Funktionsbaustein	PRGN_SHOW_EDIT_AGR	D046786_1	0	Berechtigungsprüfung erfolgreich	D046786_1	0	Berechtigungsprüfung erfolgreich	S_USER_AGR	ACT_GROUP	ZNWBC_HIDE_TEST
RFC-Funktionsbaustein	PRGN_SHOW_EDIT_AGR	D046786_1	4	Berechtigungsprüfung nicht erfolgreich	D046786_1	0	Berechtigungsprüfung erfolgreich	S_USER_AGR	ACT_GROUP	ZNWBC_HIDE_TEST
RFC-Funktionsbaustein	PRGN_SHOW_EDIT_AGR	D046786_1	4	Berechtigungsprüfung nicht erfolgreich	D046786_1	0	Berechtigungsprüfung erfolgreich	S_USER_PRO	PROFILE	
RFC-Funktionsbaustein	PRGN_SHOW_EDIT_AGR	D046786_1	4	Berechtigungsprüfung nicht erfolgreich	D046786_1	0	Berechtigungsprüfung erfolgreich	S_USER_PRO	PROFILE	
RFC-Funktionsbaustein	PRGN_SHOW_EDIT_AGR	D046786_1	4	Berechtigungsprüfung nicht erfolgreich	D046786_1	0	Berechtigungsprüfung erfolgreich	S_USER_PRO	PROFILE	T-XA740324
RFC-Funktionsbaustein	PRGN_SHOW_EDIT_AGR	D046786_1	4	Berechtigungsprüfung nicht erfolgreich	D046786_1	0	Berechtigungsprüfung erfolgreich	S_USER_PRO	PROFILE	T-XA740324
RFC-Funktionsbaustein	PRGN_SHOW_EDIT_AGR	D046786_1	12	Keine Berechtigung im Benutzerstammsatz	D046786_1	0	Berechtigungsprüfung erfolgreich	S_USER_SAS	ACTVT	22
Transaktion		D046786_1	4	Berechtigungsprüfung nicht erfolgreich	D046786_1	0	Berechtigungsprüfung erfolgreich	S_TCODE	TCD	PFCG
Transaktion		D046786_1	0	Berechtigungsprüfung erfolgreich	D046786_1	0	Berechtigungsprüfung erfolgreich	S_TCODE	TCD	SU01
Transaktion		D046786_1	0	Berechtigungsprüfung erfolgreich	D046786_1	0	Berechtigungsprüfung erfolgreich	S_TCODE	TCD	SU10

Abbildung 5.21 Ergebnisliste der Simulation der Berechtigungsprüfungen

Filtern Sie diese Liste der Berechtigungsprüfungen nun nach den Prüfungen, die vom produktiven Benutzer erfolgreich durchlaufen wurden, vom Testbenutzer jedoch nicht, erhalten Sie genau die Teilmenge von Berechtigungsprüfungen, die bei einer Umstellung der Berechtigungen potenziell zu Problemen führen könnte.

Die Simulation wird wie folgt durchlaufen:

1. Abrufen der Daten des Benutzertraces (Transaktion STUSERTRACE) vom Zielsystem.
2. Die Transaktion STSIMAUTHCHECK führt die Berechtigungsprüfungen unter Verwendung der Tracedaten des Benutzers (z. B. D046786_1) Zeile für Zeile durch. Anstelle des Benutzerpuffers werden die AGR*-Tabellen des Systems, auf dem Rollen neu erstellt wurden, als Datenbasis für die Berechtigungsprüfung herangezogen. Die AGR*-Tabellen beinhalten alle gepflegten Berechtigungen aller PFCG-Rollen.
3. Als Ergebnis dieser Simulation selektieren Sie die fehlenden Berechtigungsprüfungen aus der Ergebnisliste der Transaktion und übertragen Sie sie entweder in die Transaktion SU24 oder PFCG, um neue Berechtigungsvorschlagswerte oder Rollen zu pflegen.

Ein solcher Test kann für die Berechtigungsumstellung hinreichend sein und somit die Tests durch den Fachbereich obsolet machen. Dies gilt natürlich nur, wenn nicht Einschränkungen derjenigen Berechtigungen, die aktuell noch in Verwendung sind, das Ziel der Berechtigungsumstellung sind.

Die Transaktion STSIMAUTHCHECK erfordert höhere Systemvoraussetzungen als der Benutzertrace in Transaktion STUSERTRACE. Diese Voraussetzungen können Sie den SAP-Hinweisen 2442227 und 2596540 entnehmen. Das Simulationstool funktioniert auch systemübergreifend (d. h. wenn sich die Testbenutzer in einem und die produktiven Benutzer in einem anderen System befinden). Die Testbenutzer-IDs müssen nicht identisch sein mit denen der produktiven Benutzer. Ein Mapping der Benutzer-IDs kann in der Transaktion hinterlegt werden (Tabelle SUAUTHVAL_USMAP). Grundvoraussetzung für aussagekräftige Tests ist eine aussagekräftige Menge an Tracedaten, d. h. dass sämtliche vom Benutzer auszuführenden Anwendungen und Prozesse aufgerufen und damit protokolliert wurden.

5.9 Zusammenfassung

Wenn Sie heute von einem *Berechtigungstrace* sprechen, haben Sie vermutliche den Systemtrace für Berechtigungen vor Augen. Dieses Kapitel hatte zum Ziel, Ihnen zu zeigen, dass mittlerweile viele weitere Traces zur Verfügung stehen, die alle unterschiedliche Zwecke verfolgen:

- Als Kurzzeittrace zur Fehlerbehebung kann der Systemtrace in Transaktion STAUTHTRACE auch mit erweiterten Auswertungsfunktionen verwendet werden.
- Zur Identifizierung von Berechtigungsprüfungen bei Neutentwicklung empfehlen wir die Verwendung des Langzeitberechtigungstraces über Transaktion STUSOBTRACE. Die Ergebnisse dieses Traces lassen sich hervorragend als Ausgangspunkt für die Pflege von Vorschlagswerten für die neuen Anwendungen verwenden.

- Überdies haben Sie die Möglichkeit, über Transaktion STUSERTRACE für bestimmte Benutzer alle durchgeführten Berechtigungsprüfungen aggregiert in einem Langzeittrace – dem Benutzertrace – aufzurufen. Diese Daten dienen ebenso als Grundlage für das Simulationstool (Transaktion STSIMAUTHCHECK), das zum Abgleich von durchgeführten Berechtigungsprüfungen mit den Inhalten von neu erstellten Rollen in einem anderen System verwendet werden kann.
- Zu guter Letzt haben Sie den RFC-Trace kennengelernt, der bei der Erstellung von Berechtigungen insbesondere für RFC-Benutzer Verwendung findet.

Kapitel 6
Systemeinstellungen

In SAP-Systemen steht eine Vielzahl an Konfigurationsmöglichkeiten zur Wahl, und auch für die Benutzer- und Berechtigungsverwaltung sind an verschiedenen Stellen Einstellungen notwendig. Wir stellen Ihnen in diesem Kapitel Informationen zu den relevanten Einstellungen zusammen und geben Ihnen dazu nützliche Tipps und Best Practices.

Es gibt eine ganze Reihe von Einstellungen in SAP-Systemen. In diesem Kapitel fassen wir lediglich die Einstellungen zusammen, die für Sie im Rahmen der Benutzer- und Berechtigungsverwaltung interessant sind. Wir gehen auf die Besonderheiten bei der Anlage und Pflege von Organisationsebenen ein und beschreiben, wie Sie sich einen Überblick über die Organisationsebenen verschaffen können. Zusätzlich tragen wir Informationen zur Verwaltung von Benutzern und Berechtigungen in SAP-Systemlandschaften zusammen, z. B. zur Archivierung von Änderungsbelegen oder zu generierten Profilnamen. Wir schließen das Kapitel mit einem Abschnitt zum Konzept der schaltbaren Berechtigungsprüfungen ab und stellen Ihnen in diesem Zuge dar, was Sie beim Einsatz dieser speziellen Berechtigungsprüfungen beachten sollten.

6.1 Customizing der Benutzer- und Berechtigungsverwaltung

In diesem Abschnitt zeigen wir Ihnen, welche Einstellungsmöglichkeiten für den Session Manager, den Profilgenerator und die Benutzerpflege existieren. Unter anderem zeigen wir Ihnen, wie Sie die Anzeige des Benutzermenüs für den Benutzer aus verschiedenen Rollen zusammenfassen oder ganz abschalten können und welche Einstellungen Sie vornehmen können, damit die generierten Passwörter zu Ihren Anforderungen passen. Zusätzlich zeigen wir Ihnen, wie Sie den Benutzerstammabgleich nach Rollenzuordnungen über die Transaktion PFCG automatisiert durchführen und wie Sie unterbinden können, dass Zuordnungen von Benutzern zu Rollen transportiert werden.

Mit den Customizing-Schaltern für die Pflege von Session Manager und Profilgenerator sowie die Pflege der Benutzer- und Berechtigungsverwaltung können Sie das Standardverhalten diverser Transaktionen und Parameter beeinflussen. Die Tabelle

SSM_CID gibt Ihnen einen Überblick über alle von SAP ausgelieferten Customizing-Schalter unter der Angabe der relevanten Tabellen SSM_CUST, SSM_COL, PRGN_CUST und USR_CUST. Die Kurzbeschreibung des Customizing-Schalters verweist jeweils auf die relevanten und aktuellen SAP-Hinweise. Die tatsächlichen Einstellungen nehmen Sie in den Tabellen SSM_CUST, SSM_COL, PRGN_CUST sowie USR_CUST vor.

Im Folgenden stellen wir Ihnen die Tabellen und eine Auswahl ihrer wichtigsten Customizing-Schalter vor. Sämtliche Konfigurationsmöglichkeiten zu beschreiben, würde den Umfang dieses Abschnitts sprengen. Sollten Sie Erläuterungen zu einem Customizing-Schalter benötigen, die hier nicht aufgeführt sind, suchen Sie über die Tabelle SSM_CID nach dem relevanten SAP-Hinweis. Alle hier beschrieben Einstellungen nehmen Sie über die Transaktion SM30 vor (siehe Abbildung 6.1). Berücksichtigen Sie dabei, dass alle Einstellungen in den Tabellen SSM_CUST, SSM_COL und PRGN_CUST mandantenunabhängig sind; lediglich die Einstellungen der Tabelle USR_CUST sind mandantenabhängig.

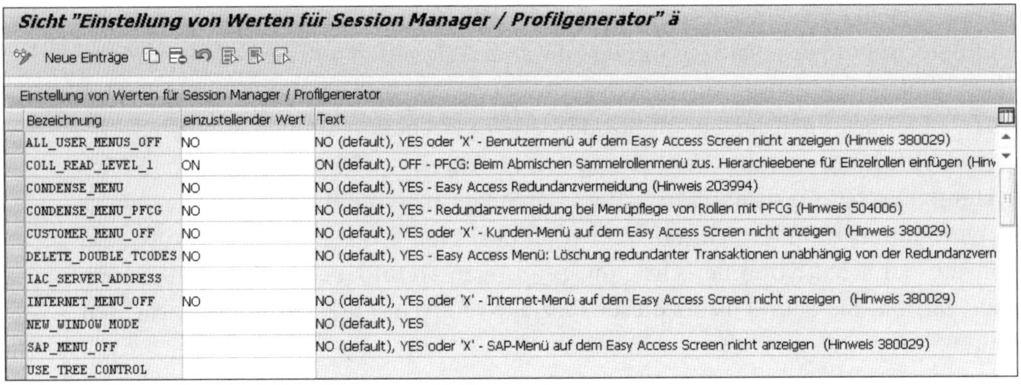

Sicht "Einstellung von Werten für Session Manager / Profilgenerator" ä

Neue Einträge

Einstellung von Werten für Session Manager / Profilgenerator

Bezeichnung	einzustellender Wert	Text
ALL_USER_MENUS_OFF	NO	NO (default), YES oder 'X' - Benutzermenü auf dem Easy Access Screen nicht anzeigen (Hinweis 380029)
COLL_READ_LEVEL_1	ON	ON (default), OFF - PFCG: Beim Abmischen Sammelrollenmenü zus. Hierarchieebene für Einzelrollen einfügen (Hinv
CONDENSE_MENU	NO	NO (default), YES - Easy Access Redundanzvermeidung (Hinweis 203994)
CONDENSE_MENU_PFCG	NO	NO (default), YES - Redundanzvermeidung bei Menüpflege von Rollen mit PFCG (Hinweis 504006)
CUSTOMER_MENU_OFF	NO	NO (default), YES oder 'X' - Kunden-Menü auf dem Easy Access Screen nicht anzeigen (Hinweis 380029)
DELETE_DOUBLE_TCODES	NO	NO (default), YES - Easy Access Menü: Löschung redundanter Transaktionen unabhängig von der Redundanzvern
IAC_SERVER_ADDRESS		
INTERNET_MENU_OFF	NO	NO (default), YES oder 'X' - Internet-Menü auf dem Easy Access Screen nicht anzeigen (Hinweis 380029)
NEW_WINDOW_MODE		NO (default), YES
SAP_MENU_OFF		NO (default), YES oder 'X' - SAP-Menü auf dem Easy Access Screen nicht anzeigen (Hinweis 380029)
USE_TREE_CONTROL		

Abbildung 6.1 Pflege der Werte in Tabelle SSM_CUST über die Transaktion SM30

In Tabelle 6.1 finden Sie die Einstellungen für Session Manager und Profilgenerator, die Sie über die Customizing-Schalter in der Tabelle SSM_CUST vornehmen können.

Parameter	Werte	Beschreibung
COLL_READ_LEVEL_1	ON (default), OFF	Seit SAP-Release 4.6D legt das System beim Neuaufbau eines Sammelrollenmenüs auf der ersten Hierarchieebene für jede in der Sammelrolle enthaltene Einzelrolle einen neuen Ordner an, in dem sich das entsprechende Menü befindet. Sie können dabei entscheiden, ob der Text jedes Ordners aus dem technischen Namen oder dem Kurztext der Rolle bestehen soll. Diese Funktion kann über das Customizing abgeschaltet werden.

Tabelle 6.1 Customizing-Schalter für Session Manager und Profilgenerator

Parameter	Werte	Beschreibung
CONDENSE_MENU	ON (default), OFF	Redundanzvermeidung im SAP-Easy-Access-Menü durch Zusammenfassen der Ordner bei identischer Struktur
CONDENSE_MENU_PFCG	ON (default), OFF	Redundanzvermeidung bei der Menüpflege von Rollen mit PFCG durch Zusammenfassen der Ordner bei identischer Struktur.
SAP_MENU_OFF	NO (default), YES	Steuerung der Anzeige des SAP-Easy-Access-Menüs
DELETE_DOUBLE_TCODES	NO (default), YES	Löschung redundanter Transaktionen unabhängig von der Parametereinstellung zur Redundanzvermeidung (CONDENSE_MENU)

Tabelle 6.1 Customizing-Schalter für Session Manager und Profilgenerator (Forts.)

Die Werte in Tabelle 6.2 können Sie über die Customizing-Schalter in der Tabelle SSM_COL für die Menübaumanzeige einstellen.

Parameter	Werte	Beschreibung
GRSFOLD_LIMIT	maximal 100	Bestimmt die maximale Anzahl von Ordnern im SAP-Easy-Access-Menü, bei denen auch Enkeleinträge geladen werden
LOAD_LEV_LIMIT	maximal 10	Bestimmt die maximale Anzahl von Ebenen im SAP-Easy-Access-Menü beim ersten Lesen von der Datenbank
NODE_VAL_LIMIT	maximal 2500	Bestimmt die maximale Anzahl von Elementen auf einer Ebene im SAP-Easy-Access-Menü

Tabelle 6.2 Customizing-Schalter für das Benutzermenü

Den Profilgenerator können Sie über die Customizing-Schalter in der Tabelle PRGN_CUST, wie in Tabelle 6.3 beschrieben, einstellen.

Parameter	Werte	Beschreibung
ADD_ALL_CUST_OBJECTS	YES (default), NO	Sorgt dafür, dass alle kundeneigenen Berechtigungsobjekte in das Profil SAP_ALL mit Gesamtberechtigung aufgenommen werden. Details zu den Einstellungen bezüglich des Profils SAP_ALL finden Sie in Abschnitt 12.2.4, »Inhalte des Profils SAP_ALL anpassen«.

Tabelle 6.3 Customizing-Schalter für den Profilgenerator

Parameter	Werte	Beschreibung
GEN_PSW_MAX_LENGTH	1 bis 40 (default)	Maximale Passwortlänge des generierten Passworts. Details zu den Parametern für das generierte Passwort finden Sie in Abschnitt 1.4, »Passwortregeln konfigurieren«.
ASSIGN_ROLE_AUTH	CHANGE (default), ASSIGN	Aktiviert durch den Wert ASSIGN die Prüfung auf die Berechtigungsobjekte S_USER_AGR mit ACTVT = 22 (zuordnen) und S_USER_GRP mit ACTVT = 22 (zuordnen). Beim Wert CHANGE bleibt die ursprüngliche Prüfung auf ACTVT = 02 (ändern) beim Zuordnen von Benutzern zu Rollen in der PFCG erhalten.
AUTO_USERCOMPARE	YES (default), NO	Steuert den automatischen Benutzerstammabgleich in den Transaktionen PFCG, SU01 und SU10. Wenn der Customizing-Schalter AUTO_USERCOMPARE auf YES gesetzt ist, wird die Profilzuordnung automatisch durchgeführt.
PROFILE_TRANSPORT	YES (default), NO	Berechtigungsprofile werden im Standard (seit Release 4.6C) mit den Rollen transportiert. Ist dies nicht gewünscht, müssen Sie den Datenexport im Quellsystem durch den Steuereintrag PROFILE_TRANSPORT = NO unterbinden. Anschließend werden die Profile vor dem Abgleich der Benutzerstämme im Zielsystem durch eine Massengenerierung erzeugt. Dies kann mittels Transaktion SUPC erfolgen. Beachten Sie in diesem Zusammenhang auch Abschnitt 3.7, »Verbesserungen der Rollentransportfunktion«.
REF_USER_CHECK	W (default), E, S, I	Meldungstyp bei der Zuordnung von Referenzbenutzern mit anderem Benutzertyp als dem des Referenzbenutzers. Details zu diesen Einstellungen finden Sie in Abschnitt 2.5, »Berechtigungen über Referenzbenutzer vergeben«.
SAP_ALL_GENERATION	ON (default), OFF	Aktiviert die Generierung des Profils SAP_ALL als After-Import-Methode für neue Berechtigungsobjekte. Beachten Sie hierzu auch den Abschnitt 12.2.4, »Inhalte des Profils SAP_ALL anpassen«.
USER_REL_IMPORT	YES (default), NO	Aktiviert den Import von Rollenzuordnungen zu den Benutzern als After-Import-Methode. Um ein System grundsätzlich gegen den Import von Benutzerzuordnungen von Rollen zu sperren, muss der Customizing-Schalter auf den Wert NO gesetzt sein.

Tabelle 6.3 Customizing-Schalter für den Profilgenerator (Forts.)

Parameter	Werte	Beschreibung
USER_REL_IMPORT (Forts.)		Bei Systemen innerhalb einer Zentralen Benutzerverwaltung (ZBV) sollte sicherheitshalber die Importsperre für Benutzerzuordnungen gesetzt sein, da die Zuordnung im Zentralsystem erfolgt und von dort aus verteilt wird. Durch den Transport von Benutzerzuordnungen käme es sonst zu Inkonsistenzen zwischen Tochter- und Zentralsystem.
USRCOMPARE_PFUD	NO (default), YES	Legt fest, ob der Benutzerstammabgleich ausschließlich über die Transaktion PFUD möglich ist.
USRPROF_AUTOEXEC	YES (default), NO	Steuert, ob der Benutzerstammabgleich automatisch in den Transaktionen SU01, SU10, PFCG und bei ALE durchgeführt wird.

Tabelle 6.3 Customizing-Schalter für den Profilgenerator (Forts.)

Die mandantenspezifischen Einstellungen für die Benutzerverwaltung in Tabelle 6.4 können Sie über die Customizing-Schalter in der Tabelle USR_CUST vornehmen.

Parameter	Werte	Beschreibung
CUA_ATCR_CLEANUP	NO (default), YES	Steuert die Bereinigung der Zuordnungen von bereits gelöschten Rollen im automatischen Textabgleich für Rollen.
CUA_AUTO_TXTCMP_ROLE	YES (default), NO, NOT_SUPPORTED	Automatischer Textabgleich für die Rollen der Tochtersysteme in der ZBV-Zentrale. Details hierzu finden Sie in Abschnitt 2.1.1, »Automatische Synchronisation«.
USER_GRP_REQUIRED	<Default Benutzergruppe>	Legt fest, ob die Benutzergruppe ein Pflichtfeld sein soll. Details hierzu finden Sie in Abschnitt 1.2, »Benutzergruppe als Pflichtfeld im Benutzerstamm«.

Tabelle 6.4 Mandantenspezifische Einstellungen für die Benutzerverwaltung

6.2 Organisationsfelder verwalten

In den einzelnen Komponenten des SAP-Systems werden unterschiedliche Organisationsfelder (auch *Organisationsebene* oder kurz *Orgebene* genannt) verwendet. Da eine Vielzahl von Schnittstellen zwischen den Systemkomponenten existiert, müssen die Hauptorganisationsfelder dieser Komponenten miteinander in Beziehung gesetzt werden. Es gibt jedoch auch Organisationsfelder, die ausschließlich für die jeweilige Komponente relevant sind.

Im Customizing werden für die einzelnen ERP-Komponenten verschiedene Werte für Organisationsfelder hinterlegt, um eine organisatorische Zuordnung der Stamm- und Bewegungsdaten zu ermöglichen. Diese Zuordnung ist u. a. für die Steuerung der Zugriffsberechtigungen bzw. -einschränkungen erforderlich. Wir zeigen Ihnen, wie Sie sich einen Überblick über die gepflegten Organisationsfelder verschaffen und Abhängigkeiten zwischen den verschiedenen Werten erkennen können. Außerdem zeigen wir Ihnen, wie Sie neue Organisationsfelder hinzufügen.

6.2.1 Organisationsfelder und ihre Abhängigkeiten

Alle Objektfelder, die als Organisationseinheiten genutzt werden, sind in der Tabelle USORG aufgelistet. Diese Tabelle können Sie über die Transaktion SE16 aufrufen. Alternativ zeigt die Wertehilfe des Feldes VARBL im Selektionsbild der Tabelle AGR_1252 auch die entsprechende Bezeichnung zu den jeweiligen Organisationsfeldern mit an (siehe Abbildung 6.2).

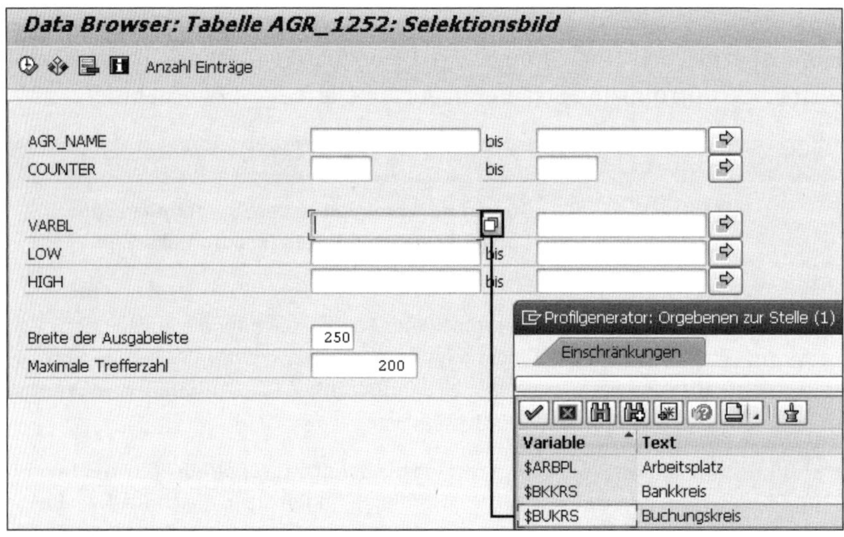

Abbildung 6.2 Selektionsbild der Tabelle AGR_1252

Diese Liste in der Tabelle AGR_1252 enthält sowohl die Organisationsfelder, die im Standard ausgeliefert werden, als auch die Felder, die von Ihnen zu Organisationsfeldern erhoben wurden. Der Liste ist allerdings nicht zu entnehmen, um welche Art von Organisationsfeld es sich jeweils handelt. Dies können Sie jedoch wie folgt ermitteln:

1. Öffnen Sie die Transaktion SUPO, die mit SAP NetWeaver 7.5 den Report PFCG_ORGFIELD_DELETE ersetzt (Details dazu finden Sie in SAP-Hinweis 2625102). In der Transaktion SUPO sind alle SAP-Standard-Organisationsfelder in der Spalte **SAP OrgEbene** markiert (siehe Abbildung 6.3).

2. Überdies können Sie dieser Übersicht den jeweiligen Pflegestatus des Organisationsfeldes in den Transaktionen SU22 (nur bei SAP-Standard-Organisationsfeldern) und SU24 sowie in den Rollen entnehmen.
3. Schließlich erhalten Sie in der Spalte **Objekte** einen Hinweis darauf, wie viele Berechtigungsobjekte ein bestimmtes Organisationsfeld enthalten.

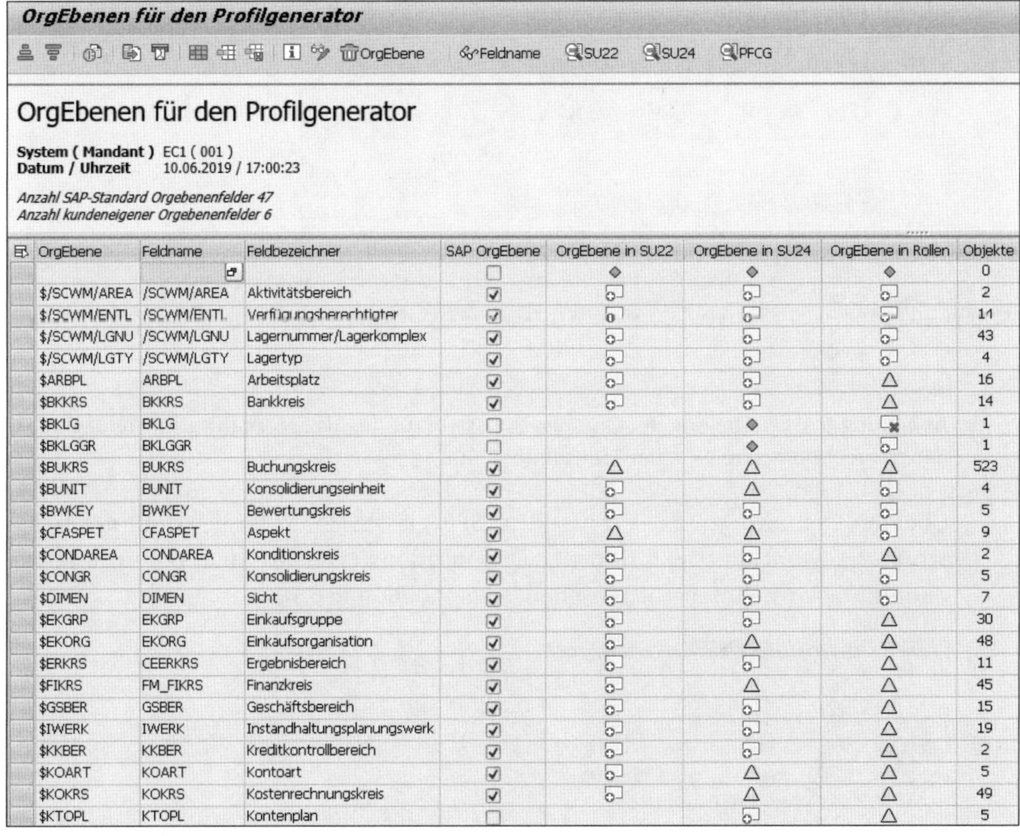

OrgEbene	Feldname	Feldbezeichner	SAP OrgEbene	OrgEbene in SU22	OrgEbene in SU24	OrgEbene in Rollen	Objekte
			☐	◆	◆	◆	0
$/SCWM/AREA	/SCWM/AREA	Aktivitätsbereich	☑	▭	▭	▭	2
$/SCWM/ENTL	/SCWM/ENTL	Verfügungsberechtigter	☑	▭	▭	▭	11
$/SCWM/LGNU	/SCWM/LGNU	Lagernummer/Lagerkomplex	☑	▭	▭	▭	43
$/SCWM/LGTY	/SCWM/LGTY	Lagertyp	☑	▭	▭	▭	4
$ARBPL	ARBPL	Arbeitsplatz	☑	▭	▭	△	16
$BKKRS	BKKRS	Bankkreis	☑	▭	▭	△	14
$BKLG	BKLG		☐		◆	▭	1
$BKLGGR	BKLGGR		☐		◆	▭	1
$BUKRS	BUKRS	Buchungskreis	☑	△	△	△	523
$BUNIT	BUNIT	Konsolidierungseinheit	☑	▭	△	▭	4
$BWKEY	BWKEY	Bewertungskreis	☑	▭	▭	▭	5
$CFASPET	CFASPET	Aspekt	☑	△	△	▭	9
$CONDAREA	CONDAREA	Konditionskreis	☑	▭	▭	△	2
$CONGR	CONGR	Konsolidierungskreis	☑	▭	▭	▭	5
$DIMEN	DIMEN	Sicht	☑	▭	▭	▭	7
$EKGRP	EKGRP	Einkaufsgruppe	☑	▭	▭	△	30
$EKORG	EKORG	Einkaufsorganisation	☑	▭	△	△	48
$ERKRS	CEERKRS	Ergebnisbereich	☑	▭	▭	△	11
$FIKRS	FM_FIKRS	Finanzkreis	☑	▭	△	△	45
$GSBER	GSBER	Geschäftsbereich	☑	▭	▭	△	15
$IWERK	IWERK	Instandhaltungsplanungswerk	☑	▭	▭	△	19
$KKBER	KKBER	Kreditkontrollbereich	☑	▭	▭	△	2
$KOART	KOART	Kontoart	☑	▭	△	△	5
$KOKRS	KOKRS	Kostenrechnungskreis	☑	▭	△	△	49
$KTOPL	KTOPL	Kontenplan	☐		▭	△	5

Abbildung 6.3 Selektionsbild der Transaktion SUPO

Im Folgenden ordnen Sie die Hauptorganisationsfelder den Komponenten des SAP-Systems zu. Wir bezeichnen diejenigen Organisationsfelder als *Hauptorganisationsfelder*, die aufgrund von systeminternen Schnittstellen zur Verbindung der Organisationseinheiten zwischen den verschiedenen Komponenten notwendig sind. Die Hauptorganisationsfelder der Komponenten lauten:

- FI – Buchungskreis (Transaktion EC01)
- LO – Werk (Transaktion EC02)
- CO – Kostenrechnungskreis (Transaktion EC03)
- SD – Verkaufsorganisation (Transaktion EC04)

- MM – Einkaufsorganisation (Transaktion EC13)
- HR – Personalbereich (Transaktion EC10)

Um eine Übersicht der im System gepflegten Organisationen und ihrer Struktur zu erhalten, empfehlen wir Ihnen, die **Org.-Kopierer** für die verschiedenen Organisationsfelder über die Transaktionen EC01 bis EC15 (im Lesemodus!) aufzurufen (siehe Abbildung 6.4).

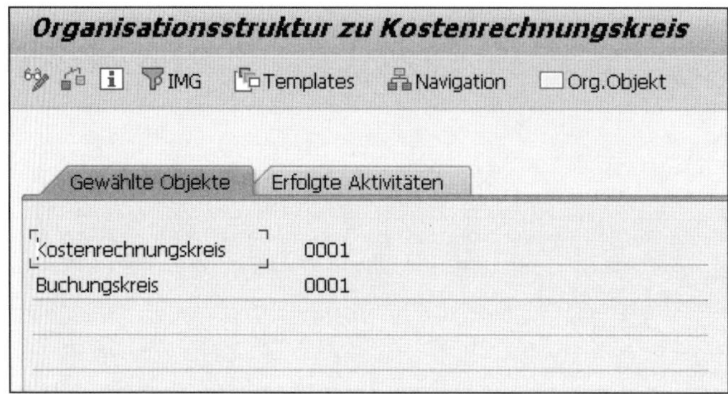

Abbildung 6.4 Darstellung der Organisationsstruktur des Hauptorganisationsfeldes »Kostenrechnungskreis« in der Transaktion EC03

Über das Customizing in der Transaktion SPRO lässt sich im Bereich **Unternehmensstruktur** sowohl die Definition der Organisationsfelder als auch deren jeweilige Zuordnung vornehmen und einsehen (siehe Abbildung 6.5).

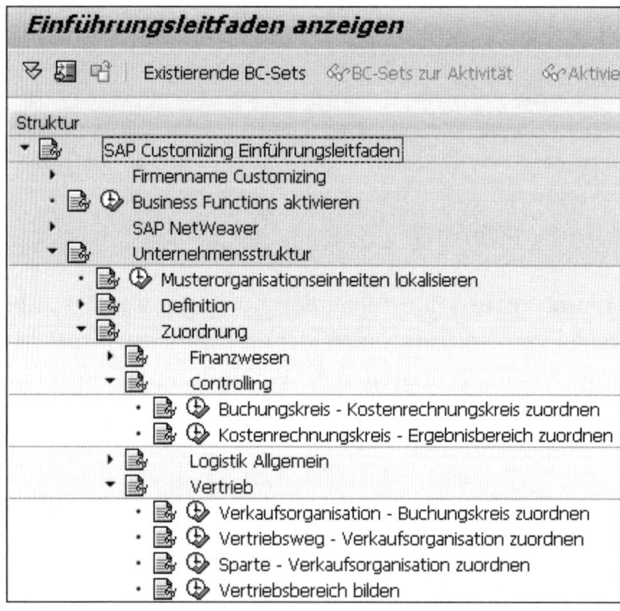

Abbildung 6.5 Unternehmensstruktur im SAP-Einführungsleitfaden

Für jeden Bereich steht die Verbindung zu anderen SAP-Komponenten jeweils an erster Stelle. Für den Bereich **Controlling** (CO) z. B. wird die Verbindung zum Bereich **Finanzwesen** (FI) hergestellt, indem der FI-Buchungskreis mit dem oder den Kostenrechnungskreis(en) verbunden wird. Die Zuordnung des Kostenrechnungskreises zum Ergebnisbereich wird als interne Zuordnung innerhalb des Controllings durchgeführt.

Werden für bestimmte gültige Werte von Organisationsfeldern keine Zuordnungen gefunden, wird gegebenenfalls eines der beiden Module oder der betreffende Funktionsbereich bei der Abbildung der organisatorischen Einheiten des Unternehmens nicht verwendet.

6.2.2 Neue Organisationsfelder hinzufügen

Im SAP-System können Sie für bestimmte Felder in Berechtigungsobjekten abgeleitete Rollen erstellen, allerdings nur dann, wenn es sich bei diesen Feldern um Organisationsebenen handelt. Leider sind nicht alle Felder, die Sie als Organisationsebene benötigen, im Standard auch als solche angelegt, beispielsweise die Kostenstelle. Auch könnten Sie u. U. nur eine Verkaufsorganisation in Ihrem Unternehmen nutzen und daher gern das Verkaufsbüro abgrenzen wollen. Es gibt also verschiedene Gründe, um ein Feld als Organisationsebene zu definieren. Daher erklären wir Ihnen hier, wie Sie hierzu vorgehen und was Sie dabei beachten müssen.

Organisationsebenen sorgen für eine effizientere Pflege der Berechtigungsrollen, da sie in der Transaktion PFCG über den Button **Orgebenen** einmalig gepflegt werden. Die Werte für jeden Eintrag dieses Feldes werden zentral in den Berechtigungen der Rolle eingetragen. Dies bedeutet, dass Sie innerhalb einer Rolle immer nur einen Wertebereich für das jeweilige Organisationsfeld eintragen können. So kann z. B. die Kombination aus der Anzeige aller Buchungskreise und der Änderung eines einzelnen Buchungskreises innerhalb einer Rolle nicht umgesetzt werden.

Ändern Sie die Werte der einzelnen Felder in den Berechtigungsobjekten unabhängig von der übergreifenden Pflege, erhalten Sie eine Warnmeldung, dass Sie dieses Feld nun nicht mehr über den Button **Orgebenen** verändern können und dass bei Anpassung abgeleiteter Rollen dieser individuelle Wert überschrieben werden wird. Entsprechend raten wir Ihnen dringend davon ab, eine individuelle Pflege der Organisationsfelder vorzunehmen. Wie Sie individuell gepflegte Werte wieder zurücksetzen können, beschreiben wir in Abschnitt 3.10, »Manuell gepflegte Organisationsebenen zurücksetzen«. Bei der vorgesehenen Pflege besitzt ein Organisationsfeld immer nur einen Wertebereich.

Dies hat natürlich dann Auswirkungen, wenn Sie ein Feld zur Organisationsebene hochstufen möchten. Ein Feld, das bisher nicht als Organisationsebene fungierte, kann solche Einträge mit unterschiedlichen Werten innerhalb einer Rolle beinhalten.

Diese Einträge sind zu bereinigen, bevor Sie ein Feld als Organisationsebene deklarieren. Zusätzlich wirkt sich die Definition eines Feldes als Organisationsebene auch auf die Berechtigungsvorschlagswerte des Profilgenerators aus.

Grundsätzlich können alle Berechtigungsfelder zur Organisationsebene hochgestuft werden; es gibt allerdings technische Ausnahmen und Felder, bei denen die genannte Änderung nicht sinnvoll ist. Technisch sind die Felder ausgenommen, die im Kontext zur Prüfung der Startbarkeit einer Applikation stehen, also die Felder der folgenden Berechtigungsobjekte:

- S_TCODE
- S_START
- S_USER_STA, S_SERVICE
- S_RFC
- S_PROGRAM
- S_USER_VAL

Außerdem können Sie auch das Berechtigungsfeld ACTVT nicht zur Organisationsebene erheben. Sinnvoll sind nur Felder, die innerhalb einer Rolle mit einem Wertebereich belegt werden können. Jegliche Anpassung in dieser Richtung muss natürlich übergreifend für das Berechtigungskonzept betrachtet werden. So sind Felder, die mehr als eine Bedeutung besitzen, wie z. B. die Berechtigungsgruppe (BEGRU) in der Materialwirtschaft, nicht geeignet.

Darüber hinaus ist zu beachten, dass das Anheben eines Berechtigungsfeldes zu einer Organisationsebene einer systemweiten Einstellung entspricht und sämtliche Berechtigungsobjekte betrifft, die das jeweilige Feld enthalten. Welche tatsächlich betroffen sind, können Sie z. B. über das Benutzerinformationssystem (Transaktion SUIM) prüfen.

Mit SAP NetWeaver 7.5 wurde der Report PFCG_ORGFIELD_CREATE durch die Transaktion SUPO ersetzt (siehe auch vorausgehender Abschnitt). Hier können Sie ein Berechtigungsfeld als Organisationsebene definieren und die damit verbundenen Anpassungen in drei Schritten durchführen:

1. **Anlage der Organisationsebene**
   Sobald Sie über den Button (**Anzeigen <> Ändern**) in den Änderungsmodus gewechselt sind, gelangen Sie über den Button **OrgEbene** in das Einstiegsbild zur Anlage einer neuen Organisationsebene (siehe Abbildung 6.6).

   Rufen Sie in der neuen Tabellenzeile in der Spalte **Berechtigungsfeld** die Wertehilfe über den Button auf. In der Spalte **Feldname** des Pop-up-Fensters können Sie nun das gewünschte Feld auswählen (siehe Abbildung 6.7). Klicken Sie auf das Symbol (**Sichern**), um das ausgewählte Feld als Organisationsebene zu sichern.

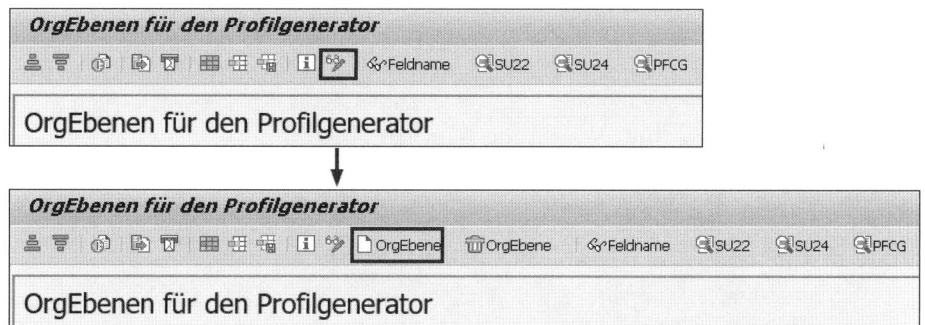

Abbildung 6.6 Einstieg in die Anlage einer neuen Organisationsebene in der Transaktion SUPO

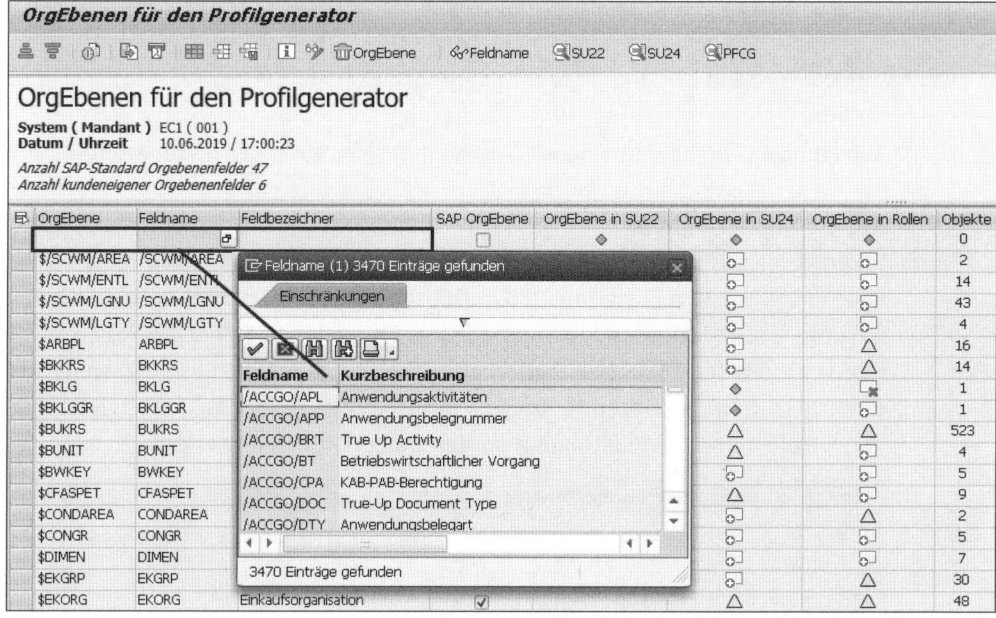

Abbildung 6.7 Anlage einer neuen Organisationsebene

Der hinter der Transaktion SUPO liegende Report schreibt das Feld in die Tabelle USORG. Beachten Sie, dass diese Änderung einen Workbench-Transportauftrag erfordert.

2. **Anpassung der SU24-Daten**
   Markieren Sie in der Transaktion SUPO nun die Zeile mit Ihrer neuen Organisationsebene und klicken Sie auf den Button **SU24**. Sie gelangen darüber in den in Abbildung 6.8 dargestellten Dialog. Hier können Sie über den Button **SU24-Daten** die betreffenden Einträge in der Transaktion SU24 anpassen. Auch diese Änderung erfordert einen Workbench-Transportauftrag.

Übersicht OrgEbene $KTOPL in Vorschlagswerten (SU24)

SU24-Daten | SU24-Daten | SU24-Daten | SU24-Daten

OrgEbene $KTOPL in Vorschlagswerten (SU24)

OrgEbenenfeld: KTOPL
Anzahl konvertierter OrgEbenenfelder: 205
Anzahl abzugleichender OrgEbenenfelder: 0

Technischer Anwendungsname	Typ	Objekt	Feldname	Status
01A55BA5376D8F617425FAF093E34F	HT	F_SKA1_KTP	KTOPL	
02F2330F23962414E3C2AA19CC9DBA	HT	F_SKA1_KTP	KTOPL	
038AE05ACE15DB69D42566A9135E9F	HT	F_SKA1_KTP	KTOPL	
041E5C9DC08AE8BBC2705A8FC81509	HT	F_SKA1_KTP	KTOPL	
04502D6BA00AACC54CD2AA9C37C0B2	HT	F_SKA1_KTP	KTOPL	
094A3FAFEB18766A8F182A0124561A	HT	F_SKA1_KTP	KTOPL	
0A0D3C32C55BA8F081D8007D1E5F9A	HT	F_SKA1_KTP	KTOPL	
1216E4D6ADEB27ECCE65D32157BB9E	HT	K_CSKA_SET	KTOPL	
1287339CC3D7B3D6EECC2813376D5E	HT	F_SKA1_KTP	KTOPL	
163A22B4C5CA2877F33D3AD2920B0F	HT	F_SKA1_KTP	KTOPL	
1A8F9E2EF2485CC4D74B19F7AFBD36	HT	F_SKA1_KTP	KTOPL	
1F096AB80477A4637B15C29511C51E	HT	IDCN_ALG01	KTOPL	

Abbildung 6.8 Abgleich der neuen Organisationsebene mit den SU24-Daten

3. **Anpassung der Rollen**
   Wenn bereits Rollen vorhanden und im Einsatz sind, die das zur Organisationsebene erhobene Berechtigungsfeld enthalten, müssen Sie abschließend diese Rollen anpassen. Markieren Sie auch dazu in Transaktion SUPO die Zeile mit Ihrer neuen Organisationsebene und klicken Sie auf den Button **PFCG** (siehe Abbildung 6.7), um in den in Abbildung 6.9 dargestellten Dialog zu gelangen. Hier können Sie die betreffenden Rollen über den Button **Rollen** anpassen.

Anzahl angepasster Anwendungen:

Rolle | Rollen | Rollen | Rollen

OrgEbene $KTOPL in Rollen — OrgEbene mit Rollen abgleichen

OrgEbenenfeld: KTOPL
Rollen mit gepflegter OrgEbene: 0
Umzusetzende Rollen: 246

Rolle	Kurzbeschreibung der Rolle	OrgEbene	Werte
D033494_TESTROLLE			
D:D:CO_:MASTER_DATA_INFO_:CN01			
D:D:CO_:MASTER_DATA_INFO_:CN02			
D:D:CO_:MASTER_DATA_INFO_:DE01			
D:D:CO_:MASTER_DATA_INFO_:DE02			
D:D:CO_:MASTER_DATA_INFO_:DE03			
D:D:CO_:MASTER_DATA_INFO_:DE04			
D:D:CO_:MASTER_DATA_INFO_:DE05			

Abbildung 6.9 Abgleich der neuen Organisationsebene mit den Rollen

Das System sucht nach sich unterscheidenden Wertebereichen für das betreffende Feld innerhalb einer Rolle. Es findet eine automatische Bereinigung statt, indem der neue und der alte Wertebereich in allen Feldern zusammengeführt werden. Daher sollten Sie unterschiedliche Wertebereiche bereits im Vorfeld bereinigen und gegebenenfalls zwei unterschiedliche Rollen erstellen. Denken Sie dabei daran, dass Sie die Rollenänderungen in einen Customizing-Transportauftrag aufnehmen.

[!]

Transportreihenfolge beachten

Beachten Sie die Transportreihenfolge gemäß den beschriebenen Schritten, damit im Zielsystem keine Schiefstände erzeugt werden. Wir empfehlen Ihnen, alle diese Änderungen zu transportieren, denn grundsätzlich sollten Sie Änderungen an Organisationsebenen immer auf Ihrem Entwicklungssystem durchführen.

Wenn Sie mehrere Mandanten nutzen, beachten Sie, dass die Organisationsebenen und die Berechtigungsvorschlagswerte mandantenunabhängige Daten sind, wohingegen die betreffenden Rollen und Profile mandantenabhängig sind. Sollten Sie also mehr als einen Mandanten nutzen, müssen Sie die Aktivitäten in Schritt 3 auch in den übrigen Mandaten ausführen, um diejenigen Rollen zu ermitteln, die die neue Organisationsebene enthalten.

Wenn Sie nach einem Upgrade oder nach dem Einspielen eines Support Packages die Transaktion SU25 mit den Schritten 1 oder 2a genutzt haben, um Vorschlagswerte auf den neuesten SAP-Systemstand zu bringen, müssen Sie mit der Transaktion SUPO (Schritt 2) die Vorschlagswerte zu den kundeneigenen Organisationsebenen wiederherstellen. Auch können Sie kundeneigene Organisationsebenen wieder entfernen und sie damit zurück in ein einfaches Berechtigungsfeld umwandeln. Hierzu durchlaufen Sie die in diesem Abschnitt beschriebenen Schritte in umgekehrter Reihenfolge und nutzen jeweils den Button OrgEbene für das Zurücksetzen.

[!]

Behandlung der zusammengefassten Werte beim Zurücksetzen

Es ist wichtig zu berücksichtigen, dass beim Zurücksetzen der Organisationsebene in den Rollen die alte Belegung des Feldes nicht wiederhergestellt wird, da zusammengefasste Werte bei der Erhebung des Feldes in die Organisationsebene nicht mehr separiert werden. Stattdessen werden die zusammengefassten Werte in jedem Feld separat eingetragen.

Zusätzliche Informationen zur Nutzung kundeneigener Organisationsebenen in der Transaktion PFCG finden Sie in SAP-Hinweis 727536.

6.3 Anmeldung am Anwendungsserver einschränken

Wenn Sie Wartungsarbeiten an Ihrem SAP-System durchführen, ist es immer wieder erforderlich, die Anmeldung von Benutzern am Anwendungsserver zu unterbinden. Dabei ist häufig eine kleine Gruppe von Administratoren ausgenommen, die sich weiterhin am System anmelden kann. Bisher mussten die Benutzer gesperrt und die genannten Administratoren von dieser Sperre ausgenommen werden. Die Unterbindung ist nun einfacher einzurichten, indem Sie nämlich Sicherheitsrichtlinien in Kombination mit dem Profilparameter `login/server_logon_restriction` nutzen.

Diese Lösung steht ab SAP NetWeaver AS ABAP 7.31 über ein Support Package und mit einer zusätzlichen Erweiterung ab SAP NetWeaver AS ABAP 7.40 zur Verfügung und erfordert einen Kernel-Patch. Die Details zu den relevanten Support Packages finden Sie in SAP-Hinweis 2065596. Grundsätzlich kann damit durch die Einstellung des Profilparameters `login/server_logon_restriction` die Anmeldung von Benutzern am Anwendungsserver eingeschränkt werden. Folgende Werte sind auswählbar:

- **Wert = 0**
  Es gibt keine Einschränkung für die Anmeldung am Anwendungsserver; alle Benutzer können sich anmelden.
- **Wert = 1**
  Nur noch Benutzer, deren zugeordnete Sicherheitsrichtlinie den Wert `1` für das Attribut `SERVER_LOGON_PRIVILEGE` enthält, können sich am Anwendungsserver anmelden. Versucht sich ein Benutzer anzumelden, der nicht über diesen Eintrag in der ihm zugeordneten Sicherheitsrichtlinie verfügt, erhält er die Fehlermeldung »Server ist zur Zeit nicht allgemein verfügbar (eingeschränkte Anmeldung)«.
- **Wert = 2**
  Es ist keine Anmeldung am Anwendungsserver mehr erlaubt, d. h., dass sich kein Benutzer mehr anmelden kann. Diese Einstellung ist z. B. sinnvoll, wenn Sie die Anmeldung an einem bestimmten Anwendungsserver unterbinden möchten. Die Benutzer erhalten die Fehlermeldung »Server ist zur Zeit nicht verfügbar (keine Anmeldung erlaubt)«.
- **Wert = 3**
  Nur noch externe Benutzer, deren Sicherheitsrichtlinie den Wert `1` für das Attribut `SERVER_LOGON_PRIVILEGE` enthält, können sich am Anwendungsserver anmelden. Verhalten und Fehlermeldung sind also jeweils analog Wert `1`, allerdings wird in diesem Fall nur die externe Anmeldung am Anwendungsserver unterbunden.
- **Wert = 4**
  Es ist keine externe Anmeldung am Anwendungsserver mehr erlaubt, d. h. kein externer Benutzer kann sich mehr anmelden. Das Verhalten und die Fehlermeldung sind analog Wert `2`, allerdings wird in diesem Fall nur die externe Anmeldung am Anwendungsserver unterbunden.

Folgende Arten von interner Anmeldung werden unterschieden:

- Batch/Job-Step
- Session Restore
- Switchback
- ABAP Push Channel
- interne RFC
- HTTP Security Session

Alle anderen Arten der Anmeldung werden als externe Anmeldungen behandelt.

Wenn Sie den Profilparameter dynamisch setzen, werden keine Benutzer vom Anwendungsserver abgemeldet. Wartungsarbeiten können Sie daher rechtzeitig vorbereiten. Die Werte 2 und 4 im Profilparameter unterbinden nicht die Anmeldung mit dem Notfallbenutzer SAP*, sofern dieser nicht als Benutzerstammsatz angelegt ist und der Profilparameter login/no_automatic_user_sapstar auf den Wert 0 gesetzt ist. Außerdem können Sie den Wert des Parameters auf der Betriebssystemebene wieder ändern. Details zum Benutzer SAP* finden Sie in Abschnitt 12.1, »Mit Standardbenutzern und deren Initialpasswörtern umgehen«.

Wie Sie Sicherheitsrichtlinien pflegen und Ihren Benutzern zuordnen, haben wir in Abschnitt 1.5, »Sicherheitsrichtlinien für Benutzer einsetzen«, beschrieben. Sie benötigen für die Umsetzung dieses Tipps eine eigene Sicherheitsrichtlinie für Administratoren, die übrigens häufig auch aus anderen Gründen sinnvoll ist. In dieser Sicherheitsrichtlinie setzen Sie dann das Richtlinienattribut SERVER_LOGON_PRIVILEGE auf den Wert 1. Ferner können Sie beispielsweise auch die Einstellung des Richtlinienattributs DISABLE_PASSWORD_LOGON aufnehmen, da für Administratoren häufig eine Anmeldung mit Passwort am System möglich sein soll.

6.4 Passwörter mittels Self-Service zurücksetzen

Gerade bei großen Systemlandschaften und Systemen, die nur sporadisch genutzt werden, vergessen Benutzer häufig ihr Passwort. Verschärfte Passwortregeln (z. B. Aufforderung zur regelmäßigen Änderung eines Passworts oder Auflage zur Nutzung bestimmter Zeichentypen), die eigentlich der Sicherheit dienen sollen, tragen ihren Teil dazu bei. Vergessene Passwörter und die häufig daraus resultierenden Benutzersperren kommen dem Benutzer leider meist dann in die Quere, wenn der Zugriff zu einem System am dringendsten benötigt wird. Entsperren eines Benutzers und Vergabe eines neuen Passworts erfolgen selbst bei großen Serviceabteilungen mit 24-Stunden-Support selten in Echtzeit. Dieses Ihnen sicherlich bekannte Problem fördert nicht eben Zufriedenheit und Produktivität der Mitarbeiter. Ein *Self-Service*, der sich der *Business Application Programming Interfaces* (BAPIs, einer standardisierten Programmierschnittstelle der SAP-Business-Objekte, die es externen Programmen ermöglichen, auf die Daten und Geschäftsprozesse des SAP-Systems zuzugreifen) bedient, kann dem oben Geschilderten entgegenwirken.

Wir stellen Ihnen hier verschiedene Szenarien für den Prozess des Zurücksetzens von Passwörtern vor. In allen Szenarien wählt der Benutzer das System und den Mandanten, in dem ein Passwort zurückgesetzt werden soll, über eine Webseite aus (ein Beispiel sehen Sie in Abbildung 6.10). Es sollen dabei nur Systeme und Mandanten angezeigt werden, in denen der zugehörige Benutzer bereits angelegt ist und eine Berechtigung zugewiesen bekommen hat. Anschließend wird ein Initialpasswort generiert und an die E-Mail-Adresse des Benutzers verschickt. Nur für den Fall, dass eine Benutzersperre durch Falschanmeldungen gesetzt ist, muss der Benutzer im System zusätzlich entsperrt werden. Bei einer Administratorsperre sollte der Benutzer entsprechend informiert werden.

Bevor Sie den Self-Service implementieren, sollten Sie sich Gedanken über die in Ihren Systemen eingestellten Passwortregeln und den Einsatz von Sicherheitsrichtlinien machen, denn über diese Einstellungen können Sie steuern, wie Passwörter in Ihren Systemen generiert werden. Wir empfehlen Ihnen, dazu die Erläuterungen in Abschnitt 1.4, »Passwortregeln konfigurieren«, und Abschnitt 1.5, »Sicherheitsrichtlinien für Benutzer einsetzen«, zu lesen.

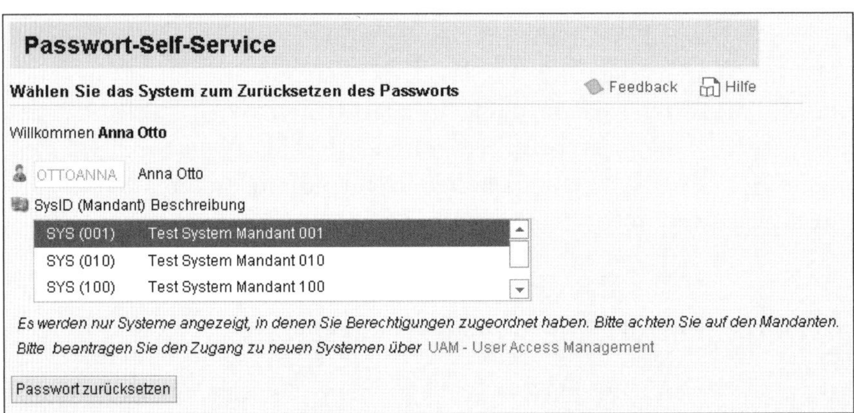

Abbildung 6.10 Beispielwebseite zur Auswahl des SAP-Systems für das Zurücksetzen eines Passworts

Bei der Implementierung eines Self-Services für das Zurücksetzen von Passwörtern müssen Sie die folgenden Fragestellungen berücksichtigen:

- Wie kann sich der Benutzer für den Self-Service authentifizieren?
- Wie stellen Sie sicher, dass der Benutzer das Passwort nur für sich selbst zurücksetzen kann?
- Wie erhält der Benutzer das Passwort auf einem sicheren Kanal?

Für die Authentifizierung des Benutzers in der Webanwendung stellen wir Ihnen zwei Lösungen vor:

- **Authentifizierung über Single Sign-on (SSO)**
  Diese Lösung ist sinnvoll, wenn Sie SSO bisher noch nicht für Ihre SAP-Systeme im Einsatz haben oder nicht alle SAP-Systeme in die SSO-Lösung eingebunden sind. In solchen Fällen müssen Sie die Webanwendung in einem System implementieren, das die Anmeldungen per SSO unterstützt, z. B. die Zentrale Benutzerverwaltung (ZBV), das SAP Identity Management (ID Management) oder ein Active Directory (AD).
- **Anmeldung mit Benutzer und Passwort einer anderen Anwendung (z. B. eines ADs oder Portals)**
  Bei dieser Form der Anmeldung muss die Webanwendung dazu in der Lage sein, eine eindeutige SAP-Benutzer-ID zu den Anmeldedaten zu ermitteln. Sie sollten eine Anwendung wählen, für die sich der Benutzer sein Passwort leicht merken kann.

Bei beiden Lösungen sollten Sie auf der Webseite die ermittelte SAP-Benutzer-ID anzeigen. Damit stellen Sie sicher, dass der Benutzer authentifiziert ist und nur sein eigenes Passwort ändern kann.

Die Implementierung der Webanwendung ist abhängig von der Authentifizierung. Bei allen angesprochenen Varianten muss aber eine Verbindung zum SAP-System möglich sein, für das das Passwort zurückgesetzt werden soll. Auch hier gibt es wieder zwei Möglichkeiten:

- **Webanwendung selbst setzt Passwörter im SAP-System zurück**
  Für diese Lösung muss die Webanwendung direkten Zugriff auf alle SAP-Systeme erhalten, in denen das Zurücksetzen des Passworts erlaubt werden soll. Nutzen Sie diese Variante, wenn Sie Ihre Webanwendung auf der Basis der ZBV oder des SAP ID Managements implementieren möchten.
- **Zentrales System ermittelt die Daten zur Benutzer-ID**
  Die Webanwendung ist mit einem zentralen SAP-System (z. B. ZBV, SAP ID Management oder SAP Solution Manager) verbunden, über das die Daten zur Benutzer-ID in allen relevanten SAP-Systemen ermittelt werden können. Nutzen Sie diese Variante, wenn Sie Ihre Webanwendung auf Basis eines ADs oder Portals implementieren möchten.

Für beide Szenarien kann wiederum auf verschiedenen Wegen ermittelt werden, welche Systeme und Mandanten dem Benutzer in der Selektion des Self-Services angezeigt werden sollen. Wir beschreiben Ihnen hier eine Möglichkeit, die Sie in allen Szenarien nutzen können. Dazu verwenden Sie das BAPI `BAPI_USER_GET_DETAIL`, das Sie für die betreffende SAP-Benutzer-ID in allen relevanten Systemen aufrufen müssen.

Prüfen Sie zuerst den Eintrag für den Tabellenparameter RETURN. Ist der Eintrag leer, ist der Benutzer in dem SAP-System vorhanden. Eventuelle Fehlermeldungen beim Aufruf werden über diesen Parameter ausgegeben (z. B. Meldung über einen nicht vorhandenen Benutzer). Verfügen die Tabellenparameter PROFILES oder ACTIVITY-GROUPS über Einträge, sind dem Benutzer in diesem System Berechtigungen zugeordnet. Zusätzlich können Sie über den Exportparameter REF_USER einen gegebenenfalls zugeordneten Referenzbenutzer ermitteln. Allerdings müssen Sie ebenfalls dessen Ausstattung mit Berechtigungen prüfen.

Auch können Sie beim Aufruf des BAPIs BAPI_USER_GET_DETAIL ermitteln, ob eine Sperre für einen Benutzer existiert. Nutzen Sie hierzu den Exportparameter ISLOCKED, der eine vierstellige Kombination aus den Zeichen L (gesperrt) und U (nicht gesperrt) zurückgibt (siehe Abbildung 6.11). Die Position des Zeichens gibt Aufschluss über die Art der Sperre:

1. ISLOCKED-Wrng_Logon
   Die Anmeldung mit Passwort wurde durch Falschanmeldung gesperrt.
2. ISLOCKED-Local_Lock
   Die Anmeldung wurde durch eine lokale Administratorsperre unterbunden.
3. ISLOCKED-Glob_Lock
   Die Anmeldung wurde durch eine globale Administratorsperre unterbunden.
4. ISLOCKED-No_User_Pw
   Die Anmeldung mit Passwort ist für den Benutzer deaktiviert.

Gibt der Exportparameter ISLOCKED z. B. den Wert LUUU zurück, ist die Passwortanmeldung durch Falschanmeldung gesperrt. Der Funktionsbaustein ermittelt diese Informationen im Feld UFLAG der Tabelle USR02 aus den folgenden Werten:

- 0 – nicht gesperrt
- 32 – globale Administratorsperre
- 64 – lokale Administratorsperre
- 128 – Sperre durch Falschanmeldungen

Nachdem Sie die Daten für die Webseite ermittelt haben, müssen Sie nun das Initialpasswort generieren, per E-Mail verschicken und gegebenenfalls den Benutzer entsperren. Dafür gibt es ebenfalls unterschiedliche Lösungen – wir beschreiben hier eine der möglichen Vorgehensweisen.

Die Generierung eines Passworts können Sie über den Importparameter GENERATE_PWD des BAPIs BAPI_USER_CHANGE veranlassen. Das generierte Passwort wird dann als Initialpasswort gesetzt und muss bei der nächsten Anmeldung durch den Benutzer geändert werden. Außerdem müssen Sie den Importparameter PASSWORDX setzen, um Änderungen am Passwort anzuzeigen.

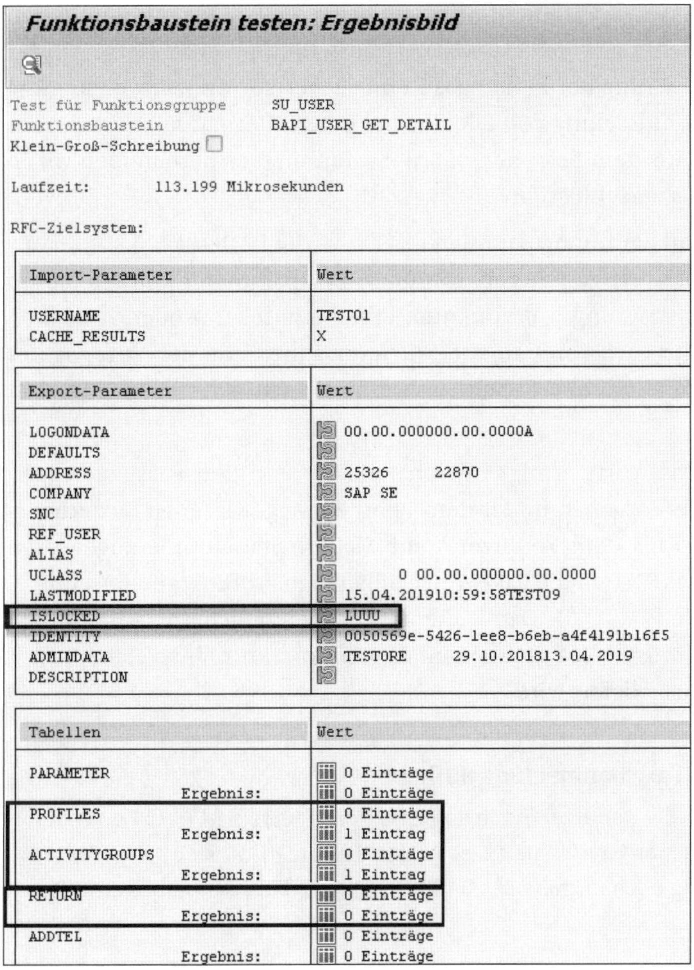

Funktionsbaustein testen: Ergebnisbild

```
Test für Funktionsgruppe      SU_USER
Funktionsbaustein             BAPI_USER_GET_DETAIL
Klein-Groß-Schreibung

Laufzeit:        113.199 Mikrosekunden

RFC-Zielsystem:
```

Import-Parameter	Wert
USERNAME	TEST01
CACHE_RESULTS	X

Export-Parameter	Wert
LOGONDATA	00.00.000000.00.0000A
DEFAULTS	
ADDRESS	25326 22870
COMPANY	SAP SE
SNC	
REF_USER	
ALIAS	
UCLASS	0 00.00.000000.00.0000
LASTMODIFIED	15.04.201910:59:58TEST09
ISLOCKED	LUUU
IDENTITY	0050569e-5426-1ee8-b6eb-a4f4191b16f5
ADMINDATA	TESTORE 29.10.201813.04.2019
DESCRIPTION	

Tabellen	Wert
PARAMETER	0 Einträge
Ergebnis:	0 Einträge
PROFILES	0 Einträge
Ergebnis:	1 Eintrag
ACTIVITYGROUPS	0 Einträge
Ergebnis:	1 Eintrag
RETURN	0 Einträge
Ergebnis:	0 Einträge
ADDTEL	0 Einträge
Ergebnis:	0 Einträge

Abbildung 6.11 BAPI BAPI_USER_GET_DETAIL zu einem gesperrten Benutzer mit zugeordneten Rollen und Profilen

Über den Exportparameter GENERATED_PASSWORD wird das generierte Passwort zurückgegeben. Dies ist erforderlich, wenn Sie das BAPI BAPI_USER_CHANGE aus einem zentralen System (z. B. aus der ZBV) heraus aufrufen und die betreffende E-Mail aus diesem System verschicken möchten. Sie sollten dieses Passwort niemals speichern, sondern es direkt in Ihrer Anwendung in eine E-Mail einbinden. Anschließend verschicken Sie die E-Mail an den Benutzer, dessen E-Mail-Adresse Sie entweder direkt im SAP-System (Parameter ADDSMTP von BAPI_USER_GET_DETAIL) oder im Rahmen Ihrer Webanwendung (z. B. aus dem AD) ermitteln.

Auch wenn Sie die E-Mail-Adresse im AD ermitteln, raten wir Ihnen davon ab, die E-Mail auch von dort aus zu versenden. Initiieren Sie den Versand lieber im Rahmen Ihres zentralen SAP-Systems, um zu vermeiden, dass das Passwort unnötigerweise übertragen wird. Zudem raten wir Ihnen dringend dazu, die E-Mails mit den Initialpasswörtern verschlüsselt zu verschicken. Dazu muss die Implementierung Ihres Self-Services bei der Erstellung der E-Mail das Kennzeichen für die Verschlüsselung setzen. Details zur Verschlüsselung von E-Mails und einen alternativen Versand des Initialpassworts direkt aus dem betroffenen SAP-System heraus beschreiben wir in Abschnitt 12.2.3, »E-Mails verschlüsseln«.

In unserem Szenario wird der Importparameter PASSWORD des BAPIs BAPI_USER_CHANGE ignoriert, da Sie das Passwort generieren. Diesen Importparameter können Sie im Rahmen einer Selbstregistrierung, z. B. von Internetbenutzern verwenden, bei denen der Benutzer ein Initialpasswort mit angibt. Wir raten Ihnen von der Nutzung des selbst gesetzten Passworts bei einem Self-Service ab, da ein generiertes Passwort sicherer ist.

Die Generierung des Passworts erfolgt in Abhängigkeit von den Passwortregeln; dabei werden zuerst die Vorgaben in der dem Benutzer zugewiesenen Sicherheitsrichtlinie ausgewertet. Falls dem Benutzer keine Sicherheitsrichtlinie zugewiesen wurde, berücksichtigt das System die Passwortregeln in den Profilparametern und in der Customizing-Tabelle PRNG_CUST. Damit die zugeordneten Sicherheitsrichtlinien berücksichtigt werden, müssen Sie gegebenenfalls die Korrektur einspielen, die mit SAP-Hinweis 1890833 ausgeliefert wird.

[!]

Benutzersperre nach Falschanmeldung aufheben

Denken Sie daran, dass der Benutzer durch den Funktionsbaustein BAPI_USER_CHANGE nicht automatisch entsperrt wird. Sie müssen den Benutzer im Falle einer Sperre durch Falschanmeldung noch mithilfe des BAPIs BAPI_USER_UNLOCK entsperren.

6.5 Änderungsbelegmanagement der Benutzer- und Berechtigungsverwaltung

Durch die Anwendungen der Benutzer- und Berechtigungsverwaltung werden Änderungsbelege geschrieben, deren Anzahl mit der Zeit beträchtlich zunehmen kann. Dadurch wiederum kann es beim Auslesen dieser Belege zu langen Wartezeiten kommen. Um diese zu reduzieren, sollten Sie die Belege archivieren und einen logischen Index für zentrale Änderungsbelege setzen. Dafür benötigen Sie allerdings einen Gesamtüberblick über die Speicherorte sowie über die Auswertungsmöglichkeiten und Archivierungsszenarien. Wir zeigen Ihnen im Folgenden, wie Sie das Änderungsbelegmanagement der Benutzer- und Berechtigungsverwaltung optimieren können.

Grundsätzlich sollten Sie beachten, dass in der Benutzer- und Berechtigungsverwaltung nicht alle relevanten Änderungsbelege eines Systems erhältlich sind. In der

Regel erfolgt die Berechtigungsadministration im Entwicklungssystem, daher entstehen die relevanten Änderungsbelege der Berechtigungsverwaltung in den Entwicklungssystemen. Im Gegensatz dazu finden Sie die relevanten Änderungsbelege der Benutzerverwaltung in den Produktivsystemen; beim Import von Rollen und Profilen in die Produktivsysteme werden somit keine Änderungsbelege geschrieben. Es entstehen lediglich Transportprotokolle, die festhalten, dass Änderungen an den Objekten vorgenommen wurden. Ihre Änderungsbelege der Berechtigungsverwaltung in den Entwicklungssystemen sind aus diesem Grund revisionsrelevant und sollten entsprechend abgesichert werden.

Die Änderungsbelege der Benutzer- und Berechtigungsverwaltung finden Sie an unterschiedlichen Speicherorten. Die Änderungen an den folgenden Objekten werden in applikationsspezifische Tabellen geschrieben:

- Änderungen an Berechtigungen werden in die Tabelle USH12 geschrieben. Ab SAP-Basisrelease 7.50 werden diese Änderungen in die Objektklasse SUSR_PROF der zentralen Änderungsbelege geschrieben.
- Änderungen an Profilen werden in die Tabelle USH10 geschrieben.
- Änderungen an Profilzuordnungen werden in die Tabelle USH04 geschrieben. Ab SAP-Basisrelease 7.50 werden diese Änderungen in die Objektklasse IDENTITY der zentralen Änderungsbelege geschrieben.
- Änderungen an Benutzerattributen, d. h. Ähnderungen der Gültigkeit, des Sperrstatus oder Passwortänderungen werden in die Tabelle USH02 geschrieben.
- Änderungen an den Berechtigungsvorschlagswerten werden in die Tabellen USOBT_CD und USOBX_CD geschrieben.

Die Änderungen an den folgenden Objekten werden in die zentralen Änderungsbelege geschrieben:

- Änderungen an Rollen werden in die Objektklasse PFCG der zentralen Änderungsbelege geschrieben.
- Änderungen an Benutzern, u. a. an Attributen, Referenzbenutzern, Aliassen, SNC-Namen (Secure Network Communications) sowie an ZBV-spezifischen Attributen wie Tochtersystemen, Rollenzuordnungen und der Zuordnung manueller Profile werden in die Objektklasse IDENTITY) der zentralen Änderungsbelege geschrieben.
- Änderungen an der Konfiguration der ZBV werden in die Objektklasse USER_CUA der zentralen Änderungsbelege geschrieben. Aufgrund der geringen Datenmenge ist eine Archivierung dieser Änderungsbelege allerdings nicht erforderlich.

Die Änderungen an den folgenden Objekten können nur über die Tabellenprotokollierung nachvollzogen werden:

- Änderungen an Berechtigungsfeldern und -objekten
- Änderungen an kundeneigenen Organisationsebenen
- Änderungen an kritischen Berechtigungen des Reports RSUSR008_009_NEW
- relevante Archivvorgänge der Benutzer- und Berechtigungsverwaltung
- Änderungen an Customizing-Tabellen der Benutzer- und Berechtigungsverwaltung (z. B. PRGN_CUST, US_EXIT, USR_CUST, USR40)
- Einstellungen von *Lightweight Directory Access Protocol* (LDAP, *Personal Security Environment* (PSE) und SNC
- Änderungen an Rollen-Templates
- Konfigurationen des Security Audit Logs

Die Auswertung der Änderungsbelege und Tabellenprotokolle erfolgt ebenfalls über unterschiedliche Wege, beispielsweise die folgenden Berichte im Benutzerinformationssystem (Transaktion SUIM):

- Report RSUSR100N für Benutzer
- Report RSSCD100_PFCG für Rollen
- Report RSUSR101 für Profile
- Report RSUSR102 für Berechtigungen

Hier müssen Sie beachten, dass der Selektionsparameter **Archivdaten berücksichtigen** nur die aus den Archiven zurückgeladenen Änderungsbelege mit in die Auswertung einschließt; in den Archiven abgelegte Daten werden nicht berücksichtigt. Sollten Sie die Änderungsbelege direkt aus den Archivdateien auswerten wollen, können Sie dies mithilfe der folgenden Reports tun:

- Report RUSH04RD für Benutzerstammsätze
- Report RUSH02RD für sonstige Benutzerdaten
- Report RUSH10RD für Profile
- Report RUSH12RD für Berechtigungen
- Report CHANGEDOCU_READ für übergreifende Auswertungen der Belege aus Archiv oder Datenbank

Die Auswertung der Tabellenprotokolle erfolgt mithilfe der Transaktion SCU3. Die Archivierung der Änderungsbelege der Benutzer- und Berechtigungsverwaltung erfolgt in der Transaktion SARA über die folgenden Archivierungsobjekte:

- US_USER – Benutzerstamm, Benutzerberechtigungen (ab SAP-Basisrelease 7.50 abgelöst durch das Objekt CHANGEDOCU für die Objektklasse IDENTITY der zentralen Änderungsbelege)
- US_PASS – Benutzer, sonstige Daten

- US_PROF – Benutzerstamm, Berechtigungsprofile
- US_AUTH – Benutzerstamm, Berechtigungen (ab SAP-Basisrelease 7.50 abgelöst durch das Objekt CHANGEDOCU für die Objektklasse SUSR_PROF der zentralen Änderungsbelege)
- CHANGEDOCU – allgemeine Änderungsbelege (nur die Objektklassen PFCG, SUSR_PROF (ab SAP-Basisrelease 7.50) und IDENTITY)
- BC_SU2X – Berechtigungsvorschlagswerte (in SAP-Hinweis 2412323 finden Sie Details zu den relevanten Support Packages)

[!]

Zeitintervalle bei der Archivierung

Sie sollten alle Belegarten in denselben Zeitintervallen archivieren. Dies gilt besonders für die Archivierungsobjekte US_USER und US_PASS.

Üblicherweise werden die Änderungsbelege gemäß den Aufbewahrungsfristen für die Revision zwischen zwölf und achtzehn Monate lang aufbewahrt. Sollten Sie aus Performancegründen in kürzeren Intervallen archivieren wollen, archivieren Sie am besten immer alle Archivierungsobjekte zeitgleich und legen die Archivierungsobjektklassen PFCG und IDENTITY in separaten Archiven ab. In diesem Fall ist es unter Umständen sinnvoll, die archivierten Änderungsbelege in eine *Schattendatenbank* zurückzuladen, um sie zur schnelleren Auswertung durch die Revision zur Verfügung zu stellen. Für ein solches Zurückladen können Sie die folgenden Reports nutzen:

- RSUSR_LOAD_FROM_ARCH_PROF_AUTH
- RSUSR_LOAD_FROM_ARCHIVE

[!]

Änderungsbelege der Berechtigungsvorschlagswerte archivieren

Beachten Sie bei der Archivierung von Änderungsbelegen der Berechtigungsvorschlagswerte, dass diese zur Optimierung des Arbeitsvorrats der Upgrade-Nachbereitung für die PFCG-Rollen (Transaktion SU25, Schritt 2a) genutzt werden. Daher sollten Sie nur Änderungsbelege archivieren, die vor dem letzten Hauptversionswechsel (z. B. der Installation eines Enhancement Package der Hauptkomponenten) erzeugt wurden. Eine vollständige Archivierung ist sinnvoll, bevor Sie für ein System die Berechtigungsvorschlagswerte initialisieren (Transaktion SU25, Schritt 1).

Mit dem Archivierungsobjekt BC_DBLOGS können Sie zusätzlich die Tabellenänderungsprotokolle archivieren.

Nachdem Sie die Änderungsbelege der Benutzer- und Berechtigungsverwaltung archiviert haben, können Sie über einen logischen Index für Änderungsbelegmerkmale die Performance der Auswertung erheblich verbessern. Zuerst müssen Sie allerdings sicherstellen, dass die SAP-Hinweise 1648187 und 1704771 in Ihren Systemen installiert sind. Mit diesen Hinweisen wird der Report SUIM_CTRL_CHG_IDX ausgeliefert, mit dem Sie Schlüsselmerkmale für Änderungsbelegmerkmale der Objektklassen PFCG und IDENTITY in die Tabelle SUIM_CHG_IDX eintragen, wenn Sie das Feld **Indiziere zentrale Änderungsbelege** markiert haben. Dabei werden alle Änderungsbelege indiziert (beim ersten Durchlauf des Reports kann es daher zu einer sehr langen Laufzeit kommen).

Später werden regelmäßig (z. B. wöchentlich oder monatlich) die neu hinzugekommenen Änderungsbelege indiziert. Dazu geben Sie das Zieldatum in der Selektion des Reports an und planen ihn als regelmäßigen Job ein. Beachten Sie dabei, dass Sie den Index immer nur bis zum vorausgehenden Tag anlegen dürfen – andernfalls kann es zu Inkonsistenzen kommen.

Falls Sie die von uns beschriebene Möglichkeit des Zurückladens der Änderungsbelege in eine Schattendatenbank nutzen möchten, sollten Sie zusätzlich nach jedem Rückladevorgang den Report SUIM_CTRL_CHG_IDX ausführen und dabei das Feld **Indiziere zurückgeladene Änderungsbelege** markieren (siehe Abbildung 6.12). In diesem Fall werden alle zurückgeladenen Änderungsbelege berücksichtigt. Zuvor müssen allerdings alle Indexeinträge gelöscht werden, was erneut zu einer langen Laufzeit des Reports führen kann.

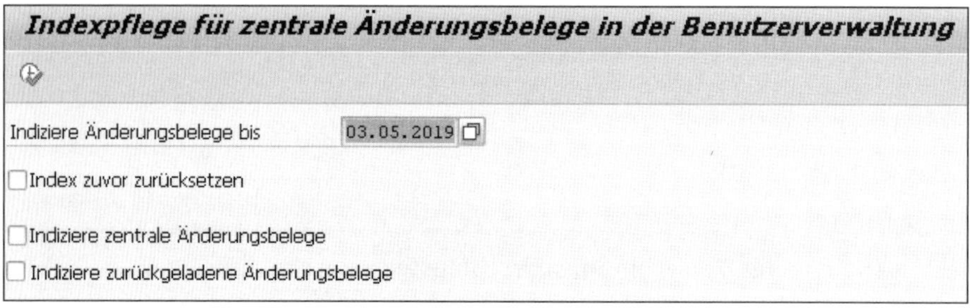

Indexpflege für zentrale Änderungsbelege in der Benutzerverwaltung

Indiziere Änderungsbelege bis 03.05.2019

Index zuvor zurücksetzen

Indiziere zentrale Änderungsbelege

Indiziere zurückgeladene Änderungsbelege

Abbildung 6.12 Selektion im Report SUIM_CTRL_CHG_IDX

Sollten Sie trotz der regelmäßigen Archivierung und Indizierung der Änderungsbelege Ihrer Benutzer- und Berechtigungsverwaltung noch Probleme mit der Performance der Auswertung haben, liegt dies vermutlich an der Anzahl der zentralen Änderungsbelege. In diesem Fall brauchen Sie zusätzlich ein Archivierungskonzept für andere zentrale Änderungsbelegdaten. In SAP-Hinweis 1257133 wird die Vorgehensweise zur Erstellung eines solchen Konzepts beschrieben.

Möchten Sie einen neuen Mandanten aufsetzen oder in einem Entwicklungssystem die Bewegungsdaten des produktiven Systems übernehmen, sollten Sie ebenfalls die Änderungsbelege betrachten. Bei einer Mandantenkopie sollten Sie vorher die Indizierung der Änderungsbelege (Tabelle SUIM_CHG_IDX) löschen, da Sie die Indizierung nach der Kopie wiederherstellen können. Nutzen Sie dazu den Report SUIM_CTRL_CHG_IDX, ohne ein Datum auszuwählen, und markieren Sie das Feld **Index zuvor zurücksetzen**. Nach der erfolgten Kopie löschen Sie die mandantenabhängigen Änderungsbelege; dies gilt ebenso für die mandantenunabhängigen Änderungsbelege (z. B. Berechtigungsvorschlagswerte, Tabellenprotokolle), wenn Sie die Mandantenkopie in ein neues System durchgeführt haben. Zusätzlich sollten Sie vor der Kopie des Mandanten die Änderungsbelege der Schattendatenbank entfernen und nach der Kopie einen vollständigen Indexaufbau durchführen. Markieren Sie dabei in jedem Fall das Feld **Index zuvor zurücksetzen** im Report SUIM_CTRL_CHG_IDX.

Wenn Sie die Bewegungsdaten des produktiven Systems in ein Entwicklungssystem übernehmen möchten, sollten Sie zuvor Benutzerstammsätze und Berechtigungsvorschlagswerte exportieren und die kompletten Änderungsbelege archivieren. Nach dem Import können Sie dann analog der Mandantenkopie die importierten Änderungsbelege löschen sowie die originalen Änderungsbelege des Entwicklungssystems wieder zurückladen und indizieren.

Für die hier beschriebenen Aktivitäten sind administrative Berechtigungen für die Änderungsbelege (Berechtigungsobjekte S_SCDO und S_ARCHIVE) und gegebenenfalls für die Tabellenprotokolle (Berechtigungsobjekte S_TABU_DIS oder S_TABU_NAM und S_ARCHIVE) notwendig. Diese Berechtigungen sind als kritisch einzustufen – Sie sollten sie daher nur an einen kleinen Benutzerkreis vergeben.

Für die technischen Details zur Archivierung der Änderungsbelege der Benutzer- und Berechtigungsverwaltung, insbesondere die relevanten Support Packages, empfehlen wir Ihnen an dieser Stelle zusätzlich die in der Tabelle 6.5 aufgelisteten SAP-Hinweise.

SAP-Hinweis	Beschreibung
419933	FAQ – Wartung von Änderungsbelegen in der Benutzerverwaltung; dieser Hinweis enthält auch eine grafische Übersicht der Archivierungsobjekte.
1648187	SUIM – Performance im Report RSUSR100N
1704771	SUIM – RSSCD100_PFCG: Performanceoptimierung
1079207	Downports – ZBV-Änderungsbelege, Archivierung, 12-Stunden-Format
1528250	SUIM – RSUSR_LOAD_FROM_ARCHIVE lädt unvollständig
2412323	SU2X – Archivierung von Änderungsbelegen für Berechtigungsvorschläge
2211825	SUIM – SUIM_CTRL_CHG_IDX – mandantenübergreifende Nutzung
2364724	SUIM – Laufzeit, Suche und fehlende Ergebnisse beim Report RSUSR100N

Tabelle 6.5 SAP-Hinweise zur Archivierung der Änderungsbelege

6.6 Generierte Profilnamen in komplexen Systemlandschaften verwalten

Bei dezentraler Pflege der Berechtigungsrollen, d. h. einer Pflege der Rollen in unterschiedlichen Systemen bzw. Mandanten, besteht das Risiko, dass die Nummernkreise für die Generierung von Berechtigungsprofilen überlappen. Sie können dann zu unterschiedlichen Rollen in unterschiedlichen Mandanten Profile mit gleichem Namen generieren. Sobald Sie diese gleichnamigen Berechtigungsprofile in ein gemeinsames Zielsystem transportieren, wird das bisherige Profil durch das importierte Profil überschrieben, und es entstehen Inkonsistenzen. In der Konsequenz kann es passieren, dass Sie beispielsweise einer SAP-ERP-Berechtigungsrolle ein SAP-SCM-Berechtigungsprofil (SAP Supply Chain Management) zuweisen. Dies kann dazu führen, dass ein Benutzer, dem die SAP-ERP-Rolle zugewiesen wurde, entweder nicht die benötigten oder zu viele Berechtigungen erhält. Außerdem haben Sie ein Problem, falls Sie über das Berechtigungsprofil das Quellsystem und den Mandanten ermitteln wollen, in dem dieses Profil generiert wurde: Dies ist nicht möglich, wenn das erste und dritte Zeichen der SAP-System-ID (SID) und der Nummernkreis für die Generierung des Berechtigungsprofils übereinstimmen.

Der Name des generierten Berechtigungsprofils besteht aus zehn Zeichen und setzt sich aus den Zeichen `T_`, der ersten und dritten Stelle der SID des Quellsystems und einer fortlaufenden sechsstelligen Zahl zusammen. Die zuletzt vergebene Zahl wird im Feld `AGR_NUM` der mandantenabhängigen Tabelle `AGR_NUM_2` gespeichert. In einem Mandanten eines SAP-Systems können somit maximal 999.999 Berechtigungsprofile generiert werden – dies wären beispielsweise im System PSE die Profile `T_PE000001` bis `T_PE999999`, wenn der erste Eintrag zum `AGR_NUM`-Nummernkreis `0` gehört (siehe Abbildung 6.13).

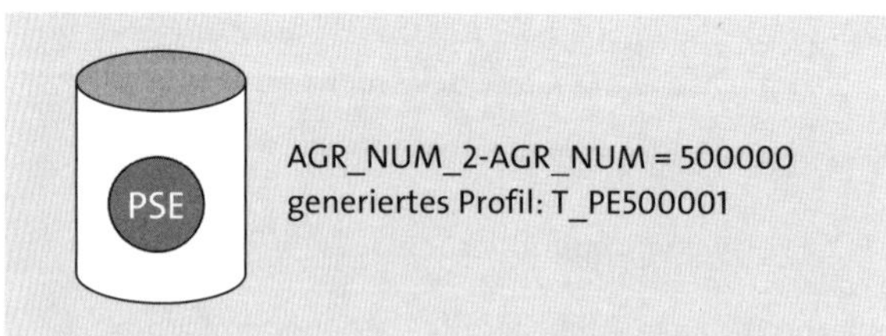

Abbildung 6.13 Aufbau des Profilnamens aus der SID des Quellsystems

Mit SAP-Hinweis 1380203 wird eine Korrektur ausgeliefert, die es Ihnen erlaubt, als Profilpräfix anstelle der ersten und dritten Stelle der SID ein kundeneigenes Namensraummuster zu definieren. Details zu den relevanten Support Packages finden Sie im Hinweis selbst.

Sie definieren in der mandantenabhängigen Tabelle USR_CUST im Parameter PRGN_PROF_PREFIX für jeden zur Rollenpflege verwendeten Mandanten ein eindeutiges Namensraummuster, bestehend aus zwei Zeichen. Hier werden vom SAP-System ausschließlich Großbuchstaben und Ziffern unterstützt. Sofern Sie sicherstellen können, dass das verwendete Namensraummuster eindeutig ist, können Sie in der Tabelle AGR_NUM_2 beliebige Nummernkreise pflegen. Eine Überlappung ist damit nicht mehr möglich, und auch die Herkunft eines generierten Profils ist durch das Präfix eindeutig identifizierbar.

In Abbildung 6.14 stellen wir die Verwendung des Namensraummusters in einem Landschaftsbeispiel dar.

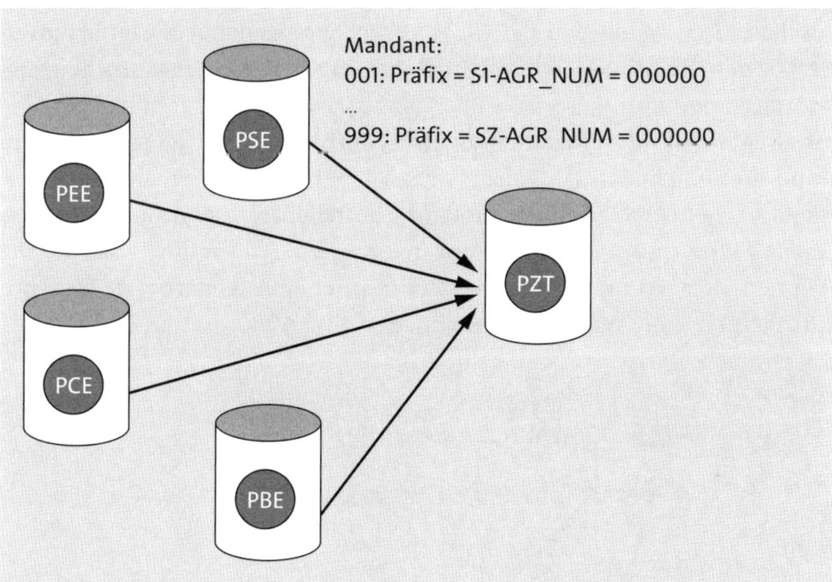

Abbildung 6.14 Vergabe der Profilnamen mit kundeneigenem Namensraummuster in einer Beispielsystemlandschaft

Sie können hier je Mandant 999.999 Berechtigungsprofile generieren. Beachten Sie, dass es zu einer zeitintensiven Suche des Systems nach noch nicht genutzten Nummern kommt, wenn der Zähler in der Tabelle AGR_NUM_2 den Wert 999999 erreicht hat. Für diesen Fall raten wir Ihnen, ein neues Namensraummuster für diesen Mandanten zu definieren und den Zähler in der Tabelle AGR_NUM_2 zurückzusetzen. Prüfen Sie deshalb regelmäßig den Zählerstand dieser Tabelle.

Achten Sie auch bei Mandanten- oder Systemkopien auf die Werte in den Tabellen USR_CUST und AGR_NUM_2, und verändern Sie diese entsprechend. Falls Sie keinen gültigen Wert im Parameter PRGN_PROF_PREFIX gepflegt haben, wird der Profilname nach dem bisherigen Verfahren erstellt.

[»]

Korrektur für die Generierung von Profilnamen für ein Zero Downtime Management bei Upgrades

Beachten Sie auch, dass es ab SAP-Basisrelease 7.40 eine Korrektur für die Generierung von Profilnamen gibt, um die die Anforderungen eines Zero Downtime Managements bei Upgrades abbilden zu können (siehe SAP Hinweis 2024189). Diese Korrektur verhindert Überlappungen bei neu generierten Profilnamen, indem die Namen mit einem X anstelle eines T als Präfix generiert werden.

Sollte die Korrektur aus SAP-Hinweis 1380203 im System noch nicht verfügbar sein, müssen Sie sicherstellen, dass sich die erste und dritte Stelle der SID für alle in einer Systemlandschaft (für die dezentrale Rollenpflege) verwendeten Systeme unterscheidet. So können Sie pro System maximal 999.999 Berechtigungsprofile generieren. Dies mag Ihnen auf den ersten Blick als ausreichend erscheinen. Falls die Rollenpflege aber in mehreren Mandanten durchgeführt wird, sollten Sie den Nummernkreis und somit die maximale Anzahl der zu generierenden Berechtigungsprofile auf die entsprechenden Mandanten eindeutig aufteilen. Nehmen Sie dafür in der Tabelle AGR_NUM_2 eine zu Ihrem Anwendungsfall passende Aufteilung vor. Auf diesem Weg können Sie auch eine eindeutige Zuordnung eines generierten Berechtigungsprofils zu einem Quellmandanten abbilden.

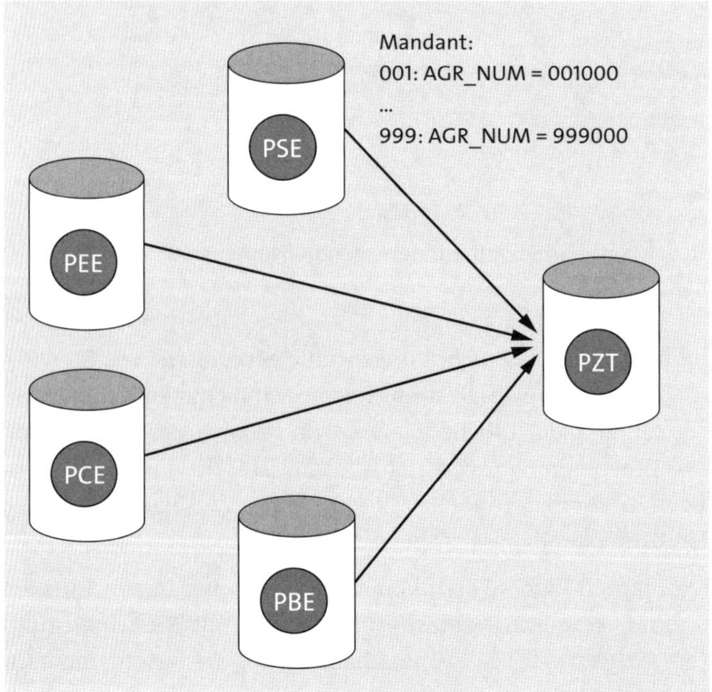

Abbildung 6.15 Nutzung der Mandantennummer im Nummernkreis der Profilnamen

In Abbildung 6.15 wurde für die ersten drei Stellen des Nummernkreises die Mandantennummer verwendet. Bei diesem Beispiel können allerdings nur 999 Profile generiert werden, bevor der Nummernkreis des nächsten Mandanten erreicht ist. Die Nummernvergabe ist fortlaufend, und es handelt sich bei der Tabelle AGR_NUM_2 nicht um eine echte Nummernkreistabelle. Daher erfolgen keine Warnung und auch kein Abbruch, sobald der Zahlenbereich, der für einen anderen Mandaten vorgesehen ist, erreicht wird. In diesem Fall wird die nächste Nummer für die Profilnamensvergabe verwendet und so ein Profil erzeugt, das vermutlich bereits in einem anderen Mandanten angelegt wurde. Kontrollieren Sie deshalb in der Tabelle AGR_NUM_2 regelmäßig den aktuellen Zählerstand in allen für die Rollenpflege verwendeten Mandanten.

Wir empfehlen Ihnen, auch Abschnitt 4.2.4, »Berechtigungsvorschlagswerte und Rollen in Y-Landschaften abgleichen«, zu lesen, da Sie sich im Rahmen eines Upgrades vermutlich auch mit dieser Thematik beschäftigen müssen.

6.7 Tabellenberechtigungsgruppen pflegen

Kundeneigene Tabellen oder auch SAP-Standardtabellen, die Sie besonders schützen möchten, gehören in separate, gegebenenfalls kundeneigene *Tabellenberechtigungsgruppen*. Sollen für die Systemadministration oder bestimmte Anwendungen umfangreiche Berechtigungen erteilt werden, wird hierfür das Berechtigungsobjekt S_TABU_DIS für die Tabellenberechtigungsgruppe verwendet. Da vielen Standardtabellen keine Tabellenberechtigungsgruppe zugeordnet ist und diese damit automatisch in der Tabellenberechtigungsgruppe &NC& landen, sollten Sie den Zugriff auf diese Tabellenberechtigungsgruppe einschränken. Bestimmte Tabellen wie T000 (Mandanten) befinden sich z. B. in einer großen Tabellenberechtigungsgruppe (SS: RS: Steuerung SAP), daher lässt sich der Zugriff über eine eigene Tabellenberechtigungsgruppe besser einschränken.

Auch kundeneigene Tabellen sollten Sie immer einer Tabellenberechtigungsgruppe zuordnen, da ihnen ansonsten ebenfalls die Tabellenberechtigungsgruppe &NC& zugeordnet wird. Im Folgenden beschreiben wir Ihnen, wie Sie Tabellenberechtigungsgruppen anlegen und Tabellen zuordnen können.

Beim Zugriff auf Tabellen oder Views wird mit dem Berechtigungsobjekt S_TABU_DIS die Berechtigung für eine bestimmte Tabellenberechtigungsgruppe in der Berechtigungsprüfung erteilt. Beachten Sie in diesem Zusammenhang auch Abschnitt 7.7.2, »Berechtigungsprüfung beim generischen Tabellenzugriff«, und das dort vorgestellte Berechtigungsobjekt S_TABU_NAM.

Tabellenberechtigungsgruppen legen Sie mithilfe der Transaktion SE54 oder über den Pflegedialog V_TBRG_54 an. Sie können Tabellenberechtigungsgruppen mandantenabhängig (Customizing) oder mandantenübergreifend (Workbench) definieren.

Zum Anlegen einer Tabellenberechtigungsgruppe rufen Sie die Transaktion SE54 auf und wählen dort im Bereich **Bearbeiten Tabelle/View** die Option **Berechtigungsgruppen** aus (siehe Abbildung 6.16).

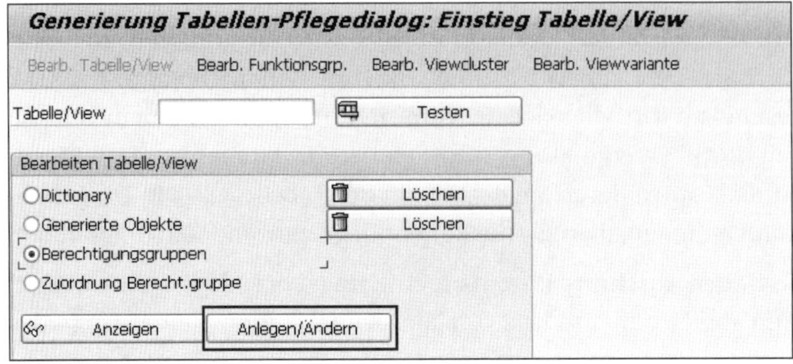

Abbildung 6.16 Einstiegsbild der Transaktion SE54 zum Anlegen von Tabellenberechtigungsgruppen

Über den Button **Anlegen/Ändern** gelangen Sie zur Übersicht der bereits vorhandenen Tabellenberechtigungsgruppen (siehe Abbildung 6.17). Auf diesem Weg können Sie beispielsweise auch die Bezeichnung einer Tabellenberechtigungsgruppe ändern.

Pflege Berechtigungsgruppen für Objekt S_TABU_DIS

Objekt Zeile Löschen

Berechtigungsobjekt: S_TABU_DIS
Berechtigungsfeld: DICBERCLS
Wertetabelle: TRBG_AUTH

Pflegetyp: Mandantenunabhängige Gruppenpflege

750 mandantenabhängige Berechtigungsgruppen selektiert
25 mandantenunabhängige Berechtigungsgruppen selektiert

Gruppe	Beschreibung für Berechtigungsgruppe	M	Paket
ARUN_CUST	ARun: Berechtigungsgruppe		ARUN_CORE
BUPC	BUPA: Customizing		S_BUPA_GENERAL
BUPS	BUPA: Steuerung		S_BUPA_GENERAL
CMMFDCO	CDOTE: Allgemeine Berechtigungsgruppe		FS_CMM_CDOTE_COMMON
CMMFDOF	Commodity-Derivat - Orderausführung		FS_CMM_CDOTE_ORDER_FILL
CMMFDOR	Commodity-Derivat-Order		FS_CMM_CDOTE_ORDER_REQUEST
CMMFSA	Berechtigungsgruppe Commodity-Unterkonto		FS_CMM_COMMODITY_SUBACCOUNT
EPM			S_EPM_REF_APPS_TOOLS
OBSOLETE	Leere, nicht mehr benötigte Tabellen		S_PROFGEN
PFCG	Profilgenerator - Rollendaten		S_PROFGEN
PFCG_ADMIN	Profilgenerator - Administration		S_PROFGEN
SACF	Schaltbare Berechtigungsprüfungen		SECU_ABAP
SAGRDIST	Rollenverteilung: Customizing		S_PROFGEN_DIST
SAL_CTEMP	Security Audit Log - Komprimierte Puffer		SECU
SAL_DATA	Security Audit Log - Rohdaten (kritisch)		SECU
SAL_TEMP	Security Audit Log - Temporärer Puffer		SECU
SCDO	Zentrale Änderungsbelege		SZD

Abbildung 6.17 Übersicht der vorhandenen Tabellenberechtigungsgruppen in Transaktion SE54

In der Übersicht der Tabellenberechtigungsgruppen klicken Sie auf den Button **Zeile**, um eine neue Tabellenberechtigungsgruppe anzulegen. Vergeben Sie hierfür einen Namen (im kundeneigenen Namensraum) und eine sprechende Bezeichnung. Definieren Sie über ein Häkchen in der Spalte **M**, dass es sich um eine mandatenabhängige Berechtigungsgruppe handelt, andernfalls ist es eine mandantenübergreifende Berechtigungsgruppe (siehe Abbildung 6.18). Für die Namen mandantenabhängiger Tabellenberechtigungsgruppen stehen Ihnen vier Zeichen, für mandantenübergreifende Tabellenbereichtigungsgruppen 14 Zeichen zur Verfügung. Weitere Informationen hierzu finden Sie in SAP-Hinweis 1855406.

Pflege Berechtigungsgruppen für Objekt S_TABU_DIS

Gruppe	Beschreibung für Berechtigungsgruppe	M	Paket
ZTEST_U	Test unabhängig	☐	$TMP
ZTST	Test mandantenabhäng	☑	

Abbildung 6.18 Anlegen einer neuen Tabellenberechtigungsgruppe

Nachdem Sie die neuen Einträge gespeichert haben, ist Ihre kundeneigene Tabellenberechtigungsgruppe angelegt.

Über die Transaktion SE54 oder über die Transaktion SE11 können Sie eine Tabellenberechtigungsgruppe einer Tabelle oder einem Pflege-View zuweisen. Diese Zuordnung ist als Customizing-Einstellung definiert und bleibt damit auch nach einem Releasewechsel erhalten. Die Zuordnung einer Tabelle zu einer Tabellenberechtigungsgruppe über die Transaktion SE11 nehmen Sie vor, indem Sie Ihre Tabelle im Startbild auswählen und auf den Button **Anzeigen** klicken (siehe Abbildung 6.19).

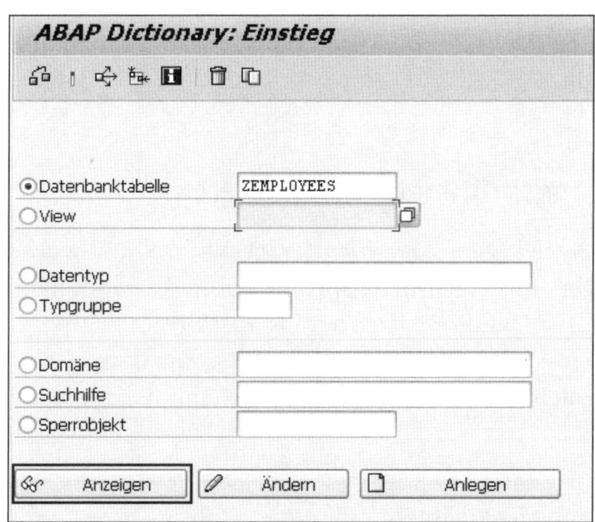

Abbildung 6.19 Auswahl der Tabelle, deren Tabellenberechtigungsgruppe Sie ändern möchten

Im Anzeigebild Ihrer ausgewählten Tabelle navigieren Sie im Menü zum Eintrag **Hilfsmittel** und wählen dort die Option **Berechtigungsgruppe zuordnen** aus. Im sich anschließenden Bild können Sie dann die Zuordnung zu einer Tabellenberechtigungsgruppe ändern oder eine neue Berechtigungsgruppe zuordnen. Klicken Sie für letzteres auf den Anzeigen-/Ändern-Button (icon) und tragen Sie Ihre Berechtigungsgruppe in das Feld **Neue Berechtigungsgruppe** ein. Die Berechtigungsgruppe wählen Sie über die Wertehilfe aus (siehe Abbildung 6.20).

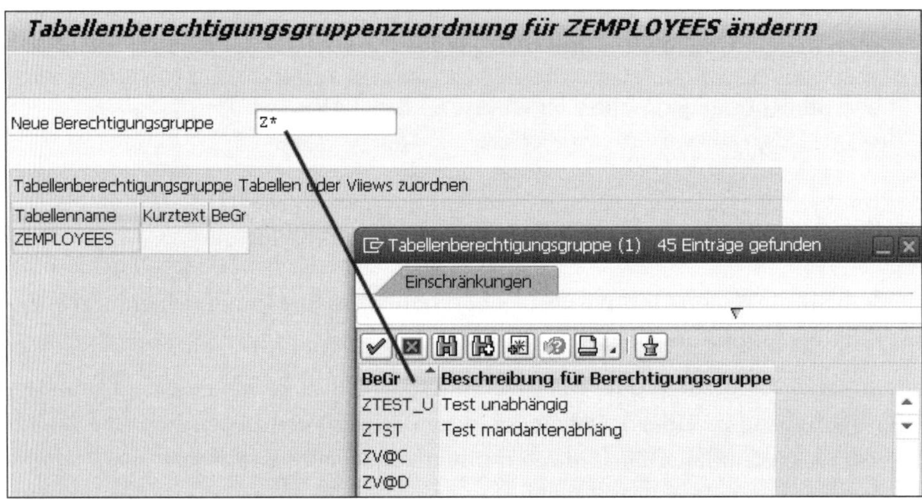

Abbildung 6.20 Zuordnung einer Tabelle zur Tabellenberechtigungsgruppe ändern

Die Zuordnungen von Tabellen zu Tabellenberechtigungsgruppen sind in der Tabelle TDDAT abgelegt. Für die Auswertung dieser Zuordnungen nutzen Sie das Programm RDDTDDAT_BCE aus dem Systemaudit.

6.8 Schaltbare Berechtigungsprüfungen konfigurieren

Die *Workbench für schaltbare Berechtigungsszenarien* (Transaktion SACF) wurde entwickelt, damit Sie Änderungen an Berechtigungsprüfungen in Anwendungen selbst aktivieren können und diese nicht direkt nach der Installation eines Support Packages oder Sicherheitshinweises greifen. Dies soll Ihnen die Anpassung Ihrer kundeneigenen Berechtigungsrollen ermöglichen, wenn Sie sich mit der Thematik auseinandersetzen.

[!]

Schaltbare Berechtigungsprüfungen aktivieren

Berücksichtigen Sie dabei, dass viele dieser Einstellungen sicherheitsrelevant sind oder zusätzliche Abgrenzungen ermöglichen. Sie sollten die Auswirkungen der Änderungen also vorab gründlich analysieren und die Änderungen Ihren Anforderungen entsprechend ausprägen. Wir haben in vielen Situationen die Erfahrung gemacht, dass die schaltbaren Berechtigungsprüfungen ignoriert und damit nicht aktiviert werden. Wir möchten Ihnen daher in diesem Abschnitt die zugehörige Vorgehensweise beschreiben und Ihnen ans Herz legen, die Sicherheit Ihrer Systeme zu erhöhen, indem Sie die relevanten schaltbaren Berechtigungsprüfungen aktivieren.

Damit Sie die Szenarien mit schaltbaren Berechtigungen nutzen können, sollten Sie SAP-Hinweis 1908870 lesen und installieren. Mit diesem SAP-Hinweis wird die Funktionalität der schaltbaren Berechtigungsprüfung ab SAP-Basisrelease 7.00 ausgeliefert. Eine wichtige Ergänzung stellt SAP-Hinweis 1922808 dar, der die zugehörige Dokumentation liefert und wesentliche Fragen beantwortet. Beachten Sie gegebenfalls auch SAP-Hinweis 1924017, der eine Voraussetzung für SAP-Hinweis 1908870 ist.

SAP liefert die neuen schaltbaren Berechtigungsprüfungen, etwa für RFC-Funktionsbausteine, in SAP-Hinweisen oder Support Packages als Szenariodefinition aus. Damit Geschäftsprozesse durch die Installationen nicht unterbrochen werden, werden die schaltbaren Berechtigungsprüfungen zunächst in inaktivem Zustand ausgeliefert. Mithilfe des ausgelieferten Codes werden die neuen Berechtigungsprüfungen anhand der Szenariennamen (z. B. `BC_GENERIC_REPORT_START` oder `AUTHORITY_CHECK`) identifiziert und passend zu den Geschäftsprozessen gruppiert. Diese Methode erlaubt es, die schaltbaren Berechtigungsprüfungen szenarienweise und nach bestimmten Sicherheitsanforderungen auszuliefern, abhängig von den Anforderungen der Kunden. Die Systemadministratoren entscheiden darüber, welche Berechtigungsprüfungen übernommen und wann diese aktiv geschaltet werden.

Die Methode `AUTHORITY_CHECK_SPEC()` der Klasse `CL_SACF` dient als Grundbaustein für schaltbare Berechtigungsszenarien. Als Voraussetzung müssen Sie daher diese Methode im Quelltext des Programms implementieren. Im Methodenaufruf werden die Namen der Szenarien sowie die Berechtigungsobjekte und -werte definiert. Ein Beispiel für die Implementierung der Methode können Sie sich in dem Report `SACF_TEST_CASE` ansehen.

6.8.1 Szenariodefinitionen erstellen und pflegen

Die Erstellung und Pflege der Berechtigungsszenarien führen Sie in der Transaktion SACF durch. Erstere umfasst auch die Festlegung des Szenariostatus (aktiviert oder deaktiviert). Achten Sie darauf, dass die Pflege der Szenarien im Entwicklungssystem erfolgt. Sobald die Szenarien in Ihrer Systemlandschaft aktiv gesetzt wurden, lassen sie sich anpassen. Einen Überblick über den Status der Szenariodefinitionen in Ihrer

Systemlandschaft und alle aktivierten Szenarien erhalten Sie über die Transaktion SACF_INFO.

Um eine (inaktive) Szenariodefinition anzulegen, gehen Sie wie folgt vor:

1. Starten Sie die Transaktion SACF und wählen Sie den Button (**Anlegen**).
2. Tragen Sie die Daten im Szenariokopf ein. Wählen Sie unbedingt einen eindeutigen Namen und achten Sie darauf, dass dieser mit dem Namen beim Aufruf der Methode AUTH_CHECK_SPEC aus dem Quelltext übereinstimmt (siehe Abbildung 6.21).

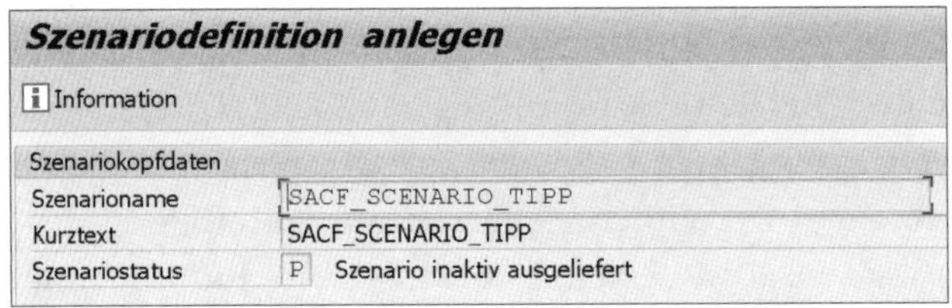

Abbildung 6.21 Szenariodefinition für eine Berechtigungsprüfung anlegen

3. Der **Szenariostatus** muss auf **aktiv** (D) oder **inaktiv** (P) gesetzt werden. Die beiden Status haben die folgende Bedeutung:
   - D: SAP liefert die Szenariodefinition aktiv aus, und die Berechtigungsprüfung ist sofort aktiv. In einem produktiven Szenario können Sie die Berechtigungsprüfung nicht deaktivieren. Die Protokollierung erfolgt im Security Audit Log und kann Ihren Anforderungen entsprechend konfiguriert werden. Dieser Status wird genutzt, um eine endgültige Version einer Berechtigungsprüfung – in der Regel nur in den neuesten Releases – einzuführen.
   - P: Entwickler liefern die Szenariodefinition inaktiv aus, und die Berechtigungsprüfung wird erst aktiviert, wenn ein produktives Szenario angelegt wird. Der Status wird genutzt, um Korrekturen an vorhandener Software vorzunehmen. Laufende Prozesse werden dadurch nicht unterbrochen.

   Weitere Informationen zu den Status der Szenariodefinitionen finden Sie in SAP-Hinweis 1922808.
4. Sichern Sie abschließend Ihre Eingaben.

Damit Sie eine inaktive Szenariodefinition nutzen können, müssen Sie vorher ein produktives Szenario anlegen, um die Lösung testen zu können. Dabei gehen Sie wie folgt vor:

1. Starten Sie die Transaktion SACF. Im Bereich **Arbeitsbereich** wählen Sie die Option **Szenariodefinition** und definieren alle Auswahlparameter (siehe Abbildung 6.22).
2. Wählen Sie den Button (**Ausführen**), um die Szenariodefinition anzuzeigen.

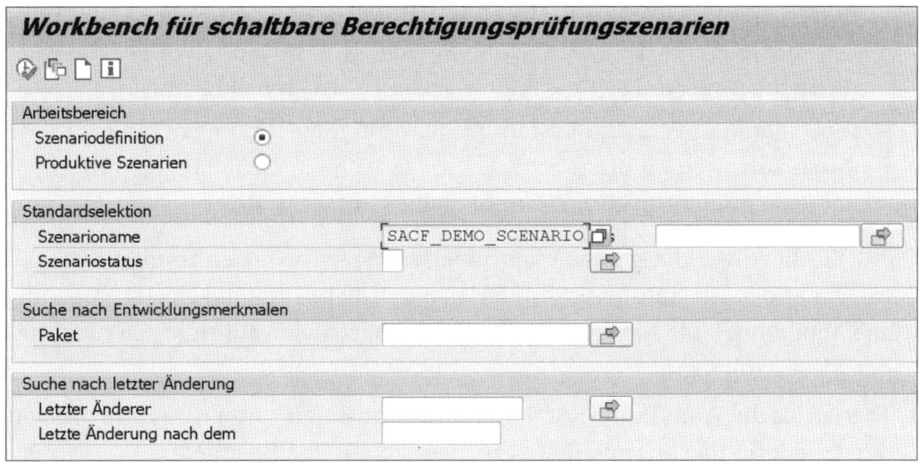

Abbildung 6.22 Anlegen eines produktiven Szenarios

3. Wählen Sie den Szenarionamen aus und markieren Sie dieses Szenario mit einem Doppelklick (siehe Abbildung 6.23).

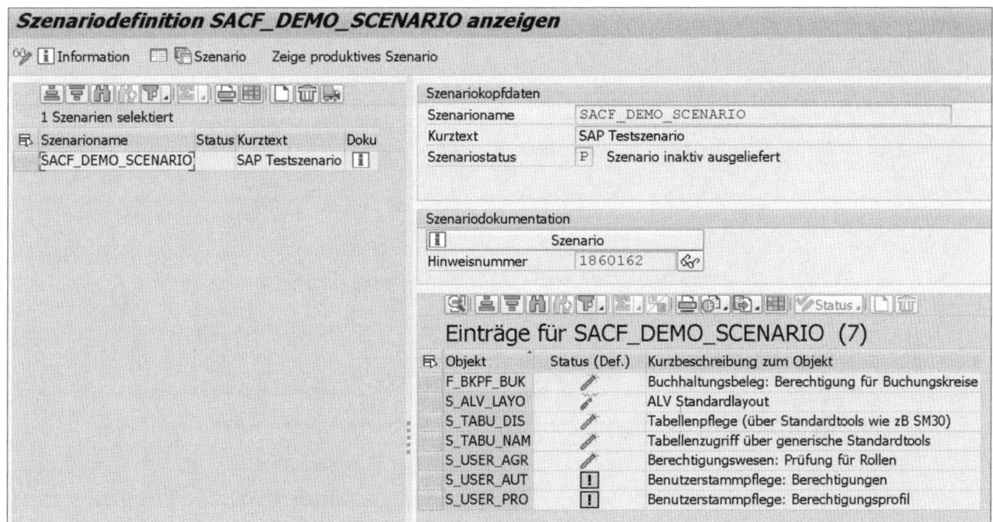

Abbildung 6.23 Anzeige der Szenariodefinition

4. Wechseln Sie über den Button (**Anzeigen <> Ändern**) in den Änderungsmodus. Klicken Sie danach auf den Button **Szenario**, um den Status des Szenarios zu bearbeiten.
5. Setzen Sie nun den initialen Status des produktiven Szenarios:
   - **Aktiv**: Wenn das System Berechtigungsprüfungen für das Szenario durchläuft, entspricht das Ergebnis der Prüfung der Objektliste des Szenarios. Wenn eine

Berechtigungsprüfung für ein Objekt durchgeführt wird, das nicht Teil der Objektliste ist, ist das Ergebnis der Berechtigungsprüfung das gleiche wie das durch die Anweisung `AUTHORITY-CHECK OBJECT` erhaltene Ergebnis.

- **Prokollierung**: Wenn das System die Berechtigungsprüfungen für das Szenario durchläuft, werden diese im Trace aufgezeichnet. Unabhängig vom Ergebnis der Berechtigungsprüfung ist das Ergebnis immer positiv.

Damit Sie die Anwendung mit dem produktiven Szenario testen können, müssen Sie dem Szenario noch automatisch oder manuell Berechtigungsobjekte hinzufügen (siehe Abbildung 6.24). Möchten Sie Berechtigungsobjekte automatisch hinzufügen, gehen Sie wie folgt vor:

1. Starten Sie die Transaktion SACF. Wählen Sie im Bereich **Arbeitsbereich** die Option **Szenariodefinition** aus und definieren Sie alle Auswahlparameter.
2. Klicken Sie anschließend auf den Button (**Ausführen**).
3. Wählen Sie einen Szenarionamen aus und markieren Sie das Szenario mit einem Doppelklick.

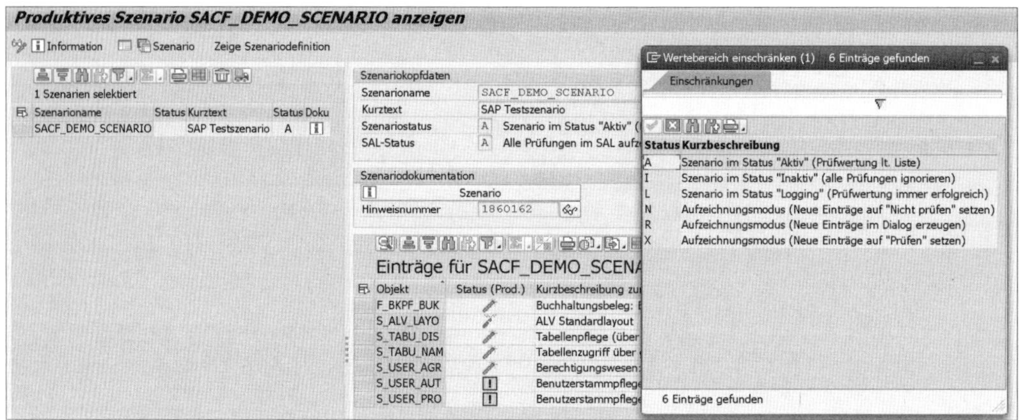

Abbildung 6.24 Berechtigungsobjekte automatisch zu Szenarien hinzufügen

4. Wechseln Sie über den Button (**Anzeigen <> Ändern**) in den Änderungsmodus. Ändern Sie dann den Szenariostatus auf einen der folgenden Werte:
   - `X`: Das System prüft Ihre Berechtigungen gegen die Berechtigungsobjekte in Ihrem Szenario. Es zeichnet außerdem in der Szenariodefinition und in dem produktiven Szenario auf, dass es dieses Berechtigungsobjekt für dieses Szenario aktiv prüfen soll.
   - `N`: Das System ignoriert die Berechtigungsobjekte in Ihrem Szenario. Damit haben die Berechtigungsprüfungen immer Erfolg. Das System zeichnet außer-

dem in der Szenariodefinition und in dem produktiven Szenario auf, dass es dieses Berechtigungsobjekt für dieses Szenario immer ignorieren soll.

- R: Wenn das System in der Anwendung auf ein Berechtigungsobjekt stößt, öffnet es die Szenariodefinition im Änderungsmodus mit vorausgewähltem Berechtigungsobjekt. Wählen Sie den Status für die Berechtigungsprüfung manuell. Sie setzen den Status damit nur für die Szenariodefinition. Der Status für das produktive Szenario ist leer.

5. Sichern Sie Ihre Eingaben. Starten Sie danach die Anwendung und lassen Sie das Szenario mit der festgelegten Szenariodefinition durchlaufen.

Wenn durch das automatische Hinzufügen von Berechtigungsobjekten das Szenario entsprechend Ihren Anforderungen angelegt wurde, können Sie die Anwendung transportieren. Entspricht das Szenario noch nicht Ihren Anforderungen, ergänzen Sie es, indem Sie manuell Berechtigungsobjekte hinzufügen. Dazu führen Sie die Transaktion SACF wie zuvor aus und wählen das zu bearbeitende Szenario aus. Im Änderungsmodus klicken Sie auf den Button (**Anlegen**) und tragen die gewünschten Berechtigungsobjekte ein. Bestätigen Sie Ihre Eingaben mit einem Klick auf das grüne Häkchen. Für jedes Berechtigungsobjekt können Sie den **Status** der Berechtigungsprüfung einzeln definieren (siehe Abbildung 6.25). Eine Beschreibung der verschiedenen möglichen Status finden Sie in Tabelle 6.6. Sichern Sie abschließend Ihre Eingaben.

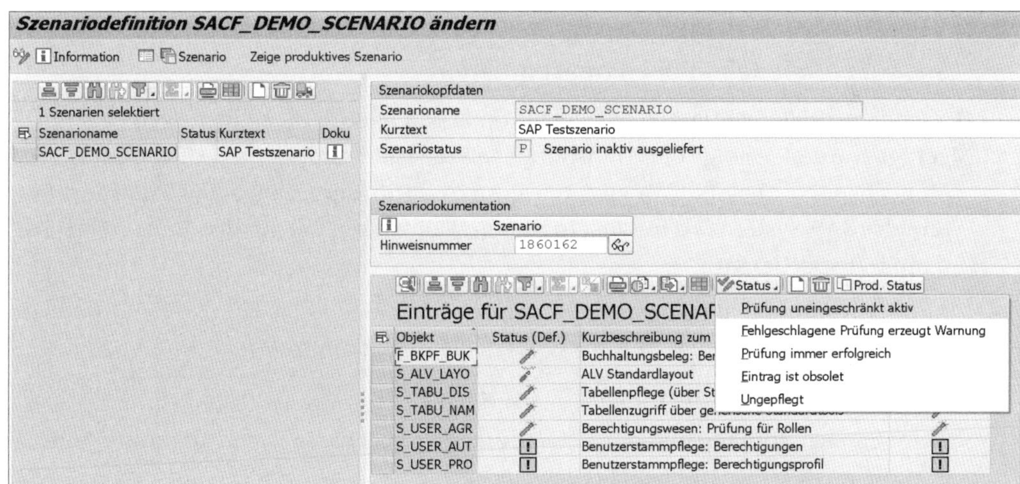

Abbildung 6.25 Status setzen für manuell hinzugefügte Berechtigungsobjekte

Mit der Definition des Prüfstatus wird die Bewertung einer szenariobasierten Berechtigungsprüfung beeinflusst. Nachdem die Berechtigungsprüfung mit der Anweisung

AUTHORITY-CHECK durchgeführt wurde, wird das Prüfergebnis nach den in Tabelle 6.6 beschriebenen Regeln zurückgegeben.

Status	Bezeichnung
Prüfung uneingeschränkt aktiv	Das System prüft immer dieses Berechtigungsobjekt in diesem Szenario.
Fehlgeschlagene Prüfung erzeugt Warnung	Schlägt die Prüfung fehl, zeigt das System in der Anwendung eine Warnung mit dem Szenarionamen, dem Berechtigungsobjekt und dem diesem Szenario zugewiesenen SAP-Hinweis an. Die Berechtigungsprüfung gilt dennoch als erfolgreich.
Prüfung immer erfolgreich	Jedes Mal, wenn das System dieses Berechtigungsobjekt in diesem Szenario prüft, ist diese Prüfung erfolgreich.
Eintrag ist obsolet	Setzen Sie diesen Wert, um das Berechtigungsobjekt aus dem Szenario zu entfernen und zu verhindern, dass es während des Testens vom System gelesen wird.
Ungepflegt	Das Objekt wird in die Objektliste ohne Prüfstatus für das Szenario aufgenommen. Diese Einstellung setzt das Berechtigungsobjekt auf einen initialen oder nicht definierten Zustand; der Prüftstatus entspricht dem Status X.

Tabelle 6.6 Status der Berechtigungsprüfugnen für ein Berechtigungsobjekt

6.8.2 Szenariodefinitionen transportieren

Nachdem die Berechtigungsobjekte automatisch oder manuell dem Szenario hinzugefügt wurden, erfolgt der Transport der Szenariodefinitionen. Dafür gibt es zwei Möglichkeiten. Die erste Möglichkeit besteht darin, das Change and Transport System des SAP-Systems zu nutzen. In diesem Fall klicken Sie auf den Button (**Szenario transportieren**).

Alternativ können Sie die Szenariodefinition als Textdatei herunterladen und diese im Zielsystem hochladen. Führen Sie dazu die folgenden Schritte durch:

1. Starten Sie die Transaktion SACF_TRANSFER.
2. Im Bereich **Vorgang** markieren Sie die Option **Download** (siehe Abbildung 6.26).
3. Im Bereich **Standardselektion** legen Sie unter **Arbeitsbereich** fest, ob eine **Szenariodefinition**, **Produktive Szenarien** oder beides heruntergeladen werden soll.
4. Entscheiden Sie außerdem über die **Optionen für Downdload**, ob die Szenariodaten, d. h. Benutzernamen und Informationen zum SAP-System, anonymisiert werden sollen.
5. Starten Sie den Download mit dem Button (**Ausführen**).

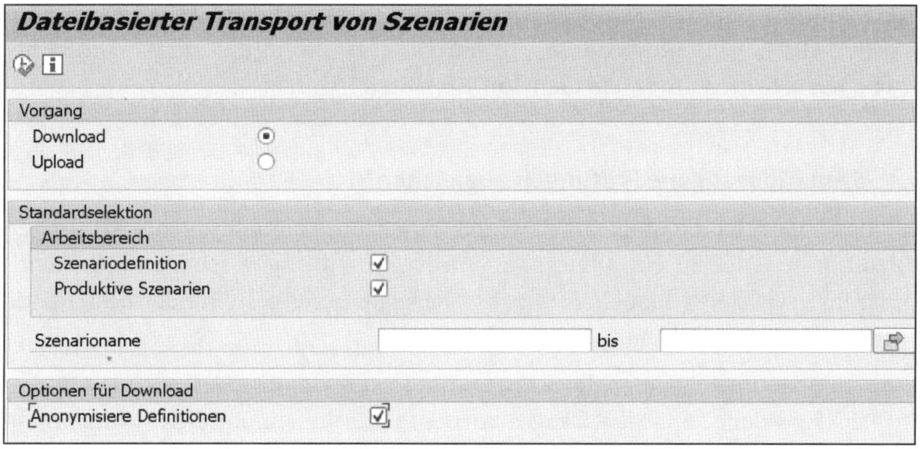

Dateibasierter Transport von Szenarien

Vorgang
Download
Upload

Standardselektion
Arbeitsbereich
Szenariodefinition
Produktive Szenarien

Szenarioname bis

Optionen für Download
Anonymisiere Definitionen

Abbildung 6.26 Szenarien als Textdateien herunterladen

Zum Hochladen der Textdatei im Zielsystem gehen Sie analog vor, wählen jedoch den Vorgang **Upload** (siehe Abbildung 6.27). Im Bereich **Optionen für Upload** wählen Sie aus, ob bereits existierende Szenarien durch die hochgeladenen Datei ersetzt werden sollen, die geladene Datei in den produktiven Bereich kopiert werden soll oder ob es einen Transportanschluss für produktive Szenarien geben soll. Starten Sie den Upload mit dem Button (**Ausführen**).

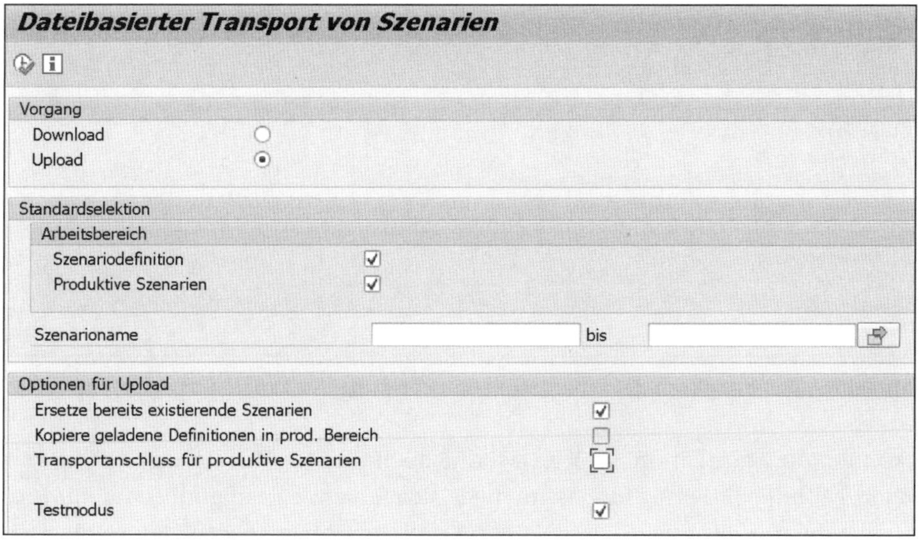

Dateibasierter Transport von Szenarien

Vorgang
Download
Upload

Standardselektion
Arbeitsbereich
Szenariodefinition
Produktive Szenarien

Szenarioname bis

Optionen für Upload
Ersetze bereits existierende Szenarien
Kopiere geladene Definitionen in prod. Bereich
Transportanschluss für produktive Szenarien

Testmodus

Abbildung 6.27 Szenarien als Textdateien hochladen

Die Transaktion SACF_TRANSFER nutzen Sie auch, wenn Korrekturen für ein schaltbares Berechtigungsszenario in einem SAP-Hinweis in Form einer Datei ausgeliefert werden. Mithilfe der Transaktion können Sie das schaltbare Berechtigungsszenario aus dem SAP-Hinweis importieren. Führen Sie dazu die in diesem Abschnitt beschriebenen Schritte zum Hochladen von Textdateien durch.

6.8.3 Szenariobezogene Prüfungen abgleichen

Zusätzlich haben Sie die Möglichkeit, einen Abgleich szenariobezogener Prüfungen durchzuführen. Dies ist vor allem dann sinnvoll, wenn neue schaltbare Berechtigungsszenarien im Rahmen eines Support Packages bereitgestellt oder bestehende Szenarien korrigiert wurden.

Wir beschreiben im Folgenden die Schritte, die Sie nach der Installation des Enhancement Packages oder Support Packages vornehmen müssen, um die Prüfungen abgleichen zu können:

1. Rufen Sie die Transaktion SACF_COMPARE auf.
2. Wählen Sie zwischen den folgenden Methoden zum Abgleich (siehe Abbildung 6.28):
   - **Initiale Befüllung**
   - **Automatischer Abgleich mit Szenariodefinitionen**
   - **Manueller Abgleich mit Szenariodefinitionen**
3. Starten Sie den Abgleich mit einem Klick auf den Button (**Ausführen**).

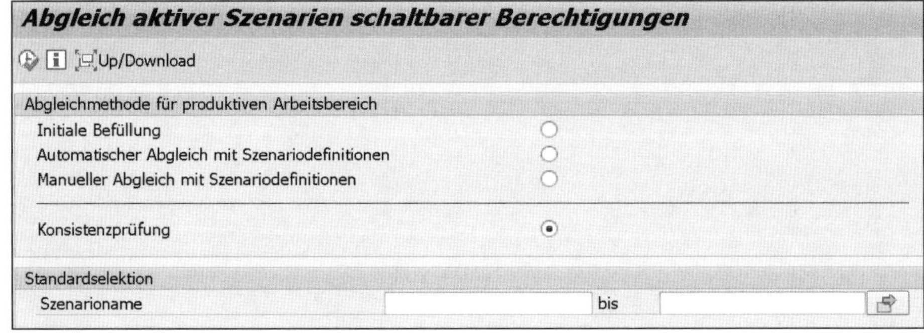

Abbildung 6.28 Abgleich der schaltbaren Berechtigungsszenarien

Sie können die Transkation SACF_COMPARE auch für eine Konsistenzprüfung verwenden. Mithilfe dieser Prüfung können Sie sich fehlende Konfigurationen für produktive Szenarien anzeigen lassen oder Konfigurationen identifizieren, die sich negativ auf die Sicherheit einer Anwendung auswirken. Wählen Sie dazu im Bereich **Abgleichmethode für produktiven Arbeitsbereich** die Option **Konsistenzprüfung** und klicken Sie anschließend auf den Button (**Ausführen**). Das Ergebnis der Konsistenzprüfung wird in Form einer Tabelle dargestellt (siehe Abbildung 6.29). Mit einem

Doppelklick auf das Szenario (Spalte **Szenarioname**) erhalten Sie eine Übersicht über das Szenario. Die Spalte **Doku** verlinkt eine Erläuterung des Szenarios in einem SAP-Hinweis oder in der Dokumentation. In der letzten Spalte können Sie den Konsistenzstatus ansehen.

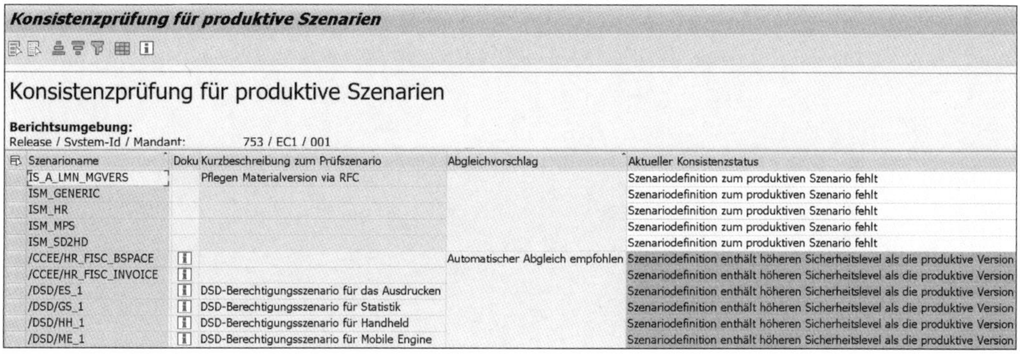

Konsistenzprüfung für produktive Szenarien

Konsistenzprüfung für produktive Szenarien

Berichtsumgebung:
Release / System-Id / Mandant: 753 / EC1 / 001

Szenarioname	Doku	Kurzbeschreibung zum Prüfszenario	Abgleichvorschlag	Aktueller Konsistenzstatus
IS_A_LMN_MGVERS		Pflegen Materialversion via RFC		Szenariodefinition zum produktiven Szenario fehlt
ISM_GENERIC				Szenariodefinition zum produktiven Szenario fehlt
ISM_HR				Szenariodefinition zum produktiven Szenario fehlt
ISM_MPS				Szenariodefinition zum produktiven Szenario fehlt
ISM_SD2HD				Szenariodefinition zum produktiven Szenario fehlt
/CCEE/HR_FISC_BSPACE	i		Automatischer Abgleich empfohlen	Szenariodefinition enthält höheren Sicherheitslevel als die produktive Version
/CCEE/HR_FISC_INVOICE	i			Szenariodefinition enthält höheren Sicherheitslevel als die produktive Version
/DSD/ES_1	i	DSD-Berechtigungsszenario für das Ausdrucken		Szenariodefinition enthält höheren Sicherheitslevel als die produktive Version
/DSD/GS_1	i	DSD-Berechtigungsszenario für Statistik		Szenariodefinition enthält höheren Sicherheitslevel als die produktive Version
/DSD/HH_1	i	DSD-Berechtigungsszenario für Handheld		Szenariodefinition enthält höheren Sicherheitslevel als die produktive Version
/DSD/ME_1	i	DSD-Berechtigungsszenario für Mobile Engine		Szenariodefinition enthält höheren Sicherheitslevel als die produktive Version

Abbildung 6.29 Konsistenzprüfung der schaltbaren Berechtigungsszenarien

Wir empfehlen Ihnen, bei der Aktivierung von schaltbaren Berechtigungsprüfungen auch immer SAP-Hinweis 1922808 zu konsultieren, der die aktuelle Dokumentation liefert und wesentliche Fragen beantwortet.

6.9 Zusammenfassung

Wir haben Sie in diesem Kapitel über die vielfältigen Konfigurationsmöglichkeiten der Benutzer- und Berechtigungsverwaltung informiert. Sie haben gelernt, wie Sie sich einen Überblick über bestehende Organisationsebenen verschaffen und was Sie bei der Anlage und Pflege von kundeneigenen Organsiationsfeldern beachten sollten. Abschließend haben wir Ihnen das Konzept der schaltbaren Berechtigungsprüfungen vorgestellt. Die für Ihr System relevanten schaltbaren Berechtigungsprüfungen sollten Sie aktivieren.

Kapitel 7
Basisberechtigungen

Basisberechtigungen werden auf jedem SAP-Anwendungsserver benötigt – sei es für Systemadministratoren oder z. B. zur Ausführung von Hintergrundjobs durch technische Benutzer.

In jedem System werden Basisberechtigungen benötigt. In diesem Kapitel zeigen wir Ihnen, wie Sie mit kritischen Berechtigungen umgehen, Berechtigungen für Hintergrundjobs erstellen, den Zugriff auf Dateien, Spool-Aufträge oder auf Web-Dynpro-Anwendungen einrichten oder ein Berechtigungskonzept für Tabellen umsetzen können. Es geht dabei z. B. um spezielle Berechtigungsobjekte, kritische Berechtigungen oder die richtige Ergänzung von Berechtigungen nach einem Upgrade.

7.1 Kritische Basisberechtigungen

Ein Review des Berechtigungskonzepts kann aufdecken, dass in Ihren Endanwenderrollen kritische Berechtigungen enthalten sind. Wir möchten Ihnen in diesem Abschnitt Best Practices im Umgang mit kritischen Berechtigungen an die Hand geben. Dazu ist es hilfreich, zu wissen, welche Berechtigungsobjekte unter die kritischen Berechtigungen fallen. Sie müssen sich außerdem die Frage stellen, ob die Vergabe dieser Berechtigungen Risiken birgt.

Kritische Berechtigungen sind Berechtigungen, die es erlauben, sicherheitsrelevante Konfigurationen im SAP-System einzusehen und zu ändern oder Aktivitäten auszuführen, die aus rechtlicher oder betriebswirtschaftlicher Sicht als kritisch einzustufen sind. Dazu gehört auch der Zugriff auf sensible, z. B. personenbezogene Daten. Kritische Berechtigungen an sich sind nur dann wirklich kritisch und stellen ein Risiko dar, wenn sie in die falschen Hände gelangen. Bei der Nutzung von kritischen Berechtigungen sollten Sie in jedem Fall den Grundsatz der restriktiven Vergabe von Rechten beachten.

Es gibt keine allgemeinen Risikodefinitionen; darum sollte jedes Unternehmen individuell für sich die Compliance-Vorgaben definieren. Die Identifikation kritischer SAP-Berechtigungen ist eine wichtige Aufgabe und sollte in jedem Unternehmen durchgeführt werden. Besonderes Augenmerk sollte nicht nur auf die Vergabe der

Rechte für den Aufruf bestimmter Anwendungen gerichtet werden, sondern auch auf die Werteausprägungen der einzelnen Berechtigungsobjekte. Es ist wichtig, zu erwähnen, dass regelmäßige präventive Kontrollen nicht zwingenderweise aufwendig sein müssen. Sie führen jedoch zu einer besseren Transparenz und Sicherheit.

Tabelle 7.1 stellt Beispiele für kritische Berechtigungen zusammen, die erfahrungsgemäß häufig in Endanwenderrollen vorzufinden und für die Revision von besonderer Bedeutung sind. Kritisch sind die Einzelvergabe sowie die Kombination der genannten Werte. Diese Liste erhebt keinen Anspruch auf Vollständigkeit und spiegelt unsere gesammelten Erfahrungswerte wider.

Beschreibung der Berechtigung/ berechtigte Transaktion	Berechtigungsobjekte/kritische Werte
Debugging mit der Erlaubnis, Änderungen an Parametern zur Laufzeit vorzunehmen	▪ S_DEVELOP mit Objekttyp DEBUG und ACTVT = 02 ▪ S_DEVELOP mit *
mit RFC* in jedes weitere System springen	S_RFC mit RFC_NAME = * und ACTVT = 16
Nummernkreise und Nummernkreisstände ändern	S_NUMBER mit ACTVT <> 03
uneingeschränkte Tabellenpflege	S_TABU_DIS oder S_TABU_NAM mit * und ACTVT <> 03
mandantenunabhängige Tabellen pflegen	S_TABU_CLI
Entwicklungsobjekte anlegen, ändern oder löschen	S_DEVELOP mit ACTVT = 01, 02 oder 06
Projektstatusschalter (erlaubt Import ohne ChaRM)	S_PROJECT mit ACTVT = 02 oder 06
SAP LiveCache stoppen oder initialisieren	S_ADMI_FCD mit LC02, LC03 oder LC04
Batch-Job-Steuerung	▪ S_BTCH_ADM ▪ S_BTCH_JOB ▪ S_BTCH_NAM
Rollenzuordnungen ändern	▪ S_USER_GRP mit ACTVT = 22, 78 ▪ S_USER_AGR mit ACTVT = 22, 78
Änderungsbelege löschen	S_SCDO mit ACTVT = 06 oder 12
Verbuchungsadministration ausführen	S_TSKH_VB
C-Kernel-Funktionen aus ABAP direkt aufrufen	S_C_FUNCT mit CFUNCNAME = *, PROGRAMM = RSAUCONF und ACTVT = 16

Tabelle 7.1 Kritische Berechtigungswerte

Beschreibung der Berechtigung/ berechtigte Transaktion	Berechtigungsobjekte/kritische Werte
Transportberechtigung	■ S_TRANSPRT mit ACTVT = 01, 02, 05, 06, 43, 50, 60, 75 oder * ■ TTYPE = DLOG, DTRA, CUST, TRAN, CLCP
Datei bei Mandantenkopie importieren	S_CLNT_IMP mit ACTVT = 60
auf sensible Daten in Dateien, die auf dem Betriebssystem abgelegt sind, zugreifen (Transaktion AL11)	■ S_ADMI_FCD mit S_ADMI_FCD = STOR ■ S_DATASET mit PROGRAM = RSWATCH0 und ACTVT = 33
Berechtigungsprüfungen abschalten (Transaktion AUTH_SWITCH_OBJECTS)	S_USER_OBJ mit ACTVT <> 03
Änderungen in ALE-Kommunikation vornehmen (Transaktion BD64 oder WE20)	■ B_ALE_MODL mit ACTVT = 01 oder 02 und CUSTMODL = * (Transaktion BD64) ■ S_IDOCPART mit ACTVT = 01 oder 02 und EDI_TCD = WE20 (Transaktion WE20)
IDocs verbuchen (Transaktion BD87)	S_IDOCCTRL mit ACTVT = 16
alle Programme ausführen (Transaktionen SA38 und SE38)	■ S_PROGRAM mit P_ACTION = SUBMIT ■ S_DEVELOP mit ACTVT 16P_GROUP = *
Mandantenkopie anlegen (Transaktionen SCC1, SCCL und SCC7)	S_CTS_ADMI mit ACTVT = IMPT, IMPA, IMPS, TADD, TDEL, TQAS oder TADM
Systemänderbarkeit ändern (Transaktion SCC4 bzw. SE06 oder entsprechende Tabellenpflege)	■ S_ADMI_FCD mit A_ADMI_FCD = T000 ■ S_TABU_DIS mit ACTVT = 02 und DICBERCLS = SS oder S_TABU_NAM mit ACTVT = 02 und TABLE = T000 ■ S_CTS_ADMI mit CTS_ADMFCT = INIT, SYSC oder TABL
alle Mandanten, auch den Produktivmandanten, löschen (Transaktion SCC5)	S_TABU_CLI mit CLIIDMAINT = X
Ausführung von CATT (Transaktionen SCAT, SCEM und SCPM)	S_DEVELOP mit ACTVT = 16 und OBJTYPE = SCAT
ABAP-Programme ohne die üblichen Entwicklungsberechtigungen entwickeln (Transaktion LSMW)	■ B_LSMW mit TCD = LSMW und ACTVT = 02, 16 oder 36 ■ B_LSMW_PRO mit PROJECT = *
Protokollierung von Datenänderungen auf Tabellen ändern; Änderungen im Customizing können nicht mehr nachvollzogen werden (Transaktionen SE11 und SE13)	S_DEVELOP mit ACTVT = 02 und OBJTYPE = TABT

Tabelle 7.1 Kritische Berechtigungswerte (Forts.)

Beschreibung der Berechtigung/ berechtigte Transaktion	Berechtigungsobjekte/kritische Werte
Datenbankobjekte bearbeiten (Transaktion SE14; Datenbankobjekte anlegen, löschen oder umsetzen)	S_DEVELOP mit ACTVT = 40, 41 oder 42
alle Funktionsbausteine ausführen (Transaktion SE37)	S_DEVELOP mit ACTVT = 16 oder OBJTYPE = FUGR und ACTVT = 02 oder OBJTYPE = FUGR und ACTV = 03 und OBJNAME = SUSB
Services aktivieren, deaktivieren und ändern (Transaktion SICF)	S_ICF_ADM mit ACTVT = 07
ICM durchstarten (Transaktion SMICM)	S_RZL_ADM mit ACTVT = 01 und S_ADMI_FCD = PADM
SAP NetWeaver AS Java durchstarten (Transaktion SMICM)	S_ADMI_FCD mit PADM
Benutzer-Sessions beenden (Transaktion SM04)	S_ADMI_FCD mit PADM
■ Security Audit Log löschen (Transaktion SM18 bzw. RSAU_ADMIN) ■ Security Audit Log pflegen (Transaktion SM19 bzw. RSAU_CONFIG)	■ S_ADMI_FCD mit A_ADMI_FCD = AUDA ■ S_SAL mit SAL_ACTVT=DELE_LOG* oder SALACTVT=EDIT_CONF*
nach der Änderung der Berechtigungsgruppe der Tabelle auf Daten zugreifen (Transaktionen SM30 und SM31)	S_TABU_DIS mit ACTVT = 02 und DICBERCLASS = SS
Job einplanen (Transaktion SM36)	■ S_BTCH_ADM mit BTCADMIN = Y ■ S_BTCH_JOB mit JOBACTION = RELE ■ S_RZL_ADM mit ACTVT = 01
Workprozesse beenden (Transaktion SM50)	S_ADMI_FCD = PADM
Instanz stoppen oder inaktivieren (Transaktion SM50 oder SM51)	S_RZL_ADM mit ACTVT = 01
BC-SRV – RFC-Verbindungen pflegen (Transaktion SM59)	■ S_RFC_ADM mit ACTVT <> 03 ■ S_ADMI_FCD = NADM
BC-SRV – Betriebssystemkommandos pflegen (Transaktion SM69)	S_RZL_ADM mit ACTVT = 01

Tabelle 7.1 Kritische Berechtigungswerte (Forts.)

Beschreibung der Berechtigung/ berechtigte Transaktion	Berechtigungsobjekte/kritische Werte
Spoolaufträge löschen (Transaktionen SP01 und SP01O). Diese Berechtigung erlaubt einen Zugriff auf den Inhalt von Spoolaufträgen, nachdem der Eigentümer bzw. Erzeuger des Auftrags geändert worden ist.	▪ S_SPO_ACT mit SPO_ACTION = DELE ▪ S_ADMI_FCD = SP01 oder SPOR
Zugriff auf den Inhalt von Spoolaufträgen (Transaktionen SP11 und SP12)	S_TMS_ACT mit STMSACTION = REA und STMSOWNER = GRP oder OCL und STMSOBJEKT = SPOOL*
Änderungszugriff auf Tabellen des Customizings (Transaktion SPRO)	S_TABU_DIS mit ACTVT = 02 (ändern) und DICBERCLS = *
Transporte importieren (Transaktionen STMS und STMS_IMPORT)	S_CTS_ADMI mit ACTVT = IMPT, IMPA, IMPS, TADD, TDEL, TQAS oder TADM
▪ PSEs des Systems pflegen ▪ auf Systemzertifikate zugreifen (Transaktion STRUST)	▪ S_ADMI_FCD = NADM ▪ S_RZL_ADM mit ACTVT = 01 ▪ S_TABU_DIS mit ACTVT = 02 und DICBERCLS = SS
Trace durchführen (geringe Performance aufgrund eines aktivierten SQL-Trace, Transaktion ST01)	S_ADMI_FCD = STOM
Transporte anlegen und freigeben (Transaktionen SE01 SE09 und SE10)	S_TRANSPRT mit ACTVT = 01 TTYPE = DTRA und TASK
Benutzer pflegen (Transaktionen SU01, OIBB, OOUS, OPF0, OPJ0 und OVZ5)	S_USER_GRP mit ACTVT = 01, 02, 05 oder 06
Berechtigungsprofile pflegen (Transaktion SU02)	S_USER_PRO mit ACTVT <> 03 und 08
Berechtigungsobjekte verwalten (Transaktion SU03)	S_USER_AUT mit ACTVT <> 03, 08
Prüfwerte anpassen (Transaktion SU24)	▪ S_DEVELOP mit Objekttyp SUSK oder SUSO und ACTVT <> 03 ▪ S_USER_GRP mit ACTVT = * und CLASS = *
▪ Betriebsarten pflegen ▪ Anwendungsserver starten/stoppen (Transaktionen RZ03 und RZ04)	S_RZL_ADM mit ACTVT = 01

Tabelle 7.1 Kritische Berechtigungswerte (Forts.)

Beschreibung der Berechtigung/ berechtigte Transaktion	Berechtigungsobjekte/kritische Werte
■ Systemprofile pflegen ■ sicherheitskritische Systemprofile ausschalten oder den Neustart der Instanz bei einer nicht korrekten Konfiguration verhindern (Transaktion RZ10)	S_RZL_ADM mit ACTVT = 01
Logon-Gruppen pflegen (Transaktionen RZ12 und SMLG)	S_RZL_ADM mit ACTVT = 01
IDocs löschen (Transaktion WE11)	S_IDOCCTRL mit ACTVT = 06

Tabelle 7.1 Kritische Berechtigungswerte (Forts.)

Nachdem Sie diese kritischen Berechtigungen nun einschätzen können, zeigen wir Ihnen in den folgenden Abschnitten, wie Sie auf sinnvolle Weise wichtige Basisberechtigungen einrichten können.

7.2 Berechtigungen für das Customizing

In Ihrem SAP-System können Sie mit dem Einführungsleitfaden (SAP Implementation Guide, kurz IMG) ein Werkzeug nutzen, das es Ihnen erlaubt, das System auf Ihre spezifischen Unternehmensanforderungen einzustellen. Zugriffe auf Projekte im IMG können Sie über Customizing-Berechtigungen verwalten und somit den Benutzerkreis des IMG gezielt einschränken. Den Mitgliedern eines SAP-Projektteams werden auf diese Weise die Berechtigungen erteilt, die sie benötigen, um das jeweilige Projekt zu unterstützen. Im Folgenden beschreiben wir, wie Sie über die Zuordnung zu den IMG-Projekten Customizing-Berechtigungen erstellen.

Damit Benutzer Tätigkeiten im Customizing ausführen können, benötigen sie die folgenden Berechtigungen:

- **Berechtigungsobjekt S_PROJECT**
  Das Berechtigungsobjekt `S_PROJECT` berechtigt zum Arbeiten mit Customizing-Projekten. Die Benutzer können Projekte ändern, anzeigen lassen oder löschen, Statusinformationen sowie Projektdokumentationen pflegen und Projektauswertungen durchführen.
- **Berechtigungsobjekt S_PROJECTS**
  Um projektübergreifende Tätigkeiten in der Customizing-Projektverwaltung zu ermöglichen, muss zusätzlich zum Berechtigungsobjekt `S_PROJECT` das Berechtigungsobjekt `S_PROJECTS` zugewiesen werden, das zum Ändern und Anlegen von Projektvorlagen oder Projekten berechtigt.

Im ersten Schritt müssen Sie ein IMG-Projekt erstellen. Sie können wählen, ob Sie ein neues Projekt anlegen oder ein bereits existierendes Projekt bearbeiten möchten, um eine entsprechende Customizing-Rolle zu erzeugen. Rufen Sie dazu die Einstiegstransaktion für die Projektverwaltung des Customizings SPRO_ADMIN auf. Sollte kein passendes Projekt zur Verfügung stehen, können Sie sich die Liste der SAP-Customizing-Aktivitäten anzeigen lassen. Klicken Sie dazu auf den Button **SAP Referenz-IMG** (siehe Abbildung 7.1), oder legen Sie ein neues Projekt an.

Abbildung 7.1 Einstiegsbild der Customizing-Projektverwaltung

Falls Sie ein neues Projekt anlgen wollen, wählen Sie dazu den Button (**Projekt anlegen**) oder drücken Sie die F5-Taste. Es öffnet sich ein neues Fenster, in das Sie den Namen des Projekts eintragen. Beachten Sie, dass Ihnen für den Namen maximal zehn Zeichen zur Verfügung stehen. Nachdem Sie Ihre Eingabe mit (**Weiter**) bestätigt haben, öffnet sich ein neues SAP-GUI-Fenster (siehe Abbildung 7.2). Über die Registerkarte **Allgemeine Daten** legen Sie u. a. den Verantwortlichen, die Projektsprache für Informationstexte, den Projektstatus und die Projektzeiten fest.

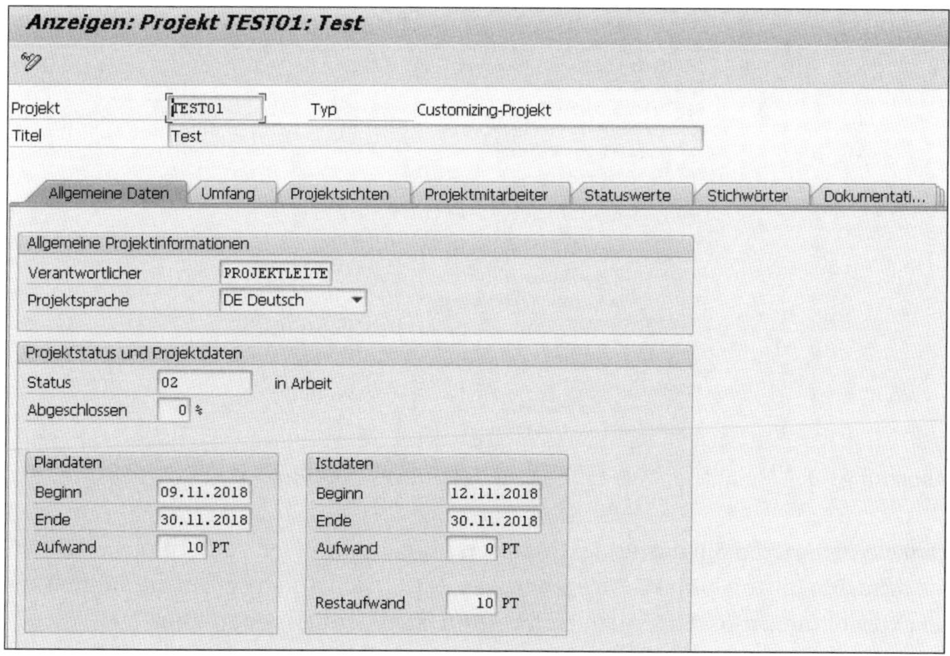

Abbildung 7.2 Anlegen und Definieren eines neuen IMG-Projekts

Weitere Projekteinstellungen sollten Sie auf den Registerkarten **Umfang**, **Projektsichten**, **Projektmitarbeiter**, **Statuswerte**, **Stichwörter Dokumentationsarten**, **Transportaufträge** und **Crossreferenz** definieren. Nachdem alle Eingaben getätigt wurden, sichern Sie das Projekt. Damit Sie im Nachhinein eine Customizing-Rolle für dieses Projekt erstellen können, müssen Sie die IMG-Knoten für das erstellte Projekt festlegen. Dazu wechseln Sie auf die Registerkarte **Umfang** und klicken auf den Button **Umfang festlegen...** (siehe Abbildung 7.3). In diesem Bereich können Sie die IMG-Konten auswählen, die Sie für Ihr Projekt benötigen. Setzen Sie für diese IMG-Knoten ein Häkchen in der Struktur.

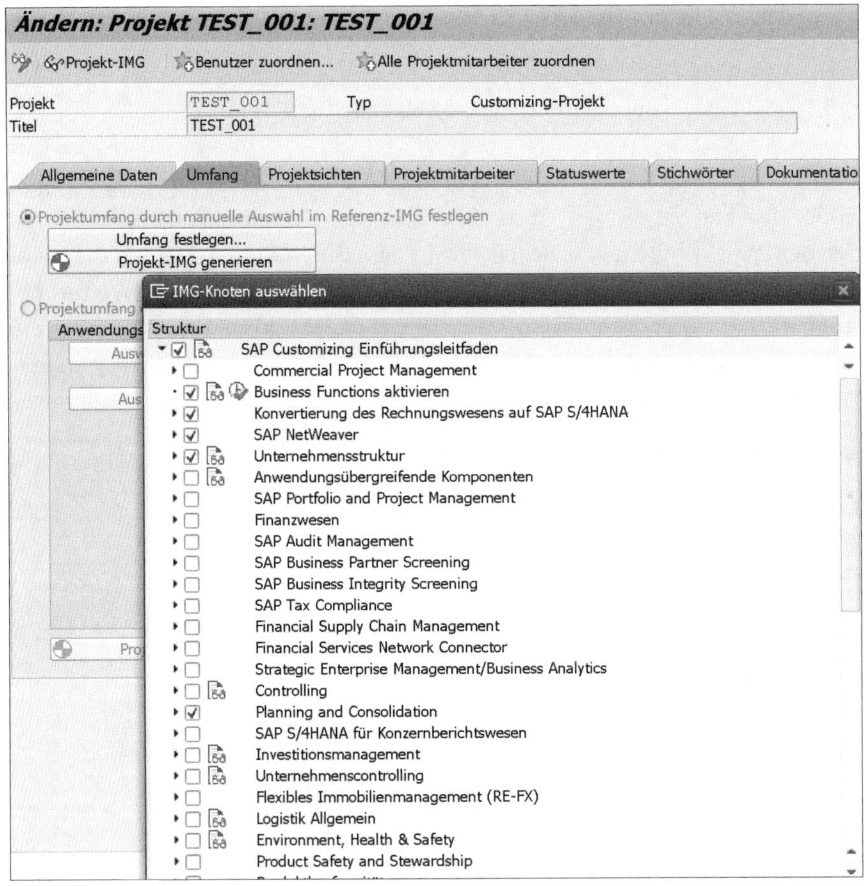

Abbildung 7.3 Auswahl der IMG-Knoten für das Customzing-Projekt

Danach generieren Sie das Projekt mit den vorgenommenen Änderungen. Wählen Sie dazu den Button **Projekt-IMG generieren**. Nach allen Änderungen, die Sie am Projekt vornehmen, müssen Sie das Projekt immer wieder neu generieren.

Das neu angelegte Customizing-Projekt können Sie nun in der Transaktion SPRO ansehen. Beim ersten Aufruf dieser Transaktion wird das neue Projekt noch nicht angezeigt. Klicken Sie zur Anzeige des Projekts auf den Button (**Aufnehmen in Arbeitsvorrat**). Wählen Sie dann Ihr Projekt aus und bestätigen Sie Ihre Auswahl mit dem Button **Übernehmen**.

Nachdem Sie das Projekt erfolgreich erstellt und generiert haben, können Sie eine Customizing-Rolle für dieses Projekt anlegen. Führen Sie dazu die Transaktion PFCG aus. Wählen Sie einen Namen für die Rolle und klicken Sie anschließend auf den Button **Einzelrolle** (siehe Abbildung 7.4).

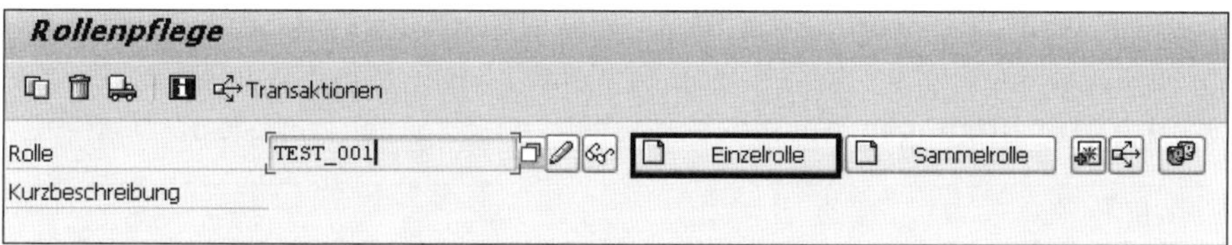

Abbildung 7.4 PFCG-Rolle für Customizing-Projekt anlegen

Speichern Sie die neue Rolle und öffnen Sie die Registerkarte **Menü**. Folgen Sie den hier dargestellten Schritten (siehe Abbildung 7.5).

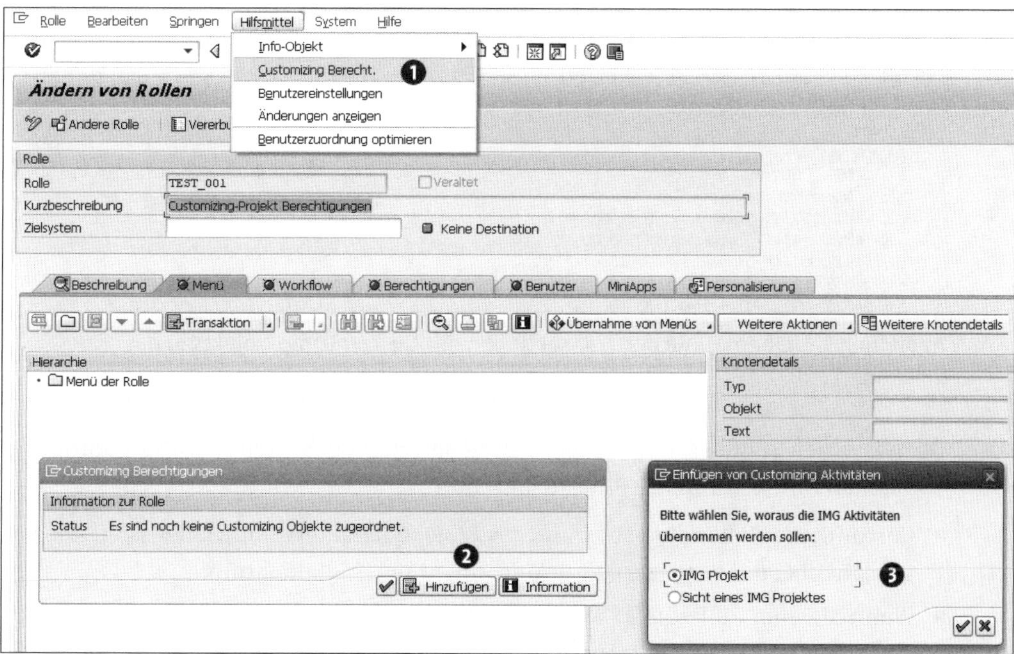

Abbildung 7.5 Einfügen von IMG-Projekt ins Rollenmenü

❶ Rufen Sie im Menü **Hilfsmittel • Customizing Berecht.** auf.

❷ Klicken Sie im Pop-up-Fenster auf **Hinzufügen**.

❸ Im Fenster **Einfügen von Customizing Aktivitäten** wählen Sie zwischen **IMG Projekt** und **Sicht eines IMG Projektes**, je nachdem, ob Sie ein eigenes IMG-Projekt angelegt haben oder zur besseren Strukturierung eine Projektsicht für ein bestehendes IMG-Projekt definiert haben. Bestätigen Sie Ihre Auswahl.

Alle Transaktionscodes werden aus dem IMG-Projekt in das **Menü der Rolle** aufgenommen (in Abbildung 7.6 links). Diese Transaktionscodes stammen aus dem Umfang, der für das Projekt festgelegt wurde (die IMG-Knoten). Beachten Sie dabei, dass die Anzahl der Transaktioncodes sehr hoch sein und der Vorgang daher länger andauern kann. Die Ausprägung der Berechtigungsobjekte pflegen Sie anschließend über die Registerkarte **Berechtigungen**. Abschließend sichern und generieren Sie die Rolle.

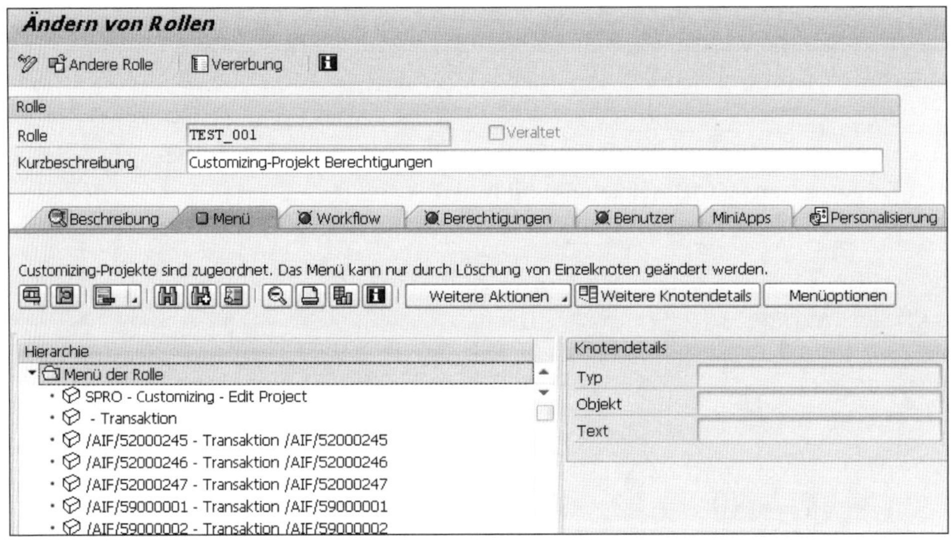

Abbildung 7.6 Übernahme der Transaktionen des Customizing-Projekts in das Rollenmenü

Grundsätzlich sollten Sie die folgenden Regeln bei der Erstellung und Zuordnung von Rollen für Customizing-Projekte beachten:

- Customizing-Rollen sind aufgrund des Projektcharakters zeitlich befristet. Pflegen Sie daher bei der Benutzerzuordnung unbedingt das Enddatum.
- Wenn Sie eine Rolle direkt aus einem Projekt oder einer Projektsicht heraus erstellt haben, können Sie.Transaktionen nicht zusätzlich manuell zuordnen
- Umgekehrt können Sie keine bestehende Rolle mit Transaktionen im Menü als Customizing-Rolle verwenden.
- Die über eine Customizing-Rolle zugeordneten Transaktionen werden nicht im Session Manager oder im SAP-Easy-Access-Menü dargestellt, sondern sind nur über die Sicht im Customizing einsehbar.

7.3 Berechtigungen für den Zugriff auf Dateien

Die Dateien des Anwendungsservers sind durch im Kernel eingebaute Berechtigungsprüfungen geschützt, ähnlich wie der Start von Transaktionen und RFC-Funktionsbausteinen. Die von SAP ausgelieferten Berechtigungsvorschlagswerte zum Berechtigungsobjekt S_DATASET, das für den Zugriff auf die Anwendungsserverdateien berechtigt, bieten Ihnen keine große Hilfestellung, da sie zu generisch gepflegt sind. Abhilfe schafft hier ein weiteres Berechtigungsobjekt: S_PATH. Zu diesem Berechtigungsobjekt S_PATH gibt es jedoch praktisch keine Informationen, da Sie dieses Berechtigungsobjekt durch das Customizing der Tabelle SPTH erst aktivieren müssen. Häufig werden daher die Berechtigungen zu S_DATASET zu großzügig ausgeprägt, die Tabelle SPTH wird kaum gepflegt und S_PATH nicht genutzt. Wir zeigen Ihnen hier, wie diese Berechtigungen arbeiten und wie Sie sie sinnvoll einschränken können.

Der Kernel führt beim Zugriff auf die Dateien des Anwendungsservers die folgenden Prüfungen durch:

1. **Prüfung der Zugriffsrechte im Dateisystem**
   Die Anweisung OPEN DATASET prüft die Zugriffsrechte für die zu öffnende Datei.
2. **Prüfng des Berechtigungsobjekts S_DATASET**
   Die Berechtigungen für die Zugriffsart, den Dateinamen und das aufrufende Programm werden geprüft.
3. **Prüfung der Zugriffsrechte mittels Tabelle SPTH**
   Allgemeine Zugriffsrechte für Pfade und zusätzlich definierte Berechtigungsprüfungen für einzelne Pfade mit dem Berechtigungsobjekt S_PATH werden ausgewertet.
4. **Optional: Prüfung des Berechtigungsobjekts S_PATH**
   Wurden in der Prüfung im Schritt 3 für das Berechtigungsobjekt S_PATH zusätzliche Berechtigungsprüfungen für einzelne Pfade identifiziert, werden diese im vierten Schritt geprüft. Dabei werden die Zugriffsart und die in der Tabelle SPTH hinterlegte Berechtigungsgruppe geprüft.
5. **Zusätzliche Berechtigungsprüfung auf das Berechtigungsobjekt S_RZL_ADM**
   Aus Sicherheitsgründen erfolgt eine zusätzliche Berechtigungsprüfung auf das Berechtigungsobjekt S_RZL_ADM für spezielle Dateien vom Typ PSE (Personal Security Environment) mit der Zugriffsart 01 (Anlegen). Es handelt sich um Dateien mit den Namen ***.pse** und **cred_v2**. Diese Dateien werden für Single Sign-on, Verschlüsselung und digitale Signaturen benötigt. Gepflegt werden sie mithilfe der Transaktionen STRUST und STRUSTSSO2, die dieselbe Berechtigung verlangen (Details hierzu finden Sie im SAP-Hinweis 1497104).

Der Aufbau des Berechtigungsobjekts S_DATASET ist in Tabelle 7.2 dargestellt.

Berechtigungsobjekt	Berechtigungsfeld	Mögliche Werte	Bedeutung
S_DATASET	ACTVT	06	Löschen von Dateien
		33	Lesen von Dateien
		34	Schreiben von Dateien
		A6	Lesen von Dateien mit Filter
		A7	Schreiben von Dateien mit Filter
	FILENAME	<Dateiname> mit oder ohne Pfad	maximal 40 Zeichen langer Eintrag
	PROGRAM	<Programmname>	Name des Programms, das auf die Datei zugreift

Tabelle 7.2 Aufbau des Berechtigungsobjekts S_DATASET

Die Schwierigkeit bei der Vergabe von Berechtigungen für das Objekt S_DATASET liegt in der Ermittlung der richtigen Werte für die Felder FILENAME und PROGRAM. Sollten Sie im Feld FILENAME keinen Pfad angegeben haben, werden die Berechtigungen nur für die Dateien im Verzeichnis **DIR_HOME** eingerichtet. Folgendes müssen Sie beachten:

- Im Feld FILENAME wird ein physischer Dateiname erwartet.
- Der Pfad muss daher den Anforderungen des Betriebssystems entsprechen.
- In Systemen mit Anwendungsservern auf unterschiedlichen Plattformen müssen Sie die Berechtigung für jedes Betriebssystem ausprägen.
- Ob der Pfad mitangegeben werden muss, hängt von der Anwendung ab.
- Bei der Übergabe des Dateinamens in der Anweisung OPEN DATASET existiert keine Längenbeschränkung, Bezeichnungen von Berechtigungswerten dürfen aber nur maximal 40 Zeichen umfassen.

Deshalb können Sie für lange Dateipfade nur eine generische Berechtigung erteilen, da das 40. Zeichen ein Asterisk (*) sein muss, damit die Berechtigungsprüfung erfolgreich ist.

Die Angabe des Programmnamens im Feld PROGRAM ist einfacher, da der Maximalwert von 40 Zeichen der Beschränkung für Programmnamen im SAP NetWeaver Application Server ABAP entspricht. Falls es sich um einen Funktionsbaustein oder eine Webanwendung handelt, können Sie den Programmnamen über den Systemtrace für Berechtigungen (Transaktion ST01 oder STAUTHTRACE) ermitteln (siehe auch Abschnitt 5.2, »Systemtrace für Berechtigungen verwenden«).

In der Tabelle SPTH können Sie Zugriffsrechte für Dateipfade definieren. Außerdem können Sie hier bestimmen, ob für diese Pfade eine zusätzliche Berechtigungsprüfung auf das Objekt S_PATH durchgeführt werden soll. Dazu verwenden Sie die Werte aus Tabelle 7.3.

PATH	SAVEFLAG	FS_NOREAD	FS_NOWRITE	FS_BRGRU
*	–	X	X	–
/tmp	–	–	–	–
/tmp/myfiles	X	–	–	FILE

Tabelle 7.3 Berechtigungen für Pfade in Tabelle SPTH definieren

Die erste Zeile in Tabelle 7.3 definiert, dass der Zugriff auf alle Dateien verboten ist, sofern für sie in den weiteren Zeilen nicht andere Einstellungen vorgenommen worden sind. Der Asterisk (*) steht hier an erster Position und in diesem Fall für alle Dateien und Pfade. Steht der Asterisk an einer anderen Position, wird er als Teil des Dateinamens interpretiert, was beispielsweise in Microsoft Windows nicht erlaubt ist.

In unserer Beispieltabelle wird durch das Setzen der Schalter FS_NOREAD = X und FS_NOWRITE = X das Lesen und Schreiben für alle Pfade untersagt. Die Tabelle wird damit zu einer *White List*. Diese ist aus Sicherheitsgründen einer *Black List* vorzuziehen. Die Tabelle SPTH wird dagegen zur Black List, wenn Sie die erste Zeile mit PATH = * aus unserem Beispiel entfernen oder in dieser Zeile keinen der Schalter FS_NOREAD, FS_NOWRITE oder FS_BRGRU setzen.

Die zweite Zeile mit PATH = /tmp erlaubt als Ausnahme von dem in der ersten Zeile für alle Dateien und Pfade definierten Zugriffsverbot den Lese- und Schreibzugriff für alle Dateien, die mit **/tmp** beginnen, analog einem Berechtigungswert /tmp*. Diese Einstellung beschränkt sich nicht auf Unterverzeichnisse, sondern umfasst z. B. auch alle Dateien, deren Name mit **/tmp-xy** beginnt.

Die dritte Zeile mit PATH = /tmp/myfiles definiert mit FS_BRGRU = FILE eine *Berechtigungsgruppe* und löst damit die anschließende Berechtigungsprüfung auf das Objekt S_PATH aus. Der Schalter SAVEFLAG = X definiert, dass diese Dateien in eine Sicherungsprozedur aufgenommen werden. Dies ist allerdings für die Berechtigungsvergabe nicht relevant.

Bei den Einträgen in der Tabelle SPTH sollten Sie beachten, dass die Anwendung definiert, ob auf eine Datei mit oder ohne Angabe des Pfads zugegriffen wird. So verhalten sich die verwandten Transaktionen ST11 (Fehlerprotokolldateien) und AL11 (SAP-Verzeichnisse) unterschiedlich. Während die Transaktion ST11 fast alle Dateien ohne Pfad öffnet (sie liegen ohnehin im Verzeichnis **DIR_HOME**), benutzt die Transaktion

AL11 grundsätzlich voll spezifizierte Dateinamen mit Pfad. Ein Eintrag in der Tabelle SPTH mit PATH = / ist daher irreführend. Er legt fest, dass die definierten Zugriffsbeschränkungen für alle mit Pfad angegebenen Dateien gelten. Dies greift aber nur bei Anwendungen, die mit spezifiziertem Pfad auf Dateien zugreifen. Für Anwendungen, die ohne Pfadangabe auf Dateien zugreifen, gilt diese Zugriffsbeschränkung hingegen nicht; Dateien im Verzeichnis **DIR_HOME** sind also möglicherweise ausgenommen.

Der Aufbau des Berechtigungsobjekts S_PATH ist in Tabelle 7.4 dargestellt.

Berechtigungsobjekt	Berechtigungsfeld	Mögliche Werte	Bedeutung
S_PATH	ACTVT	02	Ändern; erlaubt die Aktivitäten Löschen (06), Schreiben (34) und Schreiben mit Filter (A7) des Berechtigungsobjekts S_DATASET
		03	Anzeigen; erlaubt die Aktivitäten Lesen (33) und Lesen mit Filter (A6) des Berechtigungsobjekts S_DATASET
	FS_BRGRU	<FS_BRGRU>	Die in der Tabelle SPTH hinterlegte Berechtigungsgruppe für den Pfad der Datei

Tabelle 7.4 Aufbau des Berechtigungsobjekts S_PATH

Die Berechtigungsprüfung für das Objekt S_PATH erfolgt, wie beschrieben, nur für Dateien, die einem Pfad mit Berechtigungsgruppe in der Tabelle SPTH entsprechen. In unserem Beispiel müssten Sie daher für den Zugriff auf Dateien mit dem Pfad **/tmp/myfiles*** eine Berechtigung für das Objekt S_PATH mit dem Wert FILE im Feld FS_BRGRU erteilen. Beachten Sie dabei, dass das Berechtigungsobjekt nur zwei *Zugriffsarten* unterscheidet. In diesen beiden Werten werden die Zugriffsarten des Berechtigungsobjekt S_DATASET zusammengefasst. Der Wert **Ändern** entspricht den Werten **Löschen**, **Schreiben** und **Schreiben mit Filter**; der Wert **Anzeigen** entspricht den Werten **Lesen** und **Lesen mit Filter**.

Wir fassen noch einmal kurz zusammen:

- Das Berechtigungsobjekt S_DATASET beschränkt den Dateizugriff auf definierte ABAP-Programme.

- Die Tabelle SPTH schützt das gesamte Dateisystem und erlaubt definierte Ausnahmen.
- Das Berechtigungsobjekt S_PATH erlaubt den Zugriff auf in der Tabelle SPTH definierte Pfadgruppen, die sogenannten Berechtigungsgruppen.

Abschließend möchten wir Ihnen einige Empfehlungen für die Absicherung des Dateizugriffs mit auf den Weg geben. Mit der Tabelle SPTH können Sie bereits ohne Vergabe von Berechtigungen das Dateisystem grundsätzlich vor Zugriffen durch ABAP-Programme schützen und bewusst Ausnahmen definieren. Die Herausforderung besteht in der Ermittlung, welche Ausnahmen notwendig sind. Da die Prüfung anhand der Tabelle SPTH aber immer zusammen mit der Prüfung auf das Objekt S_DATASET durchgeführt wird, können Sie die verwendeten Pfade über einen lang laufenden Berechtigungstrace mit Filter für das Berechtigungsobjekt S_DATASET ermitteln. Die Vorgehensweise dafür ist in Abschnitt 5.3, »Berechtigungsvorschlagswerte für Neuentwicklungen ergänzen«, beschrieben.

Wenn Sie Anwendungen einsetzen, die ohne Pfad auf Dateien im Verzeichnis **DIR_HOME** zugreifen, wie z. B. die Transaktion ST11, müssen Sie den Zugriff auf die erlaubten Dateigruppen einzeln spezifizieren (z. B. auf die Dateien **dev_**, **gw_**), da keine Wildcard für das Verzeichnis **DIR_HOME** vorhanden ist. Tabelle 7.5 enthält einen Vorschlag für die entprechenden Einträge in der Tabelle SPTH.

PATH	SAVEFLAG	FS_NOREAD	FS_NOWRITE	FS_BRGRU
*	–	X	X	–
/tmp	–	–	–	–
/usr/sap/DAD/ DVEBMGS00/ work	X	–	–	FILE
D:/usr/sap/DAD/D00/work	X	–	–	FILE
/usr/sap/DAD/SYS/ global	–	–	–	DEVL
/usr/sap/trans	–	–	–	ADMN
/usr/sap/put	–	–	–	ADMN
core.sem	–	–	–	–
coreinfo	–	–	–	–
dev_	–	–	–	–
gw_	–	–	–	–

Tabelle 7.5 Pflege der Tabelle SPTH für den Zugriff auf einzelne Dateien und Gruppen

Der Pfad mit der zugeordneten Berechtigungsgruppe DEVL enthält die temporären lokalen Dateien des ABAP-Editors innerhalb der ABAP-Entwicklungsumgebung (Transaktionen SE38, SE80, SE24 usw.). Die beiden Pfade mit der Berechtigungsgruppe ADMN zeigen, wie logisch zusammengehörige Pfade zu einer Berechtigungsprüfung für das Objekt S_PATH gruppiert werden können. Die beiden Einträge mit der Berechtigungsgruppe FILE stellen dar, wie in Systemen mit Anwendungsservern unterschiedlicher Betriebssysteme Pfade für Windows ergänzt werden können. Die Einträge **core.sem** und **coreinfo** werden benötigt, um Laufzeitfehler in die Snapshot-Tabelle SNAP zu schreiben. Die Einträge **dev_** und **gw_** erlauben die Anzeige von Dateien aus Entwicklertrace und Gateway-Log in der Transaktion ST11.

Ist Ihnen der Vorschlag in der ersten Zeile der Tabelle 7.5 zu restriktiv, können Sie die in Tabelle 7.6 dargestellte Alternative wählen. Dieser Eintrag erzwingt lediglich eine Berechtigungsprüfung auf das Objekt S_PATH und die Berechtigungsgruppe ALLE; die entsprechende Berechtigung sollten Sie allerdings nur sehr restriktiv vergeben.

PATH	SAVEFLAG	FS_NOREAD	FS_NOWRITE	FS_BRGRU
*	–	–	–	ALLE

Tabelle 7.6 Alternative Pflege der Tabelle SPTH

Die mit dem Berechtigungstrace (mit Filter für das Berechtigungsobjekt S_DATASET) gewonnenen Daten können Sie natürlich auch gleich zur Ausprägung von Berechtigungen für das Objekt selbst verwenden. Hierzu sollten Sie in jedem Fall auch die für das Feld PROGRAM gewonnenen Werte nutzen. Auf diese Weise schließen Sie den Missbrauch durch modifizierte Kopien von ABAP-Programmen aus. Diese Einschränkung der zugreifenden Programme stellt bereits einen Sicherheitsgewinn dar, auch wenn Sie den Zugriff auf Pfade und Dateien nicht einschränken möchten.

Mit dem Release SAP NetWeaver 7.51 SP01 bzw. SAP S/4HANA 1610 SP01 wurde die neue Transaktion SFILE zur Verwaltung des Dateizugriffs ausgeliefert. Diese Transaktion dient als zentrales Cockpit zur Verwaltung von Dateizugriffen. Folgende Funktionen werden in dieser Transaktion angeboten:

- Pflege logischer Dateinamen und logischer Dateipfade
- Definition von Dateialiassen für die Validierung
- Steuerung des Dateizugriffs sowie der Berechtigung mittels Definition von Berechtigungsgruppen für das Dateisystem über die Tabelle SPTH
- Pflege allgemeiner Einstellungen für die Dateizugriffsverwaltung
- Durchführung von Massen-Uploads bzw. -Downloads von Konfigurationen von Dateizugriffen (u. a. auch über Transaktion SFILE_TRANSFER)

- Verwendung als zentrales Informationssystem, u. a. für Prüfzwecke im Rahmen eines Audits (auch über den Aufruf der Transaktion SFILE_INFO)
- Überwachung von Protokollereignissen und Statistikdaten über Transaktion SFILE_MAINT_LOG

Die Oberfläche der neuen Transaktion sehen Sie in Abbildung 7.7. Diese Transaktion dient zur Verwaltung von Dateizugriffen und ist damit Voraussetzung zur Pflege von Berechtigungsprüfungen für diese Dateien. Unter dem Knoten **Dateizugriff und Berechtigungen** haben Sie folgende Möglichkeiten:

- Path-ID für die Dateizugriffssteuerung definieren
- Berechtigungsgruppen für das Dateisystem definieren

Beide Funktionen sind Voraussetzungen, um Zugriffsrechte für Dateien über die in Tabelle SPTH definierten Pfade mithilfe des Berechtigungsobjekts S_PATH zu definieren.

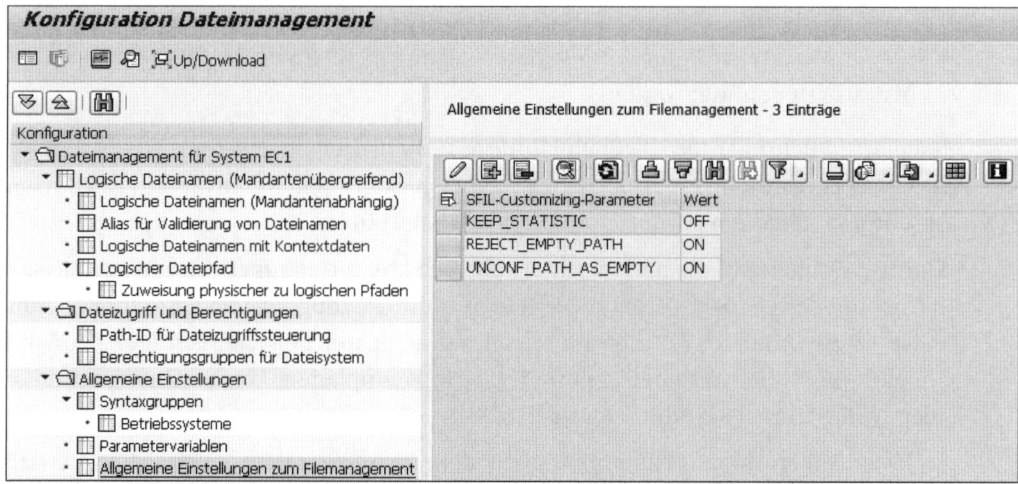

Abbildung 7.7 Transaktion SFILE zur Dateizugriffsverwaltung

Weitere Informationen zur Verwendung der Transaktion SFILE finden Sie in SAP-Hinweis 2370836.

7.4 Berechtigungen für die SAP-Hintergrundverarbeitung

Immer wenn Sie Programme periodisch zu bestimmten Zeitpunkten ohne Benutzerinteraktion ablaufen lassen wollen bzw. wenn deren Laufzeit nicht den normalen Dialogbetrieb beeinträchtigen soll, planen Sie sie im Hintergrund als *Batch-Jobs* ein.

Das Einplanen und Bearbeiten von Batch-Jobs ist durch Berechtigungen geregelt, über deren korrekte Einrichtung häufig Unklarheit besteht. Wir erläutern Ihnen daher, wofür diese Berechtigungen notwendig und welche Berechtigungsobjekte dabei wichtig sind.

Sie können Hintergrundjobs in den Transaktionen SM36 und SA38, aber auch in einer Vielzahl von Anwendungstransaktionen einplanen. Dabei ist es wichtig, zu wissen, dass für die Anlage, Änderung usw. Ihrer eigenen Jobs keine speziellen Berechtigungen nötig sind. Eine Ausnahme hiervon stellt die Freigabe von Hintergrundjobs dar; diese ist über eine Berechtigung geschützt. Für die Ausführung der genannten Aktivitäten auf den Hintergrundjobs anderer Benutzer sind ebenfalls Berechtigungen notwendig.

In der SAP-Hintergrundverarbeitung gibt es die folgenden Berechtigungsobjekte:

- S_BTCH_JOB regelt die Zugriffsrechte auf die Jobs anderer Benutzer.
- S_BTCH_NAM ermöglicht die Einplanung von Programmen unter einer anderen Benutzerkennung.
- S_BTCH_ADM erteilt übergeordnete Berechtigungen, die in der Regel nur von Administratoren benötigt werden.

Sollen Ihre Benutzer ihre eigenen Hintergrundjobs freigeben dürfen, benötigen sie dafür die Berechtigung JOBACTION = RELE zum Objekt S_BTCH_JOB. In diesem Fall dürfen sie alle Jobs zu einem gewünschten Zeitpunkt starten lassen.

Um das Einplanen von periodischen Jobs selektiv zu erlauben, aktivieren Sie zunächst mit dem Report BTC_OPTIONS_SET die Option **Erzeugung von periodischen Jobs einschränken**. Danach können nur noch Benutzer mit einer Berechtigung für das Objekt S_BTCH_ADM, Aktivität P, periodische Jobs einplanen. Weitere Informationen hierzu entnehmen Sie SAP-Hinweis 1716340.

In vielen Fällen dienen Hintergrundjobs dem fachlichen oder technischen Betrieb der Anwendungen. Daher empfehlen wir, diese Hintergrundjobs unter einem technischen Benutzer vom Typ »System« einzuplanen (siehe auch Abschnitt 1.6, »Auswirkung der Benutzertypen auf Passwortregeln«). Der Vorteil dabei ist, dass die Berechtigungen genauer gesteuert werden können und Sie nicht das Risiko eingehen, dass ein Job nicht mehr läuft, sollte der Anwender, unter dessen Benutzer er eingeplant war, einmal Ihr Unternehmen verlassen.

Die Zuordnung zu einem Systembenutzer können Sie realisieren, indem Sie dem Benutzer, der den Job einplant, eine Berechtigung für das Objekt S_BTCH_NAM erteilen. Im Feld BTCUNAME wird der Name des *Step-Benutzers* eingetragen, d. h. des Benutzers, unter dem der Job laufen soll, z. B. MUSTERMANN (siehe Abbildung 7.8).

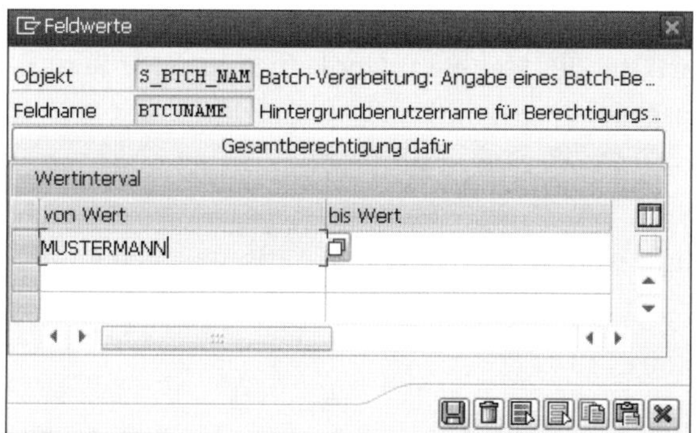

Abbildung 7.8 Beispiel für die Berechtigung S_BTCH_NAM

Ab SAP NetWeaver 7.52 existiert zusätzlich das Berechtigungsobjekt S_BTCH_NA1. Damit kann bei Bedarf die Ausführung eines Job-Steps für einen bestimmten Benutzer *und* ein bestimmtes Programm eingeschränkt werden (in Abbildung 7.9 beispielsweise der Benutzer MUSTERMANN und das kundeneigene Programm ZREPORT).

Rolle Z_TEST_BATCH
Pflege: 0 ungepflegte Orgebenen, 3 offene Felder
Status: generiert

Status | Bearbeiten | Suchen | Werte

Gruppe/Objekt/Berechtigung/Feld	Pflegestatus	Wert	Text
Objektklasse AAAB	Standard		Anwendungsübergreifende Berechtigungsobjekte
Objektklasse BC_A	Gepflegt		Basis - Administration
Berechtigungsobjekt S_BTCH_ADM	Standard		Hintergrundverarbeitung: Hintergrundadministrator
Berechtigungsobjekt S_BTCH_JOB	Standard		Hintergrundverarbeitung: Operationen auf Hintergrundjobs
Berechtigungsobjekt S_BTCH_NA1	Gepflegt		Batch-Verarbeitung: Angabe eines Benutzernamens + Programm
Berechtigung T-IH08030500	Gepflegt		Batch-Verarbeitung: Angabe eines Benutzernamens + Programm
BTCUNAME	Gepflegt	MUSTERMANN	Hintergrundbenutzername für Berechtigungsüberprüfung
PROGRAM	Gepflegt	ZREPORT	Programmname mit Suchhilfe

Abbildung 7.9 Beispiel für die Berechtigung S_BTCH_NA1

Bestimmte Berechtigungen, die erst beim Ausführen eines Job-Steps von Bedeutung sind, werden zum Zeitpunkt der Einplanung für den angegebenen Step-Benutzer geprüft. So wird überprüft, ob der gewählte Benutzer dazu berechtigt ist, das angegebene ABAP-Programm oder das externe Kommando auszuführen. Bei Programmen, die einer Berechtigungsgruppe zugeordnet sind, wird eine Prüfung auf das Objekt S_PROGRAM vorgenommen. Bei externen Kommandos findet eine Prüfung auf das Objekt S_LOG_COM statt.

Wenn ein Benutzer keine Druckberechtigung für ein Ausgabegerät hat (Berechtigungsobjekt S_SPO_DEV), wird ein eventuell gesetztes Kennzeichen für den Sofortdruck des Ergebnisses der jeweiligen Anwendung wieder zurückgenommen, d. h., zur Laufzeit des Job-Steps würde ein dabei erstellter Spoolauftrag nicht sofort gedruckt.

Werden beim Einplanen eines Steps Archivparameter übergeben, wird eine Prüfung auf das Objekt S_WFAR_PRI ausgeführt. Hat der Step-Benutzer keine passende Berechtigung, wird eine Fehlermeldung ausgegeben.

Für die Bearbeitung von eigenen Jobs werden, wie bereits erwähnt, keine Berechtigungen geprüft. Für einige Aktionen in Jobs anderer Benutzer wird eine Prüfung auf das Objekt S_BTCH_JOB ausgeführt, und zwar für die folgenden Aktionen (siehe Abbildung 7.10):

- SHOW für das Anzeigen von Jobdetails
- DELE für das Löschen von Jobs

Dabei müssen Sie darauf achten, dass das Feld JOBGROUP hierbei immer den Wert * haben muss.

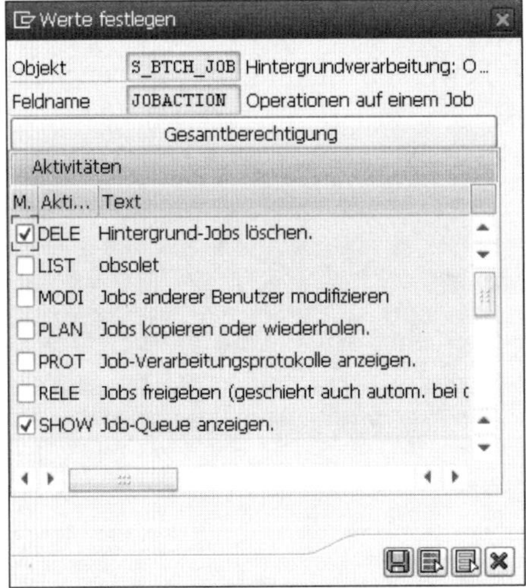

Abbildung 7.10 Berechtigungsobjekt S_BTCH_JOB

Wenn Sie Jobs anderer Benutzer abbrechen, freigeben oder in den Status **geplant** zurücksetzen wollen, benötigen Sie eine Berechtigung für das Objekt S_BTCH_ADM mit dem Wert Y. Alternativ können Sie in neueren Releases auch die Berechtigung JOBACTION = MODI und JOBGROUP = <Kennung des anderen Benutzers> für das Objekt S_BTCH_JOB verwenden. Die Aktion MODI wurde mit SAP NetWeaver AS ABAP 7.00 eingeführt oder kann über den SAP-Hinweis 1623250 eingespielt werden. In Abbildung 7.11 sehen Sie das Beispiel einer Ausprägung der Berechtigung JOBACTION = MODI für die Jobs der unter JOBGROUP eingetragenen Benutzer.

Zum Freigeben von Jobs – eigenen Jobs oder Jobs anderer Benutzer – wird zusätzlich weiterhin immer eine Berechtigung für das Objekt S_BTCH_JOB mit der Ausprägung JOBACTION = RELE benötigt.

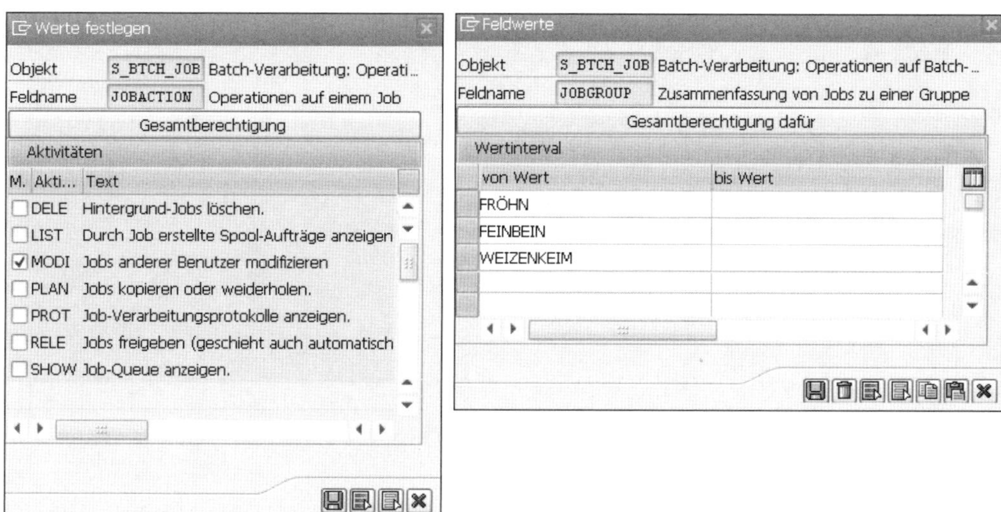

Abbildung 7.11 Mögliche Werte für JOBACTION = MODI

Im laufenden Betrieb kommt es immer wieder vor, dass eingeplante Batch-Jobs abbrechen, weil ein Step-Benutzer gelöscht oder gesperrt ist. Mithilfe des Programms BTCAUX09 können Sie als Administrator Jobs überprüfen, um festzustellen, ob es künftig zu Jobabbrüchen kommen kann. Die Selektionsmaske dieses Reports sehen Sie in Abbildung 7.12).

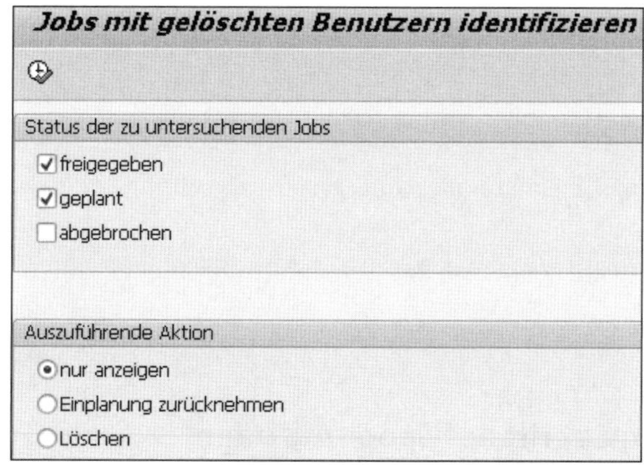

Abbildung 7.12 Selektionsbild des Reports BTCAUX09

Wenn Sie die betreffenden Jobs unter einem anderen Step-Benutzer laufen lassen wollen, können Sie sie entweder über die Transaktion SM37 oder mithilfe des Reports BTC_MASS_JOB_CHANGE ändern.

Zum Abschluss dieses Abschnitts listen wir Ihnen in Tabelle 7.7 noch einmal alle relevanten Berechtigungsobjekte mit ihren Feldern und Werten auf.

Berechtigungsobjekt	Berechtigungsfeld	Mögliche Werte	Bedeutung
S_BTCH_ADM	BTCADMIN	Y oder N	Administratorberechtigung
S_BTCH_JOB	JOBACTION	DELE	Jobs anderer Benutzer löschen
		SHOW	Definitionen von Jobs anderer Benutzer anzeigen lassen
		RELE	Jobs freigeben
		MODI	Jobs anderer Benutzer ändern
	JOBGROUP	* oder <Benutzerkennung>	Nur bei JOBACTION = MODI ist die Eingabe der Benutzerkennung möglich.
S_BTCH_NAM	BTCUNAME	<Benutzerkennung>	Job-Steps unter einem anderen Benutzer einplanen
S_BTCH_NA1	BTCUNAME / PROGRAM	<Benutzerkennung> und <Programmname>	Job-Steps mit bestimmtem Programm oder bestimmtem Benutzer einplanen

Tabelle 7.7 Übersicht der Berechtigungsobjekte für die Hintergrundverarbeitung

Die beiden Werte PLAN und PROT im Feld JOBACTION des Berechtigungsobjekts S_BTCH_JOB werden nicht mehr geprüft.

7.5 Berechtigungen für den Zugriff auf Spool-Aufträge

Jeder Spoolauftrag in Transaktion SP01 besitzt ein Feld **Berechtigung** (siehe Abbildung 7.13). Standardmäßig ist dieses Feld leer.

Wenn sich Claudia einen Spoolauftrag von Dieter ansehen möchte, überprüft das System, ob Claudia über eine bestimmte Berechtigung für Spoolaufträge mit dem Benutzernamen des anderen Benutzers (hier der Wert DIETER) verfügt. Für ihre eigenen Spoolaufträge, die nicht mit einem speziellen Berechtigungswert geschützt sind, benötigt Claudia keine zusätzlichen Berechtigungen.

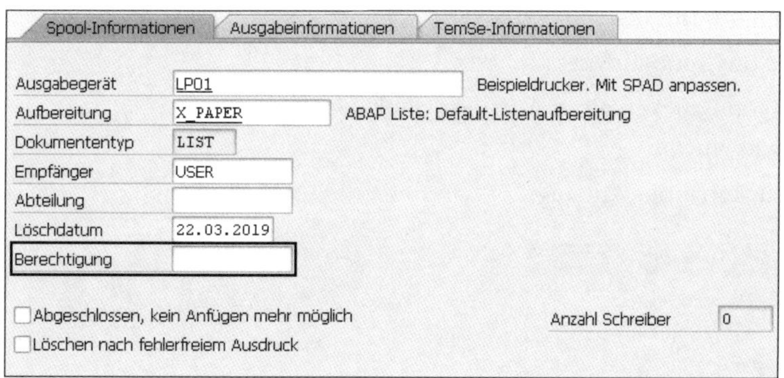

Abbildung 7.13 Attribute eines Spoolauftrags in der Transaktion SP01

Damit sich Claudia die Aufträge von Dieter ansehen kann, gehen Sie wie folgt vor: Vergeben Sie an Claudia eine Berechtigung für das Objekt S_ADMI_FCD mit dem Wert SPOR (siehe Abbildung 7.14). Dies ist die Grundvoraussetzung dafür, dass Claudia überhaupt Aufträge anderer Benutzer auswählen kann.

Objekt	S_ADMI_FCD	Systemberechtigungen
Feldname	S_ADMI_FCD	Systemadministrationsfunktion

Gesamtberechtigung

Aktivitäten

M..	Aktiv...	Text
☐	SM02	Systemnachrichten
☐	SM21	Auswerten von Syslog
☐	SMSS	MS SQL Server : Command Window
☐	SP01	Benutzerübergreifende Nutzung von SP01
☑	SPOR	Benutzerübergreifende Verwaltung von Spool-Auftr

Abbildung 7.14 Berechtigungsobjekt S_ADMI_FCD

Damit Claudia die Aufträge von Dieter selektieren kann, benötigt sie eine weitere Berechtigung, nämlich für die Aktion BASE des Objekts S_SPO_ACT mit dem Wert DIETER (siehe Abbildung 7.15).

Feldwerte

Objekt	S_SPO_ACT	Spooler: Aktionen
Feldname	SPOAUTH	Wert für die Berechtigungsprüfung

Gesamtberechtigung dafür

Wertintervall

von Wert	bis Wert
DIETER	

Abbildung 7.15 Berechtigungsobjekt S_SPO_ACT, Feld SPOAUTH

Sie kann dann allerdings nur den Status der Aufträge von Dieter sehen. Für weitere Aktionen benötigt Claudia die noch folgenden Berechtigungen für das Objekt S_SPO_ACT (siehe Abbildung 7.16):

- DISP zum Anzeigen des Inhalts
- DELE zum Löschen des Spoolauftrags
- PRNT zum einmaligen Drucken eines Auftrags, der bis jetzt noch nicht gedruckt wurde
- REPR zum Nachdrucken eines Auftrags

Abbildung 7.16 Berechtigungsobjekt S_SPO_ACT, Feld SPOACTION

Jetzt kann Claudia alle Aufträge von Dieter bearbeiten. Wie können Sie jedoch gezielt einstellen, dass Claudia manche Aufträge von Dieter nicht bearbeiten kann? Hierbei kommt der Parameter **Berechtigung** des Spoolauftrags ins Spiel. Dieter trägt vor der Erstellung eines Spoolauftrags in den Druckparametern einen bestimmten Wert (z. B. GEHEIM) in dieses Feld ein (siehe Abbildung 7.17).

Wenn Claudia die Aufträge von Dieter wählt, prüft das System, ob sie über eine Berechtigung für das Objekt S_SPO_ACT für die Aktion BASE mit dem Wert GEHEIM verfügt. In unserem Beispiel hat Claudia keine solche Berechtigung. Daher zeigt ihr das System die von Dieter mit GEHEIM gekennzeichneten Aufträge nicht an.

Um zu erreichen, dass Claudia alle Aufträge aller Benutzer bearbeiten kann, außer solchen, die über einen Eintrag im Feld **Berechtigung** geschützt sind, gehen Sie wie zu Beginn dieses Abschnitts beschrieben vor; allerdings vergeben Sie für die Aktionen nicht den Wert DIETER, sondern den Wert __USER__ (siehe Abbildung 7.18).

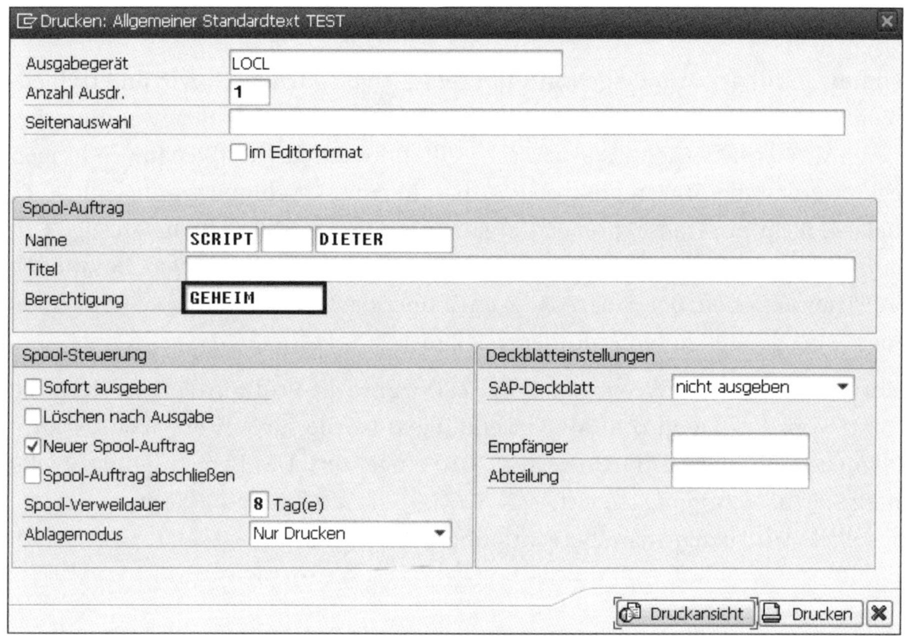

Abbildung 7.17 Berechtigung im Druckdialog eintragen

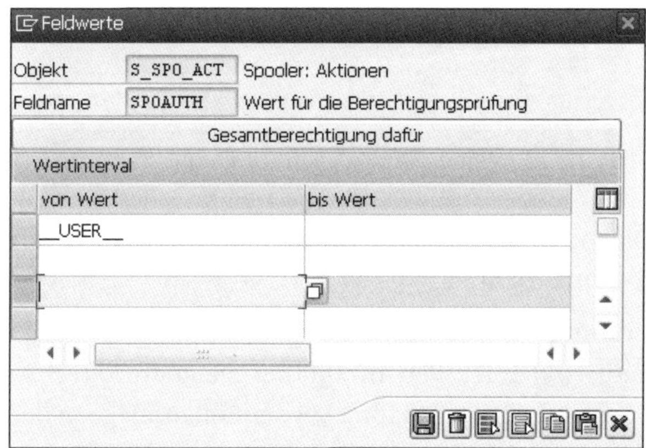

Abbildung 7.18 Vergabe des Berechtigungswerts »__USER__« für die Aufträge aller Benutzer

Wenn Sie einen Spoolauftrag durch einen Eintrag im Feld **Berechtigung** schützen möchten, sollten Sie dafür keinen Wert verwenden, der gleichlautend mit dem Benutzernamen einer der Benutzer Ihres Systems ist, denn sonst kann der betreffende Benutzer diesen Spoolauftrag bearbeiten.

7.6 Berechtigung zum Zugriff auf Web-Dynpro-Anwendungen

Anwendungen auf der Grundlage von SAP-Produkten bieten dem Nutzer unterschiedliche Zugangsmethoden, von denen die Verwendung des SAP GUI mit anwendungsbezogenen SAP-Transaktionen als »klassisch« gilt. Im Rahmen von Webanwendungen hingegen werden die Anwendungsoberflächen in einem Webbrowser abgebildet. Es sollen dabei nicht nur transaktionale Vorgänge, sondern es soll auch die Anzeige von Ergebnissen aus Datenanalysen oder statische Fakten unterstützt werden. Das Modell der SAP-Transaktionen, bei denen der Zugriff über das Berechtigungsobjekt S_TCODE gesteuert wird, genügt diesen Anforderungen nicht.

Mit den Releases SAP NetWeaver 7.03 und 7.30 wurde die Prüfung der Berechtigung zum Start von Web-Dynpro-ABAP-Anwendungen (sowie für weitere Web-Dynpro-ABAP-Funktionen, siehe SAP-Hinweis 1413011) eingeführt. Das Berechtigungsobjekt, das diese Startberechtigung steuert, ist S_START (siehe Abbildung 7.19). Dieses Berechtigungsobjekt wird analog dem Berechtigungsobjekt S_TCODE eingesetzt.

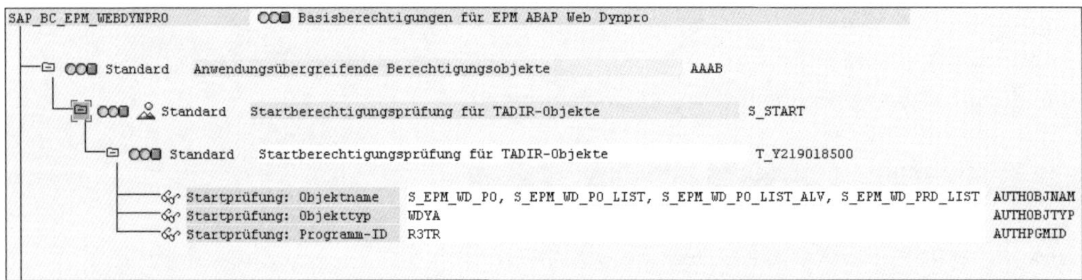

Abbildung 7.19 Berechtigungsobjekt S_START in einer SAP-Auslieferungsrolle

Grundsätzlich ergeben sich die folgenden Bearbeitungsschritte, um Berechtigungen für unterschiedliche Webanwender einzurichten.

1. **Anpassung in der ABAP-Anwendung**
   Zunächst müssen die Softwareentwickler der Webanwendung geeignete Berechtigungsprüfungen implementieren und für die Nutzung bei der Rollenpflege in der Transaktion PFCG verfügbar machen. Dies beinhaltet auch die Vorschlagswertepflege in der Transaktion SU22. Alle hierzu notwendigen Details liefert SAP-Hinweis 1413012 (neue wiederverwendbare Startberechtigungsprüfung).
2. **Pflege des Menüs in der PFCG-Rolle**
   Als Rollenentwickler können Sie nun in der Transaktion PFCG auf der Registerkarte **Menü** aus der Liste der von den Softwareentwicklern veröffentlichten Web-Dynpro-Anwendungen die konkret benötigte Anwendung auswählen und im Menü der Rolle eintragen (siehe Abbildung 7.20). Zum Generieren des Rollenprofils wechseln Sie dann auf die Registerkarte **Berechtigungen**. Dort können Sie die

Werteausprägungen der Berechtigungsfelder von S_START und gegebenenfalls die für diese Webanwendung zusätzlich relevanten Berechtigungsobjekte prüfen und bei Bedarf ergänzen. Zuletzt generieren Sie, wie gewohnt, das Rollenprofil.

Abbildung 7.20 Pflege einer Rolle für eine Web-Dynpro-Anwendung

Bei der Planung zur Realisierung eines Berechtigungskonzepts für eine Webanwendung sollten Sie die folgenden wesentlichen Aspekte berücksichtigen:

- **Aktivierung der Startberechtigungsprüfung für S_START**
  Die Startberechtigungsprüfung für S_START wird von SAP inaktiv ausgeliefert. Wenn diese Prüfung in einer Installation des SAP NetWeaver AS ABAP aktiv geschaltet wird (siehe auch SAP-Hinweis 1413011), wirkt sich dies auf alle Mandanten aus. Vor dem Aktivsetzen muss daher sichergestellt sein, dass alle betroffenen Benutzer in den ihnen zugeordneten Berechtigungsprofilen über die notwendigen Werte in den Berechtigungsfeldern von S_START verfügen.
- **Pflege der Berechtigungsvorschlagswerte für PFCG**
  Analog der Pflege der Berechtigungsvorschlagswerte für SAP-Transaktionen mittels der Transaktionen SU22 und SU24 ist die Pflege von Vorschlagswerten für Webanwendungen ratsam. Damit einem Benutzer eine passende Berechtigung für einen betriebswirtschaftlichen Funktionsumfang in der Webanwendung zugewiesen werden kann, müssen die Softwareentwickler in der Transaktion SU22 alle für diese Anwendung benötigten Berechtigungsobjekte an die entsprechende Web-Dynpro-Anwendung anbinden, also nicht nur das Objekt S_START. Quelle für die benötigten Berechtigungsobjekte ist in der Regel ein Entwickler- oder Berechti-

gungstrace (siehe auch Abschnitt 5.6, »Vorschlagswerte unter der Zuhilfenahme von Traceauswertungen pflegen«).

Bei sorgfältiger Pflege von Vorschlagswerten in den jeweils relevanten Berechtigungsobjekten ergeben sich wiederkehrend Vorteile bei der Erstellung und Überarbeitung von Rollen für Webanwendungen. Außerdem wird die Rollennachbearbeitung in der Transaktion SU25 im Rahmen von SAP-Upgrades unterstützt.

Mithilfe der Transaktion SU22 können die Softwareentwickler ihre Applikation mit den passenden Berechtigungsobjekten ausliefern. Nach der Übernahme der Daten aus der Transaktion SU22 in die Tabellen aus der Transaktion SU24 kann der Rollenentwickler die Vorschlagswerte mit der Transaktion SU24 oder SU25 für die Nutzung in der Transaktion PFCG weiterbearbeiten. Beachten Sie in diesem Zusammenhang auch SAP-Hinweis 1539556.

7.7 Generischer Zugriff auf Programme und Tabellen

Über Transaktionen wie die Transaktion SA38 können sämtliche Programme aufgerufen werden. Das gleiche gilt für den Aufruf von Tabellen über die Transaktion SE16N. In der Regel möchten Sie aber nur Zugriff auf bestimmte Programme oder Tabellen gewähren. In den folgenden Abschnitten zeigen wir Ihnen, wie Sie dies sicherstellen können.

7.7.1 Berechtigungsprüfung beim generischen Programmstart

Das Berechtigungskonzept für den generischen Programmstart sieht vor, dass Anwender mit Hilfe von Standardanwendungen beliebige Reportnamen zum Start auswählen können. Diese Möglichkeit besteht unter anderem bei der Nutzung der Transaktionen SA38, SE38 und SE80 sowie bei den zu diesen Transaktionen existierenden *Parametertransaktionen*. Parametertransaktionen sind spezielle Dialogtransaktionen, die mit einem Parameter, wie z. B. einem Tabellen- oder Reportnamen aufgerufen werden. Auch andere Tools, wie der Funktionsbaustein `SUBMIT_REPORT`, ermöglichen einen generischen Zugriff auf Programme.

Bereits seit Einführung des rollenbasierten Benutzermenüs zum SAP-Release 4.6a sollte die Nutzung dieser generischen Tools nicht mehr notwendig sein. SAP empfiehlt stattdessen den Zugriff über die Rollenmenüs. In der Praxis werden jedoch insbesondere Key-Usern häufig noch die Anwendungen für den generischen Zugriff zur Verfügung gestellt. Folgende Informationen können Ihnen in diesem Fall bei der Bewertung und Steuerung der damit verbundenen Risiken helfen.

Für die Zugriffskontrolle im Zuge des Programmstarts sind die Berechtigungsobjekte S_PROGRAM, S_PROGNAM und S_DEVELOP relevant. Die gruppenbasierte Berechtigungsprüfung zum Objekt S_PROGRAM erfolgt bei jedem Aufruf eines direkt startbaren Programms, wenn in den Programmattributen eine Berechtigungsgruppe für dieses Programm hinterlegt ist. Für das Programm RSUR404 in Abbildung 7.21 wurde beispielsweise die Berechtigungsgrupppe SUSR hinterlegt. Demnach können nur Anwender, die für diese Gruppe berechtigt sind, dieses Programm über eine der genannten Transaktion starten.

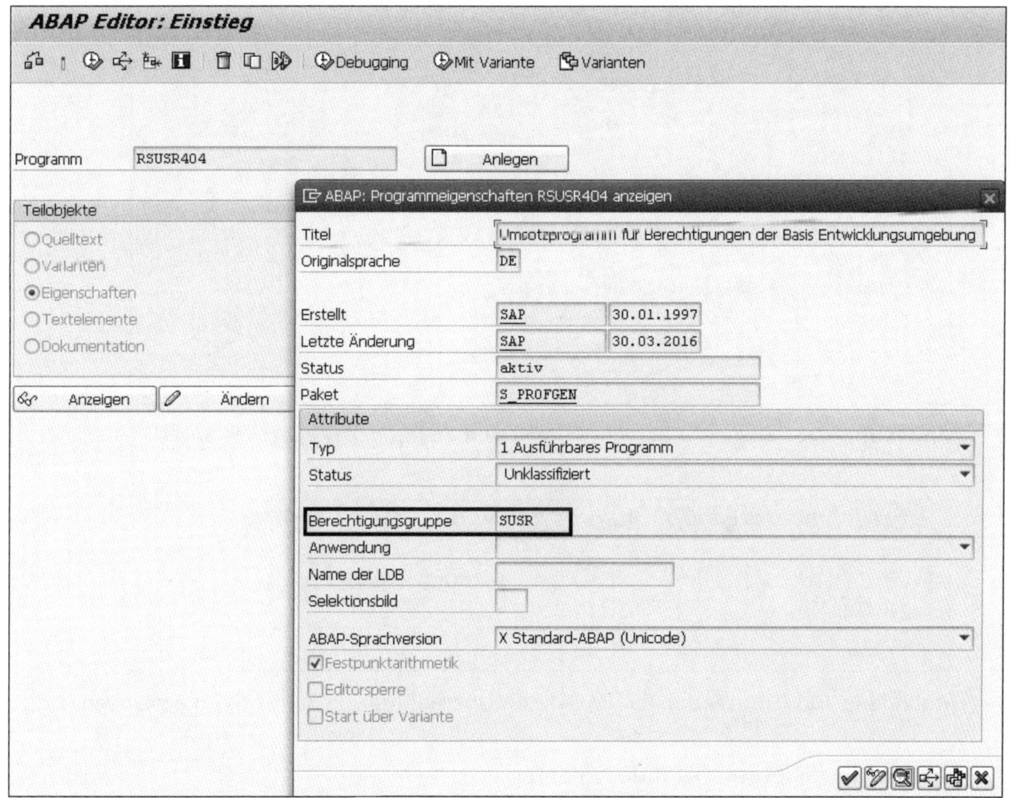

Abbildung 7.21 Report mit zugewiesener Berechtigungsgruppe

Für eigene Programme können Sie diese Berechtigungsprüfung über die ABAP Workbench in den Programmattributen hinterlegen. Zur Ergänzung oder Anpassung der Berechtigungsgruppenattribute in von SAP ausgelieferten Programmen können Sie den Report RSCSAUTH verwenden (siehe Abbildung 7.22).

Zur Vervollständigung der Programmberechtigungsgruppen lässt sich die Transaktion RSABAUTH nutzen (siehe Abbildung 7.23).

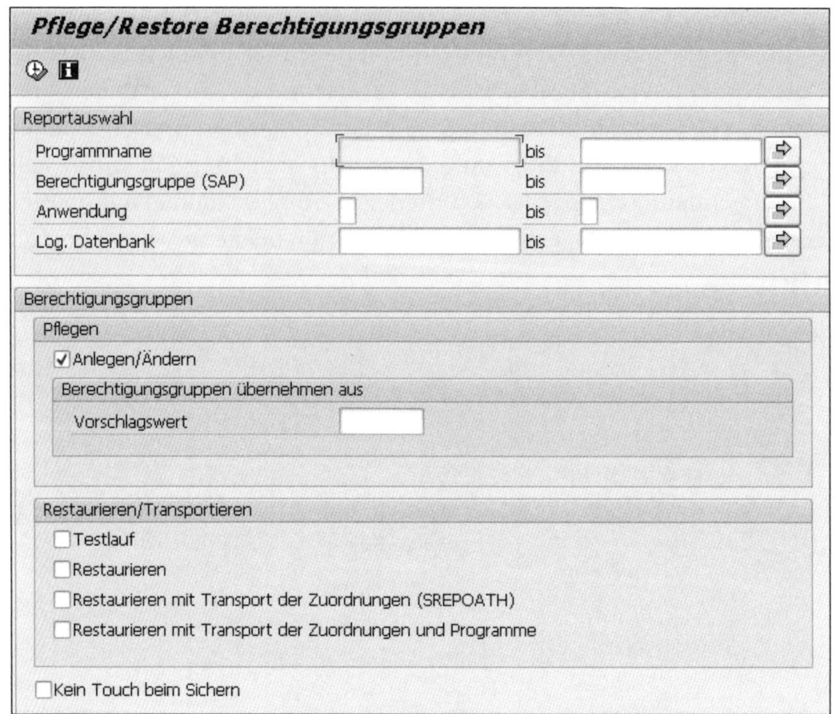

Abbildung 7.22 Pflege von Berechtigungsgruppen mit dem Report RSCSAUTH

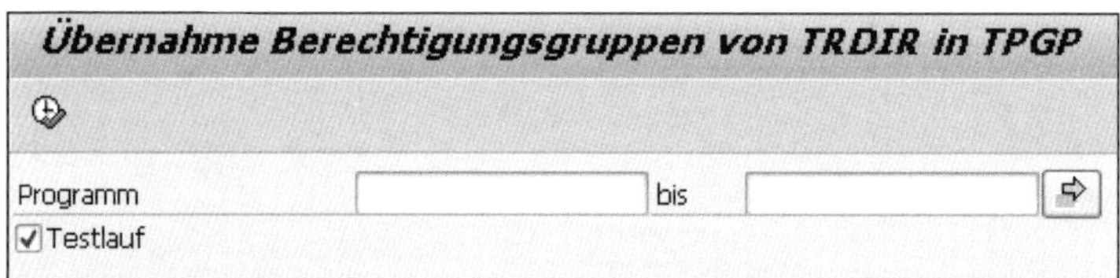

Abbildung 7.23 Transaktion RSABAUTH zur Übernahme von Berechtigungsgruppen

Achten Sie dabei auf folgende Aspekte:

- Ein Programm ohne Berechtigungsgruppe ist nicht per se unsicher. Häufig sind die enthaltenen anwendungsbezogenen Berechtigungen hinreichend.
- Direkt startbare Programme werden häufig direkt über die Anweisung `SUBMIT <reportname>` in ABAP-Anwendungen aufgerufen. Die Ergänzung von Programmberechtigungsgruppen muss zur Vermeidung von Prozessstörungen daher sorgfältig getestet werden. Durch ergänzende Prüfungen beim »verdeckten« und kontrollierten Aufruf kann unter Umständen in Verbindung mit Berechtigungen für andere Prozesse eine ungewollte Erweiterung der erreichbaren Funktionalitäten entstehen.

- Bei der Vergabe von Gruppenberechtigungen entsteht immer das Risiko der ungewollten Vergabe von Berechtigungen für Funktionen, die nicht zum Aufgabenbereich des Benutzers gehören. Prüfen Sie bei der Vergabe von Gruppenberechtigungen daher immer die Menge der zur Gruppe gehörenden Programme.

Ergänzend zur Berechtigungsprüfung auf das Objekt S_PROGRAM, bei der lediglich die Berechtigungsgruppe geprüft wird, kann für generische Programmaufrufe die Berechtigungsprüfung auf das Objekt S_PROGNAM aktiviert werden. Diese Prüfung erfolgt über den exakten Namen des Programms. Mit Hilfe der Transaktion SACF kann diese Prüfung über die schaltbaren Berechtigungsszenarien BC_GENERIC_REPORT (dialogbasierter Aufruf) und BC_GENERIC_REPORT_START_BATCH (Einplanung von Programmen in Jobs) konfiguriert werden (siehe SAP-Hinweise 1946079 und 2272827). Weitere Informationen zu schaltbaren Berechtigungen finden Sie in Abschnitt 6.8, »Schaltbare Berechtigungsprüfungen konfigurieren«.

7

Wenn Benutzer Zugang zur ABAP Workbench haben (Transaktionen SE38, SE80 etc.), ist für das Starten eines Reports die Berechtigung für das Objekt S_DEVELOP mit dem Objekttyp PROG, dem Objektnamen (d. h. dem Programmnamen) und der Aktivität 16 (Ausführen) hinreichend.

[!]

Kritische Transaktion START_REPORT

Die Transaktion START_REPORT zum generischen Anwendungsstart ist als Spezialfall zu betrachten. Die Startberechtigung für diese Transaktion sollte *keinem* Benutzer zur Verfügung stehen, da sie lediglich die Prüfung auf das Objekt S_PROGRAM unterstützt. Diese Transaktion wird unter anderem im Session Manager benötigt und unterstützt dort beispielsweise den Start von Queries und generierten Reporttransaktionen. Die Transaktion darf nicht gesperrt werden.

Weitere Informationen zum sicheren Programmieren von kundeneigenen Reports finden Sie in Abschnitt 10.2, »Sicherer Aufruf kundeneigener Reports«.

7.7.2 Berechtigungsprüfung beim generischen Tabellenzugriff

Endanwender greifen in der Regel nicht direkt auf Daten auf Tabellenebene zu, die Daten werden stattdessen in betriebswirtschaftlichen Anwendungen angezeigt, und ihre Anzeige wird im dortigen Kontext mittels Berechtigungsprüfungen eingeschränkt. Es gibt jedoch Fälle, in denen ein generischer Zugriff auf Tabellen über die Transaktionen SE16, SE16N, SM30, SM31 oder SM34 für Administratoren, Key-User, Prüfer und andere erforderlich ist. So soll z. B. ein Prüfer lesenden Zugriff auf sämtliche Customizing-Tabellen erhalten. Sicherheitsrelevante Tabellen möchten Sie einem Prüfer jedoch nicht anzeigen lassen. Key-User sollen bestimmte Reports regelmäßig aufrufen, aber nur Informationen lesen dürfen, die für ihr Werk relevant sind.

Sie haben mehrere Möglichkeiten, um den Zugriff auf Tabellen über die genannten Tabellenwerkzeuge einzuschränken. So kann ein Benutzer nur auf solche Tabellen oder Tabelleninhalte zugreifen, die er auch sehen darf.

[!]

Kritische Berechtigungen über Tabellenwerkzeuge

Wir weisen darauf hin, dass die Vergabe von Berechtigungen für diese Werkzeuge im Produktivumfeld als sicherheitskritisch einzustufen ist, da bei fehlerhaften oder zu weitreichenden Berechtigungen sehr leicht der Zugriff auf große Mengen sensibler Daten erlaubt werden kann. Wenden Sie diese Berechtigungen daher nur eingeschränkt an.

Den Zugriff auf Tabellen bzw. den Zugriff auf deren Inhalte über Transaktionen, wie z. B. SE16 oder SM30, können Sie über Berechtigungsobjekte einschränken. Die dabei stattfindende Prüflogik stellen wir in Abbildung 7.24 grafisch dar.

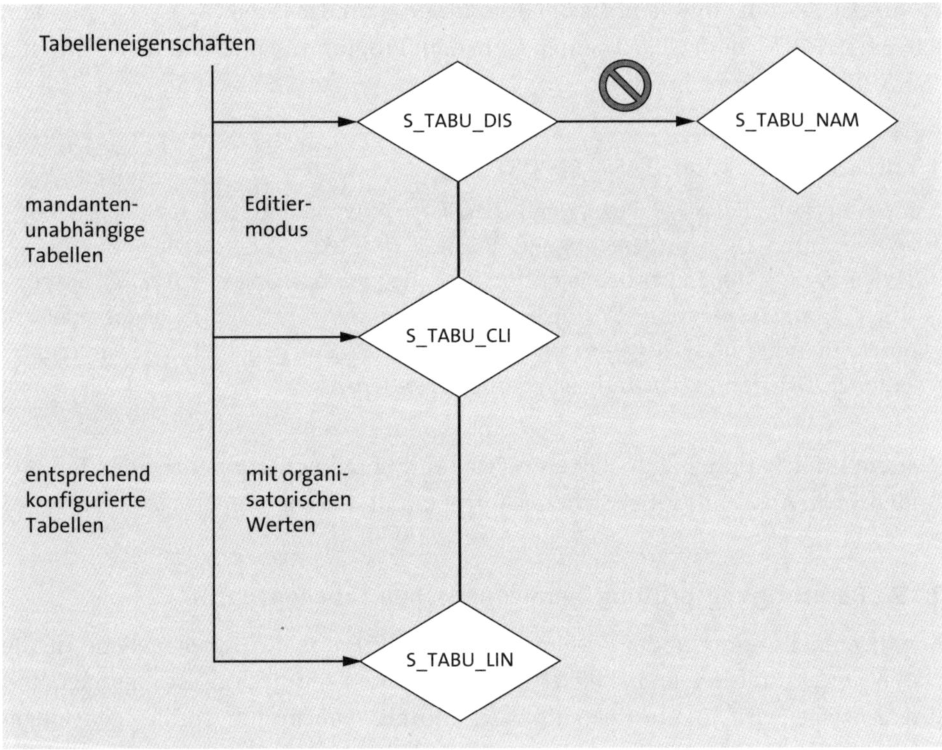

Abbildung 7.24 Prüflogik zur Berechtigungsvergabe auf Tabellen

Mit dem Berechtigungsobjekt S_TABU_DIS können Sie Zugriff auf Tabellen gewähren, die bestimmten Tabellenberechtigungsgruppen zugeordnet sind. Sie können in der

Transaktion SE54 Tabellenberechtigungsgruppen einsehen, pflegen und sie Tabellen zuweisen (siehe Abschnitt 6.7, »Tabellenberechtigungsgruppen pflegen«).

Soll ein Administrator z. B. Zugriff auf Tabellen der Benutzerverwaltung erhalten, prüfen Sie den Berechtigungsstatus mithilfe der Transaktion SE54. Sie werden feststellen, dass sämtliche Tabellen der Benutzerverwaltung der Tabellenberechtigungsgruppe SC zugeordnet sind (siehe Abbildung 7.25).

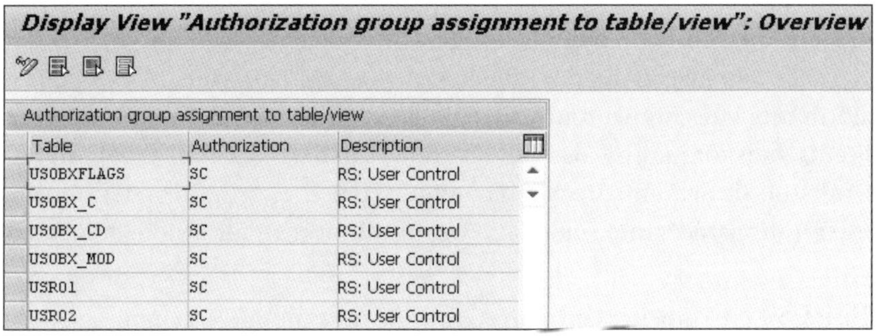

Display View "Authorization group assignment to table/view": Overview

Authorization group assignment to table/view

Table	Authorization	Description
USOBXFLAGS	SC	RS: User Control
USOBX_C	SC	RS: User Control
USOBX_CD	SC	RS: User Control
USOBX_MOD	SC	RS: User Control
USR01	SC	RS: User Control
USR02	SC	RS: User Control

Abbildung 7.25 Tabellen, die der Tabellenberechtigungsgruppe SC zugewiesen sind

Um Sie als Administrator für diese Tabellenberechtigungsgruppe mit lesenden Zugriffsrechten auszustatten, müssen Sie das Berechtigungsobjekt S_TABU_DIS wie folgt ausprägen:

- ACTVT = 03
- DICBERCLS = SC

Ihnen wird außerdem auffallen, dass vielen Tabellen die Tabellenberechtigungsgruppe &NC& zugewiesen ist und daher eine Differenzierung über Tabellenberechtigungsgruppen über das Berechtigungsobjekt S_TABU_DIS nicht vorgenommen werden könnte. Ferner können Sie mittels S_TABU_DIS keine Berechtigungen auf einzelne Tabellen einer Tabellenberechtigungsgruppe vergeben. In solchen Fällen wird die Prüfung fortgesetzt: Schlägt die Berechtigungsprüfung auf das Berechtigungsobjekt S_TABU_DIS fehl, wird als Nächstes das Berechtigungsobjekt S_TABU_NAM geprüft. Hiermit können Sie den Zugriff auf Tabellen explizit über den Tabellennamen gewähren.

Soll der Administrator z. B. nicht auf alle Tabellen, die der Tabellenberechtigungsgruppe SC zugeordnet sind, zugreifen können, sondern nur auf die Tabelle USR02, vergeben Sie keine Berechtigungen für die Tabellenberechtigungsgruppe SC über S_TABU_DIS, prägen das Berechtigungsobjekt S_TABU_NAM aber wie folgt aus:

- ACTVT = 03
- TABLE = USR02

Die Berechtigungsprüfung wird wiederum fortgesetzt, wenn es sich bei der betreffenden Tabelle um eine mandantenunabhängige Tabelle handelt. Dafür wird das

Berechtigungsobjekt S_TABU_CLI geprüft, das über Pflegeberechtigungen für mandantenunabhängige Tabellen entscheidet. Bei der Tabelle T000 handelt es sich z. B. um eine mandantenunabhängige Tabelle, für die diese Berechtigungsprüfung durchgeführt würde. Soll ein Benutzer diese Tabelle mithilfe der Transaktion SM30 pflegen können, müssen Sie neben der Berechtigung für die Tabellenberechtigungsgruppe oder für diese konkrete Tabelle auch das Berechtigungsobjekt S_TABU_CLI mit dem Wert CLIIDMAINT = X pflegen.

Zum Schluss sieht die Prüflogik eine Prüfung auf der Zeilenebene innerhalb einer Tabelle vor, falls Sie den Zugriff auf die Tabelleninhalte abhängig von einer organisatorischen Zuordnung einschränken möchten. Soll ein Anwender z. B. nur die Daten einer Tabelle einsehen können, die das Land betreffen, in dem sich sein Arbeitsstandort befindet, müssen Sie dies entsprechend konfigurieren. Hierzu definieren und aktivieren Sie organisationsrelevante Felder als Organisationskriterium (siehe folgender Abschnitt).

Weitere Informationen zum Berechtigungskonzept für den generischen Tabellenzugriff finden Sie in SAP-Hinweis 1434284.

7.7.3 Berechtigungen zur Tabellenbearbeitung organisatorisch einschränken

Sie möchten, dass Benutzer bestimmte Tabellen lesen bzw. pflegen können, jedoch nur Zugriff auf diejenigen Tabelleninhalte erhalten, die für sie relevant sind? Mithilfe der Berechtigungsobjekte S_TABU_DIS und S_TABU_NAM können Sie zwar den Zugriff auf die Tabellen gewähren, aber wenn ein Anwender nur Teile der Tabelle sehen bzw. pflegen können soll, stoßen diese Berechtigungsobjekte an ihre Grenzen.

Möchten Sie den Benutzern nur Zugriff auf einzelne Tabellenzeilen gewähren, können Sie auf das Berechtigungsobjekt S_TABU_LIN zurückgreifen, das den Zugriff auf bestimmte Zeilen einer Tabelle für dafür definierte Organisationskriterien erlaubt.

Voraussetzung für diese Art der Berechtigung ist das Vorhandensein von Spalten in den Tabellen mit den genannten organisatorischen Werten, wie z. B. Werk, Land, Buchungskreis. Diese organisatorischen Werte müssen Sie nun im System als *Organisationskriterien*, die betriebswirtschaftliche Arbeitsbereiche abbilden, konfigurieren; sie dienen als Brücke zwischen den organisatorische Werte enthaltenden Spalten in den Tabellen und der Verwendung als Berechtigungsfeld im Berechtigungsobjekt. Da die Organisationskriterien in mehreren Tabellen vorkommen, sollte diese Berechtigungsprüfung nicht an bestimmte Tabellen gebunden sein und stattdessen tabellenübergreifend definiert werden.

Sie sehen diese Verbindung zwischen dem Organisationskriterium aus Tabelle T001B und den Berechtigungsfeldern des Berechtigungsobjekts S_TABU_LIN in Abbildung 7.26).

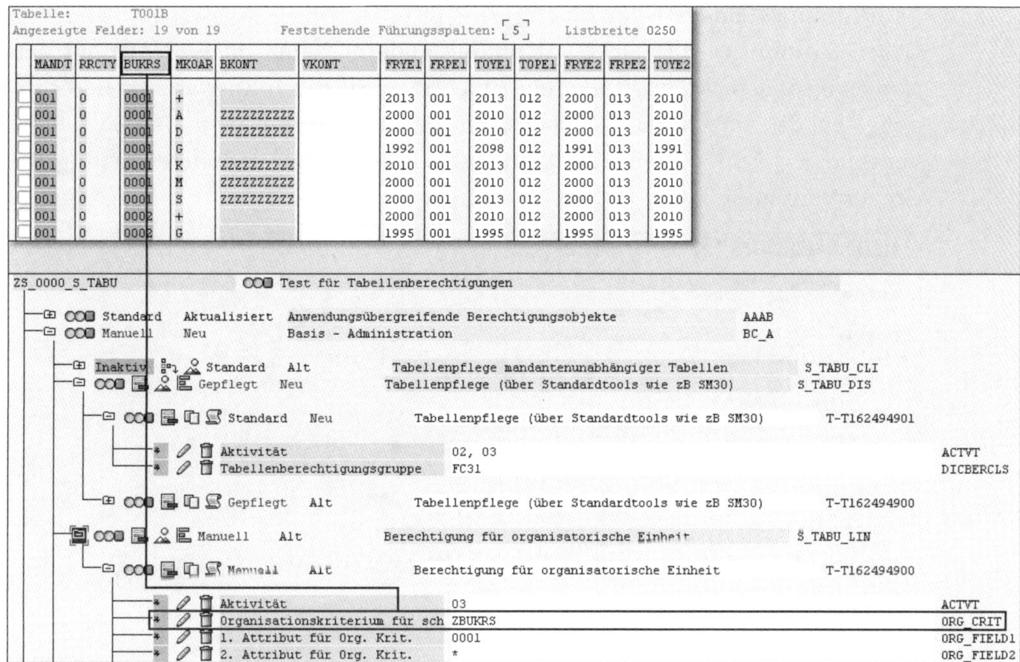

Abbildung 7.26 Organisationskriterien als Verbindung zwischen organisatorischen Arbeitsbereichen und Berechtigungsfeldern

Als Voraussetzung zur Pflege des Berechtigungsobjekts S_TABU_LIN führen Sie folgende Schritte aus:

1. **Definition des Organisationskriteriums**

   Folgen Sie im Customizing dem folgenden Pfad:

   SAP NetWeaver • Application Server • Systemadministration • Benutzer und Berechtigungen • Zeilenbezogene Berechtigungen • Organisationskriterien definieren

2. **Benennung des Organisationskriteriums**

   Vergeben Sie für Ihr Organisationskriterium einen Namen, und setzen Sie einen Haken in der Spalte **tabübergr**, wenn dieses Organisationskriterium tabellenübergreifend verwendet werden soll (siehe Abbildung 7.27).

Abbildung 7.27 Organisationskriterien definieren

3. **Berechtigungsfeld festlegen**
Geben Sie nun im Bild **Sicht »Attribute« ändern: Detail** im Feld **Attribut** den Namen Ihres Berechtigungsfelds ein, und wählen Sie in der Auswahlliste **Berechtigungsfeld** das Berechtigungsfeld aus, das Sie zur Werteingabe in der PFCG-Rolle verwenden möchten (siehe Abbildung 7.28). Ihnen stehen acht Berechtigungsfelder zur Verfügung.

Abbildung 7.28 Attribut als Organisationskriterium definieren

4. **Zuweisung des Views/der Tabelle zum Attribut**
Im Bild **Sicht »Tabellenfelder« ändern: Detail** weisen Sie nun Ihrem Attribut unter **View/Tabelle** diejenige Tabelle zu, in der das Organisationskriterium definiert worden ist (siehe Abbildung 7.29). Im Feld **Feldname** tragen Sie den technischen Feldnamen derjenigen Spalte ein, die Ihr Organisationskriterium darstellt.

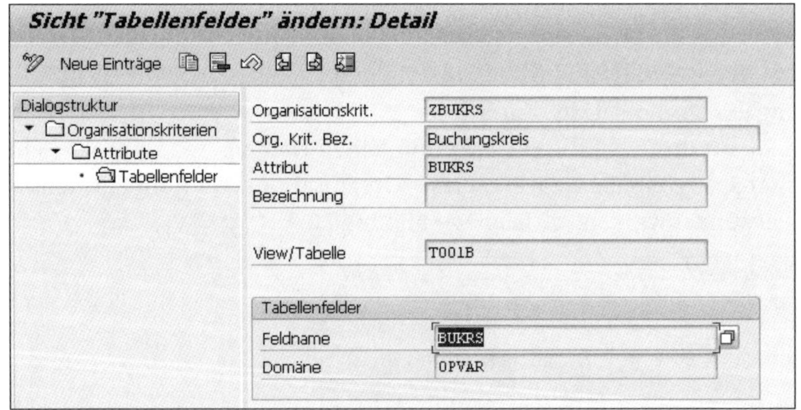

Abbildung 7.29 Technisches Feld dem Organisationskriterium zuordnen

5. **Aktivierung des Organisationskriteriums**
   Bevor Sie das Organisationskriterium verwenden können, müssen Sie es im Customizing aktivieren. Wählen Sie dazu den folgenden Customizing-Pfad:

   SAP NetWeaver • Application Server • Systemadministration • Benutzer und Berechtigungen • Zeilenbezogene Berechtigungen • Organisationskriterien aktivieren

   Das Customizing der Organisationskriterien findet mandantenübergreifend statt. Die Aktivierung der Organisationskriterien erfolgt allerdings mandantenabhängig. Möchten Sie diese Berechtigungen in verschiedenen Mandanten nutzen, müssen Sie die jeweiligen Organisationskriterien für jeden einzelnen Mandanten aktivieren.

Nun können Sie das Organisationskriterium in Ihrer PFCG-Rolle verwenden. Pflegen Sie dazu das Berechtigungsobjekt S_TABU_LIN mit dem von Ihnen erstellten Organisationskriterium. Weisen Sie dazu die jeweiligen Attribute mit den organisatorischen Werten zu, für die der Anwender berechtigt sein soll indem Sie das Berechtigungsfeld ORG_CRIT des Berechtigungsobjekts S_TABU_LIN in Ihrer PFCG-Rolle pflegen. Nach der Auswahl des Organisationskriteriums öffnet sich ein Pop-up-Fenster zur Pflege der Werte (siehe Abbildung 7.30). Hier können Sie neben den Einzelwerten auch Intervalle für Ihr Organisationskriterium angeben, also den Benutzern Berechtigungen für mehrere organisatorische Werte zuteilen.

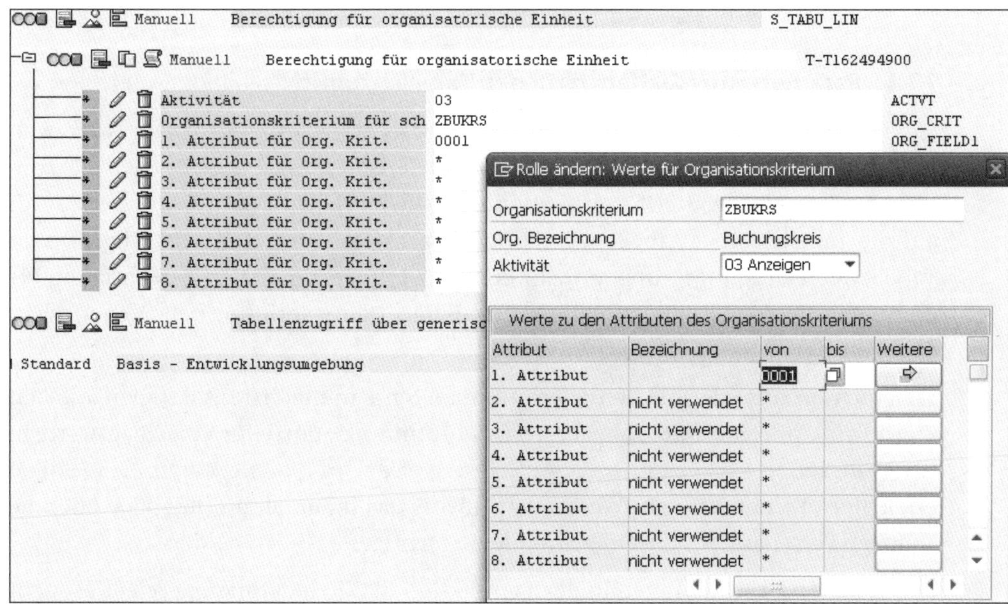

Abbildung 7.30 Berechtigungsobjekt S_TABU_LIN pflegen

Eine Alternative zur Verwendung des Berechtigungsobjekts S_TABU_LIN ist die Erstellung kundeneigener Tabellen-Views, über die eine organisatorische Abgrenzung leichter zu erreichen ist. Hierzu legen Sie in der Transaktion SE11 einen neuen View an und fügen die Tabelle, für die die Einschränkung gelten soll, auf der Registerkarte **Tabellen/Joinbedingungen** hinzu. Über die Registerkarte **Selektionsbedingungen** können Sie Ihre einschränkende organisatorische Bedingung in Form eines Feldes (Spalte **Feldname**) und eines Feldwerts (Spalte **Vergleichswert**) angeben (siehe Abbildung 7.31).

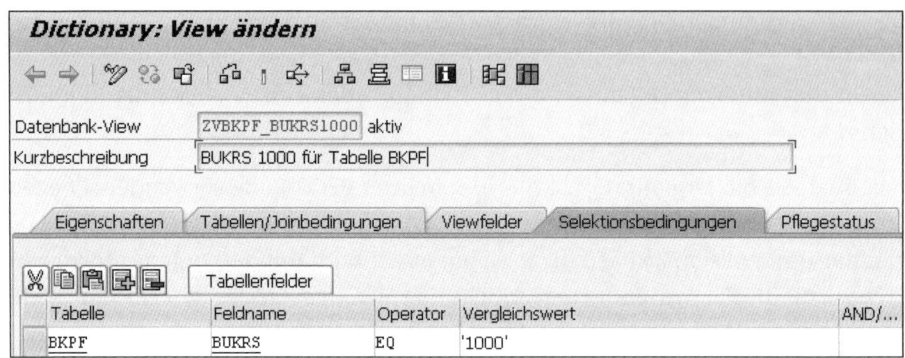

Abbildung 7.31 Einen kundeneigenen View mit Selektionskriterium erstellen

Anschließend berechtigen Sie alle relevanten Benutzer zum Zugriff auf den View, der ausschließlich Daten gemäß Ihrer organisatorischen Einschränkung zeigt.

7.7.4 Parametertransaktionen für den Tabellenzugriff

Sie haben Ihr Berechtigungskonzept um das Berechtigungsobjekt S_TABU_NAM erweitert, sodass die Anwender nicht nur über das Berechtigungsobjekt S_TABU_DIS, sondern auch über S_TABU_NAM Zugriff auf die Tabellen erhalten. Damit wird der Zugriff auf die Tabellen über Tabellenberechtigungsgruppen oder, wenn der Zugriff über Tabellenberechtigungsgruppen nicht erlaubt ist, über die direkte Berechtigung für die Tabelle geregelt (siehe Abschnitt 7.7.2, »Berechtigungsprüfung beim generischen Tabellenzugriff«).

Sie möchten nun die Tabellen oder die erstellten Parametertransaktionen, die den Zugriff auf nur bestimmte Tabellen erlauben, ermitteln, um dafür Vorschlagswerte in der Transaktion SU24 zu pflegen. Auf diese Weise wird die Pflege von PFCG-Rollen erleichtert. Ferner wäre ein Werkzeug sinnvoll, das Ihnen einen Überblick über die Tabellen verschafft, für die ein Anwender berechtigt ist.

Um Tabellenberechtigungen in der Transaktion PFCG zu definieren, reicht es nicht immer aus, wenn Sie im Rollenmenü die generischen Tabellenanzeigewerkzeuge, wie z. B. die Transaktionen SE16 oder SM30, angeben. Die Vorschlagswerte für diese Transaktionen sind sehr allgemein und sehen nur vor, die Berechtigungsobjekte

S_TABU_DIS oder S_TABU_CLI zu verwenden. Explizite Werte müssen Sie in Abhängigkeit von den von Ihnen zur Berechtigung ausgewählten Tabellen eintragen.

Möchten Sie den Zugriff auf die Tabellen explizit über das Berechtigungsobjekt S_TABU_NAM gewähren, können Sie für jeden Tabellenzugriff eine Parametertransaktion erstellen. Mithilfe einer Parametertransaktion kann man Tabellen z. B. über die Transaktion SE16 aufrufen, ohne den Tabellennamen im Selektionsbildschirm angeben zu müssen, da dieser übersprungen wird. Für die erstellte Parametertransaktion können Sie anschließend Vorschlagswerte pflegen.

Gehen Sie hierzu wie folgt vor:

1. Legen Sie eine Parametertransaktion in der Transaktion SE93 an, indem Sie den Transaktionscode und einen Kurztext in den entsprechenden Feldern eingeben und die Option **Transaktion mit Parametern (Parametertransaktion)** auswählen (siehe Abbildung 7.32). Bestätigen Sie die Anlage mit einem Klick auf das grüne Häkchen.

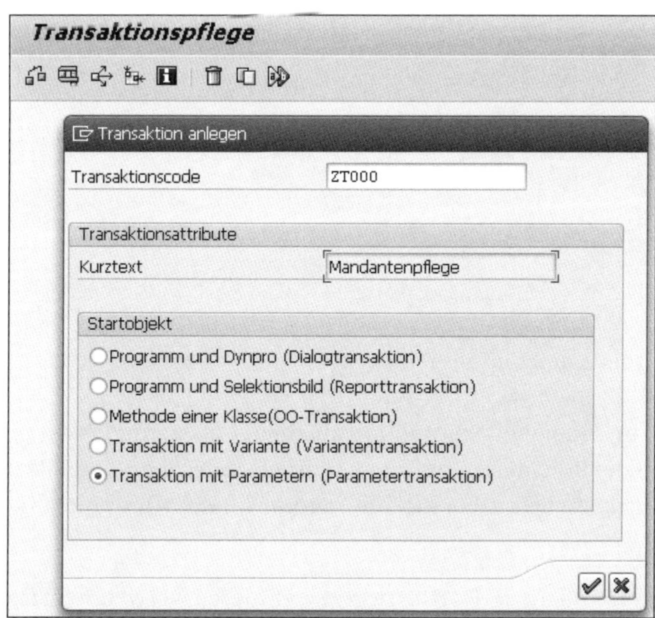

Abbildung 7.32 Parametertransaktion anlegen

2. Geben Sie im Detailbildschirm zur Definition der Parametertransaktion die Transaktion SE16 als Vorschlagswert an, und markieren Sie die Option **Einstiegsbild überspringen** (siehe Abbildung 7.33).
3. Achten Sie darauf, die **Vorschlagswerte** im unteren Bereich zu definieren. Für die Transaktion SE16 müssen Sie unter **Name des Dynprofeldes** die Feldbezeichnung zur Selektion nach Tabellen eintragen. Der Feldwert entspricht dem Tabellennamen.

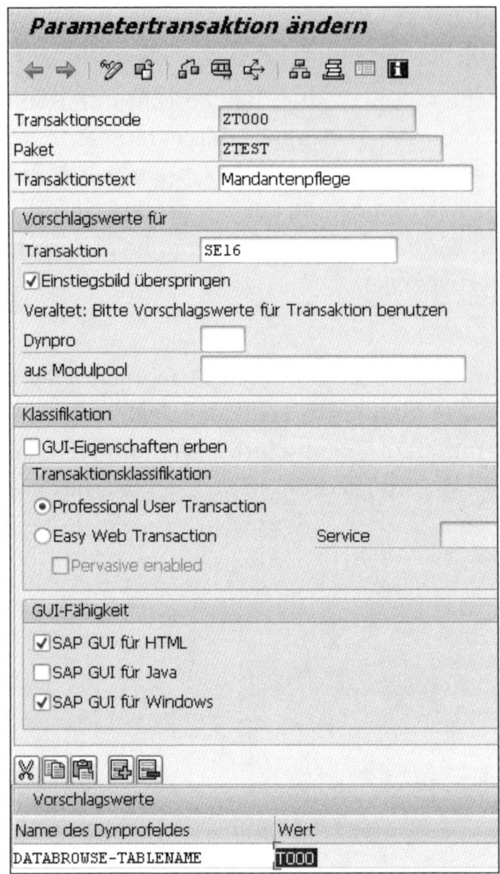

Abbildung 7.33 Details zur Parametertransaktion

4. Nun können Sie Ihre kundeneigene Transaktion aufrufen und werden feststellen, dass Sie sofort in der Selektionsmaske für die von Ihnen angegebene Tabelle landen. Eine freie Auswahl der Tabelle über die Transaktion SE16 ist somit nicht möglich.

Um nun Vorschlagswerte für die neue Transaktion zu definieren, verwenden Sie die Transaktion SU24_S_TABU_NAM. In der Selektionsmaske können Sie entweder Ihre neue kundeneigene Transaktion eingeben, oder Sie geben im Suchfeld **Gerufene Transaktion** die Transaktion SE16 ein. Daraufhin wird nach allen Parametertransaktionen gesucht, in denen die Transaktion SE16 verwendet wird.

In der Ergebnisliste finden Sie alle Parametertransaktionen, die die Transaktion SE16 als aufrufende Transaktion verwenden (siehe Abbildung 7.34). Die letzten beiden Spalten geben an, ob für die Berechtigungsobjekte `S_TABU_DIS` oder `S_TABU_NAM` Vorschlagswerte in der Transaktion SU24 gepflegt sind.

SU24 - Berechtigungsvorschläge für allgemeine Tabellenpflege

Vorschlagswerte Vorschlagswerte Rollen

Berichtsumgebung:

Release / System-Id / Mandant:	752 / I4H / 400
Ausgeführt durch:	D046786
Ausgeführt am:	30.03.2019 / 17:29:40

Mandanteneinstellung für 400 - SAP AG	Rolle des Mandanten	Test
	Änderungen und Transport für mandantenabh. Objekte	Änderungen werden in Transportauftrag aufgezeichnet
	Änderungen an mandantenübergreifenden Objekten	Änderungen an Repository und mand.unabh. Customizing erlaubt
Treffermenge:	1	

TCode	Transaktionstext	TA-T...	Gerufene TA	Skip	Aktivität	Tabelle	Berech...	ACTVT	SU24: S_TABU_DIS	SU24: S_TABU_NAM
ZT000	Mandantenpflege	P	SE16	X		T000	SS	03	NEIN	JA

Abbildung 7.34 Berechtigungsvorschlagswertpflege für das Objekt S_TABU_NAM

Wenn Sie nun die Zeile mit der von Ihnen erstellten Parametertransaktion markieren und auf den Button **Vorschlagswerte** klicken, wird automatisch das Berechtigungsobjekt S_TABU_NAM mit den korrekten Vorschlagswerten, also dem Tabellennamen, in der Transaktion SU24 angelegt. Prüfen Sie diese Vorschlagswerte, indem Sie auf **Ja** in der Spalte S_TABU_NAM klicken. Sie gelangen nun in einen View aus der Transaktion SU24 und können in den Tabellen **Berechtigungsobjekte** und **Berechtigungsvorschlagswerte (für alle Berechtigungsobjekte)** prüfen, welche Änderungen am Objekt S_TABU_NAM automatisch vorgenommen worden sind (siehe Abbildung 7.35).

Transaktion ZT000 anzeigen

SAP-Daten Berechtigungs-Trace: Aus Abmischmodus für PFCG: Aus Rollen

Transaktionscode ZT000 gesichert Vererbung von SE16 aktiv

Objekt Feldwerte Trace

Berechtigungsobjekte

Objekt	Objektbezeichnung	TSTCA	Prfkz.	Vorschlag	Paket	Komponente
S_TABU_NAM	Tabellenzugriff über generische Standardtools		prüfen	Ja	SVIM	BC-CUS-TOL-TME

Berechtigungsvorschlagswerte (für alle Berechtigungsobjekte)

Objekt	Feldname	Ikone	Von	Bis
S_TABU_NAM	ACTVT		03	
	TABLE		T000	

Abbildung 7.35 Automatisch gepflegte Vorschlagswerte

7.7.5 Reports zur Auswertung von Tabellenberechtigungen

Um einen Überblick über die Vergabe von Berechtigungen mittels des Berechtigungsobjektes S_TABU_DIS oder S_TABU_NAM zu erhalten und somit darüber, welche Benutzer auf welche Tabellen zugreifen können, gibt der Analysereport SUSR_TABLES_WITH_AUTH Informationen zu Tabellenberechtigungen für Anwender oder Einzelrollen aus. Im

Detail gibt der Report darüber Auskunft, welcher Benutzer oder welche Einzelrolle über die Berechtigungsobjekte S_TABU_DIS oder S_TABU_NAM verfügen. In der Ergebnisliste sind alle berechtigten Tabellen sowie deren Berechtigungen bzw. Berechtigungswerte aufgeführt. Die Selektionsmaske des Reports wird in Abbildung 7.36 dargestellt. Wählen Sie hier zuerst den Benutzer oder die Einzelrolle aus, die Sie analysieren möchten. Anschließend markieren Sie, für welches Berechtigungsobjekt die Analyse durchgeführt werden soll (S_TABU_DIS oder S_TABU_NAM).

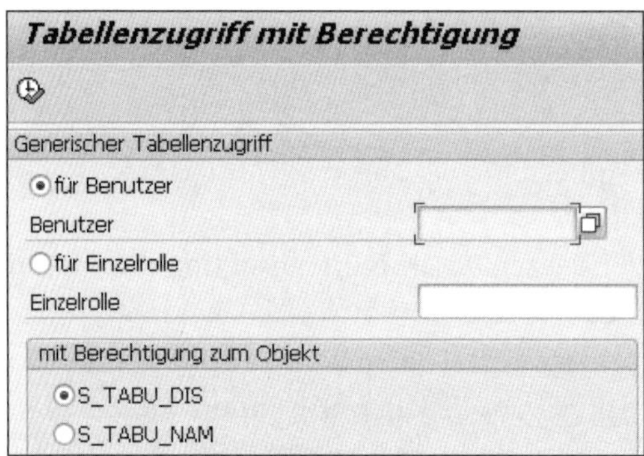

Abbildung 7.36 Selektionsmaske des Reports SUSR_TABLES_WITH_AUTH

Der Report prüft nicht, ob der Anwender über die ebenfalls notwendigen Transaktionsstartberechtigungen, wie z. B. S_TCODE, verfügt. Wenn Sie etwa prüfen, welche Tabellenberechtigungen ein bestimmter Benutzer aufgrund des Berechtigungsobjekts S_TABU_DIS besitzt, erhalten Sie die Informationen zu den Tabellennamen, zur dazugehörigen Tabellenberechtigungsgruppe und zu den berechtigten Aktivitäten (siehe Abbildung 7.37).

Tabellen zu S_TABU_DIS-Berechtigungen eines Benutzers

Reportstatistik:

Release / System-Id / Mandant: 752 / I4H / 400
Ausgeführt durch: D046786
Ausgeführt am: 30.03.2019/17:54:30

Suche für Objekt: S_TABU_DIS
Suche in Benutzer: D046786_1
Selektierte Zeilen: 1.681

Tabellenname	Kurzbeschreibung	BerGrp.	Wert	Berechtigung
AGR_1016	Name des Profils der Aktivitätsgruppe	SS	02 03	T-IH08030900
AGR_1016B	Name des Profils der Aktivitätsgruppe	SS	02 03	T-IH08030900
AGR_1250	Berechtigungsdaten zur Aktivitätsgruppe	SS	02 03	T-IH08030900
AGR_1251	Berechtigungsdaten zur Aktivitätsgruppe	SS	02 03	T-IH08030900
AGR_1252	Orgebenen zu den Berechtigungen	SS	02 03	T-IH08030900
AGR_AGRS	Rollen in Sammelrollen	SS	02 03	T-IH08030900
AGR_ATTS	Attribute an der Rolle	SS	02 03	T-IH08030900
AGR_BUFFI	Internetlinks einer Rolle	SS	02 03	T-IH08030900
AGR_CUSTOM	Customizing-Objekte zur Rolle	SS	02 03	T-IH08030900

Abbildung 7.37 Über das Berechtigungsobjekt S_TABU_DIS berechtigte Tabellen abfragen

Des Weiteren werden über den SAP-Hinweis 2627358 zwei Programme als Ergänzung zum Benutzerinformationssystem ausgeliefert, die die Reichweite von Tabellenberechtigungen analysieren:

- **SAIS_TABU_USER: Auswertung von Benutzern mit generischem Zugriff auf bestimmte Tabellen**
  Um dieses Programm zu nutzen, geben Sie den bzw. die Namen der Tabelle(n), die Sie prüfen möchten, im Selektionsbild an. Sie können auf bestimmte Benutzer filtern und die Zugriffsaktivität auswählen. Außerdem können Sie bestimmen, ob Sie nach der Berechtigungsvergabe über das Objekt `S_TABU_DIS`, das Objekt `S_TABU_NAM` oder nach der Berechtigungsvergabe über beide Berechtigungsobjekte suchen möchten (siehe Abbildung 7.37).

Benutzer mit generischem Zugriff auf Tabelle

Standardauswahl
Tabellenname T000
Zusätzliche Auswahlkriterien
Benutzer bis
Auswahl der Zugriffsaktivität
(•) Änderungsmodus
( ) Anzeigemodus
[x] Nach S_TABU_DIS-Berechtigungen suchen
[ ] Nach S_TABU_NAM-Berechtigungen suchen

Abbildung 7.38 Report SAIS_TABU_USER

- **SAIS_USER_TABU: Prüfung, welche Tabellen für Benutzer erreichbar sind**
  Mit diesem Programm können Sie auswerten, auf welche Tabellen ein bestimmter Benutzer über das Berechtigungsobjekt `S_TABU_DIS`, `S_TABU_NAM` oder über beide Objekte Zugriff hat (siehe Abbildung 7.39).

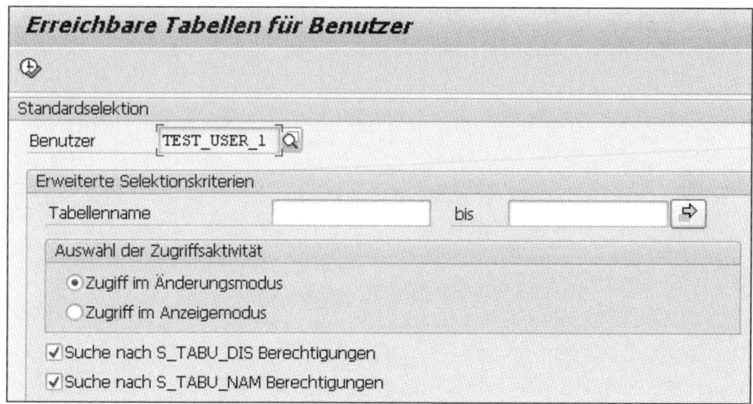

Abbildung 7.39 Report SAIS_USER_TABU

Die Berechtigungen zum Zugriff auf Tabellen direkt zu vergeben, ist flexibel und sinnvoll. Die Vergabe ist nur dann nicht empfehlenswert, wenn der Mechanismus ausgehebelt wird, indem der Anwender generellen Tabellenzugriff über generische Pflegetools erhält.

7.8 Zusammenfassung

Basisberechtigungen werden in aller Regel als kritisch erarchtet. Um Ihre Aufmerksamkeit auf diese Berechtigungen zu lenken, haben wir in diesem Kapitel typische Basisberechtigungen genannt. Damit Sie zukünftig sicherer mit diesen Berechtigungen umgehen können, sind wir auf folgende Themen eingegangen:

- Zugriff auf Dateien
- Hintergrundverarbeitung
- Spoolberechtigungen

Der Zugriff auf Tabellen oder Programme wird von Anwendern oder Prüfern häufig benötigt, ist aber kritisch, wenn dazu generische Pflegetools verwendet werden. In diesem Zusammenhang haben Sie in diesem Kapitel Möglichkeiten zum sicheren Umgang mit den entsprechenden Berechtigungen sowie zur Auswertung dieser Berechtigungen kennengelernt.

Kapitel 8
Anwendungsberechtigungen

In SAP-Systemen existiert eine Vielfalt an Anwendungsberechtigungen. Viele dieser Anwendungen haben ihre eigenen Berechtigungskonzepte und bringen demnach eigene Herausforderungen für die Berechtigungsvergabe mit sich. Wir tragen Ihnen in diesem Kapitel nützliche Beispiele zusammen.

In diesem Kapitel haben wir die Antworten auf die Fragen zu Anwendungsberechtigungen gesammelt, die uns in unserer Beratungspraxis immer wieder gestellt wurden. Wir beginnen das Kapitel mit zwei Abschnitten zu Fragestellungen, die anwendungsübergreifend relevant sind, nämlich denen nach dem richtigen Umgang mit der Anwendungssuche und nach der Rolle SAP_NEW als Ersatz für das Berechtigungsprofil SAP_NEW. In den weiteren Abschnitten gehen wir dann auf spezielle Anforderungen im Rechnungswesen und Controlling, in SAP ERP Human Capital Management (SAP ERP HCM) und in SAP Customer Relationship Management (SAP CRM) ein.

8.1 Anwendungssuche in der Transaktion SAIS_SEARCH_APPL verwenden

Nehmen Sie einmal an, Sie sollen Zugriffe für bestimmte Benutzer oder Revisoren auf bestimmte Daten erlauben. Ein Revisor darf sich in der Regel Inhalte definierter Tabellen anschauen. Um dem betreffenden Revisor allerdings nicht die Berechtigung für die generischen Tabellenwerkzeuge, wie z. B. die Transaktionen SE16, SM30 usw., zu erteilen, müssen Sie prüfen, ob die relevanten Tabellen über andere Transaktionen bereitgestellt werden können. Die eigentliche Funktion der alternativen Anwendung soll vom Revisor aber nicht genutzt werden.

Die Funktion der Anwendungssuche war früher kein Teil der Standardauslieferung. Mit den in SAP-Hinweis 1860162 benannten Support Packages wird die Transaktion SAIS_SEARCH_APPL ausgeliefert. Über diese Transaktion können Sie prüfen, ob weitere Anwendungen mit ähnlichen Starteigenschaften wie in einer bestimmten Anwendung verfügbar sind. So können Sie z. B. nach Anwendungen suchen, die ähnliche Funktionen wie die Organisationsmanagement-Transaktion PPOME (Organisation und Besetzung ändern) bereitstellen (siehe Abbildung 8.1).

Suche nach Anwendungen

Rollen

Objekthierarchie	Eigenschaft
Anwendungssuche	
Attribute des Suchobjekts	
Transaction PPOME	Organisation und Besetzung ändern
Transaktionstyp	Reporttransaktion
Programm (Dynpro)	OM_START_NF (1000)
Entwicklungspaket	SPOE
Softwarekomponente	SAP_BASIS
Identisch startbare Anwendungen (lt. WBO)	
Transaction /ISIDEX/B010_U22_01	IDEX LW CIC-Profile zuweisen
Transaction /ISIDEX/B010_U24_01	IDEX LW CIC-Profile zuweisen
Transaction /ISIDEX/B010_U26_01	IDEX LW CIC-Profile zuweisen
Anwendungen mit ähnlichen Starteigenschaften	
Transaction /SAPPCE/ORG01	Unternehmensstruktur anlegen
Transaction /SAPPCE/ORG02	Unternehmensstruktur ändern
Transaction /SAPPCE/ORG03	Unternehmensstruktur anzeigen
Transaction CIC_PPOCE	CIC Aufbauorganisation anlegen
Transaction CIC_PPOME	CIC Aufbauorganisation ändern
Transaction CIC_PPOSE	CIC Aufbauorganisation anzeigen

Abbildung 8.1 Transaktionen mit denselben Starteigenschaften wie Transaktion PPOME

Eine weitere Funktion der Transaktion SAIS_SEARCH_APPL stellt die Suche nach solchen Transaktionen dar, die auf den Transaktionen mit generischem Tabellenzugriff basieren. Hier können Sie prüfen, ob es für eine bestimmte Tabelle bzw. für einen bestimmten View Parameter- oder Variantentransaktionen gibt, für die Sie dem Revisor Berechtigungen einrichten können, anstatt ihm den Zugriff auf die Tabelle über Werkzeuge für den generischen Tabellenzugriff zu erlauben. Dazu geben Sie in der Selektionsmaske der Transaktion SAIS_SEARCH_APPL den Namen der Tabelle ein, auf die der Prüfer zugreifen können muss, und wählen die Option **Suche Transaktionen mit generischem Tabellenzugriff** (siehe Abbildung 8.2)

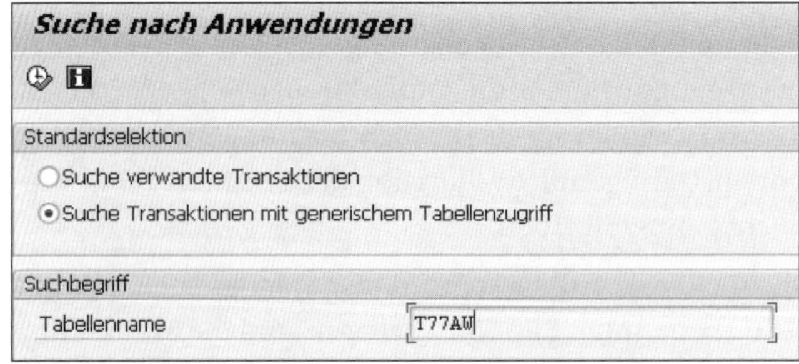

Abbildung 8.2 Suche nach Transaktionen mit generischem Tabellenzugriff

Wurde ein Suchergebnis wie in Abbildung 8.3 generiert, besteht anschließend sogar die Möglichkeit, nach Rollen zu suchen, die über die Berechtigungen für die ausgewählten Alternativanwendungen verfügen. Klicken Sie hierzu auf den Button **Rollen** (Tooltip **Verwendung in Einzelrollen**).

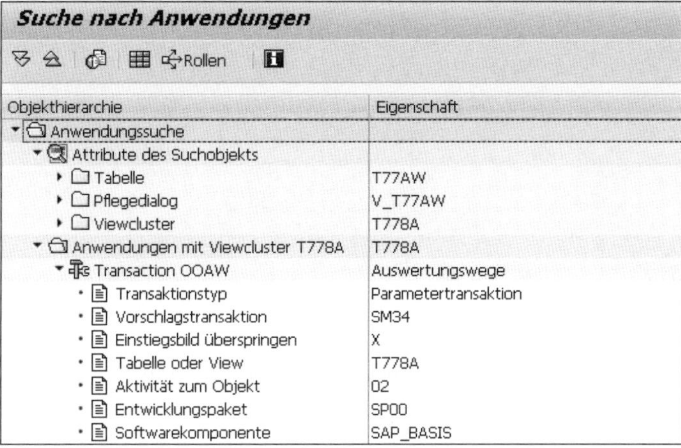

Abbildung 8.3 Ergebnisliste zur Suche nach Anwendungen, die die Tabelle T77AW darstellen

Achten Sie bei der Nutzung der Anwendungssuche darauf, dass, auch wenn Anwendungen dieselben Starteigenschaften haben, unterschiedliche Verwendungseigenschaften vorliegen können, wie z. B. bei den Transaktionen SU22 und SU24. Beide Transaktionen verfügen über dieselben Starteigenschaften, werden aber für verschiedene Zwecke verwendet und zeigen auch unterschiedliche Daten an.

8.2 Fehlende Berechtigungen nach einem Release-Upgrade ergänzen

Während eines Upgrades werden Änderungen und Verbesserungen von Berechtigungsprüfungen im SAP NetWeaver AS ABAP ausgeliefert. Damit Anwender weiterhin wie gewohnt ihre bisherigen Arbeiten im SAP-System durchführen können, müssen Sie als Berechtigungsadministrator die Berechtigungsausprägungen im Rahmen des etablierten Berechtigungskonzepts überarbeiten bzw. ergänzen. Grundsätzlich nutzen Sie hierzu die Transaktion SU25.

Für die Übergangszeit, bis das Berechtigungskonzept auf den aktuellen Stand für das neue Release gebracht ist, können Sie die Rolle `SAP_NEW` einsetzen. Mit SAP-Hinweis 1711620 wird diese Funktionalität ausgeliefert, die die Funktion des `SAP_NEW`-Profils ablöst. Haben Sie diesen Hinweis eingespielt, ist das Profil nicht länger zu verwenden. Stattdessen können Sie mithilfe des Reports `REGENERATE_SAP_NEW` Ihre PFCG-Rolle `SAP_NEW` selbst generieren. Wenn Sie den Report aufrufen, geben Sie in der Auswahl Ausgangs- und Zielrelease in den entsprechend benannten Feldern ein, und die Rolle wird für diese Releasedifferenz erstellt (siehe Abbildung 8.4).

Abbildung 8.4 Report REGENERATE_SAP_NEW ausführen

Auf ähnliche Weise können Sie eine SAP_APP-Rolle generieren. Wie beim Profil SAP_APP sind in dieser Rolle alle Berechtigungen außer den Basis- und HCM-relevanten Berechtigungen enthalten (siehe Abbildung 8.5). Nach Einspielen des SAP-Hinweises 1703299 lässt sich diese Rolle mit dem Report REGENERATE_SAP_APP erstellen. Dieser Report generiert eine Rolle, die uneingeschränkt für alle Anwendungen nutzbar ist. Wir empfehlen Ihnen den Einsatz dieser Rolle jedoch ausschließlich in Entwicklungs- und Testsystemen.

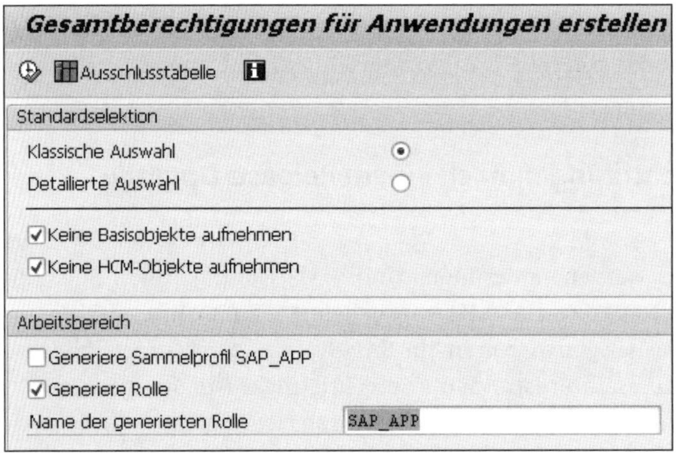

Abbildung 8.5 Report REGENERATE_SAP_APP ausführen

Kritische Berechtigungen können Sie über den Button **Ausschlusstabelle** pflegen, sodass diese Berechtigungsobjekte nicht in Ihre Rolle SAP_APP aufgenommen werden.

Sollte die beschriebene Vorgehensweisen für Sie nicht umsetzbar sein, können Sie weiterhin das Profil SAP_NEW verwenden. Da der Umgang mit dem Berechtigungsprofil SAP_NEW nicht immer transparent ist und sich teilweise die Frage stellt, wann das Profil zugewiesen sein soll und wann nicht, erläutern wir hier die Hintergründe.

SAP_NEW ist ein spezifisches Berechtigungsprofil, in dem die konkreten Berechtigungsänderungen zwischen zwei SAP-Releaseständen zusammengefasst sind. Zu unterscheiden ist dabei zwischen der Auslieferung des SAP_NEW-Profils durch SAP und der Generierung einer SAP_NEW-Rolle mit einem dazugehörigen Profil durch Sie als SAP-Kunden (siehe auch SAP-Hinweis 1711620).

Abhängig von der Vorgehensweise zur Berechtigungsnachpflege kann die Berechtigung SAP_NEW unmittelbar nach dem technischen System-Upgrade jedem Benutzer in einem Entwicklungs- und Qualitätssicherungssystem zugewiesen werden. Ziel ist es jedoch, in der Produktivumgebung jedem Benutzer möglichst nur diejenigen Berechtigungen zuzuweisen, die er für die Bearbeitung seiner Geschäftsvorfälle benötigt. Im Umfeld von Upgrades müssen hierzu die notwendigen Berechtigungen ermittelt und in entsprechende Berechtigungsrollen integriert werden. Die folgenden zwei Vorgehensweisen können dabei unterschieden werden:

- **SAP_NEW zu Testzwecken zuweisen**
  Solange die entsprechenden Tests sowohl im Entwicklungs- als auch im Qualitätssicherungssystem nicht abgeschlossen sind, wird den Testern zusätzlich zu ihren bisherigen Rollen das Profil SAP_NEW zugewiesen. Auf diese Weise wird gewährleistet, dass die Geschäftsvorfälle ohne Berechtigungsfehler durchlaufen werden können. Mit zeitgleich aktivierten Berechtigungstraces (Details zu den verschiedenen Berechtigungstraces finden Sie in Kapitel 5) können die benötigten Berechtigungen ermittelt und dem Benutzer über die entsprechenden Rollen zugewiesen werden.
- **SAP_NEW nicht zuweisen**
  Eine weitere Möglichkeit besteht darin, die Berechtigung SAP_NEW keinem Benutzer zuzuweisen. So werden während der durchzuführenden Tests sowohl im Entwicklungs- als auch im Qualitätssicherungssystem Berechtigungsfehler auftreten. Diese werden entsprechend bewertet, und die entsprechenden Berechtigungen für eine fehlerfreie Bearbeitung der Geschäftsvorfälle werden in die dazu passenden Berechtigungsrollen aufgenommen.

Grundsätzlich sollte die Berechtigung SAP_NEW nicht im Produktivsystem vergeben werden. Auf der Registerkarte **Profile** in der Transaktion PFCG werden im Benutzerstammsatz die generierten Profile angezeigt, die einem konkreten Benutzer zugeordnet sind. Hier können Sie auch manuell angelegte Berechtigungsprofile aus der Transaktion SU02 zuordnen – auch ohne direkte Rollenzuordnung. Prinzipiell gilt die Empfehlung, den Profilgenerator (Transaktion PFCG) anzuwenden, um Berechtigungsprofile automatisch zu generieren. Besondere Vorsicht gilt, wenn Sie generierte Berechtigungsprofile direkt auf der Registerkarte **Profile** eintragen, da diese Zuweisungen durch den Abgleich von Benutzerzuordnungen mittels der Transaktion PFUD gelöscht werden, wenn für die Zuweisung kein Eintrag auf der Registerkarte **Rollen** vorhanden ist.

Sie haben bisher wahrscheinlich Benutzern, für die es keine Beschränkungen im SAP-System geben soll, die Berechtigungsprofile SAP_ALL und SAP_NEW zugewiesen. Worin aber unterscheiden sich diese beiden Profile und wozu sind sie jeweils notwendig?

- SAP_ALL
  Ist einem Benutzer das Profil SAP_ALL zugewiesen, besitzt er alle Berechtigungen in einem ABAP-System. Aus diesem Grund sollte der Vergabe dieser Berechtigung besondere Sorgfalt gelten. SAP_ALL kann automatisch generiert werden, wenn Sie Berechtigungsobjekte transportieren. Hierzu muss der Parameter SAP_ALL_GENERATION in der Tabelle PRGN_CUST gepflegt sein. Überdies besteht die Möglichkeit, SAP_ALL manuell zu generieren bzw. zu aktualisieren:
  - Durch den Aufruf der Transaktion SU21 und per Klick auf den Button **SAP_ALL nachgenieren** können Sie das Profil manuell generieren.
  - Durch den Aufruf des mandantenspezifischen Reports RSUSR406 kann SAP_ALL im ausgeführten Client generiert werden.
  - Soll SAP_ALL in allen Clients nachgeneriert werden, führen Sie den Report AGR_REGENERATE_SAP_ALL aus.
- SAP_NEW
  Dieses Profil dient prinzipiell der Überbrückung der Releaseunterschiede in Berechtigungsprüfungen nach einem Upgrade und stellt sicher, dass die etablierten Geschäftsprozesse nach einem Upgrade weiter ausführbar bleiben. Die Berechtigung SAP_NEW sollte Benutzern nur temporär und nur in Notfällen in einem produktiven SAP-System nach einem Upgrade zugewiesen werden.

Die Customizing-Tabelle PRGN_CUST enthält Schalter, die die Generierung von SAP_ALL beeinflussen. Diese werden in Tabelle 8.1 beschrieben.

Parameter	Schalterstellung YES/NO	Erklärung
ADD_ALL_CUST_OBJECTS	YES (Standard)	Gibt Vollzugriff auf kundeneigene Berechtigungsobjekte in den Kundennamensräumen Y und Z.
ADD_OLD_AUTH_OBJECTS	NO (Standard)	Gibt Vollzugriff auf obsolete Berechtigungsobjekte (Klasse AAAA).
ADD_S_RFCACL	NO (Standard)	Gibt Vollzugriff bei RFC-Zugriffen, die über das Berechtigungsobjekt S_RFCACL abgesichert sind.
SAP_ALL_GENERATION	ON (Standard)	Steuert, ob eine automatische Generierung des Profils SAP_ALL im Zusammenhang mit dem Transport von Berechtigungen stattfinden soll (siehe SAP-Hinweis 439753).

Tabelle 8.1 Customizing-Schalter zur Steuerung des Berechtigungsprofils SAP_ALL

Die konkreten Berechtigungsobjektausprägungen für SAP_NEW werden über die SAP-Komponente SAP_BASIS zur Verfügung gestellt. Deshalb ist ein SAP_NEW-Profil immer an ein konkretes Basisrelease gebunden. Verfahren Sie für die Übernahme der neuen Berechtigungen aus dem Profil SAP_NEW nach einem Upgrade wie nachfolgend beschrieben:

1. Mit der Transaktion SU02 entfernen Sie alle alten, einzelnen Profile aus dem zusammengesetzten Profil SAP_NEW, einschließlich des Profils, das zu dem Startrelease Ihres Upgrades gehört (siehe Abbildung 8.6). Selektieren Sie dafür die entsprechenden Zeilen und wählen Sie den Button (**Zeile entfernen**).

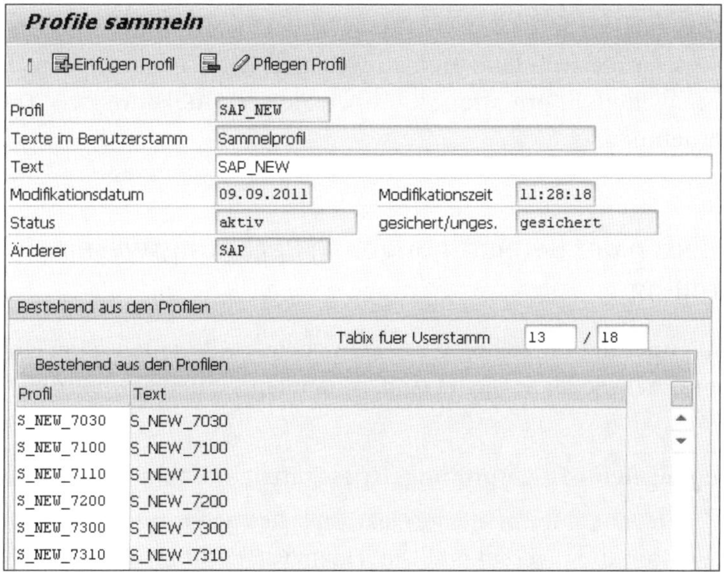

Abbildung 8.6 Sammelprofil SAP_NEW bearbeiten

2. Weisen Sie nun das reduzierte Berechtigungsprofil SAP_NEW allen Benutzern im Upgrade-Vorbereitungssystem zu, sodass gewährleistet ist, dass alle Anwender wie gewohnt arbeiten können. Dieser Schritt kann ausgelassen werden, wenn Sie eine andere Methode zur Identifizierung von fehlenden Berechtigungen verfolgen.
3. Überprüfen Sie nun alle Berechtigungen in allen restlichen Profilen innerhalb des Sammelprofils SAP_NEW, die einen höheren Releasestand haben als das Startrelease der Softwarekomponente SAP_BASIS vor dem Upgrade. Ordnen Sie alle benötigten Berechtigungen allen produktiv genutzten Rollen in Ihrem Berechtigungskonzept zu. Sie können dies für jedes Zwischenrelease einzeln durchführen.
4. Im nächsten Schritt passen Sie in der Transaktion PFCG die Berechtigungen in Ihren produktiv genutzten Rollen an und entfernen anschließend mithilfe der Transaktion SU02 die korrespondierenden Berechtigungen aus dem Profil SAP_NEW.

5. Wiederholen Sie die Schritte 3 und 4, bis das Berechtigungsprofil SAP_NEW leer ist. Arbeiten Sie während der Rollenanpassungsphase in einem Entwicklungssystem und transportieren Sie die Anpassungen an Ihren Berechtigungsrollen in Ihr Qualitätssicherungssystem. Nach erfolgreichem Abnahmetest transportieren Sie sie ins Produktivsystem.
6. Nun können Sie das Profil SAP_NEW allen Benutzern entziehen.
7. Anschließend fahren Sie in der Transaktion SU25 mit der Rollennachbereitung im Rahmen des Releasewechsels fort (siehe auch Abschnitt 4.2, »Berechtigungen nach einem Upgrade anpassen«).

Beachten Sie, dass die Einzelprofile SAP_NEW_<REL> erhalten bleiben sollten, sodass zu jedem Zeitpunkt rückverfolgt werden kann, zu welchem Release welche Berechtigung neu hinzukam. Weitere Informationen können Sie den SAP-Hinweisen 20534, 28175 und 28186 entnehmen.

8.3 Besonderheiten der Berechtigungen in Rechnungswesen und Controlling

Im Rechnungswesen und im Controlling gibt es einige Besonderheiten. Zwei Fragestellungen, die uns immer wieder begegnet sind, behandeln wir in diesem Abschnitt.

8.3.1 Leseberechtigungen für Steuerprüfungen geschäftsjahresabhängig steuern

Zum 1. Januar 2002 wurde in Deutschland die elektronische Steuerprüfung gesetzlich im § 147 (6) Abgabenordnung verankert. Die Finanzverwaltung hatte im BMF-Schreiben vom 16.07.2001 (BStBl. 2001 I) »Grundsätze zum Datenzugriff und zur Prüfbarkeit digitaler Unterlagen« (GDPdU) ihre Auffassung dazu niedergelegt. Dieses wurde durch das BMF-Schreiben vom 14. November 2014 (BStBl. 2014 I, Seite 1450 ff.), »Grundsätze zur ordnungsmäßigen Führung und Aufbewahrung von Büchern, Aufzeichnungen und Unterlagen in elektronischer Form sowie zum Datenzugriff« (GoBD), abgelöst.

Die elektronische Steuerprüfung kann in Deutschland über drei Zugriffsarten erfolgen:

- **Unmittelbarer Zugriff**
  Die Finanzbehörde hat das Recht, Einsicht in die gespeicherten Daten zu nehmen (*Nur-Lesezugriff*) und die Hard- und Software des Steuerpflichtigen zur Prüfung der Daten einschließlich der Stammdaten und Verknüpfungen zu nutzen.
- **Mittelbarer Zugriff**
  Die Finanzbehörde kann vom Steuerpflichtigen verlangen, dass er die Daten nach ihren Vorgaben maschinell auswertet, um den Nur-Lesezugriff durchführen zu können.

- **Datenträgerüberlassung**
  Alternativ kann die Finanzverwaltung vom Steuerpflichtigen verlangen, dass ihr die gespeicherten Unterlagen auf einem maschinell verwertbaren Datenträger zur Auswertung überlassen werden.

In der Praxis stellt sich vor allem das Problem der inhaltlichen Abgrenzung: Das BMF-Schreiben bleibt hier mit der Formulierung »steuerlich relevante Daten« sehr vage. Hinzu kommt die Herausforderung, den Zugriff auf lediglich die zu prüfenden Geschäftsjahre einzuschränken.

SAP hat seit dem Jahr 2001 in Zusammenarbeit mit der Deutschsprachigen SAP-Anwendergruppe (DSAG e. V.) Musterrollen für die Steuerprüfer entwickelt und im Laufe der Jahre überarbeitet. In der Rollendefinition spiegelt sich eine Interpretation der DSAG des Begriffs der steuerlich relevanten Daten wider. Das Gesamtpaket besteht aus:

- **Sammelrolle SAP_AUDITOR_TAX**
  Die Sammelrolle SAP_AUDITOR_TAX setzt sich aus modulspezifischen Einzelrollen zusammen und ist als Vorschlag für die Nur-Leserolle der Steuerprüfer zu sehen (Details zu dieser Rolle finden Sie in SAP-Hinweis 445148).
- **Erweiterungen ausgewählter Reports um die Zeitraumabgrenzung**
  Die in der Sammelrolle SAP_AUDITOR_TAX enthaltenen Transaktionen und Reports wurden um zusätzliche Prüfungen erweitert, die den Prüfungszeitraum abgrenzen.
- **Protokollierung von Lesezugriffen ausgewählter Reports**
  Einige der in der Sammelrolle SAP_AUDITOR_TAX enthaltenen Transaktionen und Reports wurden darüber hinaus um eine Protokollierung der Aufrufparameter erweitert, um dem Steuerpflichtigen zu ermöglichen, die Prüfungshandlungen der Steuerprüfer besser nachvollziehen zu können.

Die Zuweisung der Rollen beinhaltet keine Besonderheiten. Daher behandeln wir im Folgenden ausschließlich die Themen Zeitraumabgrenzung und Protokollierung. Die Zeitraumprüfung ist als zusätzlicher Filter implementiert, der nach den üblichen Berechtigungsprüfungen greift. Diese zusätzliche Filterlogik arbeitet folgendermaßen:

1. Zunächst wird geprüft, ob der Benutzer in der Tabelle für Steuerprüfer eingetragen ist (Tabelle TPCUSERN, Konfiguration mit der Transaktion TPC2). Nur im Positivfall werden die weiteren Prüfschritte durchlaufen. Falls nicht, finden keine Zusatzprüfungen statt.
2. Anschließend wird geprüft, ob das aufgerufene Programm in der Tabelle der zulässigen Programme enthalten ist (Tabelle TPCPROG, Konfiguration mit der Transaktion TPC4). Im Negativfall bricht das System mit einem Berechtigungsfehler ab.

3. Die Zeitraumprüfung prüft gegen die gültigen Intervalle in der Tabelle TPCDATEN (Konfiguration mit der Transaktion TPC6). Sie arbeitet dabei kontextabhängig: Neben den Belegen des Prüfungszeitraums werden auch ältere Belege mit angezeigt, wenn sie für den Prüfungszeitraum noch relevant sind, beispielsweise offene Posten, die zwar in früheren Jahren gebucht, aber erst im Prüfungszeitraum ausgeglichen wurden. Datensätze, die gemäß der beschriebenen Logik nicht in den gültigen Zeitraum fallen, werden herausgefiltert.

Für das Customizing der Zeitraumprüfung müssen Sie die folgenden Schritte durchführen:

1. In der Transaktion TPC2 klassifizieren Sie die zuvor in der Transaktion SU01 angelegten Benutzer als Spezial-Benutzer für die Steuerprüfung (Tabelle TPCUSERN, siehe Abbildung 8.7).

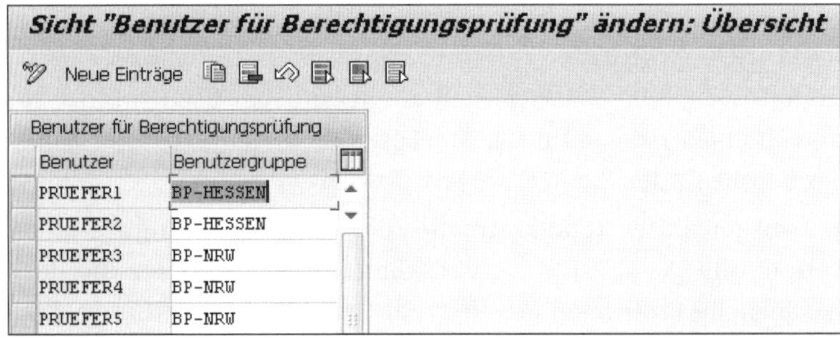

Abbildung 8.7 Konfiguration der Prüferbenutzer in der Transaktion TPC2

2. In der Transaktion TPC4 hinterlegen Sie die zulässigen Programme für die Steuerprüfung (Tabelle TPCPROG, siehe Abbildung 8.8).

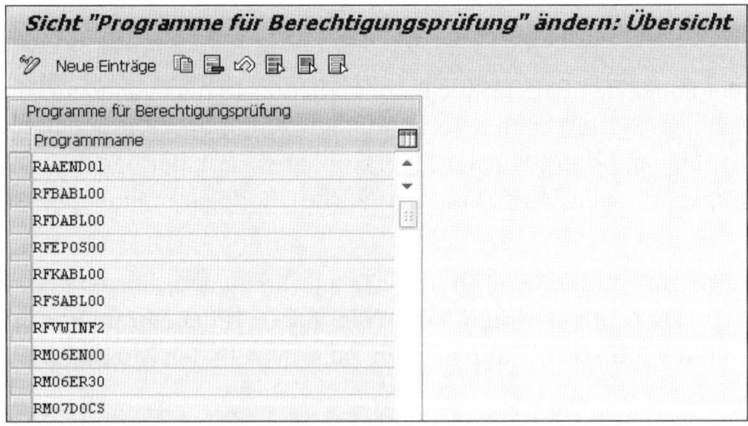

Abbildung 8.8 Zulässige Programme für die Steuerprüfung in der Transaktion TPC4 hinterlegen

[+]

Werte aus der Tabelle TPCPROGS kopieren

Die gültigen Programme bzw. Transaktionen sind in der SAP-Auslieferungstabelle TPCPROGS hinterlegt, folgen jedoch keiner einheitlichen Namenskonvention. Teilweise ist hier der Transaktionscode (z. B. AW01N), teilweise der Reportname (z. B. RFEPOS00) oder die *logische Datenbank* (z. B. SAPDBADA) relevant. Logische Datenbanken (z. B. SAPDBADA, SAPDBBRF) sind grundlegende Datenselektionsprogramme und werden insbesondere in der Finanzbuchhaltung verwendet. Die Berechtigungsprüfungen – einschließlich der Zeitraumabgrenzung – sind in der logischen Datenbank implementiert und wirken sich auf alle Reports aus, die auf einer logischen Datenbank basieren (z. B. basiert das Anlagengitter RAGITT00 auf SAPDBADA und der Bilanzreport RFBILA00 auf SAPDBSDF). Wenn Sie die Werte aus der Tabelle TPCPROGS kopieren, ist die Transaktion TPC4 schnell konfiguriert.

3. In der Transaktion TPC6 stellen Sie die zu prüfenden Zeiträume ein. Im Beispiel aus Abbildung 8.9 wäre für den Buchungskreis bzw. Kostenrechnungskreis (**OrgEinheit**) 1000 eine Betriebsprüfergruppe aus Nordrhein-Westfalen tätig. Im Buchungskreis 2000 und HR-Abrechnungskreis 2000 wäre eine Lohnsteuerprüfergruppe aus Hessen tätig.

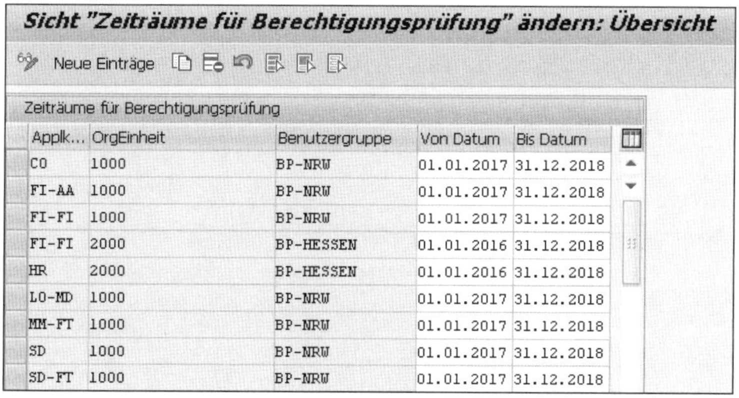

Sicht "Zeiträume für Berechtigungsprüfung" ändern: Übersicht

Neue Einträge

Zeiträume für Berechtigungsprüfung

Applk...	OrgEinheit	Benutzergruppe	Von Datum	Bis Datum
CO	1000	BP-NRW	01.01.2017	31.12.2018
FI-AA	1000	BP-NRW	01.01.2017	31.12.2018
FI-FI	1000	BP-NRW	01.01.2017	31.12.2018
FI-FI	2000	BP-HESSEN	01.01.2016	31.12.2018
HR	2000	BP-HESSEN	01.01.2016	31.12.2018
LO-MD	1000	BP-NRW	01.01.2017	31.12.2018
MM-FT	1000	BP-NRW	01.01.2017	31.12.2018
SD	1000	BP-NRW	01.01.2017	31.12.2018
SD-FT	1000	BP-NRW	01.01.2017	31.12.2018

Abbildung 8.9 Konfiguration der Zeiträume in der Transaktion TPC6

Welches Applikationskennzeichen (definiert in der Tabelle TBE11) Sie verwenden müssen, können Sie der Tabelle TPCPROGS entnehmen. Die Organisationseinheit wird im Kontext des Applikationskennzeichens ausgewertet. Im Regelfall ist das der Buchungskreis.

Die Implementierung der Zeitraumberechtigungsprüfungen wird als zusätzlicher Zeitraumfilter durchlaufen. Bei Selektionskriterien außerhalb des gültigen Zeitraums erscheint die Meldung »Keine Berechtigung zur Anzeige von Daten aus diesem Zeitraum«. Sofern die Selektionskriterien jedoch teilweise im gültigen Zeitraum liegen, werden die Belege, die außerhalb des Zeitraums liegen, vom System ausgefiltert, ohne dass der Benutzer einen Hinweis darüber erhält. Im Beispiel aus Abbildung 8.9 würden beim Aufruf der Kreditoreneinzelpostenliste für den Zeitraum 01.01.2017 bis 31.12.2019 Buchungen nach dem 31.12.2018 bei Benutzern aus der Prüfergruppe BP-NRW kommentarlos herausfallen. Dieses Systemverhalten kann etwas irritieren.

Bei Zugriffen von Prüferbenutzern (aus der Tabelle TPCUSERN) werden im Anwendungs-Log die Selektionsparameter der aufgerufenen Transaktion protokolliert und können mit dem Report CA_TAXLOG ausgewertet werden. Im Beispiel in Abbildung 8.10 wurde die Einzelpostenliste für das **Kreditorenkonto** 100000 aufgerufen.

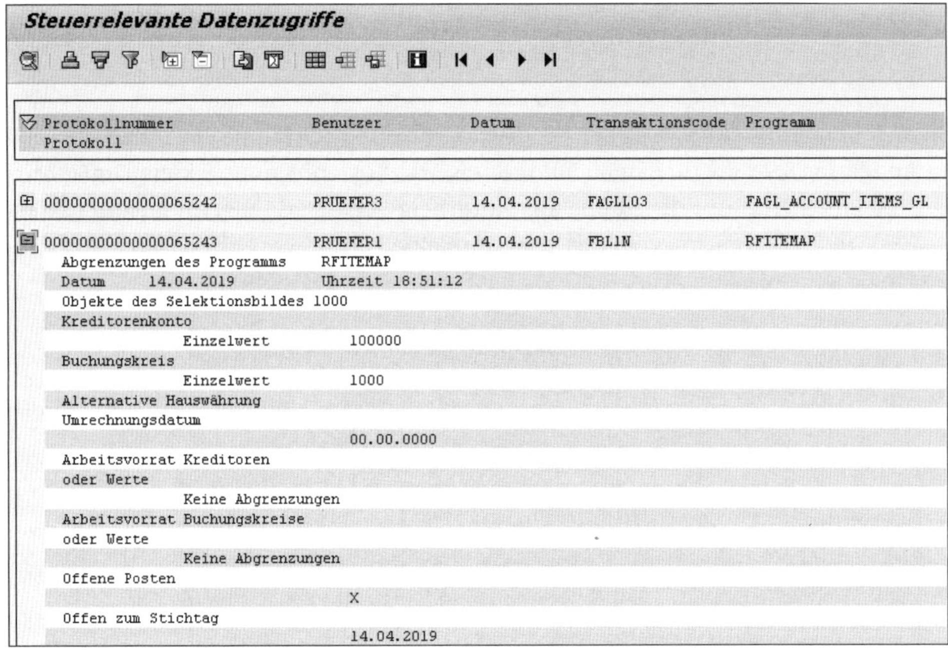

Abbildung 8.10 Ausgabe des Reports CA_TAXLOG

Das Anwendungs-Log können Sie auch über die Transaktion SLG1 (Objekt ATAX) auswerten; die Ausgabe des Reports CA_TAXLOG erscheint uns hier aber zweckmäßiger.

Abschließend fassen wir hier für Sie noch einige wichtige Informationen zusammen:

- Einzelne Programme können rein lesend genutzt werden, bieten jedoch auch Optionen für Updates auf der Datenbank. In diesen Fällen wurde zusätzliche Logik implementiert (z. B. in SAP-Hinweis 925217 zum Programm RFUMSV00 für die Umsatzsteuervoranmeldung).
- Daten des *Anwendungs-Logs* können über die Transaktion SLG2 (Objekt: ATAX) gelöscht werden (siehe dazu auch SAP-Hinweis 530733).

- Wenn Sie das Customizing für die geschäftsjahresabhängigen Berechtigungen direkt im Produktivsystem pflegen wollen (eine sogenannte *laufende Einstellung*), beschreibt SAP-Hinweis 782707 das entsprechende Vorgehen. Grundlegende Informationen zum Thema laufende Einstellungen enthalten die SAP-Hinweise 135028 und 356483.
- SAP-Hinweis 788313 beschreibt detailliert die Funktionsbausteine der Zeitraumprüfung sowie der Zusatzprotokollierung und dient auch als Anleitung, um diese in kundeneigenen Entwicklungen zu nutzen.
- Wie Sie den Zugriff auf das SAP-Menü verhindern und dem Benutzer ausschließlich das Benutzermenü anzeigen können, haben wir in Abschnitt 6.1, »Customizing der Benutzer- und Berechtigungsverwaltung«, beschrieben.

8.3.2 Den Verantwortungsbereich RESPAREA zur Organisationsebene machen

Im SAP-System können Sie Kostenstellenhierarchien und Profit-Center-Hierarchien definieren. Diese können z. B. die Ablauforganisation oder auch eine Matrixorganisation in Ihrem Unternehmen abbilden. Um die Abbildung von Berechtigungen für die Controllingberichte zu vereinfachen, können Sie Berechtigungen für Knoten dieser Hierarchien erteilen, indem Sie Berechtigungen über das Feld RESPAREA (Verantwortungsbereich) vergeben, das in bestimmten Berechtigungsobjekten des Controllings Verwendung findet. Wir möchten Ihnen die Erstellung von Rollen zu diesen Berechtigungen erleichtern, indem wir Ihnen zeigen, welche Tätigkeiten vorab notwendig sind, um das Feld RESPAREA als Organisationsebene definieren zu können.

Das Feld RESPAREA hat einen Pflegedialog, der die Eingabe von Verantwortungsbereichen erlaubt (siehe Abbildung 8.11).

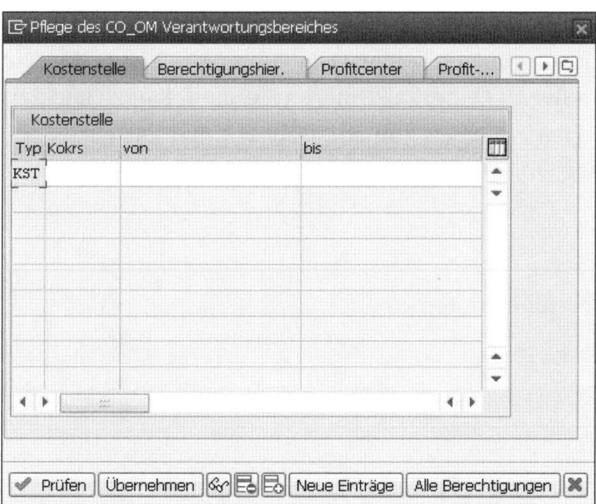

Abbildung 8.11 Pflegedialog für die Eingabe von Verantwortungsbereichen im Feld RESPAREA

Der Pflegedialog wird als Baustein aufgerufen und bietet je nach Berechtigungsobjekt unterschiedliche Registerkarten für die Eingabe. Wenn Sie nun das Feld RESPAREA zur Organisationsebene erklären möchten, müssen Sie zuvor die Anzeige der Registerkarten für die Eingabe im Customizing festlegen.

Dazu fügen Sie in der mandantenunabhängigen Tabelle KBEROBJ mithilfe der Transaktion SE16 einen Eintrag hinzu. In diesem Eintrag lassen Sie das erste Feld OBJECT leer (siehe Abbildung 8.12). Das Feld CURRENTOBJ muss gepflegt werden, da es die Registerkarte definiert, die beim Aufruf der Pflege angezeigt wird, also die Default-Registerkarte. Ist dieses Feld leer, kann kein Startbild ermittelt werden, und es kommt zu Fehlern.

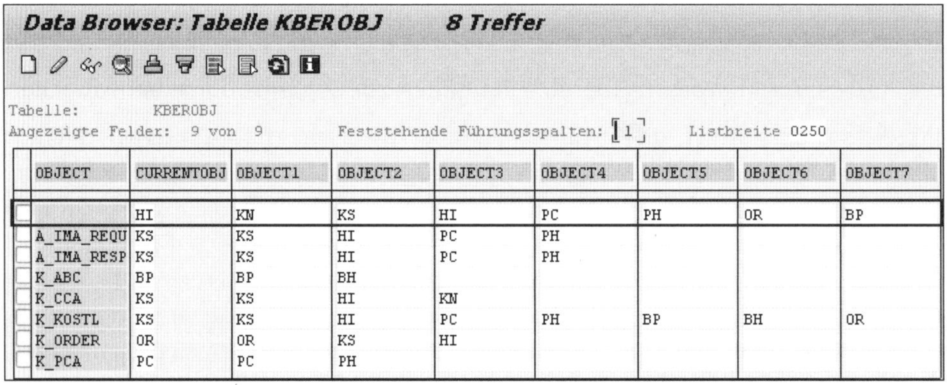

Data Browser: Tabelle KBEROBJ 8 Treffer

Tabelle: KBEROBJ
Angezeigte Felder: 9 von 9 Feststehende Führungsspalten: 1 Listbreite 0250

OBJECT	CURRENTOBJ	OBJECT1	OBJECT2	OBJECT3	OBJECT4	OBJECT5	OBJECT6	OBJECT7
	HI	KN	KS	HI	PC	PH	OR	BP
A_IMA_REQU	KS	KS	HI	PC	PH			
A_IMA_RESP	KS	KS	HI	PC	PH			
K_ABC	BP	BP	BH					
K_CCA	KS	KS	HI	KN				
K_KOSTL	KS	KS	HI	PC	PH	BP	BH	OR
K_ORDER	OR	OR	KS	HI				
K_PCA	PC	PC	PH					

Abbildung 8.12 Anregung zur Ausprägung der Tabelle KBEROBJ zur Steuerung der Registerkarten für die Pflege der Organisationsebene RESPAREA

Die folgenden Felder bestimmen die Inhalte der verschiedenen Registerkarten und sollten daher auch gepflegt werden, damit Sie das Feld RESPAREA als Organisationsebene nutzen können. Angesprochen sind die Felder OBJECT1 bis OBJECT7 für die erste bis siebte Registerkarte. In diesen sieben Feldern definieren Sie, zu welchen Objekten Sie Sie Werte auf den Registerkarten eingeben können. Dabei besitzt das Feld RESPAREA die folgenden acht möglichen Objekte:

- KN = Kostenstellengruppe
- KS = Kostenstelle
- HI = Kostenstellenstandardhierarchieknoten
- OR = Auftrag
- BP = Geschäftsprozess
- BH = Geschäftsprozessknoten
- PC = Profit-Center
- PH = Profit-Center-Knoten

Wir empfehlen Ihnen, alle Registerkarten zu belegen; die Reihenfolge bleibt dabei Ihnen überlassen. In Abbildung 8.12 geben wir Ihnen eine Anregung für eine mögliche Ausprägung. Details zu den möglichen Objekten finden Sie in SAP-Hinweis 698401, eine Anleitung zu den notwendigen Customizingeinstellungen in SAP-Hinweis 565436.

Damit Sie diesen Tabelleneintrag transportieren können, müssen Sie in der Transaktion SE09 in der Objektliste des Transportauftrags manuell einen Eintrag mit dem Objektschlüssel `R3TR TABU KBEROBJ` anlegen. Per Doppelklick gelangen Sie dann zum Pflegebild für die Schlüsselliste, in der Sie einen Eintrag mit * anlegen. Dies bewirkt, dass alle Einträge der Tabelle `KBEROBJ` transportiert werden, die mit einem Leerzeichen beginnen. Anschließend müssen Sie noch das Feld `RESPAREA` zur Organisationsebene erheben. Folgen Sie dazu der Anleitung in Abschnitt 6.2.2, »Neue Organisationsfelder hinzufügen«.

Wenn Sie mehr als eine Kostenstellen- oder Profit-Center-Hierarchie mit Vererbungslogik für die Berechtigungen nutzen, müssen Sie dies im Customizing der Kostenrechnungskreise über die Transaktion OKKP einstellen. Dort können Sie in den jahresunabhängigen Grunddaten entscheiden, welche Hierarchien Sie verwenden möchten. In den jahresabhängigen Grunddaten definieren Sie dann, welche Hierarchien pro Geschäftsjahr verwendet werden sollen. Sie können für die Kostenstellen und Profit-Center jeweils bis zu drei Hierarchien für die Berechtigungsvergabe nutzen (Alternativhierarchien). Die Standardhierarchie ist in diesem Fall für die Berechtigungsprüfung zu deaktivieren (Details finden Sie in SAP-Hinweis 370082). Beachten Sie, dass in einem solchen Szenario die relevanten Controlling-Stammdaten immer in alle betroffenen Hiearchien eingebettet werden müssen.

8.4 Besonderheiten der Berechtigungen im Personalwesen

Zu HCM-Berechtigungen im Allgemeinen sind zwei Vorbemerkungen erwähnenswert:

- Die Prüfung der Berechtigungen in SAP ERP HCM ist meistens hierarchisch aufgebaut, d. h. die Berechtigungsprüfung beginnt (aus Performancegründen) mit der Prüfung weitreichender Rechte und wird nach und nach verfeinert. So wird z. B. zunächst auf das Berechtigungsobjekt `P_ABAP` (HR: Reporting) geprüft, danach auf Berechtigungsfelder mit *-Ausprägung in dem Berechtigungsobjekt `P_ORGIN` (HR: Stammdaten) und erst dann auf die spezielle Berechtigung, die für die aktuelle Aktion notwendig ist.

  Bei einem Berechtigungstrace oder in der Transaktion SU53 führt dies zu sehr vielen Einträgen und mitunter irreführenden Fehlermeldungen, da etwa die Berechtigung P_ABAP nur selten für eine Aktivität am System notwendig ist (siehe Abschnitt 8.4.2, »Zu umfangreiche Berechtigungen beim HR-Reporting verhindern«).

- Für SAP ERP HCM können zusätzlich zu Berechtigungsobjekten strukturelle Berechtigungen relevant sein, die eine Analyse über Berechtigungstraces erschweren. Die Transaktion SU53 zeigt in neueren Releases allerdings fehlgeschlagene strukturelle Berechtigungsprüfungen an. Die Transaktion SU53 enthält einige Neuerungen, über die wir Sie in Abschnitt 1.8.2, »Fehlgeschlagene Berechtigungsprüfungen zentral einsehen«, informieren.

8.4.1 HR-Berechtigungs-Workbench

Mit der *HR-Berechtigungs-Workbench* (Transaktion HRAUTH) steht Ihnen eine Übersichtstransaktion zur Verfügung, die die Analyse von Berechtigungsproblemen in SAP ERP HCM vereinfacht. Die HR-Berechtigungs-Workbench ist in zwei Bereiche unterteilt, das Menü und die Ergebnisliste.

Das Menü stellt Informations- und Verwaltungsfunktionen zur Verfügung (siehe Abbildung 8.13). Die vier wichtigsten Funktionen sind folgende:

- **RHBAUS00 ausführen**
  Mit dieser Funktion wird die Indextabelle INDX für strukturelle Berechtigungen anhand der zugrunde liegenden Tabellen über den Report RHBAUS00 neu aufgebaut. Dies sollte nach jeder Änderung von strukturellen Berechtigungen oder deren Zuordnung neu erfolgen.
- **Benutzer Vergleich**
  Mit diesem Button wird der Report RSUSR050 aufgerufen. Dieser erlaubt den Vergleich von Benutzern, Rollen, Berechtigungen und Profilen innerhalb eines Systems oder systemübergreifend (in letzterem Fall ist die entsprechende RFC-Verbindung Voraussetzung). Dies kann für eine erste Analyse der klassischen Fehlermeldung durch Anwender (»bei meinem Kollegen funktioniert es aber«) sehr hilfreich sein. Detaillierte Informationen zu diesem Report finden Sie in der Reportdokumentation.
- **Tabelle T77UU bereinigen**
  Um die Laufzeit der Pufferreports kurz und die Anzahl der gepufferten Daten gering zu halten, empfiehlt es sich, regelmäßig die Benutzer zu prüfen, für die Berechtigungen gepuffert werden. Diese werden in der Tabelle T77UU gespeichert. Ungültige Benutzer sollten Sie aus der Tabelle T77UU zu entfernen. Dazu rufen Sie über den so benannten Button den Report RHBAUS03 auf.
- **Benutzerinformationssystem starten**
  Über diesen Button erfolgt ein Absprung in das Benutzerinformationssystem (Transaktion SUIM).

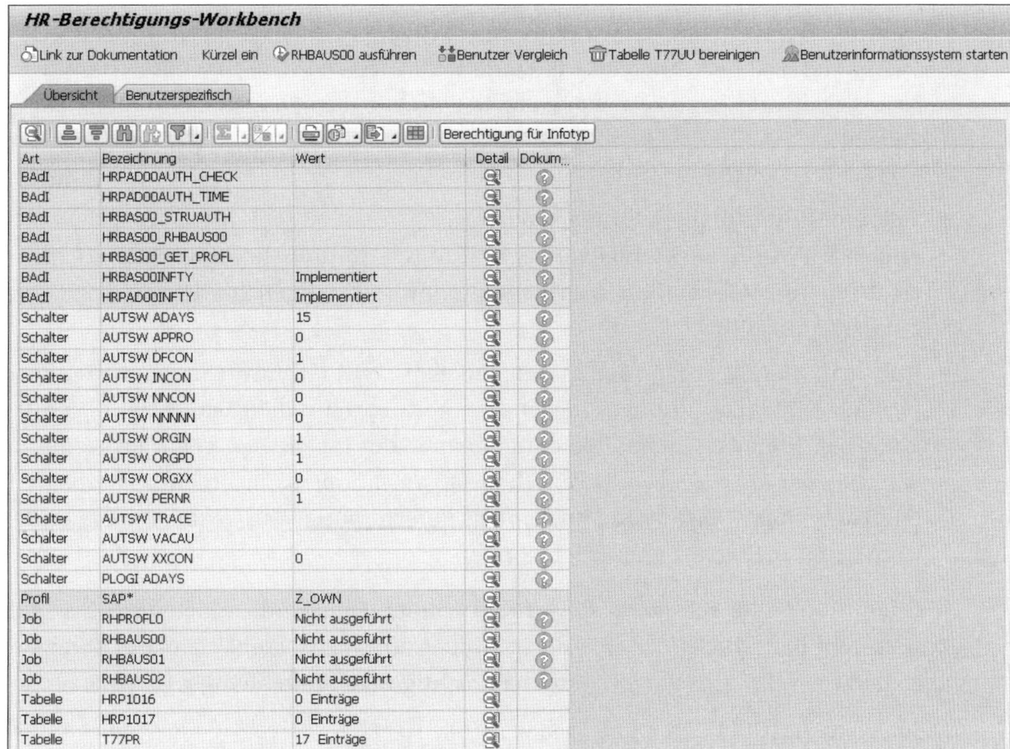

Art	Bezeichnung	Wert	Detail	Dokum...
BAdI	HRPAD00AUTH_CHECK			
BAdI	HRPAD00AUTH_TIME			
BAdI	HRBAS00_STRUAUTH			
BAdI	HRBAS00_RHBAUS00			
BAdI	HRBAS00_GET_PROFL			
BAdI	HRBAS00INFTY	Implementiert		
BAdI	HRPAD00INFTY	Implementiert		
Schalter	AUTSW ADAYS	15		
Schalter	AUTSW APPRO	0		
Schalter	AUTSW DFCON	1		
Schalter	AUTSW INCON	0		
Schalter	AUTSW NNCON	0		
Schalter	AUTSW NNNNN	0		
Schalter	AUTSW ORGIN	1		
Schalter	AUTSW ORGPD	1		
Schalter	AUTSW ORGXX	0		
Schalter	AUTSW PERNR	1		
Schalter	AUTSW TRACE			
Schalter	AUTSW VACAU			
Schalter	AUTSW XXCON	0		
Schalter	PLOGI ADAYS			
Profil	SAP*	Z_OWN		
Job	RHPROFL0	Nicht ausgeführt		
Job	RHBAUS00	Nicht ausgeführt		
Job	RHBAUS01	Nicht ausgeführt		
Job	RHBAUS02	Nicht ausgeführt		
Tabelle	HRP1016	0 Einträge		
Tabelle	HRP1017	0 Einträge		
Tabelle	T77PR	17 Einträge		

Abbildung 8.13 Registerkarte »Übersicht« der HR-Berechtigungs-Workbench

Die Ergebnisliste wird auf zwei Registerkarten dargestellt, der Registerkarte **Übersicht** und der Registerkarte **Benutzerspezifisch**. Die Registerkarte **Übersicht** zeigt grundsätzliche Einstellungen der HCM-Berechtigungsumgebung an. Es werden folgende Informationen angezeigt:

- Informationen über berechtigungsbezogene Business Add-ins (BAdIs) und darüber, ob diese BAdIs im System implementiert sind. Durch einen Klick auf das Icon in der Spalte **Detail** können Sie zu diesen BadIs navigieren oder in die Dokumentation abspringen.
- Informationen über die Einträge und Werte der Tabelle T77S0. Diese Werte werden in SAP ERP HCM auch als *Berechtigungshauptschalter* bezeichnet. Über diese Schalter werden wichtige Einstellungen zur Durchführung von Berechtigungsprüfungen vorgenommen.
- Das dem Benutzer SAP* zugeordnete strukturelle Profil wird angezeigt.

Struktuelles Profil des Benutzers SAP*

Wichtig ist dabei, zu beachten, dass das strukturelle Profil, das hier eingetragen ist, an alle Benutzer vererbt wird, denen nicht explizit ein anderes strukturelles Profil zugewiesen wurde. Dies ist eine der ersten Einstellungen, die nach dem Einschalten der strukturellen Berechtigungsprüfung geändert werden sollte, um das System zu sichern und realistische Tests der erstellten strukturellen Profile durchzuführen zu können.

- Falls ein Hintergrundjob für die Reports RHPROFL0, RHBAUS00, RHBAUS01 und RHBAUS02 eingeplant wurde, wird das letzte Ausführungsdatum zum jeweiligen Report angezeigt. (Weitere Informationen zu diesen Reports stellt Ihnen SAP-Hinweis 1690968 zur Verfügung.)
- Informationen über Einträge in den Tabellen T77PR (Strukturelle Berechtigungsprofile), T77UA (Zuordnung von Benutzern zu strukturellen Berechtigungsprofilen), T77UU (Benutzer, deren Berechtigungen in der Tabelle INDX gepuffert werden), HRP1016 und HRP1017 (Profile aus dem Organisationsmanagement). Die beiden letztgenannten Tabellen sind relevant, da Berechtigungen auch über die Organisationsstruktur zugeordnet werden können.

Mit dem Button **Berechtigung für Infotyp** können Sie sich die Einstellung im Feld **ZugrBerecht** der Tabelle T582A für alle Infotypen anzeigen lassen. Wenn das Kennzeichen in diesem Feld gesetzt ist, werden Berechtigungen zeitabhängig geprüft.

Die Registerkarte **Benutzerspezifisch** zeigt alle für HCM-Berechtigungen relevanten Informationen eines Benutzers an. Dazu tragen Sie den Namen des Benutzers, dessen Berechtigungen Sie analysieren möchten, in das Feld **Benutzername** ein und führen eine der folgenden Funktionen aus (siehe Abbildung 8.14):

- **Organisationseinheit des Benutzers**
  Gibt Ihnen aus, welcher Organisationseinheit der Benutzer im Organisationsmanagement zugewiesen ist.
- **Personalnummern des Benutzers**
  Zeigt an, bei welchen Personalnummern der Benutzer im Infotyp Kommunikation (0105), Subtyp 0001 (Systembenutzername SAP System (SY-UNAME)) eingetragen ist.
- **Rollen und Profile**
  Information über Rollen und Profile, die dem Benutzer in der Transaktion SU01 zugeordnet sind.
- **HR-Berechtigungsobjekte**
  Zeigt an, auf welche HR-Berechtigungsobjekte (z. B. P_ORGIN, P_ORGXX) der Benutzer durch seine Rollen und Profile Zugriff hat.
- **Strukturelle Profile**
  Gibt aus, welche strukturellen Profile dem Benutzer zugeordnet sind.

- **INDX Einträge**
  Zeigt Ihnen, welche Einträge dem Benutzer in der Tabelle INDX zugeordnet sind. Mit dem Button **INDX Einträge löschen** werden sämtliche Einträge des Benutzers aus der Tabelle INDX gelöscht. Diese kann über den Report RHBAUS00 neu aufgebaut werden.
- **T77UA Einträge**
  Gibt aus, welche Zuordnungen von strukturellen Profilen für diesen Benutzer existieren.
- **T77UU Einträge**
  Zeigt, ob die Pufferung für strukturelle Profile für diesen Benutzer aktiv ist. Mit einem Klick auf diesen Button springen Sie ebenfalls auf den Report RHBAUS03 ab.

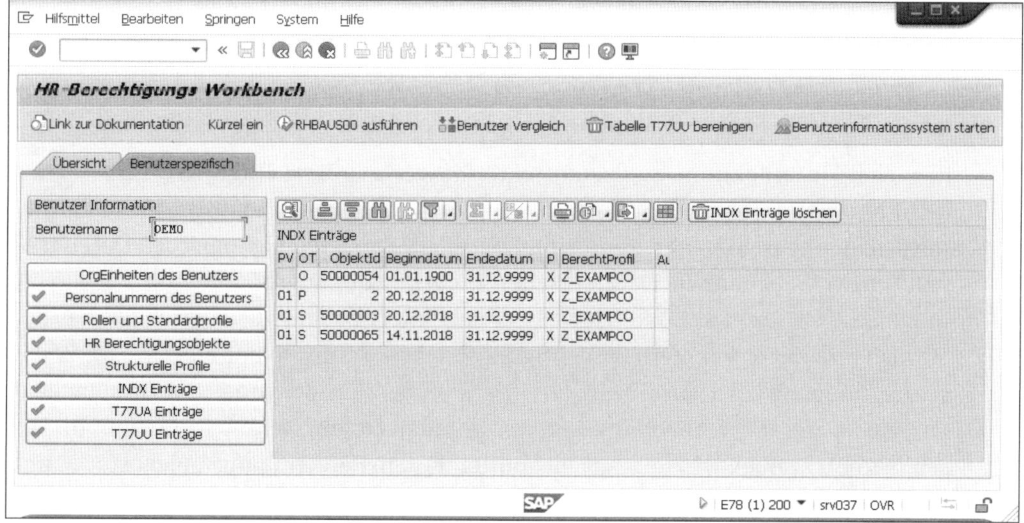

Abbildung 8.14 Registerkarte »Benutzerspezifisch« der HR-Berechtigungs-Workbench

Im Folgenden möchten wir den Einsatz der Transaktion HRAUTH an einem Anwendungsbeispiel verdeutlichen. Nehmen wir an, für den Benutzer DEMO besteht das Problem, dass der Anwender in der Transaktion zur HR-Organisationsstruktur (Transaktion PPOME) die Organisationseinheit O 50000055 nicht sieht. Beim Starten der Transaktion HRAUTH sehen Sie sofort, dass strukturelle Berechtigungen aktiv sind (Schalter AUTSW ORGPD = 1). Sie wechseln auf die Registerkarte **Benutzerspezifisch** und geben den Benutzernamen DEMO ein. Hier können Sie anhand der Einträge für die Tabellen INDX und T77UU sehen, dass die strukturellen Berechtigungen für diesen Benutzer gepuffert sind (siehe Abbildung 8.15).

Eine Analyse der Einträge in der Tabelle INDX zeigt, dass die Organisationseinheit 50000055 in dieser Tabelle nicht enthalten ist, obwohl diese im strukturellen Profil eingetragen ist (was Sie über einen Absprung aus der Registerkarte **Übersicht** in die

Tabelle T77PR feststellen). Daraus lässt sich schließen, dass die Puffertabellen der strukturellen Berechtigungen nicht dem aktuellen Stand entsprechen. Mit einem Klick auf den Button **RHBAU500 ausführen** können Sie die Aktualisierung anstoßen.

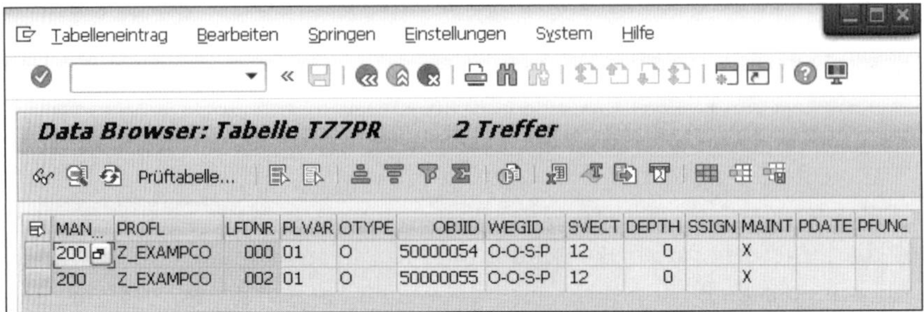

Abbildung 8.15 Tabelle T77PR mit der Organisationseinheit 50000055 im strukturellen Profil

8.4.2 Zu umfangreiche Berechtigungen beim HR-Reporting verhindern

In vielen Unternehmen ist der korrekte Einsatz des Berechtigungsobjekts P_ABAP nicht bekannt. Daher kommt es häufig zu falschen Ausprägungen, die im schlimmsten Fall uneingeschränkten Reporting-Zugriff auf die Daten der logischen Datenbank PNPCE (bzw. PNP) erlauben. Damit erteilen Sie ungewollt Zugriff auf praktisch alle Daten, die Sie in ihrem SAP-ERP-HCM-System gepflegt haben. Auf diese Weise würden Sie also Ihre zuvor in einem Berechtigungskonzept mühsam definierten Zugriffsbeschränkungen wieder aushebeln. Daher gilt es, den Einsatz von P_ABAP im Einzelfall zu prüfen und die vorhandenen Einschränkungsmöglichkeiten zu nutzen. Im Anschluss beschreiben wir die Logik, die hinter diesem Berechtigungsobjekt steckt, und diejenigen Ausprägungen, die Sie unbedingt vermeiden sollten.

Das Berechtigungsobjekt P_ABAP (HR-Reporting) ist für die Ausführung von Berichten nicht erforderlich, sondern soll vielmehr die Performance bei der Ausführung verbessern. Zusätzlich kann es genutzt werden, wenn in Reports Berechtigungen für Infotypen erforderlich sind, die der Anwender in anderen Fällen aber nicht erhalten soll - eine Konstellation, die häufiger auftritt. So ist für die Ausführung der Berichte der Reisekostenabrechnung auch die Anzeigeberechtigung für den Infotyp 0008 (Basisbezüge) erforderlich. Auch die Zahlungsträgerprogramme des Rechnungswesens benötigen P_ABAP-Berechtigungen für die Verarbeitung personenbezogener Daten.

Dazu haben Sie die Möglichkeit, mit dem Berechtigungsobjekt P_ABAP die üblichen Berechtigungsprüfungen zu übersteuern. Dies gilt für alle Berichte, die auf die logische Datenbank PNPCE (bzw. PNP) zugreifen. Bei einer Berechtigung für P_ABAP finden die üblichen Prüfungen auf Berechtigungsobjekte, wie z. B. P_ORGIN oder P_ORGINCON, nicht mehr statt oder werden vereinfacht. Dies trifft auch für strukturelle Berechtigungen zu.

Ob die Berechtigungsprüfungen vereinfacht oder komplett ausgeschaltet werden, wird über das Feld COARS des Objekts gesteuert. Wenn Sie alle Prüfungen ausschalten möchten, setzen Sie den Wert COARS = 2. Bei diesem Wert findet keine Einschränkung für die angezeigten Daten im berechtigten Bericht statt. Wenn Sie für das Reporting erweiterte Berechtigungen erlauben möchten, diese aber nicht uneingeschränkt sein sollen, müssen Sie den Wert COARS = 1 wählen (siehe Abbildung 8.16). In diesem Fall prägen Sie zusätzlich das Berechtigungsobjekt P_ORGIN (bzw. P_ORGINCON, P_ORGXX und P_ORGXXCON) aus.

Allerdings müssen Sie darauf achten, nicht alle Felder der Objekte auszuprägen, da andernfalls auch der direkte Zugriff möglich ist. Prägen Sie daher immer zwei Versionen des Berechtigungsobjekts P_ORGIN aus, einmal mit den funktionalen Berechtigungen (Berechtigungslevel, Infotypen und Subtypen) und einmal mit den organisatorischen Abgrenzungen (Personalbereich, Mitarbeitergruppe, Mitarbeiterkreis und Organisationsschlüssel). Zusätzlich benötigen Sie dann noch eine Ausprägung von P_ABAP für die relevanten Berichte mit dem Wert COARS = 1.

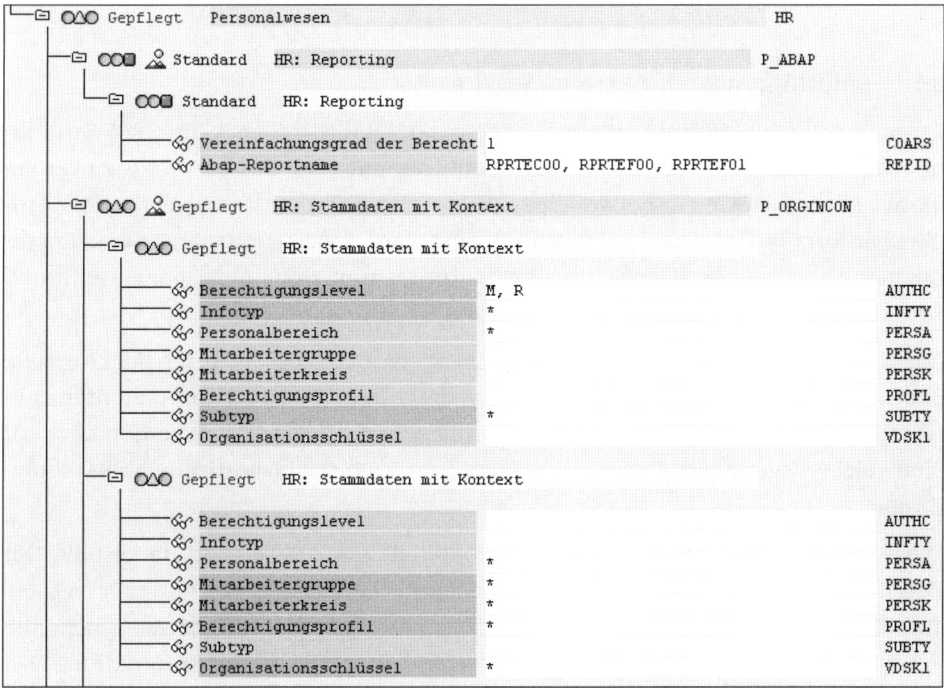

Abbildung 8.16 Ausprägung von P_ABAP und P_ORGINCON für den Zugriff auf Reisekostenberichte mit dem Vereinfachungsgrad 1

Unabhängig davon, ob Sie den Vereinfachungsgrad COARS = 1 oder 2 wählen, sollten Sie unter keinen Umständen im Feld REPID den Wert * oder SAPDBPNP (Programmname der logischen Datenbank PNP) eintragen. Mit diesen Werten erlauben Sie den

Zugriff auf die logischen Datenbanken SAPDBPNP und SAPDBPAP und damit den Zugriff auf alle darin enthaltenen Stammdaten.

8.5 Besonderheiten der Berechtigungen in SAP CRM

Jede SAP-Lösung hat ihre Besonderheiten, da sich Business-Objekte, Datenmodelle, aber auch Oberflächentechnologien voneinander unterscheiden. So verhält es sich auch in SAP CRM. Es gibt Übereinstimmungen mit SAP ERP und SAP S/4HANA bei der Vergabe von Berechtigungen, z. B. für Geschäftspartner. Allerdings verfügt SAP CRM über andere Business-Objekte, mit denen jeweils eigene Prüflogiken verbunden sind. Des Weiteren werden Anwendungen in SAP CRM mithilfe des *CRM WebClients* angezeigt, der ein bestimmtes Customizing und eine spezielle Berechtigungslogik verwendet.

In den folgenden Abschnitten möchten wir Ihnen Best Practices an die Hand geben, wie die Berechtigungen für den CRM WebClient optimalerweise eingerichtet werden.

8.5.1 Berechtigungen für externe Services

Anwender, die in SAP CRM arbeiten, nutzen den CRM WebClient, um CRM-Funktionen aufzurufen. Dazu müssen Sie dem Benutzer eine *CRM-Business-Rolle* zuweisen, die alle für den Anwender notwendigen CRM-Funktionen zur Verfügung stellt. Wenn die Rolle nur für den Zugriff auf bestimmte externe Services, unabhängig vom Customizing, berechtigen soll (bzw. nur für die im Customizing angegebenen externen Services), wird Ihre Aufgabe etwas kniffliger.

Alle anklickbaren Elemente im CRM WebClient, wie Bereichsstartseiten oder logische Links, werden durch *CRM-UI-Komponenten* dargestellt. Diese UI-Komponenten sind technisch gesehen BSP-Anwendungen (Business Server Pages). Durch einen Klick auf eine solche Komponente erhält der Anwender Zugriff auf bestimmte CRM-Funktionen.

Diese UI-Komponenten werden in den Rollen als externe Services dargestellt. Der Zugriff auf diese UI-Komponenten muss über PFCG-Rollen explizit erlaubt werden, ähnlich wie bei der Berechtigung für den Zugriff auf bestimmte Transaktionen. Alle externen Services mit ihren Vorschlagswerten können Sie in der Transaktion SU24 ansehen und pflegen.

Der Zugriff auf externe Services oder auf alle CRM-Funktionen und auf die Daten innerhalb der CRM-Funktionen wird über PFCG-Rollen realisiert. Zum Aufbau dieser PFCG-Rollen müssen Sie zunächst ein Rollenmenü erstellen. Dazu führen Sie den Report CRMD_UI_ROLE_PREPARE aus. Sie können entweder den Namen der CRM-Business-Rolle (**Benutzerrolle**) oder den Namen der zugewiesenen PFCG-Rolle angeben.

Außerdem ist es wichtig, dass Sie im entsprechenden Feld des Selektionsbilds die Sprache angeben, in der die PFCG-Rolle gepflegt wird (siehe Abbildung 8.17).

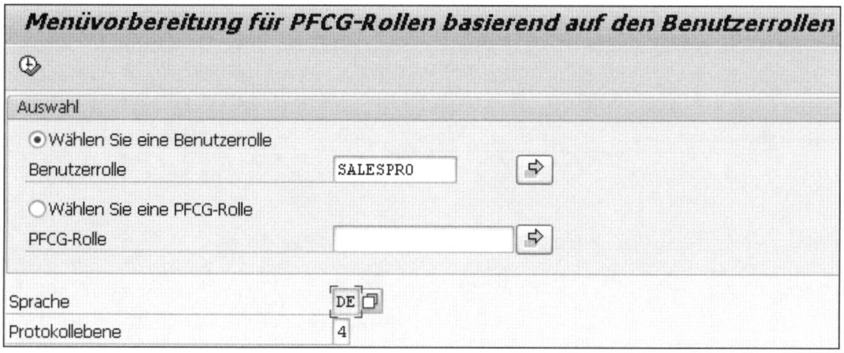

Abbildung 8.17 Report CRMD_UI_ROLE_PREPARE ausführen

Der Report `CRMD_UI_ROLE_PREPARE` prüft das Customizing der CRM-Business-Rolle, für die die PFCG-Rolle erstellt werden soll, und schreibt alle Bereichsstartseiten und logischen Links in Form von externen Services in eine Textdatei. Diese Textdatei wird lokal im SAP-Ordner unter dem Pfad **c:/Benutzer/<Benutzer>/SAP** gespeichert. Auf der Registerkarte **Menü** der Transaktion PFCG können Sie diese Textdatei über die Funktion **Übernahme von Menüs • Import aus Datei** hochladen. Wählen Sie anschließend die Benutzerrolle aus und klicken Sie auf (**Ausführen**, siehe Abbildung 8.18).

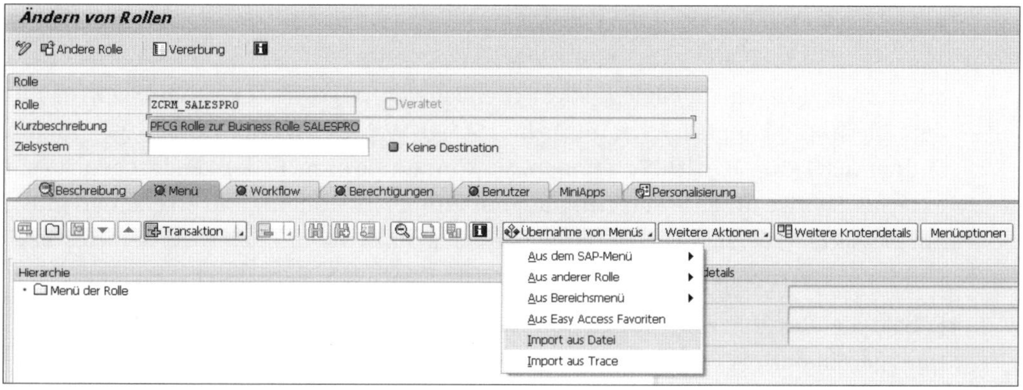

Abbildung 8.18 Hinzufügen des Rollenmenüs aus Datei

Das Rollenmenü der PFCG-Rolle besteht aus Ordnern, die alle logischen Links innerhalb einer Bereichsstartseite repräsentieren, und aus externen Services, die die logischen Links sowie die Bereichsstartseiten an sich repräsentieren (siehe Abbildung 8.19). Das heißt, dass jeder im Rollenmenü aufgelistete externe Service für eine Bereichsstartseite bzw. einen logischen Link berechtigt. Wird ein solcher externer Service aus dem Rollenmenü entfernt und anschließend die PFCG-Rolle generiert, hat der Anwender dieser PFCG-Rolle keine Berechtigungen zum Ansehen dieses externen Services.

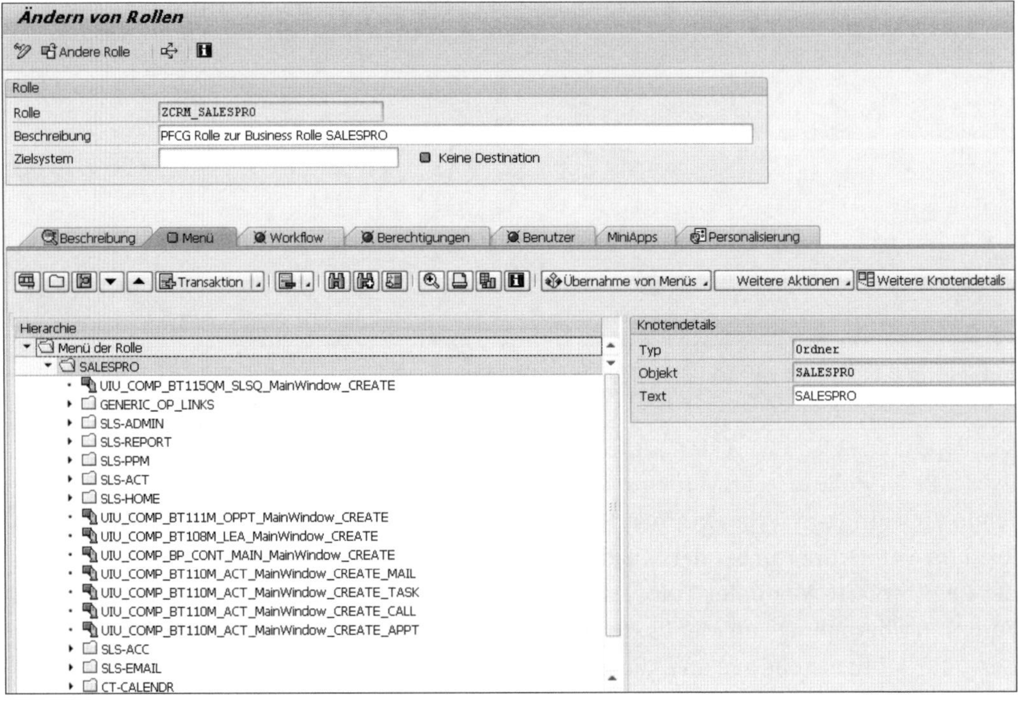

Abbildung 8.19 Rollenmenü einer PFCG-Rolle

Sie werden doppelte, vielleicht sogar dreifache Einträge von externen Services finden. Diese sind hauptsächlich im Ordner **SLS-HOME** (Ordner der Homepage) und im Ordner **GENERIC_OP_LINKS** zu finden. Sie können sie ohne Bedenken löschen, da ein externer Service für eine Berechtigung nur einmal im Rollenmenü erscheinen muss. Zur besseren Übersicht ist es darüber hinaus sinnvoll, die externen Services bzw. Ordner so umzubenennen, wie diese auch im CRM WebClient dargestellt sind.

Sobald Sie das Rollenmenü bearbeitet haben, können Sie die eigentlichen Berechtigungen in der PFCG-Rolle anpassen. Wechseln Sie hierzu auf die Registerkarte **Berechtigungen**. Je nach der Menge der externen Services aus dem Rollenmenü erscheinen nun die Berechtigungsobjekte. Die Berechtigungsobjekte werden abhängig von ihren Vorschlagswerten, die für jeden externen Service in den Tabellen `USOBT_C` sowie `USOBX_C` gepflegt sein müssen, in die PFCG-Rolle geladen. Diese Vorschlagswerte können Sie in der Transaktion SU24 bearbeiten. Achten Sie darauf, dass auch für externe Services im Kundennamensraum die Namen der externen Services sowie deren Vorschlagswerte in den Tabellen gepflegt sind (siehe Abschnitt 4.1.3, »Vorschlagswerte für externe Services«).

Die Sichtbarkeit der externen Services und der Zugriff auf diese werden über das Berechtigungsobjekt UIU_COMP gewährleistet. Dieses Berechtigungsobjekt besteht aus drei Berechtigungsfeldern:

- COMP_NAME (Name einer Komponente)
- COMP_WIN (Komponentenfenstername)
- COMP_PLUG (Inbound-Plug)

Diese Informationen werden bei der Namensgenerierung des externen Services verwendet. Auf diese Weise werden alle in einer CRM-Business-Rolle konfigurierten Bereichsstartseiten und logischen Links in Form von externen Services berechtigt. Aufgrund der Masse an externen Services, die im Rollenmenü auftauchen, lässt sich nur schwer der Überblick behalten. Um daher nur bestimmte externe Services zu berechtigen, identifizieren Sie den externen Service zunächst über den Berechtigungstrace:

1. Melden Sie sich dafür am CRM WebClient an.
2. Öffnen Sie nun den Berechtigungstrace für Berechtigungsprüfungen in der Transaktion STAUTHTRACE, und starten Sie den Trace.
3. Klicken Sie anschließend im CRM WebClient auf die Bereichsstartseite oder den logischen Link, den Sie identifizieren möchten.
4. Stoppen Sie nun den Trace und öffnen Sie die Auswertung.
5. Suchen Sie in der Auswertung in der Spalte **Objekt** nach dem Berechtigungsobjekt UIU_COMP. Für dieses Berechtigungsobjekt werden Sie zwei verschiedene Werte für eine Berechtigungsprüfung finden (siehe Abbildung 8.20). Die erste Zeile entspricht der Prüfung für den externen Service, den der Anwender aufgerufen hat, wenn der Berechtigungstrace angeschaltet ist, und die zweite Zeile entspricht dem Klick auf das zu identifizierende Element.

Systemtrace für Berechtigungsprüfungen

D	Z	B	T	P	Ergebnis	Ergebnis der Berechtigungsprüfung	Objekt	Feld 1	Wert 1	Feld 2	Wert 2	Feld 3	Wert 3
	2	D		C	0	Berechtigungsprüfung erfolgreich	UIU_COMP	COMP_NAME	WCC_SLS_HOME	COMP_WIN	MainWindow	COMP_PLUG	DEFAULT
0	2	D		C	0	Berechtigungsprüfung erfolgreich	UIU_COMP	COMP_NAME	WCC_SLS_ACC	COMP_WIN	MainWindow	COMP_PLUG	DEFAULT
0	2	D		C	0	Berechtigungsprüfung erfolgreich	UIU_COMP	COMP_NAME	WCC_SLS_ACC	COMP_WIN	MainWindow	COMP_PLUG	DEFAULT
0	2	D		C	0	Berechtigungsprüfung erfolgreich	S_DEVELOP	DEVCLASS		OBJTYPE	DEBUG	OBJNAME	
0	2	D		C	0	Berechtigungsprüfung erfolgreich	S_DEVELOP	DEVCLASS		OBJTYPE	DEBUG	OBJNAME	
0	2	D		C	0	Berechtigungsprüfung erfolgreich	CRMCONFMOD	ALLOWED	X				
0	2	D		C	0	Berechtigungsprüfung erfolgreich	S_DEVELOP	DEVCLASS		OBJTYPE		OBJNAME	
0	2	D		C	0	Berechtigungsprüfung erfolgreich	CRMCONFMOD	ALLOWED	X				
0	2	D		C	0	Berechtigungsprüfung erfolgreich	S_DEVELOP	DEVCLASS		OBJTYPE		OBJNAME	
0	2	D	S	S	0	Berechtigungsprüfung erfolgreich	S_ADMI_FCD	S_ADMI_FCD	STOM				

Abbildung 8.20 Berechtigungsprüfung für externe Services

Der Name des externen Services setzt sich nun aus diesen Berechtigungswerten zusammen: UIU_COMP_<COMP_NAME>_<COMP_WIN>_<COMP_PLUG>. Auf diese Weise können Sie die von Ihnen gewünschten externen Services identifizieren und diese explizit berechtigen, indem Sie nur sie in das Rollenmenü Ihrer PFCG-Rolle aufnehmen.

8.5.2 Dem Benutzermenü externe Services hinzufügen

Sollten Sie PFCG-Rollen für den CRM WebClient erstellen, gehen Sie in der Regel so vor, dass Sie erst das Customizing der CRM-Business-Rolle fertigstellen, bevor Sie die PFCG-Rolle aufbauend auf diesem Customizing anlegen. Unter Umständen wird jedoch das Customizing der CRM-Business-Rolle aktualisiert. Die PFCG-Rolle muss nun ebenfalls angepasst werden, da sonst die neu konfigurierten Bereichsstartseiten oder die logischen Links nicht sichtbar sind. Dafür existiert allerdings kein Automatismus, wie er beispielsweise bei der initialen Erstellung des Rollenmenüs vorhanden ist. Die Anpassung in der PFCG-Rolle müssen Sie manuell nachtragen.

Um einer PFCG-Rolle eine neue Bereichsstartseite oder einen logischen Link hinzufügen zu können, müssen Sie zuerst den dazugehörigen externen Service identifizieren. Dafür haben Sie zwei Möglichkeiten:

- **Die Identifikation über den Berechtigungstrace**
  Lesen Sie hierzu Abschnitt 8.5.1, »Berechtigungen für externe Services«.
- **Die Identifikation über das Customizing**
  Ein weit aufwendigerer Weg stellt die Identifikation über das Customizing der CRM-Business-Rolle dar. Identifizieren Sie hier im Customizing Ihrer Business-Rolle in der Transaktion CRMC_UI_PROFILE. zuerst den technischen Namen der Bereichsstartseite bzw. des logischen Links. Bei einer Bereichsstartseite prüfen Sie zusätzlich den technischen Namen des dazugehörigen logischen Links.

  Im nächsten Schritt wechseln Sie in das Navigationsleisten-Customizing in der Transaktion CRMC_UI_NBLINKS und identifizieren im View **Logischen Link definieren** die Ziel-ID zu dem technischen Namen Ihres logischen Links. Wenn Sie die Ziel-ID als Suchparameter in der Tabelle `CRMC_UI_COMP_IP` verwenden, erhalten Sie als Suchergebnis die Informationen zu Komponentenname, Komponentenfenster sowie Inbound-Plug.

Haben Sie den Namen des externen Service identifiziert, prüfen Sie in der Transaktion SU24, ob dafür Vorschlagswerte, insbesondere für das Berechtigungsobjekt `UIU_COMP`, gepflegt sind. Anschließend können Sie den externen Service Ihrem Rollenmenü hinzufügen:

1. Wählen Sie auf der Registerkarte **Menü** der PFCG-Rolle in der Auswahlliste neben dem Button **Transaktion** den Wert **Berechtigungsvorschlag** aus. Es erscheint nun ein neues Fenster.
2. Wählen Sie hier im Feld **Berechtigungsvorschlag** den Wert **HS Externer Service** aus und als **Typ des externen Service** den Wert **UIU_COMP CRM UIU Component** (siehe Abbildung 8.21).

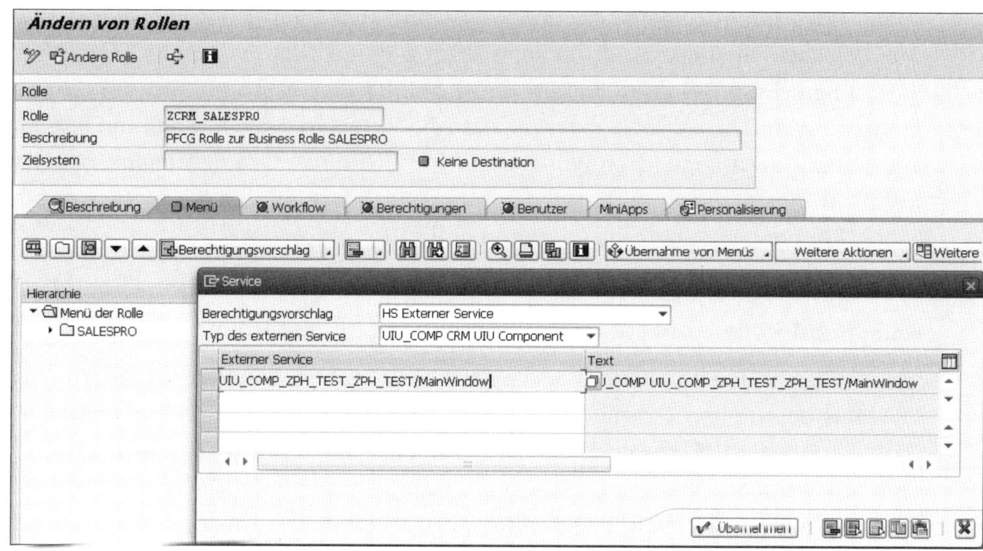

Abbildung 8.21 Externen Service zum Rollenmenü hinzufügen

3. Im Feld **Externer Service** können Sie nun nach Ihrem identifizierten externen Service suchen. Klicken Sie auf den Button **Übernehmen**, und der neue externe Service ist Teil Ihres Rollenmenüs.

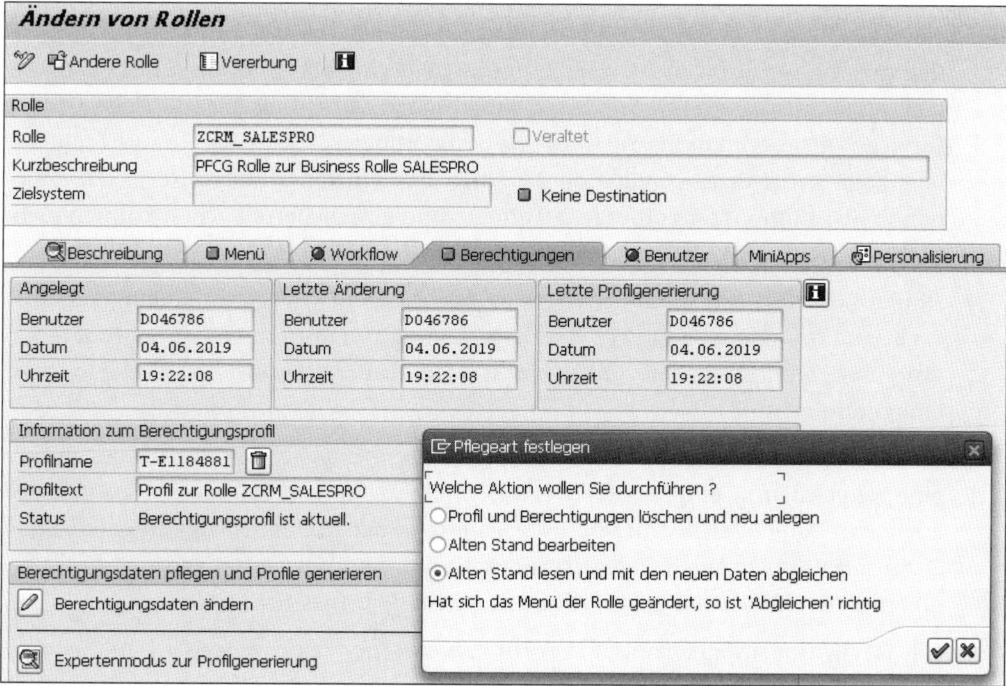

Abbildung 8.22 Berechtigungsdaten pflegen

Da das Rollenmenü angepasst wurde, muss nun auch die PFCG-Rolle angepasst werden. Wechseln Sie hierzu auf die Registerkarte **Berechtigungen** und wählen Sie den Button **Berechtigungsdaten ändern** (siehe Abbildung 8.22). Wenn Sie den Expertenmodus verwenden, achten Sie darauf, dass die Voreinstellung **Alten Stand lesen und mit neuen Daten abgleichen** beibehalten wird. Nun werden die neuen Vorschlagswerte für diesen externen Service geladen. Nachdem Sie die PFCG-Rolle gepflegt haben, können Sie das Profil generieren und sofort einsetzen.

8.5.3 CRM-Rollenkonzept im Zusammenhang mit externen Services

In SAP CRM basiert das Rollenkonzept nicht nur auf PFCG-Rollen, sondern auch auf CRM-Business-Rollen. Diese Rollen werden im Customizing erstellt und erlauben die Darstellung der CRM-Anwendungen im CRM WebClient. Damit ein Anwender in SAP CRM arbeiten kann, benötigt er sowohl CRM-Business-Rollen, die die Benutzeroberfläche definieren, als auch die jeweiligen PFCG-Rollen, die ihn zur Arbeit in den Anwendungen berechtigen.

Mithilfe des Reports `CRMD_UI_ROLE_PREPARE` werden alle im Customizing der CRM-Business-Rolle definierten externen Services identifiziert und aufgelistet. Diese werden im Rollenmenü der PFCG-Rolle angezeigt. Sie werden aber feststellen, dass die angezeigten Services nur einen kleinen Teil der externen Services im Rollenmenü ausmachen.

Sie haben bereits die für Sie notwendigen externen Services identifiziert und unnötige externe Services aus dem Rollenmenü gelöscht, wie es in Abschnitt 8.5.1, »Berechtigungen für externe Services«, beschrieben wird. Falls Sie zu viele externe Services, insbesondere die Services aus dem Ordner `GENERIC_OP_LINKS` gelöscht haben, kann keine Cross-Navigation zwischen den einzelnen User-Interface-Komponenten (UI-Komponente) mehr stattfinden, und gespeicherte Suchen können nicht mehr aufgerufen werden.

Nun möchten Sie einerseits sicherstellen, dass die Cross-Navigation uneingeschränkt funktioniert, andererseits aber die Berechtigung nur für diejenigen externen Services einrichten, die in der CRM-Business-Rolle als Bereichsstartseiten oder logische Links definiert sind.

Jede anklickbare UI-Komponente entspricht einem externen Service, für den jeweils eine Berechtigung eingerichtet werden muss. Zu den UI-Komponenten gehören auch Erstellung oder Aufruf von gespeicherten Suchen oder Navigation aus einem Datensatz direkt in einen anderen Datensatz, z. B. der Aufruf eines Termins direkt aus einem Geschäftspartner heraus; dies entspricht der Cross-Navigation.

Alle Navigationsmöglichkeiten in Form von externen Services werden im Customizing der CRM-Business-Rolle in Form einer generischen Outbound-Plug-Zuordnung zur Navigationsleiste definiert. *Outbound-Plugs* (OP) definieren, was geschieht, wenn ein Anwender einen View in SAP CRM verlässt. Hier ist das Customizing für Szenarien voreingestellt, die nicht zwingend zu allen CRM-Business-Rollen passen. Die entsprechenden CRM-Business-Rollen wurden Outbound-Plugs zugeordnet, die für das jeweilige Szenario der CRM-Business-Rolle gar nicht erforderlich sind. Dies erklärt die große Anzahl an externen Services im Rollenmenü.

Sämtliche externe Services zur Cross-Navigation sind im Rollenmenü im Ordner `GENERIC_OP_LINKS` gespeichert. Neben den genannten Informationen enthält dieser Ordner außerdem externe Services, die die bereits erwähnten Bereichsstartseiten und logischen Links repräsentieren. Letztere können Sie löschen, da es sich hier um Duplikate aus den anderen Ordnern oder nicht relevante externe Services handelt.

Um nun korrekte Berechtigungen für die unüberschaubaren externen Services im Ordner `GENERIC_OP_LINKS` einzurichten, identifizieren Sie diejenigen externen Services, die Sie für Ihre CRM-Business-Rolle benötigen, und löschen alle übrigen externen Services. Hier besteht aber die Gefahr, dass zu viele externe Services gelöscht werden und Cross-Navigation oder der Aufruf der gespeicherten Suchen nicht mehr funktionieren. Geschickter ist es daher, wenn Sie den Ordner `GENERIC_OP_LINKS` in eine separate Rolle auslagern. Abbildung 8.23 stellt das Vorgehen dar.

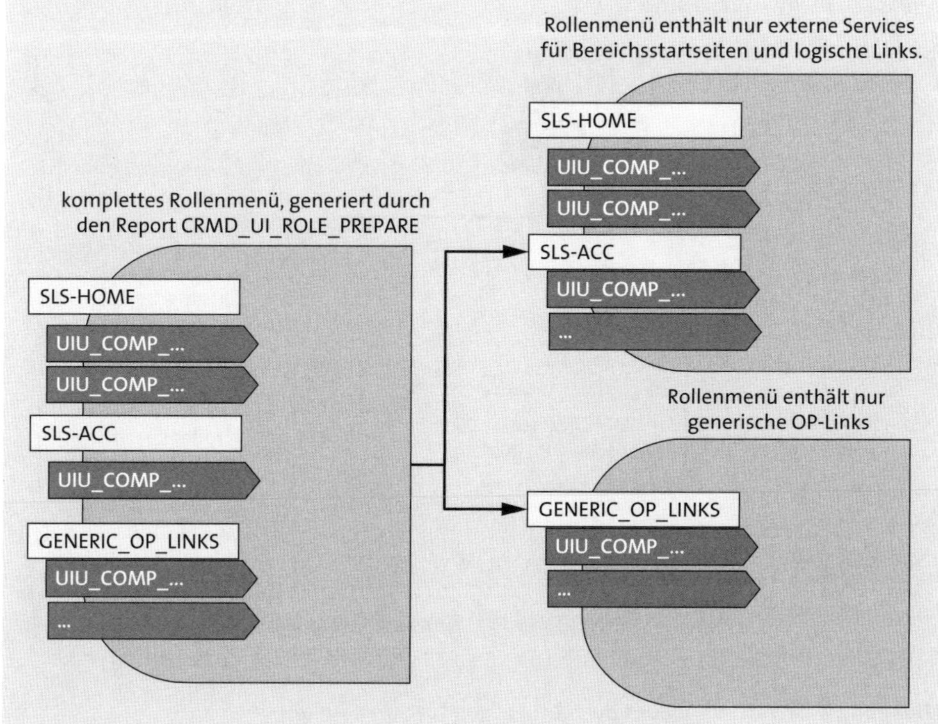

Abbildung 8.23 Aufteilung des Rollenmenüs in zwei PFCG-Rollen

Gehen Sie dabei wie nachfolgend beschrieben vor:

1. Prüfen Sie, ob alle mehrfach auftretenden externen Services, die Bereichsstartseiten und logischen Links entsprechen, aus dem Ordner GENERIC_OP_LINKS entfernt wurden.
2. Legen Sie für diesen Ordner eine separate PFCG-Rolle an. Diese PFCG-Rolle könnte alle grundlegenden Berechtigungen enthalten, die ein Anwender in SAP CRM besitzen muss. Dazu gehört auch die Berechtigung für die generischen OP-Links. Sie können diesen Ordner in eine separate PFCG-Rolle transferieren, indem Sie in der neuen PFCG-Rolle unter **Menü • Übernahme von Menüs • Aus anderer Rolle • lokal** diejenige PFCG-Rolle angeben, die den Ordner GENERIC_OP_LINKS enthält.
3. Pflegen Sie die PFCG-Rolle nun so, dass nur das Berechtigungsobjekt UIU_COMP aktiv bleibt. Deaktivieren Sie alle weiteren sichtbaren Berechtigungsobjekte. Das sind die Berechtigungsobjekte, die den Zugriff auf Daten erlauben. Diese Berechtigungsobjekte können Sie in der dafür vorgesehenen PFCG-Rolle pflegen, die den Arbeitsplatz des Anwenders beschreibt.
4. In der PFCG-Rolle, die den Arbeitsplatz beschreibt, können Sie nun den Ordner GENERIC_OP_LINKS löschen. Wenn Sie die PFCG-Rolle nochmals neu abmischen lassen, werden Sie feststellen, dass viele der nicht notwendigen Berechtigungsobjekte verschwunden sind.

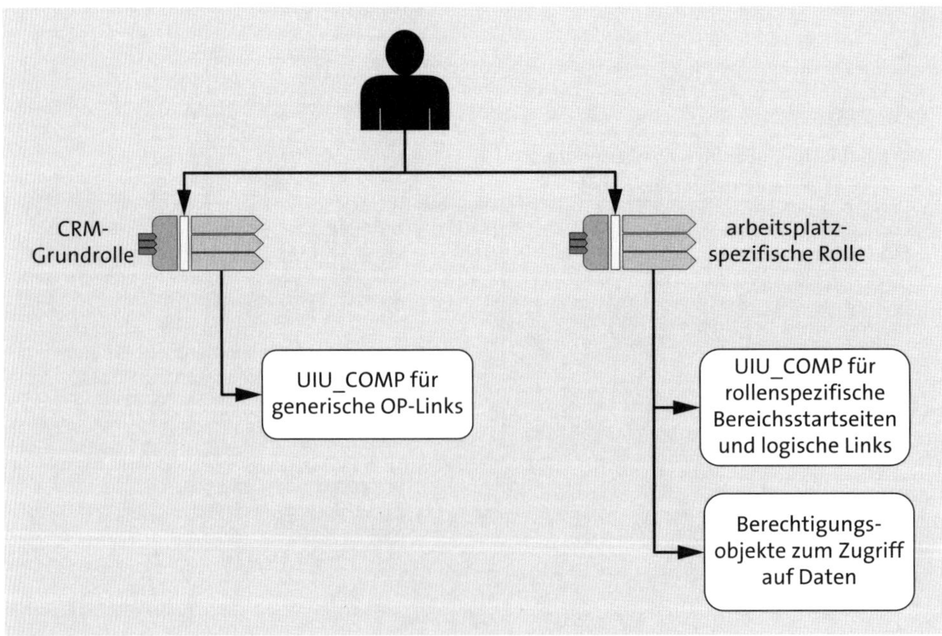

Abbildung 8.24 Aufteilung der Berechtigungen für einen Anwender

Den Grund für das massenhafte Vorhandensein von Berechtigungsobjekten in einer PFCG-Rolle, nachdem ein Rollenmenü erstellt worden ist, stellt in der Regel die Masse an generischen OP-Links dar, die für die CRM-Business-Rolle eigentlich gar nicht notwendig sind. Durch das Vorhandensein von Vorschlagswerten aus der Transaktion SU24 werden die zu den jeweiligen externen Services gehörigen Berechtigungsvorschlagswerte in die PFCG-Rolle geladen, was zur Folge hat, dass dort zahlreiche unnötige Berechtigungsobjekte untergebracht werden. Mit dem Ausklammern des Ordners GENERIC_OP_LINKS müssen Sie sich in Ihrer PFCG-Rolle nur um die externen Services und deren Berechtigungsobjekte kümmern, die in der CRM-Business-Rolle konfiguriert wurden.

Damit ein Anwender über alle notwendigen Berechtigungen verfügt, weisen Sie dessen Benutzer nun die Grundrolle mit den Berechtigungen für die generischen OP-Links und die eigentliche Rolle zu, die den Arbeitsplatz des Anwenders beschreibt (siehe Abbildung 8.24).

8.6 Zusammenfassung

In diesem Kapitel haben wir Ihnen nützliche Hinweise zu unterschiedlichen Anwendungsberechtigungen gegeben. Sie haben die Transaktion SAIS_SEARCH_APPL für die Anwendungssuche kennengelernt und wissen nun, dass Sie die SAP_NEW-Rolle bei Release-Upgrades als Ersatz für das Berechtigungsprofil SAP_NEW einsetzen sollten.

Wir haben Ihnen gezeigt, wie Sie im Finanzwesen Berechtigungsprüfungen für Wirtschaftsprüfer geschäftjahresabhängig vergeben können und wie Sie die Berechtigungspflege im Controlling vereinfachen können, indem Sie den Verantwortungsbereich RESPAREA zur Organisationsebene erheben.

Sie haben erfahren, wie Sie sich einen Überblick über die Einstellungen der Berechtigungshauptschalter in SAP ERP HCM verschaffen und Berechtigungsfehler mit der HR-Berechtigungs-Workbench analysieren können. Natürlich hoffen wir, dass Sie unsere Anmerkungen zu umfangreichen Reportingberechtigungen in SAP ERP HCM berücksichtigt haben und nun keine unnötigen P_ABAP-Berechtigungen mehr in Ihrem System vergeben sind.

Abschließend haben wir Ihnen Besonderheiten der Berechtigungen in SAP CRM vorgestellt und beschrieben, wie Sie Berechtigungen für externe Services definieren und vergeben.

Kapitel 9
Benutzer und Berechtigungen in SAP HANA und SAP S/4HANA

Wenn Sie die SAP-HANA-Datenbank einsetzen oder Ihre Systeme nach SAP S/4HANA migrieren, sollten Sie sich mit den Besonderheiten der Benutzer- und Berechtigungsverwaltung vertraut machen. Diese Besonderheiten sind Thema des vorliegenden Kapitels.

SAP S/4HANA stellt die Weiterentwicklung der bisherigen Lösung SAP ERP dar. Der Buchstabe »S« im Namen steht für »simple«, das Zeichen »4« für die vierte Produktgeneration nach SAP R/2, SAP R/3 und SAP ERP. »HANA« bezeichnet die SAP-eigene Datenbanktechnologie. Im Kontext von SAP S/4HANA wird die SAP-HANA-Datenbank als einzige Datenbank unterstützt.

Wir geben Ihnen in diesem Kapitel einen Einblick in die Benutzer- und Berechtigungsverwaltung auf der SAP-HANA-Datenbank und in SAP S/4HANA. Hinter der SAP-HANA-Datenbank steht ein eigenes Konzept für die Benutzer- und Berechtigungsverwaltung, das sich grundsätzlich von dem mit SAP NetWeaver verfolgten Konzept unterscheidet. Wir stellen Ihnen in den folgenden Abschnitten die Besonderheiten vor.

SAP S/4HANA nutzt zwar weiterhin die bereits bekannten Konzepte von SAP NetWeaver, erweitert diese jedoch, um beispielsweise Besonderheiten neuer Datenbankobjekte oder des SAP Fiori Launchpads zu berücksichtigen. Die zielgerichtete Nutzung der Anwendungen wird auch in SAP S/4HANA durch Berechtigungsobjekte sichergestellt, die den Zugriff auf SAP S/4HANA und SAP-HANA-Datenbankanwendungen erlauben.

9.1 Berechtigungen auf Applikations- und Datenbankebene

Als Grundlage für die folgenen Ausführungen führen wir Sie in diesem Abschnitt zunächst in die Architektur von SAP S/4HANA ein. SAP S/4HANA basiert ebenso wie SAP ERP auf einer Drei-Schichten-Architektur:

- Präsentationsschicht: User-Interface-Clients
- Applikationsschicht: S/4HANA Applikationsserver
- Datenbankschicht: SAP-HANA-Datenbank

Die Interaktion der Benutzer mit den Anwendungen in SAP S/4HANA basiert auf browsergestützten Client-Technologien. Unter dem Namen *SAP Fiori* werden verschiedene Dimensionen zusammengefasst, von denen eine ein Fiori-spezifisches Oberflächendesign realisiert. Dieses Design nutzt die Technologie *HTML5* und die SAP-spezifische HTML5-Bibliothek *SAPUI5*.

Klassische SAP-GUI-Anwendungen werden in SAP S/4HANA auch weiterhin durch die Variante *SAP GUI for HTML* unterstützt, Web-Dynpro-Applikationen über browserunterstützte Verfahren bereitgestellt.

Auf der Ebene der User-Interface-Clients (UI-Clients) werden keine Berechtigungsprüfungen durchgeführt. Allerdings sollten Sie Infrastrukturtechniken verwenden, die einen sicheren Zugang zu den genutzten Anwendungen gewährleisten, wie Firewalls, Web Dispatcher, Netzwerksegmentierung, Verschlüsselungstechnologien und Single-Sign-on-Lösungen.

In einer SAP S/4HANA-Installation wird die *Geschäftslogik* vollständig von der Präsentationsschicht getrennt. Dadurch werden unterschiedliche Deployment-Modelle für SAP S/4HANA ermöglicht:

Bei der Architektur *SAP Fiori Embedded* werden alle Komponenten auf einem einzigen Server-System implementiert.

Alternativ besteht die Möglichkeit einer Trennung zwischen dem *SAP-Fiori-Frontend-Server* (FES) für die Präsentationsschicht und dem *SAP-Backend-Server* (BES) für die Geschäftslogik. In letzterem Fall ist die Applikationsserverebene zweigeteilt. Ein solches Implementierungsszenario wird allgemein auch als *Hub-Installation* bezeichnet.

SAP S/4HANA nutzt weiterhin die ABAP-Laufzeitumgebung von SAP NetWeaver, die technisch über den Applikationsserver bereitgestellt wird (SAP NetWeaver Application Server (AS) ABAP). Dies gilt sowohl für den SAP-Fiori-Frontend-Server als auch für den SAP-Backend-Server.

Auch in SAP S/4HANA werden die bekannten Techniken des Applikationsservers für die Berechtigungssteuerung verwendet, wie z. B. Berechtigungsobjekte, Berechtigungsfelder, Berechtigungsfeldwerte und der Funktionsbaustein `AUTHORITY-CHECK`. Neu hinzu kommen Anwendungstypen, die spezifische Fiori-Techniken unterstützen, die sogenannten *Fiori-Apps*. Eine Übersicht der verfügbaren Fiori-Apps steht Ihnen in der SAP Fiori Apps Reference Library unter *http://s-prs.de/v683200* zur Verfügung.

Diese Klasse von Anwendungen nutzt als kleinste aufrufbare Funktionseinheit sogenannte *OData-Services*. OData ist ein standardisiertes Protokoll für das Konsumieren und Entwickeln von Webservices, die auf dem Programmierkonzept REST (Representational State Transfer) aufbauen. Innerhalb von SAP S/4HANA implementiert SAP geschäftsprozessbezogene OData-Services und in diesen OData-Services entsprechende Berechtigungsprüfungen. Berechtigungen für OData-Services können über das Berechtigungsobjekt `S_SERVICE` eingerichtet werden. Zudem werden in SAP S/4HANA sogenannte *CDS-Views* (Core Data Services) für die optimierte Bereitstellung von Daten verwendet. Auch diese Technologie stützt sich auf die bekannten ABAP-Berechtigungsobjekte. Darauf gehen wir in Abschnitt 9.4.4, »Berechtigungen für CDS-Views«, detaillierter ein.

Für die Fälle, in denen der SAP-Fiori-Frontend-Server und der SAP-Backend-Server auf getrennten Applikationsservern betrieben werden, wird für die OData-basierten Anwendungen eine gesicherte RFC-Verbindung benötigt. Empfohlen wird hierfür die Implementierung einer Trusted-RFC-Verbindung, für die Sie die Benutzer über das Berechtigungsobjekt `S_RFCACL` berechtigen. In aktuellen SAP S/4HANA-Implementierungen wird für die Nutzung von OData-basierten Fiori-Apps zwischen der Startberechtigung auf dem SAP-Fiori-Frontend-Server mit dem Berechtigungsobjekt `S_SERVICE` und einem Wert für einen konkreten Service vom Objekttyp `IWSG` (Beschreibung des Objekttyps: SAP Gateway: Service Groups Metadata) und der Startberechtigung auf dem SAP-Backend-Server mit dem Berechtigungsobjekt `S_SERVICE` und einem Wert für einen konkreten Servive vom Objekttyp `IWSV` (Beschreibung des Objekttyps: SAP Gateway Business Suite Enablement) unterschieden.

Für die OData-Services können Sie, ebenso wie für alle anderen Anwendungstypen in SAP S/4HANA, Menüeinträge in Berechtigungsrollen definieren. Über die Transaktion SU24 hinterlegen Sie passende Berechtigungsvorschlagswerte. Weiterführende Informationen hierzu erhalten Sie in Abschnitt 9.4.1, »Berechtigungskonzept für SAP Fiori«.

Die Datenbankebene einer SAP S/4HANA-Implementierung erfordert immer eine SAP-HANA-Datenbank. Die SAP-HANA-Datenbank repräsentiert zunächst eine Datenbank im klassischen Sinne, zusätzlich beinhaltet SAP HANA jedoch einen eigenständigen Applikationsserver für native SAP-HANA-Anwendungen. Die SAP-HANA-Datenbank enthält Berechtigungsobjekte, die als *Privilegien* (Privileges) bezeichnet werden. Informationen zu den verschiedenen Typen von Privilegien finden Sie in Abschnitt 9.2, »Benutzer und Berechtigungen in der SAP-HANA-Datenbank«. Für die Kommunikation zwischen der SAP-HANA-Datenbank und dem Applikationsserver von SAP S/4HANA wird ebenso wie bei einem SAP ERP-System der technische Benutzer `SAP<SID>` mit seinem Schema `SAP<SID>` verwendet.

Abbildung 9.1 setzt die beschriebenen Ebenen der Drei-Schichten-Architektur mit den Berechtigungsebenen in Beziehung.

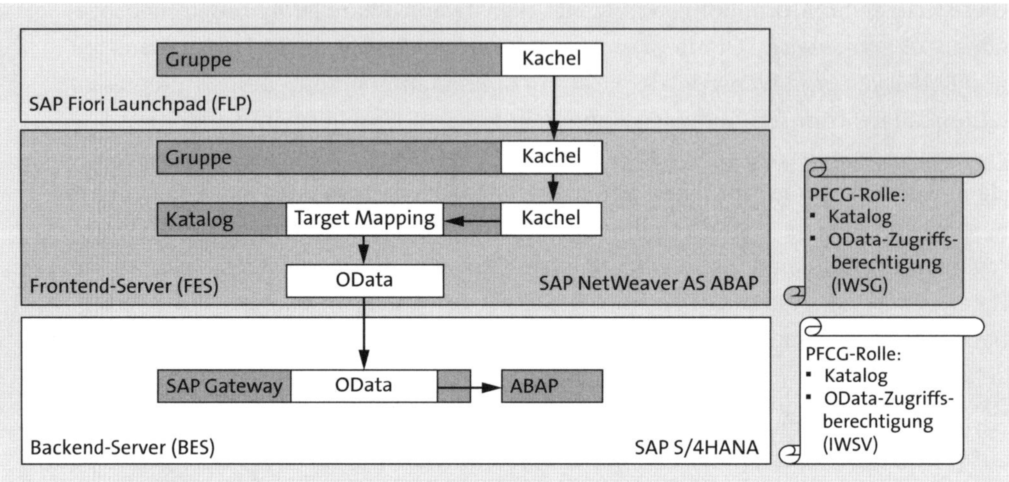

Abbildung 9.1 Architektur- und Berechtigungsebenen von SAP S/4HANA

Im Kontext von SAP Fiori erklären wir Ihnen an dieser Stelle kurz einige weitere Begriffe, da wir sie in den folgenden Abschnitten verwenden.

Das *SAP Fiori Launchpad* (FLP) repräsentiert die Startseite (Homepage) von SAP S/4HANA. Über diese Seite greifen die Anwender auf alle für sie eingerichteten oder berechtigten Fiori-Anwendungen zu. Diese Anwendungen können – wie zuvor beschrieben – unterschiedliche Implementierungstechnologien nutzen, zum Beispiel OData, Web-Dynpro oder Transaktionen. Das SAP Fiori Launchpad ist für verschiedene Plattformen und Clients verfügbar. Es kann in das SAP Enterprise Portal und den SAP Business Client integriert werden oder als Standalone-Lösung im Browser und auf der SAP Cloud Platform verwendet werden. Ferner kann das SAP Fiori Launchpad auf vielfältige Weise an die unternehmensspezifischen oder rollenabhängigen Geschäftsanforderungen angepasst werden.

Das SAP Fiori Launchpad selbst ist eine OData-Service-gestützte Anwendung, die auf dem SAP-Fiori-Frontend-Server läuft. Für diese Anwendung müssen Berechtigungen für den jeweiligen Benutzer eingerichtet werden (Berechtigungsobjekt `S_SERVICE`). Für den Start und die Darstellung des SAP Fiori Launchpads werden die folgenden Berechtigungsobjekte mit der beschriebenen Ausprägung benötigt:

- `S_SERVICE` mit den folgenden Ausprägungen im Feld `SRV_NAME`:
  - `/UI2/PAGE_BUILDER_PERS`
  - `/UI2/INTEROP`
  - `/UI2/EASY_ACCESS_MENU`
  - `/UI2/USER_MENU`

- S_SERVICE mit der folgenden Ausprägung im Feld SRV_TYPE:
  - HT
- /UI2/CHIP mit den folgenden Ausprägungen im Feld ACTVT:
  - 03 (Anzeige)
  - 16 (Ausführen)
- /UI2/CHIP mit der folgenden Ausprägung im Feld /UI2/CHIP:
  - X-SAP-UI2*

Eine *Gruppe* ist eine Teilmenge von Fiori-Apps aus einem oder mehreren *Fiori-Katalogen*. Die Gruppen werden durch entsprechende Einträge im Rollenmenü sichtbar, die im Profilgenerator zu pflegen sind (Transaktion PFCG). Die Fiori-Apps einer Gruppe werden im SAP Fiori Launchpad jeweils in separaten Bereichen dargestellt. Die verschiedenen Anwendungen werden als *Kacheln* dargestellt. Abhängig davon, welche Kacheln einer Gruppe zugeordnet sind, erscheinen diese im SAP Fiori Launchpad eines entsprechend berechtigten Anwenders. Darüber hinaus kann der Anwender die Einstiegsseite personalisieren, indem er Fiori-Apps den vordefinierten oder selbst definierten Gruppen hinzufügt oder aus diesen entfernt.

Ein Fiori Katalog ist eine Sammlung von Fiori-Apps. Fügen Sie einen oder mehrere Kataloge in das Rollenmenü ein, wird der Benutzer für die zu den Katalogen gehörigen Fiori-Apps berechtigt. Durch die sogenannte *SAP-Fiori-PFCG-Integration* von SAP Fiori und der Transaktion PFCG werden unter jedem Katalogeintrag die jeweils notwendigen Berechtigungen zum Starten der Fiori-Apps eingetragen. In SAP S/4HANA werden die folgenden Berechtigungsobjekte verwendet, um Berechtigungen für startbare Anwendungen zu definieren:

- S_SERVICE für OData-Service-basierte Apps
- S_START für Web-Dynpro-basierte Apps
- S_TCODE für klassische Transaktionen

Eine Kachel erlaubt den Zugriff auf eine Fiori-App. Die Kacheln sind wie Kacheln auf einer Wand auf dem SAP Fiori Launchpad angeordnet, daher rührt die Bezeichnung für dieses Element. Technisch gesehen ist mit dem Klick auf eine Kachel der Aufruf der Anwendung verbunden. Dieser Aufruf erfordert wiederum die jeweilige Berechtigung zum Starten der Anwendung (S_SERVICE, S_START oder S_TCODE).

Nach dem Klick auf eine Kachel wird die Oberfläche der gestarteten Anwendung angezeigt, und der Nutzer kann dann die unterstützten weiteren Interaktionen mit der Anwendung auslösen. Die Verbindung zwischen einer Kachel und den in der Anwendung aufrufbaren Programmen (einschließlich dem Server, auf dem das jeweilige Programm auszuführen ist) wird durch sogenannte *Target Mappings* definiert. Einer

Kachel können mehrere Target Mappings zugeordnet sein, je nachdem, wie komplex die jeweilige Anwendung ist. Zahlreiche Kacheln können Funktionen in anderen Kacheln direkt aufrufen. Für die andere aufgerufene Kachel muss der Benutzer natürlich ebenfalls Berechtigungen besitzen. Ein Anwender kann nur diejenigen Kacheln sehen, die in den Katalogen enthalten sind, für die sein Benutzer die Berechtigungen besitzt. Unabhängig davon ermöglicht die Fiori-Gruppe die gruppierte Darstellung der Fiori-Kacheln bzw. -Apps.

Details zum Aufbau des Berechtigungskonzepts in SAP S/4HANA finden Sie in Abschnitt 9.4, »Benutzer und Berechtigungen in SAP S/4HANA«. Bei einer Implementierung von SAP S/4HANA müssen Sie entweder das bestehende Berechtigungskonzept Ihres SAP-Systems überarbeiten oder ein neues Konzept aufsetzen. Zur Vorgehensweise in diesen beiden Szenarien finden Sie Empfehlungen in Abschnitt 9.3, »Szenarien zur Erstellung eines SAP-S/4HANA-Berechtigungskonzepts«.

Neben den Datenbankfunktionen zur Verwaltung der Daten von SAP S/4HANA wird mit der SAP-HANA-Datenbank ein eigenständiger Applikationsserver (SAP HANA Extended Applications Services oder SAP HANA XS genannt) für native SAP HANA-Anwendungen angeboten. Dadurch können Sie Anwendungen direkt auf der SAP-HANA-Datenbank laufen lassen, ohne die oben beschriebene Drei-Schichten-Architektur von SAP S/4HANA zu verwenden. Ohne diese Architektur fehlt in SAP S/4HANA auch die konzeptionelle Trennung in die Schichten Präsensationsebene, Applikationsebene und Datenbankebene, so dass die Anwender, die die nativen Anwendungen nutzen, einen Benutzer mit entsprechenden Berechtigungen direkt auf der SAP-HANA-Datenbank benötigen. Dies wiederum stellt andere Anforderungen an die Benutzer- und Berechtigungsverwaltung der SAP-HANA-Datenbank, als üblicherweise bei Datenbanken der Fall. In der Regel haben auf Datenbanken nur technische Administratoren Zugriff. Damit Sie diese spezielle Benutzer- und Berechtigungsverwaltung verstehen und einsetzen können, erläutern wir das Konzept in Abschnitt 9.2, »Benutzer und Berechtigungen in der SAP-HANA-Datenbank«.

9.2 Benutzer und Berechtigungen in der SAP-HANA-Datenbank

Verschiedene Anwendungsszenarien existieren für die HANA Datenbank, bei denen die Berechtigungsvergabe direkt auf der SAP-HANA-Datenbank erforderlich ist. Auf diese Anwendungsszenarien gehen wir in Abschnitt 9.2.2, »Benutzerverwaltung für die SAP-HANA-Datenbank«, ein. Zunächst stellen wir Ihnen jedoch die verschiedenen Arten von Berechtigungen auf der SAP-HANA-Datenbank vor und zeigen Ihnen, wie Sie sie einrichten.

9.2.1 Berechtigungen in der SAP-HANA-Datenbank

Wenn Sie eine SAP-HANA-Datenbank nutzen, sollten Sie sowohl die nativen SAP-HANA-Datenbankfunktionen als auch den lesenden oder ändernden Zugriff auf die in der Datenbank gespeicherten Daten durch passende Berechtigungstechniken schützen. Wesentlich für die Berechtigungstechnik sind die *Datenbankobjekte* wie Tabellen und Views. Über diese Datenbankobjekte erfolgt der Zugriff auf die gespeicherten Daten. Außerdem müssen sowohl ausführbare Prozeduren als auch die verschiedenen Datenbankbenutzer berücksichtigt werden. Die einem Benutzer zugeordneten SAP-HANA-spezifischen Berechtigungen werden als *Privilegien* (engl.: Privileges) bezeichnet.

Konzeptuell wird zwischen den Benutzertypen *Datenbankbenutzer* und *technischer Benutzer* unterschieden:

- Datenbankbenutzer sind Benutzer, die eine reale Person als Nutzer der Datenbank repräsentieren. Sobald ein Datenbankbenutzer gelöscht wird, werden alle (!) Datenbankobjekte, die von diesem Benutzer angelegt wurden, ebenfalls gelöscht.
- Technische Benutzer sind Benutzer, die keiner realen Person zugewiesen sind und technische Aufgaben auf der Datenbank wahrnehmen. Beispiele hierzu sind die Benutzer SYS und _SYS_REPO, mit denen administrative Aufgaben, wie z. B. die Erzeugung eines neuen Datenbankobjekts oder das Zuweisen von Privilegien, erledigt werden.

Zum Lesen oder Ändern von Daten muss ein Benutzer sowohl das Privileg besitzen, eine bestimmte Aktion ausführen zu dürfen, als auch das Privileg, auf das entsprechende Datenbankobjekt zugreifen zu dürfen. Für die SAP-HANA-Datenbank werden die folgenden Arten von Privilegien unterschieden:

- **Berechtigungen für das Datenbanksystem (System Privileges)**
  System Privileges sind SQL-Berechtigungen, die administrative Aktivitäten auf der gesamten Datenbank steuern. Derartige Aktionen sind z. B. das Anlegen eines (Datenbank-)schemas (Privileg CREATE SCHEMA), das Anlegen und Ändern von Rollen (Privileg ROLE ADMIN), das Anlegen und Löschen eines Benutzers (Privileg USER ADMIN) oder das Ausführen eines Datenbank-Backups (Privileg BACKUP ADMIN).
- **Berechtigungen für Datenbankobjekte (Object Privileges)**
  Object Privileges sind SQL-Berechtigungen, die den Zugriff auf Datenbankobjekte und das Ändern derselben (als Ganzes) steuern. Der jeweilige Objekttyp (Tabelle, View, Prozedur) bestimmt, welche Datenbankoperationen berechtigt werden können. Datenbankoperationen sind z. B. die SQL-Anweisungen SELECT, UPDATE, ALTER, DROP und DEBUG.
- **Berechtigungen für Datenbankschemata (Schema Privileges)**
  Schema Privileges sind SQL-Objekt-Berechtigungen, die den Zugriff auf ein (Datenbank-)Schema und das Ändern desselbigen einschließlich der in diesem Schema

enthaltenen Objekte steuern. Ein Benutzer, der ein Object Privilege für ein Schema besitzt, hat darüber auch das gleiche Object Privilege für alle in diesem Schema enthaltenen Objekte.

- **Berechtigungen für Datenquellen (Source Privileges)**
  Source Privileges sind SQL-Objekt-Berechtigungen, die den Zugriff auf Daten steuern, die remote in einer anderen Datenbank liegen und über *SAP HANA Smart Data Access* (SDA) zur Verfügung gestellt werden.
- **Analytische Berechtigungen (Analytic Privileges)**
  Analytic Privileges sind Leseberechtigungen auf SAP-HANA-Datenmodelle (z. B. *Analytic Views* und *Calculation Views*), die den Lesezugriff solchermaßen steuern, dass der Anwender lediglich diejenigen Daten in dem Objekt einsehen kann, zu deren Ansicht er aufgrund definierter Werte oder Wertekombinationen berechtigt ist.
- **Berechtigungen für Entwicklungspakete (Package Privileges)**
  Package Privileges sind Berechtigungen, die den Zugriff auf Entwicklungspakete in der SAP-HANA-Datenbank steuern. Entwicklungspakete enthalten *Design-Time-Versionen* von Objekten, die mit dem jeweiligen Paket über eine *Delivery Unit* transportiert und somit für andere Systeme zur Verfügung gestellt werden können.
- **Berechtigungen für Applikationen (Application Privileges)**
  Application Privileges sind spezifische Berechtigungen für den Zugriff auf Anwendungen, die auf den Funktionen von *SAP HANA Extended Application Services* (SAP HANA XS) basieren.

Für die Pflege und Zuordnung von SAP-HANA-Berechtigungen zu Benutzern steht Ihnen die Anwendung *SAP HANA Studio* zur Verfügung. Das SAP HANA Studio wird auf Ihrem Arbeitsplatzrechner installiert. Anschließend können Sie sich darüber mit Benutzer und Passwort an einer oder mehreren SAP-HANA-Datenbanken anmelden.

Zusätzlich haben Sie neben der Nutzung des SAP HANA Studios die Möglichkeit, sowohl administrative als auch entwicklungstechnische Aktivitäten in spezifischen Applikationen durchzuführen, die über Weboberflächen zur Verfügung gestellt werden. Das bedeutet, dass Sie, z. B. für die Benutzerverwaltung, auch eine spezifische Weboberfläche, das SAP HANA Cockpit, aufrufen können. Hierbei müssen Sie beachten, dass es eine spezifische Rolle im SAP-Namensraum gibt, die das Application Privilege für genau diese Web-Anwendung kapselt. Erst wenn diese spezifische Rolle den Benutzern zugeordnet ist, können sich diese Benutzer an der entsprechenden Weboberfläche anmelden.

Privilegien steuern die Nutzung aller in der SAP-HANA-Datenbank enthaltenen Objekte und Daten. Für die Nutzung einer Anwendung müssen Sie einem Benutzer in der Regel viele verschiedene Privilegtypen zuweisen. Um die komplexen Zusammenhänge bei der Zuordnung der tatsächlich benötigten Privilegien in eine noch überschaubare Darstellung überführen zu können, werden Privilegien in SAP HANA zu *Rollen* gebündelt. Eine Rolle kann mehreren weiteren Rollen und mehrere Rollen können einer einzigen Rolle zugeordnet werden. Auf diese Weise können komplexe Rollenhierarchien zusammengestellt werden. In Abbildung 9.2 ist beispielsweise die Rolle `MODELING` in der Rolle `SAPT04_CONTENT_ACTIVATION` enthalten.

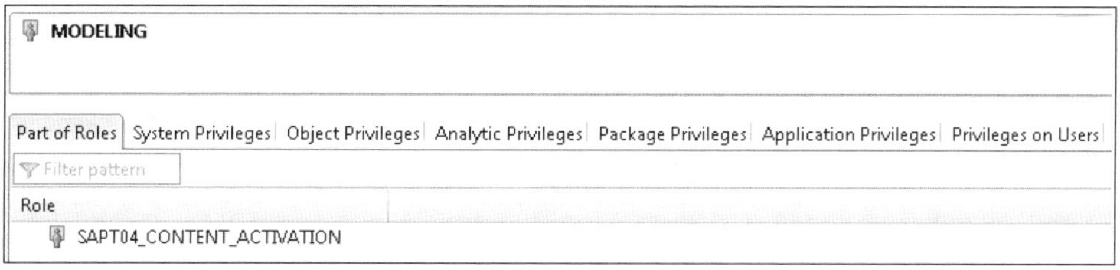

Abbildung 9.2 Rolle, die eine andere Rolle enthält

Unsere Beispielrolle `MODELING` verdeutlicht, dass Sie verschiedene Privilegtypen einer Rolle zuordnen können. In Abbildung 9.3 sehen Sie beispielsweise verschiedene System Privileges. Das SAP HANA Studio zeigt Ihnen auf der Administrationsoberfläche an, welchem Benutzer (der sogenannte *Grantor*) das jeweilige Privileg dieser Rolle zugeordnet (*granted*) wurde. Durch Filtern und Sortieren können Sie die Darstellung der Rolleninhalte optimieren. Markieren Sie einen Privilegeintrag, werden Ihnen auf der rechten Seite die Details zu diesem Privileg angezeigt.

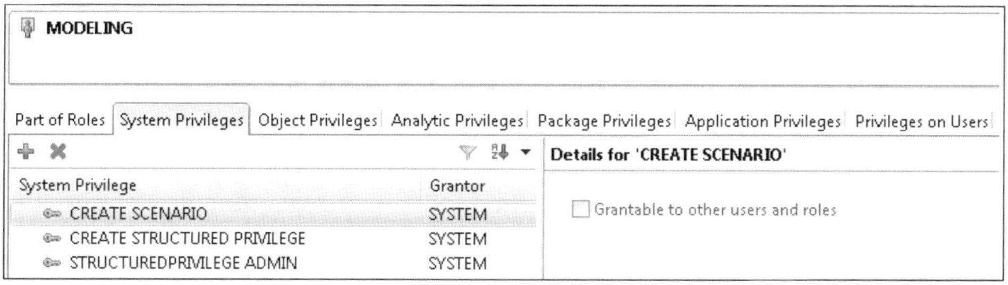

Abbildung 9.3 Rolle, die System Privileges enthält

Bei den Berechtigungen für Datenbankobjekte zeigen Ihnen die Details, welche Berechtigung der Benutzer beim Zugriff auf das Objekt hat. In Abbildung 9.4 enthält die Rolle `MODELING` die Berechtigung für die Nutzung des Objekts `_SYS_BI` mit der Einschränkung auf die Privilegien `EXECUTE`, `SELECT`, `INSERT`, `UPDATE` und `DELETE`. Aus den Details ist außerdem ersichtlich, dass es einem Benutzer, dem diese Rolle zugewiesen ist, nicht erlaubt ist, diese Privilegien an andere Benutzer weiterzureichen (**Grantable to Others = No**). Unsere Beispielrolle enthält außerdem Analytic Privileges und Package Privileges, auf die wir hier nicht näher eingehen.

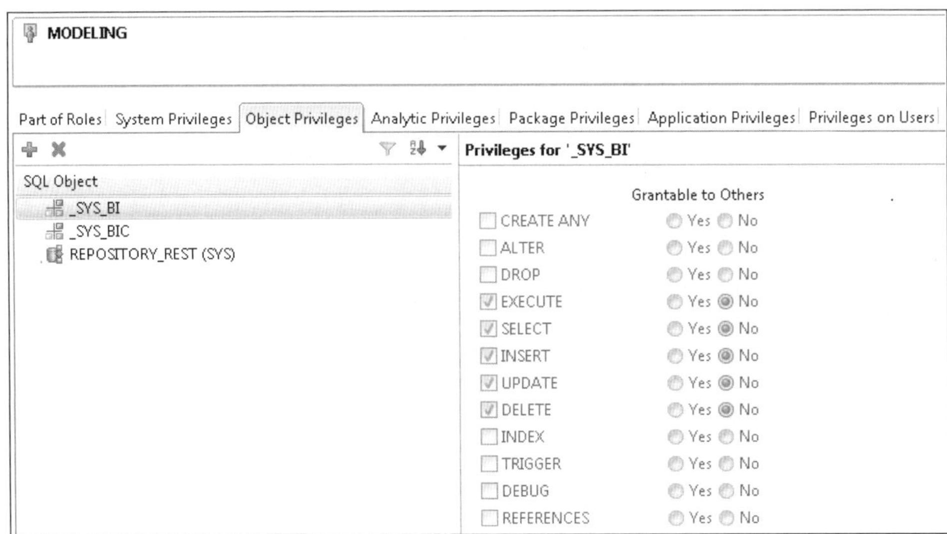

Abbildung 9.4 Rolle mit Object Privileges

Falls Ihrem Benutzer das Privileg `ROLE ADMIN` zugeordnet ist (entweder direkt oder über eine Rolle), können Sie eigene Rollen erstellen und diese Rollen Benutzern zuweisen. Dabei können Sie auf vorhandene Privilegien und Rollen zurückgreifen. Die Privilegien selbst werden von Entwicklern mit entsprechenden Berechtigungen zur Erstellung von Anwendungen einschließlich der darin benötigten Privilegien bereitgestellt. Häufig besitzen Sie als Berechtigungsadministrator nicht das Privileg zur Erstellung von Privilegien. Dies ist auch sinnvoll, da nur der Anwendungsentwickler entscheiden kann, welche Eigenschaften die Privilegien für die Nutzung der Objekte in der Anwendung haben sollen. Auch entscheidet der Anwendungsentwickler, ob er für seine Anwendung neben Privilegien auch fachlich passende Rollen bereitstellt.

Nach der Anmeldung stehen Ihnen die Ihrem Benutzer zugeordneten Berechtigungen zur Verfügung. Jede Ihrer Aktionen führt zur Nutzung von *Runtime-Versionen* der entsprechenden Objekte. Dies gilt auch für jedes Privileg und jede Rolle. Runtime-Versionen von Rollen sind in der SAP-HANA-Datenbank jedoch nicht transportierbar. Damit bei der Entwicklung Ihrer Anwendungen eine hohe Qualität erreicht werden kann, sollten Sie allerdings eine Systemlandschaft mit Entwicklungssystem (DEV), Qualitätssicherungssystem (QAS) und Produktivsystem (PRD) nutzen.

Damit Sie Entwicklungsergebnisse in das Qualitätssicherungs- und Entwicklungssystem überführen können, erlaubt Ihnen das SAP HANA Studio, in einem (frei definierbaren) *Design Time Repository* Objekte anzulegen und diese jeweils einer sogenannten *Delivery Unit* zuzuordnen. Mittels einer Transportmethode können Delivery Units in weitere Systeme importiert werden. Mit der Design-Time-Rolle `Beispielrolle` wird z. B. das Privileg `ROLE ADMIN` bereitgestellt:

```
role Berechtigung_Tipp::Beispielrolle {
    system privilege: ROLE ADMIN;
}
```

Eine Rolle, die Sie als Design-Time-Objekt im Design Time Repository erstellt haben, muss aktiviert werden, bevor sie einem Benutzer zugeordnet werden kann. Diese Aktivierung führen Sie über den *Project Explorer* im SAP HANA Studio aus, indem Sie die zu aktivierende Rolle auswählen und im Kontextmenü den Eintrag **Team • Activate** selektieren. Damit erzeugen Sie ein Runtime-Objekt dieser ausgewählten SAP-HANA-Rolle, hier `Berechtigung_Tipp::Beispielrolle`. Dieses Objekt wird auch als *Katalogobjekt* verstanden und im Knoten **Roles** in das entsprechende SAP-HANA-System eingegliedert (siehe Abbildung 9.5).

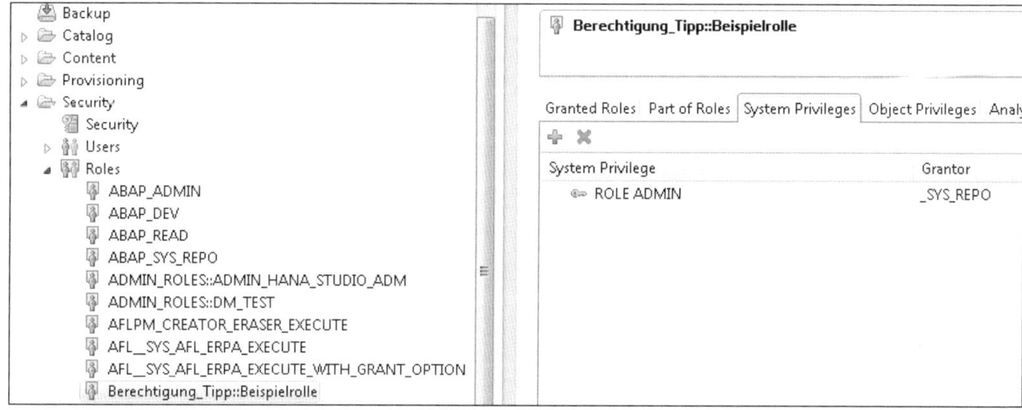

Abbildung 9.5 Beispiel für eine Runtime-Rolle

Damit steht Ihnen diese Rolle für die Zuweisung an die Benutzer zur Verfügung. Als Design-Time-Objekt können Sie diese Rolle über das SAP-HANA-eigene Transportwesen (*SAP HANA Application Lifecycle Management*, kurz HALM) oder mithilfe des SAP Solution Managers mit dem erweiterten Change and Transport System (CTS+) transportieren. Nach dem Transport in das Zielsystem wird diese Rolle als Runtime-Objekt aktiviert.

Die Zuordnung von HANA-Rollen können Sie sowohl über das SAP HANA Studio als auch über SAP Identity Management (SAP ID Management) vornehmen. Details hierzu finden Sie im folgenden Abschnitt.

9.2.2 Benutzerverwaltung für die SAP-HANA-Datenbank

Die SAP-HANA-Datenbank dient ebenso wie klassische Datenbanken als Persistenz für das ABAP-System und liegt damit in der Datenbankschicht der in Abschnitt 9.1, »Berechtigungen auf Applikations- und Datenbankebene«, beschriebenen Drei-

Schichten-Architektur. In einem solchen Szenario steuern Sie die Berechtigungen der Benutzer über die Applikationsschicht im SAP NetWeaver AS ABAP. Datenbankseitig, d. h. in der SAP-HANA-Datenbank, sind ausschließlich technische Benutzer erforderlich.

Darüber hinaus gibt es auch Anwendungsszenarien, die es erforderlich machen, dass Ihre Anwender Benutzer-Accounts und Berechtigungen direkt in der SAP-HANA-Datenbank erhalten. Im Business-Intelligence-Umfeld (BI-Umfeld) kann dies z. B. der Fall sein, wenn ein direkter Zugriff auf *Data Marts* in der Datenbank erfolgen soll.

Zusätzlich besitzt die SAP-HANA-Datenbank noch eine eigene, integrierte Applikationsschicht (SAP HANA Extended Application Services, SAP HANA XS), die Sie auch ohne ABAP-System nutzen können, z. B. für Webzugriffe, die von mobilen Endgeräten ausgehen.

Die genannten drei Anwendungsszenarien haben wir in Abbildung 9.6 einander grafisch gegenübergestellt.

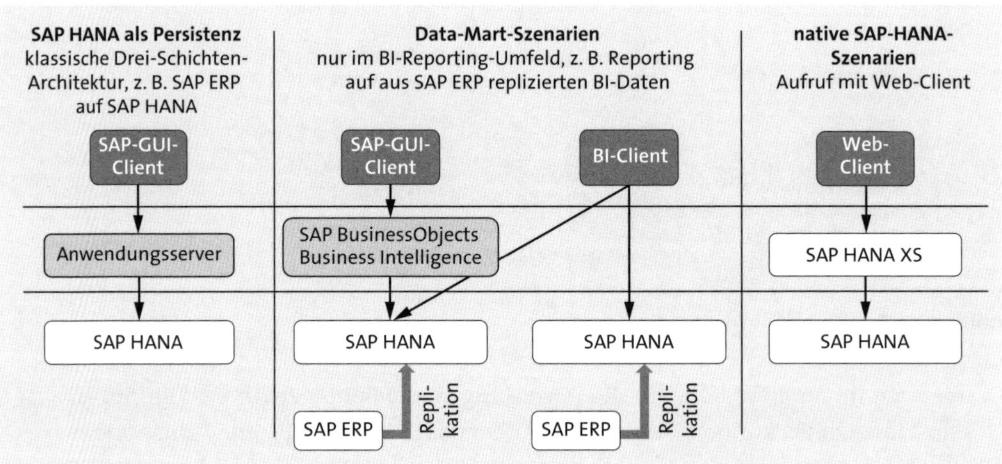

Abbildung 9.6 Übersicht der Anwendungsszenarien für SAP HANA

In diesem Abschnitt zeigen wir Ihnen, welche Möglichkeiten Sie im mittleren Szenario (Data-Mart-Szenario) zur Synchronisation von Benutzern zwischen ABAP-System und SAP-HANA-Datenbank haben. Für die Benutzerverwaltung in der SAP-HANA-Datenbank existieren vier verschiedene Möglichkeiten, die wir Ihnen im Folgenden vorstellen.

Zunächst einmal können Sie Benutzer mit dem SAP HANA Studio administrieren. Wir zeigen Ihnen in Abbildung 9.7 ein Beispiel für die Pflege eines Benutzers. Über die Perspektive **SAP HANA Administration Console** gelangen Sie in die Pflegeansicht. Wählen Sie dort das Verzeichnis **Security • Users**, um die Funktionen zur Benutzerverwaltung aufzurufen.

Die Bearbeitung eines vorhandenen Benutzers starten Sie durch einen Doppelklick auf den Benutzernamen. Zum Anlegen eines neuen Benutzers markieren Sie das Verzeichnis **Users**, öffnen mit Kilck auf die rechte Maustaste das zugehörige Kontextmenü und wählen die Funktion **New User**. Im oberen Bereich des Bildschirms können Sie die Authentifizierungsmethode des Benutzers festlegen (**Authentication**). Neben der Authentifizierung via Benutzername und Passwort (Option **Password**) können Sie die Methoden **Kerberos** und **SAML** konfigurieren. Dazu wählen Sie die jeweilige Option aus. Überdies können Sie unter **Session Client** den Mandanten des SAP-Systems hinterlegen, in dem der Anwender arbeitet. Im unteren Bereich werden die Zuweisungen der Rollen und der verschiedenen Privilegtypen durchgeführt.

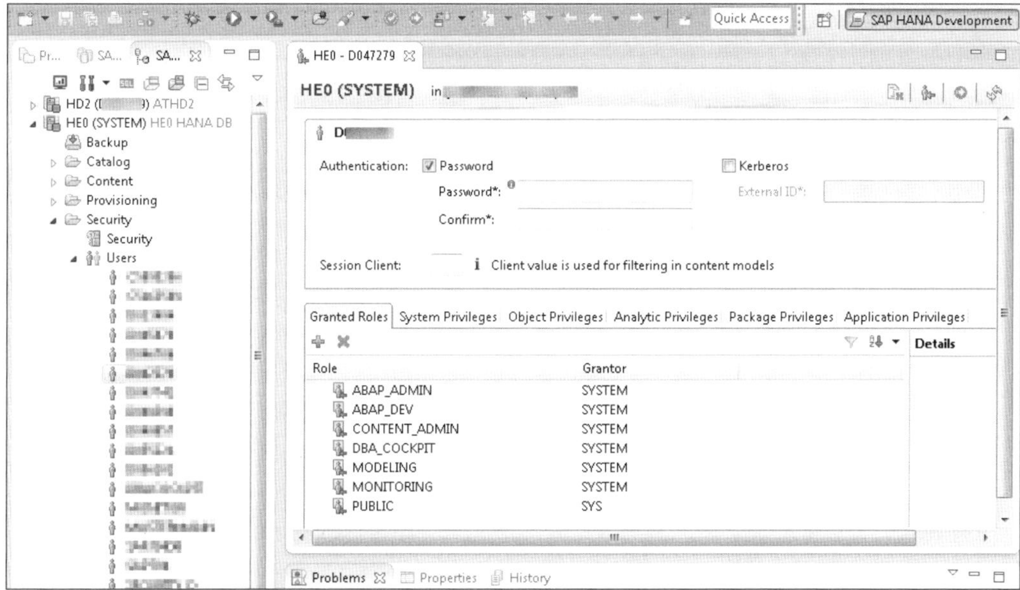

Abbildung 9.7 Verwaltung von SAP-HANA-Benutzern mit dem SAP HANA Studio

In einem Szenario, in dem Anwender direkt auf die SAP-HANA-Datenbank zugreifen, kann eine manuelle Doppelpflege von Benutzer-Accounts in den verschiedenen Oberflächen der SAP-HANA-Datenbank und des SAP NetWeaver AS ABAP erforderlich sein.

Die zweite Möglichkeit der Benutzerverwaltung stellt die Pflege der SAP-HANA-Datenbank-Benutzer über die Transaktion SU01 dar. Diese Möglichkeit besteht seit SAP NetWeaver 7.40 SP 6 (siehe SAP-Hinweis 1927767). Dazu richten Sie über die Transaktion DBCO eine Verbindung zur Datenbank ein, die Sie über den Report `ADBC_TEST_CONNECTION` testen können. Dieser Report wird mit SAP-Hinweis 1750722 ausgeliefert. Im nächsten Schritt tragen Sie die Datenbankverbindung und den Mandanten, in dem die Funktionalität zur Verfügung stehen soll, in die Tabelle USR_DBMS_SYSTEM ein.

Nun steht Ihnen die neue Funktionalität in der Transaktion SU01 über die Registerkarte **DBMS** zur Verfügung (siehe Abbildung 9.8). Mit der Anlage des ABAP-Benutzers, hier TEST01, wird automatisch ein Benutzer in der SAP-HANA-Datenbank angelegt, und es wird eine Zuordnung zwischen ABAP-Benutzer und Datenbankbenutzer gespeichert. Dem Datenbankbenutzer (**DBMS Benutzer**) können Sie danach im Bereich **Zugeordnete DBMS Rollen** in der Spalte **Datenbankmanagementsystem-Rolle** Datenbankrollen zuweisen. In Abbildung 9.8 wurden dem Benutzer TEST01 die Rollen CONTENT_ADMIN, MODELING, MONITORING und PUBLIC zugewiesen.

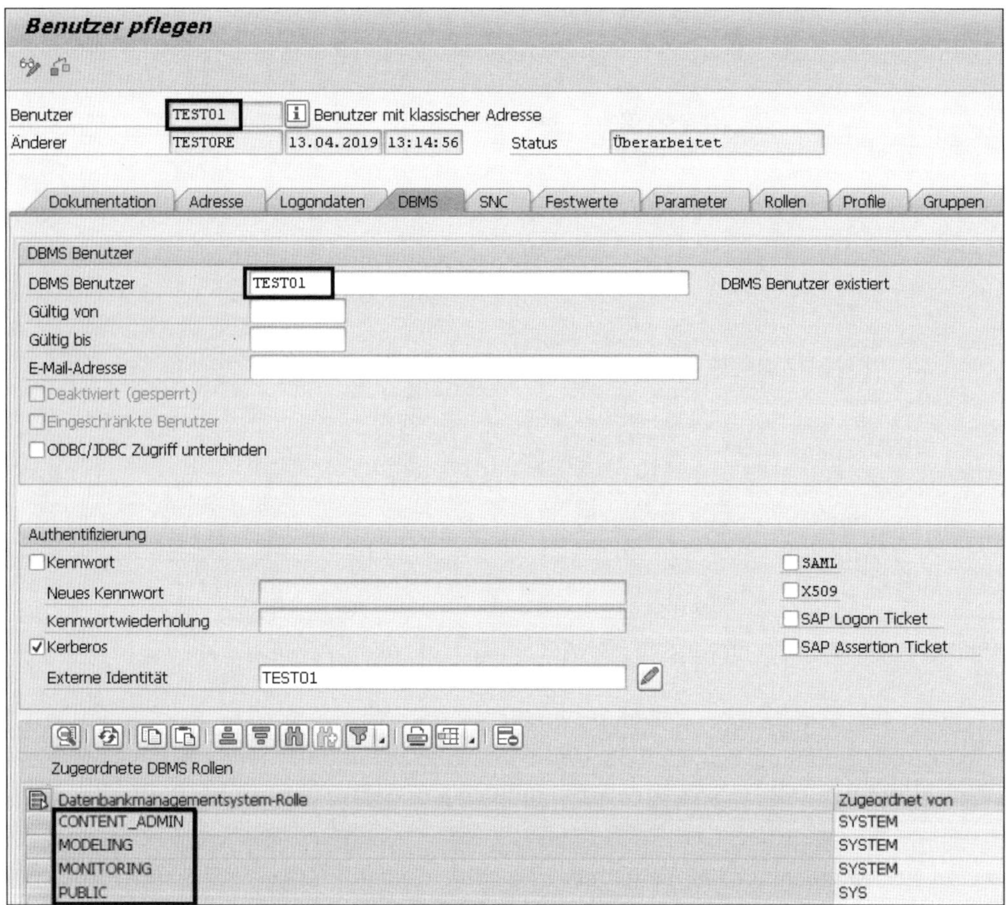

Abbildung 9.8 Zuordnung von Datenbankrollen auf der Registerkarte »DBMS« in der Transaktion SU01

Die Nutzung dieser Funktionalität ist nur über die Transaktion SU01 möglich. Bei der Arbeit mit der Transaktion SU10 (z. B. zur Massenanlage oder Massenlöschung) wird nur der ABAP-Benutzer geändert; der Datenbankbenutzer in SAP HANA bleibt dagegen unangetastet. Weitere Details zur Konfiguration und Nutzung finden Sie auf *http://help.sap.com/* unter folgendem Pfad:

Benutzer- und Rollenverwaltung des AS ABAP • Konfiguration der Benutzer- und Rollenverwaltung • DBMS Benutzerverwaltung

Als dritte Möglichkeit können Sie, ebenfalls seit SAP NetWeaver 7.40 SP 6 (siehe SAP-Hinweis 1927767), eine Massenpflege von HANA-Benutzern im ABAP-System vornehmen. Diese zusätzliche Funktion ist von großer Bedeutung, da die Erweiterung der Transaktion SU01 nicht für die Massenpflege in Transaktion SU10 nutzbar ist. Verwenden Sie den Report `RSUSR_DBMS_USERS` für die Pflege von fehlenden HANA-Benutzern oder fehlenden Zuordnungen zwischen ABAP- und HANA-Benutzern sowie für die Zuordnung bzw. den Entzug von Datenbankrollen für eine große Anzahl von Benutzern. Eine ausführliche Beschreibung des Reports finden Sie in SAP-Hinweis 1927767.

Die Integration der HANA-Berechtigungen in die ABAP-Benutzerverwaltung bedeutet für Sie allerdings, dass Sie gewisse Tätigkeiten doppelt ausführen müssen. So sind beispielsweise die zweimalige Eingabe der Benutzer-ID und die separate Zuweisung von Berechtigungen in ABAP-System und SAP-HANA-Datenbank erforderlich. Diese Doppelarbeit können Sie durch den Einsatz von Anwendungen zur zentralen Verwaltung von Benutzern in der IT-Landschaft vermeiden. Die Lösungen von SAP für die Benutzer- und Berechtigungsverwaltung, *SAP Identity Management* und *SAP Access Control*, können auch die Benutzer und Berechtigungen der SAP-HANA-Datenbank verwalten.

Weiterhin können Sie in SAP HANA 1.0 Benutzer über eine spezifische Weboberfläche pflegen. Hierzu nutzen Sie den folgenden Link zum Aufruf der *SAP HANA web-based Development Workbench*:

http://<host>:<port_plus_instance_no>/sap/hana/ide/security/

Nach Eingabe Ihrer Benutzer-ID und Ihres Passworts gelangen Sie in die Sicht **Security** der SAP HANA Web-based Development Workbench. Hier finden Sie auf der linken Seite die Einträge **Security** und darunter **Users** und **Roles**. Auf diesem Weg können Sie Benutzer anlegen oder ändern sowie sich anzeigen lassen. Weiterhin können Sie alle zur Verfügung stehenden Rollen im Zielsystem einsehen.

Zusätzlich haben Sie die Möglichkeit, Benutzer der SAP-HANA-Datenbank über das *SAP HANA Cockpit 2.0* zu administrieren. Hierzu nutzen Sie entweder die Kachel **Manage Roles and Users** oder die Kachel **Assign Roles to Users**.

SAP Access Control unterstützt ab Release 10.1 die Anlage von Benutzern sowie die Zuweisung von Rollen und Privilegien in der SAP-HANA-Datenbank. Sofern Sie in SAP Access Control das Konzept der *Geschäftsrollen* nutzen, können Sie bei der Zuweisung einer Geschäftsrolle zu einem Benutzer einstellen, dass dieser Benutzer automatisch auch in SAP NetWeaver AS ABAP und in der HANA-Datenbank angelegt wird und die Zuordnung der technischen PFCG- und SAP-HANA-Rollen (bzw. Privilegien) erfolgt.

Analog unterstützt SAP Identity Management ab Version 7.2 SP 3 die Anlage von HANA-Benutzern sowie die Zuweisung von Rollen. Auch über SAP Identity Management können Sie den Mehrwert der Geschäftsrollen für die Anlage eines Benutzers nutzen und die Rollenzuweisung im ABAP-System sowie in der HANA-Datenbank umsetzen.

Beide Lösungen bieten Ihnen den Mehrwert eines zentralen Reportings über die vorhandenen Benutzer sowie über neu angelegte Benutzer und Rollenzuweisungen. Darüber hinaus können Sie die integrierten Workflows beider Lösungen auch auf HANA-Berechtigungsanträge erweitern. Dies erlaubt es Ihnen, die Risikoanalyse der Lösung SAP Access Control auch in Bezug auf kritische SAP-HANA-Berechtigungen zu nutzen.

9.3 Szenarien zur Erstellung eines SAP-S/4HANA-Berechtigungskonzepts

Die Einführung von SAP S/4HANA im Unternehmen kann über zwei Wege erfolgen:

1. Im Falle einer *Konvertierung* (häufig ist auch von *Migration* die Rede) wird ein vorhandenes SAP ERP-System in ein SAP S/4HANA-System konvertiert. Customizing, Stamm- und Bewegungsdaten bleiben weitgehend erhalten – es sind keine separaten Migrationsschritte erforderlich. Dieser Ansatz wird im Folgenden auch *Brownfield-Ansatz* genannt.
2. Häufig nutzen Kunden die Neueinführung von SAP S/4HANA auch für eine Konsolidierung von Systemen, Daten und Prozessen in einem neu konzipierten System. In diesem Fall wird ein neues SAP S/4HANA-System aufgebaut, und Prozesse aus diversen Altsystemen werden sukzessive in das neue, zentrale SAP S/4HANA-System übernommen. Diesen Ansatz werden wir im Folgenden als *Greenfield-Ansatz* bezeichnen.

Die Wahl der Vorgehensweise hat Einfluss auf die Art und Weise, wie Berechtigungen im neuen SAP S/4HANA-System aufgebaut werden. Während bei einem Greenfield-Ansatz Rollen und Berechtigungen in der Regel neu aufgebaut werden, wird im Rahmen eines Brownfield-Ansatzes u. U. auch das alte Berechtigungskonzept übernommen. Das bisherige Berechtigungskonzept wird in diesen Fällen mithilfe der Transaktion SU25 (Upgrade-Tool für den Profilgenerator) aktualisiert und nach weiteren Anpassungen als neues Berechtigungskonzept übernommen.

Manchmal entscheiden sich Kunden beim Brownfield-Ansatz aber auch dafür, ein neues Berechtigungskonzept zu entwerfen, etwa, um die volle Funktionalität des SAP Fiori Launchpads nutzen zu können. Wir unterscheiden in unseren Beratungsprojekten die folgenden Optionen:

- B1: Anpassung des existierenden SAP-ERP-Konzepts für SAP S/4HANA (Brownfield-Ansatz):
  - Zielsetzung ist die Anpassung des bestehenden SAP-ERP-Berechtigungskonzepts an SAP S/4HANA und damit die Sicherung bisheriger Investitionen.
  - Voraussetzung für diesen Ansatz ist, dass das bestehende Rollenkonzept konform mit den legalen Anforderungen ist und die neuen Geschäftsprozesse unterstützt. Gegebenenfalls müssen Sie SAP-S/4HANA-spezifische, innovative Funktionen für die relevanten Prozesse ergänzen.
- B2: Automatisierte Best-Practice-Migration nach SAP S/4HANA (Brownfield-Ansatz):
  - Zielsetzung ist ein neues regelkonformes SAP-S/4HANA-Berechtigungskonzept, das die neuen Geschäftsprozesse unterstützt. Dabei soll das alte Konzept basierend auf einer SAP-ERP-Nutzungsanalyse der bisherigen Systeme migriert werden.
  - Diese Vorgehensweise berücksichtigt auch die neuen Funktionen und Prozesse von SAP S/4HANA und integriert Fiori-Apps in den neuen Rollenkatalog, der basierend auf den SAP-ERP-Nutzungsdaten automatisch generiert wird.
- G1: Automatisiertes Best-Practice-Neudesign für SAP S/4HANA (Greenfield-Ansatz):
  - Zielsetzung ist ein neues regelkonformes SAP-S/4HANA-Berechtigungskonzept, basierend auf den neu definierten Prozessen.
  - Die Vorgehensweise berücksichtigt dabei auch die neuen Funktionen und Prozesse von SAP S/4HANA und integriert Fiori-Apps in den neuen Rollenkatalog, der basierend auf der Dokumentation der neuen Prozesse automatisch generiert wird.
- G2: Neudesign mit Modellunternehmen (Greenfield-Ansatz):
  - Zielsetzung ist ein neues, regelkonformes SAP-S/4HANA-Berechtigungskonzept, basierend auf den von SAP definierten Prozessen für die sogenannte *Model Company*.
  - Die Vorgehensweise basiert auf den Standardprozessen der *Model Company* und den dort enthaltenen Rollen. Anpassungen werden nur in geringem Umfang durchgeführt. Mögliche Funktionstrennungskonflikte wurden von SAP bereits in den Rollen berücksichtigt.

Folgende Einflussfaktoren sind relevant für die Entscheidung, inwieweit alte Berechtigungen übernommen oder neue Berechtigungen aufgebaut werden:

- **Zustand des alten Berechtigungskonzepts**
  Nicht selten ist der Zustand des alten Berechtigungskonzepts ohnehin renovierungsbedürftig. Ein Umstieg auf SAP S/4HANA stellt einen guten Zeitpunkt dar, um das alte Berechtigungskonzept abzulösen.
- **Prozessuale und organisatorische Änderungen**
  Insbesondere beim Greenfield-Ansatz ist im Gegensatz zur Nutzung im Altsystem von prozessualen sowie organisatorischen Änderungen auszugehen. Die Zuschnitte von Aufgaben und Arbeitsplätzen ändern sich, mehrere Buchungskreise werden in einen Buchungskreis überführt, neue Komponenten werden eingeführt, Eigenentwicklungen durch Standardanwendungen ersetzt. Bei derart gravierenden Änderungen ist das Festhalten am alten Berechtigungskonzept aufwendiger als die Erstellung eines neuen Berechtigungskonzepts.
- **Geplante Nutzung des SAP Fiori Launchpads**
  Ein wesentliches Merkmal von SAP S/4HANA ist die starke Nutzung von Fiori-Apps sowie des SAP Fiori Launchpads. Viele Fiori-Apps ermöglichen einen übersichtlichen Einstieg und zudem einen Absprung in weitere, detailliertere Apps. Die Nutzung solcher Apps ist nur möglich, wenn diese im SAP Fiori Launchpad über Kataloge verfügbar gemacht werden. Diese Art der Bereitstellung unterscheidet sich von der Bereitstellung von Transaktionen über das Rollenmenü.

Im Folgenden beschreiben wir die erforderlichen Schritte zur Umsetzung eines SAP-S/4HANA-Berechtigungskonzepts für die verschiedenen beschrieben Brownfield- und Greenfield-Szenarien.

Bei einer Migration des alten Berechtigungskonzepts nach dem Brownfield-Ansatz (Szenario B1) sind folgende Schritte erforderlich:

1. In Transaktion SU25 müssen die Schritte 2a und 2b durchgeführt werden, um die aktualisierten Daten aus Transaktion SU22 mit den Daten aus Transaktion SU24 abzugleichen. Außerdem müssen Sie Schritt 2d in Transaktion SU25 durchführen, um obsolete Anwendungen in Rollen auszutauschen. Zusätzlich prüfen Sie die Hinweise in der *SAP S/4HANA Simplification List* zu den in den Rollen vorhandenen Anwendungen. Ergänzen Sie die Rollen um Berechtigungen für Fiori-Apps, indem Sie ersteren die entsprechenden Kataloge zuweisen. Bei diesem Schritt können Sie die Empfehlungen in der *SAP Fiori Apps Reference Library* (*https://fioriappslibrary.hana.ondemand.com*) unterstützen.
2. Falls die Nutzung des SAP Fiori Launchpads geplant ist, sind zusätzlich folgende Schritte notwendig:

- Verwendete Transaktionen, die im Standard nicht als Fiori-App verfügbar sind, müssen in wenigen Konfigurationsschritten als Fiori-App verfügbar gemacht werden. Berücksichtigen Sie dabei, dass Transaktionen verfügbar sind, die in SAP S/4HANA zwar im SAP GUI for HTML angezeigt werden, aber als Fiori-App nicht die vollständige Funktionalität bereitstellen.
- Für jede Rolle, die das SAP Fiori Launchpad nutzen soll, muss ein Fiori-Katalog erstellt werden. Die zuvor über das Rollenmenü bereitgestellten Transaktionen müssen Sie nun diesem Katalog zuweisen.
- Anschließend erstellen Sie Gruppen zur Anzeige der Fiori-Apps, auf die die Rollen Zugriff erteilen sollen.
- Sofern keine Embedded-Implementierung des SAP-Fiori-Frontend-Servers vorgesehen ist, müssen Sie jeweils eine Rolle pro Referenzrolle im SAP-Fiori-Frontend-Server bereitstellen, der Sie ebenfalls den Katalog zuweisen.

3. Nun können Sie offene Berechtigungsfelder in den Referenzrollen ausprägen.
4. Anschließend aktualisieren Sie die Ableitungen zu den Referenzrollen, in denen neue Organisationsfelder enthalten sind.

Falls Sie sich für eine Neuimplementierung der Rollen entscheiden – unabhängig davon, ob Sie den Brownfield- oder Greenfield-Ansatz beim Umstieg auf SAP S/4HANA verfolgen (Szenarien B2, G1, G2) – müssen Sie folgende Schritte durchführen:

1. Beim Greenfield-Ansatz führen Sie Schritt 1, »Kundentabellen wurden initial befüllt«, in Transaktion SU25 durch (zur Übernahme der Vorschlagswerte aus der SU22 in die SU24), beim Brownfield-Ansatz Schritt 2a und 2b.
2. Defininieren Sie die neuen Rollen und Kataloge. Als Grundlage können Sie z. B. eine Liste genutzter Transaktionen aus den Altsystemen erstellen und verwenden (Details zur Vorgehenweise finden Sie im Abschnitt 3.2, »Nutzungsdaten für die Rollendefinition verwenden«):
   - Berechtigungen für Transaktionen, die laut SAP S/4HANA Simplification List obsolet sind, sollten gestrichen und durch neue Transaktionen bzw. Fiori-Apps ersetzt werden.
   - Mithilfe der Empfehlungen der SAP Fiori Apps Reference Library können Sie eine Liste von möglicherweise relevanten Fiori-Apps erzeugen, die Bezug zur jeweils genutzten Transaktion haben.
   - Nun wählen Sie einen passenden Katalog- bzw. Rollenzuschnitt. Als Vorlage können Sie die Standard-Fiori-Kataloge nutzen. Wichtig sind die Berücksichtigung eines einheitlichen Konzepts (z. B. die Orientierung von Rollen an den Geschäftsprozessen oder funktional aufgebaute Rollenzuschnitte) und die Trennung kritischer Transaktionen. Außerdem sollten Sie Funktionstrennungskonflikte beachten.

- Sofern Transaktionen, die nicht im Standard als Fiori-App zur Verfügung stehen, über das SAP Fiori Launchpad aufrufbar sein sollen, können diese als Fiori-App verfügbar gemacht werden.
- Auf dieser Basis erstellen Sie Kataloge und ordnen diesen Katalogen die jeweiligen Transaktionen und Fiori-Apps zu.
- Erstellen Sie im letzten Schritt Gruppen zur Anzeige der Fiori-Apps, auf die die Rolle Zugriff erteilen soll.

3. Erstellen Sie Referenzrollen (Backend- sowie gegebenenfalls Frontend-Rollen) und fügen Sie die Kataloge in diese Rollen ein.
4. Prägen Sie die Berechtigungsobjekte den jeweiligen Anforderungen entsprechend aus.
5. Leiten Sie die produktiven Rollen von den Referenzrollen ab.

Die Aufwände für ein SAP-S/4HANA-Berechtigungskonzept sind nicht unerheblich. In allen beschriebenen Szenarien lassen sich einige Schritte automatisieren. Unterstützung bei der Zuordnung der genutzen Transaktionen zu Fiori-Apps erspart Ihnen ebenfalls Zeit und Mühe. Daher empfehlen wir Ihnen, dass Sie sich Unterstützung suchen und von den in anderen SAP-S/4HANA-Projekten gemachten Erfahrungen profitieren. Neben den Angeboten verschiedener SAP-Partner bietet Ihnen *SAP Services* Best-Practice-Rollen und toolgestützte Implementierungshilfen an.

9.4 Benutzer und Berechtigungen in SAP S/4HANA

Die Drei-Schichten-Architektur von SAP S/4HANA entspricht der Architektur eines SAP-ERP-Systems, wird jedoch in spezifischen Bereichen um bereits bekannte Technologien wie z. B. SAP-Fiori-Frontend-Server erweitert. Im Kontext von SAP S/4HANA wird auch die aus SAP ERP bekannte Methodik zur Rollenmodellierung fortgeführt und um spezifische SAP S/4HANA-Artefakte erweitert. Das bedeutet, dass die klassische Entwicklung von Berechtigungsrollen mit Hilfe des Profilgenerators (Transaktion PFCG) auch weiterhin stattfindet. Sie wird lediglich um SAP-S/4HANA-spezifsche Berechtigungsobjekte und Designwerkzeuge erweitert.

Beachten Sie darüber hinaus, dass im Kontext von SAP S/4HANA die Oberflächendarstellung, gestützt durch das SAP Fiori Launchpad, auf einem separaten Server bereitgestellt werden kann. Dies bedeutet für die Ausführung einer Anwendung, dass Berechtigungsrollen auf mehreren Servern erforderlich sind.

Im Folgenden führen wir Sie umfassender in die Berechtigungsverwaltung für SAP Fiori und CDS-Views sowie die Benutzerverwaltung im Kontext einer SAP-S/4HANA-Implementierung ein. Wir stellen Ihnen auch dar, wie Sie Berechtigungsfehler in SAP S/4HANA behandeln können.

9.4.1 Berechtigungskonzept für SAP Fiori

Für die Nutzung von Fiori-Apps benötigen Benutzer folgende Arten von Entitäten:

- **User Interface**

  In einem speziellen User Interface (UI) für Fiori wird festgelegt, welche Fiori-Apps einem Benutzer wie angezeigt werden. In SAP S/4HANA erfolgt der Zugang zu den Anwendungen über das SAP Fiori Launchpad, das einen Rahmen zur Anzeige von Kacheln bietet. Eine Kachel ist, wie bereits erwähnt, eine grafische Darstellung des Zugangspunktes zum Aufruf einer konkreten Anwendung. Neben dem Zugang zur Anwendung kann eine Kachel zusätzliche Informationen anzeigen, ohne dass der Benutzer auf diese Kachel geklickt hat.

  Eine Kachel wird immer innerhalb einer *Fiori-Gruppe* angezeigt. In diesem UI-Konzept sind Fiori-Kacheln nur dann für den Anwender sichtbar, wenn seinem Benutzer eine Rolle zugeordnet ist, in deren Rollenmenü eine passende Fiori-Gruppe enthalten ist. Dieser Fiori-Gruppe sind entsprechende Kacheln zugeordnet. Zusätzlich müssen Sie dem Benutzer eine Rolle zuordnen, in deren Rollenmenü ein Fiori-Katalog enthalten ist, in dem diese Kacheln und die passenden Target Mappings enthalten sind.

  Zusätzlich stellt das SAP Fiori Launchpad den *App Finder* zur Verfügung. Mit dessen Hilfe kann die Kachel zu einer App gefunden werden.

- **Berechtigungen**

  Zum einen werden Berechtigungen zur Nutzung der Funktionen des SAP Fiori Launchpad benötigt, zum anderen, um die Geschäftslogik der Fiori-Apps zu nutzen. Bei der Nutzung einer Fiori-App werden verschiedene Technologien zum Starten entsprechender Anwendungsfunktionen verwendet. Neben klassischen Technologien wie Transaktionen und Web-Dynpro-Anwendungen finden Sie in SAP Fiori neue Konzepte, wie zum Beispiel OData-basierte Anwendungen.

  Der Aufruf eines jeden dieser Anwendungstypen wird durch entsprechende Startberechtigungen geschützt (`S_TCODE`, `S_START` und `S_SERVICE`, wie in Abschnitt 9.1, »Berechtigungen auf Applikations- und Datenbankebene«, beschrieben).

  Nach dem Start einer Anwendung werden in der Programmlogik weitere Berechtigungsobjekte und deren Feldwerte geprüft. SAP hinterlegt die geprüften Berechtigungsobjekte zu den entsprechenden Apps – analog dem bisherigen Vorgehen für Transaktionen – in den Tabellen, die von der Transaktion SU22 verwaltet werden. Nachdem Sie diese Werte in die Tabellen der Transaktion SU24 übernommen haben, stehen diese Zuordnungsdaten für die Transaktion PFCG zur Verfügung und werden bei der Pflege einer Rolle automatisch in die Berechtigungen übernommen. Details zur Vorgehensweise und den Zusammenhängen zwischen den Transaktionen SU22 und SU24 finden Sie in Kapitel 4, »Berechtigungsvorschlagswerte«.

Um in SAP S/4HANA ein Berechtigungskonzept für Fiori-Apps erstellen zu können, müssen Sie mit den folgenden Begriffen und Konzepten vertraut sein:

- **Technischer Katalog**
  Technische Kataloge enthalten alle für die jeweilige Anwendung relevanten Definitionen und Programme, die festlegen, welche Kachel die Anwendung repräsentiert und wie die zugehörigen Programme aufgerufen werden (das sogenannte *Target Mapping*).

  Für Ihre Eigenentwicklungen können Sie einen oder mehrere technische Kataloge anlegen. Diese unterstützen Sie beim Aufbau von *Geschäftskatalogen*. Technische Kataloge dienen dazu, Referenzen einzelner Bestandteile von SAP Fiori in Geschäftskatalogen bereitzustellen. Der Vorteil der Trennung zwischen technischen und Geschäftskatalogen besteht darin, dass Änderungen in der Softwareimplementierung durch standardisierte Upgrade-Verfahren (Importe von Transporten oder System-Upgrades) ausschließlich in den technischen Katalogen realisiert werden. Die Geschäftskataloge bedienen sich flexibel aus dem Inhalt der technischen Kataloge. Als Administrator können Sie technische Kataloge u. a. als Projektarchiv nutzen, das Sie darin unterstützt, projekt- und anwendungsspezifische Kataloge zu erstellen.
- **Technische PFCG-Rolle**
  Technische PFCG-Rollen enthalten im Rollenmenü Einträge für die technischen Kataloge. Die Funktionen der SAP-Fiori-PFCG-Integration bilden den Inhalt des jeweiligen Katalogs auf die benötigten Berechtigungen zum Start der jeweiligen Applikation ab. Diese Berechtigungen werden im entsprechenden Katalog im PFCG-Rollenmenü somit automatisiert eingetragen und ermöglichen den Benutzern damit den Zugriff auf die in diesen Katalogen enthaltenen Fiori-Apps.
- **Business-Katalog**
  Die von SAP ausgelieferten Business-Kataloge (oder auch Geschäftskataloge) enthalten eine Mustersammlung von Target Mappings und Kacheln, die für eine *Geschäftsrolle* (Business Role) relevant sind. Der Inhalt des Geschäftskatalogs stellt eine Teilmenge des Inhalts eines oder mehrerer technischer Kataloge dar. Diese Teilmenge spiegelt die Berechtigungsanforderungen eines bestimmten Anwenderkreises wider.

[»]

Geschäftskataloge in SAP S/4HANA Cloud

Beachten Sie, dass Sie die von SAP ausgelieferten Geschäftskataloge in SAP S/4HANA Cloud in Bezug auf die enthaltenen Anwendungen nicht ändern können. Eine Anpassung ist hier nur bei der Ausprägung von bestimmten Berechtigungsfeldern für den jeweiligen Einsatzfall innerhalb einer Geschäftsrolle durch die Rollenverwaltung möglich.

- **Business-Katalog-Gruppe**
  Geschäftskataloggruppen (auch Fiori-Gruppen genannt) enthalten eine Reihe von Anwendungen aus einem oder mehreren Geschäftskatalogen, die einem Anwender im SAP Fiori Launchpad standardmäßig angezeigt werden. Anwender können diese Gruppen selbst anpassen, indem sie Apps hinzufügen oder entfernen. Dies gilt nur, wenn bei der Erstellung der Gruppe festgelegt wurde, dass diese durch den jeweiligen Benutzer verändert werden darf. Alternativ können Sie Änderungen am Gruppeninhalt durch Anwender verhindern.

  In jedem Fall sollten Sie vermeiden, dass zu viele Kacheln in einer Gruppe zusammengefasst werden, da dies u. U. zu Performanceeinbußen bei der Anzeige des SAP Fiori Launchpad führt. Per Katalog berechtigte Fiori-Applikationen, die nicht in einer Fiori-Gruppe enthalten sind, kann der Anwender über den App-Finder suchen und starten.

- **Business-PFCG-Rolle**
  Geschäfts-PFCG-Rollen enthalten im Rollenmenü Einträge für Geschäftskataloge und Geschäftskataloggruppen. Ist einem Benutzer eine Geschäfts-PFCG-Rolle zugewiesen, sieht der jeweilige Anwender die in der Geschäftskataloggruppe enthaltenen Apps im SAP Fiori Launchpad.

9

Für die Erstelung eines Berechtigungskonzepts für SAP S/4HANA bzw. SAP Fiori ist es außerdem wichtig zu wissen, was beim Start einer Fiori-App geschieht:

1. Nach dem Start des SAP Fiori Launchpads werden dem Anwender diejenigen Kacheln angezeigt, die Katalogen zugeordnet sind, für die er berechtigt ist, und die in Gruppen organisiert sind. Dafür liest ein Launchpad-spezifischer OData-Service die Inhalte der dem Benutzer zugeordneten Rollenmenüs aus und zeigt die Kacheln in den richtigen Gruppen an.

[«]

Anzeige von Kennzahlen auf den Kacheln

Wenn das SAP Fiori Launchpad Kacheln anzeigt, die technische OData-Services nutzen, werden ohne Interaktion des Anwenders bereits Daten aus dem angebundenen SAP-Backend-System abgerufen und beispielsweise in Form von Grafiken oder Zahlen auf der Kachel angezeigt.

2. Um eine Fiori App zu starten, klickt der Anwender auf die entsprechende Kachel. Dabei ermittelt die technische Implementierung der Fiori App, in welchem Backend-System die auszuführende Geschäftslogik abgelegt ist.
   - Wurde bei der Implementierung ein OData-Ansatz gewählt, wird als erstes der korrespondierende IWSG-Service gerufen, der wiederum den zugehörigen IWSV-Service auf dem Server ruft, auf dem die Geschätfslogik implementiert ist. Die

Kommunikation zwischen IWSG und IWSV findet über die RFC-Technologie (Remote Function Call) statt.

   - Sollte die Geschäftslogik als Web-Dynpro-Applikation oder als klassische Transaktion implementiert sein, wird beim Klick auf die korrespondierende Kachel eine HTTP- bzw. HTTPS-basierte Kommunikation in Richtung desjenigen Servers gestartet, auf dem die Geschäftslogik implementiert ist.

3. Sind alle relevanten Informationen ermittelt, werden dem Benutzer innerhalb des SAP Fiori Launchpads die app-spezifischen Informationen in den app-spezifischen Oberflächen-Darstellungen angezeigt. Zu beachten ist, dass insbesondere OData-basierte Apps bereits in der Kachel selbst Zahlen oder stilisierte Grafiken anzeigen und sich die Anzeige dynamisch aktualisieren kann.

Absicherung der Kommunikationsprotokolle

Wir empfehlen Ihnen dringend, für die RFC-Kommunikation eine Trusted-RFC-Verbindung zu nutzen und die Kommunikation entsprechend zu verschlüsseln. Für die Nutzung einer Trusted-RFC-Verbindung benötigt ein Benutzer im Backend entsprechende Berechtigungen für das Berechtigungsobjekt S_RFCACL. Auch für die Kommunikation über Web-Dynpro-Applikation oder als klassische Transaktionen ist eine Verschlüsselung mit HTTPS unsere dringende Empfehlung.

Für den konzeptionellen Aufbau von Berechtigungsrollen in SAP S/4HANA benötigen Sie zuerst eine klare Vorgabe hinsichtlich der Geschäftsprozesse, der Arbeitsplätze und deren Aufgaben. Darauf aufbauend ergeben sich die zu berechtigenden Fiori-Applikationen. Nun müssen Sie festlegen, in welchen technischen Rollen die korrespondierenden Berechtigungen bereitzustellen sind. In diesem Zusammenhang sollten Sie Namenskonventionen und insbesondere den Rollenzuschnitt für ein produktives Rollen- und Berechtigungskonzept festlegen. Folgende Rollentypen sind durch die Namenskonventionen zu unterscheiden:

- Der Rollentyp *Frontend-Rolle* ist technisch gesehen eine PFCG-Rolle und unterliegt den bekannten Restriktionen, u. a. hinsichtlich der maximalen Länge des technischen Rollennamens von 30 Zeichen. Diese Anzahl an nutzbaren Zeichen sollte mit Bedacht gewählt werden. Gegebenenfalls sollten bestehende Rollennamensräume überarbeitet werden, so dass eine eindeutige Abgrenzung zu anderen Rollentypen möglich ist. Ein Beispiel für die Kennzeichnung einer Frontend-Rolle im Rollennamen ist das Kürzel FER.
- Der Rollentyp *Backend-Rolle* ist analog der Frontend-Rolle zu behandeln. Um diesen Rollentyp im Namen der Rolle zu kennzeichnen, können Sie das Kürzel BER verwenden.

- Die *Geschäftsrolle* bündelt systemübergreifend technische Berechtigungen, die der Anwender für seine täglichen Aufgaben innerhalb eines Geschäftsprozesses benötigt. Die Implementierung eines solchen Rollentyps ist abhängig davon, ob Sie zusätzliche Lösungen wie SAP Access Control oder SAP Identity Management im Einsatz haben, die das Konzept der Geschäftsrolle unterstützen. Eine Möglichkeit für die Identifikation einer Geschäftsrolle im Rollennamen stellt das Kürzel BR dar.

Fiori-Kataloge bündeln Details, die die Eigenschaften der jeweiligen Applikationen definieren. Die Definition wird im *SAP Fiori Launchpad Designer* (Transaktion /UI2/FLPD_CUST) festgelegt. Wesentliche Details sind die Kachel-Beschriftung und das Target Mapping (z. B. Semantic Object, Semantic Action, Parameter Value). Dabei definiert der *Parameter Value* die Verbindung zum konkreten Backend Server. Bei der Erstellung des Katalogs erhält dieser einen technischen Namen. Dieser Name sollte ebenfalls ein eindeutiges Kürzel enthalten, das dieses Element als Katalog identifiziert. Zusätzlich sollte auch erkennbar sein, ob es sich bei dem Fiori-Katalog um einen technischen oder einen Geschäftskatalog handelt. Daher empfehlen wir, für die Fiori-Kataloge die Kürzel TC (Technical Catalog) bzw. BC (Business Catalog) zu verwenden.

Der Name der Gruppe erscheint im SAP Fiori Launchpad an entsprechender Stelle und sollte so gewählt werden, dass dem Anwender eine schnelle Orientierung ermöglicht wird. Der Gruppenname ist ein sprechender Name und kann völlig frei gewählt werden, sollte jedoch das inhaltliche Ziel der Gruppe wiedergeben. Es kann PFCG-Rollen geben, die ausschließlich Berechtigungen für Fiori-Gruppen enthalten. In diesen Fällen sollten Sie diese Rollen im Namen kennzeichen, etwa über das Kürzel BGR (Business Group Role).

Namenskonventionen von Rollen

Grundsätzliches zur Namenskonvention von Berechtigungsrollen finden Sie in Abschnitt 3.3, »Best Practices für die Namenskonventionen von Berechtigungsrollen«.

Ebenfalls wichtig für den konzeptionellen Aufbau eines produktiven Rollen- und Berechtigungskonzepts in SAP S/4HANA ist der *Rollenzuschnitt*. Dabei müssen Sie auch Kataloge und Gruppen berücksichtigen und in diesem Kontext möglicherweise entstehende Berechtigungsrisiken im Auge behalten. Die Anzahl der Kataloge innerhalb einer PFCG-Rolle ist von technischer Seite aus nicht eingeschränkt, allerdings sollten Sie beim Rollenzuschnitt die Vorgabe befolgen, dass innerhalb einer Rolle keine Funktionstrennungskonflikte auftreten. Dies bedeutet, dass Sie nur solche Kataloge in eine Rolle einfügen sollten, die nicht in Konflikt zueinander stehen, aber dennoch den gewünschten Funktionsumfang berechtigen.

Wie viele Kataloge Sie in einer PFCG-Rolle aufnehmen, ist abhängig vom *Katalogzuschnitt* (d. h. der Zuordnung einer Applikation zu den Katalogen). Eine Variante für den Rollenzuschnitt stellt eine möglichst kleinteilige Zuordnung von Katalogen zu Rollen dar, also gegebenenfalls ein Katalog pro Rolle.

Auch die Anzahl der Gruppen innerhalb einer PFCG-Rolle ist technisch nicht eingeschränkt. Auch hier gilt, dass Sie die Anzahl der Gruppen in einer Rolle mit Bedacht wählen sollten.

Auch in SAP S/4HANA können, abhängig von der Definition der Geschäftsprozesse, Funktionstrennungskonflikte auftreten. Diese sollten Sie im Projektverlauf erkennen, analysieren und dokumentieren. Darauf aufbauend können Sie diese Risiken durch geschicke Gestaltung der Fiori-Kataloge und -Rollenmenüs minimieren bzw. gänzlich vermeiden.

9.4.2 Werkzeuge für die Berechtigungspflege in SAP S/4HANA

Zur Erstellung eines Berechtigungskonzepts für SAP S/4HANA stehen Ihnen neben den klassischen Werkzeugen zusätzliche Anwendungen zur Pflege von berechtigungsrelevanten Komponenten zur Verfügung. Diese Werkzeuge stellen wir Ihnen in diesem Abschnitt vor.

Der *SAP Fiori Launchpad Designer* repräsentiert die zentrale Anwendung zur Erstellung und Pflege von Katalogen und Gruppen und wird über den Transaktionscode /UI2/FLPD_CUST aufgerufen. Auf der Oberfläche finden Sie Schaltflächen zur Bearbeitung von Katalogen und Gruppen.

[»]

Mandantenspezifische und mandantenübergreifende Kataloge und Gruppen

Beachten Sie, dass die Transaktion /UI2/FLPD_CUST für die Erstellung mandantenspezifischer Kataloge und Gruppen verwendet wird. Für die Erstellung mandantenübergreifender Kataloge und Gruppe verwenden Sie die Transaktion /UI2/FLPD_CONF.

Abbildung 9.9 zeigt die Oberfläche des SAP Fiori Launchpad Designers. Bei der Bearbeitung von Katalogen legen Sie hier die Inhalte des jeweiligen Katalogs fest, wie beispielsweise die Kacheln oder das konkrete Target Mapping einer bestimmten Kachel. Die Bearbeitung von Katalogen wird auch durch die Suchfunktionen unterstützt.

Über die Schaltfläche **Referenz anlegen** können Sie Referenzen von einem Element eines Kataloges (z. B. einer Kachel oder dem Target Mapping) auf einen anderen Katalog realisieren. Auf diesem Weg können Geschäftskataloge technische Kataloge als Grundlage verwenden und referenzieren.

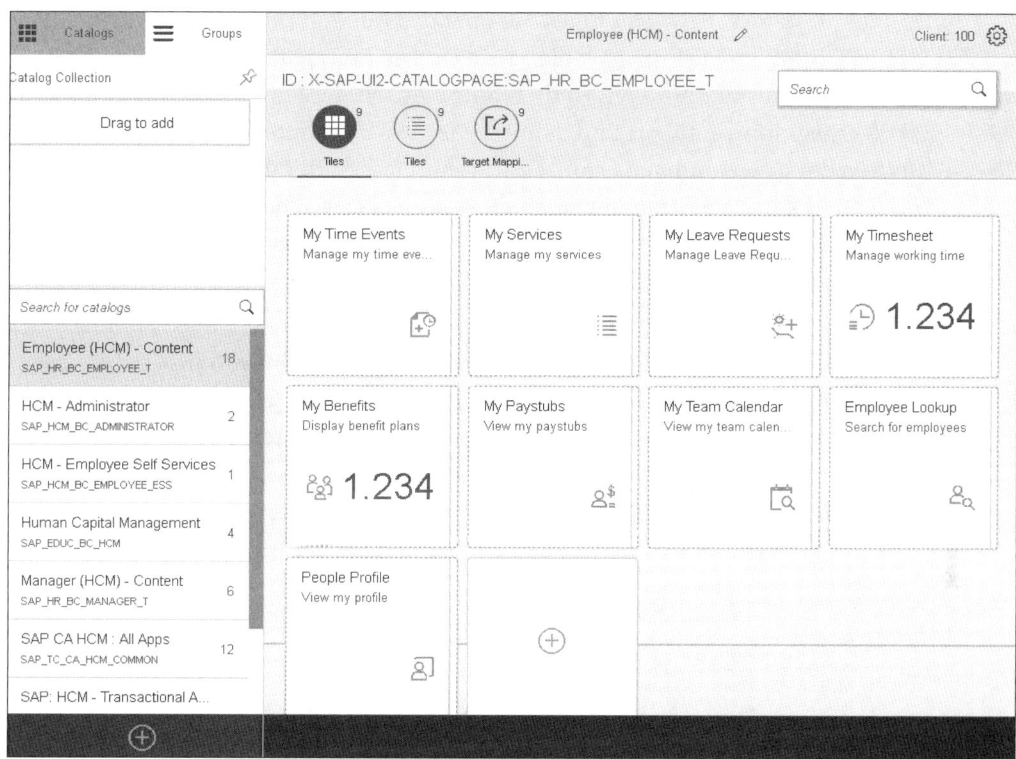

Abbildung 9.9 SAP Fiori Launchpad Designer

Für den Transport eines Katalogs ist es zwingend erforderlich, vor der eigentlichen Pflege des Katalogs einen Transportauftrag anzulegen und im SAP Fiori Launchpad Designer zuzuordnen. Dazu öffnen Sie die Einstellungen über den Button . Sollten Sie nachträglich einen Transportauftrag mit Änderungen anlegen müssen, finden Sie eine Anleitung dafür in SAP-Hinweis 2445685.

Ein Fiori-Katalog legt über das Target Mapping für jede im Katalog enthaltene Kachel fest, welche Applikationen (beispielsweise Transaktionen, Web-Dynpro-Applikationen, OData-Service-basierte Anwendungen) von einem Benutzer aufgerufen werden können. Für jede dieser Anwendungen wird eine Startberechtigung benötigt, die Sie in die entsprechende Rolle im Rollenmenü eintragen müssen. Die für die Anwendung benötigten Objektberechtigungen werden klassisch über die Berechtigungsvorschlagswerte in der Rolle zur Verfügung gestellt.

Der Zugang zu den Funktionen dieser SAP-Fiori-PFCG-Integration ist entweder direkt über die Transaktion PFCG möglich, oder Sie nutzen den Report `PRGN_COMPARE_ROLE_MENU`.

In der Transaktion PFCG können Sie die Berechtigungen für Apps bereitstellen, die in einem Fiori-Katalog enthalten sind (siehe Abbildung 9.10):

- Auf der Registerkarte **Menü** fügen Sie über das Auswahlmenü zum Button **Transaktion** Fiori-Kataloge hinzu. Wählen Sie dazu den Eintrag **Knoten einfügen** im Auswahlmenü. Auf diesem Weg werden automatisch die Funktionen der SAP-Fiori-PFCG-Integration aktiviert und damit die jeweils benötigten Berechtigungen zum Starten der Anwendungen ermittelt sowie im Rollenmenü unter dem korrespondierenden Katalogeintrag hinzugefügt. Sollten Sie zwischen Backend- und Frontend-Server unterscheiden, müssen Sie bei der Bearbeitung einer Backend-Rolle im Feld **Katalog-Provider** den Eintrag **Remote-Kataloge** auswählen.
- Nach Markieren eines bereits eingefügten Katalogs können Sie die Funktion der SAP-Fiori-PFCG-Integration über den Button [icon] (**Details**) aktivieren. In diesem Fall wird der aktuelle Inhalt des Rollenmenüs mit dem aktuellen Kataloginhalt verglichen, und das Ergebnis wird in einem neuen Fenster dargestellt. Anschließend können Sie entscheiden, ob Sie die vorgeschlagenen Änderungen am Rollenmenü übernehmen oder die Aktion abbrechen möchten. Die SAP-Fiori-PFCG-Integration erkennt, in welchem System der Katalog definiert wurde.

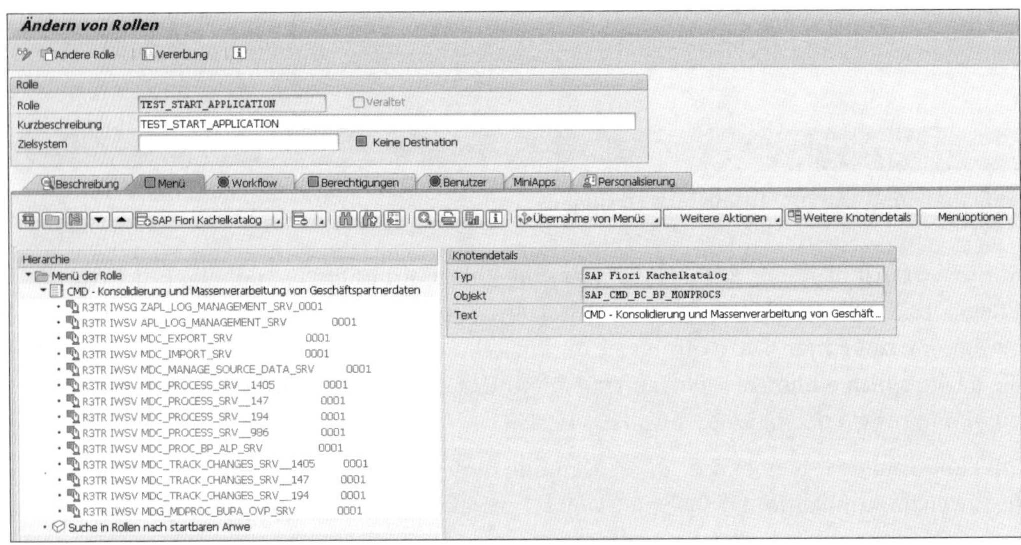

Abbildung 9.10 Katalogpflege in der Transaktion PFCG

Alternativ können Sie auch den Report `PRGN_COMPARE_ROLE_MENU` verwenden, der einen Vergleich von Rollenmenüs und Kataloginhalten zu ausgewählten Rollen durchführt. Sie können aus dem Report heraus entweder zur Pflege einer einzelnen Rolle in die Transaktion PFCG abspringen oder Rollen auswählen, für die Sie die Änderungen übernehmen möchten (Massenpflege). Details zu diesem Report finden Sie in SAP-Hinweis 2465999 oder über den Info-Button ([i]) direkt im Report.

In Tabelle 9.1 haben wir die wesentlichen Werkzeuge im Kontext der Berechtigungsverwaltung in SAP S/4HANA zusammengestellt. Diese Tabelle kann Ihnen zum Nachschlagen dienen. Die Nutzung einiger dieser Werkzeuge wurde in diesem Abschnitt beschrieben. Andere können Sie im Rahmen der Analyse von Berechtigungsfehlern verwenden, wie in Abschnitt 9.4.6 diskutiert.

Werkzeug	Beschreibung
SAP Fiori Launchpad Designer	Der SAP Fiori Launchpad Designer ist das zentrale Tool zur Erstellung und Pflege von Katalogen und Gruppen. Er wird über die Transaktion /UI2/FLPD_CUST aufgerufen. Für die Erstellung von mandantenübergreifenden Katalogen und Gruppen nutzen Sie die Transaktion /UI2/FLPD_CONF.
Transaktion PFCG	Transaktion für die Erstellung und Pflege von Berechtigungsrollen, sowohl für den Frontend- als auch für den Backend-Server. Im Rollenmenü fügen Sie die Fiori- Kataloge und Gruppen hinzu. Über die SAP-Fiori-PFCG-Integration werden automatisiert die zum jeweiligen Katalog gehörenden Berechtigungen für den Start der jeweiligen Applikationen ergänzt.
Transaktion /IWFND/MAINT_SERVICE	Mit dieser Transaktion können Sie Services aktivieren und verwalten. Weiterhin können Sie OData-Services konfigurieren (u. a. System-Alias) und den zugehörigen ICF-Knoten aktivieren.
Transaktion SICF	Mit dieser Transaktion können Sie die URL-Pfade für die jeweiligen Serviceaufrufe aktivieren bzw. deaktivieren.
Transaktion /UI2/GW_SYS_ALIAS	Mit dieser Transaktion lassen sich OData Services den jeweils aufzurufenden Backend-Systemen zuordnen. Die Zuordnung wird in der Tabelle `/IWFND/V_DFSYAL` abgelegt.
Transaktion /UI2/FLC	Diese Transaktion liefert eine Übersicht, aus der Sie die Zuordnung einer Kachel (Kachelname) zu einem Katalog sowie zu einer Rolle ermitteln können. Beachten Sie dabei, dass Sie das Layout der Übersicht um die Spalte **PFCG-Rolle** erweitern müssen, damit die Zuordnung zur Rolle sichtbar wird. Sind Referenzen (Verbindungen zwischen den Inhalten eines Geschäftskatalogs und eines technischen Katalogs) verloren gegangen, zeigt diese Transaktion diesen Fehler an (Details liefert Ihnen SAP-Hinweis 2495630).

Tabelle 9.1 Werkzeuge für die Berechtigungspflege und -analyse in SAP S/4HANA

Werkzeug	Beschreibung
Report PRGN_COMPARE_ROLE_MENU	Der Report führt einen Vergleich von Rollenmenüs und Kataloginhalten zu ausgewählten Rollen durch. Darüber hinaus können Sie prüfen, ob die in den Fiori-Katalogen referenzierten Berechtigungen zum Start der Anwendungen tatsächlich in der jeweiligen Rolle enthalten sind. Dabei werden Funktionen der SAP-Fiori-PFCG-Integration genutzt. Sie können aus dem Report heraus entweder zur Pflege einer einzelnen Rolle in die Transaktion PFCG abspringen oder Rollen auswählen, für die Sie die Änderungen übernehmen möchten (Massenpflege). Details zu diesem Report sind in SAP Hinweis 2465999 enthalten.
Benutzerinformationssystem (Transaktion SUIM), Report RSUSR_START_APPL	**Rollen • Suche in Rollen nach startbaren Anwendungen** Mit diesem Report können Sie prüfen, welche Berechtigungen zum Start von Anwendungen im Rollenmenü einer Rolle enthalten sind und ob die zugehörigen Objekte aktiv sind. Sie können vom Report aus auch direkt in die Transaktion PFCG abspringen.
Transaktion SUIM, Report RSUSR_ROLE_MENU	**Rollen • Suche nach Anwendungen im Rollenmenü** Mit diesem Report können Sie prüfen, welche Fiori-Kataloge, -Gruppen und Berechtigungen zum Start von Anwendungen im Rollenmenü einer oder mehrerer Rollen enthalten sind.
Entwicklerwerkzeuge im Webbrowser (F12-Taste)	Diese Browserwerkzeuge bieten Informationen über die Vorgänge beim Zugriff auf eine Datenquelle.
SAP Fiori Apps Reference Library	Die SAP Fiori Apps Reference Library können Sie über die URL *https://fioriappslibrary.hana.ondemand.com* aufrufen. Sie liefert alle releaseabhängigen Informationen zu den Fiori-Applikationen, die von SAP in SAP S/4HANA ausgeliefert werden. Den Inhalt können Sie exportieren, indem Sie folgendermaßen vorgehen: 1. Klicken Sie auf die Ansicht **All Apps**. 2. Klicken Sie auf den Button **List Views**. 3. Wählen Sie über den Button **Einstellungen** die relevanten Tabellenspalten aus. 4. Klicken Sie auf den Button **Download**. 5. Speichern Sie die erzeugte Datei lokal auf Ihrem Rechner.

Tabelle 9.1 Werkzeuge für die Berechtigungspflege und -analyse in SAP S/4HANA (Forts.)

Werkzeug	Beschreibung
SAP Fiori Apps Reference Library (Forts.)	Bei der Umstellung von älteren SAP-Releases auf SAP S/4HANA unterstützt Sie die Funktion **Get SAP Fiori App Recommendations** der SAP Fiori Apps Reference Library. Als Eingabe verlangt diese Anwendung eine CSV-Datei mit der Angabe der Transaktionen, die Sie im Altsystem verwendet haben. Als Ausgabe liefert sie eine tabellarische Übersicht der Fiori-Apps, die Ihnen als Ersatz für die angegebenen Transaktionen dienen können. Diese Informationen stehen nur in englischer Sprache zur Verfügung.
Transaktion SU25	Nach einem Releasewechsel sollten Sie sicherstellen, dass die Berechtigungsvorschlagswerte aktualisiert wurden. Es ist daher zwingend erforderlich, die Schritte 2a und 2b in der Transaktion SU25 auszuführen. Der Schritt 2d unterstützt die automatische Aktualisierung der Menüeinträge in den Rollen. Die dafür notwendigen Tabellen sind die nachfolgenden: ▪ ABM_BLACKLIST: Diese Tabelle enthält obsolete Transaktionen, die aus dem Rollenmenü entfernt werden. ▪ PRGN_CORR2: Diese Tabelle enthält obsolete Transaktionen und deren Nachfolger. Mit diesen Informationen ersetzt der Schritt 2d die obsolete Transaktion durch die jeweils neue Transaktion. Weiterführende Informationen zur Transaktion SU25 erhalten Sie in Abschnitt 4.2, »Berechtigungen nach einem Upgrade anpassen«, und über SAP-Hinweis 2584607.

Tabelle 9.1 Werkzeuge für die Berechtigungspflege und -analyse in SAP S/4HANA (Forts.)

9.4.3 Richtlinien für die Implementierung der neuen Berechtigungsfunktionen in SAP S/4HANA

Wie beschrieben, sind mit SAP S/4HANA im Vergleich zu älteren SAP-Releases wie SAP ERP die Kategorien *Fiori-Katalog* und *Fiori-Gruppe* als neue Entitäten bei der Berechtigungspflege hinzugekommen. Wir empfehlen Ihnen, eindeutig festzulegen, wie die Verantwortlichkeiten und der Prozess für die Implementierung dieser neuen Kategorien ausgestaltet werden sollen. Wir geben Ihnen daher im Folgenden Anregungen und Best Practices an die Hand, wie der Prozess definiert werden kann und wer welche Verantwortlichkeiten übernehmen sollte:

- **Implementierung der Geschäftskataloge**
  Nach Abschluss der Business-Blueprint-Phase stehen die Applikationen fest, für die Berechtigungen eingerichtet werden müssen, sowie deren Zuordnung zu Geschäftsrollen. Die Überführung in konkrete Fiori-Kataloge erfordert Festlegungen

zum Katalogzuschnitt und der Einbindung dieser Kataloge in konkrete Berechtigungsrollen.

Die initialen Vorgaben für einen Geschäftskatalog müssen vom jeweiligen Fachbereich erstellt werden, wohingegen die technische Umsetzung eines Geschäftskatalogs durch die Berechtigungsadmininistratoren realisiert wird. Dies schließt auch die Verwendung des SAP Fiori Launchpad Designers mit ein. Ihr Ziel muss es sein, Kataloge so zuzuschneiden, dass Sie sie einem konkreten Anwender zuordnen können, ohne Funktionstrennungskonflikte zu erzeugen. Daher lautet unsere klare Empfehlung, dass die Entscheidung über den Katalogzuschnitt gemeinschaftlich getroffen werden sollte, d. h. gegebenfalls auch fachbereichsübergreifend und nicht allein durch die Berechtigungsadministration.

- **Implementierung der technischen Kataloge**
  Ein technischer Katalog kann aufgrund seiner Zweckbestimmung zahlreiche Fiori-Apps enthalten, ohne dabei Rücksicht auf Funktionstrennungskonflikte, Performanceauswirkungen oder Fiori-Gruppen zu nehmen. Beim Zuschnitt eines technischen Katalogs können Sie sich sowohl an Geschäftsfunktionen als auch an Zugehörigkeiten zu SAP-Komponenten orientieren. Technische Kataloge sollten Sie niemals in Rollen aufnehmen, die einem Benutzer in einer produktiven Umgebung zugeordnet werden. Stattdessen können Sie den Benutzern von Mitarbeitern eines Projekts im Entwicklungssystem Rollen zuordnen, die technische Kataloge beinhalten. Aus diesen Gründen kann die Entscheidung über den Zuschnitt eines technischen Katalogs nur durch die Berechtigungsadministration getroffen werden.

- **Implementierung der Business-Gruppen**
  Fiori-Gruppen stellen die Schnittstelle zu den Tätigkeiten eines Anwenders innerhalb eines Geschäftsprozesses dar. Daher muss der Zuschnitt der Fiori-Gruppen ebenfalls durch den Fachbereich festgelegt werden. Der Zuschnitt der Gruppen hat erheblichen Einfluss auf die Benutzerfreundlichkeit, denn beispielsweise eine hohe Anzahl von Kacheln und Gruppen kann dazu führen, dass dass SAP Fiori Launchpad für den Anwender unübersichtlich wird.

  Auch die Performance wird durch die Anzahl der Kacheln je Gruppe beinflusst. Es sollten nicht mehr als zwanzig bis dreißig Kacheln zu einer Gruppe gehören. Dies gilt insbesondere, wenn Sie Kacheln mit Suchfunktionen und OData-basierten Funktionen einbinden. Diese können unmittelbar nach Anzeige auf dem Bildschirm eine oder mehrere Anfragen an das jeweilige Backend-System absetzen, ohne dass der Benutzer die Kachel bewusst ausgewählt hat, weil in der Vorschau der Kachel bereits aktuelle Daten angezeigt werden.

  Erweiterungen der angezeigten Kacheln durch Anwender sind ebenfalls möglich. Dazu werden die betreffenden Apps über den App Finder gesucht und über den Button [📌] (**Kachel hinzufügen**) in die Favoritengruppe **Meine Startseite** aufgenommen.

In der Dokumentation eines SAP-S/4HANA-Berechtigungskonzepts müssen Sie im Gegensatz zur Dokumentation eines bereits existierenden Berechtigungskonzepts einige Aspekte ergänzen. Wir führen die relevanten Punkte nachfolgend auf. Diese Liste lässt sich auch als Checkliste verwenden:

- **Dokumentation der Stellenbeschreibung als Arbeitsplatz**
  Ist die Geschäftsrolle als Bündelung von Applikationen aus technischer Sicht dokumentiert?
- **Dokumentation der Kataloge**
  Sind die Kataloge hinreichend dokumentiert? Es sollte zumindest ersichtlich sein, welche Applikationen in einem Katalog enthalten sind. Dies schließt auch die Zuordnung zu Teilgeschäftsprozessen, wie zum Beispiel Order-to-Cash oder Order-to-Pay, mit ein.
- **Dokumentation der technischen Rollen**
  Ist die technische Realisierung der Rollen in den betreffenden SAP-Systemen dokumentiert? So sollte etwa die Zuordnung von Einzelrollen zu einer Sammelrolle dokumentiert sein.
  - Ist die Zuordnung der technischen Rollen zu Arbeitsplätzen dokumentiert? Die Zuordnung von Sammelrollen zu einem Arbeitsplatz sollte beispielsweise dargestellt werden.
  - Liegt eine Dokumentation der Zuordnung von Arbeitsplätzen zu Abteilungen vor?
- **Dokumentation der organisatorischen Trennung**
  Liegt eine Dokumentation der Organisationseinheiten vor? So sollte beispielsweise die Zuordnung von Berechtigungsfeldwerten zu den korrespondierenden Organisationseinheiten des Unternehmens dokumentiert sein. Optional können die Berechtigungsfelder auch technische Organisationsfelder sein.
- **Dokumentation der Zugriffsrisiken**
  Liegt eine Dokumentation der unternehmensspezifischen Zugriffsrisiken (kritische Berechtigungen und Funktionstrennungskonflikte) vor? Das fachlich beschriebene Zugriffsrisiko etwa sollte den korrespondierenden technischen Berechtigungselementen zugeordnet sein. Ergänzend sollten auch die zugehörigen kompensierenden Kontrollen (d. h. sowohl die technischen als auch organisatorischen Maßnahmen zur Risikominimierung) dokumentiert sein.

Abschließend fassen wir noch einmal zusammen, welche Aspekte Sie berücksichtigen sollten, um ein nachhaltiges Berechtigungskonzept für SAP S/4HANA zu erstellen:

- Kataloginhalte sollten eher kleinteilig als zu umfassend gewählt sein.
- Kataloge sollten frei von Funktionstrennungskonflikten sein.
- Gruppeninhalte sollten eher kleinteilig als zu umfassend gewählt sein.

- Technische Einzelrollen sollten frei von Funktionstrennungskonflikten sein.
- Die Namenskonvention sollte eindeutig sein (z. B. Ableitungstechnik, Organisation, Funktion) und die Analyse erleichtern.
- Verwenden Sie bei der Implementierung von Rollen immer das Rollenmenü. Damit erhalten Sie automatisch die entsprechenden Berechtigungen zum Start der Anwendungen und sind auf den nächsten Releasewechsel vorbereitet. Nur in begründeten Ausnahmefällen sollten Sie Berechtigungsobjekte manuell in Rollen einfügen. Allgemeine Informationen zu den Berechtigungsvorschlagswerten finden Sie in Kapitel 4.

9.4.4 Berechtigungen für CDS-Views

In SAP S/4HANA werden CDS-Views als ein zentrales Implementierungskonzept eingesetzt, um beim Zugriff auf Daten eine möglichst hohe Performance zu erreichen. Im Vergleich zum Datenzugriff in älteren SAP-Releases wie SAP ERP werden bei CDS-Views nutzerspezifische Datenabfragen erzeugt, indem jede Abfrage auf die jeweils berechtigten Daten eingeschränkt ist. Dies hat technische Vorteile, insbesondere für die Performance. CDS-Views stellen vordefinierte SQL-Abfragen, z. B. `SELECT`, auf eine oder mehrere Datenbanktabellen zur Verfügung. Im Kontext von SAP S/4HANA wird in der Regel Open SQL verwendet. Um einen Zugriffsschutz für die angefragten Daten sicherzustellen, wird jeder CDS-View mit genau einer sogenannten DCL-Definition (*Data Control Language*) verknüpft. Sobald in einem Programmablauf ein Zugriff auf einen CDS-View stattfindet, wird der Inhalt der DCL-Definition ausgelesen, und eine benutzerspezifische `WHERE`-Klausel, die den Zugriff einschränkt, wird erzeugt und ausgeführt. Zu diesem Zweck enthält die DCL-Definition eine Zuordnung klassischer ABAP-Berechtigungsobjektfelder zu den Datenbanktabellenfeldern, auf die der CDS-View zugreift. Diese Methode des Zugriffsschutzes gehört zu den sogenannten *impliziten Berechtigungsprüfungen*.

[»]

Weiterführende Informationen zu CDS-Views

Allgemeine Informationen zu CDS-Views und ihrer Verwendung im Rahmen des ABAP-Programmiermodells für SAP S/4HANA erhalten Sie in der ABAP-Dokumentation unter folgendem Link: *http://s-prs.de/v683201*

Abbildung 9.11 stellt den klassischen und den DCL-basierten Datenzugriff in SAP S/4HANA einander gegenüber. Bei der klassischen Datenzugriffsmethode werden zunächst alle Daten in interne Tabellen eingelesen, im Anschluss daran werden auf Basis der vorhandenen Berechtigungen die tatsächlich relevanten Datensätze gefiltert und dem Anwender auf der Anwendungsoberfläche angezeigt. Im Gegensatz dazu wird in SAP S/4HANA mithilfe der DCL-Definition die `WHERE`-Klausel des SQL-

Statements zur Laufzeit so abgeändert, dass beim Zugriff auf den CDS-View überhaupt nur diejenigen Daten ausgelesen werden, für den der Anwender tatsächlich berechtigt ist. Die klassische Berechtigungsprüfung mit der ABAP-Anweisung AUTHORITY-CHECK ist beim Einsatz von DCL-Definitionen daher nicht mehr erforderlich. Der SAP-Kernel stellt zusätzlich sicher, dass auch beim Zugriff auf CDS-Views ein Berechtigungstrace aufgezeichnet werden kann.

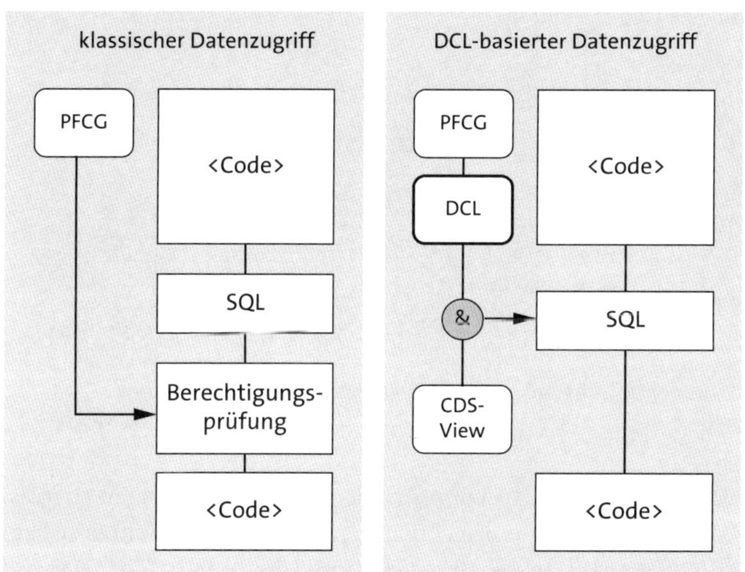

Abbildung 9.11 Vergleich des klassischen Datenzugriff mit dem DCL-basierten Datenzugriff

Abbildung 9.12 zeigt den Zusammenhang zwischen den klassischen ABAP-Berechtigungsfeldern und den zugehörigen Datenbanktabellenfeldern (CDS-View-Felder) an einem Beispiel. Das Berechtigungsfeld ACTVT ist mit dem Wert 03 (Anzeigen) definiert. Alle weiteren relevanten Berechtigungsfelder haben in der DCL-Definition keinen Wert. Deren Feldwerte werden zur Laufzeit aus dem Benutzerpuffer des Anwenders ausgelesen und in die WHERE-Klausel überführt (siehe Listing 9.1).

```
define role I_SalesOrder {
    grant select on I_SalesOrder
    where (  SalesOrderType          ) =
    aspect pfcg_auth (     v_vbak_aat,
                                auart,
                         actvt = '03' )
    and
        ( OrganizationDivision,
          SalesOrganization,
            DistributionChannel ) =
```

```
   aspect pfcg_auth (     v_vbak_vko,
                          spart,
                          vkorg,
                          vtweg,
                          actvt = '03' ) ;
}
```

Listing 9.1 Beispiel für eine DCL-Definition

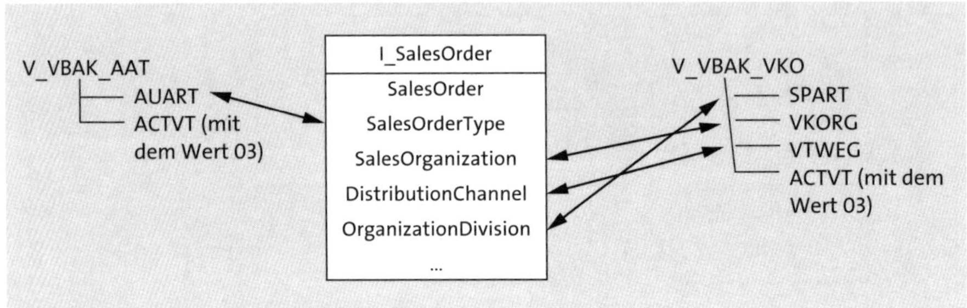

Abbildung 9.12 ABAP-Berechtigungsfelder und zugehörige Datenbanktabellen- bzw. CDS-View-Felder

Wir empfehlen, den Zugriff auf den CDS-View noch vor Greifen des impliziten Zugriffsschutzes über eine zusätzliche *explizte Berechtigungsprüfung* mittels Funktionsbaustein `AUTHORITY-CHECK` abzusichern. In den Standard-Fiori-Apps in SAP S/4HANA wird dies zum Beispiel dadurch erreicht, dass ein Zugriff auf einen CDS-View ausschließlich innerhalb einer Anwendung, z. B. einem OData-Service oder einer Web-Dynpro-Applikation, realisiert wird. Dadurch wird die Berechtigungsprüfung zunächst auf die Startberechtigung der Applikation (Objekt `S_START` bei Web-Dynpro- und `S_SERVICE` bei OData-basierten Anwendungen) durchgeführt, bevor beim Zugriff auf den CDS-View die implizite Berechtigungsprüfung stattfindet.

Beim Zugriff auf einen CDS-View über Open SQL kann das ABAP-Programm nicht erkennen, ob deswegen keine Daten ausgelesen werden konnten, weil grundsätzlich keine Daten vorhanden sind, oder deshalb, weil keine der `WHERE`-Klausel entsprechenden Daten vorhanden sind. Unabhängig vom Ergebnis des Lesezugriffs wird der CDS-View-spezifische Lesebefehl im SAP-Kernel erkannt, und alle für einen Berechtigungstrace dieses Befehls erforderlichen Informationen werden ermittelt und bereitgestellt.

Wie wird nun sichergestellt, dass beim Zugriff auf einen CDS-View entsprechende Berechtigungsobjekte geprüft werden? In der Designphase ist es Aufgabe des Entwicklers, mit Hilfe des Eclipse-basierten Werkzeugs ABAP Development Tools (ADT) die DCL-Definition zu erstellen. Dabei muss er die Zuordnung von SAP-HANA-Datenbankfeldern zu ABAP-Berechtigungsobjekten und -feldern vornehmen. Innerhalb des

ABAP-Programmcodes ist nach der Ausführung des CDS-Views das ABAP-Statement AUTHORITY-CHECK nicht mehr erforderlich.

Abbildung 9.13 zeigt das exemplarische Ergebnis eines Berechtigungstraces in Transaktion STAUTHTRACE. Der Zugriff auf einen CDS-View wurde aufgezeichnet. In der Spalte **CDS-Entität** ist der Name des CDS-Views aufgeführt. Wie gewohnt werden die mit dem CDS-View per DCL-Definition verbundenen Berechtigungsobjekte und deren Felder aufgelistet. Beachten Sie, dass lediglich für das Feld ACTVT ein Feldwert (03 – Anzeige) eingetragen ist, da dieser Wert in der DCL-Definition festgelegt ist. Für alle anderen Berechtigungsfelder ist im Trace kein Wert eingetragen.

Dafür sehen Sie in der Spalte **Zugriffsfilterung** das Symbol [icon], das anzeigt, dass für die Felder dieses Berechtigungsobjektes eine implizite Berechtigungsprüfung stattgefunden hat. Der CDS-View kann keine konkreten Feldwerte zurückliefern, da diese erst beim Zugriff dynamisch aus dem Benutzerpuffer des aktuellen Anwenders ermittelt werden. Allgemeine Informationen zu den verschiedenen Berechtigungstraces stellt Ihnen Kapitel 5 bereit.

Prüfu...	Ergebnis	Ergebnis	Zus...	Zugriffsfilterung	CDS-Entität	Objekt	Feld 1	Wert 1	Feld 2	Wert 2
	0	Berechtigungsprüfung erfolgreich				S_RFC	RFC_TYPE	FUNC	RFC_NAME	/IWBEP/F
	0	Berechtigungsprüfung erfolgreich				S_SERVICE	SRV_NAME	E90C66E80B...	SRV_TYPE	HT
	0	Berechtigungsprüfung erfolgreich		[icon]	C_PURCHASEORDERITEMMONI	M_BEST_BSA	ACTVT	03	BSART	
	0	Berechtigungsprüfung erfolgreich		[icon]	C_PURCHASEORDERITEMMONI	M_BEST_EKG	ACTVT	03	EKGRP	
	0	Berechtigungsprüfung erfolgreich		[icon]	C_PURCHASEORDERITEMMONI	M_BEST_EKO	ACTVT	03	EKORG	
	0	Berechtigungsprüfung erfolgreich		[icon]	C_PURCHASEORDERITEMMONI	M_BEST_WRK	ACTVT	03	WERKS	

Abbildung 9.13 Ergebnis des Systemtraces für Berechtigungen für den Aufruf eines CDS-Views

Im Zusammenhang mit dem Zugriff auf einen CDS-View werden für ein Berechtigungsobjekt ausschließlich folgende Return-Codes durch den Berechtigungstrace zurückgegeben:

- RC = 0
  Der Benutzer enthält das Berechtigungsobjekt, das in der DCL-Definition verlangt wird, in seinem Benutzerpuffer. In diesem Fall wird dem Benutzer vom SAP-Kernel der Zugriff auf den CDS-View erteilt.
- RC = 12
  Im Benutzerpuffer fehlt das Berechtigungsobjekt, das in der DCL-Definition angegeben ist. In diesem Fall wird dem Benutzer vom SAP-Kernel der Zugriff auf den CDS-View verweigert.

Beachten Sie diese Besonderheit auch bei der Nutzung der Transaktion SU53 zur Analyse der Berechtigungsprüfungen im Zusammenhang mit CDS-Views. Die Funktion der Transaktion SU53 wurde erweitert, sodass beim Zugriff auf einen CDS-View auch dann Einträge in der Übersicht zu finden sind, wenn der Benutzer die laut DCL-Definition benötigten Berechtigungsobjekte in seinem Benutzerpuffer enthält. Für diejenigen Feldwerte, die dynamisch erst zur Laufzeit ermittelt werden, ist in der Transaktion SU53 jeweils der Wert `<Dummy>` angegeben. Auch hier gilt: Es kann nicht festgestellt werden, ob Daten für den Benutzer vorhanden waren oder nicht.

9.4.5 Benutzerverwaltung in SAP S/4HANA

Neben den Auswirkungen der neuen Technologie auf die Erstellung von Rollen möchten wir auch deren Auswirkungen auf die Pflege von Benutzern betrachten. Auf den ersten Blick scheint es in SAP S/4HANA in diesem Zusammenhang nicht viele Änderungen zu geben: Sie können für die Zuweisung von Rollen zu Benutzern weiterhin die Transaktion SU01 nutzen. Sowohl Fiori-Kataloge als auch -Gruppen weisen Sie weiterhin über Rollen zu. Dennoch gilt es, auf verschiedenen Ebenen einige besondere Sachverhalte zu berücksichtigen.

Die SAP-S/4HANA-Systemlandschaft kann das SAP Fiori Launchpad beispielsweise über eine sogenannte Hub-Installation des SAP-Fiori-Frontend-Servers bereitstellen. Dies hat zur Folge, dass Rollen sowohl auf dem SAP-Backend-Server als auch auf dem Frontend-Server zugewiesen werden müssen. Der Einsatz von systemübergreifenden Geschäftsrollen, wie sie von den Anwendungen SAP Identity Management und SAP Access Control unterstützt werden, kann hier Abhilfe schaffen. Die Anwender erhalten ihrer Geschäftsrolle entsprechend alle notwendigen technischen Rollen, ohne dass sie sich diese pro System zusammenstellen müssen.

Zusätzlich existiert die Möglichkeit, das SAP Fiori Launchpad als Service auf der SAP Cloud Platform zu nutzen. In diesem Fall müssen erforderliche Berechtigungen auf der SAP Cloud Platform vergeben werden, synchron zur Vergabe von Rollen auf dem SAP S/4HANA-Backend-System. Dazu bietet die SAP Cloud Platform eine sogenannte *SCIM-Schnittstelle* (System for Cross-domain Identity Management) für die Verwaltung von Benutzern an, die z. B. über den Service *SAP Cloud Platform Identity Provisioning* beliefert werden kann.

Eine weitere Änderung in SAP S/4HANA stellt die Verwaltung von *Business-Benutzern* dar. SAP S/4HANA führt ein neues Identitätsmodell für Business-Benutzer ein. Ein Business-Benutzer wird als natürliche Person definiert, die durch einen Geschäftspartner und eine Verknüpfung zu einem Benutzer im System repräsentiert wird. Business-Benutzer interagieren mit der Software im Kontext eines Geschäftsprozesses, etwa in der Rolle eines Einkäufers, eines Vertriebsmitarbeiters oder eines Produktionsplaners. Diese Neuerung ist in der SAP S/4HANA Simplification List bzw. in SAP-Hinweis 2570961 dokumentiert. Die Zielsetzung der Business-Benutzerverwaltung besteht darin, die persönlichen Daten zu einem Geschäftspartner zu konsolidieren, um eine redundante Datenhaltung für persönliche Daten z. B. im Benutzerstamm zu verhindern. Der Geschäftsparter wiederum ist über eine eindeutige Zuordnung mit der Benutzer-ID verknüpft. Er ist im Kontext von SAP S/4HANA für die Nutzung verschiedenster Anwendungen erforderlich. Dieses Konzept kennen Sie gegebenenfalls bereits aus dem SAP Solution Manager.

Personenbezogene Daten werden aus SAP ERP HCM sowie den Adress- und Kommunikationsdaten der Arbeitsplatzzuordnung des Geschäftspartners ermittelt. Der Ablauf ist in Abbildung 9.14 dargestellt:

❶ Im Beispiel werden die Adressdaten des Geschäftspartners vom Typ Mitarbeiter (Rolle BUP003) in der Transaktion BP (Geschäftspartner bearbeiten) konsolidiert.

❷ In der Transaktion BP ist die Arbeitsplatz-Adresse des Mitarbeiters nicht sichtbar, sondern nur dessen private Adresse.

❸ Der Pflegeview TBZ_V_EEWA_SRC (siehe SAP-Hinweise 254803 und 2558350) dient dem Customizing zur Definition der Datenquellen für Arbeitsplatz- und Kommunikationsdaten.

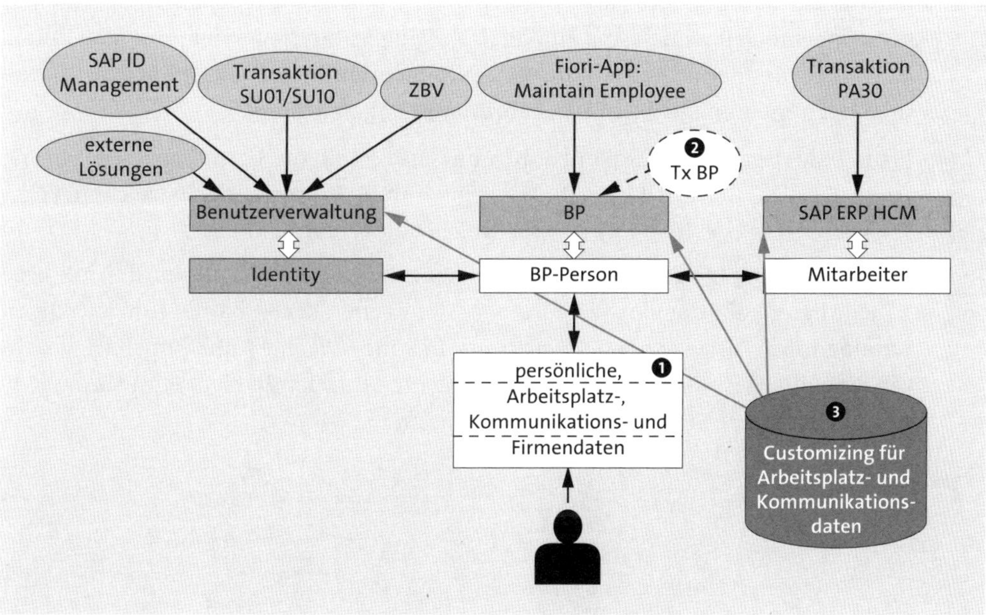

Abbildung 9.14 Das neue Business-Benutzer-Konzept in SAP S/4HANA

Diese Konsolidierung hat zur Folge, dass entsprechende Felder des Benutzerstammsatzes weder über die Transaktion SU01 noch über die Funktionsbausteine der Benutzerpflege (z. B. IDENTITY_MODIFY) geändert werden können. Voraussetzung ist, dass die Benutzer-ID mit einem Geschäftspartner verknüpft ist und entsprechende Customizing-Einstellungen vorgenommen wurden, mit denen die Pflege-Quellen definiert werden (hier der Pflege-View TBZ_V_EEWA_SRC). Eine Pflege-Quelle kann zum Beispiel SAP ERP HCM sein.

Dieses neue Konzept müssen Sie bei der Benutzerpflege mit der Transaktion SU01 berücksichtigen. Es gilt auch für alle Lösungen zum Identity Management, die per RFC-Verbindung über entsprechende BAPIs Benutzerstammdaten ändern.

9.4.6 Behandlung von Berechtigungsfehlern in SAP S/4HANA

Bei der Nutzung von SAP S/4HANA können im Kontext des Berechtigungskonzepts Fehler auftreten, deren Analyse Sie je nach Fall möglicherweise vor Herausforderungen stellt. Wir haben daher in diesem Abschnitt mögliche Fehler zusammengetragen und beschreiben, wie Sie sie analysieren und beheben können. In Abschnitt 9.4.2, »Werkzeuge für die Berechtigungspflege in SAP S/4HANA«, haben wir die zurzeit verfügbaren Werkzeuge für die Analyse zusammenfassend dargestellt.

Fehler 1: Eine Kachel fehlt

Ein Anwender kann im SAP Fiori Launchpad eine Kachel nicht sehen, weder in einer Fiori-Gruppe noch über den App Finder als Katalogbestandteil. Wir empfehlen Ihnen, zu prüfen, ob der Benutzer die notwendige Berechtigung zum Zugriff auf die Kachel besitzt. Dazu müssen Sie die ihm zugeordneten Rollen prüfen:

- Prüfen Sie die korrekte Rollenzuordnung zum Benutzer. Grundlage der Prüfung ist die Dokumentation des Rollenkonzepts mit der Information, in welchem Fiori-Katalog und in welcher Fiori-Gruppe welche Kachel enthalten ist.
- Die Kataloginhalte können Sie über die Transaktion /UI2/FLC überprüfen, die eine Tabelle liefert, aus der Sie die Zuordnung der Kachel (Kachelname) zum jeweiligen Katalog sowie zur jeweiligen Rolle ermitteln können (siehe Abbildung 9.15). Beachten Sie dabei, dass die Zuordnung zur Rolle nur dann sichtbar ist, wenn Sie das Layout um die Spalte **PFCG-Rolle** erweitert haben.

SAP Fiori Launchpad - Prüfungen

PFCG-Rolle	Stat...	Typ	Katalog-ID	Katalogtitel	Gruppen-ID	Gruppentitel	Kachel oder TM-ID	Titel	Test-ID	Meldung
SAP_BR_ANALYTICS_SPECIALIST		CAT	SAP_CA_BC_ANA_AQD	Analysen - Query-Design					INFO_...	INFO
		TM		Analysen - Query-Design			ET090PW4NWFG7U8BSY...	View-Browser	INFO_...	INFO
		TM		Analysen - Query-Design			ET090M0NO76W9DWO6...	Generische Analyseanwe...	INFO_...	INFO
		TM		Analysen - Query-Design			ET091Y5A5BOGPMDYM2...	Analytics - Query Design	INFO_...	INFO
		TM		Analysen - Query-Design			ET091Y5A5BOGPMDYMH...	Analytics - Query Design	INFO_...	INFO
		TILE		Analysen - Query-Design			ET090PW4NWFG7U8BSG...	View-Browser	INFO_...	INFO
		TILE		Analysen - Query-Design			ET091Y5A5BOGPMDYJC2...	Benutzerdefinierte analy...	INFO_...	INFO
SAP_BR_ANALYTICS_SPECIALIST		CAT	SAP_CA_BC_APF_EXECUTION	Analysen - Analysis Path Framework -...					INFO_...	INFO
		TM		Analysen - Analysis Path Framework -...			00O2TO9JBQW5ADXHZN...	APF-Konfiguration ausfü...	INFO_...	INFO
SAP_BR_ANALYTICS_SPECIALIST		CAT	SAP_CA_BC_APF_MODELING	Analysen - Analysis Path Framework -...					INFO_...	INFO
		TM		Analysen - Analysis Path Framework -...			00O2TO9JBQW5ADXI1R...	APF-Konfiguration	INFO_...	INFO
		TILE		Analysen - Analysis Path Framework -...			00O2TO9JBQW5ADXI0W...	APF-Konfigurationsmodel...	INFO_...	INFO

Abbildung 9.15 Tabellarische Ergebnisdarstellung von /UI2/FLC

Wurde dem Benutzer noch keine Rolle zugeordnet, die ihm den Zugriff auf die betreffende Kachel ermöglicht, können Sie nach Rollen suchen, die einen Zugriff erlauben oder gegebenfalls eine Rolle entsprechend erweitern oder neu definieren. Im Benutzerinformationssystem (Transaktion SUIM) wählen Sie dazu den Pfad **Rollen • Suche**

in Rollen nach startbaren Anwendungen (Reportname: RSUSR_START_APPL). Mit diesem Report können Sie prüfen, welche Berechtigungen zum Start von Anwendungen im Rollenmenü einer konkreten Rolle enthalten sind und ob die dazugehörigen Objekte aktiv sind. Details zu diesem Report finden Sie in Abschnitt 11.2.2, »Startbare Anwendungen«.

Unter dem Menüpfad **Rollen • Suche nach Anwendungen im Rollenmenü** (Reportname: RSUSR_ROLE_MENU) prüfen Sie, welche Fiori-Kataloge und Berechtigungen zum Start von Anwendungen im Rollenmenü einer oder mehrerer Rollen enthalten sind. Details zu diesem Report erfahren Sie ebenfalls in Abschnitt 11.2.2.

Der Report PRGN_COMPARE_ROLE_MENU (Aktualisierung der Anwendungsgruppen im Rollenmenü) listet für die zuvor ausgewählten Rollen die im Rollenmenü enthaltenen Kataloge und Berechtigungen zum Start von Anwendungen auf. Weiterhin wird durch diesen Report geprüft, ob die in den Fiori-Katalogen referenzierten Berechtigungen in der jeweiligen Rolle tatsächlich enthalten sind. Dabei werden Funktionen der SAP-Fiori-PFCG-Integration genutzt. Inkonsistente Zustände werden in den Spalten der Ergebnistabelle über Symbole dargestellt. Markieren Sie eine Zeile in der Ergebnistabelle, und per Doppelklick können Sie die ausgewählte Rolle direkt bearbeiten, um wieder einen konsistenten Zustand für sie herzustellen.

Möchten Sie Informationen zu einer App erhalten, zum Beispiel, welche Funktion eine App hat oder welche Schritte erforderlich sind, um eine App technisch verfügbar zu machen, hilft Ihnen die *SAP Fiori Apps Reference Library* weiter (*https://fioriappslibrary.hana.ondemand.com*). Suchen Sie dort unter Berücksichtigung Ihres SAP S/4HANA-Releases nach dem Namen der Kachel (in englischer Sprache).

Fehler 2: Beim Klick auf eine Kachel erscheint das Sanduhr-Symbol

Sollte beim Klick auf eine App keine Anzeige, sondern ein Sanduhr-Symbol erscheinen, können Ihnen die folgenden Prüfungen helfen, um die Fehlerursache zu identifizieren.

Die Entwicklerwerkzeuge im Webbrowser, die Sie in der Regel über die Funktionstaste [F12] starten können, bieten Ihnen Informationen über die Vorgänge beim Zugriff auf eine Datenquelle. In diesem Fall sollten Sie über den Menüpunkt **Console** (Bezeichnung kann je nach verwendetem Browser variieren) nach einem Eintrag in folgender Form suchen:

> *»Initial loading of metadata failed«*

Welche Browser von SAP Fiori unterstützt werden, können Sie SAP-Hinweis 1728946 entnehmen. Prüfen Sie ferner auf dem SAP-Fiori-Frontend-Server, ob dem Benutzer über das Berechtigungsobjekt S_RFC die Berechtigung für den Funktionsbaustein /IWBEP/FM_MGW_HANDLE_REQUEST zugewiesen ist.

Fehler 3: Beim Klick auf eine Kachel erscheint eine Fehlermeldung

Die Fehlermeldung, die beim Klick auf eine Kachel im Browser angezeigt wird, enthält einen gezielten Hinweis auf die fehlende Berechtigung, die für den Start der ausgewählten App erforderlich ist. Beachten Sie dabei, dass in diesem Fall die angezeigte Berechtigung fehlt, um den angezeigten OData Service (SAP Gateway Business Suite Enablement - IWSV) auf dem Backend aufrufen zu können.

Der Berechtigungstrace, den Sie auf dem SAP-Fiori-Frontend-Server ausführen, enthält Informationen darüber, welche konkreten Berechtigungsprüfungen durchlaufen wurden. Hier sollte eine erfolgreiche Prüfung des Berechtigungsobjekts `S_RFC` vorliegen, wohingegen die Berechtigungsprüfung für den Start der Anwendung durch das Berechtigungsobjekt `S_SERVICE` fehlgeschlagen ist.

Dieser Fehler kann auch auf einen inaktiven ICF-Knoten (Internet Communication Framework) hinweisen. In einem solchen Fehlerfall können Sie mit der Transaktion SICF bzw. /IWFND/MAINT_SERVICE den benötigten ICF-Pfad identifizieren und ihn gegebenenfalls aktivieren.

Weiterhin ist auch denkbar, dass das korrespondierende Installationspaket im Backend-Server nicht vorhanden ist. Entsprechende Hinweise zur Installation können Sie der SAP Fiori Apps Reference Library entnehmen.

Fehler 4: In der Kachel steht der Text »Fehler ...«

Beim Ausführen der Kachel wird eine Fehlerinformationsbox mit folgendem Meldungstext angezeigt:

> *»Fehler beim Laden von Daten. Wenden Sie sich an Ihren Systemadministrator.«*

Bei Klick auf den Link **Details anzeigen** werden weiterführende Informationen zu dem Fehler angezeigt.

In diesem Fall liegt die Fehlerursache im SAP-Fiori-Frontend-Server. Mögliche Fehlerursachen können die folgenden sein:

- Der gerufene Service ist im Frontend-Server nicht verfügbar. Mögliche Gründe dafür sind:
  - Das korrespondierende UI-Installationspaket ist nicht implementiert.
  - Der ICF-Knoten ist inaktiv. In einem solchen Fehlerfall können Sie mit der Transaktion SICF bzw. /IWFND/MAINT_SERVICE den benötigten ICF-Pfad ermitteln und gegebenenfalls aktivieren.
- Die Berechtigung zum Start des korrespondierenden OData-Services (SAP Gateway: Service Groups Metadata – IWSG) auf dem Frontend-Server fehlt. Ein Berechtigungstrace auf dem Frontend-Server sollte Ihnen die fehlenden Berechtigungen für das Objekt `S_SERVICE` anzeigen.

- Die Entwicklerwerkzeuge im Webbrowser geben Ihnen Informationen zum Fehlerhergang.

Fehler 5: Die angezeigten Daten stimmen nicht

Sollten dem Anwender auf einer Fiori-Kachel Daten angezeigt werden, die nicht plausibel erscheinen, kommen dafür die folgenden Gründe infrage:

- Dem Benutzer ist auf dem Backend-Server die falsche Rolle zugeordnet worden (die Berechtigungsfeldwerte entsprechen beispielsweise nicht dem Aufgabengebiet des Benutzers).
- Die Daten werden möglicherweise aus einem falschen Backend-Server abgerufen. In der Konfigurationsphase der Fiori-Systemlandschaft (Frontend- und Backend-Server) sind hierzu folgende Schritte notwendig:
  - Einrichtung einer Trusted-RFC-Verbindung
  - Einrichtung des System-Alias (Transaktion /UI2/GW_SYS_ALIAS, Einstellungen in der Tabelle `/IWFND/V_DFSYAL`)
  - Zuordnung des System-Alias zum Service (Transaktion /IWFND/MAINT_SERVICE), wie in Abbildung 9.16 dargestellt.

  Tritt der genannte Fehler auf, sollten Sie prüfen, ob die hier dargestellten Schritte korrekt durchgeführt wurden.

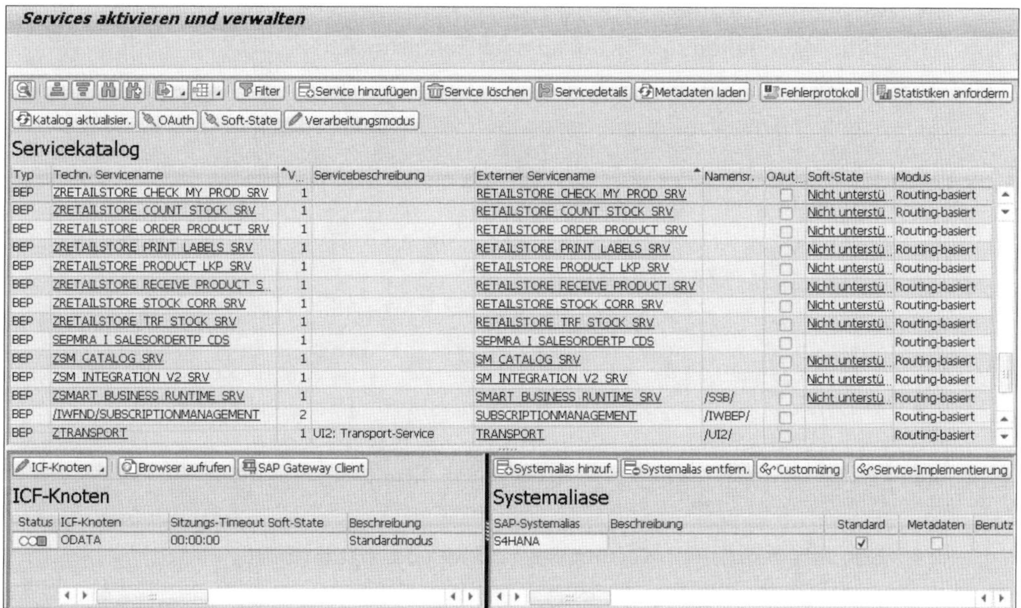

Abbildung 9.16 Services aktivieren und verwalten

Fehler 6: Es sind keine Fiori-Gruppen und -Kacheln sichtbar

Wenn einem Anwender nach erfolgreicher Anmeldung ein SAP Fiori Launchpad angezeigt wird, auf dem keine Kacheln verfügbar sind, sollten Sie die folgenden Analysen durchführen:

- Sind dem Benutzer Rollen zugeordnet, die ihn für den Zugriff auf einen oder mehrere Fiori-Kataloge berechtigen?
- Sind in den Rollen, die dem Benutzer zugeordnet sind, die Berechtigungen für eine oder mehrere Fiori-Gruppen enthalten?

Das SAP Fiori Launchpad bietet Ihnen Suchfunktionen an, mit deren Hilfe Sie Kacheln suchen und anzeigen lassen können (App Finder, Sucheingabefeld), für die der Benutzer über die Katalogzuordnung die entsprechenden Berechtigungen besitzt.

Fehler 7: Referenz verloren

Wird einem Anwender im SAP Fiori Launchpad oder im SAP Fiori Launchpad Designer die Meldung »Referenz verloren« angezeigt, deutet dies darauf hin, dass das SAP Fiori Launchpad eine Referenz zwischen einer Information im Geschäftskatalog und einem technischen Katalog nicht auflösen kann und somit die Funktionalität der Kachel nicht aufgerufen werden kann. In SAP-Hinweis 2495630 ist dieser Fehler mit konkreten Schritten zur Fehleranalyse und -korrektur beschrieben.

Informationsquellen für die Suche nach Fehlerursachen

Bei der Suche nach den Ursachen für Berechtigungsfehler in SAP S/4HANA können die folgenden Informationsquellen im Internet Sie unterstützen:

- *https://blogs.sap.com/*: Suchen Sie in dieser Informationsquelle nach den nachfolgenden Stichworten:
  - SAP Fiori
  - SAP Fiori for SAP S/4HANA
  - SAP Fiori Frontend Server
  - SAP Fiori Launchpad
- *https://help.sap.com/*: Suchen Sie in dieser Informationsquelle nach »UI Technology Guide for SAP S/4HANA <RELEASE>«
- *https://help.sap.com/*: Suchen Sie in dieser Informationsquelle nach »Conversion Guide for SAP S/4HANA <RELEASE>«
- *https://help.sap.com/*: Suchen Sie in dieser Informationsquelle nach »Simplification List for SAP S/4HANA <RELEASE>«

9.5 Zusammenfassung

In den ersten Abschnitten dieses Kapitels haben wir Ihnen die Benutzer- und Berechtigungsverwaltung der SAP-HANA-Datenbank vorgestellt und deren Besonderheiten beschrieben. Sie haben gelernt, dass Sie abhängig von Ihren Anwendungsszenarien Benutzer auf der SAP-HANA-Datenbank anlegen und diese mit entsprechenden Berechtigungen versorgen müssen.

In den weiteren Abschnitten haben wir Ihnen die Benutzer- und Berechtigungsverwaltung in SAP S/4HANA vorgestellt. Dabei haben Sie gelernt, welche neuen Funktionen in der Berechtigungsverwaltung für SAP Fiori relevant sind und welche Werkzeuge Sie im Umfeld von SAP S/4HANA nutzen können. Zusätzlich haben wir die Funktionsweise von CDS-Views dargestellt und Ihnen nützliche Tipps für die Fehleranalyse im Umfeld von SAP S/4HANA gegeben.

Kapitel 10

Kundeneigene Berechtigungen

In einigen Fällen reichen die Standardberechtigungsprüfungen nicht aus, um alle Anforderungen in SAP-Anwendungen abzudecken. Häufig gibt es dann Möglichkeiten, eigene Prüfungen über Konfigurationen oder in eigenen Programmen zu ergänzen.

In SAP-Systemen haben Sie immer die Möglichkeit, kundeneigene Entwicklungen zu integrieren. In solchen Erweiterungen oder eigenen Programmen müssen Sie Berechtigungsprüfungen implementieren und unter Umständen auch eigene Berechtigungsobjekte anlegen. Auch können Sie Berechtigungsprüfungen in Standardtransaktionen ergänzen, falls die bestehenden Prüfungen Ihre Anforderungen nicht abdecken sollten.

In diesem Kapitel zeigen wir Ihnen verschiedene Optionen, um eigene Berechtigungsprüfungen zu ergänzen, falls die Standardlogik der Berechtigungsprüfungen nicht ausreicht. Dazu zeigen wir Ihnen, wie Sie eigene Berechtigungsobjekte anlegen und oder Berechtigungsprüfungen über Erweiterungen ergänzen können. Sie erfahren auch, welche Mittel in Standardanwendungen zur Verfügung stehen, um über Customizing-Tabellen eigene Berechtigungen zu ergänzen.

10.1 Berechtigungsverwaltung in kundeneigenen Programmen

Im Rahmen von Einführungsprojekten wird meist eine Reihe von kundeneigenen Programme erstellt, ohne dass diese bei ihrer Ausführung einer Berechtigungsprüfung unterzogen werden. Für Ihre Programme sollten Sie standardmäßig kundeneigene Berechtigungsprüfungen erstellen und diese auch entsprechend verwalten.

Schon bei der Definition der Entwicklungsrichtlinie sollten Sie darauf achten, dass besonderes Augenmerk auf die Zugriffssicherheit gelegt wird. Über kundeneigene Prüfungen oder Anpassungen im SAP Code Inspector lässt sich sicherstellen, dass alle im Unternehmen beschäftigten Entwickler diese Richtlinien einhalten. Die Prüfung, ob die Entwicklungsrichtlinien eingehalten wurden, sollte zwingender Bestandteil der Qualitätssicherung sein, bevor die Programme produktiv genutzt werden.

Berechtigungen für die Transaktionen SE38 und SA38 sollten im produktiven System nicht vergeben werden. Es empfiehlt sich, kundeneigene Programme in eigene Transaktionscodes einzubinden. Anschließend richten Sie Berechtigungen nur für diese Transaktionen ein. Die Beachtung folgender Punkte erleichtert das Auffinden der Transaktionen:

- Legen Sie Menüs in den Berechtigungsrollen an.
- Stellen Sie Favoriten zusammen und verschicken Sie diese an die Benutzer.
- Schaffen Sie eine Einstiegstransaktion pro Modul bzw. Bereich. Über diese Einstiegstransaktion sind dann über Buttons alle weiteren Transaktionen aufrufbar.

Die meisten kundeneigenen Programme stellen Ergänzungen oder Abwandlungen der Standardfunktionalitäten dar. Daher können Sie sich bei der Erstellung Ihrer eigenen Programme an den Berechtigungsprüfungen der Standardprogramme orientieren und die dort genutzten Berechtigungsprüfungen wiederverwenden.

Die Einrichtung der Berechtigungen erfolgt in drei Schritten:

1. **Funktionale Spezifikation**
   Voraussetzung für eine gelungene Berechtigungsprüfung ist eine sorgfältige Vorbereitung. Für alle kundeneigenen Funktionalitäten muss eine funktionale Spezifikation erstellt werden. Diese zwingt zum Nachdenken über die eigentlichen Anforderungen der Anwendung, um anschließend die mögliche Umsetzung zu beschreiben. Dabei müssen sicherheitsrelevante Aspekte wie die Berechtigungsprüfung und -vergabe berücksichtigt werden.

   Legen Sie fest, was mit diesem Programm ausführbar ist, und auch, was explizit unterbunden sein muss. Eine Berechtigungsprüfung kann mehr als nur die auszuführende Aktivität wie Lesen, Ändern, Anlegen usw. zu prüfen. Außerdem erlauben Ihnen bestimmte Kriterien, wie z. B. Feldinhalte oder organisatorische Trenner, den Zugriff auf die Datensätze einschränken.
2. **Umsetzung der Berechtigung**
   Nachdem die funktionale Spezifikation abgenommen wurde, beginnen Sie mit der Umsetzung:
   - Erstellen Sie dafür zuerst Ihr kundeneigenes Berechtigungsobjekt und implementieren Sie die dafür vorgesehene Berechtigungsprüfung (siehe Abschnitt 10.3, »Berechtigungsobjekte pflegen«).
   - Im nächsten Schritt pflegen Sie in der Transaktion SU24 die Vorschlagswerte für die kundeneigene Transaktion. Rufen Sie hierzu Ihre eigens erstellte Transaktion auf, und weisen Sie die notwendigen Berechtigungsobjekte entweder manuell über den Button **Objekt** zu, oder verwenden Sie den Berechtigungs- oder Systemtrace zur Vergabe der Berechtigungen (siehe Abschnitt 5.3, »Berechtigungsvorschlagswerte für Neuentwicklungen ergänzen«). Dabei müssen Sie

die im kundeneigenen Code verwendeten Berechtigungsobjekte hinterlegen. Pro Berechtigungsobjekt können Sie Feldwerte pflegen, die als Vorschlagswerte in den jeweiligen Rollen auftauchen.

 - Nun müssen alle betroffenen Rollen angepasst werden. Ist der Abmischmodus für die Transaktion PFCG auf **Ein** gestellt (siehe Abschnitt 4.1.1, »Die Transaktionen SU22 und SU24«), werden alle PFCG-Rollen, die der jeweiligen Transaktion im Rollenmenü zugewiesen werden, erkannt und können über die Transaktion SUPC neu abgemischt werden. Ist die kundeneigene Transaktion noch nicht in den PFCG-Rollen enthalten, wird sie an dieser Stelle ergänzt, und die jeweilige PFCG-Rolle wird neu abgemischt.

3. **Testen der Berechtigung**
   An die Programmumsetzung und Dokumentation schließt sich immer ein funktionaler Test an. Dabei sollte auch ein Berechtigungstest nicht vergessen werden. Der Test muss sowohl einen positiven als auch einen negativen Berechtigungstest einschließen.

10.2 Sicherer Aufruf kundeneigener Reports

Sie kennen das sicher: Sie haben die Aufgabe, Berechtigungen für einen kundeneigenen Report zu vergeben. Dabei möchten Sie sicherstellen, dass Werkzeuge zum generischen Programmstart, wie z. B. Transaktion SA38, von den Endanwendern nicht genutzt werden können.

Wie könnte eine Best Practice für die Umsetzung dieser Anforderung aussehen? Erstellen Sie für diesen kundeneigenen Report am besten eine Reporttransaktion. Damit stellen Sie sicher, dass nur Anwender, die über die Berechtigung für diese Reporttransaktion verfügen, diesen Report auch ausführen können. Der Report muss dazu wie in Listing 10.1 dargestellt programmiert sein. Hier wird in der IF-Schleife geprüft, ob der Benutzer auch über die Berechtigung zum Starten der Reporttransaktion verfügt.

```
*& Report <ZREPORT>
*& Aufgerufen durch Transaktion <ZREPORTTRANSAKTION>
REPORT <zreport>.

...
INITIALIZATION.
  PERFORM get_environment.

...
FORM get_environment.
```

```
  CONSTANTS:
    lc_my_tcd TYPE tcode VALUE '<ZREPORTTRANSAKTION>'.   "<<==
 Transaktionscodes zum Aufruf des Z-Reports

  IF sy-tcode <> lc_my_tcd.
    CALL FUNCTION 'AUTHORITY_CHECK_TCODE'
      EXPORTING
        tcode  = lc_my_tcd
      EXCEPTIONS
        ok     = 1
        not_ok = 2
        OTHERS = 3.
    IF sy-subrc <> 1.
      MESSAGE i172(00) WITH lc_my_tcd DISPLAY LIKE 'E'.
      LEAVE.
    ENDIF.
  ENDIF.

ENDFORM.
```

Listing 10.1 Berechtigungsprüfung auf Startberechtigungen für einen Transaktionscode

Selbst über generische Programmstartwerkzeuge, wie beispielsweise die Transaktionen SA38 oder SE80, darf der Report nicht aufgerufen werden, ohne dass der Benutzer über das Berechtigungsobjekt S_TCODE die Berechtigung zum Aufruf der Reporttransaktion besitzt.

10.3 Berechtigungsobjekte pflegen

Sie möchten in Ihren Eigenentwicklungen eigene Berechtigungsprüfungen implementieren oder Standardanwendungen mit eigenen Berechtigungsprüfungen erweitern? Bei der Implementierung von kundeneigenen Berechtigungen muss einiges beachtet werden. In diesem Abschnitt konzentrieren wir uns auf die technische Umsetzung der Implementierung von Berechtigungsprüfungen.

Haben Sie eigene Anwendungen erstellt, empfehlen wir Ihnen, dafür immer eine eigene Berechtigungsprüfung zu implementieren und sich nicht nur auf die Anwendungsstartberechtigungen wie S_TCODE, S_START, S_SERVICE und S_RFC zu verlassen.

Möchten Sie Standardanwendungen um eigene Prüfungen erweitern, müssen Sie dafür erst die geeignete Stelle zur Implementierung der Prüfung finden. Um modifikationsfrei zu entwickeln, bietet SAP für solche Fälle User-Exits oder Business Add-ins (BAdIs) an. Einige SAP-Anwendungen nutzen außerdem eigene Frameworks, die ein modifikationsfreies Implementieren von eigenen Berechtigungsprüfungen erlauben, wie z. B. die Access Control Engine (ACE) in SAP CRM.

10.3.1 Kundeneigene Berechtigungsobjekte erstellen

In diesem Abschnitt beschreiben wir die Erstellung einer kundeneigenen Berechtigungsprüfung mithilfe eines kundeneigenen Berechtigungsobjekts. Definieren Sie dafür zuerst, welche Informationen überprüft werden sollen. Prüfen Sie in der Transaktion SU20, ob die benötigten Felder eventuell schon als Berechtigungsfelder existieren. Möchten Sie kundeneigene Felder überprüfen, müssen Sie in der Transaktion SU20 eigene Berechtigungsfelder anlegen. Achten Sie hier insbesondere auf die bereitgestellten [F4]-Hilfen.

Bei der Definition von kundeneigenen Berechtigungsfeldern vergeben Sie im Feld **Feldname** einen Namen, der in Ihrem Kundennamensraum liegt, und weisen das entsprechende Datenelement sowie, falls gewünscht, einen Tabellennamen für eine Wertehilfe zu (siehe Abbildung 10.1).

Berechtigsfeld Kopfdaten
Berechtigungsfeld ZBEGRU
Feld ist nicht als OrgEbene definiert

ABAP-Dictionary
Datenelement BEGRU
Domäne BEGRU
Ausgabelänge 4
Konvert-Routine

Bereitstellung der Suchhilfe im Standardpflegedialog
Berechtigungspflege erfolgt über Exitbaustein
über Prüftabelle (Berechtigungsfeld)
durch Suchhilfe des Datenelements
Suchhilfe

Verwendungsnachweis
Verwendung im Berechtigungsobjekt

Klasse	Objekt	Text
Z_CL	Z_GP_BEGRU	Prüfung auf Berechtigungsgruppe

Abbildung 10.1 Berechtigungsfelder definieren

Im nächsten Schritt erstellen Sie ein eigenes Berechtigungsobjekt und weisen Ihre Berechtigungsfelder sowie, wenn notwendig, Standardberechtigungsfelder zu. Wenn Sie das Feld ACTVT für die Berechtigungsprüfung der Aktivität verwenden, müssen Sie über den Button **Zulässige Aktivitäten** die Aktivitäten auswählen, die Sie über den

Quellcode Ihres Programmes abprüfen (siehe Abbildung 10.2). Empfehlungen zu den Namenskonventionen für Berechtigungsobjekte erhalten Sie in SAP-Hinweis 395083.

Abbildung 10.2 Erstellen eines kundeneigenen Berechtigungsobjekts

Implementieren Sie nun an einer geeigneten Stelle Ihres Programms Ihre Berechtigungsprüfung mit dem Codebaustein aus Listing 10.2.

```
AUTHORITY-CHECK OBJECT 'Z_GP_BEGRU'
         ID 'ZBEGRU' FIELD lv_augrp
         ID 'ACTVT' FIELD lv_activity_mode.
IF sy-subrc <> 0.
... .
ELSE.
  MESSAGE E(...).
ENDIF.
```

Listing 10.2 Codebaustein für eine Berechtigungsprüfung

Achten Sie darauf, bei der Programmierung Ihrer Berechtigungsprüfung immer den Return-Code SY-SUBRC abzuprüfen und zu definieren, was im Falle einer nicht erfolgreichen Berechtigungsprüfung, d. h. wenn SY-SUBRC ungleich 0 ist, geschehen soll. In den meisten Fällen kommt es zu einer Fehlermeldung, und das Programm wird abgebrochen.

Wir möchten Sie darauf hinweisen, dass Sie nach Definition und Implementierung eines Berechtigungsobjekts die Berechtigungsfeldliste nicht mehr ändern sollten, da dies zu Inkonsistenzen führt. Falls Sie feststellen sollten, dass Sie Ihre Prüfung um weitere Felder erweitern möchten, weisen Sie Ihr Berechtigungsobjekt der Objektklasse AAAA (obsolete Berechtigungsobjekte) zu und erstellen Sie ein neues Berechtigungsobjekt.

Nach erfolgreicher Implementierung Ihrer Berechtigungsprüfung muss das neue Berechtigungsobjekt für Ihre Anwendung in der Transaktion SU24 gepflegt werden. Wird Ihre Lösung in andere Systemlandschaften verteilt, erfolgt die Pflege der Berechtigungsvorschläge in der Transaktion SU22. Mit der Berechtigungsvorschlagswertpflege gehen Sie außerdem auf Nummer sicher, dass das neue Berechtigungsobjekt bei einer Rollenanlage nicht vergessen wird, da es nun beim Aufruf der Anwendung über das Rollenmenü automatisch in die PFCG-Rolle geladen wird. Im letzten Schritt erstellt der Berechtigungsadministrator die PFCG-Rolle bzw. mischt die bestehenden PFCG-Rollen neu ab.

10.3.2 Berechtigungsobjekte einfacher pflegen

Berechtigungsobjekte können in der Transaktion SU21 angezeigt und neu angelegt werden. Das Anlegen von Berechtigungsobjekten über diese Transaktion war bisher allerdings nicht sehr benutzerfreundlich. Wurden Eingaben nicht korrekt vorgenommen, war die Dialogführung für den Anwender mitunter nicht transparent, sondern verwirrend. Dasselbe galt für das Speichern eines Berechtigungsobjekts. Mehrere Pop-up-Fenster weisen hier auf weitere Pflegeaktivitäten hin.

Ein anderes Problem besteht darin, dass der Verwendungsnachweis des Berechtigungsobjekts darauf beschränkt ist, Implementierungen des Berechtigungsobjekts zu finden. Berechtigungsobjekte werden allerdings auch an anderen Stellen, wie z. B. der Vorschlagswertepflege und der Berechtigungspflege, verwendet.

Eine weitere Problematik ist die Verwendung von Namensräumen. Für SAP-Partner, die Ihre Berechtigungsprüfungen in ihren Namensräumen pflegen möchten, sind die klassischen, mit J beginnenden Namensräume aufgebraucht.

Abhilfe schafft hier SAP-Hinweis 1903323. Die Funktionalität wird nur über Support Packages für die SAP-NetWeaver-Releases 7.31 und 7.40 ausgeliefert. Diese Korrektur erweitert die Namenskonventionen, sodass Namensräume im Format /XYZ/ mit bis zu maximal acht Zeichen verwendet werden können. Beim Entwickeln und Anlegen von Berechtigungsobjekten sind einige Funktionalitäten des SAP-Hinweises überaus hilfreich, die wir Ihnen in diesem Tipp vorstellen.

Werden zu den Berechtigungsobjekten auch Berechtigungsfelder benötigt, können Sie diese in der Transaktion SU20 anlegen. Beim Anlegen eines Berechtigungsobjekts legen Sie zuerst in der Transaktion SU21 einen Namen und eine Beschreibung für das Berechtigungsobjekt fest und weisen es anschließend einer Objektklasse zu. Im nächsten Schritt weisen Sie ihm die notwendigen Berechtigungsfelder zu. Handelt es sich bei einem dieser Felder um das Feld ACTVT (Aktivität), können Sie über den Button **Zulässige Aktivitäten** alle zu prüfenden Aktivitäten auswählen (siehe Abbildung 10.3). Das Navigationsverhalten ist hier im Vergleich zu früheren Versionen um einiges verbessert worden.

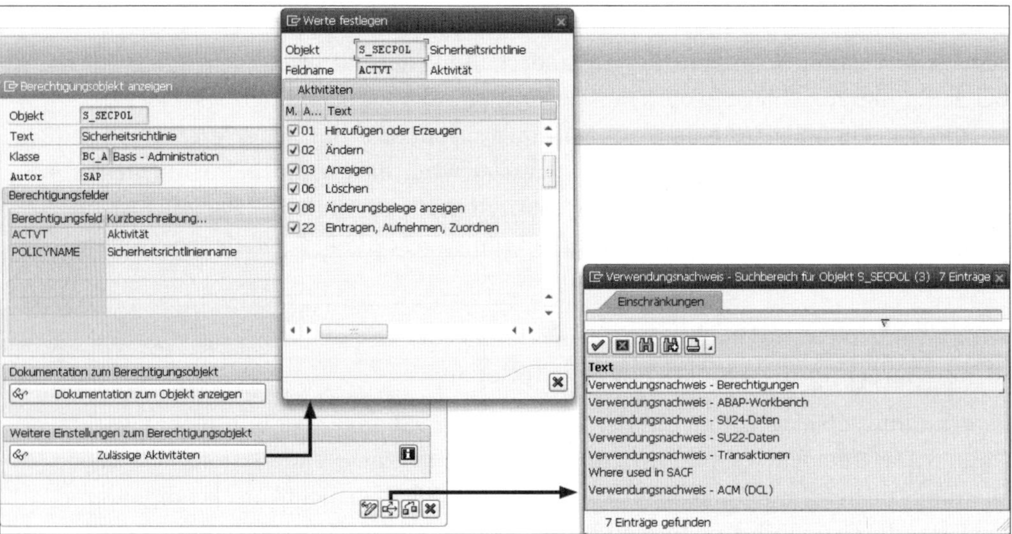

Abbildung 10.3 Funktionen beim Erstellen eines Berechtigungsobjekts

Weitere Änderungen sind bei der Nutzung des Verwendungsnachweises zu finden. Wenn Sie auf den Button (**Verwendungsnachweis**) klicken, erhalten Sie eine neue Auswahl. Sie können folgende Verwendungen des ausgewählten Berechtigungsobjekts prüfen:

- Berechtigungen und Rollen
- ABAP Workbench (Verwendung in Programmen, Klassen etc.)
- SU22-Vorschlagswerte
- SU24-Vorschlagswerte
- Transaktionen
- Verwendung in Szenarien für schaltbare Berechtigungen (Transaktion SACF)
- Verwendung in den Access-Control-Management-Tools, kurz ACM) für DCL-Berechtigungen (siehe Abschnitt 9.4.4, »Berechtigungen für CDS-Views«)

Über die Auswahl **Verwendungsnachweis - ABAP-Workbench** gelangen Sie, wie in früheren Releases auch, zur Übersicht der Programme, Klassen und weiteren Entitäten, in denen Berechtigungsprüfungen für das betreffende Berechtigungsobjekt implementiert sind. Falls Sie den Verwendungsnachweis für schaltbare Berechtigungen nicht in den Optionen vorfinden, müssen Sie SAP-Hinweis 2565157 implementieren, um diese Funktion aktivieren zu können.

10.4 Kundeneigene Customizing-Tabellen in den SAP-Einführungsleitfaden einbinden

Kundeneigenes Customizing kommt bei fast jedem SAP-Kunden zum Einsatz. Dazu werden Customizing-Tabellen angelegt und Standardprogramme erweitert. Ein kundeneigenes Programm, das kundeneigenes Customizing verwendet, ist schnell geschrieben. Durch Projektdruck fehlt jedoch oft die Zeit für eine ausreichende Dokumentation, z. B. im SAP Solution Manager. Am einfachsten ist es, wenn Customizing-Tabellen dort wiederzufinden sind, wo sie auch im SAP-Standard stehen: im *SAP-Einführungsleitfaden* (Implementation Guide, kurz IMG).

Erstellen Sie als Erstes eine Übersicht der aktuell in Ihrem System vorhandenen kundeneigenen Customizing-Tabellen. Dazu öffnen Sie die Tabelle DD02L und suchen nach Tabellen, die mit Y, Z oder dem Kürzel für Ihren spezifischen Kundennamensraum beginnen. Tabellen mit der Auslieferungsklasse C (wie Customizing, zu finden in der Spalte **A** – Auslieferungsklasse) sind die in diesem Zusammenhang relevanten Tabellen (siehe Abbildung 10.4). Die beschreibenden Texte zu den Tabellen werden Ihnen über die Tabelle DD02T geliefert.

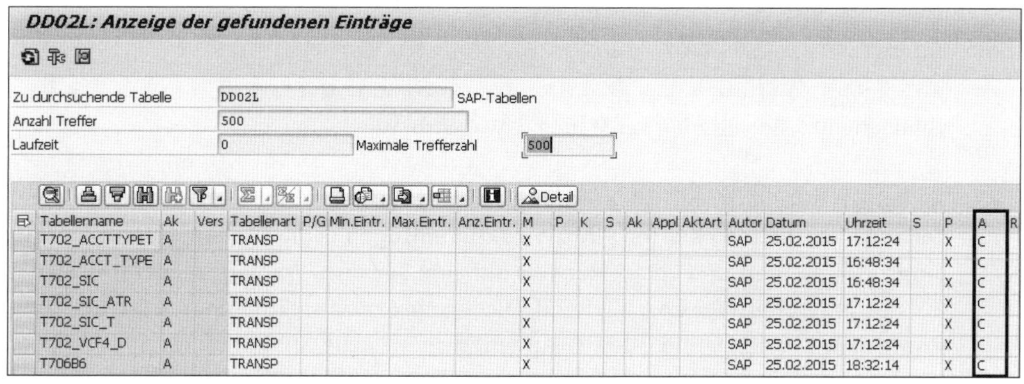

Tabellenname	Ak	Vers	Tabellenart	P/G	Min.Eintr.	Max.Eintr.	Anz.Eintr.	M	P	K	S	Ak	Appl	AktArt	Autor	Datum	Uhrzeit	S	P	A	R
T702_ACCTTYPET	A		TRANSP					X							SAP	25.02.2015	17:12:24		X	C	
T702_ACCT_TYPE	A		TRANSP					X							SAP	25.02.2015	16:48:34		X	C	
T702_SIC	A		TRANSP					X							SAP	25.02.2015	16:48:34		X	C	
T702_SIC_ATR	A		TRANSP					X							SAP	25.02.2015	17:12:24		X	C	
T702_SIC_T	A		TRANSP					X							SAP	25.02.2015	17:12:24		X	C	
T702_VCF4_D	A		TRANSP					X							SAP	25.02.2015	17:12:24		X	C	
T706B6	A		TRANSP					X							SAP	25.02.2015	18:32:14		X	C	

Abbildung 10.4 Auflistung aller SAP-Tabellen

Damit Sie künftig Ihre kundeneigenen Tabellen leichter wiederfinden können, prüfen Sie in Ihrer Entwicklungsrichtlinie, ob die Speicherung dort ausreichend beschrieben ist. Wenn die Entwicklungsrichtlinien nicht vollständig sind, sollten Sie sie ergänzen. Beispielinhalte für eine Entwicklungsrichtlinie finden Sie auf der Webseite der deutschsprachigen SAP-Anwendergruppe (DSAG). Suchen Sie unter der URL *https://www.dsag.de/go/leitfaeden* nach »Best Practice Leitfaden Development«.

Als nächstes können Sie eine IMG-Struktur anlegen. Rufen Sie dazu die Transaktion SIMGH auf. Nennen Sie die neue IMG-Struktur z. B. »<Firmenname> Customizing«. Anschließend fügen Sie Gliederungsknoten in diese Struktur ein. Häufig ist es sinnvoll, zunächst in die SAP-Komponenten wie Finanzwesen, Controlling und Vertrieb zu untergliedern.

Hinterlegen Sie die Struktur als Favorit, um sie später schnell wiederfinden zu können. Rufen Sie dann die Transaktion S_IMG_EXTENSION auf, und suchen Sie nach der IMG-Struktur »SAP Customizing Einführungsleitfaden«. Es handelt sich hierbei um die Standard-IMG-Struktur, in die Sie Ihre Struktur einbinden müssen. Zur Erweiterung dieser IMG-Struktur geben Sie eine **Erweiterungs-ID** an. Sofern noch keine Erweiterungs-ID für Ihre IMG-Struktur existiert, müssen Sie eine Erweiterungs-ID anlegen.

Um Ihre Struktur nun in die Standard-IMG-Struktur einzubinden, positionieren Sie den Cursor auf dem Eintrag **SAP Customizing Einführungsleitfaden** unter **Meine Favoriten** und klicken anschließend auf den Button **Struktur erweitern** (siehe Abbildung 10.5).

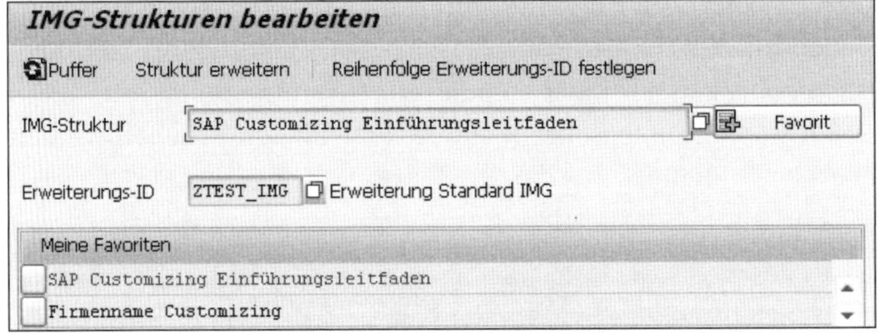

Abbildung 10.5 Erweiterung der Standard-IMG-Struktur

Sie landen nun in der Sicht **Einführungsleitfaden ändern**. Wählen Sie dort im Menü den Pfad **Bearbeiten • Knoten • IMG-Struktur einfügen • Eine Ebene tiefer**. Daraufhin öffnet sich das Pop-up-Fenster **Verweis auf eine Struktur**. Wählen Sie hier Ihre Struktur aus und sichern Sie anschließend. Die eigene Struktur **Firmenname Customizing** wurde damit in den Standard-IMG aufgenommen (siehe Abbildung 10.6).

Nun muss die Struktur mit Leben gefüllt werden. Dazu müssen Sie in der kundeneigenen Struktur als Erstes sinnvolle Unterordner anlegen. Wie bereits erwähnt, sind diese meist an die SAP-Komponenten angelehnt. Achten Sie darauf, dass Sie auch Ihr Customizing für zusätzlich eingespielte Add-ons ablegen, wodurch die spätere Arbeit von Supportorganisationen erleichtert wird.

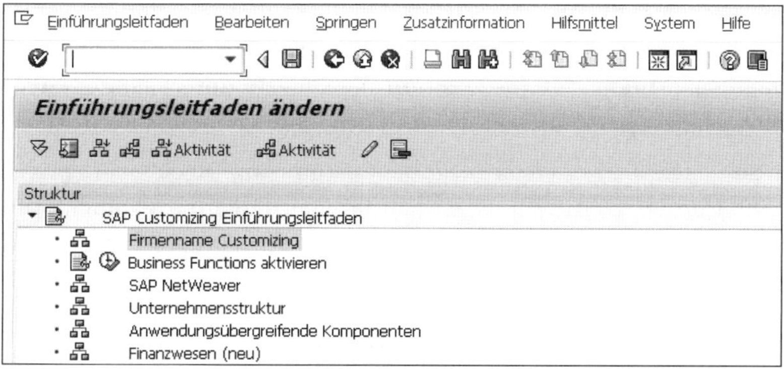

Abbildung 10.6 Kundeneigene Struktur »Firmenname Customizing« innerhalb der Standard-IMG-Struktur

Rufen Sie die Transaktion SOBJ auf. Dort legen Sie Customizing-Objekte an, die später in Ihrer IMG-Struktur verwendet werden. Es bietet sich an, ein Objekt jeweils genau wie die zugehörige Tabelle zu benennen. Dies vereinfacht die spätere Pflege in der IMG-Struktur. Entscheiden Sie auch, ob und wie die Tabellen im produktiven System gepflegt werden können. Dazu wählen Sie die entsprechenden Einträge in den Feldern **Kategorie** und **Transport** und markieren die Option **Laufende Einstellung** (siehe Abbildung 10.7). Dies wiederholen Sie für alle kundeneigenen Customizing-Tabellen, die benötigt werden.

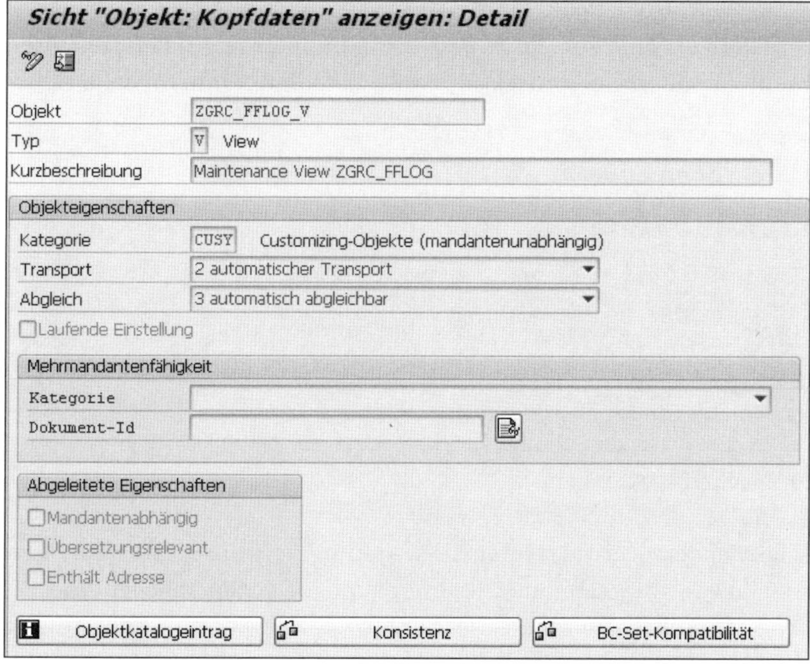

Abbildung 10.7 Customizing-Objekte in der Transaktion SOBJ pflegen

Die soeben angelegten Customizing-Objekte binden Sie nun in Ihre kundeneigene IMG-Struktur ein. Dazu öffnen Sie wieder die Transaktion SIMGH, rufen Ihre Struktur im Änderungsmodus auf und fügen die Customizing-Objekte unterhalb des zuvor angelegten Ordners ein, indem Sie **Aktivität • eine Ebene tiefer einfügen** wählen.

Am besten legen Sie gleichzeitig mit der Anlage der Customizing-Objekte eine gleichnamige Dokumentation an. Dazu wählen Sie auf der Registerkarte **Dokument** den Button **Anlegen** aus und verfassen einen beschreibenden Text, den Sie speichern und anschließend aktivieren (siehe Abbildung 10.8).

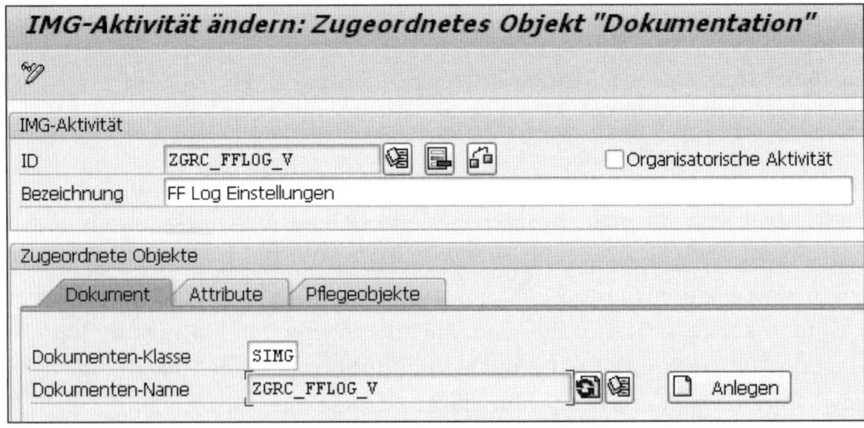

Abbildung 10.8 Dokumentation zum Customizing-Objekt anlegen

Als Ergebnis erhalten Sie eine erweiterte IMG-Struktur, in unserem Beispiel **FF Log Einstellungen**, die Sie über die Transaktion SPRO aufrufen können (siehe Abbildung 10.9).

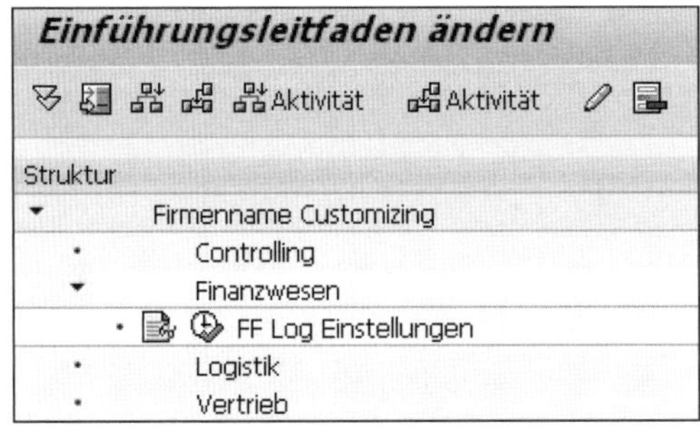

Abbildung 10.9 Erweiterte IMG-Stuktur

In einem abschließenden Schritt könnten Sie weiterhin die Transaktion COAT nutzen (siehe SAP-Hinweis 1089923), um z. B. Ihren kundeneigenen Tabellen und Reports zusätzliche Attribute zuzuordnen. Dies könnte z. B. relevant für Steuerprüfung und Abschlussreports bzw. performancekritisch sein.

10.5 Transaktionsstartberechtigungen beim Aufruf CALL TRANSACTION pflegen

In diesem Abschnitt erläutern wir, wie Sie über den ABAP-Befehl `CALL TRANSACTION` Berechtigungen für Absprünge von einer Transaktion in eine andere vergeben bzw. aktiv bestimmen, welche Prüfungen dabei durchgeführt werden sollen. Bei der Anweisung `CALL TRANSACTION` wird die Berechtigung des Benutzers zur Ausführung der aufgerufenen Transaktion nicht automatisch überprüft. Falls keine Überprüfung im aufgerufenen Programm stattfindet, muss sie im aufrufenden Programm durch zusätzliche Funktionsbausteine für die Berechtigungsprüfung implementiert werden.

Vollziehen Sie dieses Szenario einmal in Ihrem System nach. Beispielsweise können Sie aus der Transaktion MM50 in die Transaktion MM01 abspringen, ohne dass über das Berechtigungsobjekt `S_TCODE` explizit die Transaktionsstartberechtigung für die Transaktion MM01 vergeben sein muss. In Ihrem Systemtrace für Berechtigungen sehen Sie diesen Aufruf in der Spalte **Zusatzinformation zur Prüfung**. Dort erkennen Sie, dass die Berechtigungsprüfung beim Aufruf `CALL TRANSACTION` deaktiviert wurde (siehe Abbildung 10.10). 10

Systemtrace für Berechtigungsprüfungen

Benutzerpuffer CDS-Zugriffskontrolle Selektionen

Datum	Zeitpunkt	Benutzer	Typ	Anwendung	Programmname	Ergebnis	Ergebnis	Zusatzinformation zur Prüfung	Zugriffsfilterung	Objekt	Feld 1	Wert 1
17.02.2019	12:59:04:074	D046786	Transaktion	MM50	SAPLSUSE	0	Berechtigungsprüfung erfolgreich			S_TCODE	TCD	MM50
17.02.2019	12:59:04:074	D046786	Transaktion	MM50	SAPLSUSE	0	Berechtigungsprüfung erfolgreich			M_MATE_STA	ACTVT	01
17.02.2019	12:59:06:801	D046786	Transaktion	MM50	SAPMMGMP	0	Berechtigungsprüfung erfolgreich			M_MATE_STA	ACTVT	01
17.02.2019	12:59:12:950	D046786	Transaktion	MM50	SAPMMGMP	0	Berechtigungsprüfung erfolgreich	Beim "call transaction" deaktiviert		S_TCODE	TCD	MM01
17.02.2019	12:59:12:961	D046786	Transaktion	MM01	SAPLMG02	0	Berechtigungsprüfung erfolgreich			M_MATE_STA	ACTVT	01
17.02.2019	12:59:12:961	D046786	Transaktion	MM01	SAPLMG02	0	Berechtigungsprüfung erfolgreich			M_MATE_STA	ACTVT	01
17.02.2019	12:59:12:961	D046786	Transaktion	MM01	SAPLMG02	0	Berechtigungsprüfung erfolgreich			M_MATE_STA	ACTVT	01
17.02.2019	12:59:12:961	D046786	Transaktion	MM01	SAPLMG02	0	Berechtigungsprüfung erfolgreich			M_MATE_STA	ACTVT	01
17.02.2019	12:59:12:961	D046786	Transaktion	MM01	SAPLMG02	0	Berechtigungsprüfung erfolgreich			M_MATE_STA	ACTVT	01

Abbildung 10.10 Der Aufruf CALL TRANSACTION im Systemtrace für Berechtigungen

Der Anwender darf in diesem Fall in die Transaktion MM01 springen, obwohl, wie auch in Abbildung 10.11 dargestellt, in der ihm zugewiesenen Rolle `Z_MATERIALSTAMMDATEN` nur Berechtigungen für die Transaktionen MM03 und MM50 verzeichnet sind.

Abbildung 10.11 Transaktionsstartberechtigungen des Testbenutzers

Ob eine Transaktionsstartberechtigung beim Absprung erfolgen soll oder nicht, können Sie in der Transaktion SE97 definieren. Die Informationen in dieser Transaktion stammen aus der Tabelle TCDCOUPLES und werden in der Standardauslieferung mitgeliefert. Sie können die hier verzeichneten Vorschläge ändern bzw. ergänzen.

Mit der Aktivierung des Berechtigungstrace über den Profilparameter auth/authorization_trace werden beim Aufruf der Anweisung CALL TRANSACTION weitere Transaktionscodepaarungen in die Tabelle TCDCOUPLES geschrieben. Das Prüfkennzeichen gibt an, ob eine Prüfung erfolgt. Standardmäßig ist es nach der Durchführung des Trace auf ungepflegt gesetzt und ist somit leer (siehe Abbildung 10.12). Setzen Sie das Prüfkennzeichen auf **JA**, wird die Transaktionsstartberechtigung mit dem Objekt S_TCODE durchgeführt. Gegebenenfalls werden beim Aufruf der Transaktion außerdem weitere, über die Transaktion SE93 gepflegte Berechtigungen geprüft.

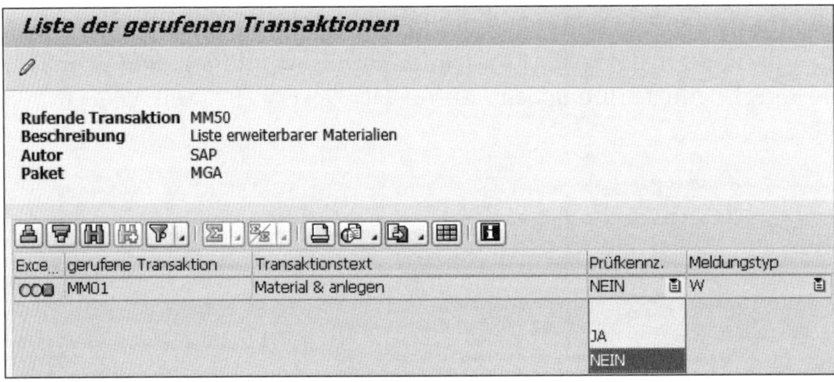

Abbildung 10.12 Pflege der Transaktionsstartberechtigung über die Transaktion SE97

Haben Sie das Prüfkennzeichen auf **JA** gesetzt, müssen Sie in der Spalte **Meldungstyp** definieren, was im Falle einer negativen Berechtigungsprüfung geschehen soll. Die folgenden Meldungstypen stehen zur Auswahl:

- **I – Info**
  Ein Informationstext wird angezeigt, und die Aktion wird ausgeführt. Dieser Meldungstyp sollte nicht verwendet werden, wenn Aktionen auf ein CALL TRANSACTION folgen.
- **E – Fehler**
  Eine Fehlermeldung wird angezeigt. Der Anwender bleibt in der aufrufenden Transaktion, mit dem Cursor im eingabebereiten Feld. Gibt es ein solches Feld nicht, wird ein Kurzdump ausgelöst.
- **A – Abbruch**
  Mit diesem Meldungstyp springt der Benutzer zurück in das SAP-Easy-Access-Menü.

- **W, X, <Space> – Warnung**
  Bei diesen Meldungstypen handelt es sich um Fehlermeldungen. Der Benutzer springt zurück zum SAP-Easy-Access-Menü. Da dies die sicherste Reaktion des Systems darstellt, wird der Wert X als Standardwert verwendet.

Alternativ können Sie diese Informationen in der Transaktion SE93 pflegen, indem Sie zunächst eine Transaktion auswählen. Anschließend wird Ihnen über den Menüpfad **Hilfsmittel • Berechtigung für gerufene Transaktionen** die Liste aller Transaktionen angezeigt, die aus dieser Transaktion heraus aufgerufen werden können.

Mit der Implementierung des SAP-Hinweises 1870622 wird eine Funktionserweiterung für die Transaktion SE97 bereitgestellt. Unter anderem ist dann die Schaltfläche **Modifikationsabgleich** verfügbar. Bisher sind Änderungen in der Transaktion SE97 durch Einspielen von Support Packages oder Upgrades überschrieben worden. Mit dem Modifikationsabgleich ist es nun möglich, Ihre Änderungen mit den Standardwerten abzugleichen.

Wurde ein Eintrag in der Transaktion SE97 korrekt angelegt, wird eine Berechtigungsprüfung genauso durchgeführt, wie es bei einer Transaktionsstartberechtigung der Fall ist. Dieser Ansatz erfordert daher eine exakte und vollständige Konfiguration für jede aufgerufene Transaktion, die aufgerufen wird. Der notwendige Aufwand und auch der Raum für Fehler sind entsprechend groß. Der ABAP-Befehl CALL TRANSACTION verursacht keine Transaktionsstartberechtigungprüfung. Ohne eine Berechtigungsprüfung könnte das ABAP-Programm Benutzern ungewollt Zugriff auf Systemressourcen erlauben. Solche Berechtigungsprobleme führen in vielen Fällen zu einer versteckten Compliance-Verletzung, denn dadurch ist die Nachvollziehbarkeit von Benutzeraktionen im SAP-System nicht mehr gewährleistet. Ein Entwickler sollte sich deshalb nicht auf die Funktionalität der Transaktion SE97 verlassen und stattdessen die möglichen Berechtigungsprüfungen auch im Programmcode einbauen. Daher muss für die Anweisung CALL TRANSACTION eine der folgenden explizit codierten Berechtigungsprüfungen erfolgen:

- **Die Prüfung AUTHORITY-CHECK OBJECT**
  Abhängig von der aufgerufenen Transaktion kann die Anwendung über diese zusätzliche Berechtigungsprüfung granularer geprüft werden. Aus diesem Grund erfordern Transaktionen, die mit zusätzlichen Parametern aufgerufen werden, unter Umständen mehr als ein Berechtigungsobjekt und müssen unbedingt programmatisch geschützt werden. Listing 10.3 zeigt ein Beispiel für eine Berechtigungsprüfung, die sicherstellt, dass der angemeldete Anwender die erforderliche Berechtigung besitzt, um die Transaktion SU24 zu starten.

```
AUTHORITY-CHECK OBJECT 'S_TCODE'
   ID 'TCD' FIELD 'SU24'.
IF sy-subrc = 0.
```

```
    CALL TRANSACTION 'SU24'.
ELSE.
MESSAGE E172(00) WITH 'SU24'.
ENDIF.
```

Listing 10.3 Berechtigungsprüfung auf das Objekt S_TCODE

Wichtig in diesem Zusammenhang ist, dass nach dem Aufruf des Befehls AUTHORITY-CHECK OBJECT insbesondere der Return-Code in SY-SUBRC geprüft wird. Dieser muss auf 0 gesetzt sein; nur dann ist ein Absprung erlaubt.

- **Die Prüfung AUTHORITY-CHECK_TCODE**
  Die zu bevorzugende und auch umfassendere Variante einer programmatischen Berechtigungsprüfung ist jedoch die Verwendung des Funktionsbausteins AUTHORITY_CHECK_TCODE. Dieser Funktionsbaustein reagiert beim Start des Programms nicht nur auf eine fehlende Berechtigung, sondern kann auch vorgeben, dass nur die in der Transaktion SE97 gepflegten NO-CHECK-Prüfkennzeichen den externen Aufruf aus einem anderen Transaktionskontext heraus erlauben (siehe Listing 10.4). Diese Vorgaben werden dabei vom Funktionsbaustein und nicht vom Entwickler bestimmt.

```
CALL FUNCTION 'AUTHORITY_CHECK_TCODE'
   EXPORTING
        TCODE = 'SU24'
   EXCEPTIONS
        OK = 0
        NOT_OK = 2
        OTHERS = 3.
IF sy-subrc = 0.
   CALL TRANSACTION 'SU24'.
"ELSE.
  "MESSAGE E172(00) WITH 'SU24'.
ENDIF.
```

Listing 10.4 Berechtigungsprüfung mit dem Funktionsbaustein AUTHORITY_CHECK_TCODE

Definieren Sie explizite Berechtigungsprüfungen auf Codeebene immer dann, wenn Sie Transaktionen aus ABAP-Programmen starten oder auf kritische Daten oder Funktionen zugreifen. Dies ist die einfachste und effektivste Verteidigung Ihrer Geschäftsanwendungen gegen Missbrauch, denn Berechtigungsprüfungen auf Programmierebene können zwei Aspekte sicher gewährleisten:

- Unvollständige oder fehlerhafte Prüfung der ausgeführten Transaktionsstartberechtigungen führen zu Compliance-Verstößen.
- Komplexe Berechtigungsprüfungen können auch für die parametrisierte Verwendung von CALL TRANSACTION ausgeführt werden.

10.6 Berechtigungsprüfungen im Debugger analysieren

Um eigene Berechtigungsprüfungen zu implementieren, kann es hilfreich sein, einen Blick darauf zu werfen, wie solche Prüfungen im SAP-Standard umgesetzt wurden. In diesem Abschnitt zeigen wir Ihnen, wie Sie sich mithilfe des Debuggers im Programm den Quellcode von Berechtigungsprüfungen anschauen können und wie Sie an die Codestellen gelangen, an denen die Berechtigungsprüfungen implementiert sind.

Für das Studium der Implementierungen von Berechtigungsprüfungen stehen mehrere Möglichkeiten bereit: Entweder Sie springen direkt aus dem Systemtrace für Berechtigungen in die entsprechenden Stellen im Programmcode ab, oder Sie nehmen den Weg über die Definition der Berechtigungsobjekte.

Um die Berechtigungsprüfungen aus dem Systemtrace für Berechtigungen zu analysieren, starten Sie den Trace über die Transaktion STAUTHTRACE und führen die Anwendungen aus, deren Prüfungen Sie sich ansehen möchten. Öffnen Sie nun die Auswertung des Trace. Die Spalte **Programmname** zeigt das Programm, das die Berechtigungsprüfung beinhaltet. Über einen Doppelklick gelangen Sie direkt zur Codestelle, an der die Berechtigungsprüfung implementiert ist.

Sie können auch den Verwendungsnachweis in der Berechtigungsobjektpflege verwenden, um nach konkreten Implementierungsstellen zu suchen. Öffnen Sie das Berechtigungsobjekt hierzu in der Transaktion SU21. Öffnen Sie über den Button [icon] den Verwendungsnachweis, und ein Pop-up-Fenster für die Abfrage von Verwendungsformen (z. B. die Verwendung des betroffenen Berechtigungsobjekts in Programmen oder Klassen) erscheint. Nach Ihrer Auswahl werden Ihnen alle betroffenen Implementierungen tabellarisch angezeigt. Über einen Doppelklick gelangen Sie zu den jeweiligen Codestellen. Abbildung 10.13 zeigt eine beispielhafte Implementierung.

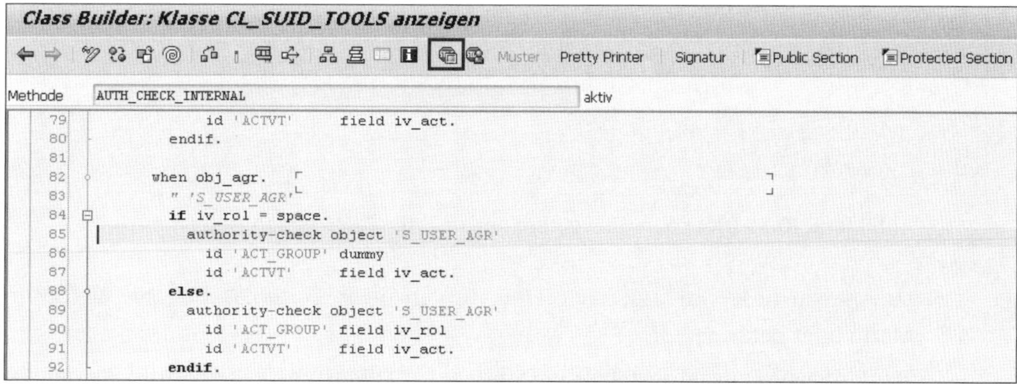

Abbildung 10.13 Breakpoints setzen

Möchten Sie nun den Debugger verwenden, können Sie direkt im Quelltext einen *Session Breakpoint* setzen. Markieren Sie dazu die ensprechende Zeile im Code und klicken Sie auf den Button . Sobald Sie die Anwendung aufrufen und die relevante Stelle im Code erreicht wird, startet der Debugger, und Sie können sich schrittweise durch das Programm bewegen. Achten Sie darauf, externe Breakpoints über den Button zu setzen, wenn Sie Ihre Anwendung nicht über das SAP GUI, sondern über den Browser aufrufen.

Sie können den Debugger direkt im SAP GUI öffnen. Nehmen wir einmal an, Sie möchten sich Berechtigungsprüfungen bei der Ausführung der Transaktion SU01 ansehen:

1. Öffnen Sie hierzu die Transaktion SU01 und geben Sie Sie den Befehl /h in das Kommandofeld für Transaktionscodes ein. In der Statuszeile wird nun angezeigt, dass das Debugging eingeschaltet wurde.
2. Tragen Sie ins Feld **Benutzer** eine Benutzer-ID ein und klicken Sie auf den Button **Anzeigen**.
3. Sie navigieren nun direkt in den Debugger und möchten nach der nächsten Berechtigungsprüfung suchen. Klicken Sie hierzu auf den Button (**Breakpoint bei Befehl, Methode anlegen**).
4. Legen Sie einen Breakpoint für den ABAP-Befehl AUTHORITY-CHECK an und bestätigen Sie Ihre Eingabe (siehe Abbildung 10.14).

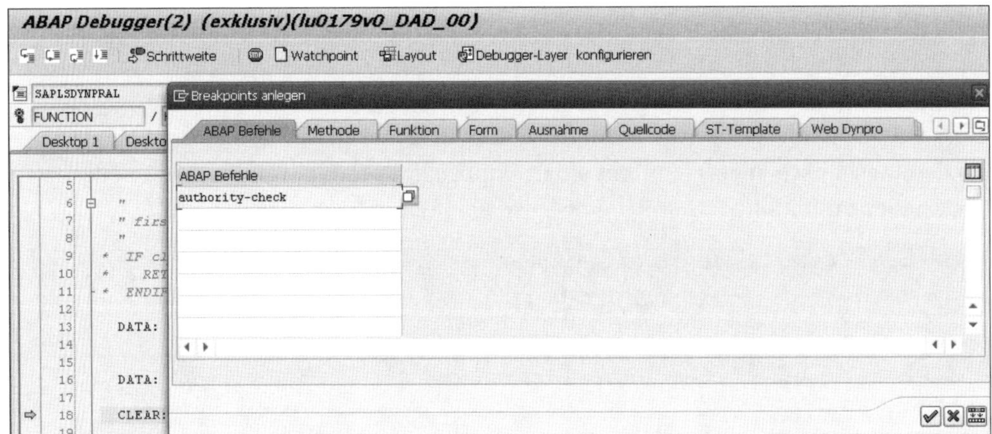

Abbildung 10.14 Breakpoint bei einem bestimmten ABAP-Befehl setzen

5. Um nun zu dieser Stelle zu navigieren, wählen Sie die Option **Debugger • Weiter** im Menü oder betätigen die [F8]-Taste.
6. Der Code wird ausgeführt, bis der Debugger auf die nächste Stelle stößt, an der der ABAP-Befehl AUTHORITY-CHECK aufgerufen wird.
7. Hier können Sie prüfen, ob die Berechtigungsprüfung erfolgreich war oder nicht, indem Sie die Berechtigungsprüfung über **Debugger • Einzelschritt** oder über die [F5]-Taste durchlaufen.

Prüfen Sie nun die Systemvariable SY-SUBRC. Lautet der Wert 0, war die Berechtigungsprüfung erfolgreich. Lautet der Wert 4, war die Prüfung nicht erfolgreich. Bei einem Wert 8 besteht eine Inkonsistenz zwischen der Definition des Berechtigungsobjekts und der Prüfung im Code – dies sollte nicht passieren! Beträgt der Wert 12, ist die Berechtigung nicht Teil Ihres Benutzerpuffers (siehe Abbildung 10.15).

Sie können sich die Inhalte der geprüften Berechtigungsfelder ansehen, indem Sie auf die jeweiligen Variablen doppelklicken. Auf der Registerkarte **Variablen 1** unten rechts werden die Variablen mit denjenigen Werten angezeigt, die für diese Berechtigungsprüfung herangezogen werden. Diese Werte entsprechen den Werten, die Sie auch im Systemtrace für Berechtigungen sehen.

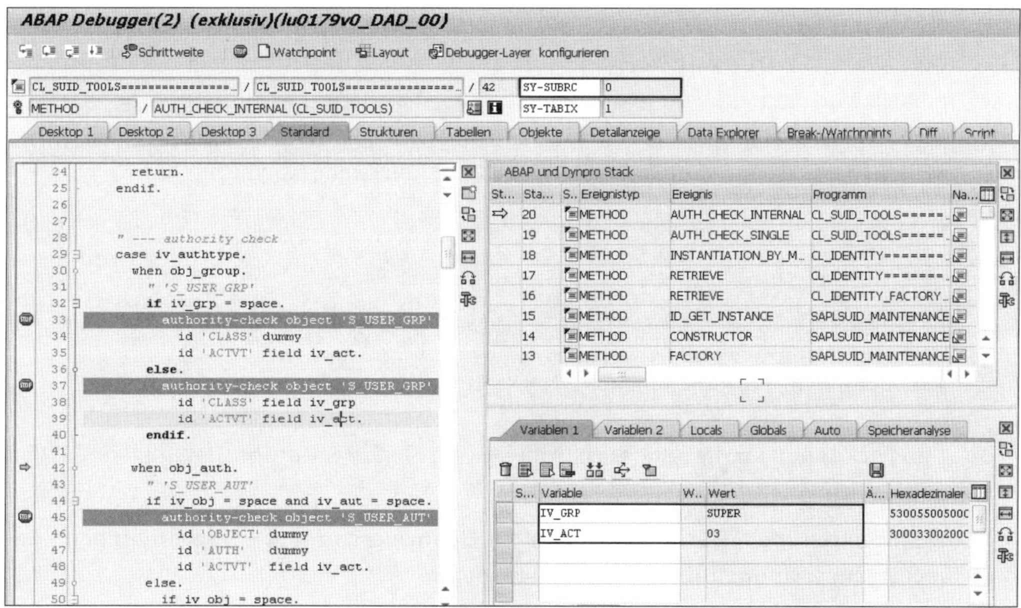

Abbildung 10.15 Prüfen der Werte der Berechtigungsfelder sowie von SY-SUBRC

Wenn eine Berechtigungsprüfung mit SY-SUBRC = 0 endet, obwohl keine passenden Berechtigungen vorliegen, prüfen Sie, ob die Prüfung lokal über die Transaktion SU24 oder global über die Transaktion SU25 bzw. über AUTH_SWITCH_OBJECTS abgeschaltet wurde.

10.7 Berechtigunsprüfungen für Finanzwesen und Controlling erweitern

In diesem Abschnitt präsentieren wir Ihnen Wege, wie Sie Profit-Center-Berechtigungen aktivieren, die Berechtigungsprüfungen für Belege erweitern oder kundeneigene Berechtigungen für den Zugriff auf bestimmte Kennzahlen der Umsatz- und Ergebnisanalyse einrichten können.

10.7.1 Profit-Center-Berechtigungen in FI aktivieren

In integrierten Datenflüssen in SAP ERP prüft die sendende Applikation in der Regel nicht die Berechtigungsobjekte der empfangenden Applikation. So prüft die Finanzbuchhaltung (FI) in SAP keine Berechtigungen auf Kostenstellen und Profit-Center. Je nach Anwendungsfall kann dies jedoch geboten sein, z. B. wenn dezentrale Einheiten wie kleine Unternehmen innerhalb des Unternehmens agieren und jeweils nur Daten für genau diese Einheit erfassen und ansehen können sollen. Mit der Einführung des neuen Hauptbuchs hat SAP die Finanzbuchhaltung und die Profit-Center-Rechnung technisch miteinander verschmolzen, sodass sich die Frage nach der Berücksichtigung von Profit-Center-Berechtigungen in FI noch stärker stellt.

Mit dem Enhancement Package (EHP) 3 zu SAP ERP 6.0 stellt SAP in der Business Function `FIN_GL_CI_1` im *Switch Framework* eine Erweiterung der Berechtigungsprüfungen zur Verfügung, über die die Berechtigungsobjekte für Profit-Center bereits in FI geprüft werden können. Die Business Function `FIN_GL_CI_1` müssen Sie zunächst im Switch Framework (Transaktion SFW5) einschalten (siehe Abbildung 10.16).

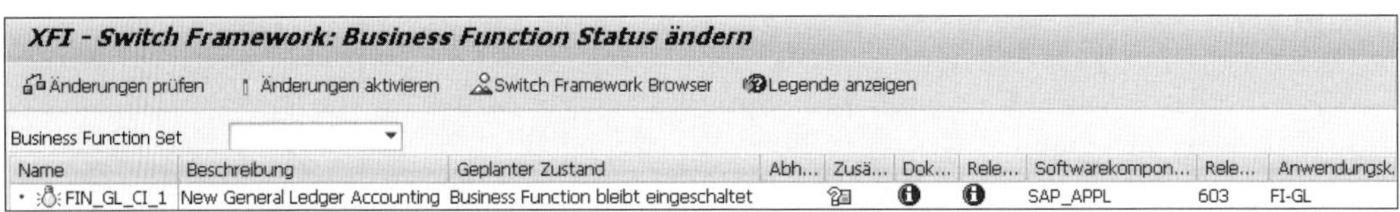

Abbildung 10.16 Business Function FIN_GL_CI_1 im Switch Framework einschalten

Danach können Sie die neue Funktionalität im Customizing über den folgenden Pfad aktivieren:

Finanzwesen (neu) • Grundeinstellungen Finanzwesen (neu) • Berechtigungen • Berechtigungsprüfung für Profitcenter aktivieren

Die Aktivierung erfolgt je Kostenrechnungskreis. Nach der Aktivierung der zusätzlichen Berechtigungsprüfungen werden die folgenden Aktionen des Berechtigungsobjekts `K_PCA` geprüft (siehe Abbildung 10.17):

- Aktion 2076 (Belege erfassen)
- Aktion 3028 (Einzelposten selektieren)

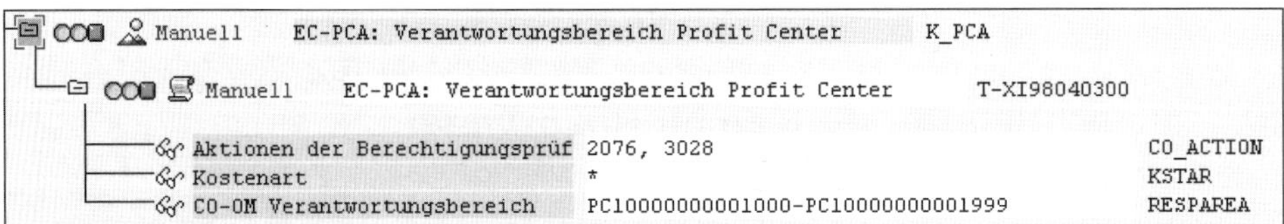

Abbildung 10.17 Berechtigungsobjekt K_PCA in der Transaktion PFCG

Das System reagiert anschließend wie folgt:

- **Belegerfassung**
  Bei der Belegerfassung muss der Benutzer eine Buchungsberechtigung (K_PCA, Aktion 2076) für alle im Beleg enthaltenen Profit-Center besitzen; andernfalls kann der Beleg nicht gebucht werden.
- **Beleganzeige (Transaktion FB03)**
  Bei der Beleganzeige werden nur noch diejenigen Belegzeilen angezeigt, für die der Benutzer eine Anzeigeberechtigung besitzt oder bei denen das Feld **Profitcenter** leer (initial) ist.
- **Ausgleichen**
  In den Ausgleichstransaktionen werden dem Benutzer nur noch diejenigen Belege angezeigt, für die er eine Berechtigung besitzt. Falls in der Erfassungssicht (Tabelle BSEG) das Feld **Profitcenter** nicht gefüllt ist, wird die Hauptbuchsicht (in der Regel Tabelle FAGLFLEXA) geprüft.

Für den Ausgleich empfehlen wir Ihnen, das Profit-Center in die Selektionsfelder der Ausgleichstransaktionen mitaufzunehmen (siehe Abbildung 10.18). Dies können Sie über den folgenden Customizing-Pfad einstellen:

Finanzwesen (neu) • Debitoren- und Kreditorenbuchhaltung • Geschäftsvorfälle • Ausgleichen offener Posten • Einstellungen zur Bearbeitung der offenen Posten vornehmen • Selektionsfelder auswählen

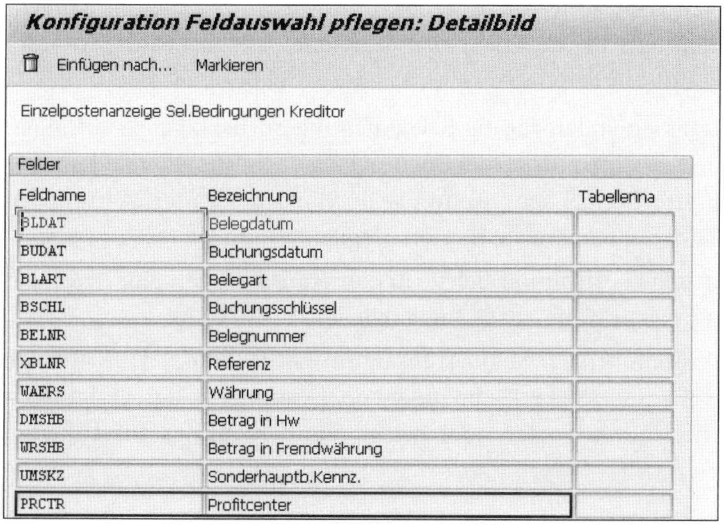

Konfiguration Feldauswahl pflegen: Detailbild

Einfügen nach... Markieren

Einzelpostenanzeige Sel.Bedingungen Kreditor

Felder

Feldname	Bezeichnung	Tabellenna
BLDAT	Belegdatum	
BUDAT	Buchungsdatum	
BLART	Belegart	
BSCHL	Buchungsschlüssel	
BELNR	Belegnummer	
XBLNR	Referenz	
WAERS	Währung	
DMSHB	Betrag in Hw	
WRSHB	Betrag in Fremdwährung	
UMSKZ	Sonderhauptb.Kennz.	
PRCTR	Profitcenter	

Abbildung 10.18 Konfiguration der Selektionsfelder für den Ausgleich

Die neue Funktionalität in SAP ERP 6.0 EHP 3 zielt nicht darauf ab, eine vollumfängliche Steuerung von Prozessen auf der Basis von Profit-Centern einzuführen oder das

Profit-Center als Einheit für das legale Reporting zu positionieren. Beispielsweise ist Folgendes nicht vorgesehen:

- **Zahlen/Mahnen**
  Die Steuerung des Zahlungs- bzw. Mahnlaufs erfolgt ausschließlich auf der Basis von Informationen der Erfassungssicht (insbesondere Tabelle BSEG). Bei Debitoren- und Kreditorenbuchungen ist das Profit-Center im Standard nicht in den SAP-Erfassungsmasken enthalten und daher auch nicht in den entsprechenden BSEG-Belegzeilen verfügbar. Da Zahlen und Mahnen üblicherweise zentral gesteuerte Prozesse sind, dürfte dies in der Praxis kein Problem darstellen.
- **Summenauswertungen von Debitoren und Kreditoren**
  Die Summensatztabellen der Debitoren- bzw. Kreditorenbuchhaltung (Tabellen KNC1/KNC3 bzw. LFC1/LFC3) enthalten das Feld **Profitcenter** nicht. Eine Berechtigungssteuerung für Auswertungen wie die Debitoren- bzw. Kreditorensaldenlisten (Transaktionen FD10N bzw. FK10N) unter Berücksichtigung des Profit-Centers ist daher nicht möglich.
- **Steuerliches Meldewesen**
  Das steuerliche Meldewesen in SAP ERP basiert auf dem Buchungskreis. Das Profit-Center ist hier nicht als meldende Einheit vorgesehen.

10.7.2 Berechtigungsprüfungen für Belege in FI erweitern

Das Buchen von Belegen und häufig auch deren Anzeige wird durch Standardberechtigungsprüfungen geschützt; diese erfüllen aber gegebenenfalls nicht Ihre Anforderungen. Für solche Anforderungen tragen wir Ihnen hier drei Beispiele zusammen:

- In bestimmten Prozessen sollen für die Belegbuchungen zusätzliche Prüfungen ausgeführt werden. Dies kann z. B. bei der Buchung über Schnittstellen in kundeneigenen Prozessen erforderlich sein, wenn die Buchung nur unter bestimmten Voraussetzungen oder auf bestimmte Konten möglich sein soll.
- Sie möchten die Anzeige bestimmter Belege in den Transaktionen FBL*N von zusätzlichen Berechtigungsprüfungen abhängig machen.
- Sie möchten die Postenjournalanzeige (Transaktion FAGLL03) oder die Anzeige von Belegen in der Transaktion FB03 abhängig von den erteilten Berechtigungen filtern und somit bestimmte Posten oder Belege von der Anzeige ausschließen können.

Die Anforderungen in diesen Beispielen können Sie umsetzen, indem Sie die Berechtigungsprüfungen im Finanzwesen mithilfe der *Belegvalidierung*, eines *Business Transaction Events* (BTE) und anhand von *Business Add-ins* (BAdIs) erweitern.

Zusätzliche Berechtigungsprüfungen bei Belegbuchungen

Die erste Anforderung nach zusätzlichen Prüfungen bei der Durchführung von Belegbuchungen können Sie mithilfe der Belegvalidierung umsetzen. Im folgenden Beispiel gehen wir davon aus, dass der Beleg über eine Schnittstelle gebucht wird und Sie Berechtigungen für kundeneigene Berechtigungsobjekte und/oder bestimmte Datenkonstellationen prüfen möchten.

Für die Belegvalidierung gibt es unterschiedliche Zeitpunkte. Der komplette Beleg kann immer validiert werden. Stehen Ihnen nur die Informationen aus Belegkopf (Zeitpunkt 1) oder Belegposition (Zeitpunkt 2) zur Verfügung, kann abhängig vom Szenario auch dies ausreichend sein. In solchen Fällen müssen Sie die Validierung an den entsprechenden Zeitpunkten anlegen.

Bevor Sie in einer Validierung einen User-Exit ausprägen können, sind einige Vorbereitungen zu treffen:

1. Sie müssen eine Nachrichtenklasse für die spätere Verwendung einrichten. Hierzu werden Sie beim ersten Aufruf der Transaktion GGB0 automatisch aufgefordert. Sollten einige relevante Felder des kompletten Belegs ausgeblendet sein, d. h. nicht zur Verfügung stehen, beachten Sie die Anweisungen in SAP-Hinweis 413956.
2. Legen Sie in der Transaktion GGB0 eine Validierung an (z. B. `RHEIN`) und bestimmen Sie die Schritte der Validierung. Kopieren Sie dazu das Programm `RGGBR000` in Ihren Kundennamensraum und ersetzen Sie die letzten drei Zeichen des Programmnamens durch die Nummer des Mandanten, in dem die Prüfung durchgeführt werden soll.
3. Weisen Sie anschließend über die Transaktion GCX2 Ihr neues kundeneigenes Programm dem Arbeitsgebiet der Benutzer-Exit-Steuerung `GBLR` zu. Durch diese Zuordnung ist die Voraussetzung für mandantenabhängige User-Exits geschaffen. Sollten Sie einen mandantenunabhängigen User-Exit einrichten wollen, gehen Sie analog vor, nutzen aber die Transaktion GCX1.

Nach diesen Vorbereitungen geht es nun an die Ausprägung des User-Exits in der soeben angelegten Validierung. Dazu kopieren Sie die User-Exit-Definition im angelegten kundeneigenen Programm, bestimmen einen Namen für die User-Exit-Definition (z. B. `UGALI`) und legen ein neues Textelement an. Das Ergebnis könnte aussehen wie in Listing 10.5.

```
exits-name  = 'UGALI'.              " Rhein
exits-param = c_exit_param_none.    ".
exits-title = text-105.             "Exit Rhein
APPEND exits.
```

Listing 10.5 Implementierung der User-Exit-Definition »UGALI«

Anschließend legen Sie eine Unterroutine mit demselben Namen an wie dem der User-Exit-Definition und programmieren dort Ihre kundenspezifischen Prüfungen (z. B. auf bestimmte Datenkonstellationen oder Berechtigungen). Binden Sie die Exit-Definition (UGALI) über die Transaktion GGBO ein. Dabei müssen Sie diese Transaktion erneut aufrufen, damit der ausprogrammierte Exit gelesen wird und Sie ihn auswählen können (siehe Abbildung 10.19).

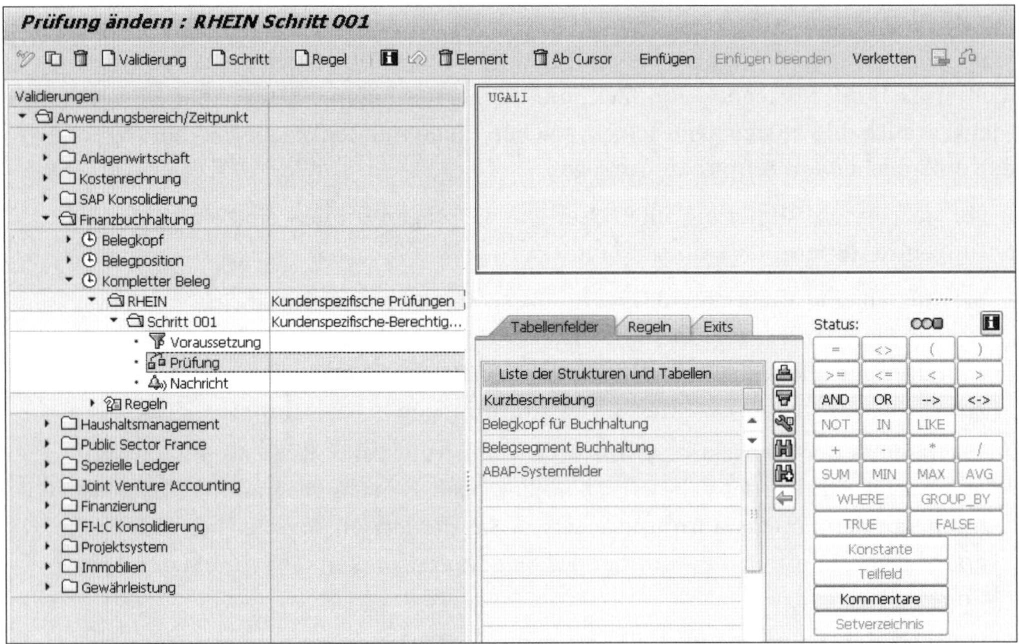

Abbildung 10.19 Einbindung der Exit-Definition UGALI in die Validierung RHEIN

Legen Sie abschließend noch eine Nachricht an, die dem Benutzer bei fehlgeschlagenen Berechtigungsprüfungen angezeigt werden soll.

Die Prüfungen in diesem User-Exit können Sie relativ frei gestalten. So können Sie Tabelleneinträge lesen lassen, Daten aus dem Speicher der ABAP-Anwendung ablegen oder dort bereits vorhandene Daten auslesen. Eingeschränkt sind Sie allerdings durch die Schnittstellenparameter der Anwendung. In unserem Beispiel sind dies die Strukturen BKPF und BSEG sowie die Systemvariablen. Sollten Ihnen die Informationen aus den Schnittstellenparametern für die Prüfung nicht ausreichen, können Sie mithilfe Ihrer Programmierkenntnisse und dem Wissen über die Zusammenhänge der Substitution und Validierung im Finanzwesen zusätzliche Daten ermitteln. Mit dem Coding in Listing 10.6 lassen sich die selektierten Posten zum Ausgleichsbeleg ermitteln, die Sie in der Tabelle POSTAB (mit der Struktur RFOPS) im Programm SAPMF05A finden. Auf diesem Weg können Sie viele zusätzliche Daten ermitteln. Wichtig ist dabei, dass das Rahmenprogramm die User-Exits verarbeitet.

```
FIELD-SYMBOLS:
                <postab> TYPE ANY TABLE,
                <line> TYPE any.
ASSIGN ('(SAPMF05A)POSTAB[]') TO <postab>.
IF <postab> IS ASSIGNED.
    LOOP AT <postab> ASSIGNING <line>.
"Spezifische Datenverarbeitung
    ENDLOOP.
ENDIF.
```

Listing 10.6 Posten zum Ausgleichsbeleg ermitteln

Nachdem Sie die Entwicklung des User-Exits abgeschlossen haben, müssen Sie noch Ihre Validierung transportieren. Navigieren Sie hierzu zurück und markieren Sie die angelegte Validierung. Nun können Sie die Objekte über den Menüpfad **Validierung • Transport** in einen Transportauftrag einbinden. Im letzten Schritt müssen Sie Ihre Validierung noch über die Transaktion OB28 aktivieren. Beachten Sie dabei, dass die Aktivierung nur für eine Validierung (gegebenenfalls mit mehreren Schritten) pro Buchungskreis und Zeitpunkt möglich ist. Nun wird Ihre Validierung bei der Belegbuchung über eine Schnittstelle mit zusätzlichen Prüfungen durchlaufen.

Zusätzliche Berechtigungsprüfungen für Beleganzeige

Im zweiten Beispiel sind zusätzliche Berechtigungsprüfungen für die Anzeige bestimmter Belege in den Transaktionen FBL*N gefordert. Diese können Sie über die Ausprägung und Aktivierung eines Funktionsbausteins im BTE, die sogenannten *Prozessen* und *Events*, einrichten. Den Musterfunktionsbaustein im BTE zum Event `1650` finden Sie in der Transaktion FIBF im Bereich der Publish-&-Subscribe-Schnittstellen (**Umfeld • Informationsystem (P/S)**). Der Musterfunktionsbaustein dient grundsätzlich der Anreicherung von Daten in der Einzelpostenanzeige. Dazu übergibt er den kompletten Datensatz pro Belegzeile und erwartet diesen angereichert wieder zurück. Genau dieses Verhalten machen Sie sich zunutze:

1. Legen Sie einen Funktionsbaustein im Kundennamensraum an. Dabei wählen Sie den ausgelieferten Baustein `SAMPLE_INTERFACE_00001650` als Vorlage. Für uns hat es sich bewährt, im Namen des neuen Funktionsbausteins das Kürzel `BTE` und die Nummer der Vorlage (hier: 1650) zu verwenden.
2. Programmieren Sie in diesem neuen Funktionsbaustein die erforderlichen Prüfungen (z. B. auf bestimmte Datenkonstellationen oder Berechtigungen). Sind die Prüfungen nicht erfolgreich, soll dem Anwender die Position also nicht angezeigt werden, geben Sie die Exportstruktur einfach nicht wieder zurück. Die spätere Anzeige der Daten wird genau um diesen Datensatz vermindert.

Der Funktionsbaustein wurde offensichtlich nicht für diese Verwendung vorgesehen, unser Vorgehen beeinflusst aber nicht den Programmablauf, und es sind uns keine Einschränkungen durch diese Nutzung bekannt. Diese Vorgehensweise können Sie auch bei anderen BTEs anwenden, die in ähnlicher Form Daten übergeben. Dabei sollten Sie aber immer Vorsicht walten lassen und prüfen, ob die Anwendung bereits Summendatensätze gebildet hat oder ob es andere Abhängigkeiten gibt.

Abschließend müssen Sie noch ein von Ihnen entwickeltes Produkt (den Namen dafür können Sie selbst definieren) in der Transaktion FIBF anlegen und dieses zusammen mit dem kundeneigenen Funktionsbaustein dem BTE 1650 zuordnen, wie es in Abbildung 10.20 zu sehen ist. Zu einem kundeneigenen Produkt können mehrere Erweiterungen gehören. Es bildet eine logische Klammer um die Erweiterungen und sorgt auf diese Weise für eine bessere Übersicht. Zusätzlich erlaubt es eine gezielte Aktivierung bzw. Deaktivierung der Implementierungen.

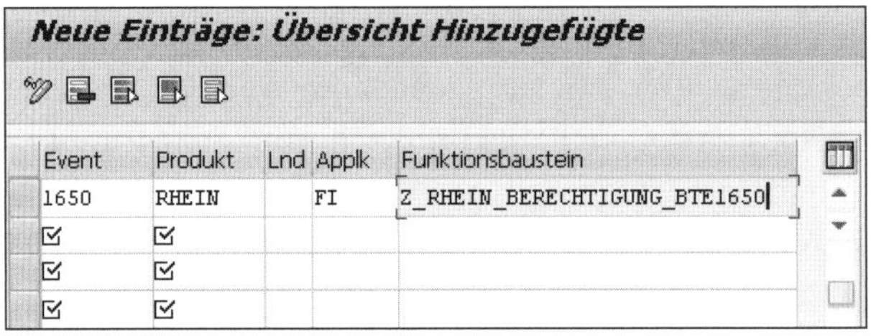

Neue Einträge: Übersicht Hinzugefügte

Event	Produkt	Lnd	Applk	Funktionsbaustein
1650	RHEIN		FI	Z_RHEIN_BERECHTIGUNG_BTE1650

Abbildung 10.20 Zuordnung des Musterfunktionsbausteins im BTE und des Produkts zum Event 1650

Postenjournalanzeige berechtigungsabhängig filtern

Die Anforderungen im dritten Beispiel, die Postenjournalanzeige (Transaktion FAGLL03) zu filtern, können Sie mithilfe des BAdIs FAGL_ITEMS_CH_DATA umsetzen. Dabei sollen, abhängig von den erteilten Berechtigungen, bestimmte Posten oder Belege von der Anzeige ausgeschlossen werden. Die Definition des BAdIs können Sie über die Transaktion SE18 einsehen, in der Transaktion SE19 wiederum legen Sie eine Implementierung des BAdIs im Kundennamensraum an (siehe Abbildung 10.21).

In der einzigen Methode des BAdIs, CHANGE_ITEMS, programmieren Sie die erforderlichen Prüfungen, z. B. auf bestimmte Datenkonstellationen oder Berechtigungen. Diese können sich auf alle Felder in der Struktur FAGLPOSX beziehen. Dabei legen Sie fest, dass während der Ausführung der Methode alle Positionen gelöscht werden, für die die Prüfung nicht erfolgreich war. Diese Implementierung des BAdIs ist eine Ergänzung zu dem im zweiten Beispiel beschriebenen BTE 1650. Analog der Implementierung der Filterung der Postenjournalanzeige können Sie bei der Anzeige von Belegen in der Transaktion FB03 vorgehen. Implementieren Sie in diesem Fall die erforderlichen Prüfungen im BAdI FI_AUTHORITY_ITEM.

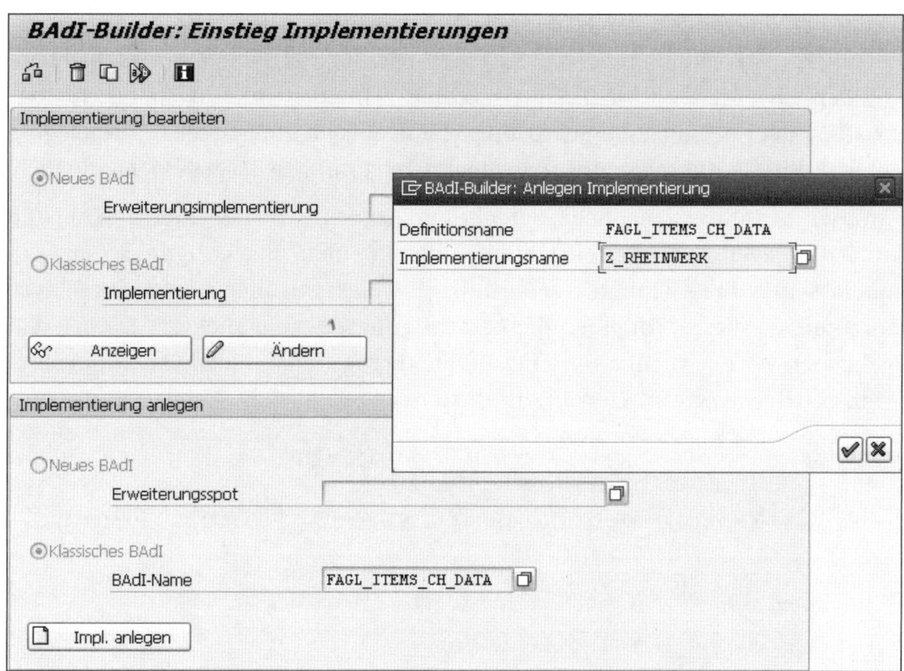

Abbildung 10.21 Kundeneigene Implementierung des BAdIs FAGL_ITEMS_CH_DATA in der Transaktion SE19

10.7.3 Berechtigungen für den Zugriff auf bestimmte CO-PA-Kennzahlen einrichten

In der *Ergebnis- und Marktsegmentrechnung* (CO-PA) können Sie Kennzahlen und Ergebnisobjekte (Gruppen von Merkmalen) für die Planung und das Informationssystem definieren. Eventuell möchten Sie die Berechtigungen auch über diese Merkmale oder Kennzahlen steuern. Dies lässt sich mit den Standardberechtigungsobjekten jedoch nicht abbilden. Legen Sie daher Berechtigungsobjekte im Customizing der Ergebnisrechnung an.

Für die Ergebnis- und Marktsegmentrechnung können Sie Berechtigungsobjekte für die Planung, das Informationssystem und einzelpostenbasierte Berichte des Informationssystems definieren. Diese legen Sie im Customizing (Transaktion SPRO) über den folgenden Pfad an und wählen anschließend den entsprechenden Abschnitt:

Controlling • Ergebnis- und Marktsegmentrechnung • Werkzeuge • Berechtigungsverwaltung • CO-PA-spezifische Berechtigungsobjekte

Für die Anlage eines Berechtigungsobjekts müssen Sie zuerst den Ergebnisbereich und die Form der Ergebnisrechnung (kalkulatorisch oder buchhalterisch) auswählen, für den bzw. die das Berechtigungsobjekt geprüft werden soll. Dazu müssen Sie den

Namen des anzulegenden Berechtigungsobjekts eingeben und auf den Button (**Weiter**) klicken. Anschließend geben Sie einen Text für das Berechtigungsobjekt ein und wählen über den Button **Felder** maximal zehn Berechtigungsfelder für das Objekt aus. Dabei ist nur eine Selektion der für den Ergebnisbereich festgelegten Merkmale – und für die kalkulatorische Ergebnisrechnung der Wertfelder – möglich.

Nun können Sie unterschiedliche Berechtigungsobjekte zu den Kennzahlen und Merkmalen anlegen oder die relevanten Felder in einem Berechtigungsobjekt zusammenfassen. Wir raten Ihnen, nur ein einziges Objekt mit allen relevanten Feldern zu definieren, da dieses Vorgehen die Berechtigungspflege erleichtert. In unserem Beispiel haben wir ein buchhalterisches Berechtigungsobjekt für die Merkmale **Profitcenter**, **Vertriebsweg** und **Werk** im Infosystem angelegt (siehe Abbildung 10.22).

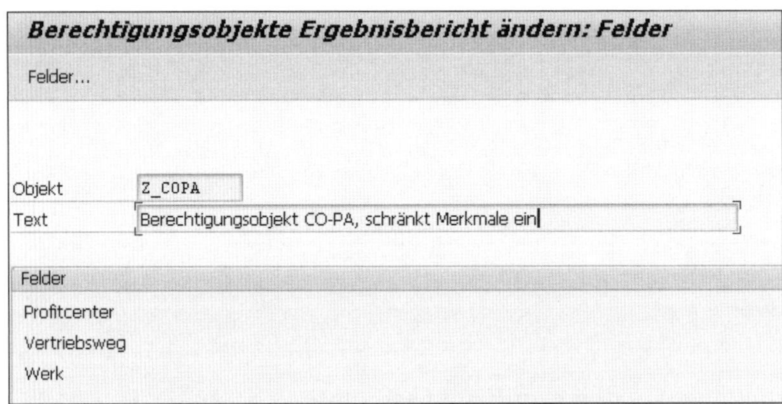

Abbildung 10.22 Anlage eines Berechtigungsobjekts zur Merkmalsabgrenzung im Infosystem

Die Anlage der Berechtigungsobjekte für die Planung und die einzelpostenbasierten Berichte erfolgt auf gleiche Weise. Die Berechtigungsobjekte der einzelpostenbasierten Berichte werden bei der Berichtsauswahl zusätzlich zu den Berechtigungsobjekten für das Informationssystem geprüft. Es gibt einen Trick bei der Pflege der CO-PA-spezifischen Berechtigungsobjekte, denn ein einmal ausgewählter Ergebnisbereich ist für die gesamte Session Ihrer Anmeldung gesetzt. Dies ist bei der Pflege von Berechtigungsobjekten für verschiedene Ergebnisbereiche natürlich hinderlich. Daher wechseln Sie im Customizing über den folgenden Pfad einfach den Ergebnisbereich:

Controlling • Ergebnis- und Marktsegmentrechnung • Strukturen • Ergebnisbereich setzen

Versucht nun ein Benutzer, einen Bericht auszuführen (z. B. mithilfe der Transaktion KE30) werden die Berechtigungen des Benutzers über dieses Berechtigungsobjekt geprüft. Um nun die erforderlichen Berechtigungen vergeben zu können, muss das neue Berechtigungsobjekt in der SU24 der Transaktion KE30 zugeordnet werden. Anschließend können Sie Ihre Berechtigungsrollen entsprechend anpassen (Expertenmodus empfohlen!). Fehlt dem Benutzer die Berechtigung zum Zugriff auf das Objekt, wird seine Anforderung abgelehnt. Hat er eine entsprechende Berechtigung, wird die Anzeige auf den erlaubten Bereich eingeschränkt. Für alle Merkmale oder Wertfelder, die nicht als Felder des Berechtigungsobjekts definiert wurden, ist der Zugriff weiterhin erlaubt.

Für die Pflege der Berechtigungen zu Ihrem neuen Berechtigungsobjekt stehen Ihnen die folgenden Werte zur Verfügung:

- `<Wert>`: Hier können Sie alle Werte der Kennzahlen und Merkmale eintragen.
- Der Asterisk (*) erlaubt alle Werte der Kennzahlen und Merkmale und ist erforderlich, wenn in den Berichten Intervalle ausgewählt werden oder es sich um einen Aufriss der Merkmale der Berichtsliste handelt.
- Der Doppelpunkt (:) erlaubt dem Benutzer nur das Aufsummieren über das ihm folgende Merkmal.
- Das Doppelkreuz (#) nimmt das Merkmal von der Auswertung aus. Der Benutzer darf nur Datensätze sehen, denen kein Wert des Merkmals zugeordnet ist.

Um die Pflege der Berechtigungen zu vereinfachen, können Sie bei der Berechtigungsprüfung die Merkmalsableitung aktivieren. Bei der Prüfung von Berechtigungen zu Merkmalen werden dann zusätzlich die Berechtigungen zu allen ableitbaren Merkmalen geprüft. Dazu muss der Benutzer die Berechtigung für die Aktivität `B3` (Ableiten) im Berechtigungsobjekt `K_KEPL_TC` (Ergebnisplanung) besitzen. Zusätzlich muss bei den Benutzereinstellungen in der Transaktion SU01 auf der Registerkarte **Parameter** der Set-/Get-Parameter `RDA` (Ableitung vor der Berechtigungsprüfung) auf den Wert `X` gesetzt werden (siehe Abbildung 10.23).

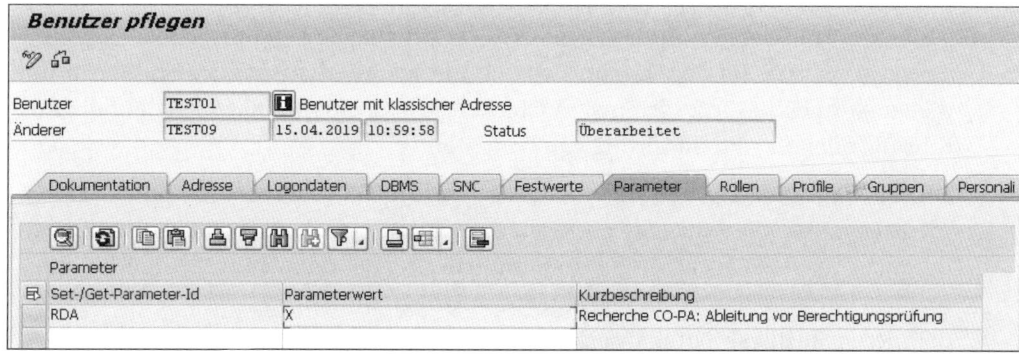

Abbildung 10.23 Parameter RDA im Benutzerstammsatz anpassen

In Abbildung 10.24 sind die erforderlichen Berechtigungen für den Fall definiert, dass ein Benutzer entweder einen Bericht für ein Werk 1000 mit einem Aufriss nach den Vertriebswegen oder einen Bericht über den Vertriebsweg 01 mit einem Aufriss nach Profit-Centern ausführen darf. Es ist ihm mit diesen Berechtigungen nicht gestattet, einen Bericht zu anderen Vertriebswegen auszuwerten.

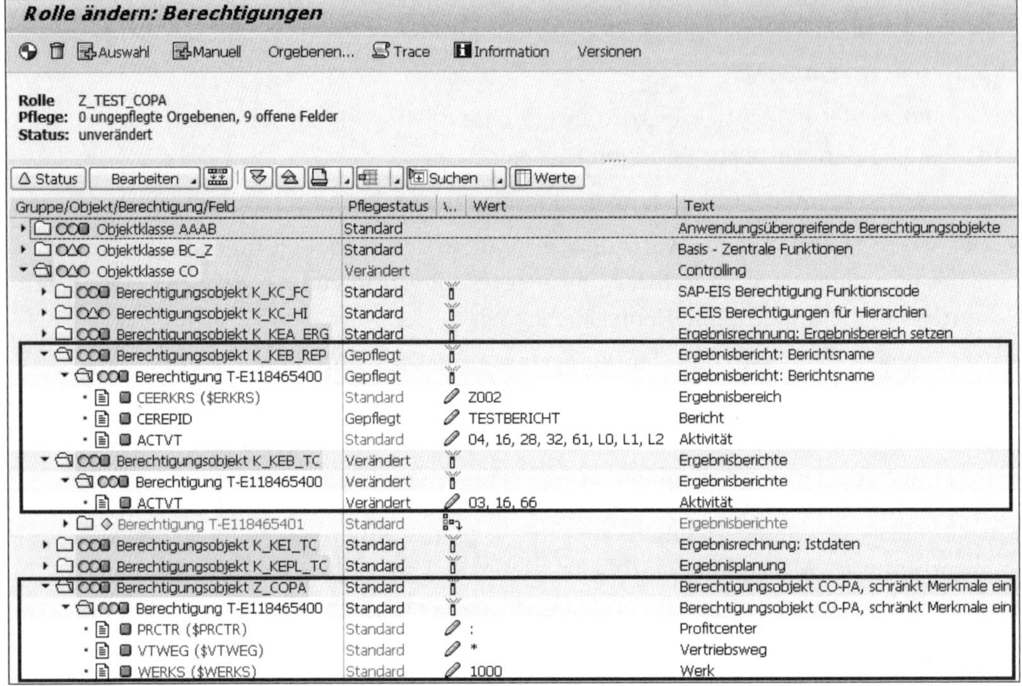

Abbildung 10.24 Rolle mit Berechtigungsobjekt zur Merkmalsabgrenzung

Zusätzlich zu Ihren kundeneigenen Berechtigungsobjekten prägen Sie auch die anderen relevanten Berechtigungsobjekte für CO-PA in den Berechtigungen Ihrer Benutzer aus. So müssen Sie in der Regel den Zugriff auf die Ergebnisberichte über das Objekt K_KEB_REP auf den Ergebnisbereich und den Berichtsnamen begrenzen und die Funktionen des Infosystems im Objekt K_KEB_TC einschränken, z. B. auf die Ausführung oder die Aktualisierung von Berichten.

Für die Pflege der Berechtigungsobjekte im Customizing der Ergebnis- und Marktsegmentrechnung benötigen Sie ebenfalls Berechtigungen. Vergeben Sie dazu Berechtigungen für das Objekt K_KEPL_BER. Im Feld CEERKRS definieren Sie den Ergebnisbereich, für den Berechtigungsobjekte angelegt werden, im Feld ACTVT dagegen definieren Sie die Aktivität, wobei der Wert 02 für Anlegen und Ändern steht.

10.8 Zusammenfassung

In diesem Kapitel haben Sie viele Möglichkeiten kennengelernt, um eigene Berechtigungsprüfungen ergänzen zu können, wenn die Standardberechtigungsprüfungen nicht ausreichen. Wir haben Ihnen typische Best Practices im Umgang mit Berechtigungsprüfungen in eigenen Programmen oder beim Aufruf kundeneigener Reports gezeigt. Darüber hinaus können Sie natürlich eigene Berechtigungsobjekte erstellen und implementieren.

Des Weiteren wissen Sie nun, dass es im Finanzwesen und Controlling diverse Möglichkeiten gibt, um Berechtigungen mit Standardmitteln über User-Exits und BadIs zu erweitern. Deren Einsatzmöglichkeiten sind sehr vielfältig. Sie werden feststellen, dass auch in anderen Anwendungsbereichen User-Exits oder BAdIs zur Verfügung stehen, die Sie für Ihre kundeneigenen Berechtigungsprüfungen verwenden können.

Kapitel 11
Auswertungen von Berechtigungen und Benutzerstammsätzen

Interne und externe Audits, die Vorbereitung auf die Lizenzvermessung und die Optimierung von Rollen sind nur einige Anlässe für eine Auswertung von Benutzerstammsätzen und Berechtigungen. In diesem Kapitel zeigen wir Ihnen, wie Sie bei solchen Gelegenheiten am besten vorgehen.

In diesem Kapitel stellen wir Ihnen verschiedene Möglichkeiten für Auswertungen in der Benutzer- und Berechtigungsverwaltung vor. Dabei geht es u. a. um nützliche Erweiterungen der Reports des Benutzerinformationssystems, das neue Audit Information Cockpit und weitere Auswertungen, die im Rahmen von internen und externen Audits interessant sein können.

11.1 Auswertung von Benutzerdaten

Immer wieder besteht die Anforderung, die vorhandenen Benutzer in Ihrem SAP-System auszuwerten. Anlass können beispielsweise von Wirtschaftsprüfern eingeforderte Listen sein. In diesem Abschnitt zeigen wir Ihnen, wie Sie auf verschiedene Arten die Benutzerdaten im System auswerten können.

11.1.1 Neue Funktionen in Report RSUSR002

Um eine Benutzerliste zu generieren, nutzen Sie am besten den Report RSUSR002 (Benutzer nach komplexen Selektionskriterien) des Benutzerinformationssystems (Transaktion SUIM).

Für diesen Report wurde im Rahmen des Support Package 5 für SAP-Basisrelease 7.40 ein neues Selektionsbild ausgeliefert (siehe SAP-Hinweis 1897781). Darin werden die Selektionskriterien nicht mehr untereinander aufgelistet, sondern es werden fünf Registerkarten zur Verfügung gestellt, die sich an denen der Transaktion SU01 orientieren. Neu hinzugekommen ist damit z. B. die Selektion nach dem **Nutzertyp für Vermessung** auf der Registerkarte **Logondaten** (siehe Abbildung 11.1). Ebenfalls neu ist die Registerkarte **Berechtigungen**, die die Suche nach Berechtigungsobjekten und deren Feldwerten ermöglicht. Anhand des Hakens vor dem Namen der jeweiligen Registerkarte können Sie erkennen, ob hier eine Selektion vorgenommen wurde.

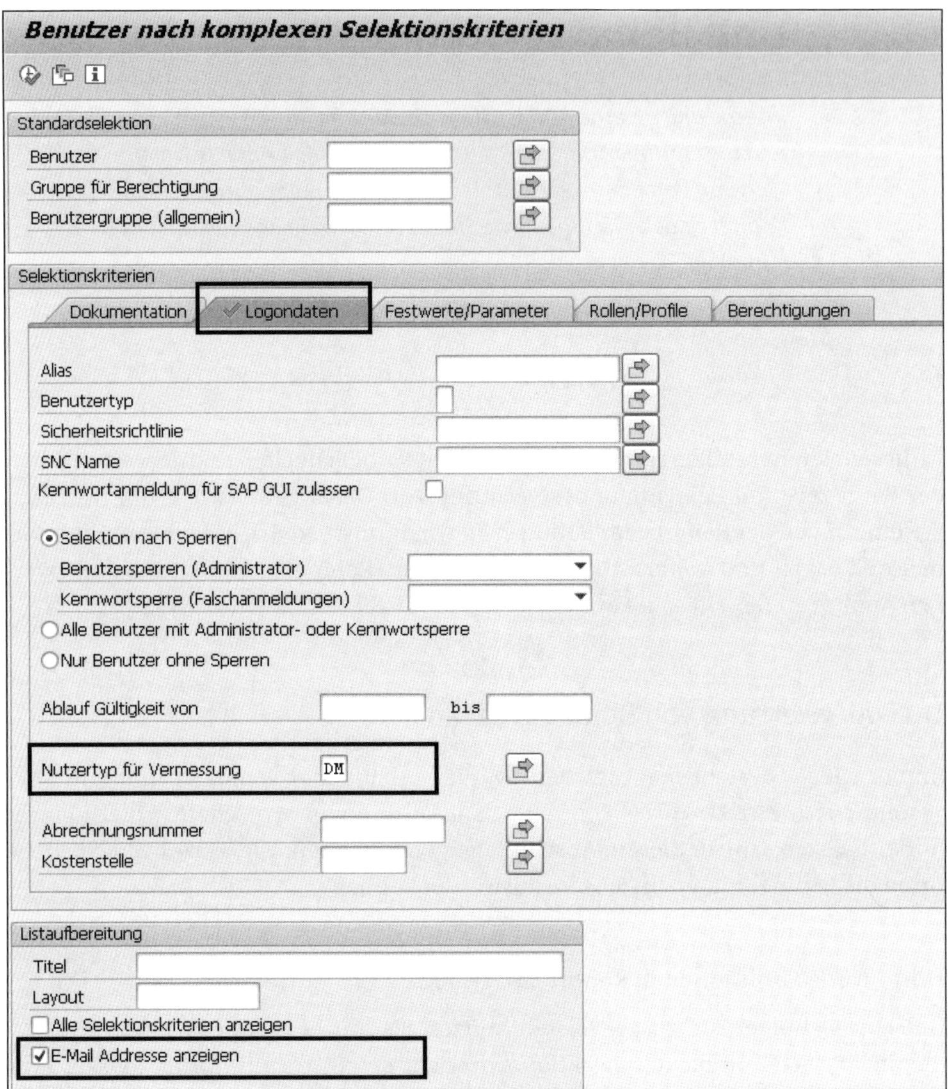

Abbildung 11.1 Neues Selektionsbild des Reports RSUSR002 mit Registerkarten

Zusätzlich können Sie in der **Listaufbereitung** bestimmen, ob Sie die E-Mail-Adressen der ausgewählten Benutzer im Ergebnis des Reports angezeigen lassen möchten. Der Zugriff auf die Adressdaten hatte die Laufzeit des Reports bisher deutlich verlängert. Aus diesem Grund wurde mit dem genannten Support Package auch die technische

Selektion der Adressdaten umgestellt (siehe SAP-Hinweis 2687604), wodurch die Laufzeit der Auswertung erheblich reduziert werden konnte.

11.1.2 Nach Benutzer- und Passwortsperren suchen

Wenn Ihre Anforderung etwas spezieller ist und Sie die gültigen Benutzer in Ihrem SAP-System nach Benutzer- und Passwortsperren auswerten möchten, empfehlen wir Ihnen den Report RSUSR200 des Benutzerinformationssystems (Transaktion SUIM).

[+]

Änderungsmöglichkeit in Report RSUSR_LOCK_USERS

Sollten Sie direkt Änderungen an den Sperren vornehmen wollen, können Sie alternativ auch den Report RSUSR_LOCK_USERS verwenden. In der Selektion unterscheiden sich beide Reports nicht. Der Report RSUSR_LOCK_USERS bietet Ihnen zusätzlich die Möglichkeit, direkt eine Aktion durchzuführen, wie etwa **Entsperren der Benutzer (Lokale Sperre)**. Diese zusätzliche Option finden Sie im Bereich **Auswahl der Aktion** (siehe Abbildung 11.2).

Beide Reports wurden um die Möglichkeit ergänzt, nach Benutzern zu suchen, die sich innerhalb eines bestimmten Gültigkeitszeitraums anmelden können (siehe SAP-Hinweis 2490336). Dabei können Sie in der Selektionsmaske unterscheiden, ob Sie in der Auswahl Benutzer mit Administrator- oder Passwortsperren berücksichtigen oder ausschließen möchten. Zusätzlich können Sie auswählen, ob die Benutzer danach selektiert werden sollen, dass sie sich innerhalb eines bestimmten Gültigkeitszeitraums anmelden können, oder nicht. Wählen Sie dazu im Selektionsbild der Reports im Abschnitt **Selektion nach Gültigkeit des Benutzers** zwischen den Optionen **Heute** und einem **Gültigkeitszeitraum** (siehe Abbildung 11.2). Im ersten Fall entscheiden Sie, ob Sie **Benutzer** anzeigen lassen wollen, die am Tag der Selektion gültig sind oder Benutzer, die am Tag der Selektion nicht gültig sind. Sie selektieren also entweder alle Benutzer, die sich innerhalb eines bestimmten Gültigkeitszeitraums anmelden können, oder alle Benutzer, die sich nicht anmelden können.

Zusätzlich können Sie im Abschnitt **Selektion nach Sperren** im Feld **Benutzersperren (Administrator)** auswählen, ob Sie Benutzer mit Administratorsperren, die **gesetzt** oder **nicht gesetzt** sind, auswählen wollen. Dabei werden lokale und globale Administratorsperren berücksichtigt. Auch können Sie im gleichen Abschnitt im Feld **Kennwortsperren (Falschanmeldungen)** nach Benutzern mit aufgrund von Falschanmeldungen gesetzen (**gesetzt**) oder nicht gesetzten (**nicht gesetzt**) Sperren suchen. Diese Selektionskriterien können Sie gemeinsam oder separat auswählen. Alternativ steht auch die Option **Nur Benutzer ohne Sperren** bereit.

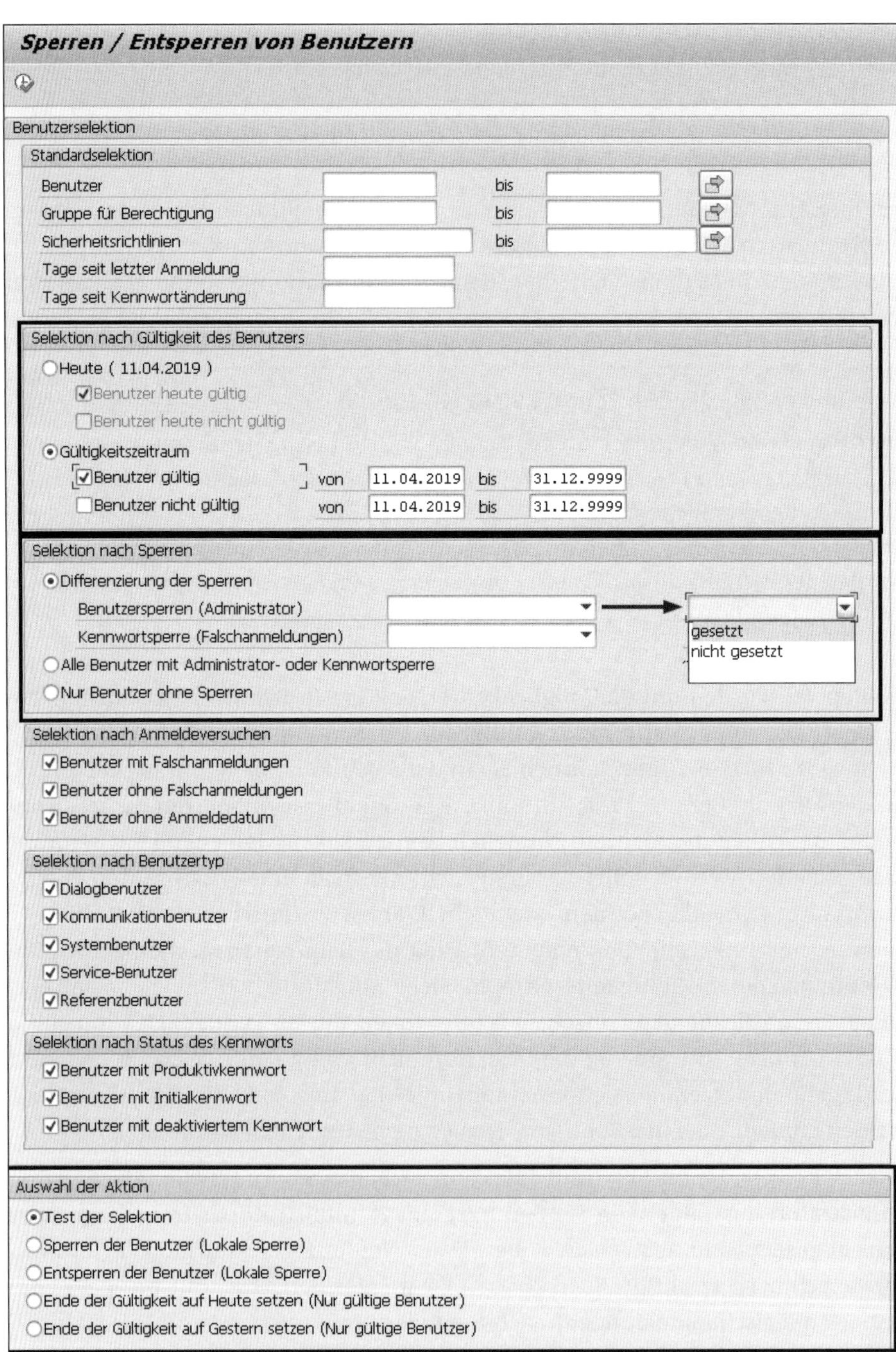

Abbildung 11.2 Selektion nach Benutzersperren und Gültigkeit im Report RSUSR_LOCK_USERS

11.2 Ausführbare Anwendungen und Transaktionen ermitteln

Mit den verschiedenen Reports des Benutzerinformationssystemss (SUIM) können Sie die Benutzer, Berechtigungen und Profile im SAP-System auswerten. So lässt sich etwa ermitteln, welche Transaktionen oder anderen Anwendungen durch bestimmte Rollen berechtigt bzw. durch bestimmte Benutzer ausgeführt werden.

11.2.1 Ausführbare Transaktionscodes

Der Report RSUSR010 zeigt Ihnen alle ausführbaren Transaktionen für einen Benutzer, eine Rolle, ein Profil oder eine Berechtigung an. Anwender des Reports sind häufig unsicher darüber, was dieser Report tatsächlich anzeigt, da die Ergebnisse nicht zwingend mit den berechtigten Transaktionen übereinstimmen. Daher stellen wir im Folgenden klar, welche Daten für diesen Report ausgewertet werden und wie es zu den beschriebenen Abweichungen kommen kann.

Sie finden den Report RSUSR010 im Benutzerinformationssystem unter dem Eintrag **Transaktionen • ausführbare Transaktionen (alle Selektionsmöglichkeiten)**, wie in Abbildung 11.3 gezeigt.

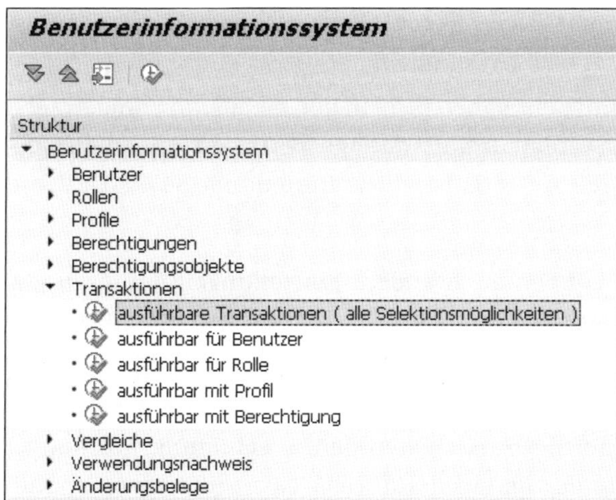

Abbildung 11.3 Report RSUSR010 im Benutzerinformationssystem

Sie können den Report, wie bereits beschrieben, für Benutzer, Rollen, Profile und Berechtigungen ausführen. Wir stellen im Folgenden die Auswertung für die Benutzer dar; bei den übrigen möglichen Selektionen verhält sich der Report analog.

Der Report RSUSR010 ermittelt alle Transaktionen, die ein Benutzer starten darf. In der Ergebnisliste der ausführbaren Transaktionen können Sie sich per Doppelklick auf die entsprechende Transaktion (in Abbildung 11.4 z. B. **FD32**) die zugehörige Liste der Berechtigungsobjekte und Werte anzeigen lassen.

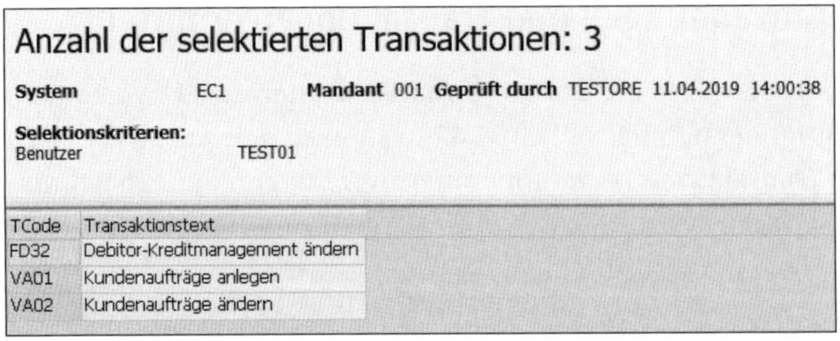

Anzahl der selektierten Transaktionen: 3

System EC1 **Mandant** 001 **Geprüft durch** TESTORE 11.04.2019 14:00:38

Selektionskriterien:
Benutzer TEST01

TCode	Transaktionstext
FD32	Debitor-Kreditmanagement ändern
VA01	Kundenaufträge anlegen
VA02	Kundenaufträge ändern

Abbildung 11.4 Ergebnis der ausführbaren Transaktionen für einen Benutzer

Die Anzeige der ausführbaren Transaktionen kann sich von den Transaktionen, für die der Benutzer Berechtigungen besitzt, unterscheiden, weil der Report RSUSR010 nur die tatsächlich ausführbaren Transaktionen anzeigt. Zu deren Ausführung ist nicht nur die Startberechtigung für die Transaktion über das Berechtigungsobjekt S_TCODE notwendig, sondern es müssen auch die folgenden Voraussetzungen gegeben sein:

- Für bestimmte Transaktionen existieren zusätzliche Berechtigungsprüfungen, die noch vor dem Start der Transaktion ausgeführt werden. Diese Berechtigungsobjekte sind dann zusätzlich in der Transaktion SE93 eingetragen (Tabelle TSTCA). Bei den zusätzlichen Prüfungen kann es sich z. B. um Abfragen zu den Berechtigungsobjekten P_TCODE, Q_TCODE oder S_TABU_DIS handeln.
- Der Transaktionscode muss Gültigkeit haben (d. h. in der Tabelle TSTC eingetragen sein) und darf nicht durch den Systemadministrator gesperrt sein (über die Transaktion SM01 bzw. ab SAP-Basisrelease 7.50 über die Transaktionen SM01_DEV und SM01_CUS).

Neben diesen Voraussetzungen können auch andere Einstellungen dafür sorgen, dass die Transaktion ausgeführt werden darf. Folgende Einstellungen führen zu einer allgemeinen Ausführbarkeit der Transaktionen:

- Die Prüfung der Berechtigungsobjekte ist über Prüfkennzeichen (in der Transaktion SU24) ausgeschaltet. Ein solches Ausschalten der Berechtigungsprüfung ist nicht für Berechtigungsobjekte der Bereiche SAP NetWeaver (Basisberechtigungen) und SAP ERP HCM erlaubt, betrifft also z. B. nicht die Prüfung des Berechtigungsobjekts S_TCODE.
- Die Prüfungen für bestimmte Berechtigungsobjekte können (über Transaktion SU24 oder SU25) für alle Transaktionen global ausgeschaltet sein. Dies ist jedoch nur möglich, wenn der Profilparameter auth/no_check_in_some_cases den Wert Y besitzt.

Zusätzlich kann auch die Zuordnung eines Referenzbenutzers dazu führen, dass ein Benutzer eine Transaktion ausführen darf; auch die ausführbaren Transaktionen des Referenzbenutzers werden bei der Ermittlung der ausführbaren Transaktionen über Report RSUSR010 berücksichtigt.

11.2.2 Startbare Anwendungen

Mit den Änderungen im Bereich der startbaren Anwendungen ergibt sich auch die Anforderung, auswerten zu können, welche Rollen entsprechende Berechtigungen zum Start einer Anwendung enthalten bzw. welche Benutzer diese ausführen dürfen. Das prominenteste Beispiel sind sicher Fiori-Apps und -Kataloge, aber auch ältere Technologien wie Webservices, Web-Dynpro-Applikationen oder RFC-Funktionsbausteine können relevant sein. Daher wurden drei neue Reports bereitgestellt, um die startbaren Anwendungen, die einer Rolle zugeordnet sind, auswerten zu können: RSUSR_START_APPL, RSUSR_ROLE_MENU und RSUSR016. Jeder dieser Reports hat einen anderen Fokus, daher gehen wir im Folgenden auf die drei Varianten ein.

Suche nach startbaren Anwendungen in Rollen

Sie finden den Report RSUSR_START_APPL im Benutzerinformationssystem (Transaktion SUIM) unter dem Eintrag **Rollen • Suche in Rollen nach startbaren Anwendungen**. Im Selektionsbild des Reports können Sie Rollen selektieren und diese dann auf bestimmte Anwendungstypen oder Benutzerzuordnungen einschränken (siehe Abbildung 11.5).

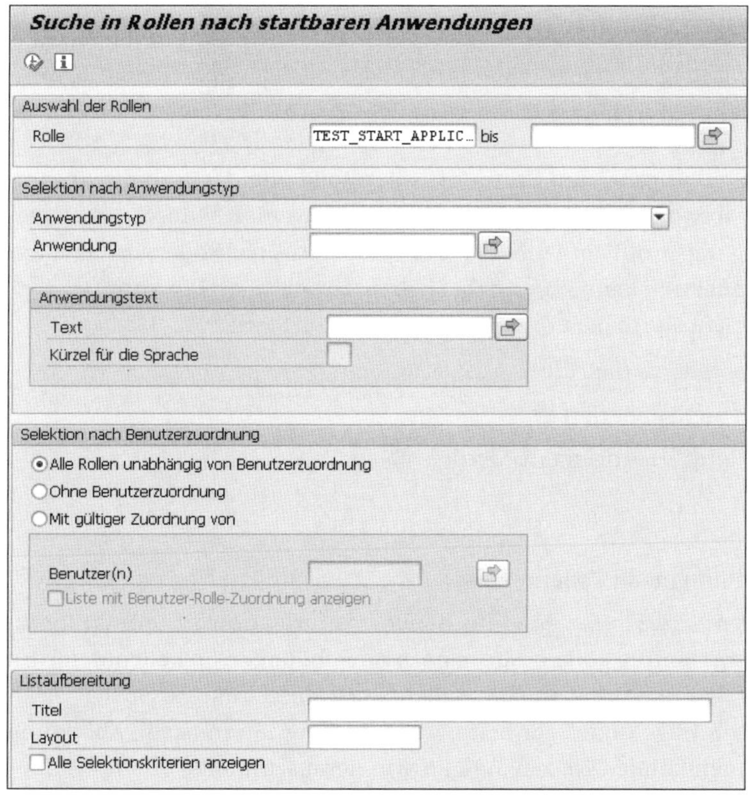

Abbildung 11.5 Selektionsbild des Reports RSUSR_START_APPL

Im Ergebnis werden Ihnen dann die selektierten Rollen (in der Spalte **Rolle**) sowie die startbaren Anwendungen dieser Rolle (Spalte **Objekt/Anwendung**) und deren Anwendungstypen (Spalte **Anwendungstyp**) angezeigt (siehe Abbildung 11.6). Zusätzlich erhalten Sie die Information, ob es für die jeweilige startbare Anwendung einen Eintrag im Menü der Rolle gibt und ob die Anwendung in den Berechtigungsdaten der Rolle eingetragen ist.

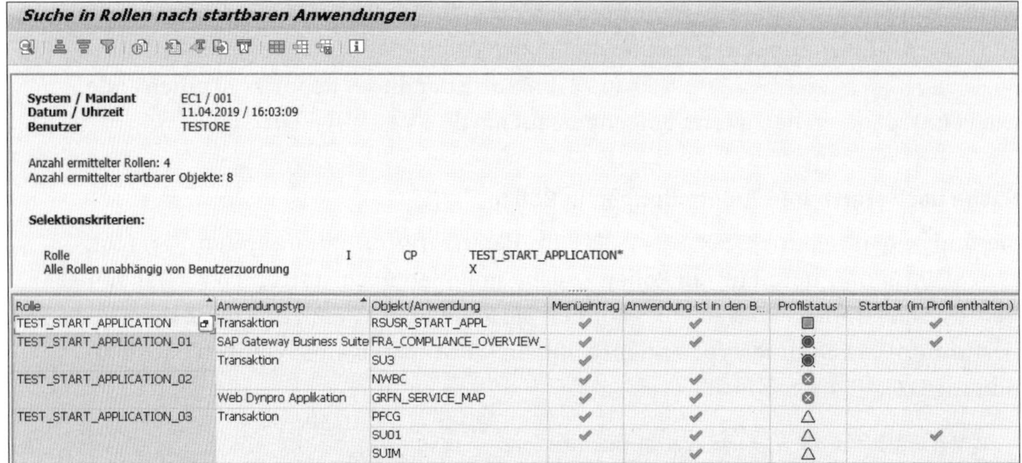

Suche in Rollen nach startbaren Anwendungen

System / Mandant EC1 / 001
Datum / Uhrzeit 11.04.2019 / 16:03:09
Benutzer TESTORE

Anzahl ermittelter Rollen: 4
Anzahl ermittelter startbarer Objekte: 8

Selektionskriterien:

Rolle I CP TEST_START_APPLICATION*
Alle Rollen unabhängig von Benutzerzuordnung X

Rolle	Anwendungstyp	Objekt/Anwendung	Menüeintrag	Anwendung ist in den B...	Profilstatus	Startbar (im Profil enthalten)
TEST_START_APPLICATION	Transaktion	RSUSR_START_APPL	✔	✔	■	✔
TEST_START_APPLICATION_01	SAP Gateway Business Suite	FRA_COMPLIANCE_OVERVIEW_	✔	✔	◉	✔
	Transaktion	SU3	✔		◉	
TEST_START_APPLICATION_02		NWBC	✔	✔	⊗	
	Web Dynpro Applikation	GRFN_SERVICE_MAP	✔	✔	⊗	
TEST_START_APPLICATION_03	Transaktion	PFCG	✔	✔	△	
		SU01	✔	✔	△	✔
		SUIM		✔	△	

Abbildung 11.6 Auswertung der startbaren Anwendungen mit dem Report RSUSR_START_APPL

Ferner finden Sie eine Angabe zum Profilstatus der Rolle und dazu, ob die Anwendung durch die Inhaber dieser Rolle tatsächlich gestartet werden kann, also im zugewiesenen Berechtigungsprofil enthalten ist. Der Profilstatus der Rolle wird über ein farbiges Icon angezeigt und kann Ihnen dabei helfen, zu analysieren, warum Anwendungen eventuell nicht startbar sind. Es gibt die folgenden Status:

- Berechtigungsprofil ist aktuell ■
- Aktuelle Version nicht generiert △
- Abmischen der Berechtigungen erforderlich ◉
- Kein Profil ⊗

Suche nach Anwendungen im Rollenmenü

Sie finden den Report `RSUSR_ROLE_MENU` im Benutzerinformationssystem (Transaktion SUIM) unter dem Eintrag **Rollen • Suche nach Anwendungen im Rollenmenü**. Im Selektionsbild des Reports können Sie Rollen auswählen und zusätzlich nach bestimmten Menüeinträgen oder der Benutzerzuordnung filtern (siehe Abbildung 11.7). Diese Funktionen können Sie z. B. nutzen, um herauszufinden, ob Anwendungen, für die eine Rolle berechtigt, auch in das Rollenmenü eingetragen wurden.

Suche nach Anwendungen im Rollenmenue

Auswahl der Rollen

Rolle TEST_START_APPLIC... bis

Selektion nach Menüeinträgen

Typ des Menüeintrages

☑ Startbarer Menüeintrag

☑ Berechtigungsvorschlag

Anwendung

Anwendungstext

Text

Kürzel für die Sprache

Selektion nach Benutzerzuordnung

◉ Alle Rollen unabhängig von Benutzerzuordnung

○ Ohne Benutzerzuordnung

○ Mit gültiger Zuordnung von

Benutzer(n)

☐ Liste mit Benutzer-Rolle-Zuordnung anzeigen

Listaufbereitung

Titel

Layout

☐ Alle Selektionskriterien anzeigen

Abbildung 11.7 Selektionsbild des Reports RSUSR_ROLE_MENU

Im Ergebnis werden Ihnen die selektierten Rollen (in der Spalte **Rolle**) sowie die startbaren Anwendungen dieser Rollen (Spalte **Name der Anwendung** und **Text** zur Anwendung) und deren Anwendungstypen (Spalte **Typ der Anwendung**) angezeigt. Zusätzlich erhalten Sie die Information, welche Art von Menüeintrag (Spalte **Typ des Menüeintrages**) für die Anwendung im Rollenmenü gewählt wurde (siehe Abbildung 11.8).

Suche nach Anwendungen im Rollenmenue

System / Mandant EC1 / 001
Datum / Uhrzeit 11.04.2019 / 16:13:42
Benutzer TESTORE

Anzahl der Einträgen: 4

Rolle	Typ des Menüeintrages	Typ der Anwendung	Name der Anwendung	Text
TEST_START_APPLICATION	Transaktion	Transaktion	RSUSR_START_APPL	Suche in Rollen nach startbaren Anwe
TEST_START_APPLICATION_01	Berechtigungsvorschlagswerte	SAP Gateway Business Suite	FRA_COMPLIANCE_OVERVIEW_SI	R3TR IWSV FRA_COMPLIANCE_OVERVIEW...
		Transaktion	SU3	Benutzer eigene Daten pflegen
	SAP Fiori Kachelkatalog		SAP_ACS_BC_COMP_RESULTS_O	Compliance Results Overview
			GENERAL_USER_ACCESS	General User Access
TEST_START_APPLICATION_02	Transaktion	Transaktion	NWBC	NWBC starten
	Web Dynpro Anwendung	Web Dynpro Applikation	GRFN_SERVICE_MAP	Meine Startseite
			GRFN_SERVICE_MAP	Regeleinrichtung
			GRFN_SERVICE_MAP	Zugriffsverwaltung
			GRFN_SERVICE_MAP	Berichte und Analysen
TEST_START_APPLICATION_03	Transaktion	Transaktion	SU01	Benutzerpflege
			PFCG	Pflege von Rollen

Abbildung 11.8 Auswertung der Anwendungen im Rollenmenü mit dem Report RSUSR_ROLE_MENU

Anzeige startbarer Anwendungen

Die letzte Variante ist der Report RSUSR016 (Anzeige startbarer Anwendungen), der sich hinsichtlich der Selektion und der angezeigten Ergebnisse vom Report RSUSR_START_APPL unterscheidet. Im Selektionsbild des Reports RSUSR016 müssen Sie den Typ der startbaren Anwendung auswählen und können dann nach Benutzern oder Rollen filtern (siehe Abbildung 11.9). Die Selektion des Anwendungstyps schränkt die Ergebnisliste des Reports im Gegensatz zu der des Reports RSUSR_START_APPL ein, hat aber den Vorteil einer kürzeren Laufzeit.

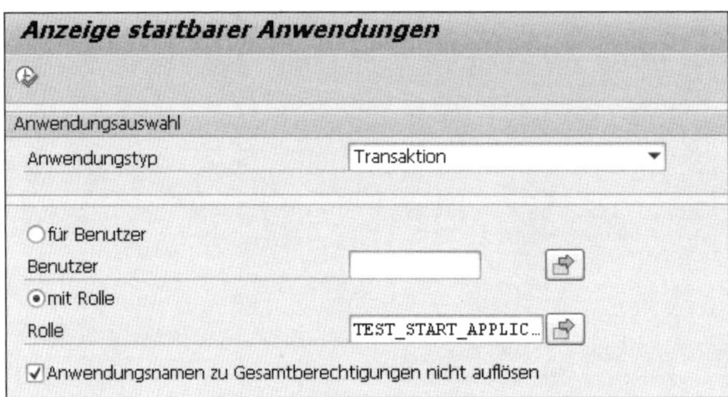

Abbildung 11.9 Selektionsbild des Reports RSUSR016

Zusätzlich ist bei dem Report RSUSR016 zu beachten, dass er die potenziell ausführbaren Anwendungen unabhängig davon auswertet, ob sie tatsächlich ausführbar sind. Dies gilt jedoch nur dann, wenn eine Berechtigung für die startbare Anwendung in der ausgewählten Rolle vorhanden ist. Dies erklärt den Unterschied in der Anzeige der Ergebnisse, wenn Sie dieselben Rollen einmal mit dem Report RSUSR016 und einmal mit dem Report RSUSR_START_APPL für den Anwendungstyp Transaktion auswerten.

Startbare Anwendungen mit Rollen

Rolle | Berechtigung | SU24

Berichtsumgebung:
System (Mandant): EC1 (001)
Date / Zeit: 11.04.2019 / 17:11:02

Suche für Rolle: I CP TEST_START_APPLICATION*

Anwendungstyp: Transaktion
Anzahl ermittelter startbarer Objekte: 5
Anzahl relevanter Rollen: 3

Rolle	Transaktionscode	Transaktionstext	Transaktionstyp	Berechtigung
TEST_START_APPLICATION	RSUSR_START_APPL	Suche in Rollen nach startbaren Anwe	Parametertransaktion	T-E118471800
TEST_START_APPLICATION_02	NWBC	NWBC starten	Dialogtransaktion	T-E118472000
TEST_START_APPLICATION_03	PFCG	Pflege von Rollen	Dialogtransaktion	T-E118472100
	SU01	Benutzerpflege	Reporttransaktion	T-E118472100
	SUIM	Benutzerinformationssystem	Reporttransaktion	T-E118472101

Abbildung 11.10 Auswertung der startbaren Transaktionen mit dem Report RSUSR016

Vergleichen Sie Abbildung 11.10 mit Abbildung 11.6, um diese Unterschiede nachzuvollziehen. Dort können Sie sehen, dass die Rolle TEST_START_APPLICATION_01 nur im Ergebnis des Reports RSUSR_START_APPL angezeigt wird, und nicht in dem des Reports RSUSR016. Dies liegt daran, dass keine Berechtigungen für die startbaren Anwendungen im zugehörigen Profil der Rolle vorhanden sind.

11.3 Lizenzdaten über die Zentrale Benutzerverwaltung auswerten

Für die Nutzung von SAP-Systemen fallen Lizenzkosten an, und Sie benötigen entsprechende SAP-Lizenzschlüssel. Die Höhe Ihrer Lizenzkosten wird im laufenden Betrieb ermittelt, abhängig von der Anzahl der Benutzer und der genutzten Funktionen der SAP-Software. Dazu dient das *Vermessungsprogramm* (Transaktion USMM), dessen Ergebnisse Sie an SAP übermitteln. Dabei ist nicht nur die Anzahl der Benutzer relevant, sondern auch deren Klassifizierung, die sogenannten *Nutzertypen*. Diese ordnen Sie dem Benutzer über die Transaktion SU01 oder die Transaktion SU10 zu (Registerkarte **Lizenzdaten**). Alternativ können Sie einen Benutzer auch den Nutzertyp eines Referenzbenutzers erben lassen oder ihn über eine zugeordnete Rolle klassifizieren.

Die gleichen Prinzipien gelten, wenn Sie die Zentrale Benutzerverwaltung (ZBV) verwenden. Bisher existierte aber keine zentrale Auswertung der Daten aller an die ZBV angeschlossenen Systeme. Das hat sich mit SAP-Basisrelease 7.40 geändert, und wir zeigen Ihnen, wie Sie diese Auswertung nutzen.

Wenn Sie ein niedrigeres SAP-Basisrelease als 7.40 nutzen, implementieren Sie zunächst SAP-Hinweis 1171185 in Ihrem ZBV-System. Damit steht Ihnen der Report RSUSR_SYSINFO_LICENSE zur Verfügung, der die Nutzertypen aus den an die ZBV angeschlossenen Systemen abruft und anzeigt. Zusätzlich muss SAP-Hinweis 1307693, der neue Funktionalitäten der Lizenzvermessung enthält, auf den an die ZBV angeschlossenen Tochtersystemen installiert sein. Ergänzend müssen Sie gegebenenfalls die Berechtigungen der Benutzer in den RFC-Verbindungen zu den Tochtersystemen der ZBV um die Berechtigung zum Objekt S_RFC mit den Funktionsgruppen SUNI und SLIM_REMOTE_USERTYPES erweitern.

[«]

Warnung bei fehlenden Voraussetzungen

Sollte SAP-Hinweis 1307693 auf einem Tochtersystem nicht installiert oder sollten die Berechtigungen des RFC-Benutzers nicht angepasst worden sein, gibt der Report RSUSR_SYSINFO_LICENSE im Anwendungs-Log (Transaktion SLG1) eine entsprechende Warnung aus.

Die Auswertung der Lizenzdaten über die ZBV mit dem Report RSUSR_SYSINFO_LICENSE liefert eine Ergebnisliste mit den folgenden Inhalten (siehe Abbildung 11.11):

- **Vertraglicher Nutzertyp**
  Diese Spalte beinhaltet die tatsächlichen lokalen Benutzertypen aus den Tochtersystemen der ZBV.
- **Wert in Zentrale**
  Diese Spalte stellt den zentralen Benutzertyp aus der ZBV dar, der für das jeweilige Tochtersystem zu dem Benutzer hinterlegt ist.

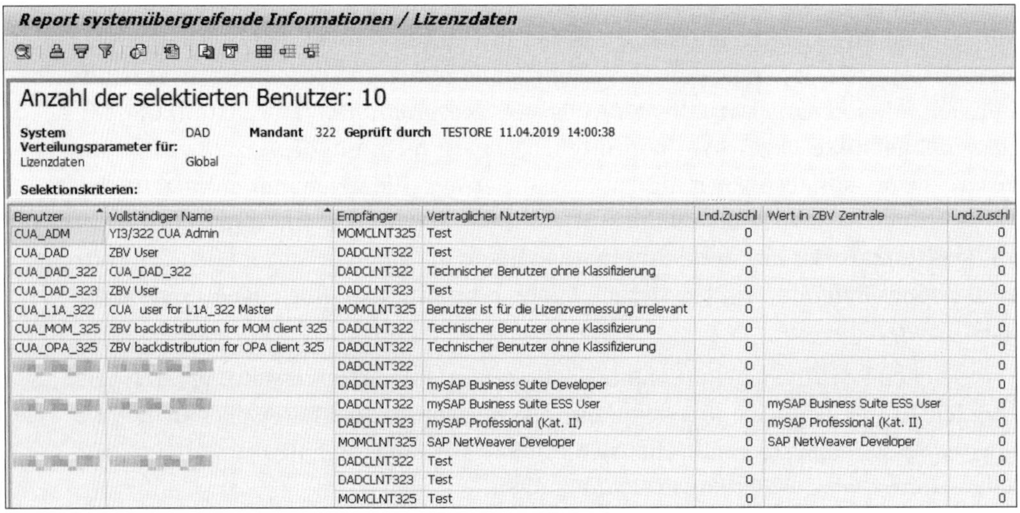

Report systemübergreifende Informationen / Lizenzdaten

Anzahl der selektierten Benutzer: 10

System DAD **Mandant** 322 **Geprüft durch** TESTORE 11.04.2019 14:00:38
Verteilungsparameter für:
Lizenzdaten Global

Selektionskriterien:

Benutzer	Vollständiger Name	Empfänger	Vertraglicher Nutzertyp	Lnd.Zuschl	Wert in ZBV Zentrale	Lnd.Zuschl
CUA_ADM	YI3/322 CUA Admin	MOMCLNT325	Test	0		0
CUA_DAD	ZBV User	DADCLNT322	Test	0		0
CUA_DAD_322	CUA_DAD_322	DADCLNT322	Technischer Benutzer ohne Klassifizierung	0		0
CUA_DAD_323	ZBV User	DADCLNT323	Test	0		0
CUA_L1A_322	CUA user for L1A_322 Master	MOMCLNT325	Benutzer ist für die Lizenzvermessung irrelevant	0		0
CUA_MOM_325	ZBV backdistribution for MOM client 325	DADCLNT322	Technischer Benutzer ohne Klassifizierung	0		0
CUA_OPA_325	ZBV backdistribution for OPA client 325	DADCLNT322	Technischer Benutzer ohne Klassifizierung	0		0
		DADCLNT322		0		0
		DADCLNT323	mySAP Business Suite Developer	0		0
		DADCLNT322	mySAP Business Suite ESS User	0	mySAP Business Suite ESS User	0
		DADCLNT323	mySAP Professional (Kat. II)	0	mySAP Professional (Kat. II)	0
		MOMCLNT325	SAP NetWeaver Developer	0	SAP NetWeaver Developer	0
		DADCLNT322	Test	0		0
		DADCLNT323	Test	0		0
		MOMCLNT325	Test	0		0

Abbildung 11.11 Auswertung des Reports RSUSR_SYSINFO_LICENSE

Diese Darstellung wurde gewählt, damit die Unterschiede in der Einstufung von Benutzertypen sichtbar werden, denn es kann trotz der Einstellung **Global** für den Verteilungsparameter der Lizenzdaten (in der Transaktion SCUM) vorkommen, dass sich die Einstellungen in der ZBV von den Einstellungen des Tochtersystems unterscheiden. Zusätzlich können Sie im Report noch die Spalten **ID: Vertraglicher Nutzertyp** und **ID: Wert in Zentrale** über den Button (**Layout ändern**) einblenden, die die technischen Werte zum Benutzertyp enthalten.

Sollten Benutzer auf den Tochtersystemen nicht für die Lizenzvermessung relevant sein, wird der Wert **Benutzer ist für die Lizenzvermessung irrelevant** in der Spalte **Vertraglicher Nutzertyp** ausgegeben. Dieser Wert tritt bei den folgenden Benutzern auf:

- technischer Benutzer
- Benutzer ist nicht vorhanden
- Benutzer ist nicht gültig
- Benutzer ist vom Typ Referenzbenutzer

Für Benutzer, zu denen in der ZBV kein Benutzertyp definiert wurde, wird entweder der Standardbenutzertyp des Tochtersystems oder der über den lokalen Lauf des Vermessungsprogramms (Transaktion USMM) definierte Benutzertyp in der Spalte **Vertraglicher Nutzertyp** ausgegeben. In der Spalte **Wert in ZBV Zentrale** wird in diesem Fall kein Wert ausgegeben. Wurde der Benutzertyp über einen lokalen Lauf des Vermessungsprogramms definiert und ist dieser Benutzertyp nicht in der ZBV hinterlegt, sollten Sie mithilfe der Transaktion SCUG die Lizenzdaten für diesen Benutzer erneut aus dem Tochtersystem in die ZBV übernehmen.

Sind Benutzer in den Tochtersystemen vorhanden, für die sich der Wert in den Spalten **Vertraglicher Nutzertyp** und **Wert in ZBV Zentrale** unterscheiden, wurde entweder das IDoc der ZBV an das Tochtersystem noch nicht verarbeitet, oder der Benutzertyp wurde lokal geändert. In diesen Fällen sollten Sie prüfen, wodurch die Differenzen zustande kommen, und diese außerdem bereinigen.

11.4 Risikoanalyse mit dem Report »Kritische Berechtigungen« durchführen

Die Benutzeranlage in einem SAP-System ist immer mit einer Berechtigungsvergabe verbunden. Über den Lebenszyklus eines Benutzers im SAP-System werden immer mehr Berechtigungen angesammelt, sofern sie nicht wieder entzogen werden, sobald sie nicht mehr benötigt werden. Eine aus Nachlässigkeiten resultierende Anhäufung von Berechtigungen hat zwangsläufig zur Folge, dass Benutzer mehr Aktionen durchführen können, als Ihnen als Berechtigungsadministrator lieb ist. Um diesen Zustand zu umgehen, wollen wir Ihnen ein geeignetes Werkzeug an die Hand geben.

Der Report RSUSR008_009_NEW (Liste der Benutzer mit kritischen Berechtigungen) wird mit den alten SAP-Vorschlägen für kritische Berechtigungsdaten ausgeliefert, die schon für den Report RSUSR009 verwendet wurden.

Bevor Sie beginnen und kritische Berechtigungen definieren, sollten Sie Ihre Hauptgeschäftsprozesse und -funktionen identifizieren, um anschließend die Berechtigungen für Prozesse, die in Konflikt zueinander stehen, in sinnvollen Kombinationen als sogenanntes *Risiko* abzubilden. Der Report RSUSR008_009_NEW kann kein GRC-System (GRC = Governance, Risk, and Compliance) wie SAP Access Control ersetzen, vielmehr sollte er als Indikator für den aktuellen Systemzustand verstanden und eingesetzt werden.

Mit dem Report ermitteln Sie die Benutzer, die über die in der Tabelle USKRIA definierten kritischen Berechtigungskombinationen verfügen. Die Kennung, die auch als

Risiko-ID bezeichnet werden kann, beschreibt eine Kombination von Berechtigungsobjekten mit Feldnamen und Feldwerten. Diese werden mit einem der beiden zur Verfügung stehenden Operatoren AND oder OR miteinander verknüpft. Eine mögliche Kombination von Berechtigungsobjekten ist in Tabelle 11.1 dargestellt:

Kennung	Objekt	Feld	von	bis	AND/OR	Text	Farbe
ZB01	S_TCODE	TCD	SM30		OR	...	3
ZB01	S_TCODE	TCD	SM31		OR	...	3
ZB01	S_TABU_DIS	ACTVT	02	03	AND	...	3
ZB01	S_TABU_DIS	DICBERCLS	SC		AND	...	3

Tabelle 11.1 Beispiel für die Definition kritischer Berechtigungskombinationen in Tabelle USKRIA

Bei dieser Konfiguration wird ein Benutzer in der Ergebnisliste des Reports RSUSR008_009_NEW dann angezeigt, wenn eine der beiden Transaktionen SM30 und SM31 mit der definierten Ausprägung des Berechtigungsobjekts S_TABU_DIS in seinen Berechtigungsprofilen enthalten ist. Würde die logische Verknüpfung vollständig mit OR hergestellt, würde ein entsprechender Benutzer bereits dann in der Ergebnisliste angezeigt, wenn nur eine der vier Berechtigungen im Benutzerstammsatz und somit in den Berechtigungsprofilen vorliegt.

[»]

Pflege der Tabelle USKRIA

Die Tabelle USKRIA ist mandantenunabhängig. Aus diesem Grund können Sie diese Tabelle in Systemen, die gegen ein mandantenübergreifendes Customizing gesperrt sind, nicht pflegen. In diesem Fall sollten Sie einen Transportauftrag im Entwicklungssystem anlegen und die Tabelle ins Produktivsystem transportieren.

Sie haben zwei Möglichkeiten, um den Report RSUSR008_009_NEW zu starten. Beide Wege führen zum Einstiegsbildschirm des Reports:

- in der Transaktion SUIM über **Benutzer • mit kritischen Berechtigungen**
- über die Transaktion SA38, in der Sie den Report direkt auswählen

Die Definition der kritischen Berechtigungen erfolgt über die im Anschluss dargestellten Schritte:

1. Wählen Sie im Einstiegsbildschirm des Reports den Button **Kritische Berechtigungen** (siehe Abbildung 11.12).

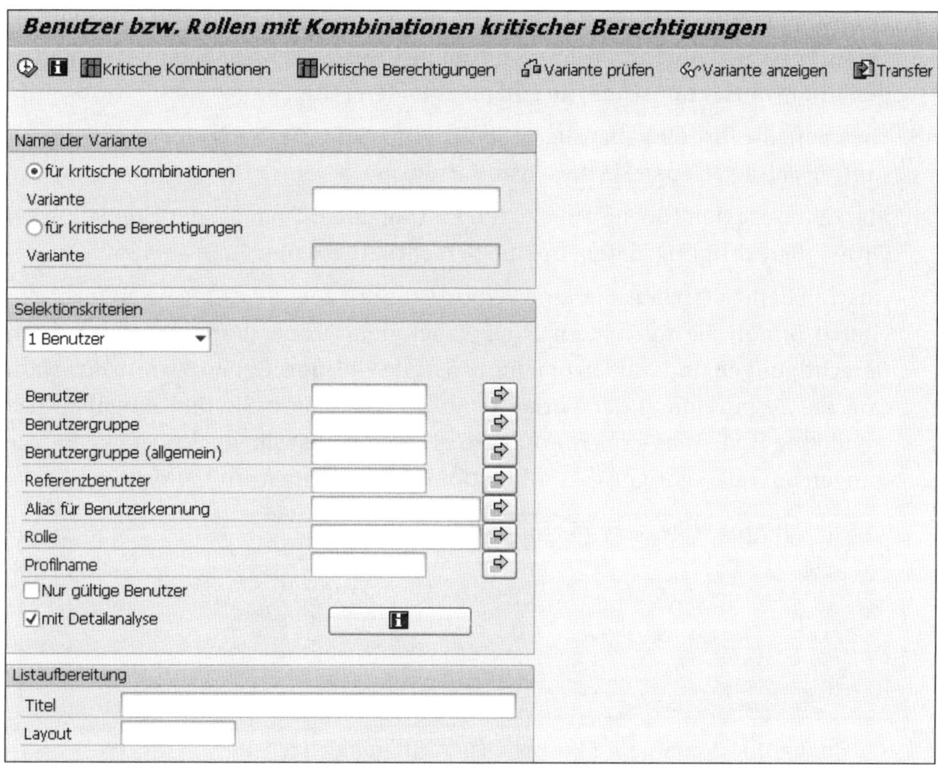

Abbildung 11.12 Einstiegsbildschirm des Reports RSUSR008_009_NEW

2. In der Dialogstruktur in Abbildung 11.13 werden Ihnen nun zwei Ordnerpaare angezeigt:
   - **Varianten zu kritischen Berechtigungen • krit. Berechtigung**
   - **krit. Berechtigung • Berechtigungsdaten**

Neue Einträge: Übersicht Hinzugefügte

Dialogstruktur
- Varianten zu kritischen Berechtigungen
  - krit. Berechtigung
- krit. Berechtigung
  - Berechtigungsdaten

krit. Berechtigung

ID Berechtigung	Text	Farbe	Transaktionscode	Transaktionstext
ZB01	Basis Tranaktionen	3 gelb	SM30	Aufruf View-Pflege

Abbildung 11.13 Kritische Berechtigung anlegen

3. Öffnen Sie im Änderungsmodus in der unteren Ordnerhierarchie mit einem Doppelklick den Ordner **krit. Berechtigung** und wählen Sie anschließend den Button **Neue Einträge**.

4. Geben Sie nun im rechten Bildschirmbereich für die Felder **ID Berechtigung**, **Text**, **Farbe** (verschiedene Farben können zur Einstufung der Kritikalität verwendet werden) und **Transaktionscode** die entsprechenden Daten ein.
5. Speichern Sie Ihre Eingaben. Beim Speichern werden Sie nach einem Customizing-Auftrag gefragt. Geben Sie diesen an.
6. Markieren Sie den soeben angelegten Eintrag und öffnen Sie per Doppelklick den Ordner **Berechtigungsdaten**, um die Berechtigungsdaten zu pflegen.
7. Anschließend erstellen Sie eine Reportvariante für die kritische Berechtigung. Hierzu öffnen Sie mit einem Doppelklick den Ordner **Variante zu kritischen Berechtigungen** und wählen den Button **Neue Einträge**. Geben Sie nun den Namen und die Beschreibung der Variante ein und speichern Sie Ihre Eingaben (siehe Abbildung 11.14). Dies erleichtert Ihnen später die Auswahl der kritischen Berechtigungen oder Berechtigungskombinationen, die Sie auswerten möchten.

Neue Einträge: Übersicht Hinzugefügte

Dialogstruktur
- Varianten zu kritischen Berechtigungen
  - krit. Berechtigung
- krit. Berechtigung
  - Berechtigungsdaten

Varianten zu kritischen Berechtigungen

Variante zu kritischen B...	Text
ZB01	Variante zur kritischen Berechtigung ZB01

Abbildung 11.14 Variante zur kritischen Berechtigung erstellen

8. Nun weisen Sie der Variante die Kennung der erstellten kritischen Berechtigung zu. Dazu markieren Sie die Variante und gelangen per Doppelklick auf dieselbe in den Unterordner **Varianten zu kritischen Berechtigungen • krit. Berechtigung** in der Eingabemaske.
9. Klicken Sie hier auf den Button **Neue Einträge** und wählen Sie aus der Liste Ihre soeben erstellte Variante aus – in unserem Beispiel ZB01 (siehe Abbildung 11.15). Anschließend speichern Sie Ihre Eingaben.

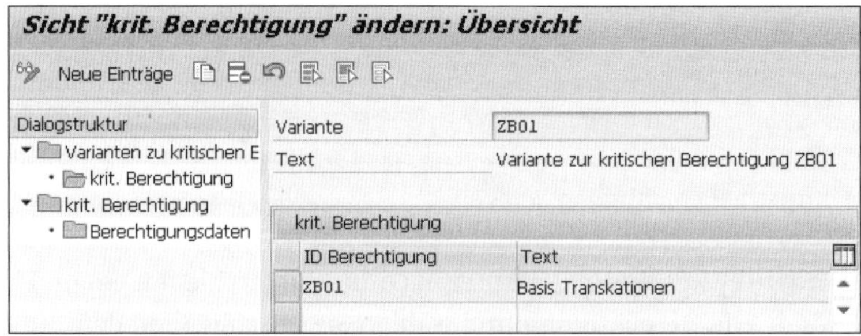

Abbildung 11.15 Zuordnung der kritischen Berechtigung ZB01 zur Variante ZB01

Abschließend können Sie Ihre Reportvariante mit kritischen Berechtigungen ausführen. Hierzu gehen Sie zurück auf den Einstiegsbildschirm des Reports RSUSR008_009_NEW (siehe Abbildung 11.12) und wählen im Bereich **Name der Variante** die Option **für kritische Berechtigungen** aus. Selektieren Sie nun mithilfe der Wertehilfe die soeben erstellte Variante und führen Sie diese aus.

Nach der erfolgreich auf Ihrem Zielsystem durchgeführten Analyse mit der definierten Variante für die kritische Berechtigung ZB01 erhalten Sie die Bildschirmausgabe aus Abbildung 11.16. Das Beispiel zeigt die Menge der Benutzer im System, die über die kritische Berechtigung ZB01 verfügen.

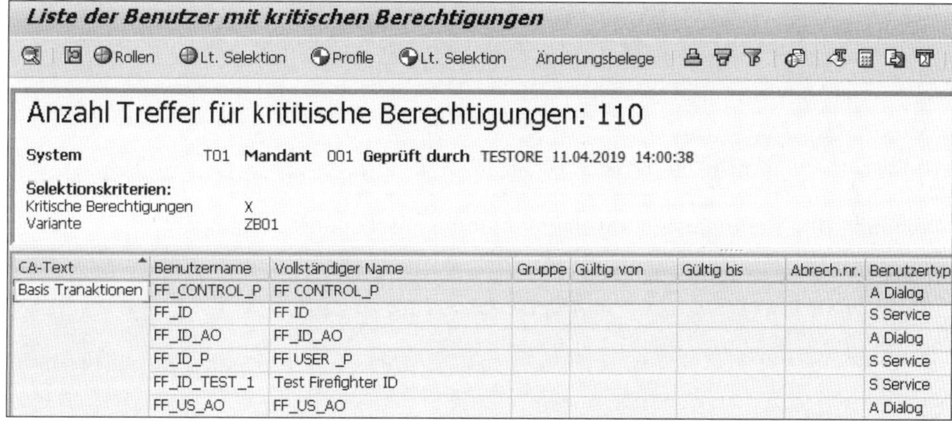

Abbildung 11.16 Analyseergebnis für eine kritische Berechtigung

Über SAP-Hinweis 2785076 werden zwei neue Funktionen für den Report RSUSR008_009_NEW ausgeliefert:

- Überblick zu kritischen Kombinationen bzw. Varianten kritischer Berechtigungen in einer Baumdarstellung
- Up- und Download-Funktionalität für kritische Kombinationen bzw. Varianten kritischer Berechtigungen

Nach der Pflege der Varianten zur Analyse kritischer Kombinationen bzw. kritischer Berechtigungen können Sie über den Button **Variante anzeigen** in der Funktionsleiste des Startbildschirms in eine Detailansicht der gepflegten Variante wechseln. In einer Baumdarstellung werden Ihnen hier die gepflegten Berechtigungsobjekte und -werte und deren logische Operatoren dargestellt (siehe Abbildung 11.17).

Der Button **Transfer** erlaubt Ihnen nun außerdem, bestehende Konfigurationen zu kritischen Berechtigungen herunter- bzw. wieder hochzuladen. Für den Download wählen Sie zunächst die Option **Download nach Datei**. Dabei können Sie folgende Varianten aus dem SAP-System in eine Excel-, Text- bzw. JSON-Datei (JavaScript Object Notation) herunterladen (siehe Abbildung 11.18):

- **Variante der kritischen Kombination**
- **Kritische Kombination**
- **Variante der kritischen Berechtigung**
- **Kritische Berechtigung**

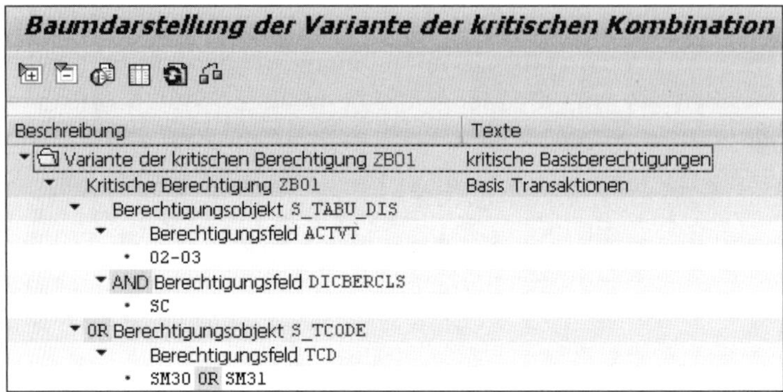

Abbildung 11.17 Baumdarstellung einer Variante kritischer Berechtigungen

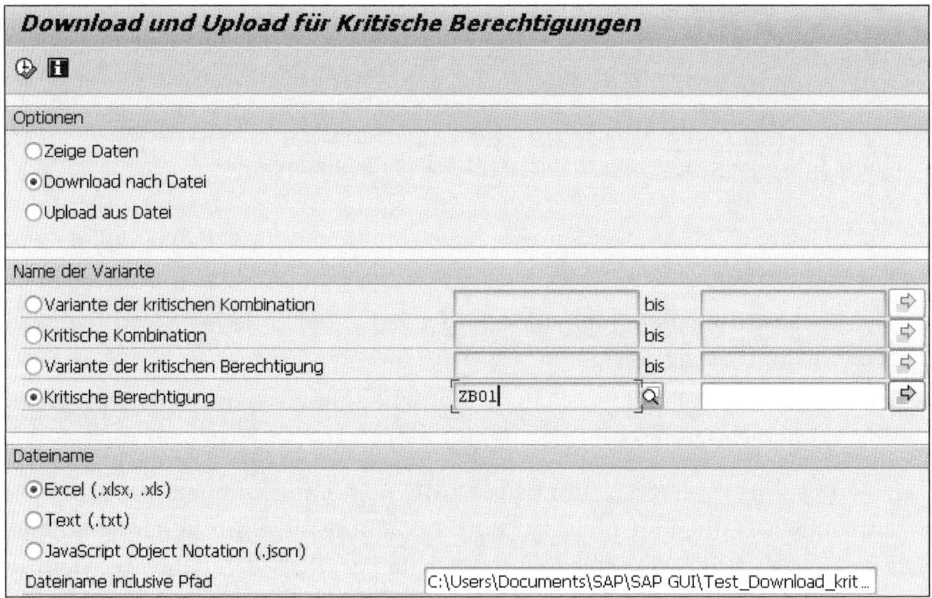

Abbildung 11.18 Download-Funktionalität für kritische Berechtigungen

Anschließend wählen Sie den Namen der Variante und das Dateiformat aus, geben ein Verzeichnis und einen Dateinamen an, unter dem die Datei erzeugt werden soll, und klicken den Button (**Ausführen**) an.

Die kritischen Berechtigungen können Sie nun extern in der Excel-Datei (oder einem anderen von Ihnen gewählten Dateiformat) weiter pflegen und anschließend eine aktualisierte Variante wieder hochladen. Dazu führen Sie die Funktion **Transfer** erneut aus, diesmal mit der Auswahl **Upload aus Datei**.

11.5 Berechtigungen mit SAP Query analysieren

In den vorangehenden Abschnitten haben wir schon verschiedene Abfragen präsentiert, für die das Benutzerinformationssystem als SAP-Standardwerkzeug eine hervorragende Lösung darstellt. In älteren SAP-Releaseständen oder bei gezielten Abfragen von Datenkombinationen müssen Sie allerdings eventuell ein weiteres Werkzeug nutzen: *SAP Query*. SAP Query ist im Wesentlichen eine übersichtliche Methode, um Tabellen abseits der Transaktion SE16 nach bestimmten Daten zu durchsuchen. Dabei wird die Möglichkeit bereitgestellt, mehrere Tabellen miteinander zu verknüpfen (*Join*), wodurch aus mehreren SE16-Abfragen eine einzige Query wird.

[!]

Risiko durch den Einsatz von SAP Query

An dieser Stelle möchten wir auf das Risiko beim Einsatz von SAP Query hinweisen. Da der Zugriff auf Daten über die Tabellen erfolgt, werden die Berechtigungen ebenfalls auf Ebene der Tabellen (Tabellenberechtigungen) geprüft. Dies bedeutet, dass Sie sowohl für die Erstellung als auch für die Ausführung von Queries die entsprechenden Berechtigungen für die Tabellenberechtigungsgruppen (Berechtigungsobjekt `S_TABU_DIS`) oder Tabellen (Berechtigungsobjekt `S_TABU_NAM`) besitzen müssen (Details hierzu finden Sie im Abschnitt 7.7.2, »Berechtigungsprüfung beim generischen Tabellenzugriff«). Diese Berechtigungen erteilen in der Regel Zugriff auf alle Inhalte der Tabellen, ohne Abgrenzungen oder organisatorische Einschränkungen. Solche organisatorischen Einschränkungen ließen sich zwar ebenfalls über ein entsprechendes Konzept mit dem Berechtigungsobjekt `S_TABU_LIN` abbilden (Details hierzu finden Sie im Abschnitt 7.7.3, »Berechtigungen zur Tabellenbearbeitung organisatorisch einschränken«), ob es sich aber lohnt, ein solches Konzept nur wegen der Nutzung von SAP Queries einzurichten, erscheint fragwürdig. Berücksichtigen Sie das beschriebene Risiko daher immer dann, wenn Sie SAP Queries einsetzen möchten.

Trotzdem möchten wir Ihnen an dieser Stelle ein Beispiel vorstellen, wie Sie auswerten können, über welche Rollen Benutzer die Berechtigung für die Ausführung der Transaktion SCC4 beziehen.

1. Starten Sie dazu mit der Transaktion SQVI den *QuickViewer* für SAP Query.
2. Legen Sie im Einstiegsbild eine neue Query namens `ZMYSUIM` an.

3. Geben Sie im Feld **Titel** eine Beschreibung dazu und – das ist der wichtigste Schritt – als Datenquelle einen Tabellen-Join an (siehe Abbildung 11.19).

Abbildung 11.19 Query mit Tabellen-Join als Datenquelle anlegen

4. Auf dem Folgebildschirm können Sie nun Ihre Datenquellen konkretisieren. Im Menü über **Bearbeiten • Tabelle einfügen** (oder über den Button) können Sie die Tabellen auswählen. In unserem Fall wären dies die Tabelle AGR_1251 für die Berechtigungswerte in den Rollen und die Tabelle AGR_USERS für die Benutzerzuweisungen in Rollen. Das System schlägt automatisch eine Verknüpfung der Tabellen (Join) über gemeinsame Datenspalten vor. In unserem Beispiel ist eine solche Gemeinsamkeit der Name der Rolle (siehe Abbildung 11.20).

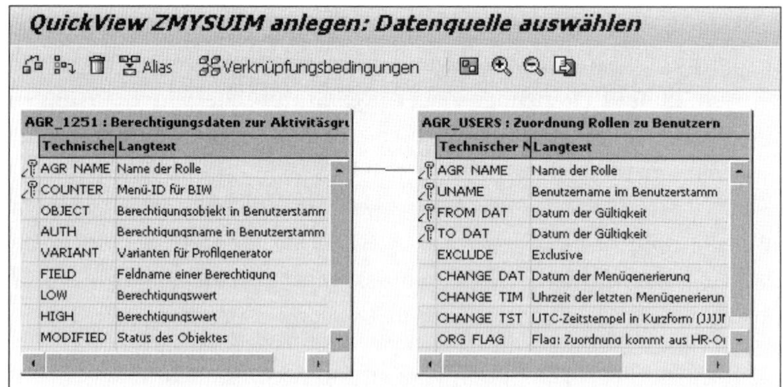

Abbildung 11.20 Tabellen-Join für die Tabellen AGR_1251 und AGR_USERS anlegen

5. Wenn Ihre Auswahl vollständig ist, verlassen Sie das Bild mit dem grünen Zurück-Knopf.
6. Sie gelangen nun auf den Detailauswahlbildschirm, in dem Sie die Selektionsfelder und die Ausgabefelder (die Registerkarten **Listenfeldauswahl** und **Selektions-**

felder) Ihrer Tabellenkombination auswählen. Wir wählen in unserem Beispiel die Berechtigungsobjekte und -werte als Selektion und den Rollennamen sowie den Benutzer als Ausgabefelder (siehe Abbildung 11.21).

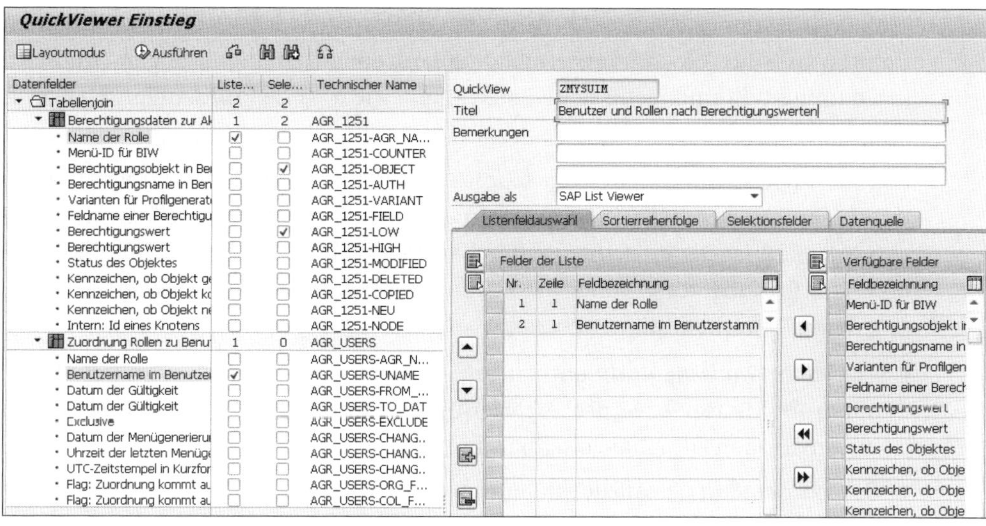

Abbildung 11.21 Selektions- und Ausgabefelder festlegen

Jetzt kann die Query mit dem Button **Ausführen** gestartet werden. Dabei erstellt das System im Hintergrund ein Programm, das den Join aufbaut. Als Ergebnis wird Ihnen ein Selektionsbild angezeigt. Geben Sie dort »S_TCODE« als Objekt und »SCC4« als Feldwert an (bei diesem Objekt existiert ja nur ein einziges Feld). Wenn Sie anschließend auf **Ausführen** klicken, werden Ihnen alle Benutzer und die gesuchten Rollen ausgegeben.

11.6 Audits mit dem Audit Information System durchführen

Verschiedene rechtliche Anforderungen erfordern regelmäßige Prüfung und Bewertung (Audit) Ihres SAP-Systems. In der Regel gibt es interne und externe Revisoren, die solche Audits durchführen. Zusätzlich kann die Benutzer- und Berechtigungsverwaltung ein eigenes Monitoring der Berechtigungen einführen, um unangenehme Überraschungen während der Audits im Vorfeld zu verhindern. Die Dokumentation der Audits erfolgt bei externen Revisor oft standardisiert; für die interne Revision oder Ihr eigenes Monitoring fehlt aber in vielen Fällen eine passende Dokumentation. Häufig fordern externe Revisoren trotz automatisierter Auswertungen auch eine Aktivierung des *Audit Information Systems* (AIS). Wir zeigen Ihnen daher in diesem Abschnitt, wie Sie das AIS aktivieren und die Vorteile des neuen AIS Cockpits nutzen.

11.6.1 Audit Information System Cockpit nutzen

In SAP-Hinweis 1763089 finden Sie Informationen zu den Systemvoraussetzungen und Support Packages, die Sie benötigen, um auf das neue AIS Cockpit zuzugreifen. Mit diesen Support Packages wird die Transaktion SAIS, das AIS Cockpit, ausgeliefert. Damit wurde das AIS vom früheren Rollenkonzept auf themenbezogene Auditstrukturen umgestellt und bietet neue Funktionen, wie u. a. die Protokollierung aller Prüfungsaktivitäten.

Das AIS existiert im SAP-System schon recht lange; es wurde als Arbeitsmittel zur Prüfung und Bewertung von SAP-Systemen konzipiert und wird im Standardumfang von SAP ERP ausgeliefert. Es beinhaltet die Funktion der *Auditstrukturen*, einer Sammlung von Prüfungsfunktionen für kaufmännische Audits und Systemaudits inklusive deren Dokumentation:

- Das *kaufmännische Audit* enthält organisatorische Übersichten und die Prüfung bilanzorientierter bzw. prozessorientierter Funktionen. Damit können Sie z. B. Informationen zur Finanzbuchhaltung und zu Steuerbelangen auswerten.
- Das *Systemaudit* des AIS deckt die allgemeinen Systemprüfungen und die Analyse der Benutzer und Berechtigungen ab. Neben anderem beinhaltet es Funktionen zur Überprüfung von Profilparametern oder des Transportwesens.

Mit der Transaktion SAIS gelangen Sie in das AIS Cockpit, das es Ihnen erlaubt, die verschiedenen themenbezogenen Auditstrukturen auszuwerten.

Für die initiale Durchführung eines Audits wählen Sie zuerst die thematisch passende Auditstruktur aus. Tragen Sie eine neue Prüfnummer (alphanumerische Zeichenkette) in das Feld **Prüfnummer** ein und nutzen Sie den Button (**Anlegen Audit**). Danach können Sie mittels Klick auf den Button (**Ausführen**) das Audit durchführen (siehe Abbildung 11.22).

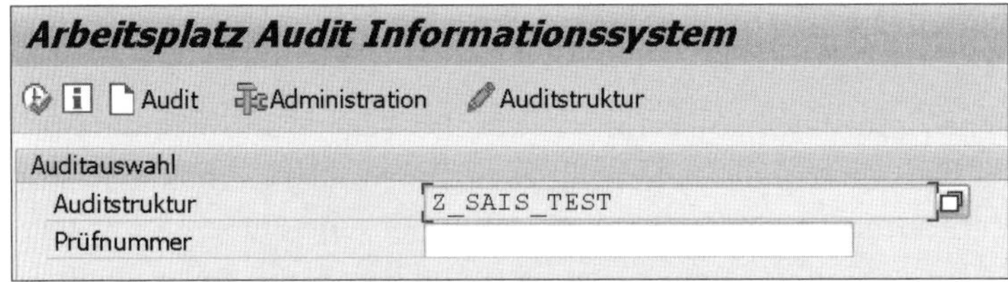

Abbildung 11.22 Selektion der Auditstruktur und einer passenden Prüfnummer in der Transaktion SAIS

Sie können ein solches Audit durch Auswahl der nun existierenden Prüfnummer jederzeit fortsetzen oder zur selben Auditstruktur weitere Audits mit einer weiteren Prüfnummer durchführen (um z. B. fortlaufende Prüfungen von Ad-hoc-Prüfungen abzugrenzen).

Die von SAP ausgelieferten Auditstrukturen sind Bereichsmenüs, die mit der Zeichenfolge SAP_AIS_ beginnen. Grundsätzlich sind jedoch auch andere Bereichsmenüs für die Nutzung in der Transaktion SAIS geeignet. SAP-Hinweis 1881429 enthält weitere wichtige Empfehlungen zur Nutzung dieser Anwendung.

Nachdem Sie die Auditstruktur ausgewählt haben, wird sie Ihnen im Cockpit angezeigt (siehe Abbildung 11.23). Sie können nun die einzelnen Schritte des Audits entlang der Definition in der Auditstruktur durchführen.

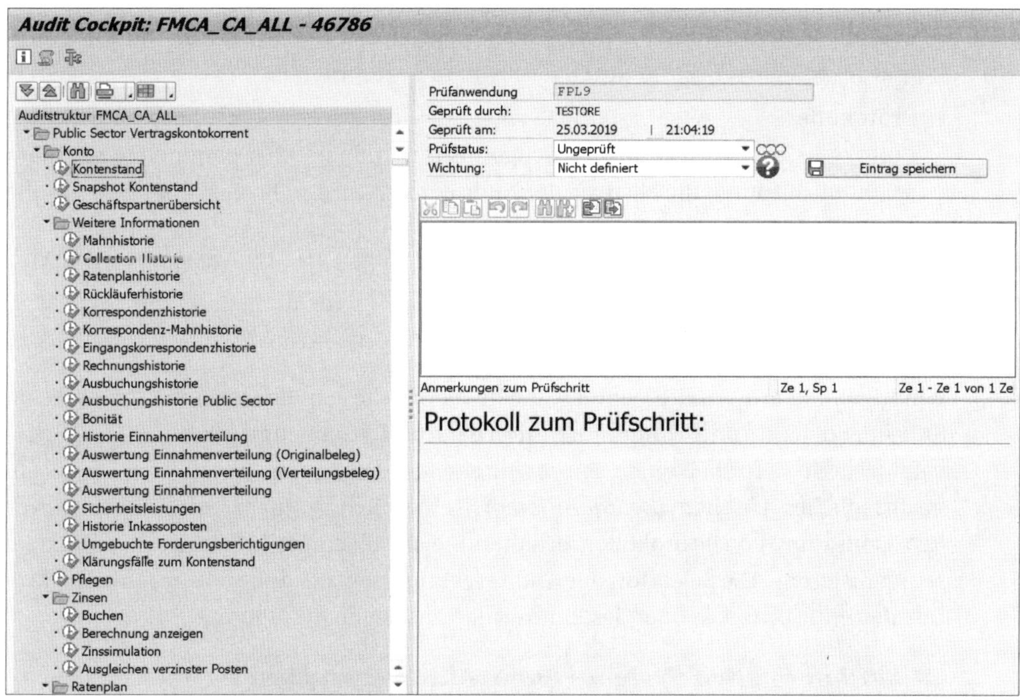

Abbildung 11.23 Übersicht über ein Audit zu einer Auditstruktur in der Transaktion SAIS

Bei der Durchführung eines Audits gibt es drei Komponenten:

- **Dokumente**
  Die Dokumente in der Auditstruktur beschreiben die Prüfungsschritte. Sie können sie analog zu Ihren Auditanforderungen anlegen. Dokumente erkennen Sie anhand des Symbols . Durch einen Doppelklick auf dieses Symbol öffnen Sie das Dokument.

- **Transaktionen**
  Transaktionen in der Auditstruktur starten die für das Audit erforderlichen Auswertungen. Sie erkennen Transaktionen an dem Uhrensymbol (). Durch einen Doppelklick auf das Symbol wird die betreffende Transaktion in einem neuen Fenster geöffnet, und Sie können die Auswertung starten.

Außerdem werden im oberen rechten Bereich der Anzeige in der Transaktion SAIS die Protokolleinträge zu dieser Prüfungsaktivität angezeigt. Diese enthalten das aktuelle Ausführungsdatum, die Benutzer-ID des Prüfers (**Geprüft durch**), einen **Prüfstatus**, den Sie selbst vergeben, eine Gewichtung (**Wichtung**) sowie eine Begründung für den Prüfungsstatus, die Sie ebenfalls selbst in ein Textfeld eingeben. Darunter finden Sie eine Übersicht der bisher durchgeführten Prüfungsaktivitäten, ebenfalls mit einem Zeitstempel, der Benutzer-ID des Prüfers, der Gewichtung, dem Status der Prüfungsaktivität und einer Begründung. Damit die Prüfungsaktivitäten nicht manipuliert werden können, wird die Änderung einmal gespeicherter Daten durch das System unterbunden.

- **Protokolle**
  Protokolle existieren zu allen durchgeführten Audits. Daher können Sie zu einem späteren Zeitpunkt die Historie der Auditergebnisse durchsehen oder sich nur die Ergebnisse der letzten Durchführung anzeigen lassen. Dazu nutzen Sie in der Transaktion SAIS_LOG die Protokollauswertung des AIS oder klicken in der Transaktion SAIS auf den Button (**Protokollanzeige für Audit** bzw. die Taste F5, siehe auch Abschnitt 11.6.2, »Generische Auditauswertung«).

Benötigen Sie alte Auditergebnisse nicht mehr, können Sie sie in der Transaktion SAIS über den Button (**Administration der Auditumgebung**) verwalten. Die Druckversion lässt sich über einen Export in ein PDF-Dokument überführen. Auch ein nachträgliches Löschen (*Reorganisieren*) ist möglich. Weitere Informationen zur Reorganisation von Protokollen erhalten Sie in Abschnitt 11.6.3, »Auditprotokolle reorganisieren«. Die Selektion der Auditergebnisse erfolgt anhand der Auditstrukturen, der Prüfnummern oder des Eintragsdatums (siehe Abbildung 11.24).

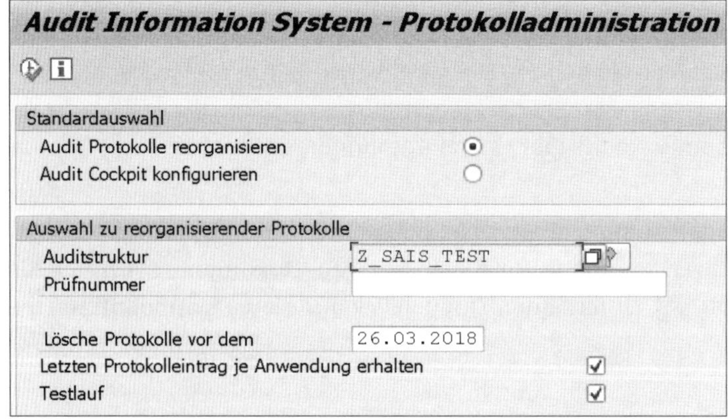

Abbildung 11.24 Auditprotokolle in der Transaktion SAIS verwalten

Sie können das AIS Cockpit an Ihre Anforderungen anpassen. Hierzu nutzen Sie das Customizing, das Sie in der Transaktion SAIS ebenfalls unter dem Button finden.

Wählen Sie dort unter **Standardauswahl** die Option **Audit Cockpit konfigurieren** aus und klicken auf den Button [icon] (**Ausführen**, siehe Abbildung 11.25).

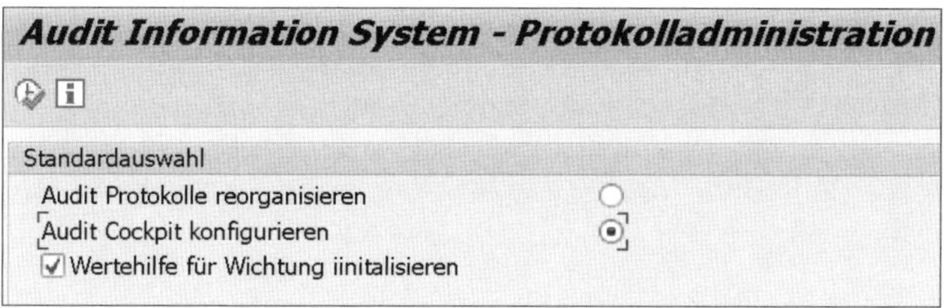

Abbildung 11.25 Auswahl der AIS-Cockpit-Konfiguration

Im Rahmen der Konfigration können neue Einträge erstellt oder alte Einträge angezeigt und bearbeitet werden. In der Tabelle **Customizingeinstellungen für das Audit Infosystem** werden die Parameternamen mit ihren Werten hinzugefügt (siehe Abbildung 11.26). Über den Button **Neue Einträge** erhalten Sie folgende Auswahl der Parameter und können in der Spalte **Parameterwert (SAIS)** die Werte definieren:

- **Max. Anzahl angezeigter Logeinträge je Prüfschritt**
- **Name der allg. Defaultauditstruktur**
- **Max. Zeilenlänge für Protokolleinträge**

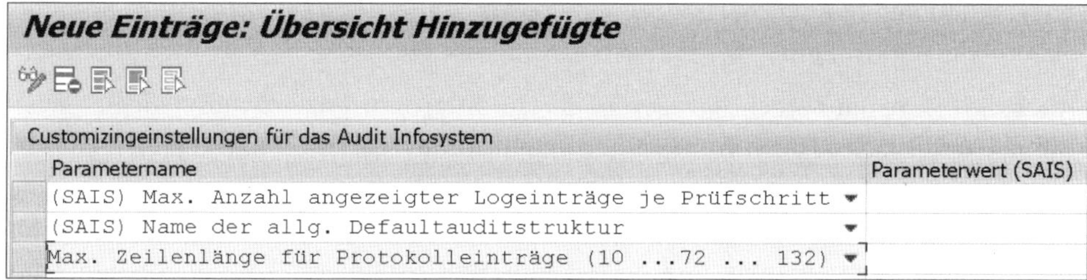

Abbildung 11.26 Konfiguration des AIS Cockpits

Die themenbezogenen Auditstrukturen werden auf der Basis von Bereichsmenüs erstellt. Dabei werden zum einen SAP-Standard-Auditstrukturen angeboten, zum anderen haben Sie die Möglichkeit, kundeneigene Auditstrukturen als Bereichsmenüs anzulegen. Der Vorteil der Anlage von Auditstrukturen als Bereichsmenüs besteht darin, dass Sie bereits bestehende Bereichsmenüs kopieren und anpassen oder einfach neue Bereichsmenüs anlegen können. Die Transaktion SE43 gibt Ihnen eine Übersicht über die vorhandenen Bereichsmenüs; sie dient ferner der Pflege und dem Transport der Bereichsmenüs. Ergänzen Sie Menüpunkte, die Sie in Vorlagen hinzufügen möchten, oder legen Sie Ihre eigenen Strukturen für Audits als Bereichsmenü an (siehe Abbildung 11.27).

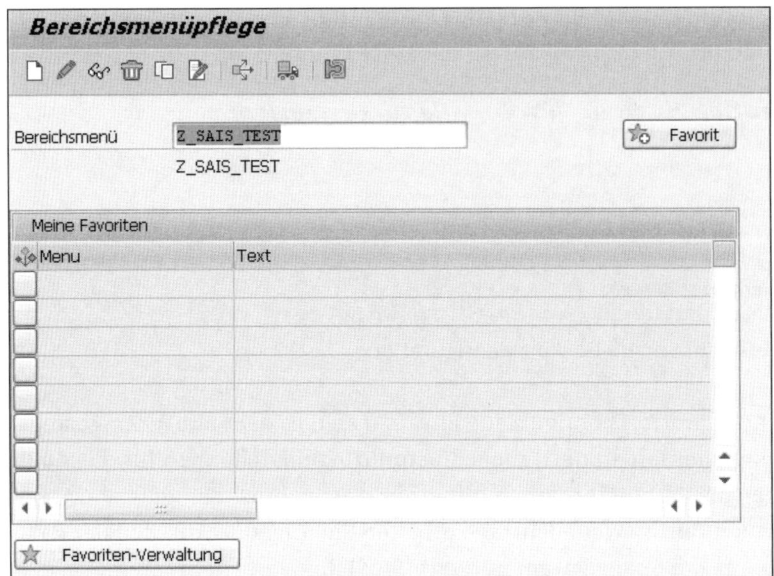

Abbildung 11.27 Pflege der Bereichsmenüs über die Transaktion SE43

Vor der Umstellung des AIS auf themenbezogene Auditstrukturen wurden die AIS-Standardrollen der rollenbasierten Pflegeumgebung in den Kundennamensraum kopiert und den Benutzern zugeordnet. Die AIS-Standardrollen können Sie ebenfalls als Vorlage für kundeneigene Bereichsmenüs verwenden.

Auch die Pflege der Berechtigungen zu den Auditstrukturen wird durch die Bereichsmenüs vereinfacht. Die von Ihnen genutzten Auditstrukturen bzw. Bereichsmenüs können Sie in der Rollenbearbeitung selektieren und auf diese Weise als Menüs in die Rollen importieren. Möchten Sie nur bestimmte Auditstrukturen für Benutzer des AIS freigeben oder einzelne Audits vor dem Zugriff schützen, können Sie dafür das Berechtigungsobjekt S_SAIS nutzen. Dieses Objekt steuert den Zugriff auf die Auditstrukturen oder die Prüfnummern einzelner Audits.

11.6.2 Generische Auditauswertung

Im vorangehenden Abschnitt haben Sie erfahren, wie Sie das AIS Cockpit aktivieren und nutzen. Nachdem Sie verschiedene Auditstrukturen angelegt und durchgeführt haben, möchten Sie sich typischerweise über den Status aktueller Audits informieren. Denkbar ist auch, dass Sie die Ergebnisse des Audits zur Veröffentlichung benötigen.

Damit Sie sich Auditergebnisse anzeigen lassen können, benötigen Sie eine bestimmte Berechtigung. Mit Hilfe des Berechtigungsobjektes S_SAIS können Sie den Zugriff auf das AIS und hier auf bestimmte Aktivitäten (Feld ACTVT, z. B. mit dem Wert 71 zur

Nutzung des AIS), einzelne Auditstrukturen (Feld AUDIT_NAME) oder Prüfnummern (Feld AUDIT_CNUM) einschränken.

Zum Starten der generischen Auditauswertung führen Sie die Transaktion SAIS_LOG (Audit Information System – Protokollauswertung) aus. Damit Ihnen die Auditergebnisse zielgerecht angezeigt werden, müssen Sie im Selektionsbild zunächst verschiedene Felder mit Auswahldaten befüllen.

Innerhalb der Standardauswahl können Sie die **Auditstruktur**, eine **Prüfnummer** (von – bis), eine **Prüfaktivität** (von – bis) und einen **Prüfer** auswählen. Darüber hinaus können Sie den Prüfzeitraum (mit **Prüfbeginn** und **Prüfende**) sowie einen **Prüfstatus** auswählen (siehe Abbildung 11.28). Mithilfe der Statusauswahl können Sie festlegen, ob Ihnen die vorherigen Ergebnisse nur in Form der Endergebnisse des Audits angezeigt werden. Standardmäßig werden nur die Endergebnisse jeder Prüfung angezeigt. Sie können sich weiterhin auch die Zwischenergebnisse anzeigen lassen. Dazu entfernen Sie das Häkchen im Ankreuzfeld **Nur den jeweils letzten Prüfstatus ermitteln**.

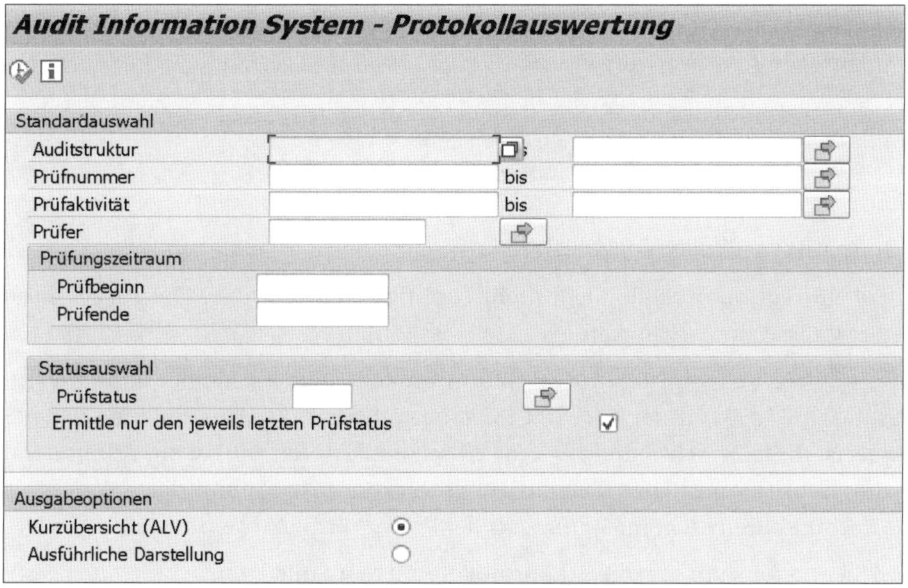

Abbildung 11.28 Selektionsbild zur generischen Auditauswertung

Eine letzte Auswahl wird mit den **Ausgabeoptionen** getroffen. Dabei wählen Sie zwischen der **Kurzübersicht (ALV)** und der ausführlichen Darstellung. Erstere zeigt eine Vorschau der Protokolle im System und in der Detailanzeige an. Die ausführliche Darstellung dient vor allem der externen Sicherung oder dem Ausdruck sowie als Vorbereitung für die Reorganisation (siehe dazu den folgenden Abschnitt).

Nachdem Sie auf den Button (**Ausführen**) geklickt haben, erhalten Sie eine Übersicht über die Bereichsstatistik mit der Anzahl der ermittlelten Auditstrukturen, der

Anzahl der zugehörigen Prüfaktivitäten und der Anzahl protokollierter Prüfaktivitäten (siehe Abbildung 11.29).

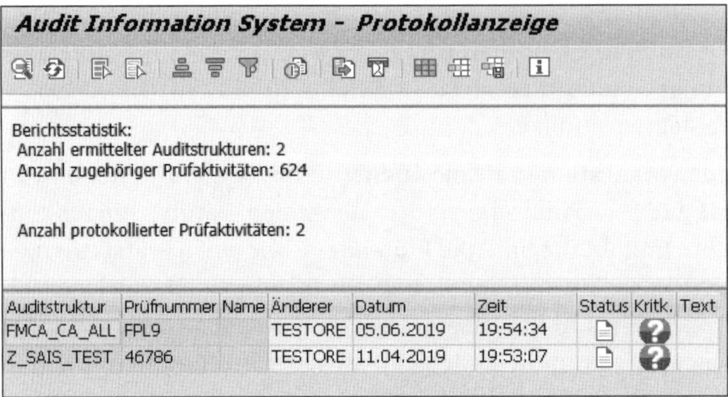

Abbildung 11.29 Übersicht zu den Endergebnissen bereits durchgeführter Prüfungen

[»]

Langlaufende Auditauswertungen

Die Länge der Ergebnisliste wirkt sich auf die Performance des SAP-Systems aus. Es kann eine Weile dauern, wenn lange Listen generiert werden.

11.6.3 Auditprotokolle reorganisieren

Falls Sie alte Auditprotokolle nicht mehr benötigen, besteht die Möglichkeit, diese Auditergebnisse zu reorganisieren (d. h. zu löschen).

Der Zugang zur Reorganisiation von Auditprotokollen lässt sich über das Berechtigungsobjekt `S_SAIS` mit der Aktivität `65` steuern. Bei produktiver Nutzung des AIS Cockpits ist diese Berechtigung ähnlich kritisch einzustufen wie die zur Administration des Security Audit Logs (Berechtigungsobjekt `S_ADMI_FCD` mit dem Wert `AUDA`). Beide Rechte sollten nicht im Stammsatz der Prüfer verfügbar sein.

Gehen Sie wie folgt vor, um die Audiprotokolle zu reorganisieren:

1. Starten Sie die Transaktion SAIS und wählen Sie den Button **Administration**. Damit gelangen Sie zur Administration der Arbeitsumgebung.
2. Im Bereich **Standardauswahl** können Sie zwischen **Audit Protokolle reorganisieren** und **Audit Cockpit konfigurieren** wählen. In diesem Fall wählen Sie **Audit Protokolle reorganisieren** (siehe Abbildung 11.30).
3. Die zu reorganisierenden Protokolleinträge können nach Auditstruktur, Prüfnummer und einem Datum eingeschränkt werden. Anhand des Datums können Sie diejenigen Protokolle löschen, die vor einem bestimmten Datum eingegeben wurden.

4. Ferner können Sie festlegen, ob der letzte Protokolleintrag jeder Prüfung beibehalten werden soll. Diese Option ist im Standard bereits aktiviert. Damit das Endergebnis eines Prüfschrittes gelöscht wird, entfernen Sie den Haken im Feld **Letzten Protokolleintrag je Anwendung erhalten**. In diesem Fall werden alle Prüfergebnisse eines Auditstrukturknotens gelöscht, zu denen ein neueres Prüfergebnis vorliegt. Wenn Sie den Haken setzen, können Sie Audits (Kombination Struktur und Prüfnummer) auf das letzte Prüfergebnis verdichten.
5. Im letzten Eingabeschritt können Sie entscheiden, ob ein **Testlauf** durchgeführt werden soll. Wir empfehlen Ihnen, im Rahmen eines Testlaufes zu prüfen, ob die Anzahl der zu löschenden Protokolleinträge Ihren Erwartungen entspricht, bevor Sie einen tatsächlichen Löschvorgang durchführen.

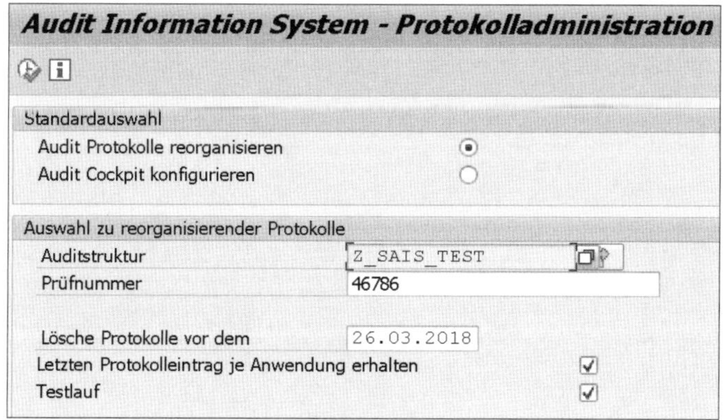

Abbildung 11.30 Audit reorganisieren

6. Nachdem Sie alle Einstellungen vorgenommen haben, betätigen Sie den Button (**Ausführen**).

Sie erhalten danach eine Übersicht über die Anzahl der gelöschten Protokolleinträge. Aus datenschutzrechtlichen Gründen kann jedoch nur die Anzahl, aber nicht der Inhalt der Protokolle angezeigt werden.

11.7 Einstellungen zur Systemänderbarkeit einsehen

Verschiedene Personen müssen die Einstellungen zur Systemänderbarkeit in Ihrem System aus bestimmten Gründen einsehen können. Es kann sich dabei um Mitarbeiter der internen Revision, Wirtschaftsprüfer oder auch Entwickler handeln. Die Transaktion SE06 kann nicht auf die Anzeige dieser Einstellungen reduziert werden. Berechtigungen für diese Transaktion sollten Revisoren deshalb nicht zugewiesen werden. In Verbindung mit anderen typischen Revisorberechtigungen würde dadurch ein Funktionstrennungskonflikt entstehen.

Seit SAP NetWeaver 7.0 steht alternativ ein Report bereit, der die Einstellungen zur Systemänderbarkeit anzeigt. Dieser Report erfordert lediglich Anzeigeberechtigungen, die dem genannten Personenkreis ohne Bedenken zugeordnet werden dürfen. Die Anwendung dieses Reports und die erforderlichen Berechtigungen stellen wir Ihnen in diesem Abschnitt vor.

Implementieren Sie SAP-Hinweis 1433352 in Ihrem System. Mit diesem Hinweis wird der Report RSAUDIT_SYSTEM_STATUS ausgeliefert. Dieser Report dokumentiert den aktuellen Status der Einstellungen zur Mandanten- und Systemänderbarkeit in einer Übersicht. Diese Dokumentation können Sie bei Bedarf zur Auswertung auch ausdrucken (siehe Abbildung 11.31).

AIS - Aktuelle Systemänderbarkeit und Mandanteneinstellungen

25.06.2019 AIS - Aktuelle Systemänderbarkeit und Mandanteneinstellungen

Berichtsumgebung

System-Id: EC1
Mandant: 001
Benutzer: D046786
Datum: 25.06.2019
Uhrzeit: 09:05:59

Systemumgebung

Systemänderbarkeit (global): änderbar

Mandantenübersicht

Mdt	Bezeichnung	Rolle	Änderungen und Transporte	Keine mandantenübergreifende Bearbeitung
000	SAP AG	SAP Referenz	Änderungen werden in Transportauftrag aufgezeichnet	Änderungen an Repository und mand.unabh. Customizing erlaubt
001	SAP AG Konzern	Customizing	Kein automatisches Aufzeichnen von Änderungen für Transport	Änderungen an Repository und mand.unabh. Customizing erlaubt
066	EarlyWatch	SAP Referenz	Kein automatisches Aufzeichnen von Änderungen für Transport	keine Änderung von mand.unabh. Customizing-Objekten
100	Mandant 100	Training/Education	Kein automatisches Aufzeichnen von Änderungen für Transport	Änderungen an Repository und mand.unabh. Customizing erlaubt
200	Mandant 200	Training/Education	Kein automatisches Aufzeichnen von Änderungen für Transport	Änderungen an Repository und mand.unabh. Customizing erlaubt

Systemänderbarkeit - Namensraumübersicht

Namensraum	Kurztext Namensraum	Inhaber	Präfix	Änderbark.	Letzter Änderer	Datum
/0CUST/	Kundennamensbereich	SAP SE		änderbar	SAP	01.09.1997
/0SAP/	Allgemeiner SAP Namensbereich	SAP SE		änderbar	SAP	11.09.2003
/0SJ1G/				änderbar	SAP	13.05.2015
/0SJ1U/				änderbar	SAP	13.05.2015

Abbildung 11.31 Druckbare Übersicht des Reports RSAUDIT_SYSTEM_STATUS

Vorteile dieses Reports sind also, dass zu dessen Ausführung lediglich Anzeigeberechtigungen notwendig sind und alle relevanten Informationen in einer druckbaren Liste vorliegen.

Die folgenden Berechtigungen sind zur Verwendung dieses Reports erforderlich:

- **Transaktionsstartberechtigung für RSAUDIT_SYSTEM_ENV**

  S_TCODE mit TCD = RSAUDIT_SYSTEM_ENV

- **Anzeige des Systemaudits**

  S_ADMI_FCD mit S_ADMI_FCD = AUDD

- **Anzeigeberechtigung für die relevanten Tabellen**
  - S_TABU_DIS mit ACTVT = 03 und DICBERCLS = SS oder
  - S_TABU_NAM mit ACTVT = 03 und TABLE = T000 und/oder TRNSPACE

Beachten Sie in diesem Fall, dass Sie die Tabellenberechtigungsgruppe SS gegebenenfalls durch andere Tabellenberechtigungsgruppen ersetzen müssen. Dies ist z. B. dann erforderlich, wenn Sie für die Tabelle T000 eine andere Tabellenberechtigungsgruppe eingetragen haben (siehe dazu Abschnitt 6.7, »Tabellenberechtigungsgruppen pflegen«).

11.8 Zusammenfassung

In diesem Kapitel haben Sie neue Funktionen zur Auswertung von Benutzer- und Berechtigungsdaten kennengelernt. Wir haben Ihnen neue Reports zur Analyse startbarer Anwendungen vorgestellt, die insbesondere im Kontext von SAP S/4HANA von Interesse sind. Mit diesen Reports können Sie beispielsweise auswerten, für welche Fiori-Apps Berechtigungen eingerichtet sind. Abschließend haben wir Ihnen die Funktionen des neuen Audit Information System Cockpits vorgestellt und nützliche Tipps zur Konfiguration dieses Cockpits gegeben.

Kapitel 12
Systemsicherheit

Sicherheit in SAP-Systemen bedeutet weit mehr als die Sicherstellung, dass Anwender nur berechtigte Geschäftsprozesse ausführen dürfen. Ein zentraler Bestandteil ist ebenso, sicherheitsrelevante Konfigurationen korrekt vorgenommen zu haben.

Da Sie als Benutzer- oder Berechtigungsadministrator unbedingt wissen sollten, wie Sie eine möglichst hohe Systemsicherheit gewährleisten, informieren wir Sie in diesem Kapitel über wichtige Einstellungen zur SAP-Systemsicherheit für Ihre SAP-Anwendungsserver, Lösungen zur Überwachung der Systemsicherheit im SAP Solution Manager und die CoE Security Services. Folgenden Themen widmen wir uns in diesem Kontext im Detail:

- dem Schutz von Passwörtern
- der Verwendung des Security Audit Logs
- der Verwendung des SAP Code Vulnerability Analyzers
- der Verschlüsselung von E-Mails
- der Tabellenprotokollierung bzw. Auswertung von Tabellenänderungsbelegen
- der RFC-Sicherheit

12.1 Mit Standardbenutzern und deren Initialpasswörtern umgehen

Ein SAP-System wird immer mit bestimmten Standardbenutzern ausgeliefert, sie werden, etwa für das Transportmanagementsystem, automatisch eingerichtet. Diese Standardbenutzer verwenden Initialpasswörter, die hinlänglich bekannt sind. Schließen Sie diese Sicherheitslücke, indem Sie die Passwörter ändern und die Standardbenutzer gegen unbefugte Benutzung absichern. Wir zeigen Ihnen hier, wie Sie den Status der Passwörter Ihrer Standardbenutzer überprüfen können, und geben Ihnen Empfehlungen zu den Einstellungen Ihrer Profilparameter.

Nutzen Sie den Standardreport RSUSR003 (bzw. die dazugehörige Transaktion RSUSR003), um zu prüfen, ob für die Standardbenutzer noch Initialpasswörter hinterlegt sind, und um die Einhaltung der Sicherheitsrichtlinien, die diesen Benutzern zugeordnet sind, sicherzustellen. Dazu können Sie auf der Startseite des Reports ein eigenes Layout definieren und verwenden.

Nach der Ausführung des Reports wird Ihnen eine Übersicht der vorhandenen Standardbenutzer in den unterschiedlichen Mandanten angezeigt (siehe Abbildung 12.1). Die Übersicht enthält den **Kennwortstatus**, ein Sperrkennzeichen (**Sperre**), den **Grund der Benutzersperre**, die Anzahl der Falschanmeldungen (**Falschanm.**), die Gültigkeitszeiträume der Benutzer sowie die den Benutzern zugeordneten Sicherheitsrichtlinien (sofern vorhanden). Die Sicherheitsrichtlinien werden Ihnen angezeigt, damit Sie nachvollziehen können, ob für diese Benutzer spezielle Anmeldebedingungen oder Passwortregeln gelten.

In allen Mandanten die Kennworte der Standardbenutzer prüfen

Anzahl der selektierten Standardbenutzer: 21

System: EC1
Instanz:
Benutzer: TESTORE
Datum: 11.04.2019
Uhrzeit: 17:50:15

Profilparameter
login/no_automatic_user_sapstar 1
login/password_logon_usergroup
login/password_downwards_compatibility 0

Mandant	Benutzer	Sperre	Kennwortstatus	Grund der Benutzersperre	Falschanm.	Gültig von	Gültig bis	Richtlinie	Info
000	DDIC		Existiert; Kennwort nicht trivial.						
	SAP*		Existiert; Kennwort nicht trivial.		2				
	SAPCPIC		Existiert nicht.						
	TMSADM		Existiert; Kennwort nicht trivial.	Durch Falschanmeldungen gesperrt					
001	DDIC		Existiert; Kennwort nicht trivial.						
	SAP*		Existiert; Kennwort nicht trivial.						
	SAPCPIC		Existiert nicht.						
	TMSADM		Existiert nicht.						
066	DDIC		Existiert nicht.						
	EARLYWATCH		Kennwort SUPPORT allgemein bekannt!	Durch Administrator gesperrt					
	SAP*		Existiert; Kennwort nicht trivial.	Durch Falschanmeldungen gesperrt					
	SAPCPIC		Existiert nicht.						
	TMSADM		Existiert nicht.						
100	DDIC		Existiert nicht.						
	SAP*		Existiert; Kennwort nicht trivial.		4				
	SAPCPIC		Existiert nicht.						
	TMSADM		Existiert nicht.						
200	DDIC		Existiert nicht.						
	SAP*		Existiert; Kennwort nicht trivial.		4				
	SAPCPIC		Existiert nicht.						
	TMSADM		Existiert nicht.						

Abbildung 12.1 Auswertung des Reports RSUSR003

Seit der Einführung der Sicherheitsrichtlinien in SAP NetWeaver 7.31 hat sich dieser Report verändert. In älteren Releases wird im Startbild des Reports anstelle der Übersicht über die Sicherheitsrichtlinien eine Selektionsseite für die Profilparameter angeboten. Wenn Sie in dieser Selektionssicht **Profilparameter anzeigen** auswählen, erhalten Sie in der oberen Hälfte des Bildschirms eine Übersicht zu den Profilparametereinstellungen. Hier sollten Sie besonders auf die Einstellung des Parameters login/no_automatic_user_sapstar achten und dessen Einstellung auch nach der Umstellung auf die Sicherheitsrichtlinien kontrollieren.

[!]

Meldungen im System-Log

Beachten Sie, dass in Abhängigkeit vom Ergebnis des Reports RSUSR003 eine System-Log-Meldung vom Typ E03 erzeugt wird. Sollte ein kritisches Merkmal (rot hinterlegt) erkannt werden, wird der Meldungstext »Programm RSUSR003 meldet ›Security violation‹« in das System-Log geschrieben. Falls kein kritisches Merkmal erkannt wurde, wird stattdessen die Meldung »Programm RSUSR003 meldet ›Security check passed‹« ausgegeben. Diese Meldung erfolgt, da die Information zum Passwortstatus der Standardbenutzer hochgradig sicherheitsrelevant ist und Sie die Zugriffe darauf nachvollziehen können sollten.

Sie können den Mitarbeitern der Benutzer- und Systemadministration Änderungsberechtigungen für den Report RSUSR003 erteilen oder lediglich eine Ausführungsberechtigung mit dem Berechtigungsobjekt S_USER_ADM und dem Wert CHKSTDPWD im Feld S_ADM_AREA vergeben. Diese Berechtigung beinhaltet keine Änderungsberechtigungen für die Benutzerverwaltung und kann daher auch an Revisoren vergeben werden.

Das SAP-System kennt die im Folgenden aufgelisteten sechs Standardbenutzer, die vom System in allen Mandanten angelegt werden. Sie werden für bestimmte Systemfunktionen benötigt (z. B. Upgrades) und sollten im laufenden Betrieb vor unberechtigtem Zugriff geschützt sein.

- **DDIC**
  DDIC ist als einziger Benutzer während Installationen und Releasewechseln in der Lage, sich anzumelden sowie Änderungen am ABAP Dictionary vorzunehmen. Außerdem wird er im Mandanten 000 beispielsweise für bestimmte Jobs oder Unicode-Umwandlungen verwendet. DDIC existiert in allen Mandanten außer im Mandanten 066.

  Schutzmaßnahmen: Setzen Sie DDIC in allen Systemen (außer im Mandanten 000 wegen der Upgrade-Funktionen) auf den Benutzertyp »System«. Bei Bedarf können Sie ihn mithilfe des Notfallbenutzers wieder auf einen Dialogbenutzer umstellen. Ändern Sie das Passwort, ordnen Sie den Benutzer der Benutzergruppe SUPER zu und protokollieren Sie ihn mit dem Security Audit Log.
- **EARLYWATCH**
  Der Benutzer EARLYWATCH existiert nur im Mandanten 066, denn er dient der Fernwartung durch den SAP-Support. EARLYWATCH hat nur Anzeigerechte für Performance- und Monitoring-Funktionen.

  Schutzmaßnahmen: Sperren Sie den Benutzer EARLYWATCH und schalten Sie ihn nur dann frei, wenn er durch den SAP-Support angefragt wird. Ändern Sie das Passwort, ordnen Sie ihn der Benutzergruppe SUPER zu und protokollieren Sie ihn mit dem Security Audit Log.

- **SAP***
  Der Benutzer SAP* ist Teil des SAP-Kernels. Da er im SAP-System hart codiert ist, benötigt er keinen Benutzerstammsatz. Wenn kein Benutzerstammsatz für SAP* existiert, kann sich nach einem Neustart jedermann mit diesem Benutzer am SAP-System anmelden, da dann das Standardpasswort gilt. Der Benutzer hat somit Zugang zu allen Funktionen, da Berechtigungsprüfungen in diesem Fall nicht greifen.

  Dieses Verhalten können Sie mit der Einstellung des Profilparameters login/no_automatic_user_sapstar auf den Wert 1 unterbinden. Sollten Sie Mandanten kopieren wollen, müssen Sie den Parameter allerdings vorher wieder auf 0 setzen, da der Benutzer SAP* für die Erzeugung dieser Kopien benötigt wird.

  Schutzmaßnahmen: Trotz der Parametereinstellung sollte bei Ihnen der Benutzer SAP* in allen Mandanten über einen Benutzerstammsatz verfügen. Allerdings sollten Sie ihm alle Profile entziehen und den Benutzer sperren. Ändern Sie außerdem das Passwort, ordnen Sie den Benutzer der Benutzergruppe SUPER zu und protokollieren Sie ihn mit dem Security Audit Log.

- **SAPCPIC**
  SAPCPIC ist kein Dialogbenutzer, sondern dient in älteren Releases der EDI-Nutzung (EDI = Electronic Data Interchange). Im Standard hat SAPCPIC Berechtigungen für RFC-Zugriffe. Dafür sollten Sie diesen Benutzer aber nicht verwenden, ebenso wenig wie für Hintergrundprozesse. Erstellen Sie für diese Anwendungsfälle andere Benutzer.

  Schutzmaßnahmen: Sperren Sie den Benutzer, ändern Sie das Passwort, ordnen Sie ihn der Benutzergruppe SUPER zu und protokollieren Sie ihn mit dem Security Audit Log.

- **TMSADM**
  Der Benutzer TMSADM dient der Kommunikation zwischen SAP-Systemen im Transportmanagementsystem und wird bei deren Konfiguration automatisch im Mandanten 000 angelegt. TMSADM hat lediglich die Berechtigungen für den Zugriff auf das gemeinsame Transportverzeichnis, für die Anzeige im Änderungs- und Transportmanagementsystem und die notwendigen RFC-Berechtigungen.

  Schutzmaßnahmen: Ändern Sie die Passwörter des Benutzers in den einzelnen Mandanten. Dazu wird der Report TMS_UPDATE_PWD_OF_TMSADM bereitgestellt, den Sie im Mandanten 000 starten müssen. Dies ist allerdings nur möglich, wenn Sie über Administratorberechtigungen in allen Systemen der Landschaft verfügen und die Passwortregeln der Systeme kompatibel sind. Nachdem der Report erfolgreich durchlaufen wurde, haben alle TMSADM-Benutzer der Landschaft im Mandanten 000 und deren Destinationen dasselbe neue Passwort.

- **WF-BATCH**
  Der Benutzer WF-BATCH dient der Hintergrundverarbeitung in SAP Business Workflow und wird beim Customizing von Workflows automatisch angelegt. Dem Benutzer WF-BATCH ist häufig das Profil SAP_ALL zugeordnet, da die genauen Anforderungen an die Berechtigungen von der Art und Weise abhängig sind, wie dieser Benutzer eingesetzt wird. Das Passwort des Benutzers können Sie über die Transaktion SWU3 vergeben und synchronisieren.

  Schutzmaßnahmen: Ändern Sie nach der automatischen Generierung das Passwort des Benutzers und ordnen Sie ihn der Benutzergruppe SUPER zu.

Bevor Sie Änderungen an Standardbenutzern vornehmen, müssen Sie sicherstellen, dass diese nicht in beispielsweise RFC-Verbindungen, Background-Jobs oder Schnittstellen verwendet werden.

12.2 Absichern des Applikationsservers

In diesem Abschnitt zeigen wir Ihnen zunächst einige für die Sicherheit wichtige Einstellungen im SAP NetWeaver Application Server (AS) ABAP. Gerade die Absicherung des RFC-Gateways und des Message Servers sind zentrale Bestandteile einer sicheren Konfiguration des SAP NetWeaver AS ABAP. In diesem Abschnitt möchten wir Ihnen außerdem die richtige Nutzung des sicheren Speichers, den sicheren Umgang mit Passwörtern sowie das Verschlüsseln von E-Mails näherbringen.

12.2.1 RFC-Gateway und Message Server absichern

Die Sicherheitskonfiguration des *RFC-Gateways* (Remote Function Call) und des *Message Servers* sollten die ersten sicherheitsrelevanten Einstellungen sein, die Sie in ihrem SAP-System prüfen. Ohne die notwendigen Einstellungen sind alle übrigen Kontrollen im System und Ihr gesamtes aufwendig aufgebautes Berechtigungswesen letztlich überflüssig (zumindest aus der Sicherheitsperspektive – Wirtschaftsprüfer legen natürlich weiterhin Wert auf ein gut eingestelltes Berechtigungswesen). Message Server und RFC-Gateway kontrollieren hochkritische betriebssystemnahe Aktivitäten und autorisieren die entsprechenden Zugriffe. Dies geschieht jedoch nicht über die Standardbenutzerverwaltung.

Eine der kritischsten Komponenten des SAP NetWeaver AS ABAP stellt das RFC-Gateway dar, das von Ihnen abgesichert werden muss. In Abschnitt 3.4.2, »Berechtigungen von Schnittstellenbenutzern mittels Referenzbenutzer bereinigen«. sowie Abschnitt 5.5, »Berechtigungsprüfungen für RFC-Aufrufe identifizieren«, haben Sie Wege kennengelernt, wie Sie remote-fähige Funktionsbausteine identifizieren und mithilfe des Berechtigungsobjekts S_RFC absichern. Hierfür muss der Anwender bereits am Applikationsserver angemeldet sein.

Der Fokus in diesem Abschnitt liegt auf der Zugriffskontrolle registrierter und externer RFC-Server. Der *RFC-Server* ist die Instanz eines Anwendungsservers, die Dienste zur Verfügung stellt, die über RFC aufgerufen werden können. Hierbei spielt die Authentifizierung keine Rolle, denn der Zugriff wird über *Zugriffslisten* gesteuert. Zum Erwerb von Hintergrundwissen sollten Sie sich mit der RFC-Kommunikation zwischen verschiedenen Anwendungsservern vertraut machen, die in Abbildung 12.2 schematisch dargestellt ist.

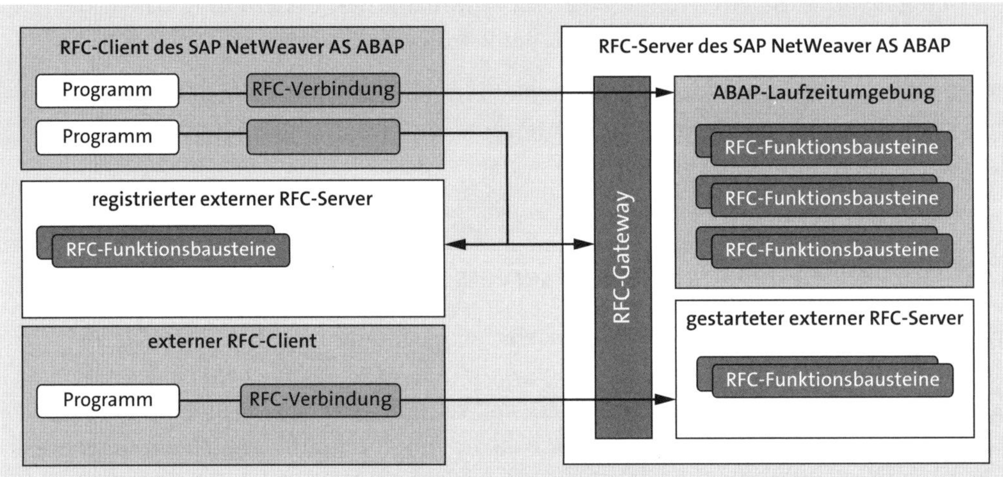

Abbildung 12.2 RFC-Kommunikation

Technisch laufen alle in ein System eingehenden RFC-Verbindungen über das RFC-Gateway (Prozess `gwrd`) und werden von diesem an den ABAP-Stack selbst (Prozess `disp+work`) weitergeleitet, wenn es sich um Anfragen zu Funktionsbausteinausführungen handelt. In diesem Fall werden auch die Anmeldedaten des zugehörigen RFC-Benutzers geprüft (Benutzerstamm in der Transaktion SU01, inklusive Kennwort).

Allerdings kennt das RFC-Gateway auch noch weitere Nutzungsszenarien:

- die Registrierung von Serverprogrammen (etwa eines Fax-Dienstes)
- die Nutzung dieser registrierten Serverprogramme
- die Ausführung von Betriebssystemkommandos über `sapxpg` (Programm zum Starten externer Kommandos oder Programme)

In dieser letztgenannten Nutzungsart liegt das größte Risiko: Das RFC-Gateway autorisiert die genannten Anfragen nicht, sondern führt sie einfach aus, und da der Gateway-Prozess über die Umgebungsvariablen des Anwendungsservers meistens auch über Zugangsdaten zur Datenbank verfügt, bedeutet dies: Ein ungeschütztes Gateway erlaubt den nicht erwünschten Vollzugriff auf das Schema der SAP-Anwendung! Damit lassen sich dann etwa neue Benutzer anlegen oder vorhandene Benutzer mit dem Profil SAP_ALL ausstatten. Es ist auf diese Weise auch möglich, gänzlich ohne Erzeugung von Änderungsbelegen in der SAP-Anwendung Finanzbelege zu manipulieren.

Leider können Sie das Gateway nicht einfach abschalten oder durch eine Firewall vor Zugriffen von außen schützen. Da es RFC-Kommunikationsanfragen annimmt und weitergibt, muss es für alle Endanwender im Unternehmen erreichbar sein (Ports 33xx und 48xx für über Secure Network Communication gesicherte Verbindungen). Neben dem Zugriff zur Durchführung von Analyseoperationen mit dem *SAP Business Explorer* (SAP BEx) sind noch viele weitere, valide und gewünschte Anwendungsszenarien denkbar.

Daher muss das Gateway mit den folgenden ACL-Dateien (Access Control List – also eine Zugriffsliste) abgesichert werden:

- secinfo (Zugriffssteuerung für OS-Kommandoaufrufe)
- reginfo (Zugriffssteuerung für die Registrierung von Serverprogrammen)

Abbildung 12.3 illustriert die Rolle dieser Dateien in der RFC-Kommunikation. Weitere Informationen zu den ACL-Dateien secinfo und reginfo finden Sie auf den Hilfeseiten der SAP und in den SAP-Hinweisen 1444282 und 2008727.

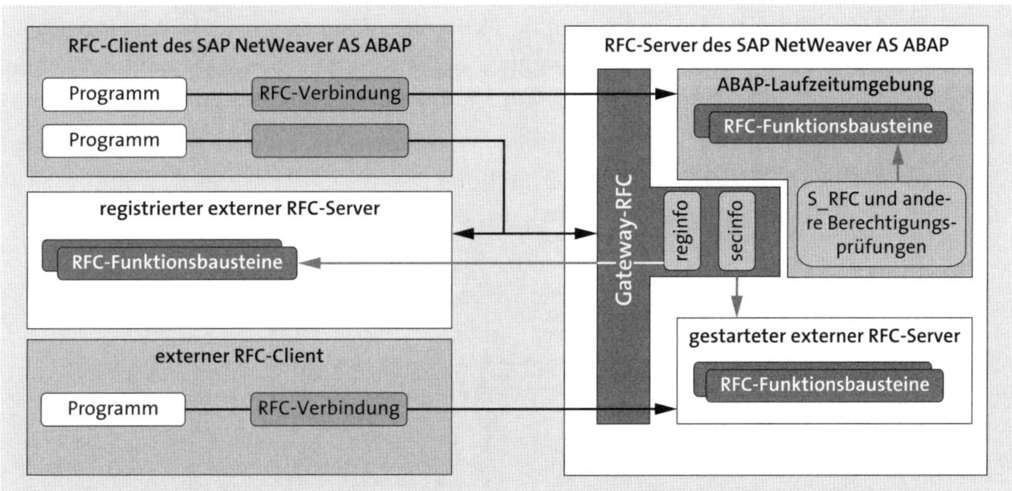

Abbildung 12.3 RFC-Funktionsbausteine bei gestarteten und registrierten RFC-Servern

Den Instanzen des eigenen Verbundes muss der Zugriff mit den Schlüsselbegriffen »local« und »internal« in der Reginfo-Datei weiterhin ermöglicht werden. Zusätzlich sollten immer die Profilparameter gw/acl_mode=1 und gw/reg_no_conn_info=255 gesetzt sein.

Als Vorgehensweise für die aktuellen SAP-Releases empfehlen wir, die ACL-Dateien in der Transaktion SMGW generieren zu lassen. Wählen Sie hier im Menü die Option **Springen • Expertenfunktionen • Externe Sicherheit • ACL-Dateien pflegen** aus. Anschließend können Sie die Dateien über den Menüpfad **Springen • Erzeugen (secinfo)** bzw. **Erzeugen (reginfo)** erzeugen lassen (siehe Abbildung 12.4).

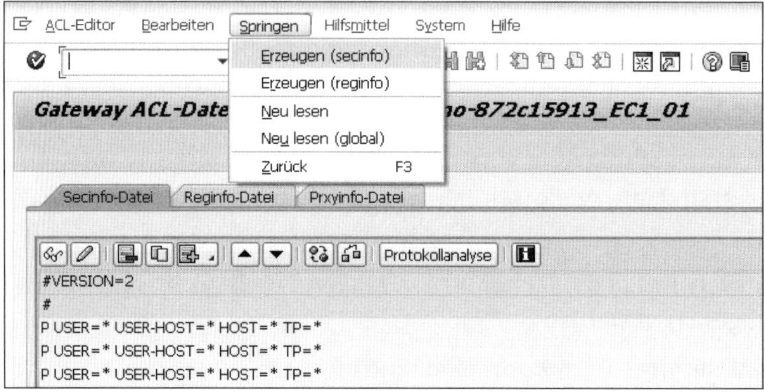

Abbildung 12.4 ACL-Dateien erzeugen

Da allerdings nicht immer alle Nutzer online sind, kann es bei der Generierung der ACL-Dateien vorkommen, dass selten gerufene Schnittstellen nicht berücksichtigt werden. In Produktivsystemen sollten Sie daher in Transaktion SMGW zusätzlich einige Zeit lang das Gateway-Logging aktivieren. Dazu nutzen Sie den Menüpfad **Springen • Expertenfunktionen • Logging**. Aktivieren Sie das Logging am besten für einige Monate, in die auch Quartals- und Jahresendverarbeitungen fallen.

Im Anschluss können Sie die Logdateien in der ACL-Dateipflege über den Druckknopf **Protokollanalyse** auswerten (siehe Abbildung 12.5).

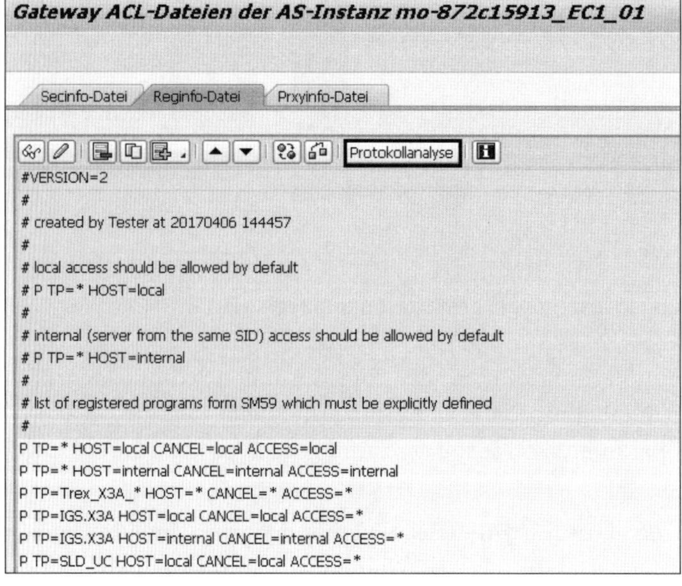

Abbildung 12.5 Aufruf der Protokollanalyse

In älteren Releases stehen diese komfortablen Funktionen noch nicht zur Verfügung, dort müssen Sie die Gateway-Protokolle manuell auswerten. Es handelt sich dabei um einfache Textdateien. Weitere Details zur grundlegenden Einstellung der Reginfo- und Secinfo-Dateien finden Sie in SAP-Hinweis 1408081.

Ist das RFC-Gateway über die ACL-Dateien geschützt, muss zusätzlich noch der Message Server abgesichert werden. Er steuert, welche Server und Instanzen zum Applikationsverbund gehören. Wird diese Zusammenstellung nicht sauber kontrolliert, könnten Angreifer einen weiteren (falschen) Server in den Verbund aufnehmen lassen – und damit die ACL-Dateien des RFC-Gateways umgehen, weil diese den Verbundmitgliedern ja den Zugriff erlauben müssen. Die falsche Instanz könnte also auf den anderen Instanzen Betriebssystemkommandos ausführen und auf die Datenbank zugreifen.

Der Message Server verfügt bei der Verbundsteuerung über einen eigenen, sogenannten *internen* Port (39xx). Dieser sollte keinesfalls für Endanwender erreichbar sein. Darüber hinaus sollten in älteren Releases ACL-Dateien für den Zugriff auf den Message Server definiert werden (siehe SAP Hinweis 821875). Ab Release SAP NetWeaver 7.40 ist die letztgenannte Maßnahme nicht mehr notwendig. In den neueren Releases sollte die Message-Server-Kommunikation über die neue interne System-Public-Key-Infrastruktur (System-PKI) abgesichert werden. Die Public-Key-Infrastruktur wird verwendet, um digitale Dokumente abzusichern. Dabei werden Schlüsselpaare eingesetzt. Details zu diesem Verfahren beschreibt SAP-Hinweis 2040644 (Secure Internal Server Communication).

12.2.2 Sicherer Umgang mit Passwörtern

Nicht selten besteht Unklarheit darüber, ob das Passwort in SAP-Systemen im Standard verschlüsselt ist oder nicht und ob die Kommunikation zwischen dem Client und den Anwendungsservern im Standard verschlüsselt wird. Ein solches Unwissen kann zu fatalen Sicherheitslücken in Ihrer Systemlandschaft führen. Wir möchten Ihnen daher an dieser Stelle näherbringen, wie Sie die Passwörter in Ihrem System absichern und sich gegen ein Abgreifen der Passwörter während der Übertragung schützen können.

Die Passwörter der Benutzer sind im SAP-System als *Hash-Werte* abgelegt. Die Qualität der Hash-Werte und damit deren Sicherheit hängt von den eingesetzten *Hash-Algorithmen* ab. Die früher in den SAP-Systemen eingesetzten Hash-Algorithmen sind nicht mehr als sicher einzustufen. Sie können innerhalb kurzer Zeit mit einfachen technischen Mitteln entschlüsselt werden. Sie sollten daher die Passwörter in Ihrem System auf verschiedene Weise absichern.

Zuerst sollten Sie den Zugang zu den Tabellen, in denen die Hash-Werte der Passwörter abgelegt sind, stark einschränken. Dies betrifft die Tabellen USR02 und USH02 sowie in neueren Releases die Tabelle USRPWDHISTORY. Ein einfacher Weg besteht darin, diese Tabellen der bestehenden Tabellenberechtigungsgruppe SPWD (Tabellenberechtigungsgruppe für Kennwort-Hashwerte) zuzuordnen. Alternativ können Sie auch sicherstellen, dass kein Zugriff auf diese Tabellenberechtigungsgruppen erlaubt ist, wenn Sie nämlich den Zugriff zu Tabellen grundsätzlich über das Berechtigungsobjekt S_TABU_NAM steuern.

Anschließend sollten Sie die neueste Version der Hash-Algorithmen aktivieren, indem Sie den Profilparameter login/password_downwards_compatibility auf den Wert 0 setzen. Diese Einstellung ist erforderlich, da SAP-Systeme standardmäßig Abwärtskompatibilität beibehalten. Das heißt, dass abhängig von Ihrem Basisrelease entweder die neuen Hash-Algorithmen bei der Speicherung der Passwörter nicht verwendet werden, oder aber es werden zusätzliche veraltete Hash-Werte der Passwörter gespeichert.

Abschließend sollten Sie prüfen, ob noch veraltete Hash-Werte für Passwörter in Ihrem System existieren, und diese gegebenenfalls löschen. Nutzen Sie dazu den Report CLEANUP_PASSWORD_HASH_VALUES (siehe Abbildung 12.6). Der Report listet auf, für welche Passwörter Sätze mit redundanten Hash-Werten gefunden wurden (in Abbildung 12.6 sind es neun Sätze). Diese Passwörter werden bereits mit den neuen, aber zusätzlich mit den veralteten Hash-Algorithmen gespeichert. Sie können in diesem Fall einfach die redundanten Hash-Werte über den Report löschen.

Der zweite Eintrag der Ergebnisanzeige bezieht sich auf Passwörter, die mit veralteten, aber als sicher einzustufenden Hash-Algorithmen gespeichert wurden (hier 574 Sätze). Für diese Passwörter wird bei deren nächster Änderung automatisch der neue Hash-Wert gespeichert. Hier müssen Sie daher keine Bereinigung durchführen.

Die nächsten beiden Einträge in Abbildung 12.6 erfordern, dass Sie eine Änderung des Passwortes initiieren (zwei Sätze) oder für technische Benutzer durchführen (vier Sätze).

Die Angaben für die Tabelle USH02 in der Auswertung des Reports beziehen sich auf die Hash-Werte in Änderungsbelegen. Die Angaben zur Tabelle USRPWDHISTORY beziehen sich auf die Passworthistorie, d. h. die zuletzt gespeicherten Passwörter. Auch hier werden die redundanten Fälle bereinigt, für die anderen Fälle kann keine Bereinigung erfolgen. Da es sich um nicht mehr gültige Passwörter handelt, entsteht dadurch keine Sicherheitslücke.

[!]

Änderung von Passwörtern bei technischen Benutzern

Beachten Sie, dass Sie bei der Änderung von Passwörtern technischer Benutzer gegebenenfalls auch die Passworteinträge z. B. in RFC-Verbindungen anderer Systeme anpassen müssen.

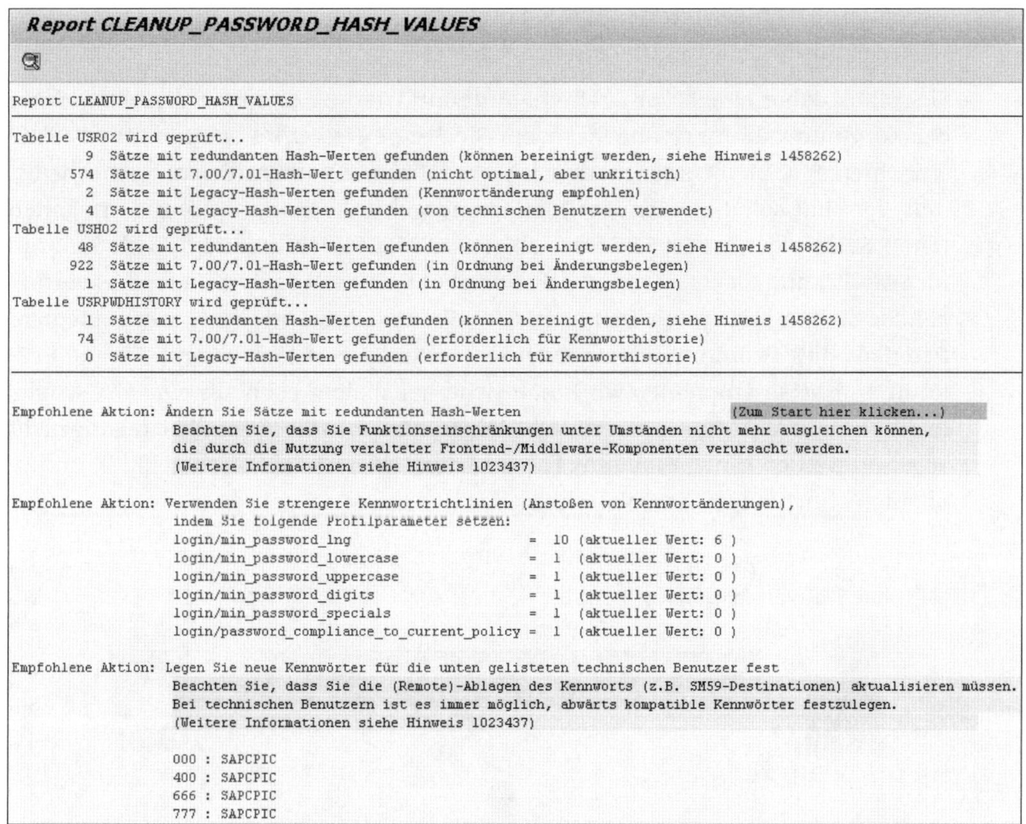

```
Report CLEANUP_PASSWORD_HASH_VALUES

Report CLEANUP_PASSWORD_HASH_VALUES

Tabelle USR02 wird geprüft...
         9  Sätze mit redundanten Hash-Werten gefunden (können bereinigt werden, siehe Hinweis 1458262)
       574  Sätze mit 7.00/7.01-Hash-Wert gefunden (nicht optimal, aber unkritisch)
         2  Sätze mit Legacy-Hash-Werten gefunden (Kennwortänderung empfohlen)
         4  Sätze mit Legacy-Hash-Werten gefunden (von technischen Benutzern verwendet)
Tabelle USH02 wird geprüft...
        48  Sätze mit redundanten Hash-Werten gefunden (können bereinigt werden, siehe Hinweis 1458262)
       922  Sätze mit 7.00/7.01-Hash-Wert gefunden (in Ordnung bei Änderungsbelegen)
         1  Sätze mit Legacy-Hash-Werten gefunden (in Ordnung bei Änderungsbelegen)
Tabelle USRPWDHISTORY wird geprüft...
         1  Sätze mit redundanten Hash-Werten gefunden (können bereinigt werden, siehe Hinweis 1458262)
        74  Sätze mit 7.00/7.01-Hash-Wert gefunden (erforderlich für Kennworthistorie)
         0  Sätze mit Legacy-Hash-Werten gefunden (erforderlich für Kennworthistorie)

Empfohlene Aktion: Ändern Sie Sätze mit redundanten Hash-Werten                    (Zum Start hier klicken...)
                    Beachten Sie, dass Sie Funktionseinschränkungen unter Umständen nicht mehr ausgleichen können,
                    die durch die Nutzung veralteter Frontend-/Middleware-Komponenten verursacht werden.
                    (Weitere Informationen siehe Hinweis 1023437)

Empfohlene Aktion: Verwenden Sie strengere Kennwortrichtlinien (Anstoßen von Kennwortänderungen),
                    indem Sie folgende Profilparameter setzen:
                    login/min_password_lng                        = 10 (aktueller Wert: 6 )
                    login/min_password_lowercase                  = 1  (aktueller Wert: 0 )
                    login/min_password_uppercase                  = 1  (aktueller Wert: 0 )
                    login/min_password_digits                     = 1  (aktueller Wert: 0 )
                    login/min_password_specials                   = 1  (aktueller Wert: 0 )
                    login/password_compliance_to_current_policy   = 1  (aktueller Wert: 0 )

Empfohlene Aktion: Legen Sie neue Kennwörter für die unten gelisteten technischen Benutzer fest
                    Beachten Sie, dass Sie die (Remote)-Ablagen des Kennworts (z.B. SM59-Destinationen) aktualisieren müssen.
                    Bei technischen Benutzern ist es immer möglich, abwärts kompatible Kennwörter festzulegen.
                    (Weitere Informationen siehe Hinweis 1023437)

                    000 : SAPCPIC
                    400 : SAPCPIC
                    666 : SAPCPIC
                    777 : SAPCPIC
```

Abbildung 12.6 Auswertung des Reports CLEANUP_PASSWORD_HASH_VALUES in einem Testsystem

Sollten Sie eine Zentrale Benutzerverwaltung (ZBV) im Einsatz haben, bestehen gewisse Abhängigkeiten zwischen dem Basisrelease Ihrer ZBV und dem Basisrelease der Tochtersysteme. Prüfen Sie daher die Kompatibilität Ihrer Systeme, bevor Sie den Profilparameter `login/password_downwards_compatibility` setzen. Details zu den technischen Abhängigkeiten zwischen den Releases finden Sie im SAP-Hinweis 1458262.

Im Gegensatz zur verschlüsselten Speicherung der Passwörter in Form von Hash-Werten werden die Benutzer-ID und das Passwort während der Anmeldung des Clients am Anwendungsserver unverschlüsselt übertragen. Dabei wird das Protokoll *Dynamic Information and Action Gateway* (DIAG) verwendet, das selbst etwas kryptisch anmutet, aber keine Verschlüsselung darstellt. Außerdem findet auch keine kryptografische Authentifizierung zwischen Client und Anwendungsserver statt. Dies gilt nicht nur für die Kommunikation zwischen der Benutzeroberfläche und dem Anwendungsserver, sondern auch für die Kommunikation zwischen verschiedenen SAP-Systemen mittels RFC. Wenn Sie sich also gegen das Abgreifen von Passwörtern während der Übertragung schützen möchten, müssen Sie eine eigene Verschlüsselung dieser Kommunikation einrichten.

Sie sollten daher eine kryptografische Authentifizierung und eine Verschlüsselung der Kommunikation erzwingen, indem Sie *Secure Network Communication* (SNC) einrichten. SNC bietet einen starken kryptografischen Authentifizierungsmechanismus, verschlüsselt die Datenübertragung und wahrt die Integrität der übertragenen Daten. Seit einiger Zeit ist SNC ohne einen SSO-Mechanismus (SSO = Single Sign-on) für SAP GUI und die RFC-Kommunikation aller SAP-NetWeaver-Kunden frei verfügbar. Sie sollten SNC immer zwischen SAP GUI und Anwendungsserver implementieren, da diese Kommunikation auch über offene Netze laufen kann. Für die RFC-Kommunikation empfehlen wir Ihnen sicherheitshalber ebenfalls eine SNC-Implementierung, auch wenn Sie der Ansicht sein sollten, dass die Datenübertragung nicht abgehört werden kann. Abbildung 12.7 zeigt den Unterschied zwischen RFC-Kommunikation ohne und mit SNC-Verschlüsselung.

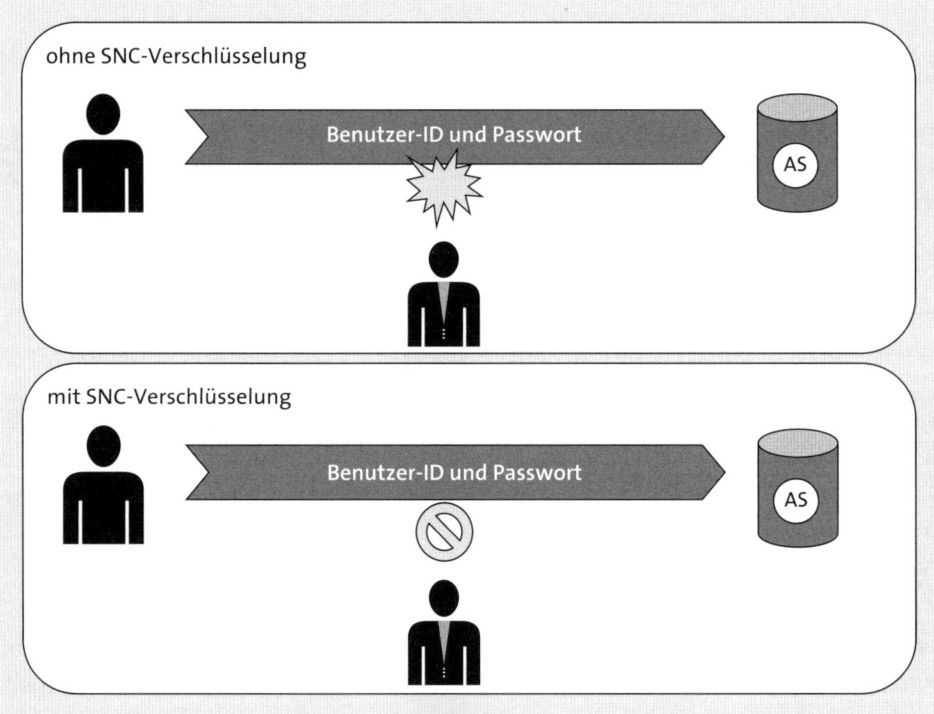

Abbildung 12.7 Aneignung der Benutzer-ID und des Passworts bei der Anmeldung ohne Verschlüsselung

Grundsätzlich empfehlen wir Ihnen, starke Verschlüsselungsmechanismen einzusetzen und die meisten Benutzer auf eine SSO-Anmeldung umzustellen. Die Hash-Werte der Benutzerpasswörter sollten Sie dann, wie in diesem Abschnitt beschrieben, löschen. Releaseabhängige Informationen zur SNC-Client-Verschlüsselung finden Sie in SAP-Hinweis 1643878.

SNC sichert die Kommunikation mit bzw. zwischen ABAP-Systemen ab. In SAP-Systemlandschaften findet man aber auch viele webbasierte Anwendungen. Diese kommunizieren über das *Hypertext Transfer Protocol* (HTTP). Auch bei der Kommunikation mittels HTTP werden die Daten unverschlüsselt übertragen, daher sollten Sie diese Kommunikation auf *Hypertext Transfer Protocol Secure* (HTTPS) umstellen. HTTPS nutzt das Verschlüsselungsprotokoll *Transport Layer Security* (TLS) zur sicheren Datenübertragung im Internet. Die Verwendung von HTTPS sollten Sie daher für alle Webzugriffe von Anwendern einrichten.

Für die Kommunikation zwischen SAP-Systemen sollten Sie ebenfalls HTTPS verwenden, auch wenn Sie sich sicher sein sollten, dass die Datenübertragung nicht abgehört werden kann. Sie sollten HTTPS entweder auf einzelnen Komponenten der Infrastruktur einrichten (z. B. Proxys), oder aber die ABAP-Systeme sollten direkt HTTPS bzw. TSL unterstützen. Details zur Konfiguration finden Sie in SAP-Hinweis 510007.

Achten Sie bei der Verwendung von Verschlüsselungsmechanismen darauf, dass Sie den Zugriff auf die *PSE-Dateien* (PSE = Personal Security Environment) im Dateisystem des Servers und in der Datenbank verhindern. Legen Sie dazu eine eigene Tabellenberechtigungsgruppe für die Tabelle SSF_PSE_D an, oder Sie sichern alternativ den Zugriff auf diese Tabelle über das Berechtigungsobjekt S_TABU_NAM ab und schränken den Zugriff von Programmen auf das Verzeichnis **<instance directory>/sec** im Dateisystem ein. Details zur Absicherung der Schlüsseltabellen finden Sie in SAP-Hinweis 1485029.

12.2.3 E-Mails verschlüsseln

In Ihrem SAP-System ruhen sehr viele Daten, die häufig den Status »vertraulich« haben. Dazu zählen beispielsweise geschäftskritische oder personenbezogene Daten sowie Passwörter. Immer wieder treten Situationen auf, in denen solche Daten auch per E-Mail versendet werden müssen. Sorgen Sie daher dafür, dass diese Informationen immer verschlüsselt und gegebenenfalls signiert werden. Durch die Verschlüsselung soll die Vertraulichkeit der Daten gewährleistet werden, d. h., dass ausschließlich der Empfänger der E-Mail dazu in der Lage sein soll, sie zu lesen. Die digitale Signatur hingegen dient der Integrität der Daten, denn über sie kann der Absender einer E-Mail verifiziert werden. Wir stellen Ihnen die für die Verschlüsselung erforderlichen Konfigurationsschritte vor und beschreiben beispielhaft die Verschlüsselung des Versands von Initialpasswörtern.

Im SAP-System gibt es zwei Möglichkeiten zur Verschlüsselung und Signierung von E-Mails:

- über *SAPconnect*
- über den sicheren *E-Mail-Proxy* eines Drittanbieters

SAPconnect verwendet den *S/MIME-Standard* (Secure/Multipurpose Internet Mail Extensions) für die Signierung beim Versand von E-Mails bzw., um empfangene E-Mails zu verifizieren und zu entschlüsseln. S/MIME wird von den meisten E-Mail-Clients unterstützt und erfordert X.509-basierte Zertifikate.

In diesem Abschnitt zeigen wir die Verschlüsselung über SAPconnect und konzentrieren uns auf deren Konfiguration. Diese Lösung steht Ihnen nur per Support Package ab SAP NetWeaver AS ABAP 7.31 zur Verfügung und erfordert einen Kernel-Patch. Die Details zu den relevanten Support Packages finden Sie in SAP-Hinweis 1750161. Zusätzlich muss die *SAP Cryptographic Library* installiert sein; dies ist aber durch den erforderlichen Kernel-Patch sichergestellt. Nur dann, wenn Sie manuell eine andere Konfiguration vorgenommen haben, müssen Sie diese Voraussetzung prüfen.

Für die Konfiguration aktivieren Sie in der SAPConnect-Administration zuerst die Verschlüsselung und gegebenenfalls die Signierung. Navigieren Sie hierzu in der Transaktion SCOT (Business Communication Services Administration) unter **Einstellungen • Ausgehende Nachrichten • Einstellungen** auf die Registerkarte **Signierung & Verschlüsselung** (siehe Abbildung 12.8). Beachten Sie, dass durch die Aktivierung nur die Voraussetzungen für die Verschlüsselung bzw. Signierung von E-Mails geschaffen werden; ob die Verschlüsselung tatsächlich erfolgt, steuert immer die versendende Anwendung.

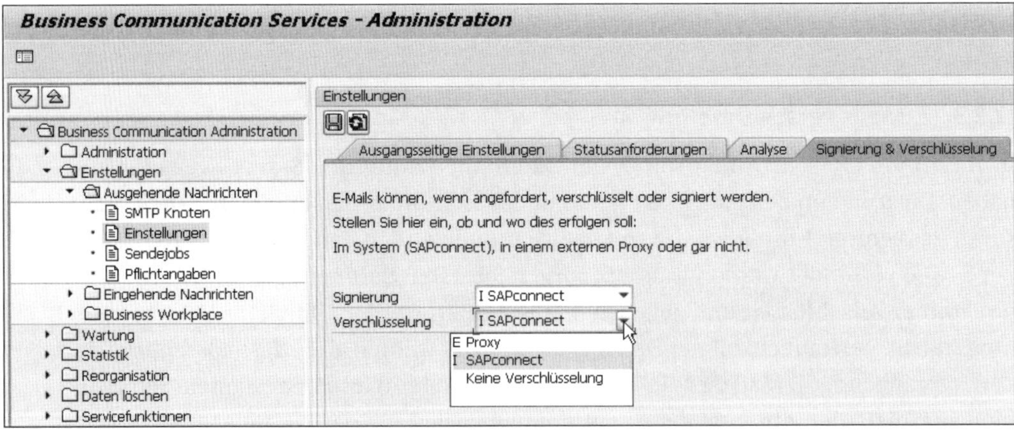

Abbildung 12.8 Aktivierung der Verschlüsselung und Signierung in der Transaktion SCOT

Nun ist das SAP-System grundsätzlich dazu in der Lage, E-Mails zu verschlüsseln. Allerdings fehlt dem System noch der *Public Key* des Empfängers. Die erforderlichen Public-Key-Informationen verwalten Sie im Adressbuch des *Trust Managers*. Sie finden das Adressbuch im Menü der Transaktion STRUST unter **Zertifikat • Adressbuch**. Hier können Sie einzelnen Zertifikate importieren, indem Sie unter **Zertifikat • Zertifikat importieren** das entsprechende Zertifikat auswählen. Um nun die Zertifikate für alle relevanten Benutzer über einen Massenimport in dieses Adressbuch zu überführen, nutzen Sie am besten das in SAP-Hinweis 1750161 angehängte Beispielprogramm `Z_IMPORT_CERTIFICATES` als Vorlage für ein kundeneigenes Programm. In diesem Beispielprogramm werden die folgenden Funktionsbausteine genutzt:

- `STRUSTCAB_ADD_CERTIFICATE`
  ein Zertifikat zum Adressbuch hinzufügen
- `STRUSTCAB_DELETE_CERTIFICATE`
  ein Zertifikat aus dem Adressbuch löschen
- `STRUSTCAB_GET_CERTS_BY_E-MAIL`
  ein Zertifikat zu einer E-Mail Adresse suchen
- `SSFC_CERTIFICATE_IMPORT`
  Zertifikatsdatei einlesen (vom SAP-GUI-Frontend)
- `SSFC_PARSE_CERTIFICATE`
  Detailinformationen aus einem Zertifikat lesen

Sie müssen die Reportvorlage an die Gegebenheiten in Ihrem Unternehmen anpassen, also vermutlich die Ablage der Zertifikate abhängig von der Namenskonvention für Ihre Benutzer definieren und die Prüfung der Zertifikate anpassen. Diese Prüfung der Zertifikate stellt in der Vorlage sicher, dass keine bereits vorhandenen Zertifikate hinzugefügt werden und jeweils nur ein Zertifikat zu einer E-Mail-Adresse eingetragen wird. Diese Prüfung ist notwendig, da der Versand einer verschlüsselten E-Mail abgebrochen wird, sobald mehr als ein gültiges Zertifikat zu einer E-Mail-Adresse gefunden wurde.

Über das entsprechend angepasste kundeneigene Programm können Sie Massenimporte der Zertifikate abbilden. Zusätzlich müssen Sie aber auch eine Vorgehensweise für die Verwaltung von Zertifikaten in Ihrem Unternehmen definieren, beispielsweise festlegen, wie Änderungen an den Zertifikaten in das SAP-System übertragen werden können. Hier sind unterschiedliche Lösungen denkbar, z. B.:

- Sie können mit Ihrem kundeneigenen Programm einen nächtlichen Hintergrundjob zum Abgleich der Zertifikate einrichten. Dies setzt voraus, dass die Zertifikate über ein SAP-Programm abgerufen werden können.
- Sie können das BAdI `SMIME_EMAIL` des S/MIME-Erweiterungsspots nutzen und die Methoden `CERTIFICATE_RETRIEVAL` und `CERTIFICATE_SELECTION` Ihren Anforderungen entsprechend implementieren. Dieses BAdI wird immer aufgerufen, wenn eine verschlüsselte E-Mail versendet wird. Durch eine Erweiterung können Sie zur Laufzeit ein gültiges Zertifikat (z. B. das mit der längsten Gültigkeit) zur E-Mail-

Adresse des Empfängers in einer von Ihnen definierten Quelle suchen. In der Standardimplementierung sucht das BAdI das Zertifikat im Adressbuch des Trust Managers. Details zur Verfügbarkeit des BAdIs finden Sie in SAP-Hinweis 1835509.

- Sie können eine signierte E-Mail an das System, dem Sie das Zertifikat bekannt machen möchten, versenden. Dies ist z. B. bei der Einbindung von E-Mail-Adressen außerhalb Ihrer Organisation eine sinnvolle Alternative. Voraussetzung für diese Lösung ist, dass für Ihr SAP-System ein Signaturzertifikat existiert, in dessen Zertifikatsliste das CA-Zertifikat bzw. die CA-Zertifikate (Certificate Authority) Ihrer Anwender importiert worden ist bzw. sind.

Nachdem Sie in der SAPconnect-Administration die Verschlüsselung aktiviert haben und das Adressbuch des Trust Managers für alle relevanten Benutzer gepflegt ist, können Sie die Verschlüsselung bereits nutzen.

Wir beschreiben nun die notwendigen Einstellungen in der versendenden Anwendung und verwenden dazu das Beispiel des verschlüsselten Versands von Initialpasswörtern. Um diese Anforderung umzusetzen, können Sie das BAdI `BADI_IDENTITY_UPDATE` nutzen. Auch dieses BAdI steht Ihnen nur per Support Package ab SAP NetWeaver AS ABAP 7.31 zur Verfügung. Details zu den relevanten Support Packages finden Sie in SAP-Hinweis 1750161.

Zur Implementierung des BAdIs verwenden Sie die Transaktion SE18. Dort können Sie auch die Beispielklasse `CL_EXM_IM_IDENTITY_UPDATE` einsehen. Für das BAdI `BADI_IDENTITY_UPDATE` müssen Sie die Methode `SAVE` zum Interface `IF_BADI_IDENTITY_UPDATE` implementieren. Zusätzlich müssen Sie noch die folgenden Methoden der Beispielklasse `CL_EXM_IM_IDENTITY_UPDATE` entsprechend Ihren Anforderungen implementieren:

- `GET_EMAIL_ADDRESS`
  In der Beispielimplementierung dieser Methode wird die E-Mail-Adresse aus dem Benutzerstammsatz des Systems gelesen. Passen Sie die Methode an, wenn Sie die E-Mail-Adresse aus einer anderen Quelle lesen lassen möchten.
- `GET_PASSWORDS_FOR_USER`
  In der Beispielimplementierung dieser Methode werden die neuen Initialkennwörter mit der jeweiligen Benutzer-ID und dem zugehörigen System aus dem Transaktionspuffer gelesen.
- `SEND_EMAIL_FOR_USER`
  In der Beispielimplementierung dieser Methode wird die E-Mail als vertraulich markiert und verschlüsselt an den Benutzer verschickt. Passen Sie die Methode an Ihre Anforderungen an, indem Sie die folgenden Kennzeichen setzen:
  - `set_sender( <system> )`
    Mit diesem Kennzeichen bestimmen Sie den Absender der E-Mail.

- `set_sensitivity( 'P' )`
  Mit diesem Kennzeichen bestimmen Sie, ob die E-Mail als vertraulich gekennzeichnet werden soll.
- `set_sign( 'X' )`
  Mit diesem Kennzeichen bestimmen Sie, ob die E-Mail digital signiert werden soll.
- `set_encrypt('X')`
  Mit diesem Kennzeichen bestimmen Sie, ob die E-Mail verschlüsselt versendet werden soll.

- `CREATE_EMAIL_CONTENT`
  In der Beispielimplementierung dieser Methode wird der E-Mail-Inhalt erzeugt. Dabei werden für jeden Benutzer die Benutzer-ID, das relevante System und das Initialpasswort aufgelistet. Wird die Methode in der ZBV aufgerufen, werden alle Initialpasswörter mit Zuordnung zu dem System, in dem das Passwort zurückgesetzt wurde, aufgelistet. Den Inhalt der E-Mail sollten Sie an Ihre Anforderungen anpassen.

Das Setzen der Kennzeichen für die Vertraulichkeit oder die Verschlüsselung in der Methode `SEND_EMAIL_FOR_USER` wirkt sich auf die Anzeige der E-Mail in der Business Communication Services Administration aus (Transaktion SCOT). Ist die E-Mail als vertraulich gekennzeichnet, kann sie nur durch den Absender oder den Ersteller der E-Mail eingesehen werden. Der Absender und der Ersteller müssen nicht zwingend identisch sein, z. B. ist dies dann nicht der Fall, wenn Sie als Absender das System eingetragen haben. Der Ersteller der E-Mail ist derjenige, der die Anwendung ausgeführt hat, in deren Kontext die E-Mail erstellt wurde.

Durch das Kennzeichen zur Verschlüsselung wird automatisch auch die Vertraulichkeit der E-Mail gesetzt. Die E-Mail wird also nicht verschlüsselt im System abgelegt, sondern durch das Vertraulichkeitskennzeichen gegen unbefugte Einsicht geschützt. Der Zugriff durch den Absender oder Ersteller ist aber weiterhin möglich. Außerdem sollten Sie beachten, dass der Betreff der E-Mail nicht verschlüsselt wird.

Der Aufruf Ihrer Implementierung des BAdIs erfolgt als letzter Schritt des Speichervorgangs für Benutzerdaten. Dies gilt für alle Transaktionen oder Funktionsbausteine, die Änderungen an den Benutzerdaten vornehmen. Daher wird das BAdI auch bei der Pflege durch das BAPI `BAPI_USER_CHANGE` aufgerufen. Dieses BAPI nutzen Sie, wenn Sie einen Self-Service für das Zurücksetzen von Passwörtern implementieren, wie wir es im Abschnitt 6.4, »Passwörter mittels Self-Service zurücksetzen«, beschreiben. So ermöglichen Sie den verschlüsselten E-Mail-Versand von Initialpasswörtern im Rahmen eines Self-Services.

Für das Szenario des Versands von Initialpasswörtern ist die Signierung von E-Mails weniger relevant. Es besteht zwar die Möglichkeit, eine verschlüsselte E-Mail mit gefälschter Absenderadresse zu verschicken, in diesem Fall würden aber die enthaltenen Initialpasswörter im System nicht funktionieren. Anders sieht es aus, wenn Sie Geschäftsdaten versenden; in diesen Fällen wird die Verifikation des Absenders über eine digitale Signatur empfohlen. Sollten Sie also E-Mails digital signiert versenden wollen, raten wir Ihnen, sie unter der E-Mail-Adresse des Systems zu versenden. Nutzen Sie dafür die beschriebene Methode SEND_EMAIL_FOR_USER und setzen Sie dort das Kennzeichen für das System als Absender. Für diesen Fall brauchen Sie ein *Public-Key-Schlüsselpaar* für Ihr ABAP-System, das als persönliche Systemsicherheitsumgebung (Personal Security Environment, kurz PSE) abgelegt wird.

[»]

Weitere Informationen zur Verschlüsselung von E-Mails

Eine detaillierte Beschreibung der Konfiguration, auch für die Verifikation und Entschlüsselung von empfangenen E-Mails, finden Sie in der SAP-Onlinehilfe unter *http://s-prs.de/v683202* und in SAP-Hinweis 1637415.

12.2.4 Inhalte des Profils SAP_ALL anpassen

In neueren SAP-NetWeaver-Releases enthält das Profil SAP_ALL keine Berechtigung mehr für das Berechtigungsobjekt S_RFCACL, das für Berechtigungsprüfungen in Trusted-Systemen notwendig ist. Dies kann zu Berechtigungsfehlern u. a. bei Schnittstellenbenutzern führen, falls ihnen das Profil SAP_ALL zugeordnet wurde. In einem Sandboxsystem ist der Einsatz des Profils SAP_ALL jedoch nach wie vor sinnvoll, daher erklären wir Ihnen hier, wie Sie das Problem beheben.

[!]

SAP_ALL nicht produktiv nutzen

Wir weisen an dieser Stelle darauf hin, dass die Verwendung des Profils SAP_ALL nur in absoluten Notfällen zu dulden ist. Anstatt die folgende Anleitung anzuwenden, sollten Sie daher vorzugsweise ein entsprechendes Notfallkonzept einrichten.

Das Berechtigungsobjekt S_RFCACL wird durch das Einspielen des SAP-Hinweises 1416085 aus dem Profil SAP_ALL entfernt. Dieser Hinweis ist in allen neueren Support Packages für die Basiskomponente enthalten. Die Problematik betrifft also alle Systeme bis herunter zum SAP-Release 4.6C. Diese Änderung wurde vorgenommen, weil das Berechtigungsobjekt S_RFCACL und insbesondere die Ausprägung einer Gesamtberechtigung (*) für dessen Felder RFC_SYSID, RFC_CLIENT und RFC_USER als besonders kritisch eingestuft werden. Diese Felder legen fest, aus welchen Systemen und Mandanten und für welche Benutzerkennungen Anmeldungen am Zielsystem erlaubt sein sollen. Die Gesamtberechtigung für diese Felder erlaubt also die Anmeldung aus beliebigen Systemen und Mandanten und für beliebige Benutzer und erzeugt dadurch erhebliche Sicherheitsrisiken.

Diese Verhaltensweise für das Profil SAP_ALL können Sie durch die Einstellung des Customizing-Schalters ADD_S_RFCACL auf den Wert YES in der Tabelle PRGN_CUST abschalten (siehe Abbildung 12.9). Besitzt der Schalter ADD_S_RFCACL den Wert YES, enthält SAP_ALL also weiterhin die Gesamtberechtigung für das Berechtigungsobjekt S_RFCACL. Details zu den Einstellungsmöglichkeiten in Bezug auf das Profil SAP_ALL und die Customizing-Tabelle PRGN_CUST erfahren Sie in Abschnitt 8.2 »Fehlende Berechtigungen nach einem Release-Upgrade ergänzen«.

Sicht "Customizingeinstellungen zum Berechtigungswesen" ändern: Übersi

Neue Einträge

Customizingeinstellungen zum Berechtigungswesen

Bezeichnung	Wert	Text
ADD_S_RFCACL	YES	NO (default), YES - Gesamtberechtigung für S_RFCACL in Profil SAP_ALL aufnehmen (Hinweis 410424)
ASSIGN_ROLE_AUTH	ASSIGN	CHANGE (default), ASSIGN : Prüfungen beim Zuordnen von Benutzern zu Rollen (Hinweis 312682)
CHECK_S_USER_SAS	NO	NO (default), YES - Aktivierung des Berechtigungsobjektes S_USER_SAS (Hinweis 536101)
CUA_USERGROUPS_CHECK	C	W (default), E, S, I (Ignorieren), C (Create) - Meldungstyp bei nicht vorhandenen Benutzergruppen (Hinweis 395841)
GEN_PSW_MAX_DIGITS	0	Werte zwischen login/min_password_digits und 40 (default) - max. Anzahl an Ziffern im generierten Kennwort (Hinweis 66
GEN_PSW_MAX_LENGTH	6	Werte zwischen login/min_password_lng - 40 (default)- max. Kennwortlänge des generierten Kennworts (Hinweis 915488
GEN_PSW_MAX_SPECIALS	0	Werte zwischen login/min_password_specials und 40 (default) - max. Anzahl an Sonderzeichen im generierten Kennwort (I
REF_USER_CHECK	W	W (default), E, S, I (Ignorieren) - Meldungstyp bei Zuordnung von Referenzbenutzern mit anderem Benutzertyp (Hinweis

Abbildung 12.9 Eintrag für den Customizing-Schalter ADD_S_RFCACL in der Tabelle PRGN_CUST

Die Änderungen, die durch das Einspielen des SAP-Hinweises oder durch ein Upgrade auf die genannten Support Packages entstehen, betreffen nicht nur das Profil SAP_ALL. Es bleibt zwar weiterhin grundsätzlich möglich, die Gesamtberechtigung für die Felder RFC_SYSID, RFC_CLIENT und RFC_USER zu vergeben; dies kann jedoch nur noch manuell in der Transaktion PFCG über die Dialogpflege der Felder durchgeführt werden. In diesem Fall öffnet sich ein weiteres Dialogfenster, in dem auf das Sicherheitsrisiko hingewiesen wird. Dieses Fenster müssen Sie bestätigen. Aus diesen genannten Änderungen folgt, dass sämtliche Methoden für die automatische Übernahme der Gesamtberechtigung in den Feldern des Berechtigungsobjekts S_RFCACL nicht mehr zur Verfügung stehen. Diese Methoden sind folgende:

- Gesamtberechtigung über den Klick auf die gelben Ampelsymbole in der Berechtigungsdatenpflege der Transaktion PFCG eintragen
- Gesamtberechtigung über das Hinzufügen von manuellen S_RFCACL-Berechtigungen aus Profilen oder Vorlagen in der Transaktion PFCG eintragen
- Gesamtberechtigung über die entsprechende Funktion im Dialogfenster zur Übernahme von Tracedaten in der Transaktion PFCG eintragen

- Gesamtberechtigung mittels Funktionsbausteinschnittstellen über die Erzeugung von Rollen aus Profilen oder Vorlagen eintragen

In diesen Fällen werden die Gesamtberechtigungen aus den Feldern RFC_SYSID, RFC_CLIENT und RFC_USER nicht übernommen. Es wird Ihnen aber in jedem Fall eine Systemnachricht angezeigt. Diese Einschränkungen lassen sich auch nicht über die Einstellungen des Customizing-Schalters ADD_S_RFCACL in der Tabelle PRGN_CUST verändern.

12.2.5 Sicheren Speicher richtig verwenden

Die Transaktion SECSTORE verwaltet den *sicheren Speicher* im SAP NetWeaver AS ABAP, der zur Aufbewahrung von sicherheitsrelevanten Daten dient, wie etwa Passwörtern, die von den Anwendungen des SAP NetWeaver AS ABAP zur Anmeldung an anderen Systemen benötigt werden. Verwechseln Sie diese Passwörter nicht mit den Kennwörtern der eigenen Anwender in der Transaktion SU01: Diese Kennwörter werden überhaupt nicht gespeichert, weder im Klartext noch verschlüsselt. Stattdessen wird ihr abgeleiteter Hash-Wert gespeichert (siehe Abschnitt 12.2.2, »Sicherer Umgang mit Passwörtern«). In diesem Fall müssen die eigenen Anwendungen dem anderen System in der Schnittstellenanmeldung ein gültiges Kennwort vorlegen. Um zu verhindern, dass Unbefugte Zugriff auf diese sicherheitsrelevanten Informationen erhalten, sind die Daten verschlüsselt im sicheren Speicher abgelegt.

Technisch gesehen ist der sichere Speicher in der Datenbank eine spezielle Tabelle, deren Einträge mit einem symmetrischen Schlüssel verschlüsselt wurden. Dieser Schlüssel ist natürlich höchst sensibel: Er darf einerseits nicht in falsche Hände geraten, muss aber andererseits für den laufenden Betrieb möglichst schnell und reibungslos zur Verfügung stehen. SAP erzeugt für diesen Zweck bei der Installation des Systems einen ersten Schlüssel, der im Notfall sogar verlorengehen darf (im Installationsgeschehen kann nicht unbedingt davon ausgegangen werden, dass längere Kryptoschlüssel gleich sauber verwahrt werden). Dies funktioniert, weil der erste Schlüssel eine Kombination aus Lizenzschlüssel und weiteren Merkmalen darstellt. Derselbe Schlüssel kann einfach neu erzeugt werden. Das bedeutet allerdings auch, dass auch Angreifer analog verfahren können – der Schlüssel ist zwar von System zu System unterschiedlich, kann grundsätzlich aber nachgebaut werden. SAP empfiehlt daher nachdrücklich, diesen mehr oder minder öffentlich bekannten Standardschlüssel durch einen kundeneigenen Individualschlüssel zu ersetzen.

In der Transaktion SECSTORE wird der noch nicht geänderte Standardschlüssel mit einem roten Ampelsymbol als unsicher gekennzeichnet (siehe Abbildung 12.10). Drücken Sie hier *nicht* den Button **Verwalten** (dies ist eine veraltete Funktion), sondern wählen Sie die Registerkarte **Schlüsselverwaltung**. Hier können Sie nun über den Druckknopf **Generieren** einen kundenindividuellen Schlüssel erstellen.

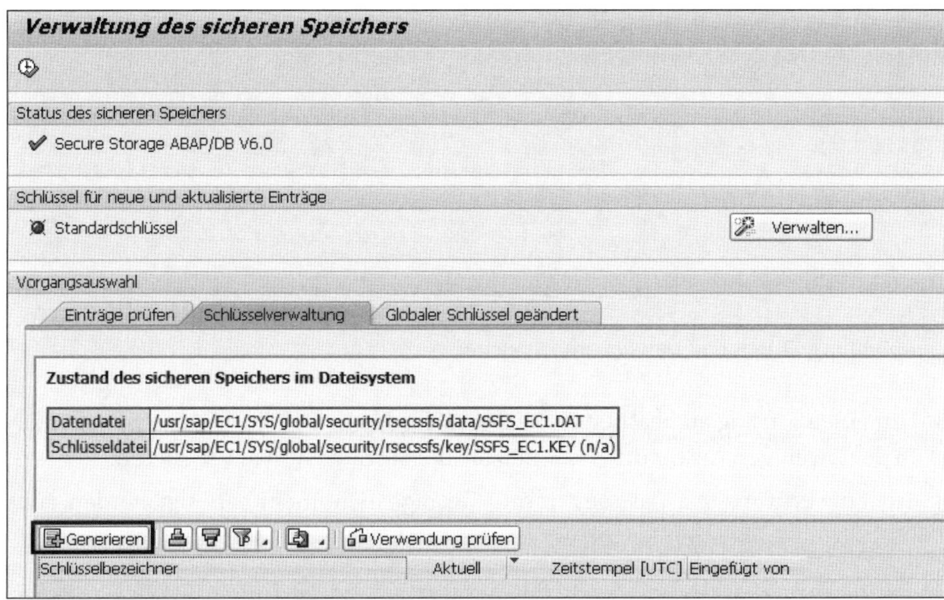

Abbildung 12.10 Erzeugen eines kundeneigenen Individualschlüssels

In der Folge werden Sie gebeten, den neuen, zufällig erzeugten Schlüssel aufzuschreiben und die Notiz sicher zu verwahren, denn sollte dieser Schlüssel verloren gehen, können die verschlüsselten Daten nicht wiederhergestellt werden! Das System prüft sogar, ob Sie den Schlüssel parat haben (elektronisch oder offline), indem es noch einmal nach einzelnen Schlüsselteilen fragt. Erst danach werden die Einträge im sicheren Speicher mit dem neuen Schlüssel verschlüsselt.

Die Transaktion SECSTORE stellt als eine weitere Funktion das mandantenübergreifende Überprüfen von Einträgen im sicheren Speicher zur Verfügung, ohne die Inhalte dabei einzusehen. Dafür benötigen Sie die Berechtigung zur Systemadministration über das Computing Center Management System (CCMS) über das Berechtigungsobjekt `S_RZL_ADM` und die Aktivität 03.

Gehen Sie wie nachfolgend beschrieben vor, um die Einträge zu prüfen:

1. Wählen Sie auf der Registerkarte **Einträge prüfen** in der Transaktion SECTORE einige Anwendungen oder Namen einzelner Einträge aus und klicken Sie auf (**Ausführen**).
2. Sie erhalten eine Ergebnisliste mit den Inhalten des sicheren Speichers und den Status der dort gepflegten Einträge (siehe Abbildung 12.11).

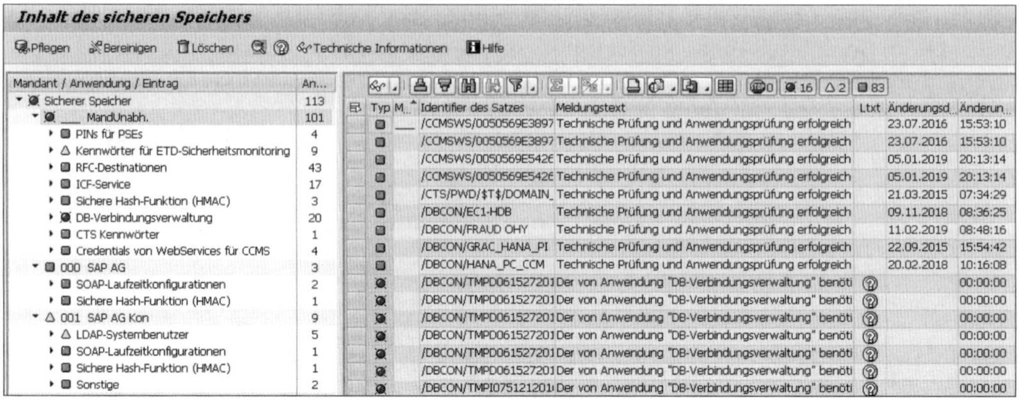

Abbildung 12.11 Inhalt des sicheren Speichers

3. Um einen Eintrag zu bearbeiten, klicken Sie doppelt auf die entsprechende Zeile. In der jeweiligen Anwendung können Sie die Einträge nun aktualisieren.
4. Stellt die Prüfung fest, dass bestimmte Einträge nicht mehr benötigt werden, können Sie diese über den Button **Bereinigen** löschen.

[!]

Löschen von Einträgen

Löschen Sie keine Einträge, die bei der Prüfung nicht explizit mit dem Vermerk »Sie können den Eintrag löschen« versehen wurden. Eine Löschung kann zur Folge haben, dass Anwendungen, die den Eintrag angelegt haben, nicht mehr fehlerfrei funktionieren.

12.2.6 RFC-Callbacks absichern

Beim Aufruf von synchronen RFC-Verbindungen kann der RFC-Server ein *RFC-Callback* zum RFC-Client im Benutzerkontext des Benutzers, der den ursprünglichen Aufruf gestartet hat, durchführen, um z. B. Funktionsbausteine zur Ausführung an den Sender zurückzuschicken. Dabei verwendet der RFC-Server die offene RFC-Verbindung zum RFC-Client. Über einen solchen RFC-Callback kann der RFC-Server auf alle RFC-fähigen Funktionsbausteine zugreifen, auf die der verwendete Benutzer im RFC-Client Zugriff hat. Damit kann die Funktion des RFC-Callbacks ein Risiko für geschäftskritische Systeme darstellen, insbesondere wenn RFC-Verbindungen zwischen Systemen mit einer niedrigen und einer hohen Sicherheitsstufe vorliegen.

Die Funktionsweise von RFC-Callbacks ist in Abbildung 12.12 grafisch dargestellt. Der RFC-Client ruft den RFC-Server. Der gerufene Funktionsbaustein führt einen Callback für den Funktionsbaustein des Senders auf dem RFC-Server aus, um z. B. einen Funktionsbaustein im RFC-Client aufzurufen. Für diese Callback-Funktion wird die RFC-Verbindung BACK verwendet.

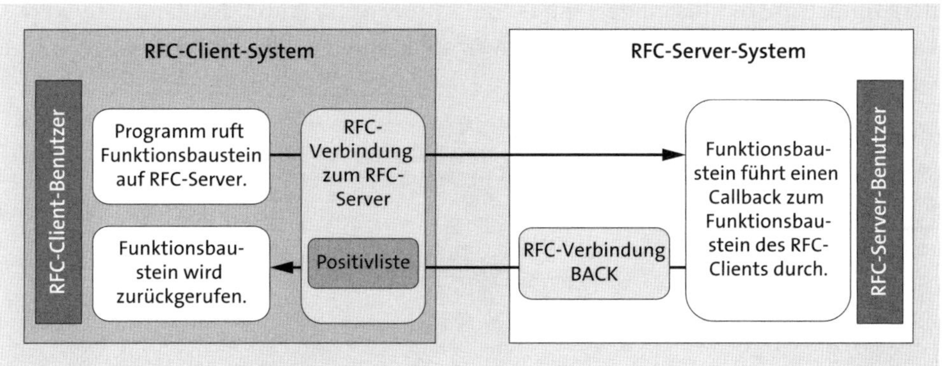

Abbildung 12.12 Funktionsweise des RFC-Callback

Folgende Möglichkeiten stehen bereit, um die Risiken von RFC-Callbacks zu minimieren:

- Ein RFC-Callback führt immer eine Berechtigungsprüfung für das Berechtigungsobjekt `S_RFC` sowie für die für denjenigen Benutzer, der den Aufruf der RFC-Kommunikation initiiert hat, implementierten Berechtigungsprüfungen durch. Verfügt der Anwender lediglich über Berechtigungen zur Ausführung absolut notwendiger RFC-fähiger Funktionsbausteine, ist die Gefahr, dass RFC-Funktionsbausteine unberechtigt aufgerufen werden, eher gering.
- Konfigurieren Sie das Security Audit Log so, dass die Ereignisse DUI (RFC-Callback ausgeführt), DUJ (RFC-Callback abgewiesen) und DUK (RFC-Callback im Simulations-Modus) protokolliert werden.
- Mit der Verwendung von Positivlisten (Whitelists) für RFC-Callbacks verbessern Sie die Zugriffskontrolle. Diese Positivlisten können in dem System, das die RFC-Kommunikation initiiert hat, in der Transaktion SM59 für die Konfiguration von RFC-Verbindungen gepflegt werden. Es wird empfohlen, diese Positivlisten zu verwenden, wenn Sie RFC-Verbindungen zwischen kritischen Systemen und Systemen mit einer niedrigen Sicherheitsklassifizierung verwenden möchten. Details dazu finden Sie in SAP-Hinweis 1686632. Es wird empfohlen, diese Positivlisten in allen geschäftskritischen Systemen zu verwenden. Setzen Sie dabei den Profilparameter `rfc/callback_security_method` auf den Wert `3`. Das bedeutet, dass nur noch Callback-Aufrufe erlaubt sind, die in der Positivliste protokolliert wurden.

Sie können in der Transaktion SM59 prüfen, welchen Wert der Parameter `rfc/callback_security_method` hat. Wird neben dem Status **RFC-Callbackprüfung simuliert** ein rotes Ampelsymbol angezeigt, ist der Profilparameter `rfc/callback_security_method` auf den Werte `0` oder `1` gesetzt, was bedeutet, dass sämtliche Callback-Aufrufe erlaubt sind bzw. solche, die nicht über die Positivliste blockiert wurden. Wird wie in Abbildung 12.13 eine gelbe Ampel angezeigt, lautet der Wert des Parameters `2`, es ist also der Simulationsmodus eingestellt. Ist die Ampel grün, lautet der Parameterwert 3. Es sind dann nur diejenigen Callback-Aufrufe erlaubt, die in der Positivliste erfasst wurden.

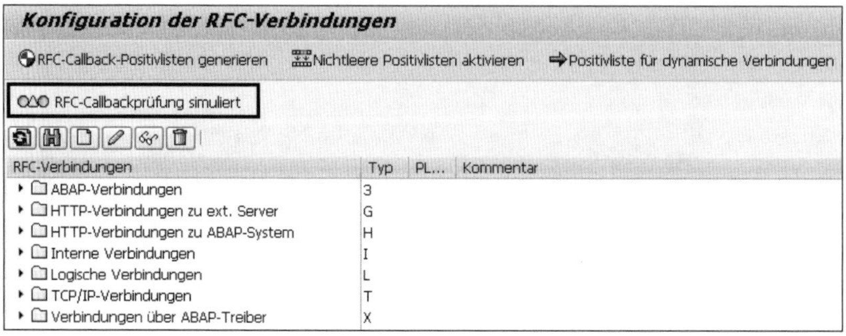

Konfiguration der RFC-Verbindungen

RFC-Callback-Positivlisten generieren | Nichtleere Positivlisten aktivieren | Positivliste für dynamische Verbindungen

RFC-Callbackprüfung simuliert

RFC-Verbindungen	Typ	PL...	Kommentar
ABAP-Verbindungen	3		
HTTP-Verbindungen zu ext. Server	G		
HTTP-Verbindungen zu ABAP-System	H		
Interne Verbindungen	I		
Logische Verbindungen	L		
TCP/IP-Verbindungen	T		
Verbindungen über ABAP-Treiber	X		

Abbildung 12.13 Status des Profilparameters rfc/callback_security_method prüfen

12.3 Tabellenprotokollierung

In diesem Abschnitt geben wir Ihnen nützliche Hinweise für die Tabellenprotokollierung. Wir gehen darauf ein, wie Sie die Protokollierung konfigurieren, welche Tabellen protokolliert werden sollten und wie Sie die Änderungsbelege der Tabellenprotokollierung am besten auswerten.

12.3.1 Konfiguration der generischen Tabellenprotokollierung

Im SAP-System werden, wenn erforderlich, anwendungsspezifische Änderungsbelege für Geschäftsdaten fortgeschrieben. Für Änderungen an Tabellen, in denen das Customizing vorgenommen wird, ist diese Form der Änderungsfortschreibung nicht vorgesehen. Stattdessen steht für entsprechend markierte Tabellen die konfigurierbare *generische Tabellenprotokollierung* zur Verfügung. Achten Sie darauf, dass die generische Tabellenprotokollierung sowohl im Produktivsystem als auch in vorgelagerten Systemen aktiviert ist, um den gesetzlichen Anforderungen zum Nachweis von Konfigurationsänderungen gerecht zu werden.

Sie sollten die Tabellenprotokollierung immer für alle Mandanten aktivieren. In Ausnahmefällen kann es während eines Versionswechsels erforderlich sein, die Tabellenprotokollierung temporär zu deaktivieren und diese Deaktivierung auch zu protokollieren. Zwei Parameter werden zur Aktivierung der Tabellenprotokollierung verwendet:

- `rec/client`
  Dieser Profilparameter aktiviert die mandantenspezifische Protokollierung von Tabellenänderungen. Er wird über die Transaktion RZ11 gesetzt und kann die folgenden zulässigen Werte annehmen:

- OFF: Die Tabellenprotokollierung ist deaktiviert.
- ALL: Die Tabellenprotokollierung ist für alle mandantenabhängigen Tabellen im System aktiviert.
- XXX: xxx steht hier für einen Mandanten. In diesem Fall ist die Tabellenprotokollierung also für alle mandantenabhängigen Tabellen des Mandanten XXX aktiviert. Die Tabellenprotokollierung kann für bis zu zehn Mandanten aktiviert werden; diese müssen Sie dann aufzählen.

- RECCLIENT
  Dieser Parameter aktiviert die mandantenspezifische Protokollierung von Tabellenänderungen, die durch Transporte in das System entstehen. Er wird über die Transaktion STMS gesetzt und kann ebenfalls die Werte OFF, ALL und XXX annehmen.

Achten Sie darauf, dass die für die Protokollierung vorgesehenen mandantenunabhängigen Tabellen immer dann protokolliert werden, wenn die Parameter nicht auf OFF gesetzt sind. Die entsprechende Parametrisierung vorausgesetzt, erfolgt die Protokollierung für alle Tabellen, für die in der Transaktion SE13 das Attribut **Änderungen protokollieren** gesetzt ist.

Zusätzlich zu den hier angeführten Parametern muss auch in der Tabelle selbst die Protokollierung aktiviert werden. Die Einstellungen werden im Entwicklungssystem vorgenommen und von dort aus in die weiteren Systeme transportiert. Im SAP-Standard sind bereits einige Tabellen für die Protokollierung vorgesehen; einen Überblick über diese Tabellen verschafft Ihnen SAP-Hinweis 112388 (protokollierungspflichtige Tabellen). Die Einstellungen zur Protokollierung der Tabellen können Sie mit dem Report RDDPRCHK bzw. der Transaktion RDDPRCHK_AUDIT im SAP-System auswerten. Die Selektion der Tabellen erfolgt im Startbild des Reports, z. B. über den Tabellennamen oder die Auswahl der Optionen zur **Protokollierung** (siehe Abbildung 12.14).

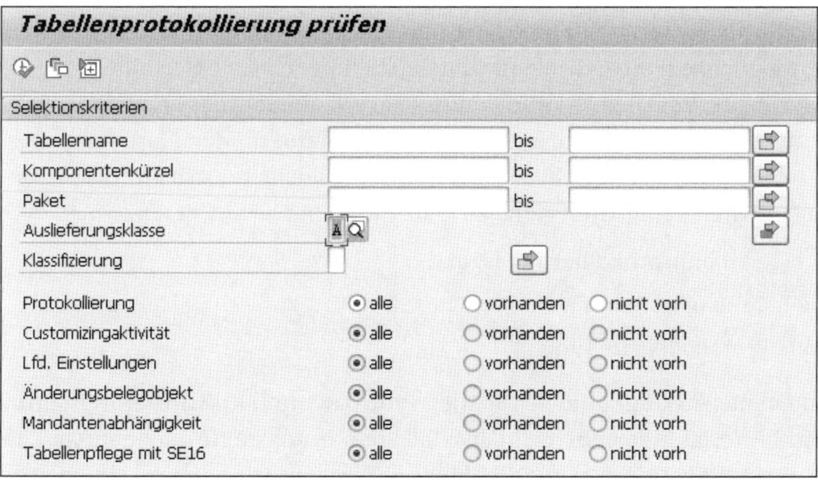

Abbildung 12.14 Startbild des Reports RDDPRCHK

Mithilfe dieses Reports können Sie sich nicht nur einen Überblick über die Einstellungen zur Tabellenprotokollierung in den Tabellen verschaffen, sondern auch mehrere Tabellen für die Protokollierung auswählen. Über den Button **Protokollflag** können Sie den Haken für die Tabellenprotokollierung für alle zuvor markierten Tabellen setzen (siehe Abbildung 12.15). Den aktuellen Status der Tabellenprotokollierung für die Tabellen finden Sie in der Spalte **Protokoll**. Das Icon [icon] bedeutet, dass die Tabellenprotokollierung für die selektierte Tabelle ausgeschaltet ist.

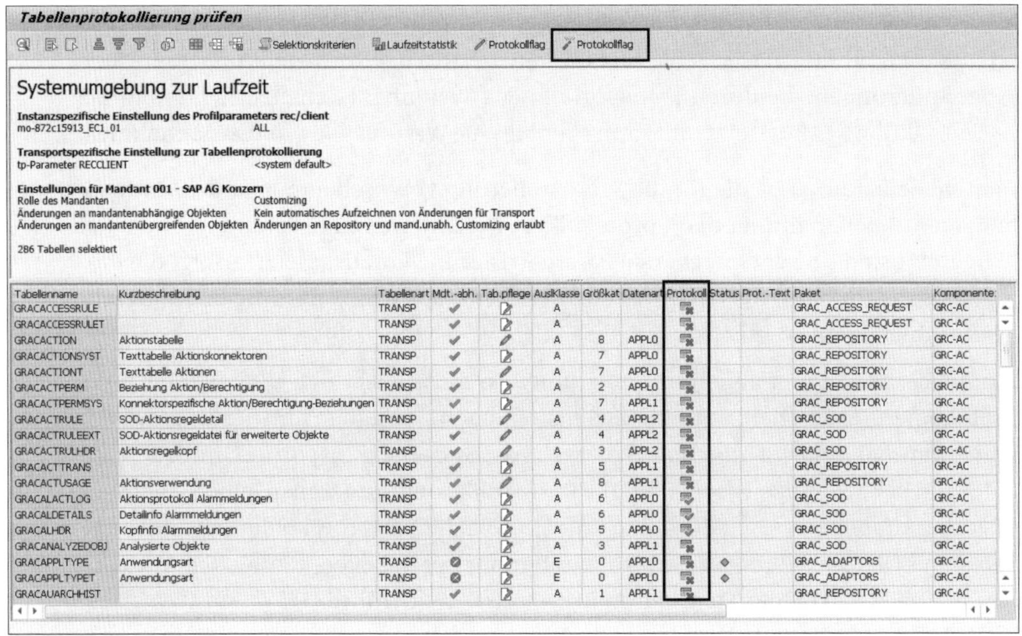

Abbildung 12.15 Selektion von Tabellen zur Protokollierung im Report RDDPRCHK

Zusätzlich gibt es in neueren Support Packages (Details finden Sie in SAP-Hinweis 2579568) die Möglichkeit, die Gründe für die Einstellungen zur Protokollierung von Tabellen in der Spalte **Prot.-Text** (Tooltip **Protokollflagerläuterung**) des Reports RDDPRCHK zu dokumentieren. Ergänzend dazu ist die neue Spalte **Status** für den Klassifizierungsstatus vorhanden, die Ihnen Aufschluss über den aktuellen Status des Protokollkennzeichens gibt. Die drei verfügbaren globalen Status werden von SAP gesetzt:

- **Compliant** (Tabellenprotokollierung ist aktiv)
- **Protokolleinstellung ist Non-Compliant** (Tabellenprotokollierung ist nicht aktiv)
- **Zu prüfende Protokolleinstellung**

Durch einen Doppelklick auf eine der Spalten **Prot.-Text** und **Klassifizierungsstatus** öffnen Sie ein Texterfassungsfenster, in dem Sie Erläuterungstexte oder den Klassifizierungsstatus modifikationsfrei ändern können. Diese Informationen oder zentral bereitgestellte Daten lassen sich über den Report RDDPRCHK_UPLD in andere Systeme verteilen.

Um allgemeine Änderungen in der Tabellenprotokollierung vorzunehmen, sind die gleichen Berechtigungen wie zur Einzelanpassung über die Transaktion SE13 erforderlich. Sie benötigen also die entsprechenden Berechtigungen für alle zu protokollierenden Tabellen. Die Änderungen an der Tabellenprotokollierung werden immer in einen Transportauftrag geschrieben. Mit dem Report RDDPRCHK können Sie die Tabellenprotokollierung für mehrere Tabellen ein- oder ausschalten.

Sollten Sie die Einstellungen zur Tabellenprotokollierung für mehrere Tabellen setzen wollen, müssen Sie beachten, dass die Grundsätze zur Änderung von ABAP-Dictionary-Objekten gelten, d. h., dass Sie in laufenden Systemen eine erhöhte Systembelastung erzeugen. Deshalb sollten Sie sowohl die Änderung als auch den Transport der Änderung außerhalb der Geschäftszeiten durchführen. Im SAP-System sind im Standard lediglich Konfigurationstabellen zur Tabellenprotokollierung vorgesehen; daher brauchen Sie keine Performanceeinbußen zu befürchten. Tabellen, die dem Customizing dienen, enthalten in der Regel nur relativ wenige Daten, die zudem eher selten geändert werden.

Die Auswahl der zu protokollierenden Tabellen des SAP-Standards wird seitens SAP regelmäßig aktualisiert. Nutzen Sie die dem SAP-Hinweis 112388 beigefügte Anlage, um vorab den aktuellen Korrekturstand in Ihre Systemlandschaft zu laden.

[!]

Protokollierung von Änderungen an Stamm- und Bewegungsdaten

Sie sollten die Tabellenprotokollierung nicht für Tabellen einschalten, die einer hohen Änderungsfrequenz unterliegen, da es andernfalls zu Problemen mit Antwortzeiten und dem Speicherbedarf der Tabelle DBTABLOG kommen kann. Die generische Tabellenprotokollierung ist deshalb für Tabellen mit Stamm- oder Bewegungsdaten nicht geeignet.

12.3.2 Auswertung der Tabellenänderungsbelege

Die Auswertung der generischen Tabellenänderungsprotokolle erfolgt releaseübergreifend mit der Transaktion SCU3 oder dem Report RSTBHIST. Abhängig vom Versionsstand steht ergänzend der Report RFTBPROT bzw. RFTBPROT_BCE zur Verfügung, der zusätzlich eine generische Tabellenauswahl im Selektionsbild und eine druckbare Darstellung von Tabellenänderungsprotokollen mehrerer Tabellen unterstützt.

Abbildung 12.16 zeigt das Selektionsbild des Reports RFTBPROT_BCE. Geben Sie hier den Namen der Tabelle ein, deren Änderungsprotokolle Sie einsehen möchten. Sie können die Ausgabe zusätzlich auf einen Benutzer einschränken, der Änderungen an der Tabelle vorgenommen hat, sowie auf einen Zeitraum, über den die Änderungsbelege protokolliert wurden.

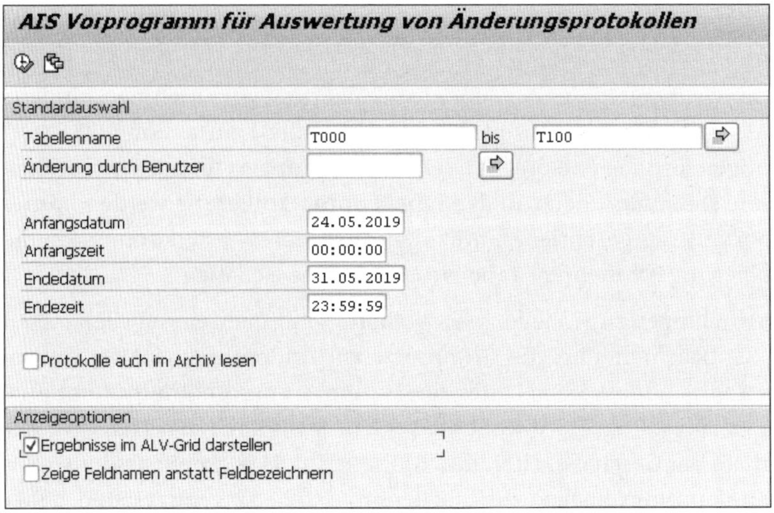

AIS Vorprogramm für Auswertung von Änderungsprotokollen

Standardauswahl

Tabellenname T000 bis T100
Änderung durch Benutzer

Anfangsdatum 24.05.2019
Anfangszeit 00:00:00
Endedatum 31.05.2019
Endezeit 23:59:59

Protokolle auch im Archiv lesen

Anzeigeoptionen

Ergebnisse im ALV-Grid darstellen
Zeige Feldnamen anstatt Feldbezeichnern

Abbildung 12.16 Report RFTBPROT_BCE zur Tabellenauswahl

Abbildung 12.17 zeigt die Ergebnisliste zu den Tabellenänderungsbelegen.

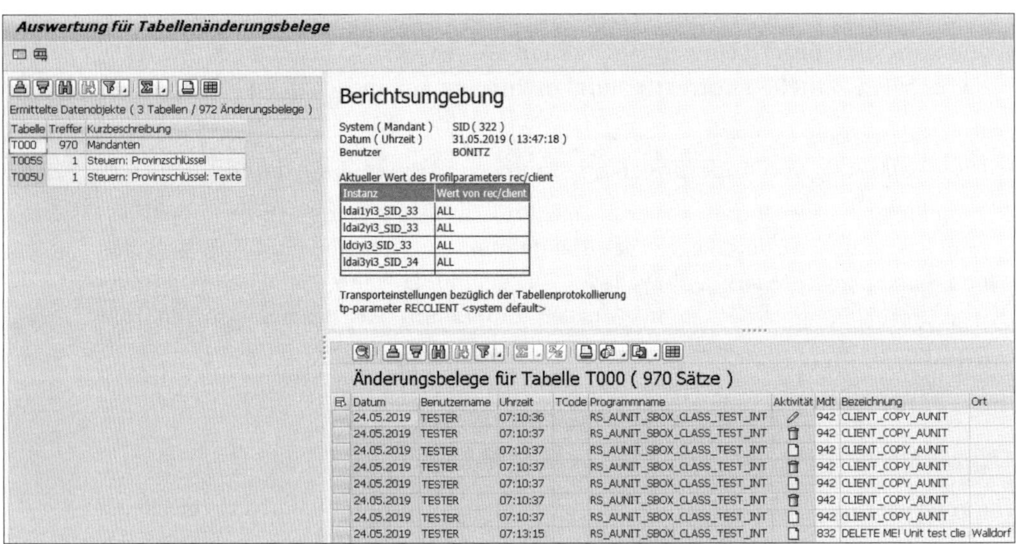

Abbildung 12.17 Auswertung für Tabellenänderungsbelege

Neben der klassischen Berechtigungsprüfung auf die Objekte `S_TABU_DIS` und `S_TABU_NAM` kann mit dem Berechtigungsobjekt `S_BRWS_TIM` der Zugriff auf Änderungsbelege eines bestimmten Zeitraumes beschränkt werden. SAP-Hinweis 2184470 liefert die Funktion der zeitabhängigen Berechtigungsprüfung für Anwender aus und ermöglicht eine Abgrenzung nach organisatorischen Merkmalen aufgrund von Datenschutzanforderungen.

[«]

Archivierung der Änderungsbelege

Die Menge der Änderungsbelege der generischen Tabellenprotokollierung (Anzahl der Einträge in der Tabelle DBTABLOG) kann sich insbesondere in Wartungsphasen eines Systems schnell erhöhen. Eine regelmäßige Archivierung mit dem Archivierungsobjekt BC_DBLOGS ist deshalb empfehlenswert. Für die spätere Auswertung der Archive und geeignete Zugriffskonzepte ist die thematische und zeitliche Abgrenzung der Archive sinnvoll. In SAP-Hinweis 419933 (Abschnitt 3) finden Sie Empfehlungen für die Auswahl der Tabellen und den zeitlichen Rahmen der Archivierung. Dieser SAP-Hinweis bezieht sich im Wesentlichen auf die Benutzer- und Berechtigungsverwaltung. Die Regeln zur Gestaltung themenspezifischer Archivläufe mit identischen Datumsintervallen unter der Berücksichtigung üblicher Prüfperioden sind jedoch themenübergreifend anwendbar.

12.4 Security Audit Log

Unternehmensspezifische Sicherheitsrichtlinien und gesetzliche Vorgaben legen es nahe, das *Security Audit Log* (SAL) zur Protokollierung sicherheitskritischer Ereignisse zu nutzen. Damit können Sie z. B. fehlgeschlagene RFC-Aufrufe systemweit aufzeichnen oder das Löschen von Benutzern sowie alle Aktivitäten des Standardbenutzers DDIC protokollieren.

Mit SAP-Basisrelease 7.50 wurde das Security Audit Log überarbeitet. Im folgenden Abschnitt stellen wir Ihnen zunächst die Arbeit mit der neuen Version vor. Anschließend weisen wir für den Fall, dass Sie ein älteres Release betreiben, auf die Unterschiede in der alten Version des Security Audit Logs hin.

12.4.1 Security Audit Log für Systeme ab SAP-Basisrelease 7.50 konfigurieren

Grundsätzlich bleibt das Ziel des Security Audit Logs, kritische Benutzeraktionen zu protokollieren. Neben der Auswahl der kritischen Ereignisse sind bei der Planung des Einsatzes des Security Audit Logs insbesondere rechtliche Aspekte (Datenschutzgrundverordnung und Arbeitnehmermitbestimmungsregelungen) zu beachten.

Möchten Sie das Security Audit Log für die Überwachung bestimmter sicherheitsrelevanter Vorgänge oder besonders weitreichend berechtigter Benutzer im SAP-System nutzen, benötigen Sie für die Protokollierung verschiedene Aufzeichnungsfilter und gegebenenfalls auch die Möglichkeit, generisch Mandanten oder Benutzer zu selektieren. Wir zeigen Ihnen im Anschluss, welche Einstellungen Sie bei der Konfiguration des Security Audit Logs vornehmen können.

Ab SAP-Basisrelease 7.50 sind die bis dahin für das Security Audit Log genutzten Transaktionen SM18, SM19, SM20 und der Report RSAU_SELECT_EVENTS obsolet. Stattdessen stehen die folgenden Transaktionen zur Verfügung:

- Transaktion RSAU_CONFIG (für die Konfiguration)
- Transaktion RSAU_ADMIN (Administration und Reorganisation der Logdaten)
- Transaktion RSAU_READ_LOG (für die Protokollauswertung)

Sobald Sie die neuen Funktionen des Security Audit Logs nutzen, sollten Sie die alten Transaktionen nicht mehr verwenden, auch wenn diese in der Übergangsphase noch zur Verfügung stehen. Wir empfehlen Ihnen daher, die alten Transaktionen mithilfe der Transaktion SM01_CUS im Mandant 000 zu sperren.

Wesentliche Merkmale des neuen Security Audit Log sind folgende:

- Die maximale Anzahl von Filtern je Profil wurde auf 90 erhöht.
- Die Protokollierung der Ereignisse kann entweder im Dateisystem der Applikationsserver, in der Datenbank oder in beiden Medien gespeichert werden. Bei der Protokollaufzeichnung in der Datenbank ist ein Anschluss an die Archivierung möglich.
- Inkludierende bzw. exkludierende Benutzergruppen wurden als Filterkriterien ergänzt.
- Ein Integritätsschutzformat für Protokolldateien wurde eingeführt.
- Anstatt über die instanzspezifischen Profilparameter findet die Parametrisierung nun standardmäßig über Kernelparameter statt.
- Das Informationssystem zur aktuellen Konfiguration wurde verbessert.

Ergänzend zu SAP-Hinweis 539404 zur Beantwortung häufiger Fragen erläutert SAP-Hinweis 2191612 die Besonderheiten des Security Audit Logs ab SAP-Basisrelease 7.50.

Die Konfiguration des Security Audit Logs erfolgt über die Transaktion RSAU_CONFIG. Dabei werden die allgemeinen Parameter ebenso wie die zu protokollierenden Ereignisse in Profilen gepflegt. Folgende Einstellungen können über die Parameter vorgenommen werden:

- Aktivierung/Deaktivierung der Protokollierung
- Festlegung des Aufzeichnungsziels
  - Im Dateisystem
  - In der Datenbank
  - Kombinierte Aufzeichnung
- Festlegung der maximalen Anzahl von Filtern je Profil (zwei bis 90)
- Definition der Interpretation des Maskierungszeichens * bei der Benutzerselektion in Filtern

- Festlegung zur Darstellung der IP-Adresse des Verursachers eines protokollierten Ereignisses
- Konfiguration der Speicherplatznutzung im Dateisystem (Speicherbedarf, Dateinamen)
- Aktivierung/Deaktivierung des Integritätsschutzformats für Protokolldateien im Dateisystem
- Festlegung der Aufzeichnungsart in der Datenbank (Charakterisierung der Daten als temporäre oder permanente Logdaten).

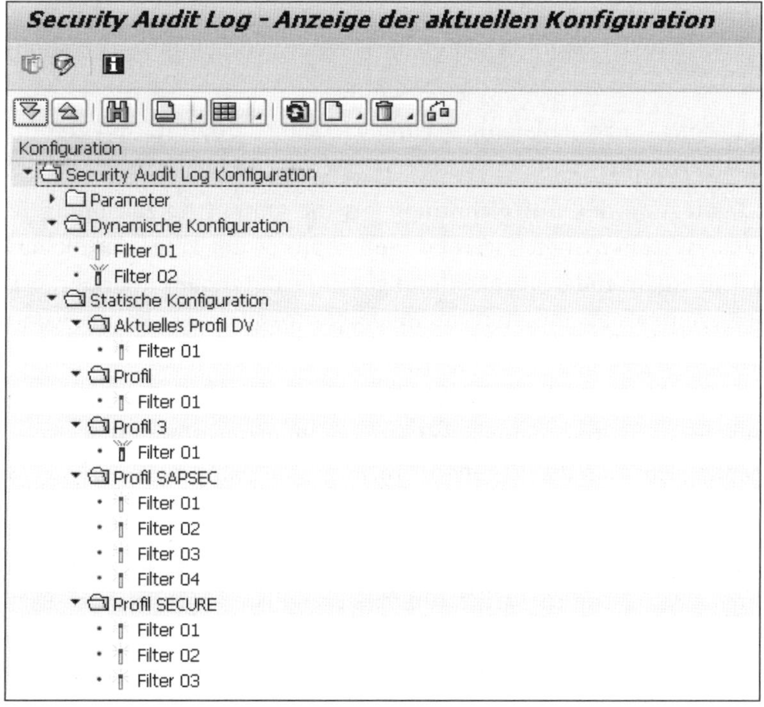

Abbildung 12.18 Konfiguration des Security Audit Logs über RSAU_CONFIG

In Abbildung 12.18 sehen Sie die Profilübersicht zur Anzeige der aktuellen Konfiguration. Welche Ereignisse ab dem nächsten Systemstart protokolliert werden sollen, legen Sie über das aktive Profil fest. Diese Auswahl ist ab dem nächsten Systemstart gültig. Sie haben hier folgende Optionen:

- Aktuell wirksame Einstellungen, entsprechend den Daten der dynamischen Konfiguration, die im laufenden Betrieb geändert werden können und so lange aktiv bleiben, bis Sie diese ändern oder den Anwendungsserver neu starten. Sind diese Einstellungen aktiviert, überschreiben sie die Einstellungen statischer Profile (siehe Abschnitt 12.4.2, »Security Audit Log für Systeme bis SAP-Basisrelease 7.50 konfigurieren«)

- Beliebige Anzahl an inaktiven Profilen, die Sie bereits konfigurieren, aber noch nicht aktivieren müssen.

Die zu protokollierenden Ereignisse können entweder entsprechend ihren Gruppierungsmerkmalen (Auditklasse, Ereignispriorität) oder konkret festgelegt werden.

Profile können bis zu n Filter enthalten. n steht hier für den in der Parameterpflege festgelegten Wert. Über die Filter definieren Sie die Ereignisse, die Sie vom Security Audit Log aufzeichnen lassen wollen. Die Auswahlmerkmale der Filter eines Profils sind mit dem logischen Operanden ODER verknüpft. Ein Profil muss mindestens einen Filter enthalten.

Bei der Pflege von Filtern in den Profilen sollten Sie Folgendes beachten (siehe Abbildung 12.19):

- Für die Protokollierung sind nur diejenigen Filter wirksam, die den Status **Filter für Aufzeichnung aktiv** besitzen.
- Wenn bei der Festlegung des Aufzeichnungsziels die Option **Aufzeichnung in Datenbank und Filesystem** aktiv ist, werden die Ereignisse der Filter, für die das Merkmal **Filter für ergänzende Protokollierung in der Datenbank** markiert ist, sowohl im Dateisystem als auch in der Datenbank protokolliert (wirkt nur, wenn der Filter generell aktiv ist).
- Neben der Auswahl des Protokollmandanten können Sie Benutzer entweder nach Benutzernamen oder nach der Zugehörigkeit zu einer Benutzergruppe abgrenzen. Benutzergruppenabgrenzungen sind generell nicht maskierbar.

Die Transaktion RSAU_ADMIN ist für die Administration und Reorganisation der Protokolldaten notwendig. In der Tabelle RSAU_BUF_DATA werden, in Abhängigkeiten zu dem Parameter zur Aufzeichnungsart, zahlreiche Ereignisse abgespeichert. Dies wiederum führt dazu, dass ein hoher Speicherbedarf besteht und die Reorganisation der Tabelle RSAU_BUF_DATA obligatorisch wird. In der Transaktion RSAU_ADMIN erfolgt die Reorganisation dieser Tabelle durch Löschen oder durch Archivieren.

Folgende Aktivitäten können mit der Transaktion durchgeführt werden (siehe Abbildung 12.20):

- Integritätsschutzformat einrichten
- Integrität der Dateien prüfen
- Letzten Integritätsprüfstatus anzeigen lassen
- Logdateien reorganisieren
- Logtabelle reorganisieren

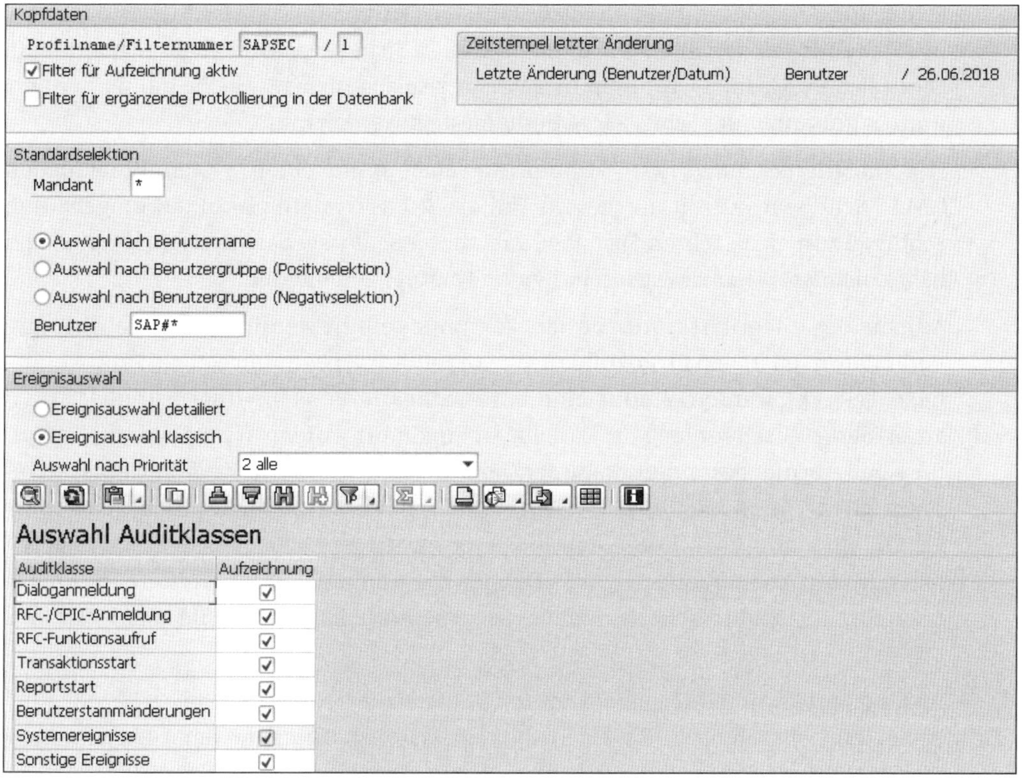

Kopfdaten

Profilname/Filternummer SAPSEC / 1

☑ Filter für Aufzeichnung aktiv

☐ Filter für ergänzende Protkollierung in der Datenbank

Zeitstempel letzter Änderung

Letzte Änderung (Benutzer/Datum) Benutzer / 26.06.2018

Standardselektion

Mandant *

◉ Auswahl nach Benutzername

○ Auswahl nach Benutzergruppe (Positivselektion)

○ Auswahl nach Benutzergruppe (Negativselektion)

Benutzer SAP#*

Ereignisauswahl

○ Ereignisauswahl detailiert

◉ Ereignisauswahl klassisch

Auswahl nach Priorität 2 alle

Auswahl Auditklassen

Auditklasse	Aufzeichnung
Dialoganmeldung	☑
RFC-/CPIC-Anmeldung	☑
RFC-Funktionsaufruf	☑
Transaktionsstart	☑
Reportstart	☑
Benutzerstammänderungen	☑
Systemereignisse	☑
Sonstige Ereignisse	☑

Abbildung 12.19 Definition von Profilen

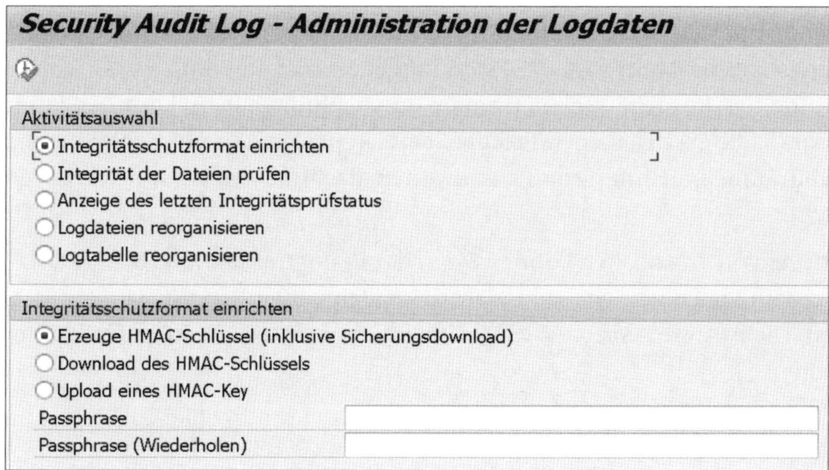

Abbildung 12.20 Einrichtung des Integritätsschutzformats

Mit dem Integritätsschutzformat können Sie analysieren, ob Manipulationen an den Protokolldateien stattgefunden haben. Das Integritätsschutzformat wird durch die

Erzeugung eines systemindividuellen *HMAC-Schlüssels* (Keyed-Hash Message Authentication Code) eingerichtet, der in einer lokalen Sicherungsdatei abgespeichert wird. Diese Sicherungsdatei wird mit einer Passphrase abgesichert, welche gut aufbewahrt werden muss, falls der Schüssel wiederhergestellt werden muss.

Das Integritätsschutzformat können Sie auch ohne einen systemindividuellen HMAC-Schlüssel nutzen; in diesem Fall greift das System auf einen eingebauten Schlüssel zurück. Beachten Sie dabei, dass dieser Schlüssel dem System bekannt und daher nicht so sicher ist wie ein individuell erstellter Schlüssel.

Anhand des Integritätsschutzformats kann nur geprüft werden, ob unbeabsichtigte Veränderungen in den Protokolldateien vorgenommen wurden. Sobald Protokolldateien gelöscht werden, startet eine entsprechende Berechtigungsprüfung. Ist ein autorisierter Löschvorgang für Dateien durchgeführt worden, wird dieser im Integritätsschutzformat gesondert dokumentiert. Das direkte Löschen auf Betriebssystemebene gilt als Manipulation. Stellen Sie in diesem Zusammenhang auch sicher, dass Sie SAL-Dateien nur mit dem Report RSAU_ADMIN verschieben, sonst kann ebenfalls der Verdacht aufkommen, dass Dateien manipuliert wurden. Weitere Informationen zum Integritätsschutzformat des Security Audit Logs finden Sie in SAP-Hinweis 2033317.

In der Transaktion RSAU_ADMIN führen Sie auch die Reorganisation der Protokolltabellen durch. Beachten Sie dabei die Abhängigkeit zum Parameter der Aufzeichnungsart. Die Nutzung der Archivierung ist nur dann sinnvoll, wenn die Protokolltabellen als exklusives Protokollmedium genutzt werden; alternativ können nicht mehr benötigte Dateien direkt gelöscht werden.

Wenn Sie im ersten Schritt die Konfiguration und Aktivierung der entsprechenden Parameter in der Transaktion RSAU_CONFIG vorgenommen und im zweiten Schritt die Einrichtung des Integritätsschutzformats durchgeführt haben, können Sie im Anschluss daran alle geschriebenen Protokolldateien prüfen. Wir empfehlen Ihnen, große Prüfzeiträume im Hintergrund auszuwerten, da Sie so längere Antwortzeiten vermeiden.

Die Auswertung von Protokollen können Sie in der Dialogtransaktion RSAU_READ_LOG oder in dem gleichnamigen und identisch aufgebauten Report `RSAU_READ_LOG` durchführen. Die Auswahl von Auditereignissen können Sie nach folgenden Kriterien vornehmen:

- Zeitliche Eingrenzung: Schränken Sie den Zeitraum der protokollierten Ereignisse ein.
- Selektion nach Instanz: Selektion nach Anwendungsserver-Instanzen. Beachten Sie dabei, dass ein leeres Eingabefeld **Instanz-Name** so interpretiert wird, dass alle erreichbaren Instanzen des Systems berücksichtigt werden sollen (siehe Abbil-

dung 12.21). Tragen Sie den Wert <LOCAL> ein, wird nur dic aktuelle Applikationsinstanz betrachtet.

- Selektion nach Benutzer, Terminal, Transaktionscode, Programm oder Text in Meldung
- Selektion nach Auditklassen
- Selektion nach Kritikalität der Ereignisse
- Auswahl der Datenquelle

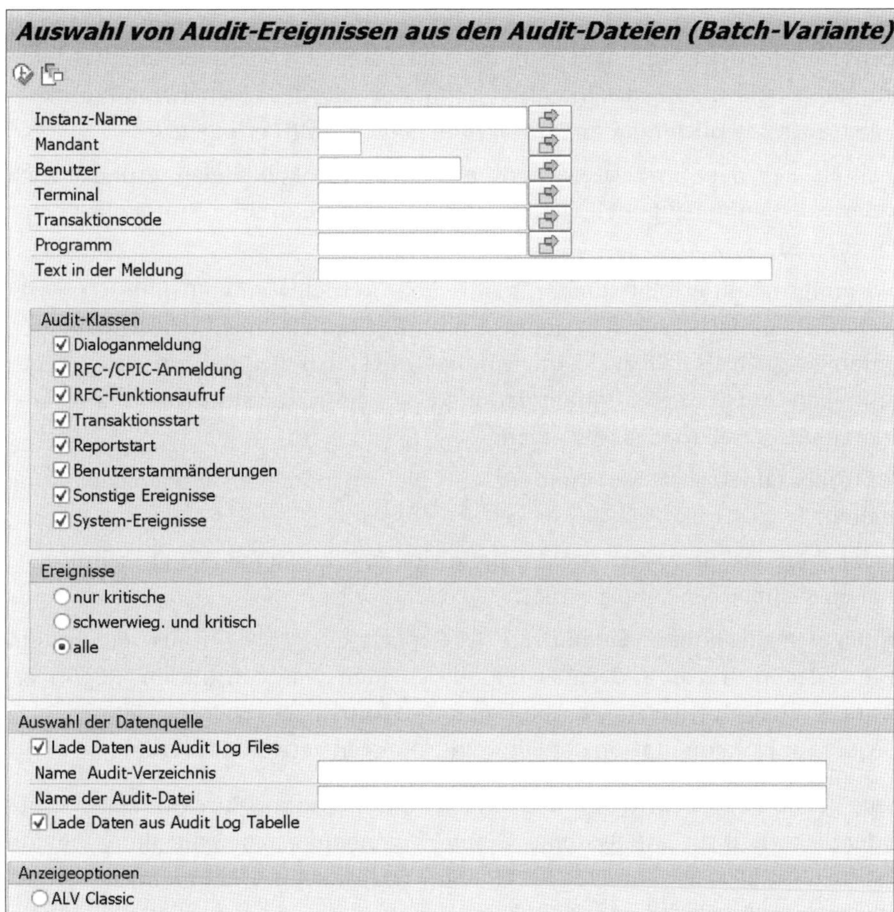

Abbildung 12.21 Auswahl von Auditereignissen zur Auswertung von Protokollen

In der Transaktion RSAU_READ_ARC können Sie alle archivierten Protokolldaten lesen.

Die folgenden Hinweise sollten Sie bei der Nutzung des Security Audit Log beachten und umsetzen:

- Nutzen Sie nach Möglichkeit für jede protokollrelevante Anwendergruppe einen Filter, um die passende Menge sicherheitskritischer Ereignisse zu definieren.
- Typische Zielbenutzer für die umfassende Protokollierung sind technische Standardbenutzer, Notfallbenutzer, Benutzer externer Dienstleister und interne Benutzer mit sehr umfassenden oder kritischen Berechtigungen. Planen und testen Sie die Protokollauswertung und Protokollaufbewahrung entsprechend Ihren Anforderungen. Nutzen Sie den Abschnitt A in SAP-Hinweis 2191612 als Entscheidungshilfe bei der Suche nach der optimalen Speicherstrategie.
- Das Integritätsschutzformat ermöglicht die Identifikation von Manipulationen an Protokolldateien. Da auch die Löschung einer Datei eine Manipulation darstellen kann, sollte bei Nutzung des Integritätsschutzformats das Löschen von Protokolldateien ausschließlich mit der Transaktion RSAU_ADMIN erfolgen.
- Beachten Sie, dass im Dateisystem erzeugte Protokolldateien grundsätzlich immer vollständig behandelt werden. Das Entfernen einzelner Protokolleinträge ist nicht gestattet.
- Die Konfiguration erfolgt standardmäßig über Kernelparameter in der Transaktion RSAU_CONFIG. Die bisher genutzten Profilparameter beginnend, mit `rsau/*`, werden lediglich als Fallbacklösung genutzt. Die klassische Revisionsaktivität der Prüfung dieser Parameter entfällt damit. Revisoren sollten stattdessen die Transaktion RSAU_CONFIG_SHOW nutzen.
- Die Profilparameter `DIR_AUDIT` und `FN_AUDIT` bleiben in ihrer bisherigen Bedeutung erhalten.
- Einen Überblick über alle Ereignisdefinitionen und deren Kurzbeschreibung erhalten Sie über den Report `RSAU_INFO_SYAG`.
- Gepflegte Profile können Sie mithilfe des Reports `RSAU_TRANSFER` aus dem System herunterladen und in andere Systeme hochladen. Das von diesem Report erzeugte Textdateiformat ist sehr gut lesbar und kann insbesondere in älteren SAP-Releases zur Dokumentation der Filtereinstellungen verwendet werden.

Die neue Version des Security Audit Logs bietet eine Reihe von Funktionen zur Erhöhung der Sicherheit für SAP-Systeme. Dennoch können Sie auch die ältere Version des Security Audit Logs (vor SAP_BASIS 7.50 SP03) nutzen. Deren Funktionen beschreiben wir im folgenden Abschnitt.

12.4.2 Security Audit Log für Systeme bis SAP-Basisrelease 7.50 konfigurieren

Das Security Audit Log verfügte bis zur Einführung der neuen Version mit SAP-Basis-Release 7.50 SP03 über zehn verschiedene Filter, über die gesteuert wird, welche Ereignisse protokolliert werden. Diese Filter können Sie in älteren Releases über die

Transaktion SM19 konfigurieren. Die Ereignisse werden als unkritisch, schwerwiegend oder kritisch kategorisiert und einer der folgenden Auditklassen zugeordnet:

- Dialoganmeldung
- RFC-/CPIC-Anmeldung
- RFC-Funktionsaufruf
- Transaktionsstart
- Reportstart
- Benutzerstammänderung
- System
- Sonstige Ereignisse

In jedem Filter können Sie definieren, für welche Mandanten und Benutzer Ereignisse aufgezeichnet werden sollen. Dabei können Sie die Ereignisse abhängig von deren Auditklasse oder Kategorisierung aufzeichnen lassen oder sie direkt über die Detaileinstellung selektieren. Für die Auswahlkriterien **Mandant** und **Benutzer** können Sie generische Werte verwenden, d. h., dass Sie alle Mandanten oder Benutzer selektieren können, die bestimmten Namenskriterien entsprechen (z. B. Mandant 10* oder Benutzer SOS_*). So können Sie u. a. die Protokollierung mehrerer Notfallbenutzer über einen Filter abdecken (siehe Abbildung 12.22).

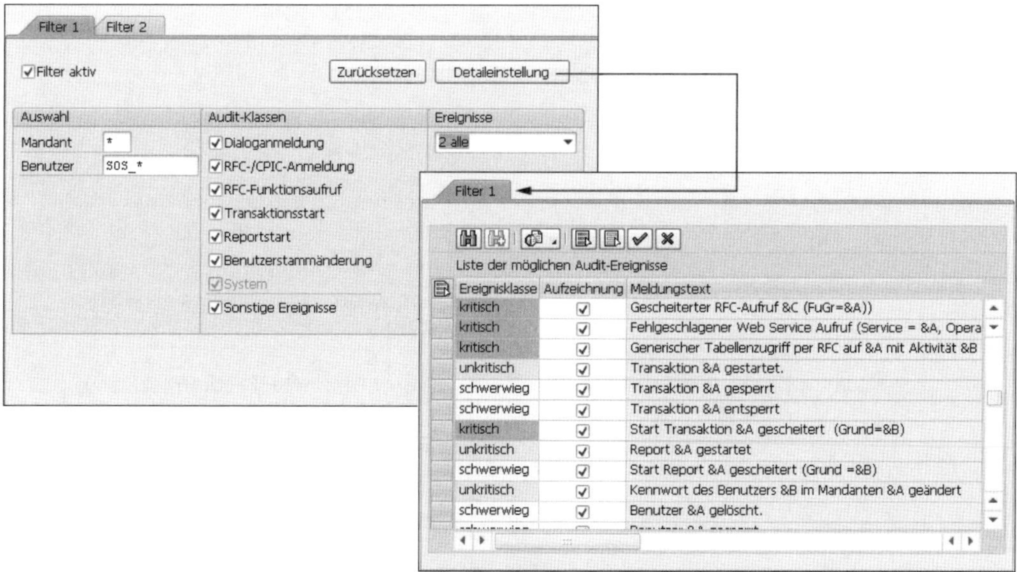

Abbildung 12.22 Filter in Transaktion SM19 einstellen

Die Einstellung der Filter in Transaktion SM19 bestimmt, welche Ereignisse protokolliert werden sollen. Zusätzlich müssen Sie das Security Audit Log über die Profilparameter in der Transaktion RZ11 aktivieren und technische Einstellungen vornehmen. Eine Übersicht der Profilparameter für das Security Audit Log finden Sie in Tabelle 12.1. Bei den in der Tabelle angegebenen Werten handelt es sich um einen Vorschlag, nicht aber um die Default-Werte. Das Security Audit Log ist erst dann vollständig konfiguriert, wenn sowohl die Profilparameter als auch ein aktives Filterprofil gepflegt worden sind.

Profilparameter	Empfohlener Wert	Beschreibung
DIR_AUDIT		Dieser Parameter spezifiziert das Verzeichnis, in dem die SAL-Dateien angelegt werden. Der Dateiname wird mit dem Parameter FN_AUDIT bestimmt.
FN_AUDIT		Dieser Parameter bestimmt den Namen der SAL-Dateien. Hier muss ein gültiger Dateiname für das jeweilige Betriebssystem hinterlegt werden.
rsau/enable	1	Dieser Parameter bestimmt, ob das Security Audit Log eingeschaltet ist oder nicht. Per Default-Einstellung ist es ausgeschaltet. Sie haben die Wahl zwischen diesen beiden Werten: 0: Das Security Audit Log ist ausgeschaltet. 1: Das Security Audit Log ist eingeschaltet.
rsau/selection_slots	10	Dieser Parameter bestimmt die Anzahl der vorhandenen Filter, die in der Transaktion SM19 konfiguriert und vom System während des Ablaufs geprüft werden.
rsau/user_selection	1	Dieser Parameter bestimmt, ob eine generische Selektion von Benutzern in den Filtern möglich ist, z. B. SOS_*. Die folgenden Werte existieren: 0: Eine generische Selektion ist nicht möglich. 1: Eine generische Selektion ist möglich.

Tabelle 12.1 Profilparameter für das Security Audit Log

Profilparameter	Empfohlener Wert	Beschreibung
rsau/ip_only	1	Dieser Parameter bestimmt, ob anstelle des Terminal-Namens die IP-Adresse protokolliert wird. Dies greift allerdings nur, wenn beide Werte zur Verfügung stehen. Wert = 0 (default): Der Terminal-Name wird protokolliert. Wert = 1: Die IP-Adresse wird protokolliert. Beachten Sie, dass der Parameter in der Transaktion RZ11 nicht bekannt ist; es kann eine Warnung ausgegeben werden.
rsau/max_diskspace/local	2 GB	Dieser Parameter bestimmt die maximale Größe der einzelnen SAL-Dateien. Sie setzen den Wert abhängig von Ihren Anforderungen. Der Wertebereich des Parameters reicht von 100 MB bis 2 GB. Beachten Sie dabei, dass der maximale Zahlenwert (in Bytes) 4.294.967.295 beträgt; größere Werte erreichen Sie über die Ergänzung des Suffixes k (Einheit KB) oder m (Einheit MB).
rsau/max_diskspace/per_file	2 GB	Dieser Parameter bestimmt die maximale Größe einer einzelnen SAL-Datei. Sie setzen den Wert abhängig von Ihren Anforderungen. Wenn die maximale Größe einer Datei erreicht ist, wird eine neue Datei erstellt. Lautet der Wert dieses Parameters 0, wird immer nur eine SAL-Datei pro Tag erstellt. Der Wertebereich des Parameters reicht von 1 MB bis 2 GB. Beachten Sie dabei, dass der maximale Zahlenwert (in Bytes) 4.294.967.295 beträgt; größere Werte erreichen Sie über die Ergänzung des Suffixes k (Einheit KB) oder m (Einheit MB).

Tabelle 12.1 Profilparameter für das Security Audit Log (Forts.)

Profilparameter	Empfohlener Wert	Beschreibung
rsau/ max_diskspace/ per_day	1.024 GB	Dieser Parameter bestimmt den maximalen Speicherplatz für alle SAL-Dateien pro Tag. Sie setzen den Wert abhängig von Ihren Anforderungen. Dieser Parameter ist nur dann relevant, wenn der Wert des Parameters rsau/max_diskspace/per_file größer als 0 ist. Der Wertebereich des Parameters reicht von 3* (der Wert, den Sie im Parameter rsau/max_diskspace/per_file eingegeben haben) bis 1.024 GB. Beachten Sie dabei, dass der maximale Zahlenwert (in Bytes) 4.294.967.295 beträgt; größere Werte erreichen Sie über die Ergänzung des Suffixes k (Einheit KB) oder m (Einheit MB).

Tabelle 12.1 Profilparameter für das Security Audit Log (Forts.)

Beachten Sie, dass das Security Audit Log zwei Konfigurationsmöglichkeiten bietet: die *statische* und die *dynamische Konfiguration*:

- Bei der statischen Konfiguration werden die Einstellungen der Filter persistent in der Datenbank gespeichert; sie werden nur bei einem Systemstart übernommen. Dafür werden die Filtereinstellungen auch bei jedem nachfolgenden Systemstart als aktuelle Konfiguration herangezogen und sollten daher immer gepflegt werden.
- Bei der dynamischen Konfiguration können die Einstellungen im laufenden Betrieb geändert werden. Die dynamische Konfiguration wird verwendet, wenn Einstellungen temporär angepasst werden müssen. Hierbei können Sie alle Filtereinstellungen verändern, nicht aber die Anzahl der vorhandenen Filter. Die dynamische Konfiguration bleibt bis zum nächsten Systemstart aktiv.

Bei der Konfiguration des Security Audit Logs müssen Sie die Speicherung der Dateien berücksichtigen. Es wird für jeden Tag mindestens eine eigene Datei erzeugt. Ist die maximale Größe aller Dateien für den Tag erreicht, wird die Aufzeichnung weiterer Ereignisse gestoppt. Sie sollten also die maximale Größe der Datei in jedem Fall über die Parameter rsau/max_diskspace/per_file und rsau/max_diskspace/per_day an Ihre Anforderungen anpassen. Der Parameter rsau/max_diskspace/local ist in diesem Fall obsolet, bleibt aber aktiv, wenn die anderen beiden Parameter nicht gepflegt sind.

Die Funktionen des Security Audit Logs wurden bereits vor der Einführung der neuen Version mit SAP-Basisrelease 7.50 nach und nach erweitert. Im Folgenden fassen wir diese Erweiterungen zusammen und verweisen auf die relevanten SAP-Hinweise für die Korrekturen:

- **Zusätzliche Ereignisse**
  Das Security Audit Log protokolliert nun auch Ereignisse, bei denen die Laufzeit über den Debugger beeinflusst wurde. In diesem Zusammenhang wurden auch neue Meldungstypen definiert. Zum Einspielen dieser Erweiterung benötigen Sie einen Kernel-Patch. Die Korrekturen und eine Übersicht über die erforderlichen Support Packages finden Sie in den SAP-Hinweisen 1411741 und 1465495.
- **Tabellenzugriffe über RFC-Verbindungen**
  Das Security Audit Log protokolliert nun den Tabellen- bzw. View-Namen und die geplante Aktivität externer Tabellenzugriffe über RFC-Verbindungen; dafür wurde ein neuer Meldungstyp definiert. Sie finden diese Korrektur und eine Übersicht über die erforderlichen Support Packages in SAP-Hinweis 1539105.
- **Verbesserte Performance**
  Die Auswertungsperformance des Security Audit Logs wurde ab SAP NetWeaver 7.31 optimiert. Für die Einspielung dieser Erweiterung ist ebenfalls ein Kernel-Patch notwendig. Die Korrekturen und eine Übersicht über die erforderlichen Support Packages finden Sie in SAP-Hinweis 1810913.
- **Komfortablere Konfiguration**
  Der Komfort bei Konfiguration und Auswertung des Security Audit Logs wurde verbessert. Dafür wurde die maximale Anzahl markierter Meldungen in der Detailauswahl auf 40 Ereignisse erhöht, eine Vorwärtsnavigation für die dargestellten Objekte ergänzt und die Detailauswahl in Transaktion SM20 um die technischen Ereignisnamen ergänzt. Sie finden die Korrekturen und eine Übersicht über die erforderlichen Support Packages in SAP-Hinweis 1963882.
- **Kundenspezifische Ereignisse**
  Das Security Audit Log kann ab SAP NetWeaver 7.31 eingeschränkt auch kundenspezifische Ereignisse protokollieren. Dazu werden die Ereignisdefinitionen `DUX`, `DUY` und `DUZ` für Kunden reserviert und mit einer Dummy-Ausprägung ausgeliefert. Für diese Ereignisse können Sie dann mittels des Funktionsbausteins `RSAU_WRITE_CUSTOMER_EVTS` individuell konfigurierbare Meldungen definieren.

  Zuerst müssen Sie hierzu die zusätzlich notwendigen Ereignisse identifizieren und deren Meldungstexte und Variablen definieren. Beachten Sie hierbei, dass Sie später keine Änderungen mehr an der Bedeutung der Meldung und der Anordnung der Variablen vornehmen dürfen, denn dies würde die Interpretierbarkeit älterer Protokolldateien verhindern. Abschließend müssen Sie die neuen Meldungsdefinitionen noch in Ihre Filter aufnehmen (Transaktion SM19).

  Sie finden die Korrekturen und eine Übersicht über die erforderlichen Support Packages in SAP-Hinweis 1941526. Da die Nutzung dieser Funktionalität umfangreiches Wissen über das Security Audit Log voraussetzt, sollten Sie unbedingt auch die Empfehlungen in SAP-Hinweis 1941568 berücksichtigen und sich durch einen Basisberater unterstützen lassen.

- **Mehr Speicherplatz für Meldungen**
  Ab SAP NetWeaver 7.31 ermöglicht das Security Audit Log die vollständige Darstellung von längeren Ereignisparametern in Meldungen. Dazu wurde der maximale Speicherplatz für Variable in Meldungen auf 2 GB angehoben. Zur Einspielung dieser Erweiterung benötigen Sie einen Kernel-Patch. Die Korrekturen und eine Übersicht über die erforderlichen Support Packages finden Sie in SAP-Hinweis 1819317.

Die Verwaltung bestehender Protokolldateien erfolgt mithilfe der Transaktion SM18. Hier können Sie die Protokolldateien in allen aktiven Instanzen löschen. Für die Löschung einer Protokolldatei ist die Angabe eines Mindestalters in Tagen erforderlich. Der kleinste mögliche Wert beträgt dabei drei Tage, wobei der aktuelle Tag bei der Berechnung nicht berücksichtigt wird.

Die Auswertung des Security Audit Logs erfolgt über die Transaktion SM20 oder SM20N oder den Report `RSAU_SELECT_EVENTS`. Wir empfehlen die Verwendung des Reports, da Sie darüber mehr Möglichkeiten haben, um die Auswertung zu personalisieren und archivierte Logs verschiedener Anwendungsserver in die Auswertung einzubeziehen.

Sicherheitswarnungen des Security Audit Logs können Sie über das Alert-Monitoring Ihres Computing Center Management Systems (CCMS) überwachen. Die dabei erzeugten Sicherheitswarnungen entsprechen den Auditklassen der Ereignisse, die im Security Audit Log definiert sind. Viele Unternehmen haben zusätzlich die Anforderung, die Ereignisse des Security Audit Logs auch in anderen Anwendungen darstellen zu können. Hierzu ist eine Auswertung durch externe Programme erforderlich, die über die *XMI-BAPIs* (XML Metadata Interchange) durchgeführt werden kann. Für eine entsprechende Konfiguration folgen Sie der Dokumentation zur XMI-Schnittstelle. Außerdem können Sie das Beispielprogramm `RSAU_READ_AUDITLOG_EXTERNAL` als Vorlage nutzen. Eine Beschreibung zu diesem Programm finden Sie in SAP-Hinweis 539404.

Wir empfehlen Ihnen jedoch die Umstellung auf das neue Security Audit Log, damit Sie alle neuen sicherheitsrelevanten Funktionen nutzen können.

12.5 Funktionen des SAP Solution Managers einsetzen

Der SAP Solution Manager stellt eine Reihe von Werkzeugen bereit, die Sie bei der Absicherung Ihrer Systeme unterstützen. In den folgenden Abschnitten stellen wir Ihnen die CoE Security Services, die Konfigurationsvalidierung und die Systemempfehlungen zur Einspielung von Sicherheitshinweisen vor.

12.5.1 Security Services des SAP-Supports nutzen

Die Sicherheit eines SAP-Systems im Betrieb hängt von vielen Faktoren ab. Im SAP-Standard existieren verschiedene Sicherheitsfunktionen, wie z. B. die Benutzerverwaltung, Authentifizierungs- und Verschlüsselungsfunktionen, Sicherheitsfunktionen für Webservices oder die verschiedenen Berechtigungskonzepte. Schwachstellen in der Standardsoftware werden ebenfalls regelmäßig durch SAP-Hinweise und Support Packages behoben. Sie sind verantwortlich für den sicheren Betrieb Ihrer SAP-Systemlandschaften; daher müssen Sie diese Funktionen und Korrekturen in Ihre Systeme einspielen.

Die *Security Services* des SAP-Supports (früher Active Global Support, kurz AGS) werden von einem speziellen *Center of Excellence* (CoE) entwickelt. Diese Services unterstützen Sie bei der Absicherung Ihrer Systeme, indem sie die Erfahrungen des Enterprise Supports in konsolidierten Best Practices bündeln. Wir stellen die Services in diesem Abschnitt vor und beschreiben, wie Sie mit ihrer Hilfe einen Überblick über die Sicherheit Ihres Betriebskonzepts erhalten.

Die Security Services bieten Ihnen die folgenden Vorteile:

- Bereitstellung von Informationen und Empfehlungen in Form von Dokumentationen
- Bereitstellung von teilautomatisierten Remote-Services im Rahmen eines Enterprise-Support- oder Max-Attention-Vertrags
- Lieferung des Services vor Ort durch einen beauftragten Sicherheitsexperten des CoE
- Bereitstellung von häufig genutzten Services als vollautomatisierte Self-Services

Zentrale Plattform für alle technisch unterstützten Services ist dabei der *SAP Solution Manager*, denn dort stehen Ihnen Informationen zu den angeschlossenen Systemen zur Verfügung, wenn Sie Datensammlungen für diese Systeme über Hintergrundjobs einplanen.

Die Dokumentationen für den sicheren Betrieb von SAP-Systemen sind im *SAP End-to-End Solution Operations Standard for Security* (häufig auch *Secure Operations Standard* genannt) zusammengestellt. Dieser bietet Ihnen einen Überblick zu Sicherheitsaspekten des SAP-Betriebs und soll Sie durch die vorhandenen Informationen und Empfehlungen führen sowie auf relevante Inhalte verweisen.

Die wichtigsten Security Services im Hinblick auf Berechtigungen sind der *SAP EarlyWatch Alert* (EWA) und der Service *SAP Security Optimization*. Sie vergleichen die Einstellungen in Ihren SAP-Systemen mit den Empfehlungen von SAP. Beide Services werden als teilautomatisierte Remote-Services geliefert; SAP Security Optimization können Sie auch als vollautomatisierten Self-Service nutzen.

Für EWA und SAP Security Optimization werden Berechtigungsprüfungen durchgeführt, deren Ergebnis immer folgendermaßen aufgebaut ist:

1. Die Überschrift benennt den betreffenden Check.
2. Ein kurzer Text beschreibt die Bedeutung der geprüften Berechtigung und das Risiko, das bei einer unnötigen Vergabe entsteht.
3. Eine Liste gibt die Anzahl der Benutzer mit der geprüften Berechtigung in den verschiedenen Mandanten des analysierten SAP-Systems an. In SAP Security Optimization können Sie sich die Benutzer zusätzlich aufführen lassen.
4. In SAP Security Optimization folgt auf jede Prüfung eine Empfehlung, wie Sie das identifizierte Risiko minimieren können.
5. Eine abschließende formale Beschreibung stellt die geprüften Berechtigungen dar. Es werden allerdings nicht nur die explizit genannten Transaktionen ausgewertet, sondern auch äquivalente Parameter- oder Variantentransaktionen.

Die Ergebnisse der Auswertung werden mit einem farbigen Symbol gekennzeichnet. Die Einstufung ist für die verschiedenen Berechtigungsprüfungen jeweils unterschiedlich. Der EWA enthält nicht nur Prüfungen zu den Sicherheitsaspekten und ist daher in verschiedene Abschnitte (z. B. Hardware, Performance) unterteilt. Die Prüfergebnisse in diesen Abschnitten werden jeweils mit einem Ampelsymbol dargestellt. Ist eine der Prüfungen innerhalb eines Abschnitts rot gekennzeichnet, wird auch die Ampel für diesen Abschnitt auf Rot gesetzt. Abbildung 12.23 zeigt ein Beispiel für eine solche Auswertung.

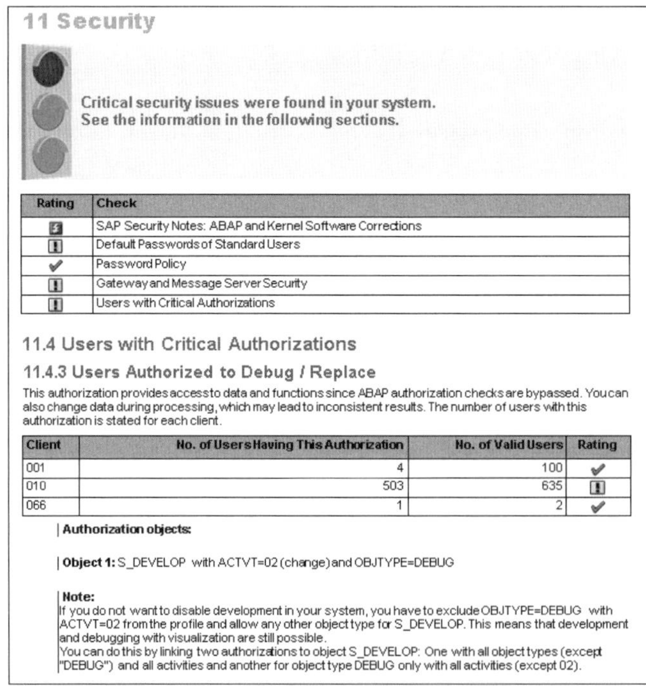

11 Security

Critical security issues were found in your system.
See the information in the following sections.

Rating	Check
	SAP Security Notes: ABAP and Kernel Software Corrections
!	Default Passwords of Standard Users
✔	Password Policy
!	Gateway and Message Server Security
!	Users with Critical Authorizations

11.4 Users with Critical Authorizations

11.4.3 Users Authorized to Debug / Replace

This authorization provides access to data and functions since ABAP authorization checks are bypassed. You can also change data during processing, which may lead to inconsistent results. The number of users with this authorization is stated for each client.

Client	No. of Users Having This Authorization	No. of Valid Users	Rating
001	4	100	✔
010	503	635	!
066	1	2	✔

Authorization objects:

Object 1: S_DEVELOP with ACTVT=02 (change) and OBJTYPE=DEBUG

Note:
If you do not want to disable development in your system, you have to exclude OBJTYPE=DEBUG with ACTVT=02 from the profile and allow any other object type for S_DEVELOP. This means that development and debugging with visualization are still possible.
You can do this by linking two authorizations to object S_DEVELOP: One with all object types (except "DEBUG") and all activities and another for object type DEBUG only with all activities (except 02).

Abbildung 12.23 Auswertung der Benutzer mit der Berechtigung »Debug/Replace« im Abschnitt »Sicherheit« des EWA

Der Abschnitt zur Sicherheit im EWA dient als Einstiegspunkt für die Auswertung von Berechtigungen; daher enthält er aktuell die folgenden sieben Prüfungen kritischer Berechtigungen:

- Super User Accounts (Accounts mit dem Berechtigungsprofil SAP_ALL)
- Benutzer mit der Berechtigung **Display all Tables**
- Benutzer mit der Berechtigung **Start all Reports**
- Benutzer mit der Berechtigung **Debug/Replace**
- Benutzer mit der Berechtigung **Display Other Users Spool Request**
- Benutzer mit der Berechtigung **Administer RFC Connections**
- Benutzer mit der Berechtigung **Reset/Change User Passwords**

Die Vergabe des Profils SAP_ALL ist für den Betrieb eines SAP-Systems nicht erforderlich; daher wird für den ersten Check ein gelbes Symbol angezeigt, sobald das Profil einem Benutzer zugeordnet ist. Für die anderen sechs Checks auf kritische Basisberechtigungen wird das gelbe Symbol angezeigt, sobald ein Mandant auf dem System gefunden wird, für den mindestens eine der beiden folgenden Bedingungen zutrifft:

- Mehr als 75 Benutzer verfügen über die in diesem Check geprüfte Berechtigung.
- Mehr als 10 % aller Benutzer verfügen über die in diesem Check geprüfte Berechtigung, mindestens jedoch elf Benutzer.

Ein rotes Symbol wird bei den Berechtigungsprüfungen im EWA nicht vergeben, da die Bewertung für jedes Unternehmen individuell vorgenommen werden muss. Auch gibt es unterschiedliche Anforderungen innerhalb der Systemlandschaft, z. B. an Produktiv- oder Entwicklungssystem. Der EWA ist bewusst nicht kundenspezifisch einstellbar, denn er soll Kunden auf von SAP als kritisch eingestufte Einstellungen hinweisen.

Eine aktuelle Beschreibung der Berechtigungsprüfungen im EWA finden Sie in SAP-Hinweis 863362. Aktualisierungen dieser Prüfungen erhalten Sie, indem Sie die Softwarekomponente ST-SER, die die Definition der durchzuführenden Checks enthält, möglichst aktuell halten und das automatische Content-Update im SAP Solution Manager aktivieren.

Der Service SAP Security Optimization für ABAP enthält mehr Sicherheitsprüfungen als der entsprechende Abschnitt im EWA. Insbesondere die Anzahl der Berechtigungsprüfungen ist höher. Insgesamt sind in SAP Security Optimization aktuell 110 Berechtigungsprüfungen definiert, einschließlich 16 kritischer Berechtigungsprüfungen für SAP ERP Human Capital Management (SAP ERP HCM). Die vollständige Liste aller Sicherheitsprüfungen in SAP Security Optimization finden Sie im SAP Support Portal auf der Seite *https://support.sap.com/sos* über **Media Library** (**Security**

Optimization Service • ABAP Checks). Hier werden die Prüfungen in die folgenden Themenbereiche unterteilt:

- Basisadministrationscheck
- Benutzerverwaltungscheck
- Supernutzer überprüfen
- Passwortcheck
- Spool- und Druckerberechtigungsprüfung
- Hintergrundberechtigungsprüfung
- Batch-Input-Berechtigungsprüfung
- Transportsteuerungsberechtigungsprüfung
- Rollenverwaltungsberechtigungsprüfung
- Profilparameterprüfung
- SAP-GUI-Single-Sign-on-Check
- Zertifikat-Single-Sign-on-Check
- externe Authentifizierungsprüfung

Anders als beim EWA ist es für den SOS möglich, Benutzer aufzulisten, die weitreichende Berechtigungen benötigen. Dies erlaubt es Ihnen also, eine Positivliste (Whitelist) zu pflegen. Wir empfehlen Ihnen, mit den Ergebnissen von SAP Security Optimization wie folgt umzugehen:

1. Prüfen Sie, ob alle identifizierten Benutzer die kritische Berechtigung benötigen.
2. Ergänzen Sie die Benutzer, die diese Berechtigung benötigen, in der Whitelist.
3. Entziehen Sie den anderen Benutzern diese Berechtigung.

Die Prüfung der Vergabe des Profils `SAP_ALL` erfolgt in SAP Security Optimization anders als im EWA: Wird ein Benutzer gefunden, dem das Profil `SAP_ALL` zugewiesen wurde und den Sie nicht in der entsprechenden Whitelist eingetragen haben, wird er trotzdem in den nachfolgenden Berechtigungsprüfungen ausgeblendet. Die Ausgabe der identifizierten Benutzer erfolgt entweder durch eine vollständige Liste oder durch Beispiele konkreter Benutzer. In beiden Fällen können Sie in der Transaktion ST14 des SAP Solution Managers die vollständige Liste herunterladen. Die Zuordnung der Benutzerlisten zu den Berechtigungsprüfungen können Sie über die *Check-ID* herstellen. Allerdings sollten Sie beachten, dass in diesen Listen die Auswertungen der Whitelists noch nicht enthalten sind.

Zusätzlich können Sie in SAP Security Optimization auch kundeneigene Berechtigungsprüfungen definieren und dabei auch Kombinationen von Berechtigungsobjekten und deren Werten festlegen. Sie können im Check-ID-Namensraum `9000` bis

9999 bis zu 1.000 kundeneigene Berechtigungsprüfungen anlegen. Auch für diese Berechtigungsprüfungen können Sie wieder Whitelists definieren, die entweder für einzelne oder alle kundeneigenen Berechtigungsprüfungen gelten. Die Konfiguration ist in SAP-Hinweis 837490 beschrieben.

Die Berichte von SAP Security Optimization können sehr umfangreich werden. Insbesondere, wenn die Whitelists noch nicht gepflegt sind, sind Berichtsumfänge von bis zu 200 Seiten nicht unüblich. Lassen Sie sich in einem solchen Fall nicht entmutigen, sondern starten Sie mit der Bereinigung einer handhabbaren Menge kritischer Ergebnisse. Die weiteren Ergebnisse können Sie dann in mehreren Runden bearbeiten. Der Enterprise Support spricht Empfehlungen dazu aus, auf welche kritischen Ergebnisse Sie Ihr Augenmerk zuerst richten sollten. Sie finden sie im Foliensatz »SAP CoE Security Services Master Slide Decks« in der Media Library des SAP Support Portals (*https://support.sap.com/sos* unter der Rubrik **SAP Solution Security Overview**).

[+]

Weiterführende Informationen zu den Security Services

Eine ausführlichere Behandlung der Security Services des SAP-Supports finden Sie in dem Buch »SAP-Berechtigungswesen« von Volker Lehnert, Katharina Stelzner, Peter John und Anna Otto (3. Auflage, SAP PRESS 2016).

12.5.2 Konfigurationsvalidierung einsetzen

Wenn Sie eine große SAP-Systemlandschaft im Einsatz haben, kann die Kontrolle der zahlreichen verschiedenen Sicherheitseinstellungen aufwendig werden. Ihre Sicherheitsvorgaben definieren Sie für die komplette SAP-Systemlandschaft; sie betreffen z. B. die Einstellungen der Profilparameter, den Umgang mit Sicherheitshinweisen oder kritische Berechtigungen, die nur an Notfallbenutzer vergeben werden dürfen. Diese Vorgaben können Sie in der Anwendung *Konfigurationsvalidierung* des SAP Solution Managers definieren und die Einhaltung dieser Vorgaben in allen Systemen auswerten.

Die Konfigurationsvalidierung stellt ein Werkzeug dar, mit dem Systeme gegen unternehmens- oder organisationsinterne Vorgaben und Regelungen geprüft werden können. Sie finden dieses Werkzeug im Arbeitsbereich **Ursachenanalyse** (Transaktion SOLMAN_WORKCENTER oder SM_WORKCENTER) des SAP Solution Managers. Damit können Sie die sicherheitsrelevanten Konfigurationen und kritischen Berechtigungen auswerten. Basis dafür sind die sogenannten *Konfigurationsspeicher* der *Configuration and Change Database* (CCDB) des SAP Solution Managers, in denen alle Details zur Konfiguration der angeschlossenen Systeme abgelegt werden. Die Konfigurationsdaten sind dabei in verschiedenen Konfigurationsspeichern abgelegt, abhängig von der Art der Konfiguration.

Die Konfiguration des Betriebssystems, der Datenbank und der Profilparameter können Sie im ABAP- und Java-System auswerten. Außerdem erhalten Sie einen Überblick über den Status von Transportaufträgen und Support Packages. Änderungen an den Konfigurationen der angeschlossenen Systeme können Sie ebenfalls in der CCDB nachverfolgen. Diese Änderungen können Sie über eine End-to-End-Analyse in SAP Business Warehouse (SAP BW) auch grafisch auswerten. Eine solche Analyse enthält Informationen zur Anzahl der Änderungen pro System, zur Art der Änderungen sowie das Änderungsdatum.

Die Konfigurationsvalidierung nutzt die Konfigurationsdaten der CCDB für den Abgleich der Einstellungen. Dazu definieren Sie Ihre kundenspezifischen Sicherheitseinstellungen technisch in einem *Zielsystem*. Dieses enthält die Vorgaben für die Konfiguration der SAP-Systeme. Dabei können Sie auch ein Zielsystem, basierend auf den Einstellungen eines existierenden Systems, definieren und an Ihre Anforderungen anpassen. Anschließend vergleichen Sie täglich die Einstellungen Ihrer SAP-Systeme mit diesem Zielsystem und erhalten darüber einen Überblick über die Abweichungen.

Da es typischerweise unterschiedliche Sicherheitsanforderungen an die Systeme in Ihrer Landschaft gibt (z. B. Entwicklungs- und Produktivsysteme), können Sie verschiedene Zielsysteme mit den entsprechenden Einstellungen definieren. Den Abgleich mit einem Zielsystem starten Sie dann jeweils für die relevanten Systeme. Alternativ können Sie auch einen Vergleich mit einem tatsächlich vorhandenen System durchführen; dies ist z. B. im Rahmen eines Roll-outs eine sinnvolle Lösung.

Durch die Konfigurationsvalidierung erhalten Sie einen Überblick über die Homogenität Ihrer Systemlandschaft. Typische Kriterien sind die Betriebssystemversionen, der Kernel-Patch-Level und der Status von bestimmten Transportaufträgen oder Sicherheitseinstellungen. Mit der Konfigurationsvalidierung können Sie die folgenden Sicherheitseinstellungen überwachen:

- Gateway-Einstellungen
- Profilparameter
- Sicherheitshinweise
- Berechtigungen

Im Rahmen des Abgleichs können Sie Regeln definieren, die bestimmen, ob die Konfiguration regelkonform ist oder nicht. Erfüllt die Konfiguration die in der Regel definierten Werte, erhält sie den Status **Konform** (farbig hervorgehobene Spalte in Abbildung 12.24). Diesen Status können Sie über das Reporting auswerten.

Ausgewählte Konfigurationsspeicher und Elemente - Nur nicht-konforme Elemente mit Wert und Zielwert

Auswahl: Referenzsystem, Vergleichssysteme, Konfigurationsspeicher, ...

Z_SEC_1 VIRTUAL; T01 SAP-INTERN, T03 SAP-INTERN, T04 SAP-INTERN, XS2 SAP-INTERN; ABAP_INSTANCE_PAHI, AUTH_PROFILE_USER; leere Abgrenzung

Konfigurationselemente

System	Name des Konfigurationsspeichers	Springen	Konfigurationselement	Wert des ConfigItems	Wert des Zielsystems	Compliance	Letzte Prüfung [UTC]	Konform (1=ja, -1=nein, ' '= nicht bewertet)
T01 SAP-INTERN	ABAP_INSTANCE_PAHI	CR: Changes (last 28 days)	auth/check/calltransaction	2	1	No	20140510180016	-1
			login/disable_multi_gui_login	0	1	No	20140510180016	-1
			login/disable_password_logon	0	0	No	20140510180016	-1
			login/min_password_diff	1	3	No	20140510180016	-1
			login/min_password_digits	0	1	No	20140510180016	-1
			login/min_password_letters	0	1	No	20140510180016	-1
			login/min_password_lng	6	8	No	20140510180016	-1
			login/min_password_specials	0	1	No	20140510180016	-1
			login/no_automatic_user_sapstar	0	1	No	20140510180016	-1
			login/password_expiration_time	0	1	No	20140510180016	-1
			login/ticket_only_by_https	0	1	No	20140510180016	-1
			rdisp/accept_remote_trace_level	1	0	No	20140510180016	-1
			rdisp/gui_auto_logout	0	1	No	20140510180016	-1
			rec/client	all	ALL	No	20140510180016	-1
			rfc/reject_expired_passwd	0	1	No	20140510180016	-1
			snc/accept_insecure_gui	1	0	No	20140510180016	-1

Abbildung 12.24 Abgleich der Konfiguration von Profilparametern eines SAP-Systems mit den Vorgaben im Zielsystem

Für die Auswertung von Berechtigungen stehen zwei Varianten bereit:

- Definieren Sie kritische Berechtigungskombinationen, die in den überwachten Systemen nicht vergeben sein dürfen. Über eine Whitelist können Sie festlegen, welche Benutzer (z. B. Notfallbenutzer) Sie von der Auswertung ausschließen möchten.
- Identifizieren Sie Schwachstellen in der Konfiguration Ihrer RFC-Schnittstellen, also RFC-Verbindungen, in denen Benutzer mit weitreichenden Berechtigungen (z. B. mit dem Profil SAP_ALL) eingetragen sind. Diese RFC-Verbindungen können für das sogenannte *RFC-Hopping* verwendet werden, bei dem über eine solch umfangreich berechtigte RFC-Verbindung Zugriffe auf ein SAP-System verschafft werden.

Auch wenn Sie die Konfigurationsvalidierung nutzen, empfehlen wir Ihnen trotzdem die gelegentliche Nutzung der Security Services, wie des SAP EarlyWatch Alerts und der SAP Security Optimization , die wir in Abschnitt 12.5.1, »Security Services des SAP-Supports nutzen«, beschrieben haben. SAP hält die Vorgaben und Empfehlungen in den Security Services aktuell und passt sie an neue Angriffsmethoden und Sicherheitsvorgaben an. Haben Sie durch einen Security Service neue Sicherheitsrisiken erkannt, können Sie Ihre Zielsysteme entsprechend einstellen und diese Aspekte künftig ebenfalls überwachen. Die Empfehlungen der Security Services können Sie sich über SAP-Hinweis 2253549 herunter- und als Zielsystem in Ihrem Solution Manager hochladen.

12.5.3 Sicherheitshinweise mithilfe der Systemempfehlungen einspielen

SAP-Software unterliegt hohen Qualitätssicherungsstandards. Trotzdem können Sicherheitslücken im Code nicht ausgeschlossen werden. Diese Sicherheitslücken können im schlimmsten Fall externen und internen Eindringlingen Tür und Tor öffnen. Es ist nicht schwer, in einschlägigen Internetforen Anleitungen zur Ausnutzung dieser Sicherheitslücken zu finden. Ein Berechtigungskonzept ist nur so gut wie der Code, der die Berechtigungsprüfungen ausführt. Findet keine Berechtigungsprüfung im Code statt, kann auch das Berechtigungskonzept den Zugriff nicht einschränken.

Aus diesen Gründen hat SAP den *Security Patch Day* (jeden zweiten Dienstag im Monat) eingeführt, der Ihnen eine bessere Planung für die Implementierung der Sicherheitshinweise ermöglichen soll. Zusätzlich können Sie die Anwendung *Systemempfehlungen* im SAP Solution Manager nutzen, um eine detaillierte, systemübergreifende Übersicht der benötigten Sicherheitshinweise zu erhalten. Der Systemstatus und die bereits implementierten SAP-Hinweise werden dabei berücksichtigt. Sorgen Sie mit dieser Unterstützung dafür, dass sich Ihre Systemlandschaft auf dem aktuellen Sicherheitsstand befindet.

Ihre SAP-Systemlandschaft halten Sie sicher und aktuell, indem Sie verschiedene Arten von SAP-Hinweisen und Patches einspielen. Eine erste Übersicht zu den Sicherheitshinweisen für SAP-Systeme finden Sie im SAP Support Portal unter *https://support.sap.com/securitynotes*. Eine vollständige Liste aller Sicherheitshinweise für alle SAP-Lösungen (SAP NetWeaver Application Server ABAP und Java, TREX, SAP HANA, Sybase, SAP GUI usw.) finden Sie über den Link **Access SAP Security Notes** auf dieser Seite. Sie werden an das *SAP ONE Support Launchpad* (*https://launchpad.support.sap.com*) weitergeleitet. Hier erhalten Sie die SAP-Hinweise, die für im SAP Support Portal registrierte Systeme relevant sind. Bereits eingespielte Hinweise werden allerdings nicht berücksichtigt.

Einen Überblick über die tatsächlich relevanten Hinweise für Ihre Systemlandschaft erhalten Sie über die Systemempfehlungen im Arbeitsbereich **Change Management** des SAP Solution Managers (Transaktion SOLMAN_WORKCENTER oder SM_WORKCENTER). Diese Anwendung stellt Ihnen für die ausgewerteten Systeme eine Empfehlung zusammen, welche SAP-Hinweise Sie installieren sollten.

Beachten Sie, dass die zu verwaltenden Systeme an den SAP Solution Manager angeschlossen und in der Transaktion SMSY einem produktiven System und einer SAP-Lösung zugeordnet worden sein müssen. Planen Sie dann in den Einstellungen der Systemempfehlungen einen Hintergrundjob ein, der die relevanten Informationen zu den angeschlossenen Systemen sammelt. Relevante Informationen sind Ihr Release- und Support-Package-Stand sowie eingespielte SAP-Hinweise und deren Versionen. Über eine Support-Verbindung des SAP Solution Managers, die Sie zuvor einrichten müssen, wird im *SAP Global Support Backbone* eine Analyse durchgeführt, die die erforderlichen Hinweise ermittelt, d. h., dass durch die Berechnung im SAP Solution Manager selbst kaum Last entsteht. Für einen automatischen Abgleich des Sicherheitsstands Ihrer Systeme sollten Sie diese Berechnung ebenfalls als Hintergrundjob einplanen.

Über die Systemübersicht erhalten Sie eine Auflistung der angeschlossenen Systeme sowie der gefundenen Hinweise folgender Kategorien (siehe Abbildung 12.25 und Abbildung 12.26):

- Sicherheitshinweise
- Hot News
- Performancehinweise
- Hinweise zu gesetzlichen Änderungen
- License Audit Notes

MyNotes

Systemübersicht

9 Alle | 3 ABAP | 4 HANADB | 2 JAVA

System

Technisches System	IT-Administrator-Rolle	Systempriorität	Sicherheitshinweise	Hot News	Performance-Hinweise	Hinweise zu gesetzlicher Änderung	License Audit Notes	Favorit
EC1~ABAP	Demosystem	Nicht definiert	104	189	247	511	6	☆
NA1~ABAP	Demosystem	Nicht definiert	109	189	206	249	5	☆
X3A~ABAP	Produktivsystem	Nicht definiert	143	199	290	265	7	☆
OHN~HANADB	Produktivsystem	Nicht definiert	69	77	110	217	5	☆
OHQ~HANADB	Demosystem	Nicht definiert	69	77	110	217	5	☆
OHY~HANADB	Demosystem	Nicht definiert	69	77	110	217	5	☆
OHY00001~HANADB	Demosystem	Nicht definiert	69	77	110	217	5	☆
JS4~JAVA	Testsystem	Nicht definiert	82	168	150	217	5	☆
X3J~JAVA	Produktivsystem	Nicht definiert	87	182	161	217	5	☆

Abbildung 12.25 Übersicht zu den relevanten SAP-Hinweisen in den Systemempfehlungen für die SAP-Systemlandschaft

MyNotes

SAP-Hinweisübersicht

Standard

Filterleiste ausblenden | Filter | Start

Technisches System: EC1~ABAP

Freigabedatum: dd.MM.yyyy - dd.MM.yyyy

Hinweisart: Sicherheitshinweis

Priorität: 1 - HotNews, 2 - Korrektur mit hoher Priorität

Implementation Status:

Processing Status: Undefined

SAP Notes for selected technical systems: 55

Technisches System	Hinweisnummer	Kurztext	Freigabedatum	Anwendungskomponente	Priorität	Support Package	Kategorie	Sicherheitshinweis	Implementation Status	Processing Status	Korrekturtypen	Attribute
EC1~ABAP	2724788	Various Vulnerabilities in ADOBE PDFPRINT LIBRARY	08.01.2019	XX-PART-ADB-PRN	2 - Korrektur mit hoher Priorität		A - Programmierfehler	P - Patch-Tag-Hinweise	New	Undefined		Kein Kernel, Abhängig
EC1~ABAP	2711425	[CVE-2018-2505] Cross-Site Scripting (XSS) vulnerability in SAP Hybris Commerce storefronts	11.12.2018	CEC-COM-CPS-CKP	1 - HotNews		A - Programmierfehler	P - Patch-Tag-Hinweise	New	Undefined		Kein Kernel, Unabhängig
EC1~ABAP	2380277	Memory Corruption vulnerability in IGS	09.05.2017	BC-FES-IGS	2 - Korrektur mit hoher Priorität		A - Programmierfehler	P - Patch-Tag-Hinweise	New	Undefined		Kernel, Abhängig
EC1~ABAP	2421287	Security vulnerabilities in SAPLPD	11.04.2017	BC-CCM-PRN	2 - Korrektur mit hoher Priorität		A - Programmierfehler	P - Patch-Tag-Hinweise	New	Undefined		Kernel, Abhängig
EC1~ABAP	2407616	Remote Code Execution vulnerability in SAP GUI for Windows	07.04.2017	BC-FES-GUI	2 - Korrektur mit hoher Priorität		A - Programmierfehler	P - Patch-Tag-Hinweise	New	Undefined		Kein Kernel, Abhängig
EC1~ABAP	2413716	Setup of Trusted RFC in GRC Access Control EAM	14.02.2017	GRC-SAC-EAM	2 - Korrektur mit hoher Priorität		A - Programmierfehler	P - Patch-Tag-Hinweise	New	Undefined		Kein Kernel, Abhängig
EC1~ABAP	2268810	Security vulnerability in Apache Commons Collections library used by multiple SAP Lumira products	09.02.2016	BI-LUM-DIS	2 - Korrektur mit hoher Priorität		X - Externer Fehler	P - Patch-Tag-Hinweise	New	Undefined		Kein Kernel, Unabhängig
EC1~ABAP	850306	Oracle Critical Patch Update Program	17.11.2015	BC-DB-ORA	2 - Korrektur mit hoher Priorität		W - Behelfslösung für fehlende Funktionalitä	P - Patch-Tag-Hinweise	New	Undefined		Kein Kernel, Unabhängig
EC1~ABAP	1952092	Code injection vulnerability in IDES systems	14.07.2015	XX-IDES	2 - Korrektur mit hoher Priorität		A - Programmierfehler	P - Patch-Tag-Hinweise	New	Undefined		Kein Kernel, Unabhängig

Abbildung 12.26 Übersicht zu den relevanten Sicherheitshinweisen in den Systemempfehlungen

Wir empfehlen Ihnen, alle Sicherheitshinweise der Priorität **very high** (1) und **high** (2) sofort zu implementieren. Sicherheitshinweise der Priorität **medium** (3) und **low** (4) implementieren Sie hingegen über Support Packages, die Sie ebenfalls regelmäßig einspielen sollten. Können Sie aktuell kein Support Package einspielen, stellt Ihnen SAP auch die Sicherheitshinweise der Priorität 3 und 4 zur Verfügung.

Für die Auswertung der Sicherheitshinweise sollten Sie einen monatlichen Security-Patch-Prozess definieren:

1. Werten Sie die Sicherheitshinweise mithilfe der Systemempfehlungen direkt nach dem SAP Security Patch Day aus.
2. Werten Sie die Kritikalität der Sicherheitshinweise für Ihr Unternehmen aus und berücksichtigen Sie dabei auch die Risiken, die durch das Einspielen der SAP-Hinweise entstehen können. Hier sind z. B. Risiken oder Aufwände durch Veränderung und die entsprechenden Tests in einem produktiv genutzten Geschäftsprozess denkbar. Abhängig von dieser Auswertung entscheiden Sie, welche Sicherheitshinweise Sie direkt einspielen und welche Hinweise im Rahmen des nächsten Wartungszyklus implementiert werden sollen.
3. Nutzen Sie die Funktion der Konfigurationsvalidierung, die wir in Abschnitt 12.5.2, »Konfigurationsvalidierung einsetzen«, beschreiben, um auszuwerten, auf welchen Systemen die Sicherheitshinweise bereits eingespielt wurden.

Für Schritt 2 des monatlichen Security-Patch-Prozesses können Sie den SAP-Hinweisen in den Systemempfehlungen verschiedene Status zuweisen und sie anschließend entsprechend filtern (siehe Abbildung 12.27):

- **Zu implementieren**
- **Neue Version verfügbar**
- **Neu**
- **Irrelevant**
- **Zurückgestellt** (zu einem späteren Zeitpunkt implementieren)

So können Sie nach der Auswertung alle SAP-Hinweise mit dem Status **Zu implementieren** selektieren und direkt in den *Note Assistant* (Transaktion SNOTE) des angeschlossenen Systems laden. Dies ist nur bei einem Entwicklungssystem möglich, und nur dann, wenn der SAP Solution Manager eine entsprechende RFC-Verbindung zum angeschlossenen System nutzen kann. Auch sollten Sie die Sicherheitshinweise berücksichtigen, die Anwendungen betreffen, die zwar auf Ihrem System installiert sind, die Sie aber nicht produktiv nutzen, denn auch diese Sicherheitslücken können für einen Angriff genutzt werden.

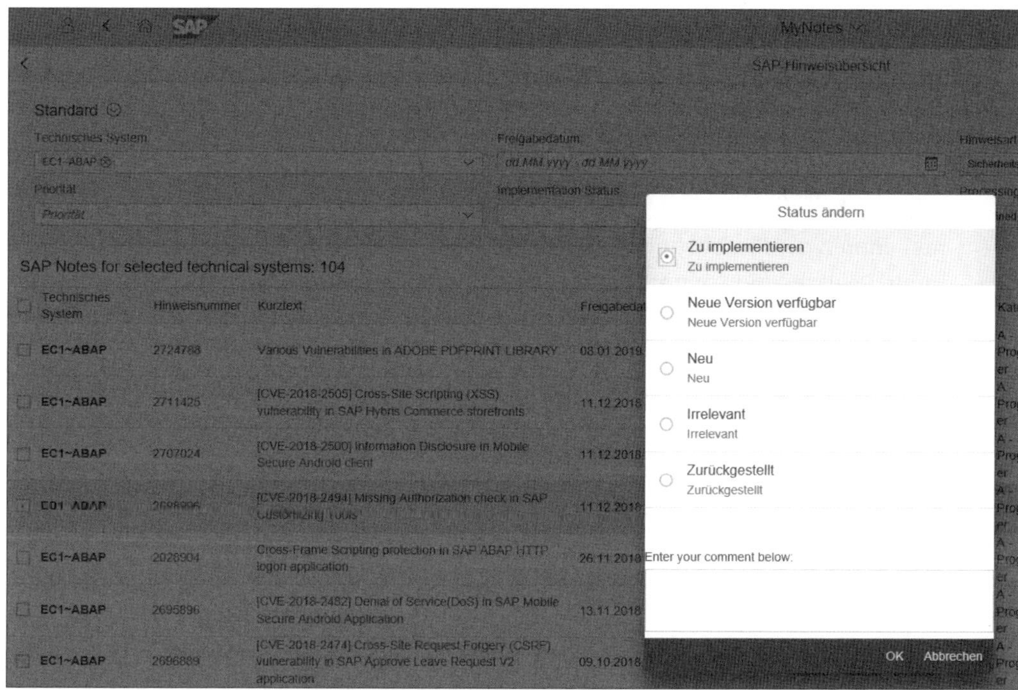

Abbildung 12.27 Statusdefinition je SAP-Hinweis

Anschließend sollten Sie die Änderungen in den produktiv genutzten Geschäftsprozessen testen. Beachten Sie dabei die folgenden Empfehlungen:

- Ab SAP Solution Manager 7.1 Support Package 5 können Sie die Integration zwischen den Systemempfehlungen und dem *Business Process Change Analyzer* (BPCA) nutzen, um die von einem Sicherheitshinweis betroffenen Geschäftsprozesse zu identifizieren.
- Sehen Sie sich den Sicherheitshinweis genau an, damit Sie die betroffenen Programme bzw. Funktionen identifizieren und entsprechende Anwendungstests einplanen können. Nutzen Sie eine Testimplementierung in der Transaktion SNOTE, um weitere SAP-Hinweise zu identifizieren, die Voraussetzung für einen Sicherheitshinweis darstellen und ebenfalls funktionale Änderungen enthalten können.
- Betrifft die Änderung durch den Sicherheitshinweis den normalen Programmablauf, sollten Sie Anwendungstests einplanen. Werden nur Ausnahmebehandlungen angepasst, können Sie den Test weglassen oder stark einschränken.
- Werden Berechtigungsprüfungen durch Sicherheitshinweise ergänzt, sollten Sie prüfen, für welchen Prozess zu diesem Objekt Berechtigungen vergeben werden müssen, und die Anwendung testen.
- Obsolete, aber kritische Funktionen werden durch manche Sicherheitshinweise deaktiviert; in solchen Fällen benötigen Sie keine Anwendungstests.

Achten Sie immer darauf, dass Sie die aktuelle Version des Note Assistants nutzen. Suchen Sie dazu in den Systemempfehlungen nach SAP-Hinweisen zur Komponente BC-UPG-NA. Wir empfehlen Ihnen ferner, den Security-Patch-Prozess im Rahmen eines Release- oder Support-Package-Upgrades durchzuführen, um spätere, zusätzliche Tests durch bereits zum Zeitpunkt des Upgrades veröffentlichte Sicherheitshinweise zu vermeiden.

Im Rahmen der Einführung eines Security-Patch-Prozesses werden Sie, abhängig von Ihrem Release- und Support-Package-Stand, eine Reihe von Sicherheitshinweisen auswerten müssen. In diesem Fall können Sie mithilfe des SAP EarlyWatch Alerts (siehe Abschnitt 12.5.1, »Security Services des SAP-Supports nutzen«) auswerten, welche Sicherheitshinweise durch den SAP-Support als besonders kritisch eingestuft wurden.

Wenn Sie die Verwaltung von Änderungsanträgen (Change Request Management) im SAP Solution Manager einsetzen, können Sie die Systemempfehlungen integriert nutzen. Dazu legen Sie in den Systemempfehlungen einen Änderungsantrag für die zu implementierenden SAP-Hinweise an. Für den Zugriff auf die Systemempfehlungen benötigen Sie im SAP Solution Manager eine Berechtigung für das Objekt SM_FUNCS (ACTVT = 03; SM_APPL = SYSTEM_REC; SM_FUNC = <Tab>, z. B. SECURITY).

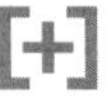

FAQ zum Security-Patch-Prozess

Für spezielle Fragestellungen hinsichtlich des Security-Patch-Prozesses möchten wir Sie auf einen Blog von Frank Buchholz hinweisen, den Sie unter dem folgenden Link finden: *http://s-prs.de/v683203*

12.6 SAP Code Vulnerability Analyzer verwenden

Berechtigungskonzepte, Firewalls, Antiviren- und Verschlüsselungsprogramme reichen alleine nicht aus, um Ihre IT-Infrastruktur und IT-Systeme gegen innere und äußere Angriffe und Missbrauch zu schützen. Ein Teil der Gefahren geht von potenziellen Sicherheitslücken im ABAP-Code aus, die sich meistens nicht durch nachgelagerte Maßnahmen schließen lassen und daher im Code selbst bereinigt werden müssen. Ferner ist zu erwähnen, dass die eingesetzten Berechtigungskonzepte durch ABAP-Code umgangen werden können, was das Risiko von Sicherheitslücken im ABAP-Code verdeutlicht. Während SAP für die Bereitstellung von Sicherheitshinweisen zum Schließen der Sicherheitslücken im Standardcode zuständig ist, obliegt das Schließen der Sicherheitslücken in kundeneigenen ABAP-Programmen Ihnen selbst. Unternehmen unterliegen einer ganzen Reihe von gesetzlichen Vorgaben zum Datenschutz und zur Datenintegrität. Über Einsatz des *SAP Code Vulnerability Analyzer* können Sie diese weitestgehend erfüllen. Dieser Analyzer ist im *ABAP Test Cockpit* (ATC) integriert und somit in allen Transaktionen des ABAP Editors (Transaktionen

SE80, SE38, SE24) vorhanden. Entwickler können damit während der Programmierung und vor Freigabe ihrer Aufgaben ihren Code auf Schwachstellen untersuchen und diese bereinigen. Dadurch sinken Testaufwände und Kosten. Wir zeigen Ihnen nachfolgend, wie Sie den SAP Code Vulnerability Analyzer einsetzen.

Mit dem SAP Code Vulnerability Analyzer lassen sich sowohl kundeneigene On-Premise- als auch On-Demand-Anwendungen scannen, die in ABAP programmiert sind. Der SAP Code Vulnerability Analyzer ist ab SAP NetWeaver AS ABAP 7.02 enthalten; eine Installation ist nicht notwendig. Details zu den relevanten Support Packages erhalten Sie in den SAP-Hinweisen 1921820 und 1841643. Sie benötigen keine zusätzlichen Server oder zusätzliche Administration. Den SAP Code Vulnerability Analyzer können Sie mit dem Report `RSLIN_SEC_LICENSE_SETUP` aktivieren, müssen für ihn allerdings zusätzliche Lizenzgebühren zahlen.

Nach der Aktivierung stehen Ihnen erweiterte Sicherheitschecks in der gewohnten Entwicklungsumgebung innerhalb des ABAP Test Cockpits zur Verfügung. Das ABAP Test Cockpit ist ein grafisches Framework für Entwickler. Prüfwerkzeuge wie z. B. der *Code Inspector* oder der in diesem Abschnitt vorgestellte SAP Code Vulnerability Analyzer können darin eingebunden werden. Alle verfügbaren Prüfwerkzeuge können von dieser zentralen Stelle aus angestoßen werden und stellen ihre Ergebnisse einheitlich in einer gemeinsamen Ansicht dar. Zur Benutzung des intuitiven Tools sind keine Schulungen erforderlich.

Das ABAP Test Cockpit erreichen Sie über das Kontextmenü des zu prüfenden Objekts im ABAP Editor. Wählen Sie hier den Eintrag **Prüfen • ABAP Test Cockpit** (siehe Abbildung 12.28). Damit die Sicherheitstests der erweiterten Programmprüfung des SAP Code Vulnerability Analyzers im Code Inspector enthalten sind, müssen Sie folgende Einstellungen vornehmen:

1. Legen Sie die *globale Checkvariante* des Code Inspectors in der Transaktion SCI an.
2. Tragen Sie diese globale Checkvariante als Default in der Transaktion ATC (ATC-Konfiguration) ein.

Im Prüfungsergebnis werden die Sicherheitslücken nach Prioritäten sortiert aufgelistet, wobei eine hohe Priorität mit einer hohen Treffsicherheit einer Fundstelle und eine niedrige Priorität mit einer niedrigen Treffsicherheit korreliert. Zudem sind zu jeder Fundstelle weitergehende Informationen im ABAP Editor verfügbar. Mithilfe dieses Prioritätsindikators können Sie leichter erkennen, ob es sich um ein *False Positive* oder um ein tatsächliches Sicherheitsproblem handelt. Bei den Prioritäten 1 und 2 handelt es sich mit großer Wahrscheinlichkeit um eine echte Fundstelle.

Das Tool gibt Empfehlungen, wie der Quelltext geändert werden kann, um die Schwachstellen zu beseitigen (siehe Abbildung 12.29). Dabei wird die Priorität der Fundstelle neben einer Prüfmeldung angezeigt. Wählen Sie eine Prüfmeldung über einen Doppelklick aus, werden Ihnen im unteren Bereich detailliertere Informationen sowie potenzielle Angriffsszenarien und Lösungsmöglichkeiten dokumentiert.

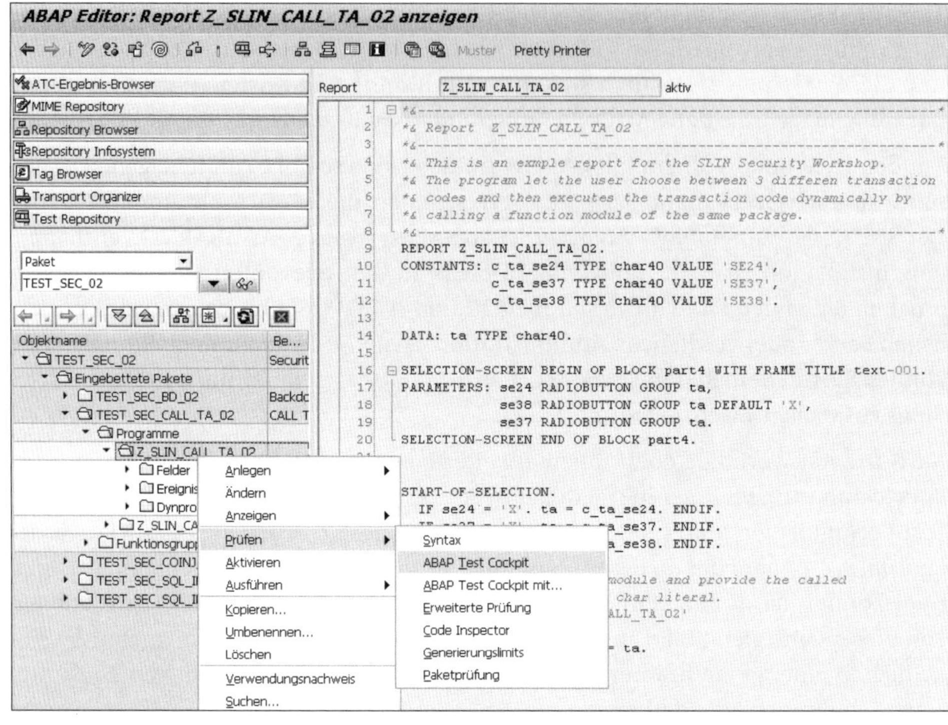

Abbildung 12.28 Integration in das ABAP Test Cockpit

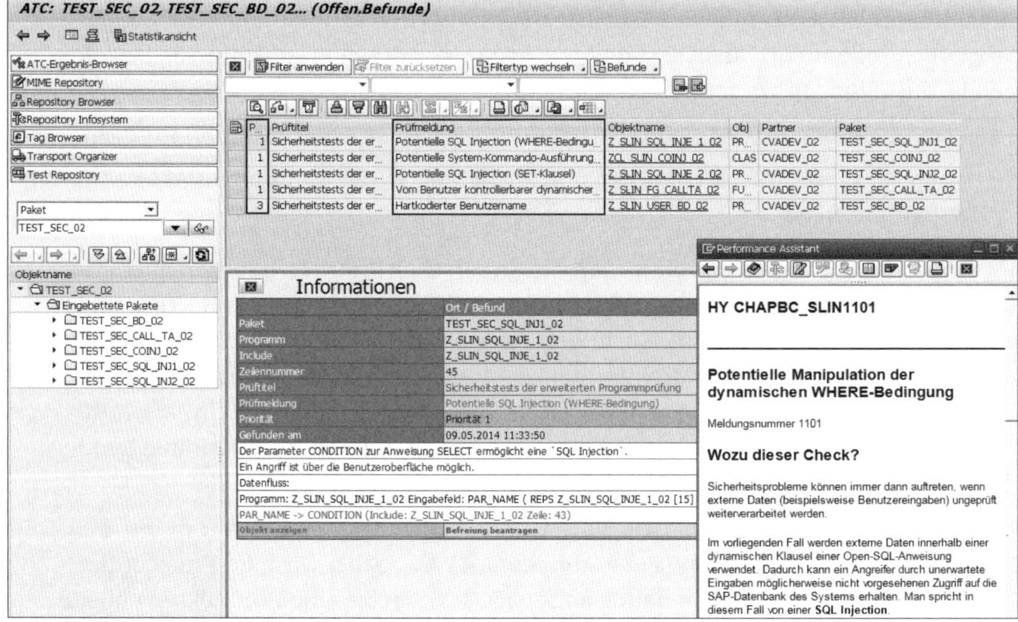

Abbildung 12.29 Lösungshinweise zu den gefundenen Schwachstellen

Neben den individuellen Checks für einzelne Entwickler bietet das Werkzeug auch Massenchecks an, etwa um eine komplette Anwendung in einem einzigen Schritt auf Schwachstellen zu prüfen.

12.7 Zusammenfassung

Wie Sie sehen, sind die Möglichkeiten, den Applikationsserver abzusichern, sehr vielfältig. Mit den Hinweisen in diesem Kapitel möchten wir Ihnen die wichtigsten Aspekte der Applikationsserversicherheit mitgeben, ohne den Anspruch zu erheben, das Thema vollständig zu behandeln.

Dabei haben wir folgende Schwerpunkte gesetzt:

- Absichern des Applikationsservers mittels richtiger Konfiguration des RFC-Gateways und des Message Servers
- Schützen von Passwörtern und korrektes Arbeiten mit der Transaktion SECSTORE
- Verwendung der Tabellenprotokollierung
- Verwendung des Security Audit Logs
- Verwendung des SAP Solution Managers als zentralem Werkzeug für das Monitoring sicherheitsrelevanter Einstellungen in der Systemlandschaft bzw. zum Einspielen von Sicherheitshinweisen

Anhang

Anhang A
Tabellen der SAP-Berechtigungsverwaltung

Dieser Anhang gibt einen kurzen Überblick über die SAP-Standardtabellen der Berechtigungsverwaltung. Sie können ihn nutzen, um nachzuschlagen, in welchen Tabellen welche berechtigungsrelevanten Daten gespeichert sind. Die in der unten stehenden Tabelle aufgeführten Tabellen können Sie beispielsweise über die Transaktionen SE16 und SQVI auswerten; sie bilden die Datengrundlage für alle Auswertungen des Benutzerinformationssystems (Transaktion SUIM).

Tabelle	Beschreibung
ABM_BLACKLISTE	Transaktionen, die in SAP S/4HANA obsolet sind
AGR_1016	Name des Profils der Aktivitätsgruppe
AGR_1016B	Name des Profils der Aktivitätsgruppe
AGR_1250	Berechtigungsdaten zur Aktivitätsgruppe
AGR_1251	Berechtigungsdaten zur Aktivitätsgruppe
AGR_1252	Organisationsebenen zu den Berechtigungen
AGR_AGRS	Rollen in Sammelrollen
AGR_DEFINE	Definition Rollen
AGR_HIER2	Strukturinformation des Menüs – Kundenversion SAP-Rollen
AGR_HIERT	Texte zum Menü der Rolle
AGR_OBJ	Zuordnung Menüknoten zur Rolle
AGR_PROF	Profilname zur Rolle
AGR_TCDTXT	Zuordnung Rollen zu Transaktionen
AGR_TEXTS	Ablagestruktur für hierarchisches Menü – Kunde

Tabelle A.1 Häufig verwendete SAP-Standardtabellen der Benutzer- und Berechtigungsverwaltung

Tabelle	Beschreibung
AGR_TIME	Zeitstempel zur Rolle (Menü, Profil, Berechtigungen)
AGR_USERS	Zuordnung Rollen zu Benutzern
PRGN_CORR2	Obsolete Transaktionen in SAP S/4HANA und deren Nachfolger
USER_ADDR	generierte Tabelle zum View USER_ADDR
USGRP	Benutzergruppen
USH02	Änderungshistorie für Logon-Daten
USL04	ZBV: Zuordnung Benutzer – Profile
USLA04	ZBV: Zuordnung Benutzer – Rollen
USOB_AUTHVALTRC	Ergebnis zum Berechtigungstrace
USOB_MOD	Anzeige der Anwendungen für Upgrade-Profilgenerator
USOBHASH	Berechtigungstrace für Services: Hashwerte
USOBT	Relation Transaktion – Berechtigungsobjekt
USOBT_C	Relation Transaktion – Berechtigungsobjekt (Kunde)
USOBT_CD	Änderungshistorie der Berechtigungsvorschlagswerte für Feldwerte
USOBT_TSTMP	lokaler Zeitstempel der letzten SAP-Änderung (Tabelle USOBT)
USOBX	Prüftabelle zu Tabelle USOBT
USOBXFLAGS	temporäre Tabelle zur Ablage der Änderungen in Tabelle USOBX/T*
USOBX_C	Prüftabelle zu Tabelle USOBT_C
USOBX_CD	Änderungshistorie zu Prüfkennzeichen
USOBX_TSTMP	lokaler Zeitstempel der letzten SAP-Änderung (Tabelle USOBX)
USR01	Benutzerstamm (Runtime-Daten)
USR02	Anmeldedaten (kernelseitige Verwendung!)
USR04	Benutzerstamm: Berechtigungen
USR06	Zusatzdaten pro Benutzer
USR10	Benutzerstamm: Berechtigungsprofile

Tabelle A.1 Häufig verwendete SAP-Standardtabellen der Benutzer- und Berechtigungsverwaltung (Forts.)

Tabelle	Beschreibung
USR11	Benutzerstamm: Texte zu Profilen (Tabelle USR10)
USR12	Benutzerstamm: Berechtigungswerte
USR13	Kurztexte zu den Berechtigungen
USR40	Tabelle für verbotene Kennwörter
USR_DBMS_SYSTEM	Synchronisation der Benutzerstämme in die SAP-HANA-Datenbank
USRBF2	Benutzerpufferinhalt für eine schnelle RFC-Anmeldung
USRBF3	Benutzerpufferinhalt für eine schnelle RFC-Anmeldung
UST04	Benutzerstämme
UST10C	Benutzerstamm: Sammelprofile
UST12	Benutzerstamm: Berechtigungen
/IWFND/V_DFSYAL	Zuordnung von OData-Services zu Backend-Systemen

Tabelle A.1 Häufig verwendete SAP-Standardtabellen der Benutzer- und Berechtigungsverwaltung (Forts.)

Neben den in Tabelle A.1 aufgeführten Datentabellen sind die in Tabelle A.2 aufgeführten Steuertabellen zentral für die Benutzer- und Berechtigungsverwaltung.

Tabelle	Beschreibung
PRGN_CUST	Customizing-Einstellungen zum Berechtigungswesen
SSM_CUST	Einstellung von Werten für den Session Manager/Profilgenerator
USR_CUST	Customizing-Einstellungen zu Benutzern bzw. zum Berechtigungswesen

Tabelle A.2 Steuertabellen der SAP-Benutzer und -Berechtigungsverwaltung

Anhang B
SAP-Hinweise

Die folgenden Tabellen geben einen kurzen Überblick über die SAP-Hinweise, auf die wir in den Kapiteln und Abschnitten dieses Buches verweisen. Sie können diesen Anhang nutzen, um detailliertere Informationen zu den einzelnen Abschnitten nachzuschlagen.

SAP-Hinweis	Beschreibung
2414634	Benutzerpuffer ist nach einer Mandantenkopie leer
2562374	Sammelhinweis zur Benutzer- und Rollenverwaltung
1796501	Benutzerverwaltung: Durchführung zusätzliche Prüfungen
1731549	Einschränkungen des Zeichenvorrats für Benutzernamen
1671117	SU53: erweiterte Funktionalität und WebDynpro-Eignung
1663177	SU01: Benutzergruppe als Pflichtfeld
1611173	SUIM: Auswertung von Sicherheitsrichtlinien für Benutzer
1458262	ABAP: Empfohlene Einstellung für Kennwort-Hash-Algorithmen
862989	Neue Kennwortregeln ab SAP NetWeaver 2004s (NW AS ABAP 7.0)
622464	Änderung: Kennwortänderungspflicht für Benutzertyp SYSTEM

Tabelle B.1 SAP-Hinweise aus Kapitel 1, »Benutzerstammdaten und Voraussetzungen für die Anmeldung«

SAP-Hinweis	Beschreibung
2563151	RSUSR_LOCK_USERS und RAUAR200 Die Länge für bestimmte Textelemente ist zu kurz.
2490336	Neue Selektionskriterien für die Reports RSUSR200 und RSUSR_LOCK_USERS
1947910	Zuordnung des Benutzermenüs über Referenzbenutzer

Tabelle B.2 SAP-Hinweise aus Kapitel 2, »Benutzerverwaltung«

SAP-Hinweis	Beschreibung
1902038	ZBV: Änderungsbelege zur ZBV-Landschaft
1793961	RSUSR_LOCK_USERS: Gültigkeit von Benutzern abgrenzen
1720401	SU10: Selektion von Benutzern nach Anmeldedaten
1692243	Report PRGN_COMPRESS_TIMES nicht in ZBV verwendbar
1656965	Sperren von inaktiven Benutzern
1642106	ZBV | PFCG: automatischer Textabgleich von Rollen zur Zentrale
962457	Temporäre ZBV-Abschaltung in der Transaktion SCUA aktivieren
513694	SU01: Berechtigungsprüfung bei Referenzbenutzerzuordnung
410993	Maximale Anzahl für Profile und Berechtigungen
330067	SU01: Eintrag eines Referenzbenutzers

Tabelle B.2 SAP-Hinweise aus Kapitel 2, »Benutzerverwaltung« (Forts.)

SAP-Hinweis	Beschreibung
2177996	PFCGMASSVAL: Massenpflege von Berechtigungswerten in Rollen
1955257	CSOL: Tabellenschlüssel werden nicht korrekt gesperrt
1900560	CSOL: Erweiterte Transport-Organizer-Integration
1819126	Lange Laufzeit für Freigabe eines Rollentransports
1723881	Anwendung der mandantenspezifischen Customizing-Einstellung auf die Rollenpflege
1624104	PFCG | Orgebenenpflege in mehreren Mandanten eines Systems
1614407	Überarbeitung des Rollentransports
1599732	PFCG: Dialogfenster zur Pflege von Berechtigungswerten
1373111	Verbesserungen am Berechtigungstrace
854311	SE63: Übersetzung von Rollentexten scheitert

Tabelle B.3 SAP-Hinweise aus Kapitel 3, »Rollenverwaltung«

SAP-Hinweis	Beschreibung
2798443	Neue Dialogumgebung für die Berechtigungsvorschlagswertepflege
2117868	SU24_AUTO_REPAIR für Vorschlagswerte für Transaktionen
1941325	SU25/SUPC: Simulation des Abmischvorgangs
1896191	Fehlende Funktionen in der SU22/SU24
1854561	Berechtigungstrace mit Filter (auth/authorization_trace)
1847663	STUSOBTRACE: Filter für Berechtigungstrace
1759777	SU25 | Allgemeine Fehlerkorrektur für Upgradenachbereitung
1646692	SU24 | Allgemeine Konsistenzprüfung
1599128	SU25 | Optimierung der Upgradenachbereitung
1539556	FAQ | Administration von Berechtigungsvorschlagswerten
1448611	SUIM | Auswertung der Änderungsbelege zu Vorschlagswerten
1429716	SU25 | Problem bei Schritt 3 in Y-Landschaften
1380203	FAQ | PFCG: Namensmuster für generierte Profilnamen
727536	FAQ | Nutzung kundeneigener Organisationsebenen in der PFCG
543164	Bedeutung der Werte von auth/authorization_trace
440231	SU25 | FAQ: Upgradenachbereitung für den Profilgenerator

Tabelle B.4 SAP-Hinweise aus Kapitel 4, »Berechtigungsvorschlagswerte«

SAP-Hinweis	Beschreibung
2596540	STSIMAUTHCHECK ist nicht verfügbar
2442227	STSIMAUTHCHECK: Simulation von Berechtigungsprüfungen
2355478	STUSERTRACE nicht verfügbar
2220030	STUSERTRACE: Benutzertrace für Berechtigungsprüfungen
2080378	STRFCTRACE: Auswertung von RFC-Statistiksätzen
2055322	Downport vom UCON RFC Data Collector
1847663	STUSOBTRACE: Filter für Berechtigungstrace

Tabelle B.5 SAP-Hinweise aus Kapitel 5, »Berechtigungstraces«

SAP-Hinweis	Beschreibung
1707841	STAUTHTRACE: Systemweite Traceauswertung
1603756	Berechtigungsprüfungen aufzeichnen mit STAUTHTRACE
1373111	Verbesserungen am Berechtigungstrace
931251	Sicherheitshinweis: Berechtigungprüf. f. Funktionsbausteine

Tabelle B.5 SAP-Hinweise aus Kapitel 5, »Berechtigungstraces« (Forts.)

SAP-Hinweis	Beschreibung
2412323	SU2X | Archivierung von Änderungsbelegen für Berechtigungsvorschläge
2364724	SUIM | Laufzeit, Suche und fehlende Ergebnisse beim Report RSUSR100N
2211825	SUIM | SUIM_CTRL_CHG_IDX - mandantenübergreifende Nutzung
2065596	Externe Anmeldungen am Anwendungsserver einschränken
2024189	PFCG | ZDM-Unterstützung für die automatische Profilenamensvergabe
1924017	SACF | Voraussetzung für initiale Implementierung
1922808	SACF | FAQ | Ergänzende Informationen zur Anwendung
1908870	SACF | Workbench für schaltbare Berechtigungsszenarien
1890833	Funktionsbaustein zur Kennwort-Generierung
1855406	FAQ | Berechtigungsgruppenpflege mit der Transaktion STBRG
1704771	SUIM | RSSCD100_PFCG Performanceoptimierung
1648187	SUIM | Performance im Report RSUSR100N
1528250	SUIM | RSUSR_LOAD_FROM_ARCHIVE lädt unvollständig
1380203	FAQ | PFCG: Namensmuster für generierte Profilnamen
1257133	CD: Archivierungsmöglichkeiten für die CDCLS
1079207	Downports: ZBV-Änderungsbelege, Archivierung, 12h-Zeitformat
727536	FAQ | Nutzung kundeneigener Organisationsebenen in der PFCG
419933	FAQ | Wartung von Änderungsbelegen in der Benutzerverwaltung

Tabelle B.6 SAP-Hinweise aus Kapitel 6, »Systemeinstellungen«

SAP-Hinweis	Beschreibung
2627358	Infosystem zur Reichweite von Tabellenberechtigungen
2370836	FAQ | Dateizugriffsverwaltung mit Transaktion SFILE
1946079	Anfängliche Berechtigungsprüfung im Funktionsbaustein SUBMIT_REPORT
1716340	Ein Benutzer soll keine periodischen Jobs erzeugen
1623250	Jobs eines anderen Benutzers modifizieren
1539556	FAQ | Administration von Berechtigungsvorschlagswerten
1497104	Zugriff auf PSE-Dat. durch zusätzl. AUTHORITY-CHECK schützen
1434284	FAQ | Berechtigungskonzept zum generischen Tabellenzugriff
1413012	Neue wiederverwendbare Startberechtigungsprüfung
1413011	Neue Startberechtigungsprüfung für Web-Dynpro-ABAP

Tabelle B.7 SAP-Hinweise aus Kapitel 7, »Basisberechtigungen«

SAP-Hinweis	Beschreibung
1860162	Erweiterter Verwendungsnachweis für Tabellen und Transaktionen
1711620	Profil SAP_NEW durch Rolle SAP_NEW ersetzt
1703299	Generierung von SAP_APP
1690968	Strukturelle Berechtigung: Einplanung Reports RHBAUSnn
925217	GDPdU: Zugriff auf RFUMSV00 durch Steuerprüfer
788313	StSenkG: Berechtigungsprüfung in kundeneigenen Reports
782707	StSenkG: Customizing als laufende Einstellung
698401	RESPAREA als Org.ebenen-Feld
565436	PFCG: F4-Hilfe für spezielle Berechtigungsfelder
530733	Selektive Archivierung/Nichtarchivierung von Nachrichtenlogs
445148	Zugriff der Finanzbehörde auf gespeicherte Daten
439753	Generierung SAP_ALL bei Transport von Berechtigungsobjekten
370082	Berechtigungen: Wissenswertes zum Verantwortungsbereich

Tabelle B.8 SAP-Hinweise aus Kapitel 8, »Anwendungsberechtigungen«

SAP-Hinweis	Beschreibung
356483	Customizing: Laufende Einstellungen im Testsystem
135028	IMG-Aktivität in laufende Einstellung übernehmen
28186	Welche Bedeutung hat das Profil SAP_NEW?
28175	Fragen im Bereich Berechtigungskonzept
20534	Berechtigungsprüfung – Eine kurze Einführung

Tabelle B.8 SAP-Hinweise aus Kapitel 8, »Anwendungsberechtigungen« (Forts.)

SAP-Hinweis	Beschreibung
2584607	Fehlende Einträge in Tabelle PRGN_CORR2 ab Basisrelease 7.50
2570961	Vereinfachungselement S4TWL – Business-Benutzerverwaltung
2558350	S/4HANA: Integration von EEWA-Änderungen in die Identity API
2548303	S/4HANA: Konfiguration zur Pflege der Arbeitsplatzadresse
2495630	Titel, der besagt, dass Referenz verloren gegangen ist, in SAP Fiori Launchpad Designer angezeigt
2465999	Aktualisierung der Anwendungsgruppen im Rollenmenü
1927767	Massen-DBMS-Benutzerverwaltung
1728946	Browser: Browser-Supportstrategie für SAP NetWeaver

Tabelle B.9 SAP-Hinweise aus Kapitel 9, »Benutzer und Berechtigungen in SAP HANA und SAP S/4HANA«

SAP-Hinweis	Beschreibung
2565157	SU21 | Verwendungsnachweis für schaltbare Berechtigungsszenarien
1903323	SU21 | Navigationsfehler und Namensraum
1870622	SE97 | Optimierung der Pflegeumgebung
1089923	COAT: Administration of customer owned reports
413956	Kompletter Beleg / Matrixvalidierung, -substitution
395083	FAQ | Namensraum für Berechtigungen, -objekte, -felder und Profile

Tabelle B.10 SAP-Hinweise aus Kapitel 10, »Kundeneigene Berechtigungen«

SAP-Hinweis	Beschreibung
2785076	SUIM | Neue Funktionalitäten in RSUSR008_009_NEW
2687604	SUIM | Überarbeitung der API SUSR_USERS_LIST_ALV
2490336	Neue Selektionskriterien für die Reports RSUSR200 und RSUSR_LOCK_USERS
1897781	SUIM | RSUSR002 neuer Report zur Auswertung von Benutzerdaten
1881429	FAQ | Nutzung des menübasierten Audits (SAIS)
1763089	SAIS | Navigation im Audit Information System
1433352	Fehlendes Reporting zur Systemänderbarkeit
1307693	Downport Q1 2009 BCE -> 6.20, 6.40, 7.00
1171185	SUIM | RSUSR_SYSINFO_LICENSE

Tabelle B.11 SAP-Hinweise aus Kapitel 11, »Auswertungen von Berechtigungen und Benutzerstammsätzen«

SAP-Hinweis	Beschreibung
2579568	RDDPRCHK | Optimierung zum Reporting zur Tabellenprotokollierung
2191612	FAQ | Nutzung des Security Audit Log ab NetWeaver 7.50
2184470	Zeitabhängige Berechtigungsprüfung für generischen Zugriff auf Daten
2040644	Sicherung der internen Serverkommunikation
2033317	Integritätsschutzformat für Security Audit Log
2008727	Sichere RFC-Aufrufe (Remote Function Calls)
1963882	SAL | Probleme bei der Auswertung von Audit-Log-Dateien
1941568	SAL | FAQ für Nutzung kundenindividueller Ereignisse
1941526	SAL | Unterstützung kundenspezifischer Ereignisse
1921820	SAP NetWeaver AS, add-on for code vulnerability analysis – Support Package Planning
1835509	S/MIME BAdI for Certificate Selection for SAP_BASIS 731
1819317	Erweiterung des Security Audit Log

Tabelle B.12 SAP-Hinweise aus Kapitel 12, »Systemsicherheit«

SAP-Hinweis	Beschreibung
1810913	Performanceverbesserung beim Auslesen des Security Audit Log
1750161	Benutzerverwaltung: Speichern zusätzlicher Informationen (BAdI BADI_IDENTITY_UPDATE)
1686632	Positivlisten für RFC-Callback
1643878	Release-Informationen zu SNC Client Encryption
1637415	S/MIME-Integration in SAPconnect
1539105	Protokollierung generischer Tabellenzugriffe per RFC
1485029	Lesezugriffsschutz für Schlüsseltabellen
1465495	ABAP Debugger: Sicherheitsprüf.prot. für Debugger-Aktivität
1458262	ABAP: Empfohlene Einstellung für Kennwort-Hash-Algorithmen
1444282	gw/reg_no_conn_info Einstellungen
1416085	PFCG: Pflege von Berechtigungen zum Objekt S_RFCACL
1411741	Auswertung von Debuggingereignissen im Audit Log
1408081	Grundlegende Einstellungen für reg_info und sec_info
863362	Sicherheitsüberprüfungen im SAP EarlyWatch Alert, EarlyWatch sowie GoingLive-Sitzungen
821875	Sicherheitseinstellungen im Message Server
539404	FAQ: Antworten auf Fragen zum Security Audit Log
510007	Einrichten von SSL auf dem Application Server ABAP
419933	FAQ | Wartung von Änderungsbelegen in der Benutzerverwaltung
112388	Protokollierungspflichtige Tabellen

Tabelle B.12 SAP-Hinweise aus Kapitel 12, »Systemsicherheit« (Forts.)

Anhang C
Die Autoren

Anna Otto ist seit 2007 bei SAP in unterschiedlichen Positionen tätig, stets mit dem Fokus auf den Themen Sicherheit und Governance, Risk and Compliance (GRC). Seit 2019 ist sie Presales Expert für die Identity-Access-Governance-Lösungen von SAP. Vor ihrem Wechsel in den Vertrieb beriet sie Kunden in nationalen und internationalen Projekten zu den Themen Berechtigungswesen sowie GRC-Lösungen.

Sie absolvierte an der Hochschule in Hamburg ein Studium zur Dipl.-Informatikerin, mit der Spezialisierung auf die Bereiche Sicherheit und Datenschutz und den daraus resultierenden Anforderungen an die SAP-Software. Anna Otto ist Co-Autorin der SAP-PRESS-Bücher »SAP-Berechtigungswesen« und »Datenschutz in SAP-Systemen« und Co-Autorin des Datenschutzleitfadens der DSAG.

Katharina Stelzner arbeitet seit 2006 als Beraterin für SAP Deutschland SE. Derzeit ist sie als Security-Beraterin im Bereich Cloud Application Services tätig und erstellt und liefert Managed Security Services für nationale und internationale Kunden. Zuvor beriet sie als Security-Beraterin Kunden bei der Implementierung von Berechtigungskonzepten sowie bei sicherheitsrelevanten Fragen. Katharina Stelzner ist Co-Autorin der SAP-PRESS-Bücher »SAP-Berechtigungswesen« und »Datenschutz in SAP-Systemen«.

Beiträger zu diesem Buch

Dr. Ronald Baudisch hat an der TU Dresden Informatik studiert und auf dem Gebiet »Betriebssysteme und Rechnernetze« promoviert. Seit mehr als zwei Jahrzehnten ist er im SAP Consulting tätig. Aktuell liegt sein Schwerpunkt in der Beratung zu Compliance-Lösungen mit Rollenkonzepten in SAP S/4HANA und SAP Access Control.

Dieter Gödel arbeitet seit 1997 im SAP-Konzern im Umfeld der Beratung und Wartung von Werkzeugen zur Benutzeradministration. Seine aktuellen Themenschwerpunkte sind die Werkzeuge zur Protokollierung von Benutzeraktivitäten im Zuge des Systemaudits und die Pflegeumgebung für Berechtigungsvorschlagswerte. Produktfeedback holt er sich regelmäßig unter anderem als Gastredner bei der DSAG-Arbeitsgruppe Datenschutz und dem Arbeitskreis Revision/Risikomanagement.

Diplom-Mathematiker **Markus Griem** ist seit 2006 Mitarbeiter in der SAP-Beratung. Er wirkt als Solution Architect im GRC- und Security-Umfeld. Insbesondere berät er in den Themenfeldern SAP S/4HANA-Berechtigungen und SAP Access Control (GRC).

Anne Kempa studierte in Berlin/Brandenburg Security Management und arbeitet seit 2012 als Beraterin bei SAP Deutschland SE. Ihr Schwerpunkt liegt in der Beratung rund um das Zugriffs- und Berechtigungsmanagement, insbesondere für das Werkzeug SAP Access Control mit den Komponenten Risikoanalyse, Rollenmanagement, Notfalluserzugriff und Berechtigungsvergabe.

Daniela Pranghofer arbeitet seit 2012 als Technologieberaterin für SAP Deutschland SE. Sie verfügt über langjährige Erfahrung im Berechtigungsumfeld und schloss ein IT-Betriebswirtschaftsstudium bei der SGD in Darmstadt ab. Für SAP berät sie international und branchenübergreifend in den Bereichen SAP-Berechtigungen sowie SAP GRC und Security. Ihr Beratungsschwerpunkt liegt im Redesign von Berechtigungskonzepten.

Birger Tödtmann ist seit über 20 Jahren im Umfeld von Design, Implementierung und Betrieb sicherer IT-Infrastrukturen und Business-Applikationen beschäftigt. Seit 2007 unterstützt er in der Technologieberatung SAP-Kunden in den Bereichen Berechtigungswesen, Usermanagement, GRC, SSO und Systemsicherheit. Er leitet die Themencommunity GRC/Security in den SAP-Regionen DACH und Osteuropa.

Christian Weide arbeitet seit 2012 als Technologieberater für SAP Deutschland SE. Seine Schwerpunkte sind die Berechtigungskonzeption im klassischen SAP ERP für Finanzwesen, SAP-Basis, SAP HANA und die Anwendung SAP GRC Access Control. Darüber hinaus berät er Kunden zum Themengebiet SAP HANA Security.

Abdullah Ahmad arbeitet seit 2011 als Technologieberater für SAP Deutschland SE. Sein Beratungsschwerpunkt liegt im Bereich ABAP Custom Code Security und technische Sicherheit. Zusätzlich betreut er Kunden zu den Themen Berechtigungen und SAP Identity Management.

Peter Drews-Walkling arbeitete von 1995 bis zu seiner Rente 2019 bei der SAP SE in Hamburg und war zuletzt Senior Developer im Installed Base Maintenance & Support (IMS). Er betreute nicht nur den Authority-Check im SAP-Kernel, sondern auch Funktionen und Werkzeuge in diesem Umfeld. In der Vergangenheit absolvierte er ein Studium zum Diplom-Physiker am Institut für Geophysik der TU Braunschweig, betreute anschließend dessen Rechenanlage und wechselte danach als Softwareentwickler zur Deutschen BP AG nach Hamburg.

Katharina Frank ist Principal Technologieberaterin mit langjähriger Erfahrung im SAP-Systemsicherheitsumfeld. Ihre Beratungsschwerpunkte in nationalen, internationalen und multikulturellen Projekten liegen in Berechtigungsmanagement, Datenschutz und Projektmanagement.

Matthias Frank betreut seit 1998 Projekte im SAP-Umfeld. Sein Aufgabengebiet besteht dabei in der Analyse und Optimierung von SAP-Basissystemlandschaften und der Konzeption von Schnittstellen für SAP- und Fremdprodukte. Seit 2015 ist er Technologieberater bei SAP mit den Schwerpunkten SAP-Performanceoptimierung und Benutzerverteilung in großen Systemlandschaften.

Lars Gartenschläger war über viele Jahre hinweg als Principal Consultant in der Financials-Beratung von SAP Deutschland sowie als Produktmanager von SAP SE tätig. Aktuell ist er Solution Architect im Development Support von SAP SE. Er betreute als SAP-Ansprechpartner den Arbeitskreis Revision und begleitet weiterhin die Arbeitsgruppe Datenzugriff (GoBD/GDPdU) der DSAG.

Mariusz Kaczmarek ist seit 2002 bei SAP Deutschland SE als Berater im Bereich Rechnungswesen beschäftigt. Zuvor arbeitete er bei der SAP SE und anderen Beratungsfirmen. Im Rahmen seiner aktuellen Beratungstätigkeit beschäftigt er sich insbesondere mit der Realisierung und Implementierung kundenspezifischer Anforderungen innerhalb der SAP-Standardsoftware.

Kerstin Krugmann war als Technologieberaterin für SAP Deutschland SE tätig. Ihre Beratungsschwerpunkte in nationalen und internationalen Projekten lagen auf Berechtigungskonzepten, Berechtigungsreviews und -redesigns sowie auf SAP Access Control. Sie absolvierte an der Fontys Internationale Hogeschool Venlo, Niederlande, ein Studium zur Diplom-Betriebswirtin.

Thomas Kunze ist Principal Solution Architect Finance bei SAP mit dem Schwerpunkt auf SAP S/4HANA Finance. Er führte zahlreiche internationale Projekte bei mittelständischen Unternehmen und internationalen Konzernen in verschiedensten Branchen durch. Seine Erfahrungen reichen dabei von SAP-ERP- bzw. SAP-S/4HANA-Neueinführungen bis hin zu nachträglichen Änderungen dieser Systeme.

Volker Lehnert ist seit 2000 bei SAP in den Bereichen Compliance und Sicherheit in unterschiedlichen Positionen tätig. In seiner Rolle als Product Owner Datenschutz für die SAP Business Suite und später auch SAP S/4HANA definierte er Inhalte und Umfang der Datenschutzfunktionen in dieser Software. Seit 2018 ist er als Senior Director Datenschutz überwiegend für den Datenschutz in SAP S/4HANA zuständig. In seiner langjährigen Beratungstätigkeit führte er Projekte rund um Complianceanforderungen zum Erfolg. Zusammen mit Anna Otto und Katharina Stelzner veröffentliche er das Buch »SAP-Berechtigungswesen«, mit anderen Autoren das Werk »Datenschutz mit SAP«.

Andreas Oesterle arbeitet seit 2008 als Technologieberater für SAP Deutschland SE. Er berät in den Bereichen SAP Cyber Security und Compliance branchenübergreifend in nationalen und internationalen Projekten, vor allem in den Bereichen SAP-Berechtigungen sowie Datenschutz. Überdies ist er langjähriger Streamlead im Bereich SAP-Berechtigungen der globalen Themencommunity GRC & Security.

Simon Rihs hat über 20 Jahre Erfahrung im SAP-Berechtigungswesen und ist Mitbegründer der auf Identitäts- und Berechtigungsmanagement spezialisierten SUIM GmbH.

Ibrahim Sigirci war Senior Security und GRC Consultant bei SAP Deutschland SE mit den Schwerpunkten SAP-Berechtigungswesen (Erstellung und Implementierung von Berechtigungskonzepten), Training in den Bereichen Berechtigungs- und Benutzeradministration sowie Beratung und Installation der SAP-Lösungen für GRC.

Christian Wiegand begann seine Laufbahn bei IBM Global Services und arbeitet seit 2006 für SAP Deutschland SE. Er verfügt über 15 Jahre Erfahrung in der Beratung zu den Themen Governance, Risk and Compliance (GRC) sowie Compliant Identity Management. Derzeit leitet er den Bereich Digital Core Cloud Sales in Deutschland.

Olaf Wolter arbeitet seit 1997 als Entwickler in den Bereichen Hintergrundverarbeitung und Ausgabesteuerung bei der SAP SE. Schwerpunkte seiner Arbeit sind Anwendungsschnittstellen und Druckerunterstützung.Db

Index

S

T

U

V

W

X

Y

Z